人群
营商学

陈敬东 陈沫 著

RENQUNYINGSHANGXUE

经济管理出版社
ECONOMY & MANAGEMENT PUBLISHING HOUSE

图书在版编目（CIP）数据

人群营商学/陈敬东，陈沫著. —北京：经济管理出版社，2020.8
ISBN 978-7-5096-7414-7

Ⅰ.①人…　Ⅱ.①陈…　②陈…　Ⅲ.①市场营销学—研究　Ⅳ.①F713.50

中国版本图书馆 CIP 数据核字（2020）第 151958 号

组稿编辑：杨国强
责任编辑：杨国强
责任印制：黄章平
责任校对：陈　颖

出版发行：经济管理出版社
　　　　　（北京市海淀区北蜂窝 8 号中雅大厦 A 座 11 层　100038）
网　　址：www. E-mp. com. cn
电　　话：(010) 51915602
印　　刷：唐山昊达印刷有限公司
经　　销：新华书店
开　　本：720mm×1000mm/16
印　　张：32.75
字　　数：568 千字
版　　次：2020 年 10 月第 1 版　2020 年 10 月第 1 次印刷
书　　号：ISBN 978-7-5096-7414-7
定　　价：88.00 元

前　言

　　《人群营商学》是继《人气营商学》教材出版之后的第二本著作，是在全球新冠肺炎疫情期间完稿的一本书，也是我从事多年关系营销学教学积累的结果，物质需求的产品、顾客、关系营销是交换营销的核心理论框架，本书运用关系营销理论框架，结合《人气营商学》的房价、股价、物价的"三价"投资研究，深刻体会到股价的虚拟时代价值——板块轮动研究，将成为更加迫切的价值投资主体研究。我从事证券投资的几十年经验，使人群营商学寻求到最为合适的研究对象——契合的证券板块轮动，使动机心理学研究得到更加广泛应用，因为动机心理学产生价值共同的指数人群环，并契合股价的成长板块进行蓝海相对价值投资，是继股价投资理论——《证券投资分析》之后，与营商理论结合，从一个全新的视角研究股票衍生品价值投资的理论。

　　我从事证券投资理论和实践研究，可以追溯到中国改革开放有股票投资试点开始，20世纪90年代，就开始投身股市，是当时学院年轻人最早的"万元户"。几十年证券投资的风风雨雨，无论是理论上学习，还是实践上探索，不断增长的阅历和经验，是形象思维形成的源泉，无论是证券投资的基本面分析，还是技术分析，如波浪理论、循环周期理论等，都是本书重要的理论支撑，本书的出版是对人生几十年的股票投资理论研究和实践探索的一个完美总结。股票投资曾经让我非常快乐，也让我非常困惑，通过深入研究和写作，使我逐渐了解了股票投资的秘诀，让营商理论与金融投资理论有了交集，让虚拟衍生品价值投资理论与金融资产有了完美的结合。如今是人群价值投资营商理论从金融学研究价值投资研究者手中接过价值研究接力棒的时代，使金融学更好地研究资产。股票投资是我的热爱，也是商科研究的极高境界，工科对于技术的追求无止境，商科对于投资思维的研判更是仔细和缜密，股价投资成功与失败是检验投资人智慧的重要表现之一。我从事证券投资30余年，一路走来酸甜苦辣，起起伏伏，积极实践，持之以恒，深入思考，承载衍生品价值投资思维体系和理论框架的第二本著作《人群营商学》，作为教材终于与大家见面了，为自己几十年的证券投资理论和实践的坚持交出了满意的答卷！

本书沿着"自然""物质""虚拟"时代的思维体系，运用自然规律、科学方法、哲学思维，以心理学、行为学、社会学、管理学、经济学、金融学等学科为基础，系统地提出虚拟时代的核心是衍生品价值创造，创新性地提出衍生品价值概念，衍生品价值＝（替代＋迭代＋时代）增值/（时间＋精力＋体力＋金钱）损失，以人类动机心理学和互动行为学为出发点，从共赢交互的思维形象，演绎到人群共赢的含义是共赢共轭、界限思维、心理向往、互联互通、价值共同，构成了人群共赢；从层次契合的思维形象，演绎到人群契合的含义是契合蓝海、板块衡量、心理期盼、相对价值、价值体现，构成了人群契合；从关系决策的思维形象，演绎到人群的含义是跟随、人群环、人群矩阵、心理循环、推动力、价值多样，构成了人群决策；从关联决策的思维形象，演绎到路径的含义是规划、心理防线、心理预判、规划方向、价值网络，构成路径决策；从反应决策的思维形象，演绎到系统的含义是动力、心理波幅、心理承载、证券总市值、价值驱动，构成了系统决策；从回报决策的思维形象，演绎到组合的含义是优化、时间窗口、心理测量、扩张力、价值排列，构成了优化决策。着重研究人们普遍关注的股价投资理论和实践，并以此为切入点而展开论述。虚拟时代，每个国家只有正确分析共赢共轭，利用蓝海契合，运用好四个决策，形象、演绎发展股市，才能吸引全球投资，每个投资人只有有效投资，才能过上美好生活。

本书是从事证券投资活动和生活在虚拟时代的人所必须学习及领悟的一本教材，让人们认识到创造衍生品价值是虚拟时代人们的共同追求，是一本弘扬社会正能量的"课程思政"、大力提倡互联互通的理论教材，是从事金融投资学习的所有大学生、研究生、MBA 和 EMBA 学生，创新创业的个人和团队，社会各界追求价值的投资人士，价值营商的政府和金融投资领域的专业人士可阅读的一本书。书中创新了很多词汇，可以引发人们的深入思考，是一本非常"烧脑"的书，需要读者非常用心地体会和感悟，才能理解其深刻的含义，只有循序渐进地把握这些词汇，才能帮助理解前面的《人气营商学》、后续的《人口营商学》两门课程。本书与另外两本书籍共同构成价值营商理论体系，填补价值投资思维理论研究的营商学空白。

本书的写作是基于我对于虚拟时代的理论和实践的深入思考，特别是传统营销理论思维的长期训练，与虚拟时代的证券投资的丰富实践经验有机结合，以及近十年来 EMBA 的教学工作，使我的理论研究进入了一个新的路径。能够写出这本书，必须感谢近 600 名 EMBA 和 700 名 MBA 学生的陪伴及思维碰撞，是他们对于这门课程的鼓励，让我坚定信心沿着人气营商的思维继续讲下去，讲出人群营商的新故事；感谢妻子和孩子，支持我在证券投资领域的无尽探索，也交了不少学费，终于写出这本书；感谢西安理工大学经济与管理学院这个大家庭，老师们的相互支持，使我永远坚持自己的研究方向，成就了《人群营商学》课程；感谢研究生陈沫、徐温馨、乔靖雯、刘嘉伟、王安邦，特别是陈沫的思考对于本书思维体系的深化和构架做出了重要贡献；感谢经济管理出版社的编辑及其同仁积极有效的工作，为本书的出版提出了许多宝贵意见，并付出了辛勤劳动；感谢国家的"双一流"学科建设，成为本书的重要支撑和时间窗口，并得到了熊国强教授、薛伟贤教授科研经费的大力支持。特别要感恩和感谢的是，我们生活在这样一个伟大的时代和伟大的国家！我们"60 后"一代人经历了中国自然时代后期、物质时代整个历史进程和虚拟时代进入阶段，没有时代的变迁，我无法感悟这本书，没有伟大祖国的悠久历史、灿烂文化和经济的高速发展，我无法寻求思想源泉，没有成功的动力和信心。

本书是一个全新的研究领域，涉及的学科门类广泛，是跨学科的研究成果，也是对传统学科的一个挑战，希望本书能抛砖引玉，从一个全新的视角开拓营商学科的研究。我的知识和阅历还有不足，书中错误和不足之处在所难免，恳请广大读者批评指正！邮箱 2274634176@qq.com

陈敬东

2020 年 6 月于西安

目　录

第一章　虚拟时代的到来

第一节　人群跟随的时代变迁

对于"变迁"这一词汇，尽管人们在频繁地使用，但很少有人给出具体的阐述。所谓变迁是指事物的变化转移。如《新唐书·崔玄暐传》中写道："开元二年诏，'玄暐、柬之，神龙之初，保乂王室，奸臣忌焉，谪殁荒海，流落变迁，感激忠义。'"

迄今为止，人类经历了不同的时代变迁。站在人类历史的长河中，从今天的角度划分，人类经历的第一个时代为自然时代。在自然时代，人们依靠青铜器、铁器进行农作物生产，依靠体力生存，粮食产量是人们生存的重要依靠，而提高粮食产量离不开器具的使用和替代，因此，器具是人类生存和发展的重要基础。自然生长的主要目的是保障生活需要，人们通过少量的品种交易获得多种谷物从而使营养达到均衡。除进行农耕生产，自然时代的器具也被当作国家之间进行战争的工具，获取土地和食物，器具种类虽然有很多且随时代的变迁而变迁，但都是以新的器具替代旧的器具。

物质时代是以机器大生产为主导的时代，是自然时代之后的时代变迁的新阶段，这个阶段以制造升级为核心。从时代变迁的历程看，机器是推动物质时代变迁的主要动力。物质时代在一次又一次的"革命"中变迁。第一次工业革命人类开始进入蒸汽时代，蒸汽时代起于19世纪初，止于19世纪70年代的第二次工业革命。这个时期，资本主义的机器大革命开始出现，资本主义的世界体系初步确立。新的动力机器——蒸汽机的发明和应用，将人类带入蒸汽时代。100多年后社会生产力发展又有了一次重大飞跃。人们把这次变革叫作"第二次工业革命"，今天所使用的电灯、电话都是在这次变革中被发明出来的，人类由此进入"电气时代"。第三次工业革命相对于第二次工业革命发生的变化更加巨大。不再局限于简单机器，原子能、航天技术、电子计算机、人工材料、遗传工程等具有高科技含量的产品和技术得到日益精进的发展。互联网的发展和应用几乎把地球上的每个人都联系起来，在工业生产中出现各种各样的机器人。人类在这个时代的"野心"不再局限于放眼所及的地球，而是星辰大海，并且在航天技术的高速发展下得到实现。人类由此进入科技时代。

本书将金融学和营商学结合起来，创新性地提出虚拟时代的到来，人类时代已经由物质时代过渡到虚拟时代。这是一个通过投资创造虚拟价值的时代，人们更加关注股权、证券市值。如今的互联网日益发达与完善，2016 年出现的 VR（虚拟现实技术）不仅让与虚拟现实相关的 A 股企业疯狂涨停，也让众多科技爱好者进入了一个疯狂的世界。自此，在电影、游戏、军事、医疗、室内设计、房产开发以及工业仿真等各行业及各产业，虚拟现实技术迅速蔓延，各种虚拟开始走进人们的生活，充斥着人们的眼球，虚拟时代慢慢走来。

一、时代特征划分根源

党的十九大报告指出"经过长期努力，中国特色社会主义进入新时代，这是我国发展新的历史方位"的重大判断。正确认识"时代"的内涵及判断标准，是人们深刻理解这一重大判断的重要前提。

"时代"的使用可谓五花八门：有用于时代的变迁，有用于技术形态的进步，有用于政治形态的变革；有以社会性质命名，有以标志性生产工具命名，有以社会变革的首领命名，林林总总，不一而足。研究马克思主义的学者在考察时代的时候，对此也有不少论述；而由于问题语境或考察角度的差别，这些论述并不完全一致。为避免产生误解，有必要做出详细的划分，这有助于深刻认识划分时代的依据。

（一）从人的文明程度的角度划分时代

恩格斯晚年根据马克思摘录摩尔根《古代社会》的资料，在《家庭、私有制和国家的起源》一书中，从人们制造、使用劳动工具和生活器具的文明程度出发，把人类社会史分为蒙昧、野蛮、文明三个时代。"蒙昧时代是以获取现成的天然产物为主的时代，人工产品主要是用作获取天然产物的辅助器具。野蛮时代是学会畜牧和农耕的时代，是学会靠人的活动来增加天然产物生产的方法的时代。

文明时代是学会对天然产物进一步加工的时代，是真正的工业和艺术的时代"（许全兴，2013）。显然，恩格斯的划分依据是人类以何种劳动器具获取生活资料，他是以生产力作为划分标准的。蒙昧时代大体是制造、使用旧石器的母系氏族社会，野蛮时代大体是制造、使用新石器的父系氏族社会，文明时代则是以制造铁器为标志进入的阶级社会包括工业化的时代。这是发现时代变迁脉络之后考察时代的一种宏观视野。

（二）从人的发展或人的自由程度的角度划分时代

马克思在《政治经济学（1857-1858年草稿)》中，又把时代分为三大形态："人的依赖关系（起初完全是自然发生的），是最初的时代特征。在这种时代特征下，人的生产能力只是在狭窄的范围内和孤立的地点上发展着。以物的依赖性为基础的人的独立性，是第二大形态，在这种形态下，才形成普遍的社会物质变换，全面的关系、多方面的需求以及全面的能力的体系。建立在个人全面发展和他们共同的社会生产能力成为他们的社会财富这一基础上的自由个性，是第三阶段。"（许全兴，2013）显然，这是以人的发展或人的自由程度的角度来划分的，三大形态的序列正好体现了个人对所在时代（物的关系背后仍然是人的关系即生产关系）的依赖逐步减少、自由的程度逐步增加的递进关系。此分法有很大影响，被简称为"三形态"说。

（三）从生产资料所有制性质的角度划分时代

马克思（1881）在给俄国女革命家查苏利奇的复信草稿中，根据生产资料所有制的性质，把时代分为原生、次生、再生三个形态（湖南大学岳麓书院文化研究所，1986）。古代的生产资料公社所有制时代属"原生"形态；生产资料私有制时代属"次生"形态；形式上类似于原始社会公有制的共产主义公有制时代属"再生"形态。这是以肯定、否定、否定之否定的思维逻辑对人类社会所有制形式的宏观思考，有其特有的认识价值。如表1-1所示。

表1-1　对时代变迁的划分

划分依据	时代变迁划分
人的文明程度	蒙昧时代、野蛮时代、文明时代
人的发展或人的自由程度	人对人依赖时代、人对物依赖时代、人的全面发展时代
生产资料所有制性质	原生时代、次生时代、再生时代

　　虽然有上述各种分法，但在马克思、恩格斯看来，划分时代变迁的根本标准，只能是生产方式或社会的基本矛盾运动。马克思（1859）在《政治经济学批判·序言》中是这样描述社会基本矛盾运动的："物质生活的生产方式制约着整个社会生活、政治生活和精神生活的过程。社会的物质生产力发展到一定阶段，便同它们一直在其中运动的现存生产关系或财产关系发生矛盾。于是这些关系便由生产力的发展形式变成生产力的桎梏，导致社会革命的时代到来。随着经济基础的变更，全部庞大的上层建筑也或慢或快地发生变革。"

　　这段话简洁地揭示了时代特征的基本结构和社会基本矛盾运动的宏观图景：一定的生产力决定一定的生产关系，生产关系的总和构成一定社会的经济基础，经济基础制约着竖立于其上的法律的、政治的和意识形态的上层建筑；当生产关系严重阻碍生产力的发展，社会革命的时代就会到来。运用这个原理纵观人类史，马克思认为，"大体说来，亚细亚的、古代的、封建的和现代资产阶级的生产方式可以看作是经济的时代特征演进的几个时代"（卢华为，2005）。这里说的"经济的时代特征"，就是生产方式或作为生产关系总和的经济基础。后来，随着对史前社会研究的深入，马克思、恩格斯对人类时代特征变迁的认识也逐步深化，提出一些新的观点，如认识到古代亚细亚社会、古典古代社会是东西方奴隶社会的不同形式。

　　历史是时间的连续体，每个时代都可以再细分为若干阶段或时期。马克思、恩格斯不仅根据生产方式或社会基本矛盾运动把人类社会分为若干个时代特征，而且在各个时代特征下又根据生产力与生产关系的变动情况分为若干时期。例如，在《家庭、私有制和国家的起源》中，恩格斯在把人类时代变迁分为蒙昧、野蛮和文明三个时代的时候，又把这三个时代再分为低级阶段、中级阶段、高级阶段（刘统，2011）。在《德意志意识形态》中，马克思、恩格斯把资本主义时代（当时只是自由资本主义时代）的发展进程分为三个时期，即资本原始积累时期、工场手工业迅猛发展时期、机器大工业时期。当然，阶段或时期仍然可以再分为更短的时段。

　　以上林林总总的时代或时期的分法，都是经典作家根据论述的不同语境、不同需要而作的。但是，无论是哪一种分法，都是从历史唯物主义原理出发的，都是对社会基本矛盾运动的某种阶段性特征的概括。从人类自身主观和客观自然相互融合的角度，站在虚拟时代的时间节点上，看待人类时代变迁的过程，人类时代可以划分为三个：从自然时代保障品种供应，到物质时代满足品牌需求，最后到达虚拟时代创造衍生品价值，追求富强、民主、和谐、生态文明，使人类进入全新的虚拟时代。如图 1-1 所示。

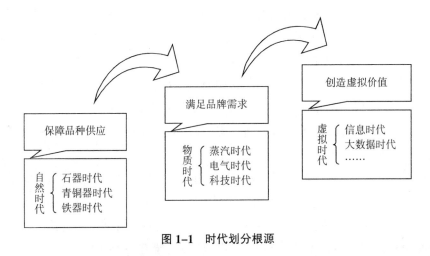

图 1-1　时代划分根源

二、时代特征划分内容

（一）以保障品种供应为目的时代划分

以保障品种供应为目的，把时代划分为石器时代、青铜时代、铁器时代。

石器时代指人们以石头作为器具使用的时代，这时因为科技不发达，人们只可以用石头制造简单的器具。而随着时代的变迁，人们对石器的研制也在不断改进。石器时代包含人类进化过程中的第一次科技的大范围传播，以及人类从东非萨瓦纳地区（Savannas）向世界其他地区的扩张。"石器时代"的称呼被考古学家用来表示冶金时代以前的漫长时代，在这个时代，使用石制器具远比使用其他（更软的）材料所制的工具来得多。而在时代划分上，在 John Lubbock（1865）所著的经典书籍《史前时代》（*Pre-historic Times*）中，石器时代是他的三代法（Three-age System）中的第一级，它又被细分为旧石器时代、中石器时代和新石器时代（Palaeolithic, Mesolithic and Neolithic Periods）。事实上，在不同的地区（和文化）中，时代的变迁彼此间有非常大的不同。而且，在冶金时代，人类仍不断地向新的地区扩张，因此当被提及时，并没有一个确定统一的"石器时代"。

由于缺乏文字的记载，对远古历史的研究，需要建立一种不借助于文字材料的年代学方法。1819 年，考古学家汤姆森根据石、铜、铁的三段分期法，出版了《北方考古指南》，为其他考古学家赞同和接受，对后来的考古学研究产生了深远的影响。石器时代，石器由各种不同的石头做成。例如，燧石和角岩被削尖（或切成薄片）用来作为切东西的工具或武器，而玄武岩和砂岩则被用来制成石制磨具，比如手摇磨。木材、骨、贝壳、鹿角和其他材料也被广泛地使用。在石器时代的后期，粘土等材质也被用来制成陶器。一系列的冶金技术的革新则被用来描绘后来的年代（Chalcolithic）：红铜时代（Copper Age）、青铜时代（Bronze Age）和铁器时代（Iron Age）。随着农业、畜牧以及冶铜技术的发展，石器时代结束了。这段时期被称作史前时期，因为人类还没有开始书写传统意义上的历史。

青铜时代（或称青铜器时代或青铜文明），在考古学上是以使用青铜器为标志的人类文化发展的一个阶段；因金属具有易腐蚀的特性，四五千年以上的青铜遗存发现往往为数不多。青铜器在人们的生产、生活中占据重要地位，偶然地制造和使用青铜器的时代不能认定为青铜时代（蒋晓春，2010）。青铜时代是以使用青铜器为标志的人类物质文化发展阶段。青铜出现后，对提高社会生产力起到划时代的作用（华觉明，1996）。

中国的青铜文化起源于黄河、长江、珠江流域，距今约 5000 年，止于公元前 5 世纪，大体上相当于考古上的红山文化与良渚文化时代，及文献上记载的中夏、商、西周至春秋时期，经历了 1500 多年的历史。这与中国奴隶制国家的产生、发展及衰亡相始终。有学者把中国青铜时代从商周至战国划分为鼎盛期、颓败期、中兴期、衰落期 4 个阶段。也有学者将这一时期划分为殷商前期、殷商后期、西周期、东周前期、东周后期 5 个阶段。中国各地的青铜文化具有自己的特点和风格，可以分为不同的地区类型。中国步入青铜时代，大体经历了早、中、晚几个不同的发展阶段。早期，以河南偃师二里头文化为代表，年代在公元前 2080~前 1580 年。加上山西夏县东下冯、山东岳石文化、辽宁长城东边的夏家店下层文化、黄河上游的四坝文化等，都相继出现了品类繁杂的青铜制品，在一些墓葬中还发现了人殉和人牲。上述遗址的放射性碳素断代年代，正好在历史记载的夏王朝纪年范围内，这些遗址应是夏王朝时期的奴隶制文化类型，标志着中国奴隶制社会已经形成。中期，包括商代至西周前期。此时期的前一段是商代早期，公元前 16~前 13 世纪，以河南郑州二里冈文化为代表，此时期奴隶制社会进一步发展，青铜器数量大增，常伴有成套礼器，贝币大量出现，人殉、人牲更为普遍。后一阶段，是商代晚期至西周前期，年代在公元前 13~前 10 世纪

（穆王以前）。此时中国青铜时代达于鼎盛，也是奴隶制发展的典型时期。青铜铸造工艺相当成熟，出土大量的精美青铜礼器、武器与工具。这时的青铜文化以安阳殷墟为代表，这里是商王朝的政治统治中心，也是青铜铸造业的中心。此时兴建了大规模的宫殿及陵墓，有发达的金文与甲骨文，人殉与人牲成为一种制度极为盛行，凡此种种反映出奴隶制社会的繁荣。西周的周原遗址和丰镐遗址中，发掘出周王朝的宫殿、宗庙和墓葬，发现了大量的青铜礼器，反映出中国古代社会的礼制已成熟。晚期，从西周后期至春秋时期，是中国奴隶制社会逐渐走向衰落的阶段。此时期列国都城形成繁荣的政治经济文化中心，金属货币大量流通。青铜铸造工艺取得突出发展，出现了分铸法、失蜡法等先进工艺技术。湖北铜绿山发现的古铜矿，证明当时在采矿、配矿、冶炉砌筑及冶炼方面均达较高水平（见铜绿山古矿冶遗址）。到战国时期，随着铁器的推广，青铜制造业才逐渐衰落。

在中国的边远地区，当时还存在着若干具有地方特点的青铜文化。如甘青地区，由于民族杂居，文化复杂多样，有辛店文化、沙井文化与寺洼文化等，其中寺洼文化与西周文化有密切的渊源关系。北方地区有夏家店上层文化，出土的青铜短剑具有地方特点，还出土带有相当浓厚的中原文化特征的青铜礼器。内蒙古鄂尔多斯草原，从商周至秦汉，流行着鄂尔多斯式青铜器。东南地区的浙江、福建至中国台湾等地，至西周末期才产生青铜文化，出土的青铜武器等与西周的相同。两广、四川、云南等地区的青铜文化，既有地方特征又有中原文化的风格。总之，各地区的青铜文化不同程度地受到中原青铜文化的影响，同时具有本地的特色。此外，中国的青铜文化在发展过程中，还与周围地区存在接触，如曾与北方蒙古大草原和西伯利亚的青铜文化进行过交流，晚期与东南亚青铜文化有过密切联系。中国的青铜时代为夏、商、西周和春秋战国时代。现存的司母戊大方鼎是世界上罕见的大型青铜器。在商前期的炼铜遗址中，从可辨认的铸范中，镢范为数不少，虽然青铜的生产工具在早期的随葬物中较少，但我们在出土的商初青铜器中，仍看到生产工具占相当比重，说明在商代的手工业中，青铜工具如斧、锯、凿、锥等已广泛使用，青铜兵器也日益增多。至于青铜农具，虽然奴隶主不会为奴隶们提供，但在当时，还有一部分作为自由民的农民都会拥有，历年出土的青铜农具有锄、铲等，说明青铜的大量使用主要还是从事制作工具。青铜工具在生产中的效用，使青铜冶铸技术日益重要，因而能获得飞速的发展。

铁器时代是人类发展史中一个极为重要的时代。人们最早知道的铁是陨石中的铁，古代埃及人称之为神物。在很久以前，人们就曾用这种天然铁制作过刀刃和饰物，这是人类使用铁的最早记录。地球上的天然铁是少见的，所以铁的冶炼和铁器的制造经历了一个很长的时期。当人们在冶炼青铜的基础上逐渐掌握冶炼铁的技术之后，铁器时代到来。中国从春秋时期开始冶铸铁器。春秋战国时期铁器的制作虽然还处于初期阶段，但作为一种新的生产力因素，在社会生产中发挥了巨大作用，促使中国社会由奴隶制发展到封建制。到东汉时期，铁器最终取代青铜器。

中国目前发现的最古老冶炼铁器是甘肃省临潭县磨沟寺洼文化墓葬出土的两块铁条，距今 3510~3310 年（公元前 1510 年~前 1310 年）。由于该文物 2009 年才出土，当时只发布了简报，完整的考古文章 2014 年发表，故知名度较低。后经清华大学及牛津仪器公司检测，铁条由"块炼渗碳钢"锻打而成，是冶炼金属。同时碳 14 检测显示两块铁条年代分别为 3090 年前、3075 年前；理论误差不超过 35 年。但由于铁条锈蚀严重，一块铁条内部完全锈蚀，另一块铁条尚存部分残铁。所以实际误差可能较大。对此，研究人员又对墓主人骸骨及墓葬其他文物进行了碳 14 检测，最终认定该墓葬及铁条的年代为 3510 年前~3310 年前（公元前 1510 年~前 1310 年）。

（二）以满足品牌需求为目的时代划分

以满足需求为目的，因机器替代，把时代划分为蒸汽时代、电气时代、科技时代。18 世纪下半期开始于英国的工业革命，是近代以来的第一次世界性技术革命，这次技术革命以蒸汽机的广泛应用为标志，从此人类进入蒸汽时代。时代的生产工具得到革命性的发展，人类发明和使用了以能量转换工具为特征的新的劳动工具，瓦特蒸汽机的发明标志着人类物质时代的开始，这个具有划时代意义的能量转换工具的出现改变了时代的生产和生活方式。工业革命和法国大革命，从物质和精神上壮大了资本主义的力量。19 世纪六七十年代，世界各地兴起了资产阶级革命和改革运动。这个时期的资产阶级运动有两个历史使命：第一，在德意俄日等封建国家，要推倒封建制度，建立资本主义制度。结果，德意通过王朝战争实现了民族统一，走上了资本主义道路；俄日通过自上而下的改革确立了资本主义制度。第二，在英法美等资本主义国家，要改革手工工场时期的上层建筑，适应新的经济基础。结果，美国通过南北战争废除了黑人奴隶制度；英国通过议会改革，使工业资产阶级掌握了国家政权，法国工业资产阶级通过 1848 年的二月革命建立了第二共和国。尽管各国革命的具体任务有差异，但为工业资本主义发展开辟道路却是这个时期所有资产阶级运动的根本任务。资本主义制度在全世界确立的同时，资产阶级征服世界的活动也空前加剧了。由于工业革命的进行，这个时期的殖民活动从野蛮掠夺的形式发展到抢占原料产地和商品市场，大批亚非国家和地区被强行纳入资本主义体系，成为殖民地和半殖民地。至此，资本主义制度在世界上得以确立。通过革命改革运动和征服殖民地两种途径，资本主义世界体系初步形成了。

19世纪70年代，欧美资本主义国家科学技术的发展突飞猛进，各种新发明、新技术层出不穷，并被迅速应用于工业生产，带来时代生产力的巨大飞跃，随之而来的则是工业生产的高涨（罗茂菊，2014）。这次科技进步被称为近代历史上的第二次工业革命，它标志着世界由"蒸汽时代"进入"电气时代"。如表1-2所示。其中，发电机和电动机是相互关联的两个重要发明，促使工业革命轰轰烈烈地展开，出现了发明和使用机器的热潮。

表1-2 物质时代发明

项目	蒸汽时代	电气时代
发明来源	发明来源于工匠的实践经验，科学和技术尚未真正结合	自然科学的新发展迅速应用于生产，科学和技术开始紧密结合
生产组织	工厂制	公司制、垄断制
标志	改良蒸汽机的发明和使用	电力、内燃机的广泛应用
重点	以纺织工业为代表的轻工业	以新兴工业和钢铁工业为代表的重工业
规模	局限于少数国家，时间长、进展慢	在欧美先进国家几乎同时展开，发展快
扩展	首发英国，向欧美扩展	几乎同时发生在几个先进资本主义国家，有的国家两次工业革命交叉进行

汽车和飞机的问世是第二次工业革命时期应用技术上的一个重大成就。19世纪80年代中期，德国发明家卡尔·本茨提出了轻内燃发动机的设计，这种发动机以汽油为燃料。内燃机的发明，解决了交通工具的发动机问题，引起了交通运输领域的革命性变革。

19世纪晚期，新型的交通工具——汽车出现了。19世纪80年代，德国人卡尔·本茨成功地制成了第一辆用汽油内燃机驱动的汽车。1896年，美国人亨利·福特制造出他的第一辆四轮汽车。与此同时，许多国家都开始建立汽车工业。随后，以内燃机为动力的内燃机车、远洋轮船、飞机等也不断涌现出来。1903年12月17日，美国的莱特兄弟制造的飞机试飞成功，实现了人类翱翔天空的梦想，预告了交通运输新纪元的到来。另外，内燃机的发明推动了石油开采业的发展和石油化学工业的产生。石油也像电力一样成为一种极为重要的新能源。1870年，全世界开采的石油只有80万吨，1900年猛增至2000万吨。

吉尔伯特以来，人们基本研究的是静电。富兰克林等研究发现，闪电不是持续的电流。人们不知怎样发电。伏打电堆是电池的原型，它的出现改变了静电研究的状态，使人们对电流能够有深入的认识。这不仅表现在动电学研究上，更重要的是，由此开启了人类的电气时代。1780年9月的一天，意大利波洛尼亚大学的医学和解剖学教授伽伐尼与他的两个助手做实验。他们做的是解剖青蛙的实验，要将青蛙做成切片。青蛙被解剖完了，青蛙下肢的神经完全暴露出来。一名助手顺手把解剖刀放在了一只蛙腿的神经上，突然间，已经死了的青蛙又活了，四只蛙腿抽搐颤动。伽伐尼没有放过这个异常现象，他立即重复做这个动作，结果发现蛙腿一接触到金属解剖刀便开始抽动。伽伐尼心想，这是电现象，也许是由于自然界中的电而产生的。在大雷雨天，伽伐尼将青蛙用铜丝挂起来，吊在铁格子上，闪电交加时，他看到青蛙腿在抽动。为了进一步证明他的想法，他在万里无云的大晴天做这个实验，结果青蛙依然抽动。本来想证明自己的观点，却被实验推翻了。因为晴天时，基本上收集不到大气电荷。

后来，伽伐尼在封闭的屋子里继续实验，发现使用相同的金属联结起来，分触蛙神经，蛙腿不能抽动，而使用不同的金属触及蛙神经并且相联结，则可以发生抽动现象，但不同的金属引起的抽动程度不一样，有的剧烈有的缓慢。之所以一开始发现蛙腿抽动，原因就在于解剖刀是金属，而蛙放在金属的解剖桌上，助手顺手把解剖刀一放，刀与桌相连，又触及蛙腿，引起了抽动。但为什么抽动，伽伐尼没有想明白。他认为，金属相连接构成回路，所以导电。这一点他认识得十分正确。然而他是一名生物电研究者，他忽略了不同金属才能引起蛙腿抽动的事实，却把蛙作为原因。伽伐尼认为，电来自有机体内部。动物神经相当于一个莱顿瓶，金属构成回路，由此导电。他还认为，这种电必须由不同的金属才能激发出来。伽伐尼认为这是"动物电"。1791年，伽伐尼发表了论文《论肌肉运动中的电力》。这一发现轰动一时，人们联想到海里的鳗鱼之类带电的动物，也没有表示什么怀疑。然而有一个人对伽伐尼的观点深表怀疑，他就是意大利物理学家伏打。伏打于1745年出生，是一位青年科学家。他在意大利帕维亚大学教授自然哲学。1791年，伏打获得皇家学会的科普利奖，并当选为皇家学会会员。伏打重新做实验，根据相同的金属不能产生电流这个现象，他将注意力转移到了金属本身。1792年，伏打指出，伽伐尼所言的动物电是不存在的。伽伐尼恰恰弄反了，不是金属无用，恰恰是两种不同金属产生的电流，蛙腿则起了一个检验电荷是否存在的作用。

1794年，伏打不断地做了无蛙腿参与的实验，他用不同的金属相触，检测了电流的发生。其实，早在1752年，有一位意大利学者就有过与伏打类似的经历。这位学者名叫祖尔策。有一次，他很偶然地将铅片与银片含在嘴里，放在舌尖上。结果舌尖有一种特殊的味道，其实这不是什么味道，而是两种不同金属与湿润的舌尖形成通路，有电流经过的麻酥酥的感觉。

但祖尔策没有找到原因，也没有再把这件事放在心上。就这样白白地浪费了发现电流的大好时机。伏打和伽伐尼二人观点不同，开始争论。在争论中，伏打做了一系列的实验，结果证明他的观点更接近正确的实验现象。伏打得到一个金属序列：锌、锡、铅、铜、银、金……这就是物理上著名的伏打序列。在这个序列中，任意两种金属相接触就可产生电流，距离越远的两种金属相连接，产生的电流越强。伏打还发现，接触后，排在前面的金属带正电、排在后面的金属带负电。

在蒸汽时代和电气时代，机器大工业有很大发展，工业在产业结构中占主导地位，因而可以称之为物质时代（李北东，2012）。新生的工业能够成长起来，是因为它用机器代替手工工具，用工厂代替作坊。时代生产力大幅度提高，工业革命轰轰烈烈展开和第二次工业革命的到来，改变着时代结构和世界形势，世界日益成为一个整体。城市化进程加快，人们生活更加丰富多彩。同时，交通运输业迅速发展，人们的交往更加方便，经济和文化联系也日益密切。市场总是在扩大，需求总是在增加，工场手工业也不再满足这种需求，于是蒸汽和机器就引起工业革命，总之，伴随着大量机器的出现，人类生活的物质需求得到极大的满足。20世纪40年代以来，现代科学技术突飞猛进，第三次科技革命兴起。进入20世纪50年代末，计算机的出现和逐步普及，使科技对整个时代的影响逐步提高到一种绝对重要的地位。自此，科技时代到来。世界各发达国家，无一不是科技国。"我国走的正是一条'以人才强、科技强带动产业强、经济强、国家强'的道路。"科学技术是第一生产力，创造性是第一生产力的第一要素。党的十九大报告中提到，过去五年，创新驱动发展战略大力实施，创新型国家建设成果丰硕。科技创新是我国发展的新引擎，改革则是点燃新引擎必不可少的点火系。我国在科技领域主要围绕激发人才积极性开展工作，其中改革涵盖了科技经费使用、科技成果评价、项目评审等诸多方面，使科技人员能把更多精力用在科研活动上。此外，还进行了人才制度改革，下一步重点要以科技创新为核心，引领产品、产业、商业模式等创新。

科技创新的第一要素就是科技人才。党和国家大力激励科技人员创新，充分尊重科技人员创新，以更加包容的胸怀宽容科研失败，我国正在形成一个良好的、适合科技创新的环境。科技创新和制度创新一定要双轮驱动，才能真正推动科技工作者产生创新的原动力，才能真正加快技术转移和科技成果的转化。

我国将开始新征程，中华民族伟大复兴的光明前景一片美好。广大创新型科技人才继续不忘初心，在新时代新使命的召唤下，在新思想的引领下，坚韧不拔，锲而不舍，脚踏实地，奋勇迈向新的征程，为把振奋人心的宏伟蓝图变为美好现实做出应有贡献；在党的十九大精神指引下，我们坚持不懈地走具有中国特色的自主创新道路，我国的科技事业必将得到更加辉煌的发展，富强民主文明和谐美丽的社会主义现代化强国的目标一定能够实现。

(三) 以创造衍生品价值为目的时代划分

以创造衍生品价值为目的，把时代划分为信息时代、大数据时代，等等。

欧美及发达国家的时间跨度概念是从 1969 年至未来，我国及部分发展中国家的信息时代指的是 1984 年至未来，比欧美晚了 15 年。人们常用最具代表性的生产工具来代表一个历史时期，人类文明的发展时代历程：石器时代、红铜时代、青铜时代、铁器时代、蒸汽时代、电气时代、原子时代等。用这种思维模式纵观 20 世纪，在近 100 年里，人类从原子时代走向了信息时代。以电子计算机为代表的信息技术广泛应用于生产与生活的各个方面，信息技术和信息产业在技术体系和产业结构中迅速占据主导地位，从而进入信息时代。人类时代的变迁，最终由社会生产力所决定，虚拟时代中，科学技术的第一生产力作用日益凸显，信息科学技术作为现代先进科学技术体系中的前导要素，它所引发的社会信息化则将迅速改变社会的面貌、改变人们的生产方式和生活方式，对社会生活产生巨大影响。生产力的技术工艺性质的重大变化，总会导致人们的生产活动方式的变化。正如机器的普遍采用将手工工场的生产方式改造成为机器大工业的生产方式一样，信息社会也形成新的生产方式。信息社会中，传统的机械化的生产方式被自动化的生产方式所取代，最大程度地丰富了人类的物质财富。

20 世纪 40 年代末 50 年代初揭幕的第三次科技革命一直延续，并延续到 21 世纪。新科技革命以电子信息业的突破与迅猛发展为标志，主要包括信息技术、生物工程技术、新材料技术、海洋技术、空间技术五大领域。晶体管和大规模集成电路，极大地降低了信息传播的费用，其结果是：人类社会从工业时代进入了信息时代。这些新技术正在从根本上改变我们的社会经济生活。让我们共同回顾这一时期人类所取得的重大突破：1945 年，第一部电子计算机投入使用；1957年，第一颗人造卫星由苏联发射升空，开辟了航天时代；1961 年，苏联进行了人类第一次无人驾驶的宇宙飞船登月试验，并取得成功；1969 年，阿波罗号飞船使人类第一次在月球上留下足迹；1983 年，第一个机器人在联邦德国大众汽车股份公司投入服务；1989 年，互联网出现，一个全新的网络经济从此迅猛发展。

最早提出"大数据"时代到来的是全球知名咨询公司麦肯锡，麦肯锡称："数据，已经渗透到当今每一个行业和业务职能领域，成为重要的生产因素。人们对于海量数据的挖掘和运用，预示着新一波生产率增长和消费者盈余浪潮的到来。""大数据"在物理学、生物学、环境生态学等领域以及军事、金融、通信等行业存在已有时日，却因为近年来互联网和信息行业的发展而引起人们关注。

2012 年，大数据（Big Data）一词越来越多地被提及，人们用它来描述和定义信息爆炸时代产生的海量数据，并命名与之相关的技术发展与创新。它已经进入《纽约时报》《华尔街日报》的专栏封面，进入美国白宫官网的新闻，现身在国内一些互联网主题的讲座沙龙中，甚至被嗅觉灵敏的国金证券、国泰君安、银河证券等写进了投资推荐报告。数据正在迅速膨胀并变大，它决定着企业的未来发展，虽然很多企业可能并没有意识到数据爆炸性增长带来问题的隐患，但随着时间的推移，人们将越来越多地意识到数据对企业的重要性。正如《纽约时报》2012年 2 月的一篇专栏中所称，"大数据"时代已经降临，在商业、经济及其他领域中，决策将日益基于数据和分析而作出，而并非基于经验和直觉。哈佛大学社会学教授加里·金说："这是一场革命，庞大的数据资源使得各个领域开始了量化进程，无论学术界、商界还是政府，所有领域都将开始这种进程。"

现在的社会是一个高速发展的社会，科技发达，信息流通，人们之间的交流越来越密切，生活也越来越方便，大数据是这个高科技时代的产物。随着云时代的来临，大数据（Big Data）也吸引了越来越多的关注。大数据（Big Data）通常用来形容一个公司创造的大量非结构化和半结构化数据，这些数据在下载到关系型数据库用于分析时会花费过多时间和金钱。大数据分析常和云计算联系到一起，因为实时的大型数据集分析需要像 MapReduc 一样的框架来向数十、数百甚至数千的电脑分配工作。在现今的社会，大数据的应用越来越彰显优势，它占领的领域也越来越大，电子商务、O2O、物流配送等，各种利用大数据进行发展的领域正在协助企业不断地发展新业务，创新运营模式。有了大数据这个概念，企业对于消费者行为的判断、产品销售量的预测、精确的营销范围以及存货的补给已经得到全面的改善与优化。"大数据"在互联网行业指的是这样一种现象：互联网公司在日常运营中生成、累积的用户网络行为数据。这些数据的规模是如此庞大，以至于不能用 G 或 T 来衡量。

大数据是信息通信技术发展积累至今，按照自身技术发展逻辑，从提高生产效率向更高级智能阶段的自然生长。无处不在的信息感知和采集终端为我们提供了海量的数据，而以云计算为代表的计算技术的不断进步，为我们提供了强大的计算能力，这就围绕个人以及组织的行为构建起了一个与物质世界相平行的数字世界。

大数据虽然孕育于信息通信技术的日渐普遍和成熟，但它对社会经济生活产生的影响绝不限于技术层面，更本质上，它为我们看待世界提供了一种全新的方法，即决策行为将日益基于数据分析做出，而不像过去更多凭借经验和直觉做出。

事实上，大数据不仅对信息通信产业产生影响，而且正在"吞噬"和重构很多传统行业，广泛运用数据分析手段管理和优化运营的公司其实质都是一个数据公司。麦当劳、肯德基以及苹果公司等旗舰专卖店的位置都是建立在数据分析基础之上的精准选址。而在零售业中，数据分析的技术与手段更是得到广泛的应用，传统企业如沃尔玛通过数据挖掘重塑并优化供应链，新崛起的电商如卓越亚马逊、淘宝等则通过对海量数据的掌握及分析，为用户提供更加专业化和个性化的服务。最让人吃惊的例子是，社交媒体监测平台 DataSift 监测了 Facebook（脸谱）IPO 当天 Twitter 上的情感倾向与 Facebook 股价波动的关联。在 Facebook 开盘前 Twitter 上的情感逐渐转向负面，25 分钟之后 Facebook 的股价便开始下跌。而当 Twitter 上的情感转向正面时，Facebook 股价在 8 分钟之后也开始了回弹。最终当股市接近收盘、Twitter 上的情感转向负面时，10 分钟后 Facebook 的股价又开始下跌。最终的结论是：Twitter 上每一次情感倾向的转向都会影响 Facebook 股价的波动。

这只是基于社交网络产生的大数据"预见未来"的众多案例之一，此外还有谷歌通过网民搜索行为预测流感暴发等例子。除了在商业方面，大数据在社会建设方面的作为同样令人惊叹，智能电网、智慧交通、智慧医疗、智慧环保、智慧城市等的蓬勃兴起，都与大数据技术与应用的发展息息相关。"大数据"可能带来的巨大价值正渐渐被人们认可，它通过技术的创新与发展，以及数据的全面感知、收集、分析、共享，为人们提供了一种全新的看待世界的方法，更多地基于事实与数据做出决策。这样的思维方式，可以预见，将推动一些习惯于靠"差不多"运行的社会发生巨大变革。

数据正在迅速膨胀并变大，它决定着企业的未来发展，虽然很多企业可能并没有意识到数据爆炸性增长带来问题的隐患，但随着时间的推移，人们将越来越多地意识到数据对企业的重要性。哈佛大学社会学教授加里·金说："这是一场革命，庞大的数据资源使得各个领域开始了量化进程，无论是学术界、商界还是政府，所有领域都将开始这种进程。"

三、时代特征划分意义

每当一个旧的时代特征被新的时代特征所取代时，时代历史就会有所前进和上升，虽然历史发展过程中总免不了少许的退后和停滞，但终究会伴随着时代特征的不断改变而前进，正如列宁所指出的："把人类历史设想成为一帆风顺地向前发展，那是不辩证、不科学、在理论上不正确的。"时代特征的不断向前发展是必然的。

时代的不断变迁仿佛车轮在一轮一轮地向前滚动，清晰科学地解析划分不同时代特征，在理论上对不同的时代特征进行统一归纳、具体把握，对于每一种时代特征下的生产运作方式、经济文化政治制度的掌握，使得时代历史的步伐在思想和理论上更加完善充实，只有清晰地划分时代特征演变的全过程，人们才能在回顾历史前进脚步时更系统成熟，从而有助于揭示出变迁所内含的逻辑。因此，时代特征的划分也是推动人类历史进步的一个重要动力。正确把握时代变迁的脉搏，科学预测时代变迁的未来走向，是推动时代进步的重要因素，是制定一切路线、方针、政策的基础。

划分时代特征是历史唯物主义用以研究和把握时代的基本范畴，正确划分时代变迁形态，不仅关系到对时代特征沿革的准确把握，而且关系到对未来时代变迁形态的科学预测（余金成，2012）。这不仅符合时代变迁的本来面貌，而且对促进时代变迁具有重要意义。认识时代变迁各个时期的特点和本质，正确把握时代变迁的脉搏，是人类自身正确回顾过去、面对现在、规划未来的重要依据，是推动时代进步的重要因素，是制定一切行动方案和正确决策的基础。划分时代变迁形态的准确与否，不仅关系到对时代特征沿革的准确把握，而且关系到对未来时代变迁形态的规律探索、科学预测和哲学判断，对于人类认识过去、把握现在、走向未来具有十分重大的现实意义和历史意义。

四、时代特征创新划分

无论是以人的文明程度，还是以人的发展或自由程度，或是以生产资料所有制性质对时代特征进行划分，都充斥着浓重的经济因素，这些都是时代变迁的产物和必然。本书按照时代变迁进程，从人们思维认知形成的人气线角度创造性地提出自然时代、物质时代和虚拟时代三个时代，是对人气营商学理论的灵活运用，是对于投资人价值创造的深刻挖掘。

本书认为，在汲取以往研究成果经验的基础上，依据时代变迁的客观实际，提出一种新的时代特征划分标准。这一标准概括地讲，如图 1-2 所示。

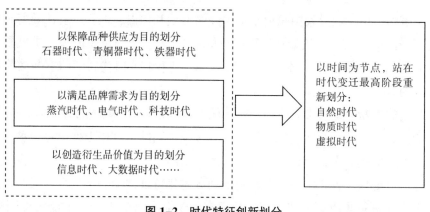

图 1-2　时代特征创新划分

石器的出现改变了人与自然的关系，标志着人类改造自然的开始。中国自然时代的文明非常发达，传统文化源远流长，对整个时代的变迁有着深远的影响，对人们的思想观念、生活方式有着强大的影响。在自然时代中，最显著的经济特征就在于，器具是提高粮食产量进而获得经济来源的主要依靠，同时，青铜器和铁器也被统治者用来进行战争，所以器具也是权力的保障。自然时代，家庭中一般采用男耕女织的生活方式，绝大多数的乡村人口都生活在自给自足的基础上，生产是为其自身消费之用，消费也基本上来源于自己所生产。总之，在自然时代，人们追求幸福。

在自然时代已经解决人们生存所需要的吃穿问题这一必要条件之后，物质时代每个国家都在努力提升自己国家的经济总量。经济总量狭义指社会财富总量即社会价值总量，包括能够用货币计算的与不能用货币计算的社会真正财富总量，既包括社会财富的量，也包括社会财富的质。狭义的经济总量是有效经济总量，不包括无效经济总量。经济总量广义指所有能够用货币来计算的国民经济总量，既包括有效经济总量，也包括无效经济总量。经济总量增加、经济规模扩大有两种途径：资源配置与资源再生。狭义的经济总量增加更多地通过创新与资源再生完成，广义的经济总量增加往往通过资源配置与外延扩张实现。新常态经济增长是狭义的即有效经济总量的增长，不包括无效经济总量的增加；经济新常态是不断扩大有效经济总量范围、缩小无效经济总量范围的过程（刘金全，2019）。邓小平指出："科学技术是第一生产力。"因此，一个国家的科技实力是推动经济总量持续上涨的强大推动力。科学技术的发展突飞猛进，各种新技术、新发明层出不穷，并被迅速应用于物质生产，各种机器如雨后春笋般出现，核心产品就是汽车、飞机和轮船，德国是汽车的发源地，美国是汽车的成长地，欧洲大陆则是汽车的进化地，日本是汽车的腾飞地。这些国家都借助科技革命浪潮在物质时代一跃成为发达国家。汽车是物质时代的基础，也是美国制造业的象征和荣耀，物质时代，西方国家走在中国的前面，引领世界的发展，中国则落后几百年。总而言之，物质时代最大的使命是提高国家经济总量，从根本上促进时代的变迁。

2005~2007 年，人民币升值以及 2015 年的金钱杠杆形成了中国大盘 A 股的两轮牛市，人们对经济总量的持续关注也转向证券总市值，自此，人类已经由物质时代变迁到虚拟时代。虚拟时代，人群跟随证券总市值形成人群环。顾名思义，证券总市值就是股票市值，亦称股票市价，股票在市场上的交易价格。股票市值是在股票市场上通过买卖双方的竞争买卖形成的，是买卖双方均认可的成交价格。决定和影响股票市值高低的因素较多，主要有股票面值、净值、真值和市场供求关系等。一般来讲，股票市值是以面值为参考起点，以股票净值和真值为依据，在市场供求关系的变动之中形成的。其中，股票值、真值与股票市值是同方向变化的，净值、真值上升的股票，其市值必然会提高；市场供求关系主要指资金的供求和股票本身的供求状况。比如，市场上资金供给比较充足，买进股票的资金力量强，股票市值就会上升；反之，若股票市场上资金供给紧张，资金需求增大，买进股票的资金力量变弱而卖出股票的人增多，股票的市值会下跌。再如，在市场资金关系不变的情况下，当股票供给数量增加而需求相对较少时，股票市值容易下降；反之，容易抬高。另外，市场利率、币值稳定程度、社会政治经济形势及人们的心理因素等都对股票市值的变动产生重要影响。

第二节　虚拟时代的提出

从依靠器具进行农耕生产和国家战争的自然时代，到依靠机器大生产积累财富的物质时代，上古自然时代人们对于幸福生活的追求终究被物质时代人们追逐富裕的生活所取代。时代的变迁从未停止过，从农耕文明对自然生长的认识到工业技术的进步，时代主客体、时代秩序等各方面都发生了翻天覆地的变化，并且是在对这种变化规律的认知中不断地向前推进，物质时代也必然不是整个时代的终点，时代将向更加高级的时代变迁。时代正处在变迁的十字路口，传统物质时代正在沉吟，一种新型的时代特征——虚拟时代正在加速向人们走来。

一、虚拟时代提出的背景

铁器时代初期强盛的铜器制造业使中国历史上出现了较长的铜器铁器混用时代，而欧洲没有经历这个时代。中国有长期金属冶炼和因制造原始瓷器而累积的高温加热技术，因此工业革命前中国在炼铁、制钢等多方面技术长期领先于世界。但中国历史上 2000 多年皇权专制统治对冶铁业的长期限制以及禁止，尤其是明清时期的禁铁措施使得工业革命前后一百年，中国的冶铁业从领先世界而迅速转变为极度落后的状态。而在欧洲多国的环境保障了钢铁技术和产业的相互借鉴、交流和发展，为工业革命的顺利推进提供了物质支撑（毛卫民、王开平，2019）。从而使欧美国家领先中国最早进入物质时代，开始机器化大生产。在率先进入物质时代的欧美国家，各种机器、机床的机器设备制造业发展迅速。德国汽车发展史就是欧美国家称霸物质时代、领先中国的一个缩影。1885 年 10 月，卡尔·本茨设计制造了世界上第一辆三轮汽油汽车，他的妻子贝尔塔驾驶它时走时停地开了 100 多千米，成为世界上第一个女驾驶员。1886 年 1 月 26 日，奔驰取得专利权，德国人便把 1886 年称为汽车诞生年。同年戈特利布·戴姆勒也发明了一部四轮汽油汽车。两人各自成立自己的汽车公司，1926 年两家合并为戴姆勒—奔驰汽车公司。汽车的诱人前景使德国的汽车厂纷纷出现，一些其他行业的厂家也转向汽车生产。1901 年，德国共有 12 家汽车厂，职工 1773 人，年产 884

辆，而到 1908 年，汽车厂达到 53 家，职工 12400 多人，年产 5547 辆。1914 年"一战"前，德国汽车工业已基本形成一个独立的工业部门，年产量达 2 万辆。汽车工业的发达，从某种程度上也促使了"一战"的爆发。1934 年 1 月，著名汽车设计大师波尔舍联合 34 万人合股成立大众汽车公司，得到希特勒政府的支持，而随后开发的甲壳虫汽车令大众迅速成为国际性的汽车厂商。"二战"德国的战败给德国的汽车工业造成了一定的损失，但从 1950 年开始，德国汽车工业得到较快的发展，超过英国成为世界第二大汽车生产国。然而 1967 年，日本的产量超过德国，以后德国便始终处在第三的位置，但增长速度很慢。从总体上看，德国汽车以质量好、安全可靠而著称，奔驰、宝马等豪华车以及保时捷跑车在世界车坛享有盛誉，经久而不衰，其品牌含金量极高。所以，1998 年春戴姆勒—奔驰公司与克莱斯勒合并时，戴姆勒—奔驰的年产量仅百万辆有余，而克莱斯勒年产量达 400 多万辆，但戴姆勒—奔驰取得了新公司的支配权。当然，德国汽车一味追求高档、豪华也给其市场开拓带来一定的难度，除大众能以真正大众特色的产品雄踞世界十大汽车厂商第四位外，其他公司的产量都不高，这也是日本后来居上超越德国的原因。

改革开放 40 多年来，中国已经成为世界第二大经济体，中国是一个拥有 13 亿人口的绝大经济体，在这短短的 40 年间，不仅中国发生了翻天覆地的变化，而且整个世界也因此而巨变。中国经济近 30 余年保持高速增长，当然，从物质时代变迁到虚拟时代，中国经济增长速度从高速增长转变为中高速增长，人们对经济总量的关注逐渐转变为人均 GDP。迅速提高人均 GDP，推动时代变迁，是物质时代进入虚拟时代的内生动力。

二、虚拟时代提出的时机

虚拟时代的到来，对国家的未来发展至关重要，如果某一国家不能认识到虚拟时代的新特点，这个国家就会在创造相对价值的过程中被淘汰，导致国家整体落后。典型的例子就是亚洲的日本，1985 年 9 月 22 日，世界五大经济强国（美国、日本、德国、英国和法国）在纽约广场饭店达成"广场协议"。当时美元汇率过高而造成大量贸易赤字，为此陷入困境的美国与其他四国发表共同声明，宣布介入汇率市场。此后，日元迅速升值。当时的汇率从 1 美元兑 240 日元左右上升到一年后的 1 美元兑 120 日元。由于汇率的剧烈变动，由美国国债组成的资产发生账面亏损，因此大量资金为躲避汇率风险而进入日本国内市场。当时日本政府为补贴因为日元升值而受到打击的出口产业，开始实行金融缓和政策，于是产生过剩的流通资金。此后，日本经济开始出现泡沫，1989 年，日本泡沫经济迎来最高峰。当时日本各项经济指标达到空前的高水平，但是由于资产价格上升无法得到实业的支撑，所以泡沫经济开始走下坡路。日本正是没有认识到虚拟时代的到来，没有认识到虚拟时代的重要性，所以在与美国的价值创造中丧失相对价值，从此，日本陷入连续二十年的经济停滞状态，史称"失去的二十年"。1997~1998 年的亚洲金融危机，在美国提高利率、美元升值的背景下，货币与美元挂钩的亚洲国家出口不断下降。1997 年 7 月，随着泰国宣布泰铢实行浮动汇率制，亚洲国家普遍出现货币贬值，爆发金融危机。此次危机中，印度尼西亚、泰国和韩国是遭受损失最为严重的国家，三国 GDP 缩水严重。这些例子表明，认识到虚拟时代的到来对一个国家的重要性，如果不能正确把握虚拟时代的价值创造，就会被世界淘汰。因为一旦虚拟经济的灾难向实体经济扩散，一个国家的经济增速就会放缓，失业率激增，并且开始出现严重的经济衰退。按照时代变迁的规律，当一个时代达到巅峰的时期，必然会慢慢走向衰退，会出现另一种更为先进的时代特征来取代这种走向衰退的时代特征，如物质时代的机器大生产替代自然时代青铜器和铁器这些器具。日本"失去的二十年"和亚洲金融危机频发标志着世界各国纷纷进入虚拟时代。

亚洲金融危机向实体经济蔓延，其消费需求放缓。党的十九大报告指出，中国经济已经由高速增长转向高质量增长阶段，这是改革开放 40 年来对经济快速增长所付出的巨大环境和社会代价做出的反思，是在新形势下做出的重大判断（肖周燕，2019）。初步核算，2018 年全年国内生产总值 900309 亿元，按可比价格计算，比上年增长 6.6%，实现 6.5% 左右的预期发展目标。分季度看，第一季度同比增长 6.8%，第二季度同比增长 6.7%，第三季度同比增长 6.5%，第四季度同比增长 6.4%。分产业看，第一产业增加值 64734 亿元，比上年增长 3.5%；第二产业增加值 366001 亿元，比上年增长 5.8%；第三产业增加值 469575 亿元，比上年增长 7.6%。如图 1-3 所示。

其中，第一产业总体稳定，第二产业平稳增长，新产业增长较快，以金融服务业为主的第三产业保持较快发展，持续处于景气空间。电信广播电视和卫星传输服务、货币金融服务、保险业和其他金融业等行业商务活动指数均位于 60.0% 以上的较高景气区间。

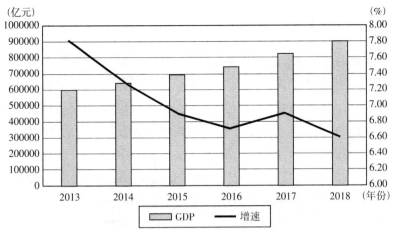

图 1-3　2013~2018 年中国 GDP 及增速情况

三、虚拟时代提出的意义

经过 40 多年的改革开放，中国在物质时代经济保持高速增长。党的十九大报告中指出："中国特色社会主义进入新时代。"这一重大历史论断表明中国进入新时代。虚拟经济为我们的经济生活注入了新的活力，为实体经济发展提供了强有力的支持，虚拟经济带来了一个崭新的时代——虚拟时代，在这样一个时代，投资人都在进行金融资产投资。2019 年，习近平总书记在中央政治局第十三次集体学习的重要讲话中指出："经济是肌体，金融是血脉，两者共生共荣。金融活，经济活；金融稳，经济稳。经济兴，金融兴；经济强，金融强。金融要为实体经济服务，满足经济社会发展和人民群众需要。"突出强调金融在新时代的重要性，金融创新仍然是虚拟时代中国金融发展的基本动力。金融创新的道路还很漫长，不要把所谓的金融风险归结为金融创新，金融创新本质是实体经济需要新的金融衍生品满足投资人投资需要。中国金融市场要国际化，这和中国的经济地位是相匹配的。金融国际化包含非常重要的两点，一是人民币的国际化，二是金融市场的国际化。金融市场要成为国际化的市场，对现代化、法制化具有特别重大的意义。金融市场的国际化，对国家的法制水平有更高的要求，对市场的透明度有更高的要求，对中国现代化的进程具有重大的促进作用。总而言之，适时提出虚拟时代来临，对于把握当前国际发展大势，认识金融对促进时代变迁的重要性具有重要意义。

四、虚拟时代的变迁分析

(一)自然时代以保障品种供应为核心

在自然时代,最重要的生产要素是器具,器具的冶炼技术以及广泛应用对提高劳动生产率具有非常重要的作用。除此之外,器具也是统治者用来发动战争以扩大领土、赢得权力的主要工具,自然时代早期的石器多用来农耕生产和打猎,后来的青铜器和铁器则多用来进行战争。每一种器具都代表一个时代的文明,从石器时代到青铜器时代再到铁器时代,人类的文明不断进步,技术和生产效率不断提高。因此,自然时代器具的替代大体上可以细分为三个阶段,如表1-3示。

表1-3 自然时代器具的替代

时代	主要器具	来源	特点
石器时代	石头	自然存在,通过物理变化打造	易磨损
青铜器时代	青铜器	通过冶炼技术发生化学变化获得	锋利、易折断
铁器时代	铁器	通过冶炼技术发生化学变化获得	耐用、锋利

人活着就是为追求幸福、富裕、有尊严的生活(为便于讨论,本章只以幸福、富裕、尊严这一人气线进行讨论)。在自然时代,为让人们过上幸福的生活,保证营养均衡,人们通过基本的品种交易而获得各种农作物谷物,以保障品种交易的可持续性,这就需要源源不断地进行不同品种供应。

这样,就形成一个以不同品种需要为出发点、以品种交易为桥梁、以品种供应为核心的计划分配过程。如图1-4所示,可以看出自然时代的核心就是不同品

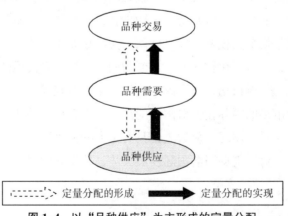

图1-4 以"品种供应"为主形成的定量分配

种供应，品种供应的稳定与否直接影响自然时代的稳定，因此，如何保障品种供应是实现自然时代稳定的关键。农作物的丰收与否是决定人们生活水平的重要因素，而气候环境决定农作物产量，除此之外农作物的生产效率也和器具有关。

（二）物质时代以满足品牌需求为核心

从自然时代到物质时代转变的决定性因素是机器，机器改变原来的时代变迁方式，机器的出现归根结底来源于科学技术的发展，科学技术给物质时代带来了前所未有的改变，这也就有了"科学技术是第一生产力"的著名论断。

随着技术的进步，企业产品的品牌供给能力有大幅度的提高，产量大幅度增加，各种品牌层出不穷。物质时代，品牌供给大幅增加，导致供大于求的状况出现，产品积压，出现生产过剩。以品牌供给为核心的理论不能满足这一阶段的发展，刺激品牌需求来平衡这些供给，这种供过于求的现象表明，企业要充分刺激顾客的品牌需求，以品牌需求（经济学研究的主体）为核心来实现市场扩大，不断地创造"品牌需求"是这一市场格局的主要特征，以品牌需求来实现品牌交换。

因为物质时代主要依靠的是科学技术的进步，先进的科学技术能够创造更多的产品利益，帮助人们满足市场品牌需求，从市场品牌供给到市场品牌需求，构成了物质时代市场形成过程。品牌需求理论让学者把目光从内部生产管理转向外部市场，市场交换过程逐渐被学者所共识。品牌供给、品牌需求和品牌交换构成完整的以品牌需求为主的市场购买，如图 1-5 所示，以共同实现市场扩大。

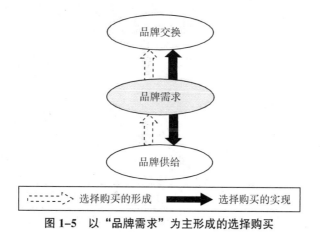

图 1-5　以"品牌需求"为主形成的选择购买

（三）虚拟时代以创造衍生品价值为核心

证券投资产生的资产泡沫破灭，进而引发全球性金融危机表明虚拟时代的到来。虚拟时代，人们通过购买金融衍生品实现资产的快速升值。对个人投资者而言，未来股市的投资机会从居民资产角度来看，地位会逐渐显现。从 2018 年开始，房地产市场进入了比较严厉的调控阶段，中央出台房价调控政策，力度不可谓不大。同时，央行又通过几次"降准"以提高货币的流动性，中国 A 股"入摩"和"入富"以及进一步地扩大金融对外开放都会给中国股市带来大量的增量资金，更多的居民未来可能会把资金投向股市，股市将成为新的资金蓄水池。

在虚拟时代，人们投资是以衍生品价值为依据，哪里有价值就投资哪里，从而推动虚拟时代的变迁。人们的购买目的已经转向于投资，物质品牌转化为虚拟衍生品，人们投资衍生品，必须了解资本监管和资产的追求，资产是物质时代向虚拟时代转化，人们思维从需求购买转向资产投资，投资人对于未来增值的认同，每个投资人都希望其投资的衍生品能获得较大增值，拥有更多优质资产。只有增值的资产才能够带来收益。无论是资产还是资本都是通过价值判断的，打开衍生品的增值空间、减少衍生品投资的损失（时间、金钱、精力、体力损失）是资产和资本的目的和关键。而价值的创造是依靠人的思维模式实现的。因此，在虚拟时代变迁中，衍生品价值最大化的哲学思维将是相对价值创造的主流，由资本、资产和价值构成的以衍生品价值为主的时代将是虚拟时代的主导模式，如图1-6 所示。

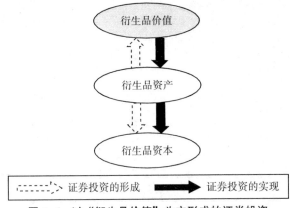

图 1-6 以"衍生品价值"为主形成的证券投资

自然时代生产力的低下，依靠青铜器和铁器提高生产率，获得各种谷物粮食，在维持人们基本生活的前提下，进一步保持营养均衡，保证粮食的品种供应成为核心。物质时代通过机器大生产改善这一状况，科学技术的进步使得以机器为主的制造业繁荣起来，各类品牌极为丰富，以品种供应为核心的自然时代转向以品牌需求为核心的物质时代。人类经由物质时代变迁进入虚拟时代，使得投资成为这个时代的热点，无论是资产还是资本都为创造价值（增加增值、减少损失）。自然时代、物质时代、虚拟时代的演变过程如图1-7所示。

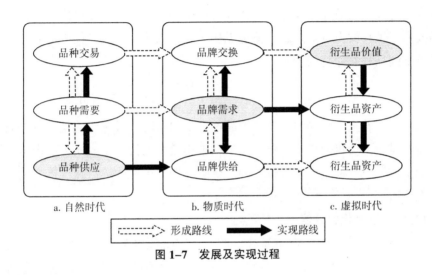

图 1-7　发展及实现过程

综上所述，在虚拟时代，必须以衍生品的价值为核心。虚拟时代全球价值的创造将是时代变迁的主流方式，由资本、资产和价值构成的以价值为主的虚拟时代将是虚拟时代的主导模式。

第三节　虚拟时代的创新研究

一、虚拟价值概念创新

以社会形态划分、以人气营商学对价值的研究为基础、以时代特征为标准，将价值划分为三个方面。

（一）自然时代的价值

在自然时代，最重要的生产要素是器具，器具的冶炼技术以及广泛应用对提高劳动生产率具有非常重要的作用。这样的生产结构决定了自然时代是以品种供应作为核心的，根据品种供应多少及丰富程度决定品种定量需要的分配过程。

在自然时代中，增加农作物品种种类是人们的基本目的，人们通过器具劳作是为了提高农作物产量和丰富品种结构，只有切实地保障基本的品种供应才能够维持整个时代的稳定。自然时代最重要的是农作物的品种结构，而最大的投入要素则为体力投入，劳动力投入的必要性是由于人们的生存。在自然时代，没有体力的投入，生存就没有保障，价值更无从谈起，因此，自然时代价值的根本来源起始于不同品种农作物的产出。

$$品种价值 = \frac{产出}{投入} = \frac{品种产出（产出替代）}{时间投入 + 精力投入 + 货币投入 + 体力投入}$$

式中，在着重粮食等农作物增加品种产出的同时，最重要的是要尽力减少体力劳动的投入，使得分母最小化，目的在于用最小的投入获取最大的产出，创造更大的价值，只有地主等掌握权力的统治阶级拥有土地才可以减少体力投入，创造更大价值。

（二）物质时代的价值

在物质时代特征中，产生品牌价值。品牌价值也是随着时代的变迁而变化的，从价值的定义可以看出，自然时代的品种价值=产出替代/投入，在物质时代，品牌价值=利益迭代/成本。

人类经过自然时代的漫长进程之后，农作物的品种替代日益成熟，品种日益齐全，伴随着蒸汽机等机器的轰鸣声进入物质时代。工业革命所带来的不仅是巨大的时代变迁，还有崭新的科学技术，这些技术给人们带来前所未有翻天覆地的变化。自然时代，需要保障品种供应，而在物质时代，先进的科学技术大大提高了供给的品种结构，使得人们从少量的、低级的品种供给转变到大量高级的品种供给结构，技术的进步成为人类社会迈进物质时代最好的支撑，自然时代的品种结构渐渐被物质时代品牌形象所取代。

物质时代，庞大的机器设备和科学技术早已不需要人们大量地投入体力辛勤劳作，最大限度地减少投入已经发挥不了实质性的作用。物质时代的价值根本，从自然时代保障人们基本生存转变为增加物质经济利益需求，如果说自然时代价值的根本在于让人们过上幸福的生活，那么物质时代价值的根本则是围绕着富裕的生活进行，这也改变了人们的价值观念，相比于幸福生活，殷实、富裕的生活显得更加吸引人。

$$品牌价值 = \frac{利益}{成本} = \frac{品牌利益（利益迭代）}{时间成本 + 精力成本 + 货币成本 + 体力成本}$$

式中，先进的科学技术促使生产规模扩大，使成本稳定下降，因此，品牌利益的迭代提升成为创造价值的重点。企业为创造更大的价值，满足购买者需求，必须使得品牌利益最大化并且伴随着成本尽可能地降低，企业的活动本质是价值创造的过程。

（三）虚拟时代的价值

自然时代人们追求幸福的生活，物质时代人们追求富裕的生活，而虚拟时代人们更在意尊严，最终落脚在对精神层面尊严的追求。虚拟时代，投资核心是为实现衍生品价值增值空间并减少时间损失，是在虚拟时代创造衍生品价值的重要手段。从增值和损失的双向入手，加大增值的空间和减少时间损失都有利于衍生品价值的创造，可以帮助人们真正理解衍生品价值的含义并进行有效的运用，在人气定义价值=增值/损失的基础上，本书详细定义虚拟时代的衍生品价值=增值/损失。由此为将来进一步分析衍生品价值以及如何进行虚拟时代的价值投资的研究奠定理论基础。

创造衍生品价值作为虚拟时代的核心内容，虚拟时代创造衍生品价值（增值/损失）是人们共同的愿望，与前面两种时代特征所表现出来的价值不同，在虚拟时代中，衍生品价值的增值和损失是紧密相关的。

$$衍生品价值 = \frac{增值}{损失} = \frac{替代 + 迭代 + 时代（时代增值）}{时间损失 + 精力损失 + 货币损失 + 体力损失}$$

式中，衍生品价值通过替代、迭代和时代进行增值，这是衍生品价值增值的蓝海。与此同时，体力损失、时间损失、精力损失以及货币损失紧密伴随着衍生品价值的创造。虚拟时代进行投资是最大可能地增加衍生品价值增值同时减少损失，提升时代价值空间可以帮助增值，并且减少损失也是价值创造的一种手段，所以要从增值和损失两方面同时入手。增值和损失是相生相伴的，不仅要注重增值，还要减少损失，分子、分母必须同时加以判断，否则，会出现判断失误。与自然时代的品种价值概念不同，自然时代的产出基本一定，主要考虑投入最小化，分母最小化；与物质时代的品牌价值概念不同，成本是市场的平均成本，主要考虑利益最大化，分子最大化；虚拟时代衍生品价值概念必须同时考虑增值空间和时间损失，分子最大化、分母最小化，是人们突破传统思维的一次重大转变。

价值思维和商科智慧是创造价值的基本保证，利用人气营商、人群营商、人口营商，创造比较、相对和绝对价值是商科的核心，超出人们传统观念过上幸福生活和富裕生活的追求，在证券化的背景下，有尊严的精神生活成为虚拟时代人群跟随的核心。

二、虚拟营商概念创新

自然时代，人们通过器具进行农耕生产，器具在很大程度上影响劳动生产率。另外，自然时代，人们的体力对提升劳动生产率也很重要，器具是农耕生产的生产资料，它可以买卖也可以借用。自然时代人们的需要多样性决定必须以保障人们的基本品种供应为核心，品种的短缺需要靠人们之间的品种交换才能满足人们的需要多样性，进而保证生产生活正常运行。自然时代，人们都是靠体力营生，通过交易满足品种供应。

自然时代变迁到顶峰，也就是最后的铁器时代，依靠简单的手工器具生产越来越不能满足人们的需求层次性，依靠扩大再生产的物质时代到来。扩大再生产是指在扩大的规模上进行再生产过程，其基础是剩余价值中的一部分用于生产性积累。扩大再生产分为外延型扩大再生产和内含型扩大再生产两种。内含型扩大再生产是生产技术和生产要素的质量不变，单纯依靠增加生产资料和劳动的数量、扩大生产场所的办法来扩大生产规模。外延型扩大再生产亦称粗放型扩大再生产，以生产向广度发展为特征（贺娜，2018）。物质时代，通过机器进行扩大再生产，机器的迭代离不开人们的脑力劳动和科学技术的进步，科学技术是第一生产力，只有科学技术提高，机器的迭代速度加快，才能生产更多的优质品牌，满足人们的需求层次性。在物质时代，人们可以获得各种优质品牌，以德国汽车品牌为例，欧美国家在物质时代走在世界的前列，尤其以德国的汽车最为出众，德国的汽车品牌众多，最有影响力的品牌包括奔驰、宝马、奥迪、大众、保时捷、smart、欧宝等，这些都是物质时代人们耳熟能详的汽车品牌。物质时代是以购买作为基本的行为，购买的差异性大、流动性大、周期性和发展性等购买特征进一步明确物质时代中购买的重要性。物质时代营生已不能满足人们的需要多样性，人们必须学会营销，多利益地满足品牌需求，促进交换。

虚拟时代是一个资产证券化的时代，在这个时代，人们依靠多增值和少损失创造相对价值，投资成为虚拟时代的主线。广义上讲，投资指国家或企业以及个人，为特定目的，与对方签订协议，促进社会发展，实现互惠互利，输送资金的过程。同时，又是特定经济主体为在未来可预见的时期内获得收益或是资金增值，在一定时期内向一定领域投放足够数额的资金或实物的货币等价物的经济行为。可分为实物投资、资本投资和证券投资等。前者是以货币投入企业，通过生产经营活动取得一定利润，后者是以货币购买企业发行的股票和公司债券，间接参与企业的利润分配。投资这个名词在金融和经济方面有数个相关的意义。它涉及财产的累积以求在未来得到收益。技术上说，这个词意味着"将某物品放入其他地方的行动"（或许最初是与人的服装或"礼服"相关）。从金融学角度来讲，相较于投机而言，投资的时间段更长一些，更趋向于在未来一定时间段内获得某种比较持续稳定的现金流收益，是未来收益的累积。虚拟时代，人们不再只关注品牌需求的实现，而开始重视增值与损失的变化，这正是虚拟时代投资的含义。因此，在未来的投资形式中，衍生品价值投资将是资产证券化的主流方式，由资本、资产和价值构成的以衍生品价值为主的虚拟时代将是未来投资的主导模式，如图 1-8 所示。

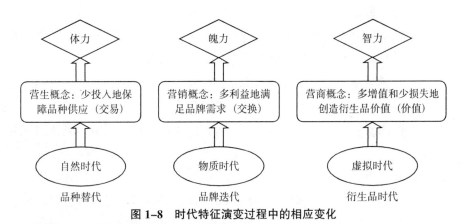

图 1-8 时代特征演变过程中的相应变化

三、虚拟价值载体：衍生品概念创新

物质时代是走向虚拟时代的过程，也是人们从品牌购买走向衍生品投资的过程，投资逐渐代替分配和购买，成为时代主流。从自然时代分配的品种到物质时代购买的品牌最终转变为虚拟时代投资的衍生品。金融衍生品（Derivatives）是指一种金融合约，其价值取决于一种或多种基础资产或指数，合约的基本种类包括远期、期货、掉期（互换）和期权。金融衍生品还包括具有远期、期货、掉期

（互换）和期权中一种或多种特征的混合金融工具。这种合约可以是标准化的，也可以是非标准化的。标准化合约是指其标的物（基础资产）的交易价格、交易时间、资产特征、交易方式等都是事先标准化的，因此，此类合约大多在交易所上市交易，如期货。非标准化合约是指以上各项由交易的双方自行约定，因此具有很强的灵活性，比如远期协议。

金融衍生产品是与金融相关的派生物，通常指从原生资产（Underlying Assets）派生出来的金融工具。其共同特征是保证金交易，即只要支付一定比例的保证金就可进行全额交易，不需实际上的本金转移，合约的了结一般也采用现金差价结算的方式进行，只有在满期日以实物交割方式履约的合约才需要买方交足贷款。因此，金融衍生产品交易具有杠杆效应。保证金越低，杠杆效应越大，风险越大。广义上讲，在虚拟时代中，只要能进行投资，具有一定价值的都可以称作是衍生品。衍生品的原本含义也发生变化，为更为清晰地展现虚拟时代研究的意义和特征，本书对品种、品牌和衍生品的概念重新进行阐述。

品种泛指保障生活需要的各种物品，在自然时代，是一种以劳动生产自给自足为特征的经济形态，生产力水平低下，以农业生产为主业，以手工业生产为副业，品种主要指保障人们基本生存的所有东西，包括粮食、棉花等农作物；物质时代的变迁，品种被赋予新的内涵，即经济活动中涉及实体流动的物质资料；虚拟时代中，品种除指能够保障人们基本需要供应的东西和涉及实体流动的物质资料之外，品种可以转化为各种衍生品期货进行投资。无论社会如何发展，品种始终被定义为保障品种供应，分配为主的，可以购买，也可以投资，具体表现为品种的价格。

品牌的狭义概念是指被生产出的产品。品牌的概念始终与市场紧密相连，从现代市场营销的观点看，品牌是指人们向市场提供的能够满足顾客品牌需求和欲望的物体。品牌的含义涉及对象、概念、符号三个彼此相关的维度。对象即为品牌的客观物体，其外形、色泽、营养价值、安全性、包装式样和产地来源等要素构成品牌的使用价值。品牌是任何一种能被提供以满足市场欲望和需求的东西。品牌是通过购买来满足市场需求，品牌核心是通过技术生产出来的，自然时代的品种在物质时代就成为品牌，但在虚拟时代，品牌变为衍生品用来投资，是通过企业发行股票，股票变成衍生品，形成股价，用来投资。

基于对虚拟时代的研究，对衍生品赋予新的含义，衍生品是通过价值思维发现的，具有虚拟价值属性，能进行投资的、创造价值的东西，无论品种还是品牌，凡是能进行投资、创造虚拟价值的都是衍生品。关于衍生品的新概念、新理论，均能全面地、真实地反映和概括衍生品世界和衍生品投资活动。"物有所值"与"物之所值"是以物质通过投资并进入消费领域创造出衍生品价值为条件才能计量的，衍生品积压在仓库里和货架上，无人能承认其使用价值和价值，按照生产的数量和市场的价格来计算产量和产值没有实际意义，创造价值，才能使衍生品成为真正意义的衍生品；投资才能使衍生品的价值真正得以实现；只有投资创造价值，衍生品生产的实际意义才能够被承认，如表 1-4 所示。

表 1-4　品种、品牌和衍生品在不同时代特征下含义的变化

	自然时代	物质时代	虚拟时代
品种	保障人们基本生存的所有最基本供应的东西，包括大米、面粉、棉花、大豆等粮食品种	物质生活中涉及实体流动的物质资料，保障工业生产的正常进行所需最基本供应的东西，如金属材料、塑料、水泥等，顾客购买的所有产品构成	证券化的金融产品种类，如股票、期货、期权等金融品种
品牌	自然时代中的能满足人们某种需求和欲望的任何东西，如中国的丝绸、陶瓷	能够提供给市场，被人们使用和消费，并能满足人们某种需求和欲望的任何产品名称。如一汽、宝马、奔驰等产品品牌	金融产品的行业（地区）、计价方式划分，如上海主板A股、深圳主板A股
衍生品	自然时代能够创造价值的任何东西，如古玩、字画等大宗商品期货	物质时代能够创造价值的任何东西。如有价证券——股票、金属材料大宗商品期货	证券化的金融品种、品牌，能够创造虚拟价值的东西。如股票、利率、汇率、期货等金融产品品种、品牌

四、婚姻制度创新：优化婚姻

虚拟时代的到来，婚姻制度也发生变迁，影响每一个家庭和孩子的成长，引起人们的广泛关注和社会学家的研究。但是，从另外一个角度看，它是时代变迁的必然产物，是时代进步的表现。虚拟时代，这种注重精神层面的优化婚姻是一种巨大的时代进步。

自然时代的婚姻特征是确定婚姻，确定婚姻可以保证人们有吃有穿，家庭稳定，是人们向往的幸福生活方式。在自然时代，农耕生产是主要的时代生产活动，在早期还不发达的石器时代，器具可以极大提高劳动生产率，作为家庭主要劳动力的男性在社会上占据着主导地位，拥有大量的生产物资的人也是男性。人们看重婚姻，父母凭借自己的丰富经验帮助儿女，包办婚姻成为常态，父母运用自己的婚姻经验进行判断，希望儿女过上有吃有穿的幸福生活，所以出现自然时

代的"嫁鸡随鸡"的现象，在那个时代实属正常，结婚生子，很少离婚，是道德约束。女人嫁男人，男人必须劳动，照顾家庭妻子和儿女，女人也只能靠男人的体力劳动生活，先结婚后恋爱成为常态。

物质时代的机器化大生产，不仅解放生产力，而且改变了人们的生活方式——男女获得同等的工作机会，女性在家庭中的地位逐步上升，并拥有平等的话语权。由于机器的大规模发展，女性没有必要依附男人的体力，而且一男一女，生活上互利，两人都工作赚钱一起花，比较节省，容易富裕，也没有办法分清钱是谁赚的，而且财产是夫妻共同的。所以人们选择婚姻制度稳定婚姻，男人中的大部分人不可能让女人没有工作而实现家庭富裕。物质时代，人们必须选择稳定婚姻，通过法制规范人们的婚姻行为，使全社会绝大多数人过上稳定婚姻、少生少育的富裕生活，是物质时代的主流看法。

虚拟时代的优化婚姻是适应人们追求美好的生活——尊严的精神生活。虚拟时代人们所认同的美好生活不仅是幸福生活和富裕生活，还要追求更加高级的精神生活。人们为赢得尊严，愿意在追求幸福和富裕生活的同时，更加追求获得时代的认可，在道德、法制的框架下，优化自己的婚姻，可以自由离婚，选择适合自己、提升自己的配偶，不会被传统的婚姻所束缚，各自追求自己尊严、快乐的精神生活。虽然法制再也不会强求必须保持婚姻的稳定性，但是，违反法治和相关政策规定的婚姻，处理不好就会影响人的名誉。没有名誉就没有尊严，在虚拟时代，优化婚姻是婚姻制度的更加高级形式，优化婚姻处理得好，既可以获得名誉，又可以使自己过上尊严生活。但也不是人们想象的那么简单，优化婚姻就是可以随便离婚，离婚不是目的，优化才是核心，特别是具有名人效应的婚姻更加需要谨慎，优化婚姻会起到示范作用，影响整个时代，受到时代的跟随。

综合上面分析可以看出，拥有尊严的精神生活是虚拟时代婚姻得以变迁的前提，因此人们追求优化婚姻，并没有改变传统的确定性、稳定性婚姻，才会得到整个时代的认同。但虚拟时代的优化婚姻要求婚姻的任何一方都必须努力，否则就会被婚姻的另一方淘汰。物质时代，为物质需求的满足，维持的稳定婚姻在虚拟时代将会大大降低，优化婚姻可以带动确定性、稳定性婚姻，同时对于离婚的双方也是平等的，只要双方各自努力，都会享有重新寻求尊严精神生活的权力。

五、人口制度创新：适量生育

放开生育二胎的呼声，终于得到社会和政府的真正响应，人们从不同的角度理解生育二胎的意义和背景，这些说法都有其合理性。有人说生二胎是人口老龄化，中国人口红利下降；有人说体现生育公平；有人说放开生育二胎存在缺点，会增加就业压力、环境压力。本书从新时代的生育观念的转型探讨放开生育二胎的必然性。

自然时代，人们主要停留在吃饱肚子的阶段，在机器出现以前，靠人的体力生产，劳动生产率低下。因此，自然时代人们选择的生育观是大量生育。在自然时代，大量生育是为解决劳动力贫乏的问题，这也是自然时代人们"重男轻女"思想形成的原因。一个家族只有拥有大量健康的男性劳动力，这个家族才会人丁兴旺，不愁吃喝，过上幸福的生活。但是，自然时代卫生医疗条件都比较差，高强度的劳动使人们缺乏营养，所以人口寿命普遍较短，生育多，但死亡率也高，人口老龄化不严重，人口数量不会高速增长。

物质时代，许多国家的人们都选择少量生育。物质时代温饱问题不再是困扰人们生活的主要问题，经济迅速发展，城镇化水平不断提高，人口大量向城市聚集。而且随着人们生活水平的提高，人的寿命延长，城市人口迅速暴涨，为保障城市人口的就业，资源的有效分配、减少人口过快增长，产生环境污染，所以物质时代必须树立少量生育的观念。物质时代是一个机器大生产的时代，许多生产活动机器可以代替人进行生产，根本没有必要通过大量生育来获得劳动力，相反，大量生育可能会导致许多人失业，成为社会不稳定的因素，所以人们必须树立少量生育的观念，物质时代的大多数人必须实行计划生育。生育越多，工作岗位就要越多，生育越多，占用社会资源就越多，而且人的平均寿命在物质时代又得到延长，所以就业压力更大，这是一次深刻的人口政策的变革，人口少不影响家庭的富裕生活的实现。

人类进入虚拟时代后，人口政策随着时代的变迁，又要发生根本改变。少量生育的生育观念不能适应虚拟时代，人们选择的生育观念是适量生育，为防止人口老龄化，国家开始放开二胎。实践结果也充分说明，人们不可能回到大量生育的自然时代，因为虚拟时代人们虽然不用担心温饱问题，但是，大量生育相反地会因为教育、医疗和住房问题而给一个家庭带来重大的负担，因此，虚拟时代每个家庭应该根据自身情况适量生育。同时，也要抛弃物质时代少量生育的生育观念，少量生育会使一个国家面对人口老龄化带来的诸多问题。首先，少量生育的观念使独生子女的养老压力较大，不利于抵御家庭风险。独生子女家庭不论是老人还是子女出现意外，都会给家庭带来沉重的打击。老人出现问题，子女无法照顾。子女出现问题，给这个家庭带来的是一生的痛苦。其次，少量生育会使一个国家的人口红利丧失，劳动力成本提升。因此，虚拟时代，人们应该树立适量生育的观念，才能使虚拟时代的总人口出生率不至于下降过快，让能够生育和希望生育的家庭适量生育，解决时代变迁产生的人口老龄化、劳动力成本过高、家庭养老负担过重等问题，即使这样鼓励生育，虚拟时代人口的总体出生率还是下降，有些地区和国家出现人口负增长，如果还是沿用物质时代的少量生育，一家一个孩子，"一刀切"的政策，不符合时代变迁的要求，也不利于和推动虚拟时代生育观的进步。价值创造是靠具有极高智慧的人，而适量生育是在足够数量的人中，培养优秀的金融人才的必然选择，不是简单地就业，而是创新创业人才。不同时代人口制度如表 1-5 所示。

表 1-5 不同时代人口制度

时代特征	自然时代	物质时代	虚拟时代
人口政策	大量生育	少量生育	适量生育
时代推动力	保障品种供应	满足品牌需求	创造衍生品价值
时代角度	大量劳动力意味着可以充分利用器具和体力	机器代替人，人少同样过上富裕生活	依靠智慧、创造衍生品价值才能过上尊严生活

第四节　虚拟时代的特征

虚拟时代是在自然时代和物质时代的基础上发展起来的，具有更加高级、复杂的时代特征，在这个时代特征中，投资创造虚拟价值是这个时代的主题，而且围绕投资和虚拟价值创造会形成不同于以往的社会特征。本书依据丹尼尔·贝尔对时代特征的划分标准，从职业、资源、社会精英等方面进行对比，分析虚拟时代的一些基本特征，如表 1-6 所示。

表 1-6 虚拟时代的特征

	自然时代	物质时代	虚拟时代
部门	以消耗器具为主	以机械制造业为主的行业	以金融服务为主的行业
职业	农民、猎人、渔夫	工人、工程师	金融服务人员、金融分析师

	自然时代	物质时代	虚拟时代
资源	器具	机器	互联网
资源配置	体力	魄力	智力
社会主导	品种供应	品牌需求	衍生品价值
战术	地广人稀	工艺精细	思维循环
方法论	归纳、记载	实验、定量	形象、演绎
时间观点	替代观	迭代观	时代观
中轴原理	以传统主义为轴心，考虑土地和资源的控制	以经济增长为核心，强调国家或私人对投资决策的控制	以价值创造为核心，大学、研究机构和智库成为中轴结构，智力、商科教育重要性增强
社会主体	工匠	工程师	金融分析师

一、虚拟价值思维

（一）自然时代——局限思维为主

在自然时代，人们的思维受着各种各样的局限，来自于文化的、地理的、阅历的以及时代的。时代的局限思维是指历史上人们由于其所处的时代背景不同，所造成的思想上、认识上的局限性。在那个时代，人们不用考虑物质生产，也不用考虑虚拟投资，因为自然时代思维的局限性，人们只是简单地考虑使用器具生产更多的粮食而不至于让一家人挨饿。而且，自然时代，由于交通运输工具不发达，人们只能被局限在某一片很小的区域，学习自己部落的文化、习俗。所以，欧洲的哥伦布发现新大陆（美国）之前，人们一直以为地球是平面的，地球才是宇宙的中心，这些都是自然时代人们的思维局限性造成的。因此，自然时代以局限思维为主。人们需要打破自己的认知，所以，人们应该尽量地去与世界接触，去认识更多的人，去看更多的风景，去经历更多的事情。这样才可以拓宽自己的视野，更全面地认识整个世界。

（二）物质时代——表象思维为主

进入物质时代，人们的思维以表象思维为主。从自然时代变迁到物质时代，科学技术飞速发展，人们制造出各种各样的交通运输工具，随着哥伦布发现新大陆以及麦哲伦环绕地球的航行，自然时代思维的局限性逐渐被打破，开始进入物质时代的表象思维。表象在哲学上的含义是指基于知觉在头脑内形成的感性形象，包括记忆表象和想象表象。前者指感知过的事物不在面前而在脑中再现出来的该事物的形象；后者指对知觉形象或记忆表象进行一定的加工改造而形成的新形象。表象具有直观性，但不如知觉映像鲜明、完整和稳定，具有一定的概括性，是从感知过渡到思维的中间环节。表象思维的形成过程也受到人们的已有经验的影响，当眼睛看远处的物体时，并不是严格遵循透视法则，人们并不像照相机一样把远处的东西看成很小。长期生活在热带雨林中的部落，由于没有看远处东西的经验，故他们走出雨林，就会把远处的东西看得很小。同样，一般人由于没有从高处往下看东西的经验，故当从高楼上往下看时就会感觉到地面的人很小，而长期从事高空作业的人员眼中地面上物体就不会变小。物质时代的表象思维就是人们只看到机器大生产创造出能够看得见的经济总量（GDP），经济高速发展。而不能看到总量后面的均量，在经济高速发展的同时难以保障发展的质量。

（三）虚拟时代——形象思维为主

在虚拟时代，局限—系统、表象—联想的思维方式很难进行价值投资，局限思维很难对衍生品价值做出判断，表象思维只能看到眼前的利益，从而忽略衍生品长远的投资价值，因此，虚拟时代的衍生品价值只能靠形象思维判断。

所谓的形象思维，主要指人们在认识世界的过程中，对事物表象进行取舍时形成的，是用直观形象的表象而解决问题的思维方法。形象思维是在对形象信息传递的客观形象体系进行感受、储存的基础上，结合主观的认识和情感进行识别（包括审美判断和科学判断等），并用一定的形式、手段和工具（包括文学语言、绘画线条色彩、音响节奏旋律及操作工具等）创造及描述形象（包括艺术形象和科学形象）的一种基本的思维形式（熊炜、孙少艾，2018）。在虚拟时代中，人们树立形象思维，依靠推理是时代变迁的主要趋势。时代正在变迁，人们的形象思维正在逐渐形成。表1-7是不同时代思维方式的差异和特点。

表 1-7　不同时代思维方式的差异和特点

	思维特点	制胜条件	追求目标
自然时代	局限—系统	实践	幸福
物质时代	表象—联想	学习	富裕
虚拟时代	形象—演绎	思考	尊严

人类刚进入虚拟价值时代，未来如何发展，虽然不能准确判断，但还是可以对未来做出预测的。文学才能和科学技术是虚拟价值时代的基础，但不可能引领时代的变迁，只有价值思维才能引领时代变迁。以文学为基础，科学的支撑、价

值思维的发展是相互配合引领社会向前的动力，只是随着时代的变迁，价值思维要符合时代变迁，更加显现出比较价值、相对价值、绝对价值。本书利用人们的形象思维寻求四个投资决策，以进行价值创造，创造人群跟随的相对价值最大化。如图1-9所示。

图1-9　价值投资四个决策

二、虚拟时代主体的转变

时代变迁只有在确定时代主体的基础上，厘清每个时代的主体对于时代变迁的促进作用，才能正确跟随主体人群，不与时代脱节。区分不同时代的主体可以帮助人们更好地理解时代变迁的关键。

（一）自然时代的主体——军事

自然时代以品种供应为核心。器具可以用来进行农耕生产，满足人们的需要多样性。同时，青铜器和铁器也被用来进行战争，各个部落为争夺领土和权力频繁地进行战争，器具是影响战争胜败的重要因素之一。比如三国时期的诸葛连弩，诸葛连弩是三国时期蜀国的诸葛亮制作的一种连弩，又被称作元戎弩，一次能发射十支箭，火力很强，多次帮助蜀国在同魏国的战争中取得胜利。在自然时代，皇亲国戚、世家大族为维护皇权，保证权力的稳定，拥有一支强大的军队成为关键，军队的规模大小以人的数量衡量，而军事以设施为主，是自然时代保证权力、赢得权力的根本保障，就像伟大领袖毛泽东曾经说过的"枪杆子里出政权"，因此，军事成为自然时代的主体。

所谓军事，就是有关军队和战争的事情或事务。古今中外军事实力的概念不是一成不变的，不同的时空有不同的内容。战国时期处于奴隶制社会崩溃封建制社会建立的大变革时期，此时"军事实力"的概念相比以往更加复杂。自然时代各国的地位就是靠军事实力体现出来的，当时军事实力第一名是秦国。秦国占有整个西部地区，拥有成都平原，后来韩国为了削弱秦国国力，派间谍郑国去修水渠，想借此来消耗秦国的国力，不料秦国修了水渠以后国力不但没有损耗，反而变得更加强大了。在政策、经济、文化、军事等领域都遥遥领先其他国家。从灭楚之战可以动员60万大军，加上其他防守的军队秦国至少有80万大军，秦国士兵单兵作战能力也高于别的国家。所以综合实力排名第一。第二名是楚国，之所以把楚国排在第二位，是因为楚国的疆域确实太大了，整个江南地区、淮河领域，方圆5000里，虽然被秦国打败几次，但组织百万军队参加战斗不是一件很困难的事情，南方生产水稻，但那个时候的南方不像现在这么发达，虽然领域很大，但很多地方都没开发。所以总兵力要少于秦国。而项燕可以打败秦国名将李信带领的20万大军，所以楚国的总兵力在40万~50万。第三名是赵国，其实赵国也是可以排到第二位的，因为赵国自赵武灵王胡服骑射改革，大大地提高了军事力量，灭了一些小国家，拓土千里。国家实力大大地增强，而且也是战国末期唯一可以以一国之力击败秦国的国家，但长平一战伤亡45万大军，精锐损失殆尽，而且被灭国前邯郸发生了地震旱灾，百姓流离失所。但廉颇仍可以带领5万赵国士兵击败10万入侵燕国大军，可见赵国士兵非常勇敢，到最后总兵力大约在20万。第四名是齐国，齐国在战国后期几乎没什么战事，因为齐国被秦国拉拢过去了，其他国家向齐国求救时，总是被拒绝。齐国认为只要听话，秦国是不会打它的。齐国在最东方，靠近大海，煮海水卖盐，发展经济，军队战斗力不是很高，但由于一直没怎么打仗，所以人口不少，到了秦国消灭别的国家时，齐国估计也有近20万的大军，所以综合排名第四。第五名是魏国，魏国在战国初期非常的强大，秦国几乎也是被魏国压着打的，但后来经过马陵之战，魏国精锐死伤大半，名将庞涓战死。魏国的霸主地位渐渐消失了，而且魏国处于大平原，是个四战之地。易攻难守。连年征战，战败就割地求和，所以国土越来越小。但中原大地，生产小麦。人口稠密，所以即使如此。组织15万大军抗秦问题不大，所以综合排名第五。第六名是燕国，燕国在赵国东北，由于赵国的强大，所以自己没办法向南拓展，向北拓展都是少数民族，而且北面气候寒冷，天气恶劣，不太适合居住。之前燕国趁赵国长平之战伤亡45万大军的情况下，想率领大军攻占赵国城池，典型的乘人之危，结果被廉颇击败，并且割地给赵国才算完事，所以可以看出燕国确实比较弱，最后估计也就10多万人，综合实力排名第六。最后一名是韩国，韩国国土面积最小，人口最少。整个战国时期没打赢过谁，秦国消灭各国时，韩国是第一个被灭的，而且没用王翦、王贲这样的名将，所以只能排到最后一名了。战争时期一国的军事实力就是其军队在战争中的作战能力。而作战能力又取决于军事战略、军事制度以及后勤供给等。军事战略是一国军队战斗力的政策保障，军事制度是制度保障，军事后勤供给是物质保障。

（二）物质时代的主体——实体

随着物质时代的到来，大量实体企业如雨后春笋般涌现出来，机器的出现和劳动分工使得生产率大大提高，经济迅速发展。实体经济，指一个国家生产的商品价值总量，是人通过思想使用工具在地球上创造的经济，包括物质的、精神的产品和服务的生产、流通等经济活动，包括农业、工业、交通通信业、商业服务业、建筑业、文化产业等物质生产和服务部门，也包括教育、文化、知识、信息、艺术、体育等精神产品的生产和服务部门。实体经济始终是人类社会赖以生存和发展的基础。当前，我国经济增长仍存在下行压力，稳增长、调结构、促改革、惠民生和防风险的任务还十分艰巨，全球金融市场近期也出现较大波动，需要更加灵活地运用货币政策工具。为此，央行决定，自2015年8月26日起，实施降息及"普降+定向"降准的"双降"组合措施。至此，央行已累计进行多次降息、降准。降准降息，主要是为了进一步促进降低社会融资成本，支持实体经济持续健康发展。同时，根据银行体系流动性变化，适当提供长期流动性，以保持流动性合理充裕。实体经济借助于虚拟经济，表现为两点：第一，虚拟经济影响实体经济的外部宏观经营环境。实体经济要生存、要发展，除了其内部经营环境外，还必须有良好的外部宏观经营环境。这个外部宏观经营环境就包括全社会的资金总量状况、资金筹措状况、资金循环状况等。这些方面的情况如何，将在很大程度上影响到实体经济的生存和发展状况，而这一切都与虚拟经济存在着直接或间接的关系。因此，虚拟经济的发展状况如何，将在很大程度上影响到实体经济的外部宏观经营环境。第二，虚拟经济为实体经济的发展增加后劲。实体经济要运行，尤其是要发展，首要条件是必须有足够的资金。事实证明，虚拟经济发展的阶段不同，对实体经济发展的影响也不同，即虚拟经济发展的高一级阶段对实体经济发展程度的影响，总比虚拟经济发展的低一级阶段对实体经济发展程度的影响要大一些。反之，则会小一些。

1776年3月，亚当·斯密在《国富论》中第一次提出劳动分工的观点，并系统、全面地阐述劳动分工对提高劳动生产率和增进国民财富的巨大作用。劳动分工是指人们社会经济活动的划分和独立化、专门化。具体地说，分工是人们在经济活动过程中技术上的联合方式，即劳动的联合方式，简称劳动方式，马克思称之为生产方式或生产技术方式，它属于生产力范畴。这种生产方式或生产技术方式的存在与其所处的特定社会生产关系没有直接的联系，它是技术进步和生产社会化的产物，由生产资料和劳动者的技术发展水平，特别是生产工具的性质和状态所决定。"劳动的组织和划分视其所拥有的工具而各有不同。手推磨所决定的分工不同于蒸汽磨所决定的分工。""工具积聚发展了，分工也随之发展"，"机械方面的每一次重大发展都使分工加剧"。亚当·斯密最早提出了分工论，在当时起到了重要作用，因为分工可以提高效率，所以 20 世纪初，亨利·福特就把生产一辆车分成了 8772 个工时。分工论成为统治企业管理的主要模式。劳动分工理论对于管理理论的发展具有十分重要的作用，后来的专业分工、管理职能分工、社会分工等理论，都与斯密的这一学说有着"血缘关系"。由于反复操作可以精于某项技巧，减少工作转换次数，分工使人专于一行，可避免反复支出培训费用，因此专业化分工可以提高劳动熟练程度，节约劳动转换时间，节约培训成本。同时，分工程度较高时，个人责任清楚，工作内容简单，易监督，监督成本相应较低。减少时间、体力等成本可以提高品牌价值，因此，物质时代机器的发明以及劳动分工的出现，成为提高品牌价值的基础。越是先进的机器越有利于提高生产率，机器的快速迭代离不开科学技术的发展。物质时代人们的需求越来越多，都需依靠先进的技术和多样的机器实现，所以大力发展科学技术是全世界任何一个国家均大力提倡和追求的目标。

物质时代以富裕来衡量一个国家的实力，而在掌握技术基础之上迅速发展起来的企业成为物质时代变迁的巨大动力之源，大型企业甚至成为衡量一个国家经济实力的重要体现，物资时代的主体从自然时代的"军事"转变为物质时代的"实体"，实体企业大多被掌握在企业资本手里。

（三）虚拟时代的主体——金融

当某一个国家只关注国家的经济总量，人们只关注富裕的生活时，实际上这个国家的物质时代已经走向末期，以"实体"为主体的物质时代正在结束，人们逐渐开始关注证券市值。金融危机频发使人们更加清醒地认识到，时代已经变迁并进入虚拟时代，人们从重视富裕的生活转而追求有尊严的生活。这说明，在虚拟时代，人们的尊严已经超过自然时代的幸福和物质时代的富裕，尊严是虚拟时代人们的追求。

虚拟经济来源于实体经济，主要表现为三点：第一，实体经济为虚拟经济的发展提供物质基础。虚拟经济不是神话，而是现实。因此，它不是吊在天上，而是立足于地下。这从根本上决定了无论是它的产生，还是它的发展，都必须以实体经济为物质条件。否则，它就成了既不着天也不着地的空中楼阁。第二，实体经济对虚拟经济提出了新的要求。随着整体经济的进步，实体经济也必须向更高层次发展。否则，它将"消失"得更快。实体经济在其发展过程中对虚拟经济的新要求，主要表现在对有价证券的市场化程度上和金融市场的国际化程度上。也正是因为实体经济在其发展过程中，产生了博弈实体经济学，特别是使得它能够发展，否则，虚拟经济就将会成为无根之本。第三，博弈实体经济学是检验虚拟经济发展程度的标志。

虚拟经济的出发点和落脚点都是实体经济，即发展虚拟经济的初衷是为了进一步发展博弈实体经济学，而最终的结果也是指导实体经济。这样，博弈实体经济学就自然而然地成为了检验虚拟经济发展程度的标志。既然虚拟经济与实体经济间存在着密不可分的关系，就必须对它们进行很好的处理，不然会影响到它们的正常发展。虚拟经济与实体经济都有其各自独特的功能，所以应对它们应坚持以下几种原则：一是一视同仁原则，不能对任何一方采取歧视态度，以免顾此失彼。二是统筹兼顾原则。二者之间有着相互依存、相互促进的关系，因而就不应该对它们任何一方采取偏颇的态度，在宏观经济的规划上，在战略的部署上，在人才的培养上，在措施的运用上，都应统一谋划。三是均衡发展原则。事实已经证明并将继续证明，虚拟经济与实体经济对整个市场经济都有促进作用。这就决定了在它们的速度发展上，在它们的规模形成上，在它们的比例确定上，在它们的计划安排上，都应相互兼顾。四是协调一致原则。经济发展的实践已经并将还会告诉我们，虚拟经济与实体经济，毕竟是两种性质不同的经济形式或形态，它们各自的运行方式、经营特点、行为规范、内在要求、营销策略、服务对象等，都是不尽相同的。在这种情况下，两者之间就有极大的可能会出现或产生矛盾。其具体表现要么是实体经济脱离虚拟经济而独自发展，要么是虚拟经济超越实体经济而"突飞猛进"。事实证明，后者是主要现象，其结果就是所谓的"泡沫经济"。因此，为了防止和遏制泡沫经济的产生或出现，就必须要坚持协调一致的原则。

虚拟经济可以促进社会资源优化配置，资本市场的价格发现功能即发现虚拟资本所代表的权益价格，是实现增量资本在实体经济各部门之间优化配置的基本工具。虚拟经济通过有效的信息揭示及相应的金融创新，可以处理因信息不对称所产生的激励问题；可以通过资产价格的信息功能来判断企业经营的好坏、投资业绩的优劣，使虚拟资本可以迅速从效益低的领域流向效益高的领域，促进优良企业的快速发展，不断对资源进行重新分配和重组，提高实体经济的运作效率；为实体经济提供金融支持，随着实体经济的不断发展，居民储蓄的不断上升会限制生产投资的增长，使许多生产过程因缺乏投资被困在没有经济效益的规模上。虚拟经济以其流动性和高获利性吸引大量暂时闲置和零散的资本投入股票、债券和金融衍生品等虚拟资本上，全社会的沉淀资本由此投入实体经济中，满足实体经济发展过程的资金需要。如银行系统通过储蓄存款将社会上的闲散资金集中起来，由贷款、投资等方式让企业在证券市场上通过发行股票、债券、票据、可转换债券等金融工具吸收社会闲散资金，满足其进一步发展之需。由于金融市场上融资渠道的拓宽、融资技术的提高、融资成本的下降，使储蓄转化为投资的渠道更通畅、更便捷，为实体经济的发展提供了坚实的融资支持；有助于分散经营风险，各项投资经营活动常会遇到来自各方面的风险，特别是当经济发展中间接融资比例过高时，据统计，中国 2001 年末境内股票融资与银行贷款增加额的比例仅为 9.15%，这不仅使金融风险集中于银行和相关金融机构，也加大了企业的利息支出使成本开支上升。而虚拟经济的发展则为风险转换为现实收益提供了转换机制，成为规避风险的重要手段，如期货、期权等金融衍生工具产生的最初动机，就是为了套期保值和转移风险。如果没有多种多样的保值方式和避险手段，从事实体经济活动的主体就只能自己承担风险，从而使实体经济的发展受到抑制。有利于产权重组深化企业改革，虚拟经济的发展使实物资产商品化、证券化，不仅在技术上解决了实物资产转让的困难，更可以打破所有制、地区和行政隶属关系的界限，通过产权的分割、转让、组合和控制等手段加速资本流动，促进企业完善组织制度。所有权与经营权分离的组织形式，使公司管理更加科学、规范，财务制度、奖励制度更加健全。由此企业处于股东的监督、股票价格涨跌的压力以及证券监管机构的监督制约之中，只有经营管理水平高、经营效益好的企业才能在发行市场上筹集到大量资金，有利于企业形成良好的风险控制机制和合理的财务结构。

虚拟经济在发展过程中呈现出一些新的特点：虚拟性更强，20 世纪 70 年代后金融衍生品的不断出现使其离实体经济越来越远，据统计，在金融市场上的外汇交易有 90% 以上是和投机活动相关的；风险性更大，金融衍生工具的运用可以使较小资本控制几百倍的资金，有着明显的放大效应从而加剧风险；稳定性更差，同实体经济比较而言，影响虚拟经济变动的因素更多，其稳定性更差。如果虚拟资本在现代经济中过度膨胀则会对实体经济产生负面影响。

虚拟时代创造衍生品价值（增值/损失）是人们共同的愿望，增加增值蓝海、减少损失，是虚拟时代的人们必须学习和掌握的本领，否则，会被时代摒弃（增值减少、损失加大）或者停滞变迁。追求尊严和提高智力是创造价值的基本保证。为创造价值，虚拟时代人们的形象思维必须来自金融，金融成为推动虚拟时代进步的重大推动力，金融的核心是方法和工具。人们必须进行金融学的学习，需要形象思维来抽象，形象思维是通过对实体的不断学习和思考而培养的。在虚拟时代中，金融分析师为投资人服务，特别是知名的特许金融分析师必须为投资人服务，与投资人结合，以赢得尊严，所以金融成为虚拟时代的主体。

虚拟时代中，时代主体的变化具有优化性，必须紧紧抓住契合的思想，寻求时代创新，只要创新演绎思维，就可以创造衍生品价值。本书的研究表明，虚拟时代主体必须运用人群跟随、路径规划、系统动力、组合优化四个决策创造相对价值。

本章练习

简答题

1. 简述虚拟时代提出的意义。

2. 简述三个时代的价值区别。

3. 如何理解虚拟时代以创造价值为核心？

4. 如何理解虚拟时代中的优化婚姻？

5. 简述虚拟时代的特征。

第二章 人群营商理论支撑

第一节 人群营商研究的理论背景

根据前一章对三种时代特点的演变以及虚拟时代到来的相关论述，可以看出虚拟时代的人群营商显得越来越重要，在研究人群营商理论之前，有必要认真回顾和总结关系营销的理论背景。在物质时代快速发展的市场经济中，关系营销作为高级营销学无处不在，在企业或组织的各种营销活动中体现出来。

一、关系营销学的发展

自古以来，人际关系就是组织间关系的基础。在社会性纽带与结构性纽带中，中国的关系营销更重视社会性纽带。企业在从事营销活动时，会不遗余力地发掘、建立和利用各种社会性纽带，如亲缘、地缘、神缘、业缘和物缘等，进行所谓的"五缘文化营销"（林有成，1978）。"熟人好办事"，就是这种现象的一个最直白的描述或表达。

为了能适应市场发展的要求，并更好地保证企业的竞争优势，关系营销便应运而生。Gurtner H. P.（1983）认为，20世纪80年代是美国经济发展滞缓但营销繁荣的时代，营销学者们创造了很多新的概念和思想，推动企业在这个缺乏生机的经济环境中求得生存和寻求突破，期间主要的营销思想包括"营销战""内部营销""全球化营销""本地化营销""关系营销""大市场营销"等。其中，关系营销影响深刻，它主张以关系替代交易，它标志着营销学研究的关系范式。

20世纪80年代，新型商业组织不断出现，这种组织重视公司间的合作伙伴关系，强调关系管理而非市场交易，公司之间的关系从"单纯的竞争关系"演变成为"竞争与合作的关系"(Webster R. G., 1984)。此外，战略管理理论，特别是战略联盟、战略合作关系理论的不断成熟，对关系营销理论发展带来了极为深远的影响（Schroeder James L., 1985）。

Thorelli（1986）提出，由于维持与客户和供应商的长期、战略伙伴关系变得越来越重要，组织必须提高关系管理的技巧。Jagdish Sheth、Parvatiyar（1995）更明确指出，营销研究的重心已由交换向关系转移。由此，世界营销进入关系范式的新时代。经过几十年的发展，使得关系营销形成了以建立、维护、促进、改善、调整"关系"为核心的理论体系，这是对传统营销观念的一大变革。美国学者唐·舒尔茨于1999年提出4R理论，该理论总结了之前理论的利弊，并结合了当时的营销环境及其特点，指出企业应从关系（Relationship）、关联（Relevance）、反应（Reaction）和回报（Reward）四个方面来进行营销活动。作为一种全新的营销理论，该理论一经提出，便迅速传播到世界各地，并引起了大量学者的关注和研究。与4P和4C理论相比，4R理论是在新的平台上概括了营销的新框架，它不但重视企业的内部和外部，而且更加注重内部和外部的联系。4R理论体现并落实了关系营销的思想，通过关联、关系和反应，提出了企业如何主动创造需求、建立关系、长期拥有客户、保证长期利益的营销方式。可以说，4R是21世纪营销理论的创新与发展，它对营销实践产生了积极而重要的影响。

在1996年又出现了更为全面的定义："关系营销是为了满足企业和相关利益者的目标而进行的识别、建立、维持、促进同消费者的关系并在必要时终止关系的过程，这只有通过交换和承诺才能实现。"市场营销专家巴巴拉·B. 杰克逊（Jackson B. B., 1985）从营销的角度将关系营销描述为"关系营销关注于吸引、发展和保留客户关系"。摩根和亨特（Morgan and Hunt, 1994）从经济交换与社会交换的差异来认识关系营销，认为关系营销"旨在建立、发展和维持关系交换的营销活动"。顾曼森（Gummesson, 1990）则从企业竞争网络化的角度定义关系营销，认为"关系营销就是市场被看作关系、互动与网络"。库特在他的一篇文章中，将众多针对关系营销的研究成果划分为三个大流派：英澳流派、北欧流派以及北美流派。库特认为，英澳流派主要建立在克里斯托弗、佩恩和巴伦泰恩的研究基础之上，强调的是将质量管理、服务营销理念和客户关系经济学紧密地联系在一起。北欧流派来源于以克伦鲁斯为代表的北欧学者们的研究成果，建立在将物质营销的互动网络原理、服务营销理念以及客户关系经济学相结合的理论基础之上。北美流派则主张在企业内部就买卖双方的关系进行强化教育，并相应地提高企业在这方面的经营管理水平，其中以贝瑞和李维特的研究成果最具代表性。

1999 年，Morgan 与 Hunt 用承诺与信任理论来揭示关系营销的本质。他们首先将企业面对的关系分为四个方面、十种关系：第一，供应者方面，包括与原材料供应者和服务供应者两种关系；第二，横向关系方面，包括与竞争者、非营利性组织和政府机构三种关系；第三，购买者方面，包括与中间购买者和最终消费者两种关系；第四，内部关系方面，包括与上下级、雇员和职能部门三种关系。他们认为，过去对于关系营销的认识不能涵盖所有这十种关系。基于这种认识他们提出了一个新的定义："关系营销是指所有旨在建立、发展和维持成功的关系交换的营销活动。"他们特别强调了关系交换与非连续交易之间的区别，非连续交易以实物交换为基础，有明确的开始与结束且持续时间很短，关系交换以无形的东西如感情、承诺、信任等的交换为基础，可以追溯到先前交换双方的活动，反映一个持续的过程且持续的时间较长。他们建立并验证了关系营销的关系中间变量模型，用以解释关系营销的内涵和影响关系营销成功与否的关键因素。注重过程视角的学者对关系营销的定义有一个共同点，即认为关系营销是一个基于过程的管理活动，是营销者与关系方发生互动作用的过程都属于"职能中心说"，即从关系营销的决策层面也就是操作层面来定义关系营销。

关系营销经历了 30 多年的发展历程，在此过程中不断有学者对 4R 决策进行扩展，并相继提出六大关系市场理论、关系价值理论、关系契合理论、顾客关系管理理论以及对应的"二八原则"理论等。

从概念上讲，关系营销在中国是舶来品。它最先由西方学者提出，中国人只是在学习西方营销理论时碰到它，才将其引入。然而，从实践上讲，中国的关系营销植根于中国的土壤，有着很久的渊源，是地地道道的中国货（庄贵军，1997）。不过，目前为止，国内外学术界并没有充分认识到这一点。比如有学者认为，中国的许多基于关系的营销活动不是关系营销，因为它们不符合西方的关系营销理念（Arias J. T. G.，1998；Fan，Ying，2002）。另有学者虽然认为中国人在经济活动中的关系行为就是关系营销，但他们并没有从文化渊源上进行深入的探讨，因此，对中国关系营销的认识只是表层的。

西方的关系营销是要通过信任、承诺与合作达到经济利益上的双赢，获取竞争优势（Morgan R.M. and Hunt S. D.，1994）。它所要建立与发展的是典型的工具性关系：关系本身不是目的，而是获取利益的手段。共同经济利益是西方关系营销的基础。在将合作伙伴联系起来的纽带中，西方的关系营销虽然也利用社会性纽带，但他们对于社会性纽带的依赖程度要小得多。他们更多地依赖结构性纽带，构筑起有效的出走障碍把顾客"锁住"。

二、关系营销学的发展框架

就营销学的发展历程来说，产品营销、顾客营销、关系营销分别为初级、中级、高级营销，产品营销的产生激发了人们对于市场营销的思考，之后出现的理论都是基于产品营销而发展的，其中顾客营销（中级营销学）就是基于顾客产生的重要理论，它改变了企业的关注重点，更好地满足了顾客的需求，研究人员分析企业与顾客的互动很重要，基于关系层次的关系营销由此开始，高级营销学应运而生。如图 2-1 所示。

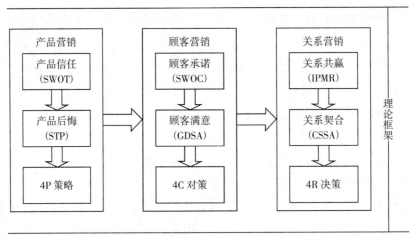

图 2-1　关系营销发展理论框架

第二节　关系营销理论

经历了以产品为导向的产品利益、以顾客为导向的顾客溢利到以关系为导向的关系互利营销理论的变革，关系营销理论开始被广泛熟知和应用，本书也是以关系营销作为理论基础开展研究。在理论上，国外学者对关系营销理论研究较多的是 4R 理论，也就是关系营销的研究起点，对于关系营销的研究多是以如何提升关系方价值，维护关系方互利的，但企业间的关系是以经济互利为基础，实现关系方的互利是维持企业间关系的前提条件，没有互利共赢的交易企业间关系是不长久的，为了达到互利最大化，这时关于关系营销的研究必不可少。单一的顾客溢利不能解决多个互利的关系方的交换形成，关系营销是物质时代营销的高级形态，从产品的利益满足，到顾客的溢利满足，最后到关系方的互利满足，是物质时代营销活动的升级，也是营销理论的提升，能够正确把握好关系营销理论是指导企业营销实践的最高境界。

有了顾客营销的理解，关系营销理解会容易一些，互利的概念早已深入人心，但西方关系营销的研究重心放在了 4R 策略上，这说明西方学者的思维偏向线性，从 4P、4C 到 4R，关系营销的核心已经不是 4R 了，如同顾客营销核心不是 4C 一样，是顾客满意，关系营销的核心是共赢研究，但 4R 的研究为关系营销研究打下了良好基础，做好了起步，为关系营销理论框架形成提供了巨大帮助。当然缺陷也很明显，在笔者指导的 2013 年毕业的研究生王丽的论文《基于4R 决策的关系营销理论与实证研究》中进行了重点阐述，重点指出策略与决策的不同，而 4R 是决策，不是策略；笔者的博士论文专门研究了关系营销的契合理论，是继产品后悔理论、顾客满意理论，形成的关系契合理论，将人力资源的人与工作岗位的契合，引申到关系互利的契合，对于完善关系营销理论的框架作用重大，虽然没有引起大多数人的共鸣，这可能是大多人的研究精力还在研究营销方法上，没有更多思考营销框架的问题，为笔者的研究留下了极大的空间。关系营销的研究是笔者继 2001 年香港中文大学的营销学术会议之后，开始进行深入思考和十几年本科教学研究的结果。

将契合的思想引用到关系营销的研究中，结合企业与关系方不同关系层次互利的契合理论，为关系营销框架的形成提供了理论基础。只有关系层次互利契合分类理论与关系决策（4R）理论并不足以形成关系营销的完整框架，就像一个人的身体一样，有了心肺功能以及四肢的支撑，还要有头部，这就使得关系方共赢的前置因素分析的研究成为必然。再加上迄今为止，国内外学者们对关系营销的微观环境分析和管理学的核心竞争力分析的研究比较成熟，为从关系方共赢层面着手，探索关系营销理论新视角，便会使关系营销的理论和实践实现更高层次的发展，借鉴 SWOT 分析方法得到 IPMR 关系共赢分析理论思想——成势（Into Force）、败势（Power Failure）、契机（Moment）和风险（Risk）。根据关系契合理论及关系共赢思想构建的关系营销理论新框架包括三方面的内容：即关系共赢、关系契合以及 4R 决策。如图 2-2 所示。

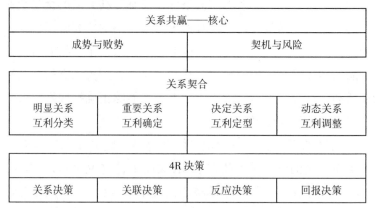

图 2-2　以共赢为核心的关系营销学理论框架

一、关系共赢

共赢是企业寻求与关系方互利最大化而形成的关系合作，在分析了互利关系方的微观环境与自身的核心竞争力之后，所得出的一种结论，即能否以一种关系方式使得互利关系方之间达到互补协同效果。关系方之间互利形成购买，如同产品利益形成购买，顾客溢利形成购买，关系互利同样产生购买，所以将客户关系管理上升到关系营销，客户只是关系营销的关系方之一，绝对不能混淆二者之间的联系和区别，否则只是埋头客户关系，企业内部关系出了问题，关系营销也是无法达成的。

关系共赢 IPMR 分析，就是在关系营销的过程中，企业可以从核心竞争力角度了解到自身存在的成势与败势，从微观环境变化获取关系方互利提升的契机或风险，从而通过主观努力，借力成势，摆脱败势，把握关系层次提升互利的契机，防范互利形成的风险，与互利关系方进行更持续、稳固的关系发展，实现共赢，而不是共输。在关系营销共赢中，契机才是形成关系方互利的前提，而契机（Moment）可以通过关系方之间耦合实现，与企业的决策相对应，可以认为构成契机的一定是机会，但构成机会的不一定能构成契机，与契机相对应的是风险不是威胁（黄津孚，2006）。核心竞争力是形成企业成势的关键因素，与成势（相对应于 SWOT 中的优势）相对应的肯定有败势（企业自身具有的能够导致企业失败的决定性劣势）只有关系方才能相互了解，成势（Intoforce）与败势（Powerfailure）并存；关系方契机与风险、成势与败势共同构成了 IPMR 分析，IPMR 分析矩阵如表 2-1 所示。

表 2-1 IPMR 分析矩阵

外部因素＼内部因素	成势（I）	败势（P）
契机（M）	IM 战略 把握外部契机 借力内部成势	PM 战略 把握外部契机 摆脱内部败势
风险（R）	IR 战略 借力内部成势 防范外部风险	PR 战略 摆脱内部败势 防范外部风险

企业与关系方实现关系共赢，使关系价值最大化，首先运用 IPMR 的分析方法，其基本的思路是通过对企业关系营销的微观外部环境进行分析，找出企业与关系方形成互利的契机与风险，通过核心竞争力分析企业自身的成势与败势，从而在契机、风险、成势与败势之中确立自己合适的关系共赢战略。

（一）微观环境分析理论

关系营销中的微观环境分析主要是要注重与关系方的关系维护。在关系营销的理念中，企业必须处理好与六个子市场的关系，才能促进企业健康、稳定发展。这个关系营销的范围是由关系营销的互动模型而定的。

（1）顾客市场：企业生存的基础是顾客，对顾客的争夺是其竞争的本质。最新的研究说明，企业在争取新顾客的时候还必须重视留住顾客。举例来说，争取一个新客户需要花费的成本往往是保留一个老客户花费成本的 6 倍。企业可以通过多种形式满足顾客的需求，从而增加与关系方的紧密程度。

（2）内部市场：企业的内部市场也就是企业自己招聘的员工。只有顾客对企业的员工满意，顾客才会对企业的满意度提升。员工的工作满意度可以为外部客户提供更高的效率和效益，只有员工提供更好的服务才能让外部客户更加满意。因为一个客户的最终价值是受多方面因素影响的，比如生产的低效、对客户所创造的价值低、对客户所创造的服务质量低等。

（3）供应商市场：供应商是企业生产的同盟成员，相互之间的协作关系难免会产生一定的矛盾分歧，但彼此之间的合作依赖关系会有明显的增强。任何一个企业都不可能独立地解决所有所需要的生产资料，在实现资源的交换过程中，资源的构成是多方面的，人们通过钱、物、技术、信息、人力等多方面的资源构成社会上的资源交换。

（4）竞争者市场：众所周知，市场竞争的源泉和目的都来自于"资源"二字，例如，通过共享企业的资源、有效利用企业资源、企业内部知识的转换等，这些也都是企业营销的真正目的所在。同时说明了"协作竞争"是现代企业发展竞争的模式，最理想的战略选择是在竞争中实现企业与关系方的"双赢"。

（5）分销商市场：在分销商市场中，零售商和批发商的支持对于产品能否快速进入并渗透市场起着至关重要的作用。销售渠道是现代企业生存的生命线。随着市场竞争环境的加剧，完善的渠道建设对抢占市场发挥着重要的作用。优秀的分销商是企业竞争优势中重要的元素，通过与分销商的合作，搭建起稳定的销售渠道，利用分销商的各项资源，企业可以通过相对较低的成本实现市场获取，完成产品流通，并抑制竞争者产品的进入。

（6）影响者市场：有各种金融机构、消费者权益保护组织、环保组织和其他社会压力团体，对于企业的生存和发展都会产生重要的影响。因此，企业需要把它们当作一个市场，制定营销战略的同时，也将这个市场作为重要的关系方进行考虑。

（二）核心竞争力分析理论

竞争，也就是在企业销售产品时的竞争对手。企业若想对竞争对手的一些详细情况进行评价，就必须通过各种办法找出企业的竞争对手都有哪些。通过竞争，才能实现产品之间的差异，才能准确及时地认识到竞争对手的业务及其目标。

若只研究产品竞争优势与劣势和顾客竞争的强势与弱势，关系营销就不可能解决企业面临的各种实际问题。针对这个问题，相关学者专家提出了核心竞争力这个概念。这个概念首先由美国密西根大学商学院教师普哈拉德在《公司核心竞争力》一书中提出。他们认为，企业必须通过协调内部的各种技能以及整合各种技术，才能形成企业的核心竞争力。他们还认为，企业若想进入市场，首先靠的是企业的核心竞争力。同时，在这个市场上，顾客比较关心的是企业的核心竞争力，这个可以给产品创造不小的价值。最后，企业的核心竞争力只能是属于本企业的，不能被本企业以外的企业所模仿。核心竞争力的构成要素如图2-3所示。

结合以上的分析，核心竞争力对吸引客户而言是极其重要的一方面，这与客户购买的动机相联系。二者相互作用，才会产生关系营销的成势，企业才能借力成势、摆脱败势，这样才能真正实现关系营销。

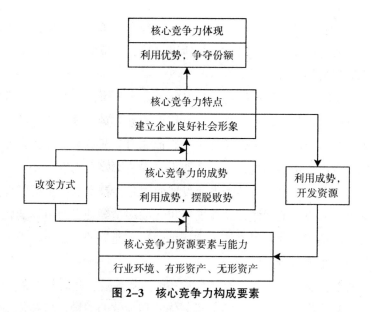

图 2-3　核心竞争力构成要素

（三）成势、败势、契机、风险分析理论

核心竞争力的构成要素主要包括如图 2-4 所示的几个方面，对具体企业来说，这些主要要素并不是都要具备，其中的任何一方面或者几个方面的组合都有可能成为企业的成势或者败势。

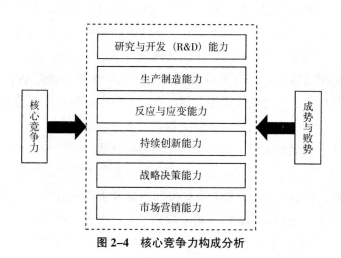

图 2-4　核心竞争力构成分析

（1）研究与开发（R&D）能力：一个具有竞争力的企业首先应该具备研究与开发能力，这一能力主要是通过运用科学方法，实现企业在生产及技术等领域的

可能性，企业只有不断加强研发能力，才能实现产品不断更新换代，提高市场占有率；研发能力是产品实现的第一步，所以是核心竞争力的首要元素，同时也是构成企业成势和败势的首要因素。

（2）生产制造能力：是在研究与开发的基础上，将设计思想或技术研发经过生产制造的过程实现为真正的产品或者可行性服务方案，这一能力的具备是企业在成本优势上的首要前提条件，只有生产制造能力强于竞争对手，企业才能比竞争对手抢先一步占领市场，这是一个企业不可或缺的核心竞争成势。

（3）反应与应变能力：在经济飞速发展的同时，技术的进步可以提高企业生产产品的速度，而真正能够决定企业发展步伐的却是管理者对市场变化的反应速度、对付变化的速度以及新思维产生的速度，这一能力的具备不得不成为企业核心竞争力的重要组成部分。

（4）持续创新能力：为了应对如今动荡的市场环境，进行持续的创新对企业来说是很重要的，因为它是企业实现竞争优势和绩效的关键。持续创新能力是企业生存与不断发展的动力，企业只有通过不断创新来满足日益趋于个性化和多样化的市场需求，才能不断提高自身的竞争优势，才能在技术发展如此迅速的高技术产业中得以生存和发展。由于创新的复杂性与不确定性的逐渐增加，企业所获取的信息与知识资源已不能满足创新的需要，而传统的"闭门造车"式的创新在产品生命周期日渐缩短的市场形势中显然已无法满足。因此，为了适应现代的市场需求，需要对创新模式进行改变，使现代的创新不再是一个简简单单的原子式过程，而是一个持续形成企业间合作创新网络与相互合作的过程。

（5）战略决策能力：企业的战略决策能力是由决策者决定的，决策者的品质、协调组织能力以及战略决策能力对一个企业的生存和发展起着至关重要的作用，它是一个企业的大脑组织，如果决策者的战略判断失误，或者它的组织协调能力跟不上企业发展的需要，那么企业无法进行有效的资源整合利用，会给企业带来巨大损失，所以，战略决策能力是企业核心竞争力形成的基础。

（6）市场营销能力：这是继企业研究与开发及生产制造出产品后，实现产品价值的过程。企业主要运用各种营销手段和策略，根据宏观及微观环境的变化进行即时调整，以交互的方式满足顾客需求的同时，实现产品或服务的价值增值，最终形成企业与顾客共赢的局面。市场营销能力已经成为现代企业制胜的法宝，既是形成企业核心竞争力的重要部分，也是企业能否获取所处行业超额利润的关键所在。

契机和风险的分析离不开对微观环境的分析。在关系营销中，微观环境对企业营销活动的成败有着直接制约影响作用，与企业生存情况是密切相关的。企业的微观营销环境参与主体可以分为六大类：顾客市场、供应商市场、影响者市场、相关市场、就业市场、内部市场。微观环境变化可以为企业的发展带来契机，同时也有可能产生风险，契机与风险将共同作用于企业，对企业与微观营销环境中的各利益关系方之间的关系产生有利的推动作用或者不利的阻碍作用，因此契机分析与风险分析的最终目的是让企业把握契机，防范风险，持续发展。

每个企业都具有其他企业无法比拟的能力和特点，与关系竞争对手相比，企业在某一方面具有明显成功的绝对的、持续的竞争成势，借力企业成势的内容、程度，分析成势有助于企业提升利益关系方的关系价值。如果一个企业存在营销败势的危机，那么就容易引发关系营销活动的崩溃，破坏了企业可持续营销的状态，是耗费了大量资源而又未能实现目标的一种损失。营销失败是营销败势的危机而导致的直接后果。所以，企业一旦形成严重的营销败势的危机，就极有可能使企业陷入全面困境，势必会波及与利益关系方之间的关系价值。

共赢研究是把握关系营销的理论核心，是关系营销发展的动力，没有关系共赢的研究成果，关系契合以及 4R 关系决策就会成为空中楼阁。现代营销已经逐渐地加强关注与关系方建立、发展和维持相互契合的长期关系。提升关系方价值，维护关系方互利，实现关系方互利共赢是维持企业间关系的前提条件。关系营销能够实现的基础是企业与关系方存在关系互利，通过互利共赢的交换过程，使各关系方实现各自互利。

二、关系契合

在关系营销中，契合是指关系方创造交互价值，即互利及关系价值最大化。在关系营销中，由于关系互动主体的多样性，关系双方都要从合作关系中获得价值，而不是一方尽力满足另一方价值的获取，关系营销的研究强调合作双方在价值获取之间的交互。契合的概念也就是关系双方价值最大。在以往管理学研究中，一旦达成契合，无论是对企业自身还是关系方目标的达成方面都有促进作用。

契合是一个与感知满意相对应的交互概念，指的是预期和交互的互补性及一致性描述。如图 2-5 所示，可以从两方面表述这种内涵。

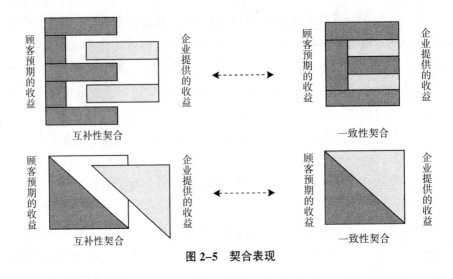

图 2-5　契合表现

第一种是互补性契合，互补性契合是指互利关系方的一方所预期的收益正好由有关系的另一方所提供。从互补契合的角度看，契合可以分为两种：投入—产出契合和要求—能力契合。前者存在于合作企业一方的投入和另一方的产出之间；后者存在于企业一方受益和另一方行动、心理和社会互动的能力对接。只有互补性契合度高，伙伴双方才能够创造关系价值。

第二种是一致性契合。一致性契合是指关系一方对于另一方所需收益的一致性程度。企业的一方提供的收益是否与另一方企业预期收益达成一致。一致性契合是提供收益和顾客预期收益的一致性程度描述。只有一致性契合度高，关系方才能够共创关系价值最大化。一致性契合是在互补性契合基础上的契合，是互补性契合的深化。在以往的研究中，大部分都是强调关系顾客满意度的契合，他们认为顾客愿意与企业持续合作的一个最重要原因是与企业交往有利可图，即顾客所获收益能高出机会成本。关系营销的基础，在于交互双方有利益上的互补，关系建立在互利的基础上，互相了解对方的利益要求，关系双方也会评判他们对关系的投入和从关系中得到的收益。双方所进行的交互必须能支持顾客过程和供应者过程，只有在价值的期望和实际上达到一种平衡，双方关系才能共赢。

（一）关系分类

在关系营销中，作为关系营销的核心，关系层次深化了关系方分别在人际互利、经济互利和社会互利上的类型，而且在同一互利类型上亦可划分更多微观的类型，也就是说，在不同关系类型和同一关系类型上都存在着层次的划分。关系类型促进了关系价值更深层次的发展。关系价值是关系营销的核心价值，关系价值最大化是整个关系营销活动的最终目的，而实现关系价值最大化则需要关系双方的关系类型来实现。

关系价值是关系类型的依据，关系价值是一个交互性的概念，抛弃了传统价值理论单方面看待企业和顾客关系的特性。如图2-6所示，关系双方（企业方和关系方）分别在人际互利、经济互利和社会互利三个类型进行关系价值的创造，而关系双方只有对同一层次上的关系价值（关系双方同在人际价值层次或经济价值层次或社会价值层次）进行价值创造，才能形成在人际（或经济或社会）的关系分类，关系价值决定着关系层次的形成和确定。

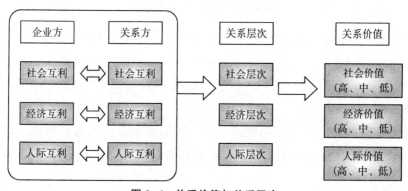

图2-6 关系价值与关系层次

（二）关系确定

关系互利目标市场的选择是企业打算进入的目标关系市场，选择关系互利目标市场的首要步骤是分析评价各个关系市场分类要素也就是重要性关系互利。如图2-7所示，在选择关系层次互利目标市场时，根据目标市场选择模式，关系营销中有5种可供参考的市场覆盖模式。

（1）市场集中化：一种最简单的关系分类市场模式。企业选择一个分类市场，提供一种关系，供应单一的关系方，进行集中营销。选择市场集中化模式一般基于以下考虑：企业具备在该类型市场从事专业化经营的优势条件；限于资金、能力，只能经营一个分类市场；准备以此为出发点，取得成功之后向更多的分类市场扩展。这种只选择一个分类市场的市场模式其风险最高。

（2）选择专门化：企业选取若干个符合企业目标和资源能力的关系目标市场，其中每个分类市场与其他分类市场之间较少联系。

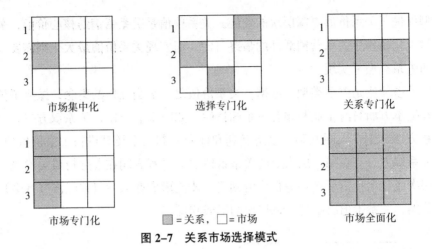

图 2-7　关系市场选择模式

（3）关系专门化：企业集中于一个层次上的关系，并向各类关系方提供这种关系。

（4）市场专门化：企业专门经营某一关系方群体需要的关系的各种措施。

（5）市场全面化：企业在三种关系层次上（目前研究共有经济互利、人际互利和社会互利三种）都分别与各种不同层次的关系方开展关系营销，"全面开花"。一般来说，实力雄厚、有足够资源能力的大企业在一定阶段会选用这种模式。

（三）关系定型

每个企业必须在关系层次互利目标市场中寻找在不同关系层次上与本企业契合最好的关系互利作为其定型依据。一个企业在关系市场中发现不同的关系层次和关系群体，以更好的方式把这些互利层次和关系群体作为关系层次互利分类市场，然后根据自己与对方的契合度进行层次定型。如图2-8所示，在关系层次互利市场选择的基础上，根据所选择的关系互利，由单重、二重、三重互利进行定型。

图 2-8　关系互利定型

企业关系互利定型是为企业达成的关系互利而进行的。从多重互利属性的角度，以顾客关系层次互利（包括经济互利、人际互利和社会互利）为出发点，以关系双方的企业关系层次互利的契合度为判断标准，契合度最高的关系层次互利就是企业关系互利定型的对象。根据关系价值创新、关系动机心理、关系微观环境、关系互动行为、核心竞争力和关系方信息等关系情形分析形成的多层次明显性互利属性，关系双方根据重要程度划分出的重要性互利属性，最终在这些重要性互利属性和明显性互利属性中根据关系双方的契合度来确定顾客关系互利定型的决定性互利属性，即顾客关系互利定型的对象。

为顺利达成关系营销的目标——创造关系价值，首先应为关系营销搭建框架，在关系营销中，契合对企业关系互利定型起着决定性作用。以企业关系层次互利为出发点，以关系双方的企业关系层次互利的契合度为判断标准，对契合度最高的互利层次进行企业关系层次互利定型。进行关系层次互利定型首先要确定决定性关系互利。在决定性互利上根据关系契合度来互利定型。层次定型通过识别决定性关系互利及决定性关系互利的定型两个步骤实现，如图2-9所示。

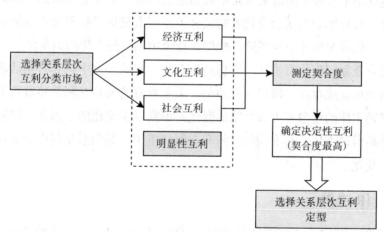

图2-9 关系层次互利定型的确定

（1）识别决定性关系互利是关系层次互利定型的基础。根据关系互利的构成，同时依据多重互利属性理论，决定性关系互利有可能是重要性互利或明显性互利。多重互利属性理论中的决定性属性不一定为重要性属性，也有可能是明显性因素。在一般情况下，决定性互利在重要性互利中产生，但如果重要性属性互利中没有契合度高的互利（相对于明显性互利的契合度），这时就由契合度来判定，契合度最高的为决定性互利。

（2）在决定性关系层次上，根据每个顾客的关系互利的契合度来进行定型。将契合度最高的关系互利作为决定性关系互利，并将关系层次互利定型于此。

（四）关系调整

构成微观营销环境的诸因素都受众多宏观、中观环境因素的影响，每一个环境因素都随着社会经济的发展而不断变化。关系营销环境导致企业关系层次的调整，进而使得营销主体的关系层次契机和风险不断变化，企业关系层次包括关系层次契机、关系层次定型和关系层次决策也随之调整，以适应关系营销环境的变化。在关系层次互利定型后，与各关系方的关系层次一一明确，但随着关系情形的变化和发展，各关系层次亦随之发生变化及转移，因此有必要对顾客关系层次进行平衡调整。

企业开展关系营销不仅要受自身条件的制约更要受外部条件的制约，关注并研究企业内外关系营销环境的变化，把握环境变化的趋势，识别由于环境变动而造成的企业关系层次的调整是关系营销人员的主要职责之一。在关系营销过程中，环境既是不可控制的因素又是不可超越的因素。企业必须根据环境的实际与发展趋势，自觉地分析动态变化着的顾客关系层次契机寻找和防范可能形成的契机及风险，把握契机并应对风险，确保在竞争中创造最大化的关系价值。

任何企业如同生物有机体一样总是生存在一定的环境中，其营销活动不可能脱离环境而孤立地存在。值得一提的是，关系双方的关系互利是随着营销环境以及关系营销主体的竞争实力和战略的变化而不断发生变化的。因此，即使是相同的两个关系营销主体，在不同的时间和空间环境中，其关系互利也会受环境的影响而发生变化。

三、4R 决策

1993 年，美国市场营销学者舒尔兹（Don E. Schuhz），在他的《整合营销传播》一书中，提出了 4R 营销组合。4R 理论侧重于用更有效的方式在企业和客户之间建立起有别于传统的新型关系。在关系营销中，顾客不再是企业一切营销活动的核心，而关系方才是整个营销活动的关键力量。企业必须与所有关系方维持和发展稳定的互利关系才能实现共赢，从而为企业的长远发展奠定坚实的基础。4R 决策就是企业为实现企业与关系方之间的互利交换，针对不同的关系方的特定关系层次，而实施的具有决定性的双向的关系决策、关联决策、反应决策和回报决策，进而促进关系购买的顺利进行。关系购买则致力于形成关系双方社会互利最大化，并在此基础之上做到对各个关系方利益的平衡和对潜在不利关系方利益的保障。4R 决策的内涵如表 2-2 所示。

表 2-2　4R 决策的内涵

4R	内涵
关系决策 (Relationship)	要求准确把握不同关系方与企业的关系层次；同时要求辨别和关注为企业带来 80%利润的 20%的重要关系方 企业不仅要重视重要关系方的权益，还要重视潜在关系方对企业行为的监控；不仅要强调重要关系方的权威，还要关注潜在不利关系方的社会认可力
关联决策 (Relevancy)	要以最低的成本、最方便的途径去关联，从而才能为重要关系方和潜在不利关系方做出有针对性的关联决策，最终使得关系双方形成一种"和谐"和"协调"的共存共荣关系
反应决策 (Reaction)	针对不同关系方做出不同的反应，保持与关系方的互利不断升级；针对重要关系方以及对潜在不利的关系方做出快速有效、有的放矢的反应决策，同时合理地把握反应的度，避免反应过度或者反应不足所导致的不良影响 反应决策不仅要讲求对反应的速度以及时间的管理；也要注重对反应结果的评估，即预先了解在当时市场情况下决策制定以后可能带来的共生系统的变化，来使决策达到最佳的预期效果
回报决策 (Reward)	回报决策的制定是企业与关系方之间的互动过程，是提升顾客感知价值的过程 回报决策不仅要注重对关系方回报的内容；而且最重要的是回报要讲求层次的界定，对重要关系方以及那些潜在不利关系方层次的界定

（一）关系决策

在物质时代，企业对于商品或服务的销售就是客户关系的开始。企业在当前激烈的市场竞争中，要尽量把力量集中于优质顾客身上。在现代化市场经济的背景下，关系营销的成败在于是否能够赢得客户并保持客户的黏性。要想做到这一点，不仅要为客户提供高质量的产品，还要为客户提供优质的服务，它能使客户的利益得以真正实现。与此企业必须产生 4 个转向。在关系决策中，其最为核心的部分就是要和客户处好关系，将营销、质量与服务有机统一与结合，与客户建立好稳定而持久的关系，实现关系价值的最大化。而传统的认为满足客户需求、解答客户问题、平息客户抱怨要坚决摒弃。关系决策作为 4R 决策的核心，不仅要求准确把握不同关系方与企业的关系层次；并且要根据"二八原则"识别出那些能为企业带来 80%利润的 20%的重要关系方。这些关系方才是企业生存与发展的基石。在此基础之上，高度重视潜在不利关系方（虽然不能帮助企业达到利润最大化，但却能够削弱、阻碍企业目标的实现，对企业形象造成负面影响的潜在关系方)。同时要针对这些关系方，进行科学而合理的决策，尽最大可能将他们的不利影响降到最低，使他们不会威胁企业的发展，不会阻碍企业及相关方的利益最大化。只有实现了企业与关系方的互利共赢，才能使企业与关系方形成长期而稳定的合作关系。

总之，企业不仅要重视重要关系方的权益，还要重视潜在关系方对企业行为的监控；不仅要强调重要关系方的权威，还要关注潜在不利关系方的认可程度。

（二）关联决策

关联（Relevancy）。关联是指企业根据相关规则在供需方所形成的一种价值链条，其将产品价值通过情感纽带、社会纽带等传递给客户，同时与客户逐渐形成固定的、长期的互需、互利、互惠、互求的共同利益体。关联决策要求企业不断挖掘客户的心理需求及潜在需求，并不断地从客户的实际需求等各方面去满足客户，并与其建立起持续合作的关系。

关联活动中的价值实质上就是通过企业创造和提供，并通过顾客感知来评判的一种价值。这种价值来源于企业，并最终通过顾客感知传递给顾客。关联活动涉及这种价值的确定、构成要素分析、价值沟通、最优价值选择、价值传递、价值评估等一系列动态活动，这一系列活动构成了整个关联流程。关联在关系营销实施中是个至关重要的决策。因此，企业将主要争夺重要客户，而在这些客户中，虽然大部分存在一定的客户忠诚，但仍然很容易受到竞争对手的影响，企业必须通过满足关系方的特殊需求来与之形成关联，需要注重关联的内容、对象以及频率，最终使得关系双方之间形成一种"和谐"和"协调"的共赢交互关系。

关联决策的核心是成本不超过收益，主要考虑关系成本的决策。基于顾客价值的高低、产品价值的大小决定不同的关联对象（高盈利顾客、低盈利顾客和无盈利顾客），从而进一步决定企业对不同的关联对象采用不同的关联决策，大致可以分为五种类型：

（1）基本型：简单地出售产品，采取一些最基本的方式进行顾客关联。

（2）反应型：出售产品，并鼓励顾客，如有什么问题、建议或不满意就打电话给公司。

（3）可靠型：在售后不久就打电话给顾客，以了解产品是否与该顾客所期望的相吻合，推销员还从顾客那里征集各种有关改进产品的建议及任何不足之处。这些信息有助于企业不断改进产品。

（4）主动型：公司经常与顾客保持电话联系，讨论有关改进产品用途或开发新产品的各种建议。

（5）合伙型：公司与顾客一起以找到影响顾客的花钱方式或者帮助顾客更好地进行行动的途径。

（三）反应决策

反应（Reaction）。反应是企业在吸引客户、维持客户的各个不同的步骤中，针对不同的顾客所做出的不同反应，是企业对客户需求的积极响应，最终使客户与企业的合作关系不断升级。它是指"去接近客户"而不是要客户接近企业。在反应决策的实施过程中必须做到：

（1）灵敏反应：对市场有足够的敏感度，及时对市场环境的变化做出相应的反应；

（2）快捷执行：在迅速发现市场机会的同时，能够具有极强的执行力去专注机会，从而为企业发展创造利益；

（3）针对性服务：关系营销中讲求各关系方之间的契合，因此企业必须有针对性地满足客户需求，提供差别化的产品和服务，从而提升客户满意度并为企业带来收益。

在关系营销的过程中，企业与关系方所组成共生系统中，不仅存在着各种复杂的关系，而且在各个关系方之间还有着不同的利益诉求。为了平衡这些利益诉求，满足各关系方的要求，就需要进行合理的反应决策。企业要针对不同的关系方做出不同的反应，积极响应各方的需求，并根据互利共赢的原则进行变化，推进各关系方的互利层级。同时，还要求企业分别针对重要关系方与不利关系方，进行快速准确的反应决策，并掌握好反应的尺度，既不能反应过度，也不能反应不足。反应决策不仅要求反应迅速，而且要求反应准确，同时还注重对反应结果的收集与评估。只有这样，才能适应关系各方共生系统的变化情况，最终达到最佳决策效果。

总之，反应决策就是在发展客户关系时所采取的相关措施，将客户关系层次的"合伙人"作为决策最终目的，针对客户所处的不同层次，制定相应的决策措施，不断提升客户关系的层次，最终使其沿着首次购买顾客→重复购买顾客→客户→成员→拥护者和合伙人的路线向前发展。

（四）回报决策

回报（Retribution）。回报决策的实质就是建立关系网络的过程，也即组建完整的关系网来回报各个关系方。

　　企业在制定回报决策时，其实质就是与各关系方进行互动的过程，也是对关系价值的提升。回报决策不仅要注重对关系方回报的内容，而且最重要的是回报要讲求层次的界定，对重要关系方以及那些潜在不利关系方层次的界定。对于重要关系方而言，在制定回报决策时要将合理性放在首位。合理性是指企业在与各关系方进行互动时，同层次的互动才能使得效率最大化、满意最大化。而针对潜在不利关系方，企业所制定回报决策，不仅需要通过一定程度的合作和资源契合来寻求合作，还需要对这些关系方实施及时补救措施，从而将不利的关系方发展为有利关系方，实现企业互利最大化。回报决策的实质就是建立关系网的过程，将与企业相关的所有关系方置于同一网络中，根据关系方在关系网络中所处的位置，分别对其进行纵向回报、横向回报或多向回报。

第三节　关系营销向人群营商的转化

　　前两节非常明晰地表明关系营销是建立在互利的基础上，识别、建立、维护和巩固与顾客和其他伙伴之间的关系，以实现参与各方的目标，从而形成一种兼顾各方利益的长期关系。营销理论也是一个循序渐进的发展过程，营销不只是管理的规律，不只是经济的科学方法，它更是哲学思维，不能将营销学等同管理学、经济学，或者是其分支，它是应该独立于管理学、经济学之外的一门学科，共同形成管理学、经济学、营销学三大商科门类，才能凸显营销学的重要性，如果将营销学并入其他学科，就会阻碍营销学的发展。在自然时代保障品种的供应，物质时代满足品牌的需求，物质时代商科的核心学科是经济学。关系营销主要是微观环境分析，注重企业之间联系，它将现代企业看作一个独立的运营系统，与企业外的营销环境有着相互牵连的关系，关系营销学核心研究关系共赢，营销学在自然时代、物质时代的研究，为其在虚拟时代的发展打下了坚实基础，只是虚拟时代转化为人群营商学，一方面离不开已有的营销理论和其他学科的支撑；另一方面也不只是简单地在现有营销理论的基础上再添加新的内容，必须在深刻理解总结现有营销理论的同时，结合大量的营商投资实践，顺应时代的变化，深入思考，形象思维、演绎推理分析理解得来，本节将传统的关系营销理论框架向人群营商理论框架的转化进行一些分析，便于大家理解本书的内容。

在经历了通过交易来保障供应的自然时代，利用交换来满足需求的物质时代，到了以衍生品价值为主导的虚拟时代，人们不再拘泥于寻找能够满足自身需求的购买，更重视的是创造衍生品价值的投资，从增值中达到营商目的。传统营销学告诉人们如何以 4P 策略、满意判断、共赢分析为核心，研究如何满足市场需求，营销理论研究立足点从产品市场—顾客市场—关系方市场的转变。虚拟时代以衍生品价值为核心的营商理论将成为人群营商理论的主体，关系市场是关系营销的载体，证券化才是衍生品价值的载体。基于传统关系营销学理论的研究，人群营商学站在虚拟社会时代特征上，着力分析符合时代变迁的营商思维，实现人群营商学的蓬勃发展。如图 2-10 所示。

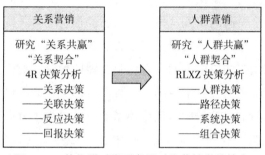

图 2-10　从物质时代到虚拟时代营销学的转变

关系营销学与人群营商学，在前文对物质时代营销学的总结研究后，经过长期的证券投资实践，反复思考，运用形象思维推论出人群营商学理论体系如图 2-11 所示。关系营销学中的 4R 决策为人群营商的四大决策分析构造四肢框架，使得人们认识到虚拟时代的营商思想也必须进行决策分析，进而寻求属于虚拟时代的营商核心决策。人群营商的研究正是继承关系营销的思维框架，站在虚拟时代的角度，在实现人群共赢和契合的基础上寻求适合投资人的价值投资思维，认识到以人群、路径、系统以及组合四个决策为基础论述人群营商；关系营销中的关系层次契合理论引出人群营商中的蓝海板块契合理论，是人群营商理论核心；关系营销中的关系共赢转化为人群共赢，这里只导出人群营商的思想来源。由于人口营商研究本书不涉及，在这里不做更深入的推论。

虚拟时代以价值投资为主，目的是创造更大的衍生品价值。因此，虚拟时代的营商学已经不是追求 4P 策略、顾客满意以及关系共赢，已经独立于管理学、经济学的延伸发展，涵括金融学，甚至是人文哲学方面的思想，探讨时代的变迁，以及营商为重心。可能很多人认为投资只是经济学、金融学应该研究的范畴，其实不然。在虚拟时代，首先以需求为主的经济学已经不是社会的主流学科；经济学地位逐渐被金融学取代，这在西方国家已经成为现实，金融学所提供的更多的是投资方法、投资工具，进行资产的研究，而人群营商学提供的是投资思维，进行价值创造。这在本书的第一章进行了阐述，虚拟时代的商科核心都是研究投资，就像物质时代的所有商科都是研究购买一样，虚拟时代的投资则是最大增值和最小损失的价值创造，投资是时代的主旋律。因此，虚拟时代的价值营商学是继承了传统营销理论的发展，学科地位将会得到极大提高。

为了更好地满足虚拟时代人群对投资的追求，传统营销研究应该转向价值导向的营商研究，虚拟时代是衍生品投资的时代，投资契合蓝海行业（地区）板块成为营商学中的一个全新的研究视角。本书已经提及契合强调关系契合过程的分类、选择、定型、调整，这样的研究似乎无法脱离物质时代购买的思想禁锢。很多理论仅仅停留在购买的层面上而没有将眼光转向投资，对于如何在众多的衍生品中投资具有升值空间的契合衍生品，一直没有形成核心理论研究。在这样的背景下，基于契合分析的人群营商学理论体系创新就显得十分必要，契合蓝海的价值衡量量度是人们投资成功的检验标准，特别是证券投资人在倍增的比较价值、成倍的相对价值、百倍的绝对价值创造中，不断地创造最大化价值，因此人群契合分析也是人群营商学研究的重点，而人群营商的 4 个决策研究，只有围绕契合分析，进行有效决策，人群共赢也是围绕契合分析进行共赢共轭，才能创造最大化价值，推动时代变迁。详细对应的内容在每章的理论来源都有涉及。

本章练习

简答题

1. 关系营销学的理论框架。

2. 简述契合对关系分层的影响分析。

3. 如何理解关系契合？

4. 人群共赢如何由关系共赢转化而来？

5. RLXZ 决策是如何由 4R 决策转化而来的？

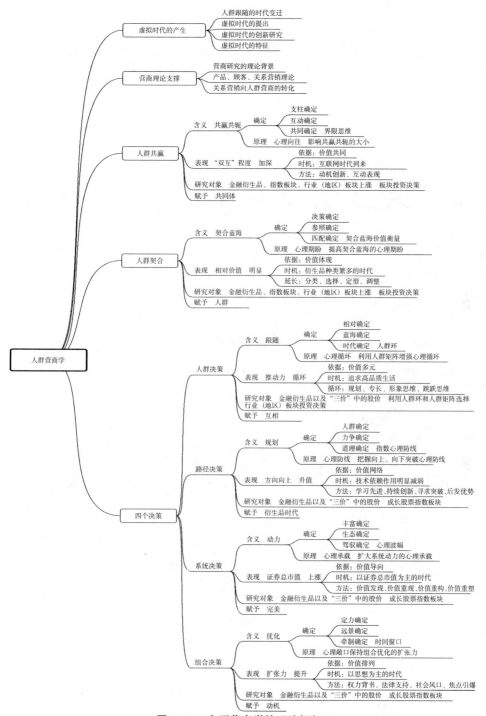

图 2-11　人群营商学的理论框架

第三章　人群共赢

第一节　如何理解共赢

一、共赢的理解

（一）共赢含义

共赢是人们为实现既定目标经常谈及的话题。《辞海》中对于共赢的解释为"大家都得到利益，各方加强合作，实现目标"。共赢主要是指个人与个人、群体与群体之间为达到目的，而彼此相互配合的一种联合行动、互助方式，满足双方的向往，达成合作，进而实现目标。在日常生活中，人们通过共赢的方式获得成功的例子十分常见，比如学者之间相互合作完成高质量的学术成果；企业之间达成战略共赢协议以增加其在市场中的占有率；等等。

按照共赢的性质，共赢可以分为两类，即同质共赢与非同质共赢。同质共赢，即共赢者无差别地从事同一活动，如无分工地从事某种劳动。非同质共赢，即共赢者有所分工为达到同一目标，如按工艺流程分别完成不同的工序的生产。按照有无契约合同的标准，共赢分为非正式共赢与正式共赢。非正式共赢发生在初级群体或社区之中，是人类最古老、最自然和最普遍的共赢形式。这种共赢无契约上规定的任务，也很少受规范、传统与行政命令的限制。它指导着共赢的主体在预订期限内的行动方向与内容。

主流观点将共赢定义为在交易双方或共事双方或多方在完成一项交易活动或共担一项任务的过程中互惠互利、相得益彰，心愿一致，彼此协作，能够实现双方或多方的共同受益。虚拟时代证券化的背景下，"共赢"二字怎样强调都不过分，金融衍生品种类不断增加，无论是个体投资人还是机构投资人，都无法避免行业和指数板块选择，都会遇到各种挑战。智者借力而行，共赢受到了证券投资人的高度重视，共赢作为力争中制胜的重要法宝，是实现蓝海价值创造的重要保障。对于人群营商的价值投资来说，共赢可以帮助投资人抓住不同价值板块轮动的空间和时机，大幅度地降低投资的风险程度，增强投资人群对于资产增值的心理向往，不断实现蓝海价值创造的持久发展。

（二）共赢演变

共赢是以追求价值空间最大化为目标的、能够起到思维共同作用的载体。在不同的时代，共赢的概念均存在，但含义不同，因此，研究共赢，必须对共赢的时代变迁进行梳理。共赢的概念早在自然时代就已经存在，合作共赢是中华传统美德，是中国人几千年来处理人际关系、人与社会关系和人与自然关系丰富实践的结晶。古人便对共赢十分重视，先秦的历史背景下在民间产出的《诗经·秦风·无衣》写道："与子同袍，与子同仇；与子同泽，与子偕作；与子同裳，与子偕行；与子同德，与子共赢。"在各种资源匮乏的自然时代中，人们通过寻求充分的合作与共赢来弥补这种缺陷，进而实现目标，推动时代变迁。

自然时代是以农业生产为主导经济的时代，也称为传统时代。自然时代的生产主要包括两个方面：人口的生产和生活资料的生产（主要是粮食），这两个方面共同维护着自然时代的稳定，人均生活资料（社会总生活资料/社会总人数）是衡量一个时代是否稳定的一个很重要的标准。当人均生活资料充足，能够满足人民生活需要的时候，那么这个时代总体上就表现得富足、粮食充足、生活稳定。当人均生活资料不足到了一定程度，无法满足人民生存的需要，那么整个时代就会出现动荡，农民起义。王朝的更替在生产方面体现出来就是人均生活资料这个参数的一个循环。自然时代的生产模式效率低，生产的目的主要是满足家庭生活需要而不是物质需求。土地是自然时代的主要经济来源，拥有优良土地资源也成为权利的象征。由于竞争机制不健全，生活节奏缓慢，因而，时代的变迁和进步也非常迟缓，社会流动性弱，各阶级阶层之间壁垒森严，社会关系以血缘和地缘关系为主。在自然时代，无论是王朝之间还是家族之间，为维持稳定的生产关系，明显地表现出需要建立起一种依存的合作方式。男女的婚姻表现比较明确的是女人需要男人的体力和土地，表现出单一方面的或者双方的依存关系，这也说明为什么会出现具有体力和土地的男人在自然时代的优势地位。因此，共赢在自然时代主要解释为依存共赢，人们将已有的基础资源（劳动力和有限的土地）

聚集整合在一起，自然时代典型的方式就是通过联姻来实现相互依存，不仅弥补了生活资料和各种资源的短缺，同时也扩大了势力范围，壮大了相互的实力。

物质时代是继自然时代或传统时代之后的时代变迁阶段，其显著特征之一是社会分工化，如果没有社会分工，物质时代的生产活动则难以正常运转，工业分工化使世界经济摆脱了长期停滞不前的状态，进入了长期而稳定的增长时期。人类社会分工的优势，是让擅长的人做自己擅长的事情，使平均社会劳动时间最大缩短。生产效率显著提高，能够提供优质高效劳动产品的人，才能在市场竞争中获得高利润和高价值。人尽其才，物尽其用最深刻的含义就是由社会分工得出的。人们对自然界的依赖减少，使用能源代替体力，依靠科学技术和工业机器从事大规模的产品生产。科学技术迅速的发展，导致生产效率大幅提升，以机器的使用和无生命能源的消耗为核心的专业化生产占据了实体经济的主导地位。工业技术的发展使得人类历史实现了从分散的地域性历史向整体的世界历史的重大跨越，推动世界市场的形成与发展。在这个时代，共赢的含义可以理解为交互共赢。交互的内容是多方面的、广泛的，通常包括资源、技术、配合、信息，人们通过互惠互利各取所需达到交互共赢，进而提高工业生产的效率，降低生产的成本，为此获得更多的物质利益。物质时代的共赢发生了重大飞跃，只有这样的共赢才能保证核心竞争优势得到不断的发展，男女都实现了平等，交互逐渐取代依存。

进入虚拟时代，价值创造关键的变量是知识与思维。虚拟时代中主要的经济部门不再仅仅是以实体经济为主，也包括商业金融、贸易、保险等金融衍生品。在金融深化的背景下，虚拟经济发展迅猛，投资人与投资对象也从局部地区变为全球地区，客户需求日益多样化，投资人也面临着更加复杂多变的营商环境。共轭即指两向量间存在某种特殊关系，按一定的规律相配的一对。因此，在虚拟时代，共轭更被视为一种生态理念，通过调节系统内各组分之间的关系，实现组分之间的和谐共生，强调一种动态的、辩证的共赢关系，形成向上发展的趋势。因此，虚拟时代的共轭共赢是时代的选择，主要解释为投资人以证券化时代为实施背景，通过共赢共轭，进而创造更大的价值空间。共赢共轭就像运转的齿轮一般，缺少一个齿轮都没办法继续运转，只有共同发力，才能向前推动前行。进入虚拟时代，人们对于虚拟资产的投资，是对创造蓝海价值的心理向往，没有形成共轭的共赢，就不会有人群选择跟随，共轭板块的选择是投资人思维和智慧整合。通过共赢共轭的理论研究，可以大大减少在证券市场中投资的失误，保证投资的有效性。共赢也是界限共赢、蓝海契合、人群决策、路径决策、系统决策、组合决策相互作用而形成的共轭现象，本章重点从如何实现虚拟时代共轭共赢的角度研究、分析基于界限思维形成的价值共同。

综上所述，共赢在三个时代的演变路线如图 3-1 所示。

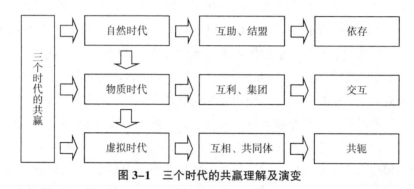

图 3-1　三个时代的共赢理解及演变

二、共赢表现

共赢的表现主要是由共赢在三个时代中的目标与能力来衡量。总体来说，共赢在三个时代中呈现出三种不同的变化特征。在自然时代中，"共赢"是在资源匮乏的情形下实现依存共赢，表现为"双合"程度，保障人们的基本生活需要与凝聚力的提高；在物质时代中，"共赢"是在现有资源的情形下实现交互共赢，表现为"双补"程度，进而满足市场需求与促进协同力不断发展；在虚拟时代中，"共赢"是投资人为获得蓝海价值情形下实现共赢共轭，表现为"双互"程度，为投资人实现美好生活与扩张力不断形成，实现共同体的蓝海价值创造。

（一）自然时代共赢表现："双合"程度

"双合"——合作合伙，自然时代兴起和发展的标志是种植经济以及器具使用的出现。随着生产力的发展，人们逐渐从原始时代的狩猎采集等寻找食物的方式转化为开始饲养和种植的生活，并且对于器具的使用也更加熟练，原始的种植成为主要的食物来源，比之前的狩猎行为的食物来源要稳定得多。自然资源就是自然界赋予或前人留下的，可直接或间接地满足人类需要的所有有形之物与无形之物。资源可分为自然资源与经济资源，能满足人类需要的整个自然界都是自然资源，包括空气、水、土地、森林、草原、野生生物、各种矿物和能源等。自然资源在自然时代表现为静态的，能够为人类提供生存、发展和享受的自然空间。

自然资源特征：①数量的有限性，指农作物生产的数量，与人类不断增长的需要相矛盾。②分布的不平衡性，指存在数量或质量上的显著地域差异；不同区域生产的粮食品种和数量差异明显。③自然资源的不稳定性，每个地区的自然资源要素受到主客观因素的影响，生产的粮食产量不稳定，故必须强调综合利用与平衡供给。④利用的发展性，指人类对自然资源的利用范围和利用途径将进一步拓展或对自然资源的利用率不断提高。人们利用自然资源的特征，改变了仰赖于自然的恩赐，即人与自然的关系。人们能够从一小块土地上获得的食物，和在较大土地上采集狩猎获得的一样多。人在农业生产实践中应用了有关生物繁殖的知识，才能依靠自己的活动来增殖天然产品，找到了较稳定可靠的衣食来源。从此人们在自然界就取得了一些主动。

在自然时代中，衣食无忧是人们生活的主要追求，也是维持统治阶级稳定的关键因素。但由于自然资源的有限以及劳动力有限的因素，要求人们利用匮乏的资源，进行不断的合作合伙，通过相互依存，来弥补自然时代中资源短缺的问题，提高农业生产的效率，减少个人劳动力的付出，更好地维持统治阶级的稳定，实现自然时代的共赢。如图 3-2 所示。因此"双合"——合作合伙，是自然时代共赢的主要表现。

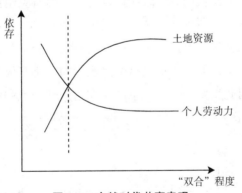

图 3-2　自然时代共赢表现

（二）物质时代共赢表现："双补"程度

"双补"——补足补短，由于物质时代的社会分工程度不断提升，企业的生产活动复杂性决定了任何单独的个体都不可能掌握现代工业生产所需的所有知识、资源及科学技术。物质时代的交互共赢是为了获得更大的利润，通过补足补短的方式，发挥自身企业与关系方的竞争优势。

切身利益是促进交互关系的主要原因，因此，在物质时代出现了大批利益集团。早在 18 世纪末，美国就出现了全国啤酒制造商协会、全国棉花生产商协会等利益集团。以后，英国、法国等其他西方国家也相继出现类似的团体。早期的利益集团为数不多，对时代的影响程度很有限。19 世纪中叶，工业化的浪潮席卷西方各国，产业、行业、职业在工业化过程中迅速分化，各种矛盾进一步发展，政府职能随之扩大，政府对各种法律和政策的制定几乎都涉及不同人的利益，由此引起人们对政府行为的普遍关注，各种企业、行业利益集团迅速发展起来。英国企业协会、英国造船联合会、美国制造商协会、美国商会、法国的制造商协会、日本的经济团等，都是在这一时期形成的，它们对现实政治已产生了较普遍的影响。进入 20 世纪，尤其是第二次世界大战以后，西方国家随着社会经济政治文化的发展，政府对经济与社会管理职能的扩展，科学技术的进步，各种矛盾的进一步尖锐化、复杂化，使利益集团在西方大量涌现。利益集团使得各个成员聚集在一起，交互共赢可以弥补单个个体的缺点及不足。因此"双补"——补足补短，是物质时代共赢的主要表现。

在物质时代，科技进步已经成为提高综合国力的关键支撑，成为生产方式和生活方式变革进步的强大引领，谁牵住了科技创新这个牛鼻子，谁走好了科技创新这步先手棋，重视科技发展，谁就能占领先机、赢得竞争优势，谁就是最好最大的利益集团。如图 3-3 所示，在物质时代中，随着技术进步，共赢表现的"双补"能力越强，在双补程度增强的过程中，利益集团的生产效率提高，生产成本降低，利润就会最大化，但由于集团内部是互利的，所有成员利润最大化是物质时代共同的追求，因此当生产效率和生产成本达到某一饱和状态时，便会呈现负面的趋势，并以此循环。

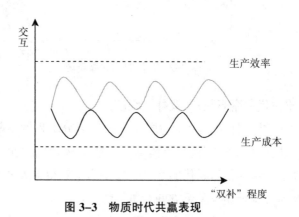

图 3-3 物质时代共赢表现

(三)虚拟时代共赢表现:"双互"程度

"双互"——互联互通,进入虚拟时代,共赢的表现不再仅仅是物质时代中科学技术的"双补"程度,更重要的是突出共赢思维互联互通的表现。虚拟时代中,共赢的概念已经发生了变化,强调投资人亟须在资本市场证券指数板块中找到相对价值行业的共轭板块,抓住价值共同的心理动机,实现蓝海价值创造。

在虚拟时代中,核心是思维。进入虚拟时代,共赢的表现不再只是补足补短,更重要的是投资人开始放眼全球,通过构建价值命运共同体的理念,实现共赢共轭,强调通过互联互通,联结全球,走向未来,将价值与思维共同化,推动世界共同发展,创造更大的价值空间,为人群实现更大的相对价值打下坚实的基础。

世界互联互通体现在方方面面。互联互通是释放创新发展潜力的重要手段,也是实现联动发展的必要前提,互联互通也是决定虚拟时代的力争能力。互联互通,"联"的是什么?以前"联"的是"铁公机",现在是"天电网,陆海空"。17世纪前的人类社会是马/骆驼+帆船时代,18世纪是蒸汽时代,19世纪是铁路时代,20世纪是飞机时代,21世纪则是高铁时代、大数据信息时代。不少国家和地区,将再现"火车一响,黄金万两"景象,复制中国"要致富,先通(网)路"的经验。"一带一路"正在引领"第二次地理大发现",推动世界一些地区新型城镇化进程和人类生产生活形成新布局,推动各地区金融市场联动发展。可以预见,互联互通,联结的不仅是地区,而且是世界;通向的不仅是未来,而且是繁荣。因此"双互"——互联互通,是虚拟时代共赢的主要表现。

虚拟时代共赢的表现如图3-4所示。更重要体现在证券市场,共轭的规模与范围、"双互"程度和互动效率构成平面的关系图,由于时代中互联互通的程度高低,造成共轭程度的不同。"双互"程度越强,共赢共轭创造的价值便会越大,是虚拟时代国家或地区最希望成为的状态。在虚拟时代中,共赢共轭的个体成员之间互惠共赢,是虚拟时代变迁的潮流。"双互"程度越高,不仅代表着投资人所跟随的板块共轭程度越高,创造的价值越大,该国或者地区越有可能实现蓝海价值的创造,同时也意味着实现共赢共轭的核心主体会逐渐向精英人群集中,这就提高了互动的效率,共赢共轭的成员可以获得被时代认可的尊严地位。当共赢共轭创造的价值越少,国家或者地区的"双互"程度就越差,意味着互动效率越低,创造的价值就不能实现向蓝海价值跨越,不会得到全球投资人的跟随。

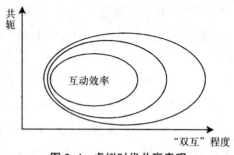

图 3-4　虚拟时代共赢表现

三、共赢作用

共赢在不同时代，其作用也发生了不同的变化。三个时代中，共赢的作用是不同的，共赢作为一种合作方式，聚合多方的资源与思维，从而实现投资人共同的目标。总体来说，如图 3-5 所示，自然时代的依存共赢在资源匮乏的背景下，通过依存的方式，更好地保障人们的生存，增加势力范围和壮大实力，保障人际供应；物质时代的共赢集团是建立在分工与协作的基础上，形成利益集团之间的交互，增加在市场中的竞争优势，提高工业生产的效率同时降低生产成本，保障获得更多的利润；虚拟时代的共赢共轭指的是人们为追求一种美好的发展状态和一种美好的投资向往，而采取的一种共赢共轭战略，是来源于人们对于思维动机的心理防线力争，保障创造更大的相对价值空间，形成人群投资。

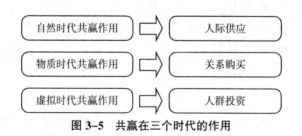

图 3-5　共赢在三个时代的作用

（一）自然时代共赢作用：人际供应

在自然时代中，器具是核心，政权的稳定、人民的基本生活均与器具有关。此时，共赢的含义是依存共赢，通过利用匮乏的资源相互依存，来扩大自己的势力范围，壮大自己的自然资源实力。于是结盟成员的合作合伙便是共赢的主要表现。只有结合在一起才能保证拥有更多的土地资源、更多的劳动力资源，获得更好的生存条件。

　　自然时代的发展模式生产效率低下，是属于人类文明的低级形式，它主要是解决人们的温饱、生存问题。自然时代的生产主要包括两个方面：人口的生产，生活资料的生产（主要是粮食），这两个方面共同影响着整个时代的发展，人均生活资料（时代总生活资料/时代总人数）是衡量一个时代是否稳定的一个很重要的标准。当人均生活资料充足，能够满足人民的需要，那么整个时代总体上就表现得稳定。当人均生活资料不足到了一定程度，无法满足人民生存的基本需要，那么这个时代就会出现动荡，就会出现王朝的替代。王朝的更替在生产方面体现出来的是人均生活资料新的循环。

　　归因于低级的时代形态，器具的生产力较低，自然时代的粮食生产量十分有限，并不是在任何时候，所有人都可以满足最基本的生活需要，生存是人们考虑的首要问题。为更好地维持时代的稳定和保障人们基本衣、食、住、行等生活需要，人们需要通过依存共赢。依存共赢的首要目的是保障自身的生存问题，进行包括战争在内的各种权力角逐，扩大所占领的地盘，形成和维护新的权力平衡，在合作合伙中相互交换与利用各自的生活资源，促进生产力的发展，提高个体的生活水平，保障共赢主体的生存问题。

　　自然时代的共赢作用如图 3-6 所示。

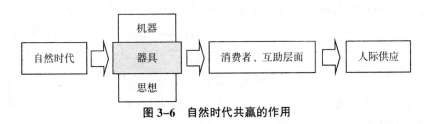

图 3-6　自然时代共赢的作用

（二）物质时代共赢作用：关系购买

　　20 世纪，社会进入了日新月异的工业革命进程，创造了巨大生产力，使时代面貌发生了翻天覆地的变化。科学技术的发展与生产力产生了质的提升，以欧美为代表的地区均逐渐走上了工业化进程，开始了城市化进程。在工业化、城市化的过程中造就了一个合作分工的时代，物质时代的合作是与竞争共生的，合作与竞争是物质时代的两个面相，也构成了一对矛盾。工业合作的特点是以分工和手工劳动为基础的协作，由原来简单的个人劳动产品变成了多数工人共同制造的社会产品。劳动者专门从事某种专一的工作，劳动工作单一化，劳动生产率得到进一步提高。社会生产分工是人类文明的标志之一，也是社会不断向前发展的动力之一。从原始自然时代向现代物质时代的变迁也是一个社会生产分工由简单到复杂的过程。同时社会生产分工也是经济发展的基础。没有社会生产分工，就没有交换，市场经济也就无从谈起。社会生产分工的优势就是让擅长的人做自己擅长的事情，使平均社会劳动时间大大缩短，生产效率显著提高。能够提供优质高效劳动产品的人才能在市场竞争中获得高利润和高价值。社会生产分工最根本的体现就是"人尽其才，物尽其用"。

不同的人从事不同的工作，每一项工作都能够满足一定的社会需求，这样全社会就在这种互相满足需求的过程中不断向前发展。社会生产分工能够提高整个社会的运行效率，就好比生产流水线的发明提高了生产效率一样，每一个人都只专注于一项特定的工作，就能够把这项工作做到极致，效率自然就提高了。

物质时代的合作不断升级化，依存共赢已经不能满足人们对于利益的追求，因此便出现了基于共同利益，通过合作发展而组成的利益集团。每一利益集团都有特定的组织目标。利益集团一般明确表示自己的组织目标或价值标准，从而使具有共同社会身份或持有相同观点的人们聚合起来。利益集团以其成员共同利益代言人的身份向政府提出利益要求，以影响或制约政府的决策，使政府的政策与立法有利于本集团的利益或目标的实现。利益集团还为自己的成员提供各种服务和信息，以谋取集团利益；为政府有关部门提供情报，以影响政府制定政策；利用传播媒介向社会宣传自身的价值观、利益目标和对政策情况的分析等，以扩大组织影响，获取公众支持，利益集团之间的竞争表现得非常明确，这是技术进步导致迭代产品的出现，技术实力补足补短的产品竞争迭代取代传统自然资源的品种替代合作合伙，这要求每一个关系方共赢的作用是必须寻求独立，满足购买者的最大利益需求。

物质时代的共赢指交互的关系共赢，是关系营销的核心，是关系产生和发展的前提，由于物质时代社会分工程度不断增加，各个产业内部需要进行协作、交互，合理有效地利用各种资源和技术，弥补自身存在的短板，于是补足补短便是物质时代共赢的表现。在物质时代中，基于互利的关系，关系方可以获得更多的利润，共赢的作用从自然时代的保障人际供应发展到物质时代的促进关系购买，并且利益集团的成员可以变得更加富裕的前提条件是为了集团的相对独立，不被其他利益集团轻易迭代。

物质时代的共赢作用如图3-7所示。

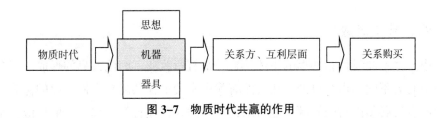

图 3-7　物质时代共赢的作用

（三）虚拟时代共赢作用：人群投资

由于虚拟时代中个人的物质需求已经得到满足，那么更高层次的自我实现和精神需求可通过创造价值来实现。虚拟时代中的哲学思维成为能够创造相对价值的关键，这种时代形态下，共赢的含义是共赢共轭，表现为以证券化为背景的互联互通。当共轭的互联互通程度不断增加，则意味着能够创造更大的价值空间，可以变得更加强大。

共轭是由个体相互之间存在某种特殊关系、按一定的规律相互匹配，形成前进且上升的趋势。在虚拟时代，共轭更被视为一种生态理念，通过调节系统内各组分之间的关系，实现组分之间的和谐共生，强调一种动态的、辩证的共赢关系。共轭的功能是共赢共轭存在的价值所在，也是共同发展的使命所在。

虚拟时代中的共赢共轭是一种创新思维，是投资人实现蓝海价值的必要条件。通过实现，提高虚拟时代的互联互通程度，让投资人更重视整体发展的利益，构建实现共赢共轭的共同体。共赢共同体内，所有成员在一定程度上共同承担风险，将不确定的风险程度分摊到每一个个体身上，降低投资失败带来的严重危机，这样能使投资人在创造价值的过程中更多地关心共同体的长期价值，不同国家的投资人之间建立合作关系，实现快速发展，形成上升的趋势，促使虚拟时代中的人群跟随价值共同体，实现人群投资，使得投资人的实力变得更加强大，在时代中的地位不断提升。

虚拟时代的共赢作用如图 3-8 所示。

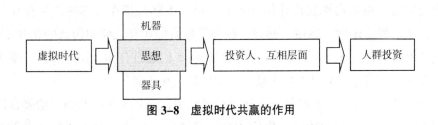

图 3-8　虚拟时代共赢的作用

四、共赢形成

由于在不同时代，共赢的主体与含义都有所改变，因此共赢的形成在三个时代中也有着不同的形成机理。在自然时代中实现依存共赢是人们生存的保障，是土地所有者必须面对的问题，能否保障人们的衣食住行等基本需要的供应，是自然时代统治阶级共赢的基础，是国家巩固政权的关键；在物质时代主要是企业通过交互共赢，增加企业在全球市场中的竞争优势，补足补短自身在物质时代中缺乏的资源及技术，企业才能获得更多利润，保障可持续发展；在虚拟时代，金融衍生品的出现需要通过投资人对动机创新和互动表现进行分析，对蓝海价值投资进行分析，界限思维的判断，寻求相对价值板块，人们才可以分析出值得被投资的金融衍生品。共赢共轭是判断相对价值的基础，在价值投资过程中，要做到看到变、把握时、突出合、强调联、注重建，准确判断界限，创造更多的蓝海价值，投资人才可以获得成功投资。

自然时代中，土地是人类赖以生存的基础。人们通过认识、改造、利用土壤，获取生命的必要食物。从人际的定义里，不难发现土壤和人际的内在联系是十分密切的。世界各国自古以来都把土壤视为极为重要的资源，土壤的空间和价值属性也是形成人际的基础。如古斯拉夫人视土壤为哺育儿女的母亲，古罗马的许多诗歌把土壤比作圣洁的"女神"，中国先秦古书《周礼》中把土壤形容为"万物自生焉"等，肯定了耕地繁衍万物的功能。土地作为人最重要的生存资源，也是人们生活幸福的表现，对于统治者的意义等同于江山社稷，而官宦平民占有、使用、支配土壤的多寡在历史上被作为评判一个人身份贵贱的准绳。而对人与土地关系的调整在古今中外均被作为调整内部各利益主体关系的工具，往往促成巨大的时代变迁。人们处在生产不足和基础物资匮乏的生活环境中，为保障基本需求和生存的目标，会通过结成联盟的方式，将土地资源和自然资源整合在一起，形成稳定的人际，对于封建统治有着稳固的作用。人际是自然时代形成依存共赢的决定因素，也是自然时代开拓地盘的需要。人际是指在自然时代所存在的主体，由于血缘、亲情、感情、利益、权力等要素的相互关联而构成的相互依托、相互利用的状态，基于这种状态，自然时代的人们通过合作合伙的方式，来满足最基本的生活需要，实现依存共赢，这便是共赢的基础。

如图 3-9 所示，自然时代只有通过结成联盟，建立人际的基础，增强合伙合作程度，才能巩固统治阶级，生活才会得已稳定。在这个时代，共赢表现的是

"双合"，即合作合伙。"双合"程度的提升源于人们建立起稳定的人际关系，通过这种情感状态与他人保持相应的合作。人际关系贯穿于自然时代变迁的始终，对国家的统一也至关重要，良好的人际会避免发生严重的动荡，稳定的联盟会维持统治阶级的牢固地位。农耕文明是自然时代的基础，农耕自然经济是中国古代经济的主体。中国传统农业自诞生之日起，就与政治、经济产生了十分紧密的联系。众所周知，中国的农耕文明发源于黄河、长江流域，但由于黄河流域优越的自然条件更适宜远古木石铜器农具的运用和粟、稷等旱作物的生产，所以农业首先在黄河中下游达到较高水平，黄河中下游地区自然成为中国上古时代政治、经济和人文中心。隋唐以后，随着黄河流域生态环境的恶化，长江中下游地区的农业迅速发展起来，并出现了经济重心南移的现象。农业的发展关乎联盟的发展和政治的稳定。人们通过结盟，建立合作合伙的方式，使得劳动力与资源增多，人们能力提高，最终使得生产效率提高。并且随着人员之间形成联盟，保持不断的联络，人们对于自然的认知水平不断提升，掌握生产规律的能力也不断提升。通过建立结盟，实现自然时代扩大地盘、增加产量的目标，将劳动力与资源进行整合，农作物产出率提高，生活水平必然有所提升，人们的初级需要得到了基本的满足，生存问题便得到了解决。

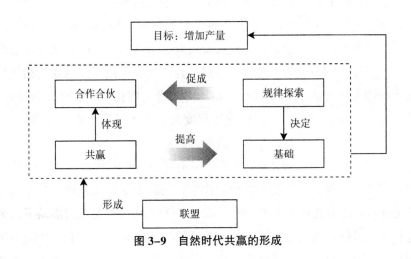

图 3–9 自然时代共赢的形成

进入物质时代，在技术进步和需求驱动的双因素作用下，为实现提高生产效率的目标，产业分工逐渐被人们重视。产业分工之所以能够使参与者得到相应的利益，是因为产业分工包括一定的生产经营主体、群体在产业、行业的整个生产过程中所承担的任务或扮演的角色。四次工业革命，不断促进分工化程度。分工使得劳动生产力提高，提高了劳动者的熟练程度、技巧和判断力。有了分工以后，同等数量的劳动者就能完成比过去多得多的工作量。这是因为：第一，劳动者熟练程度的提高，必定增加他所能完成的工作量。因为分工使劳动者终身局限于一种单纯操作，从而大大增进自己的熟练程度。第二，由一种工作转到另一种工作，一般要浪费一些时间，实际上因节约时间而得到的利益，比表面看起来的要大得多。第三，机械能够简化劳动，而那些机械的发明，看来也是因为分工。分工使人的全部注意力集中到一种简单事物上，从而更有可能发现一些比较容易和便利的方法，来完成他们各自的工作。

在经济全球化的推动下，一方面某产业的研发、采购、制造、营销以及相应的投资、贸易等经营活动可以在全球范围内展开；另一方面全球范围内的产业分工使资源的利用效率更为有效和合理，给各国带来了相应的经济收益。尽管这种收益的分配在不同国家间存在差异，但不可否认的是，参与产业分工比不参与更能促进本国经济的发展。市场容量决定产业分工的水平，市场需求越大，分工越精细。当某类产业随着市场的开拓而需求不断增加时，分工程度应更高，如电子信息业的发展。电子信息市场的扩大使电子产业的分工越来越专业化，逐渐形成以专业分工为基础的利益集团，集团内的分工不仅精细化，而且有相对完整的产业链，从而使分工达到更高的水平。通常来说，一个集团越成熟，分工水平越高。当集团处于生命周期的初创和成长阶段时，市场相对有限，集团发展尚未形成规模，所以集团内相关的产业分工还只是处于初级阶段，没有达到精细化的程度。而当集团发展进入成熟期以后，市场需求稳定增长，产业链逐渐发育完善，产业技术趋于稳定，产品生产的标准化程度提高，于是各个生产环节向专业化、标准化、规模化发展，产业分工水平也因此提高。

物质时代共赢的形式如图 3-10 所示，不同于自然时代的共赢，物质时代的共赢主要体现在"双补"程度。物质时代中，共赢主要体现在科学技术与工业资源的补足补短，多方之间的互利合作。在生产关系和利益关系的推动下，为了实现创造利润的目标，人们通过建立利益集团的方式，提高了工业生产的效率，增加了利益集团的利益回报，进而实现交互共赢，是共赢的支撑。因此，在物质时代中，利益集团的建立推动了共赢的形成。物质时代的共赢过程为集团的成员创造了更多的利润，人们变得更加富裕，物质生活得到极大的提高。

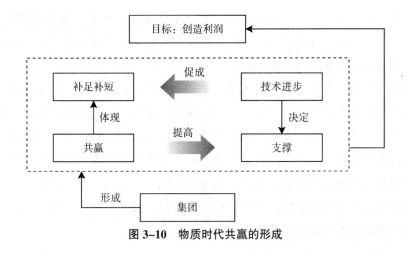

图 3-10 物质时代共赢的形成

以速度、多变、危机著称的虚拟时代，是个充满挑战同时又更加渴求进取的时代。这个时代，新鲜事物几乎时刻都在悄无声息地颠覆传统、嘲笑陋习、催生危机，使得转型、升级、淘汰成为推动产业发展和时代进步的动力。因此，创新创业（双创）与互联互通（双互）无疑是时代主题，人们更重视的是如何创造相对价值。相对价值的创造是驱动人们实现心理向往的最关键因素。产业经济发展到 21 世纪，最丰富的资源莫过于人力和资本——即"人"和"钱"：人力资源在各资源要素中具有决定性的作用，资本是推动人时代变迁的根本动力。共赢共轭不仅将虚拟时代中的"人"与"钱"整合在一起，更是将人群的价值思维共同化，共轭形成的共同体创造相对价值的生态系统，实现蓝海价值创造离不开共同体。虚拟时代是以人的发展为第一资本引领投资，避免了资源枯竭浪费投资资金的情况，符合可持续发展要求，同时具有强大的扩张性，共赢共轭充分利用了市场经济的优势，更加表现人们的动机创新。如中国高铁的发展就是利用市场经济的手段汲取世界的先进技术，市场化运作，解决中国人旺盛的高质量出行需求，更加重要的是动机创新，顺应时代。通过"一带一路"形成联通世界高铁的基础建设，形成全球共同体，使中国高铁行业的相对价值创造，共赢共轭中国资本市场衍生品价值，促使 2014 年以后的股价指数板块的波段性和长期性上涨；美国 20 世纪末期的互联网时代发展，创造的以亚马逊、苹果为首的互联网行业相对价值让美国股市短牛、长牛近 20 年。虚拟时代价值投资中，共赢共轭是投资决策的重要思想，共赢共轭是人们动机创新的表现和结果，是共赢的发展。

虚拟时代中，随着社会发展，时代也在变迁。投资人以哲学的思维进行金融衍生品投资，以更加宏大的战略视野，通过互联互通的方式，构建共同体的共赢理念，实现蓝海相对价值创造。因此，在虚拟时代中，共赢共轭是由于全球形成的一个个命运共同体的诞生而形成的。

虚拟时代中，共赢表现为"双互"程度。如图 3-11 所示，由于虚拟时代的共同体诞生形成虚拟时代的共赢。随着跟随共同体投资人数量的增多，虚拟时代中金融衍生品的"双互"程度不断提升，金融与经济更好地"共生共荣"，人们的动机思维不断提升，投资人会寻求具有时代增值的相对价值板块进行投资，共轭形成股市短期和长期牛市，是投资人虚拟时代追求的目标。具有蓝海价值空间的共轭板块会吸引人群跟随，实现相对价值创造，投资人可以获得资产的大幅增值，从而带动实体经济健康发展。

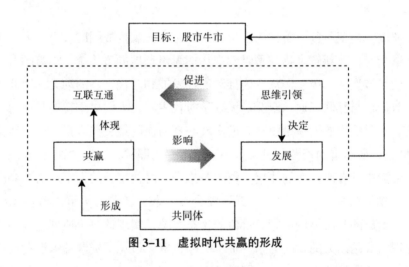

图 3-11　虚拟时代共赢的形成

第二节　虚拟时代的共赢

一、虚拟时代共赢角色变化

（一）共赢共轭与价值的证券化密切相关

在虚拟时代，以虚拟为主的价值证券化（股价）是人们投资的核心，在人群决策章节及后面的内容都会有所涉及。共赢共轭证券化是对传统交互共赢关系市场化模式的重大突破。资产证券化（股价）与其他商品（物价、房价）投资相比优势非常明显。第一，资产证券化能吸引大量投资机构投资，实现较低成本的融资，比债务融资和股权融资的成本更低，再依靠同步而且真实的对外销售来降低风险概率。资产和负债资产可以清晰地区别开来，能提高资本充足率以更好地满足监管要求，为市场运作提供良好的环境。第二，将风险厌恶者和风险偏好者进行风险再配置，将风险合理地分配给不同的投资者，不仅有利于投资，而且更有效率，还将回避型投资者的风险向中立型投资者转移，实现帕累托优化。第三，大大提高了资产流动性，一些利润较小的不动产对投资者的吸引较小无法流动，资产证券化可以将这些小的进行整合、扩大，把这些转换成证券销售出去，这样银行可以获得更多资金用于周转，证券在销售和倒转的过程中，也增加了流动性。同时，资产证券化使得世界各国的资本紧密联系在一起，这在促进各国商业博弈的同时，也使得一个国家的商业波动可能殃及他国，甚至影响全世界，加剧投资的不确定性，反过来对发展中国家的经济安全和社会稳定构成极大的威胁，这些都是需要避免的。由此可见，证券化的衍生品——股价就比商品"三价"中的物价和房价更具有人群营商研究的特性。

2017 年，我国资产支持证券发行规模超过万亿元，市场存量突破 2 万亿元。证券化的发展速度十分惊人，如在发达国家美国中，其市场规模（资产证券化商品约占 31%）目前是美国最大的资产收益市场，已经远远超过了美国公司债（19%）、国债（16%）及货币市场工具等。

只有完成基于全球化背景的资本市场证券化，提供合理的定价基础，保证一个好的证券市场，才能让一个国家或者地区的资本价值空间最大化，同时缩短实现相对价值创造的时间。改革开放以来，随着中国国情的不断变化，市场经济起主导作用，在国家鼓励发展创业的时机下，政府支持改造金融宏观手段，证券市场在中国已经渐渐成形。国家鼓励投资者的同时，加强监督，防止漏洞出现，防备不法分子谋取暴利，为中国的资产证券化发展提供良好的环境。养老基金、保险基金这类有质量有保障的社会资金更应该受到重视，当其进入资产证券化市场时，能吸引投资人和投资机构的目光，从而扩大资产证券化市场规模，使资本市场步入创新提速、互联互通、发展更加深入的阶段，在虚拟时代中创造更大的蓝海相对价值。

共赢共轭的形成，代表着投资人重视的价值与思维不断升级形成人群环。共轭共赢是建立在全球化基础上所形成的资产证券化，共赢的主体更加集中在证券市场中的投资人。随着证券市场的不断发展，市场规模的不断扩大使得股票市场越发成熟和完善。在实际的投资过程中，投资者如何把握行业板块轮动，提升板块之间的共轭程度，越来越成为投资者关注的焦点。掌握行业板块轮动与指数板块人群环的形成，可以在股票市场中抓住实现蓝海价值的机会，满足投资人的心理向往，赢取更多收益，同时可以避免行业板块落后于时代变迁形成下跌带来的行业风险。共赢主体间的共轭程度与心理向往一般呈正相关关系，在某一行业（或者地区），形成价值共同程度越多，代表共赢共轭创造的价值越能被证券市场中的投资人所跟随。共赢共轭要在虚拟时代的证券市场中获得循环跟随，该共赢共轭内板块的"双互"程度就需要越高，提高证券市场中板块之间的共轭程度，有机结合契合蓝海价值板块和四个决策——人群跟随、路径规划、系统动力、组合优化，形成证券市场中具有蓝海价值创造的人群环，推动虚拟时代证券化不断向前发展。若没有证券化的衍生品股价作为投资标的，加以研究形成理论，并将理论灵活运用于房价和物价，人群营商理论则难以突破。

(二) 共赢共轭与全球证券市场联动关系更为密切

在证券化的虚拟时代，全球投资更加互联互通，一个国家和地区的相关行业发展，必然影响全球，只有证券市场实现这种联动更加方便易行，只要有蓝海价值的指数板块和相应的行业板块，共赢共轭就能形成，投资人在全球化的证券市场寻找价值洼地，并且进行有效的跟随，对于世界经济发展和人类命运共同体的建设影响巨大。世界上很多事情越来越需要各国共同投资，形成价值生态，世界各国的利益与命运也更加紧密地联系在一起，形成了"你中有我，我中有你"的命运共同体。很多问题不再局限在一国内部，很多挑战不再是一国之力所能应对，全球性挑战更需要各国联动起来共同去应对，因为全球性投资也是全球联动。

当一个国家的共赢共轭的蓝海价值得到其他各国的关注和认同时，其他各国也会融入该价值共同体，在价值共同的基础之上，紧跟着该国的价值人群，采取相应的投资行动，即联合投资。通过共同体成员国的联合行动，采取有效的措施，来促成目标价值的兑现，实现蓝海价值的创造。

美国的互联网行业发展充分说明了这一点，刚刚兴起时人们只是一种投机炒作，20 世纪后期发展的移动互联网，在全世界就赢得了认同，各国纷纷仿效，引来全球投资，既促进了美国互联网技术的发展和应用，使美国的互联网行业称霸世界，也让全世界投资人充分分享互联网行业带来的价值蓝海投资机会，把握好互联网巨头的价值创造，其他各国学习美国，像中国也出现了阿里、百度、华为、滴滴等一批互联网企业，美国带头，其他国家跟随，形成价值生态，是互联网行业让美国资本市场道琼斯指数辉煌几十年，也让全世界投资人寻求到蓝海价值投资机会。没有证券化的衍生品——股价投资形成的联动，互联网行业不可能发展如此之快、如此之大和如此之好。虚拟时代中的共赢共轭，形成价值共同体将各国的投资人联合在一起，发现契合的指数和行业成长价值蓝海板块，降低不确定性价值投资的风险，增加组合优化价值投资动力。资本证券化是互联互通虚拟时代变迁的必然结果。在资本证券化的条件下，各国相互联系、相互依存、命运与共、休戚相关，各国交往日益频繁，联系日益紧密，互动日益加强的共赢共同体。虚拟时代中共赢共同体勾画了价值投资的新坐标。顺应各国与世界深度融合的趋势，奉行共赢共轭的深度开放战略，建设更加开放型经济新体制，提高一个国家在世界金融市场治理中的制度性话语权，都需要努力构建广泛的共轭。共轭共赢共同体强调顺应虚拟时代证券化的趋势，利用虚拟的证券化推动不同地区的投资人走向共同发展、协调发展和共创价值，确立美好心理向往的价值支点，带动一条互利共赢的多样性、共同性价值生态的实体经济发展道路。

二、虚拟时代共赢新要求

（一）共赢的广泛扩张力

虚拟时代中，共赢共轭具备广泛的扩张力。共赢共轭的扩张力只有涉及证券的各个板块，才能获得全球的投资人跟随，进而才能创造更大的蓝海价值。在虚拟时代，共赢是人们渴望获得资产增值而采取的一种合作方式，投资人通过构建共同体以及跟随共赢共同体，以实现蓝海价值的创造。因此，虚拟时代对共赢的新要求是：共轭共赢共同体必须具备广泛扩张力，具备创造蓝海相对价值的可能性。

虚拟时代的到来，资本、技术、信息、人员跨国流动，国家之间处于一种相互共轭的状态，一国价值目标能否实现与别国的价值创造有重大关联，意味着当今世界虚拟时代面临着前所未有之大变局，市场多极化、商业全球化、文化多样化和社会信息化潮流不可逆转，虚拟时代中主体之间的联系和共轭日益加深，面临诸多共同挑战，虚拟时代共赢共轭不只表现为一个国家或区域的全球化层面，更需要上升到证券化层面共同体。在虚拟时代中，不论人们身处何国、信仰如何、是否愿意，实际上已经处在一个基于全球化的命运共同体中。各国在相互共轭中形成了一种价值纽带，要实现自身价值就必须维护这种纽带，并发展这个纽带。国家之间的权力分配没有必要像过去那样通过战争等极端手段实现，国家之间在蓝海价值的共轭有助于国际形势的缓和，各国可以通过国际体系和机制来维持、规范相互共轭的共赢关系，从而创造共同价值，提升本国的地位和扩张力。

随着证券化的不断发展，共轭共赢共同体涉及领域十分广泛，涵盖了证券市场中的各个板块，板块指的是由一些股票组成的群体，这些股票因为有某一共同特征而被人为地归类在一起，或将某些处于同一行业的股票划归一类得出的一类股票类别。股票板块的特征有的可能是地理上的，如股市初期的题材板块，有地区题材板块"深圳板块""浦东板块"；行业题材、政策题材，大部分为中小盘股票；有股市发展中期的业绩为王的绩优板块；有的可能是上市公司经营行为方面的，如"购并板块"；现在投资人都是按照成长性大小将行业进行分类，如"互联网板块""银行板块""非银金融板块""房地产板块""高铁板块""航母板块"等，不一而足。

由于每个共轭共赢共同体创造的价值大小不同，只有能够形成指数板块蓝海相对价值的共赢共轭，才会进入证券市场投资人的视野，才会吸引人群跟随投资创造蓝海价值。也就是说，各个成长板块的价值共同程度不同，只有在全球化的今天，证券化背景下创造出蓝海相对价值的行业，才会吸引投资人。从国家层面，共赢共同体对一个国家的发展有着重要的影响。一个国家所在的共同体的大小和成长性，代表这个国家的现实实力与未来的发展潜力，会使更多的优秀人群跟随该国，尤其是众多投资人形成价值共同，投资人便会投资这个国家，使这个国家可以在虚拟时代资本不断累积，资产大幅升值，提高自身在共同体内与全球的话语权，中国"一带一路"倡议的实施，就是寻求建立更大的共轭共赢共同体。

在虚拟时代，蓝海价值创造是投资人所追求的心理向往。如果没有蓝海相对价值的投资前景，投资人间便不会主动形成共轭共赢共同体，共赢共同体在虚拟时代具备广泛的扩张力。将扩张力与价值联系在一起，即只有创造蓝海相对价值的共同体，才会具有广泛的吸引力。

(二) 共赢共轭的主动性和独立性要求

共赢的主动性与独立性相互联系，对实现共赢以及共同体的构建起着巨大的作用，其基本含义是共赢共轭的变动更多的是共同体内的成员主动的调整，并且受其他共同体变动的影响较少。主动性与独立性要求共赢主体积极为共同体中的所有投资人服务，成为决定和调整共赢不可缺少的重要因素。

共赢主动性是指主体（国家或个人投资者）可以根据环境、形势的变化主动加入已经形成的共同体或者构建新的共同体。共赢主动性主要体现在个体自主寻找并选择倍增快、成倍中或成倍快的共赢共轭。

沪港通的成立是共赢共轭主动性的典型案例，在证券市场中，由个体主动地构建共赢共轭共同体，创造更大的蓝海价值。2014 年 4 月 10 日，沪港通由中国证监会正式批复开展互联互通机制试点。证监会指出，沪港通总额度为 5500 亿元，参与港股通个人投资者资金账户余额应不低于 50 万元，港通正式启动需 6 个月准备时间。国务院总理李克强在 2014 年 4 月 10 日的博鳌论坛，发表主旨演讲。李克强指出，将着重推动新一轮高水平对外开放，其中，扩大服务业包括资本市场对外开放是重要方面。并称此后将积极创造条件，建立上海与香港股票市场交易互联互通机制，进一步促进中国内地与香港资本市场双向开放和健康发展。同时将在与国际市场更深度的融合中，不断提升对外开放的层次和水平。自 2014 年 11 月 17 日开通以来，沪港通已平稳运行 3 年多，交易、登记结算、换汇和公司行为等各项业务处理正常。数据显示，截至 2018 年 3 月 30 日，沪港通交易总金额达 7.8 万亿元。其中，北向沪股通累计有交易的股票 795 只，交易金额 4.3 万亿元；南向港股通累计有交易的股票 385 只，交易金额 3.5 万亿元。

沪港通的主动成立，是中国资本市场共赢的重要内容，有利于加强两地资本市场联系，推动资本市场双向开放，形成虚拟时代中的共赢共轭。具有以下三方面积极意义：

（1）有利于通过一项全新的合作机制增强我国资本市场的综合实力。沪港通可以深化交流合作，扩大两地投资者的投资渠道，提升市场竞争力。

（2）有利于巩固上海和香港两个金融的地位。沪港通有助于提高上海及香港两地市场对国际投资者的吸引力，有利于改善上海市场的投资者结构，进一步推进上海国际金融建设；同时有利于香港发展成为内地投资者重要的投资市场，巩固和提升香港的国际金融地位。

（3）有利于推动人民币国际化，支持香港发展成为离岸人民币业务中心。沪港通既可方便内地投资者直接使用人民币投资香港市场，也可增加境外人民币资金的投资渠道，便利人民币在两地的有序流动。

共同体独立性是指不依赖于其他共同体而自主地思考和行动的心理倾向性。同依赖性是相反的，即独立性越强，依赖性就越小；反之亦然。

共赢共轭的独立性主要内容有：认知方面的独立性，包括思维的独立性，判断的自主性，知识、信息获取的独立性；动机方面的独立性，包括学习创新、互动等方面所需的能力。

共赢共同体的形成，可以促使个体投资人与群体的核心目标保持基本的一致，将共同体的价值观深深扎根在每个个体的思维之中，成员个体不自觉就会受到共赢共同体价值观念的影响。但必须谨记的是，在价值共同的整体趋势下，单个的主体并不能一味地盲目跟随人群，只有跟随具备创造蓝海相对价值可能性高的人群，才能实现个体价值的成倍增长。相反，如果追随了错误的人群，则可能会导致个体价值的成倍减少。在共赢共同体内，共同体必须要保持相对独立性，不能完全受其他共同体的约束与影响。

要正确看待共同体独立性的发展，独立性的发展是创新性培养的前提。创新性是指具有不囿于传统的框架，敢于突破陈规，大胆提出新概念、新思想、新假说的意识与勇气，并能将之付诸实践予以检验从而有所发现或发明的能力。比如中国提倡的"一带一路"共同体倡议，就是共同体独立性的表现，发展高端制造等一系列措施，保障共同体内部的共赢共轭，中国高铁的自主创新之路，以世界前所未有的运营时速、技术水平和发展规模，创造了从"追赶者"到"引领者"的跨越奇迹，成为世界铁路发展的新航标。中国高速铁路建设进入高速发展期，区域经济发展已经迎来"高铁时代"，资本市场中高铁板块的蓝海相对价值明显，可以带动上海主板指数板块实现价值的倍增和成倍增值。随着高铁技术的创新和日趋成熟，未来的高铁网将超过当今的互联网。很显然，培养创新性的宗旨便是培养其创新意识、创新动机与创新思维。共同体独立性不是创新的充分条件，但却是一个必要条件。

三、共赢与股票价格的关系

一个国家进入了虚拟时代，它的资本市场就会发生巨大变化，股票价格的上涨核心思想是契合理论，不同的人气对策形成不同的人群环，不同的人群环契合不同的行业板块，这些都会在以后的章节加以详细论述。契合是人群营商学的核心，没有行业成长板块的分类、定型，无法寻求真正推动指数板块上涨的行业板块。也就是说，寻求的动力是错误的，其他4个决策内容只是在其他层面完善契合思想，而共赢共轭也是为了更好地实现契合理论，使行业板块的上涨与指数板块共轭，像齿轮一样咬合，指数上涨离不开行业板块的推动，行业板块上涨必然推动指数上涨，二者相辅相成，才能产生股价（特别是龙头个股）的波动幅度，创造指数板块的蓝海相对价值。

指数板块的上涨可以利用人群理论加以研究，推动指数上涨的行业板块可以通过契合理论加以分析，但指数是否上涨，何时上涨，是本章研究的核心。大盘指数不能上涨，行业板块肯定无法上涨（不包括对于大盘上涨影响不明显的行业板块或者是其他原因引起的行业板块联动），契合的行业板块不能上涨，指数也会无法上涨（不包括产生指数的小幅波动行业板块引起的指数上涨），通过共赢共轭理论可以清晰地把握指数上涨和行业板块上涨的密切关系。

指数上涨可以是一个核心板块上涨带动，也可以是多个核心板块带动；不同的指数上涨阶段，共轭的行业板块是不同的，但上涨的行业板块波动的幅度（特别是龙头个股），一定超过指数上涨的幅度，关注龙头个股上涨幅度，是人口营商学研究的内容，这也是为什么说人群营商学承上（人气）启下（人口）、不了解龙头个股的走势，就无法把握行业板块与指数板块的共赢共轭，因为没有行业板块的指数与大盘指数走势的共轭，只有龙头个股的走势代表行业板块与指数板块的共赢共轭。这也是人气、人群、人口营商学成为一个独立而完整学科的重要原因。

不是大盘指数不上涨，行业板块没有投资机会，也不是所有的行业板块上涨就一定推动指数上涨，如 2016~2018 年白酒板块上涨没有引起指数板块的上涨，但该类板块的上涨对于稳定大盘指数意义重大，2019 年的猪肉板块上涨也是物价因素带动引起的行业板块上涨，不会引起大盘指数的大幅波动，2020 年的新型冠状病毒引起的肺炎，使口罩板块上涨等，投资人很难对每个行业板块的上涨都把握得那么准确。也正是每个行业板块都有一定的投资机会，才使成长板块具有更多、更大的投资机会。

在研究虚拟时代中，共赢共轭和股价的关系，如图 3-12 所示，资产价格、共赢共轭以及契合、决策之间相互影响。

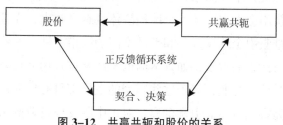

图 3-12　共赢共轭和股价的关系

四、虚拟时代的共赢确定

在虚拟时代中，确定共赢共轭主要有三种方式，分别是：支柱确定、互动确定和共同确定。这三种确定方式在相互联系、相互作用之中构成了共轭的确定方式，从而促进共赢的建立以及推动其创造蓝海价值。

（一）支柱确定

人气营商学中承诺结果——底线思维由现实确定，是一个国家的整体综合实力，是投资人对倍增（减）价值的判断，是对一定的经济环境和宏观经济政策、社会、人文、心理等多种复杂因素的反复分析判断的结果，所以一般情况下需要探底多次才能确定，投资人一般叫筑底或者叫磨底。对于股市而言，是对整个指数增值空间的一个判断，底线思维是界限思维的基础，在底线保住的前提下，是什么板块推动指数上涨，完全是由形成股价指数的四梁八柱决定的。只有支柱行业发力，支柱行业的巨大扩张力，才能使股市指数板块真正实现上涨，否则，就会出现久盘必跌的大盘下跌局面。所以，足以看出支柱行业对指数上涨的重要作用。

支柱行业是如何形成的呢？每个国家和政府都会加强支柱行业的培育，其实支柱行业的形成也不是非常困难的，最捷径的办法就是学习其他国家，其他有银行业，咱们也搞银行业；其他国有投行业，咱们也搞投行业。中国的钢铁、汽车、石油行业都是学习其他国家建立的支柱行业。为了尽快建立本国的支柱产业必须学习别人，这是毋庸置疑的。要想在学习别人后弯道超车，形成自己的支柱行业引领世界，则必须创新，并结合自己国家的实际应用和世界技术发展的潮流，形成新型行业，是别国学习的典范和跟随的对象。美国的互联网行业突飞猛进引领世界，中国正在培育的高铁行业未来引领世界，都是创新支柱行业的典范。

支柱行业的形成在不同国家、不同时期是不同的。经济体量不大的国家，形成的支柱行业规模不会太大。随着全球经济体量越来越大，支柱行业的规模将越来越大，否则很难吸引全球投资人和带动本国的股市上涨。一些国家在某领域形成支柱行业也是对世界的贡献，如日本的电子产品、日用品行业的发展，法国的香水行业，瑞士的手表行业，对于这些国家的发展都具有推动作用。中国必须在投资规模较大的高端制造行业引领世界，对于中国支柱行业的长远发展，对于股市的推动力和吸引世界投资才能影响巨大。

支柱行业无论在世界范围内，还是在一个国家范围内，都是动态变化的。西方国家发展的汽车行业是明显的支柱行业，影响和带动世界的发展。但在中国，汽车行业曾经也是作为支柱行业进行发展的，后来发现自己发展速度慢，即使发展起来也不可能影响世界，于是与发达国家合作发展，既支撑了中国经济，形成了支柱行业，缩短了时间，又让中国有更多精力发展新型行业。只有顺应时代发展的支柱行业，才能推动本国的股价上涨和吸引全球投资人投资本国的股票市场。

（二）互动确定

沟通是贯穿承诺底线思维全过程的确定方式，没有有效的沟通，形成价值共识，就不可能存在承诺结果价值倍增（减）与底线思维的确定。由于价值的多元思维，很难形成共识，没有共识，承诺无法形成，投资人需要反反复复地进行沟通和碰撞，才能达成基本一致，形成底线思维的倍增（减）价值共识。沟通帮助投资人建立起对"三价"人气线投资对象的倍增（减）价值共识。互动是在沟通的基础上，更加强调股价指数板块与行业板块的蓝海相对价值成长性的确定，形成价值共同。所谓互动，就是在全球范围内双方或者多方互相联动起来，投资人抓住共同相对价值投资点，巧妙找到证券市场上指数板块上涨与行业板块上涨的最好投资时机和最大的相对价值增值空间的共赢共轭共同体。

互动的双方是超越国界的，既有相互的竞争，又有相互的联合，你中有我，我中有你，离开任何一方，这种互动就会失去意义，互动的结果都是有利于全球人类发展和进步，发展新的时代。通过互动投资人就会寻求有共同的价值目标的投资共同体，都采取联动的行为，达到共赢共轭的效果。互动能够促进相互学习、相互启发、彼此改进，尤其是通过"换位思考"会带来全新的观察问题的视角。如美国作为互联网的发源地，无论是硬件技术还是软件技术，技术根基深厚，一直处于全球领先的地位。美国互联网的技术优势结合自身国内的需求，与时代发展相一致，并且通过与世界各国的紧密互动，使美国的互联网行业真正成为全世界投资人认可的成长行业，既改变了美国，又改变了世界。乔布斯的苹果，移动互联网的出现，使互联网技术和应用达到了辉煌的时期。足以说明互动给世界新型行业的发展带来的好处。

全球充分互动，可以发现自身国家的不足，迅速补足补短自己国家的相关支柱行业，只要是全球投资人投资的行业，国内又有一定市场需求，就必须尽快发展，如中国迅速发展互联网、汽车、钢铁、银行、飞机、航母等行业。没有一个不是互动的结果，只要市场足够大，一定会吸引全球投资人和本国投资人的模仿及投资，但这样容易遭到先进国家的技术封锁和相关制裁，特别是一个国家的经济总量发展到一定水平，更容易遭到强国的遏制。如果没有这些行业的互动发展，发展慢的国家，什么都是自己从头开始，结果将不堪设想。

技术层面的互动是一个国家新型行业发展的支撑，没有技术的快速发展和核心技术的掌握，一定会阻碍新型行业发展，但真正决定成功与否的应该是思维层面的互动，是真正决定行业的发展前景。中国的高铁技术来自西方发达国家，从思维层面，不难分析出中国政府发展高铁是最容易和最能够成功的。中国人口众多、分布密集、土地国有、制度优势，高品质出行需求符合当代的发展，未来随着技术的日趋成熟，必将造福中国，影响世界。美国地理面积大，但人口数量不足，大量投资高铁成本太高，发展航空业是美国的首选。从思维的碰撞和互动中很容易寻求一个国家应该发展什么成长行业，吸引全球投资人，而高铁技术由于投资不断增加，技术市场日益成熟，核心技术会牢牢掌握在自己手中。随着高铁速度的提高，舒适的乘车体验，精确的时间安排等，会成为人们出行的首选。

在证券化的虚拟时代，支柱行业是支撑股价指数板块上涨的前提，没有形成投资人认可的支柱产业，股市不可能上涨。从思维的互动看，是投资人之间思想的互动，实际表现在股市指数板块、行业板块形成的投资互动上，也包括行业板块与证券市场的环境之间的互动，更加突出价值共同体的重要性。互动过程是共同体成员的相互模仿、学习、创新的行为，这些行为将输入转化为有组织的认知、动机、语言和行为活动，以实现共同的目标。"输入—过程—输出"（Input-Process-Output，I-P-O）模型是从过程或互动视角解释共赢共轭共同体效能基础的模型，如图 3-13 所示。

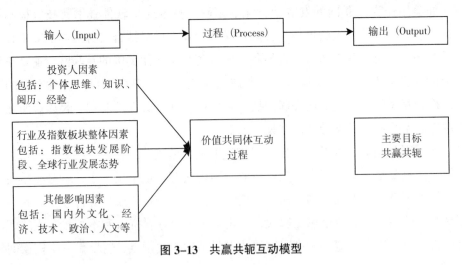

图 3-13　共赢共轭互动模型

根据 I-P-O 模型，投资人因素、行业整体因素和环境因素均对共同体互动过程产生影响，而共同体互动过程又会影响共同体实现主要目标，即实现共赢共轭的目标。可以看出，共同体互动过程在整个输入到输出的过程中起到中介作用。而另外，共同体的主要目标也会反过来影响互动过程（刘宁、张爽，1964）。有效的互动将信息、情感和价值在共同体内传递，促进共同体内个体间的关系，从而达到特定目标。互动不仅是信息双向流动的过程，同时有信息的传递和反馈，同样也是双方共赢共轭的过程。共轭强调共同发展，如果没有实现共同发展，通常意义上意味着共同体互动的失败或无效，共赢共轭也不会达成。

（三）共同确定

共同确定是共赢共轭确定过程中的核心，支柱确定与互动确定都是为了帮助投资对象产生共赢共轭效应，没有支柱行业的寻求和建立，就会丢了西瓜捡了芝麻，没有互动的思维过程，很多问题难以想通，甚至盲目，发展的方法和路径难以把握。而真正投资的共赢共轭，在股市的表现是板块之间的契合，说得更为明确的意思就是，股票大盘指数不能上涨，行业板块上涨不了；反过来，没有相应的行业板块上涨，大盘指数也上涨不了，它们之间的契合是本书的核心，这将在契合理论章节深入研究。本章是研究如何通过指数板块和行业成长板块的共赢共轭，帮助实现指数人群环的蓝海相对价值创造。承诺结果的共识确定主要判断人气线物价、股价、房价"三价"比较价值底线的倍增（减）位，是指投资主体之间在底线思维上达成一致的 2 倍（倍增）、4 倍（成倍）或者 8 倍（百倍）的价值共识。共赢共轭的共同确定是强调股价的指数板块在底线思维 2 倍（最低要求）基础上至顶格思维 8 倍（最高要求）中间的 2 倍、4 倍人群环的界限思维与推动指数上涨的成长行业板块的共轭实现过程。

进入虚拟时代，投资人动机心理和互动行为形成的蓝海相对价值人群环，是投资人共同的追求，与形成"明星"商品的倍增比较价值人气线的认知心理和沟通行为机理不一样。蓝海相对价值创造是投资人追求的心理向往，共赢共轭中的共同主要是股价的价值共同。虽然这些理论用在物价、房价上一样行得通，但只有股价研究起来更加简单，更加容易得到投资人认同，更加有利于实体经济的发展。特别是金融学的创新研究，为人群营商研究奠定了基础，如大盘指数板块的形成、行业板块的划分，都是金融学的功劳，没有这些基础研究，股价就会与房价、物价一样，共赢共轭研究就是空中楼阁，这也是本书没有选择研究物价、房价的理由之一。

共赢共轭刚开始理解起来有些困难，如果三种思维一起考虑，就不难理解。投资人在投资过程中寻求人气线的商品倍增比较价值，在人气营商学中，研究得非常清晰，这是人类认知心理、跳跃思维的结果，从理论上和实践上都得到充分证明。倍增是投资的起点，继续从动机心理研究，还是投资实践上可以明确发现"三价"各个板块上涨的幅度是完全不同的，如 2009 年中国整体房价上涨，一线城市北上广深板块房价上涨幅度远远大于其他板块。股市这样的例子更多，投资板块错误，价值创造就少得多。所以板块上涨的研究比商品品种上涨的研究更为迫切。股价大盘指数上涨的人群环（2 倍、4 倍）正好代表指数板块的整体表现，指数板块是不能单独投资的，必须投资契合影响指数上涨的行业板块，行业板块的龙头个股才是真正投资的对象（在人口营商学中研究），从以上的分析中可以充分理解三种思维的连续性，没有人群板块的分析，使人气投资股价无法落实，使人口投资个股无法寻求。

理解了共赢共轭，就清楚了指数板块的人群环上涨的重要原因，是契合行业成长板块推动的结果。但同时我们要知道，契合的成长板块上涨在指数板块上涨的过程中，在不同的阶段贡献是不同的。为了便于研究，必须使用一个新的名词——界限思维，是研究指数板块形成蓝海相对价值人群环（2 倍、4 倍）的过程中，指数 2 倍快上涨，契合的成长行业的龙头个股涨幅如何与指数共赢共轭；指数 4 倍（快、中）上涨，契合的成长行业的龙头个股涨幅如何与指数共赢共轭。为什么直接研究个股涨幅，前面已经进行了说明，因为行业指数不可能像指数板块人群环那样准确，同时也是人口理论的个股涨幅研究在人群理论的超前渗透，如同在研究指数板块人群环中必须考虑人气理论的四个对策和倍增满意，对策不同，指数板块上涨的人群环空间、时间不同，契合的行业成长板块也不同。通过对界限（2 倍、4 倍）的判断，由于对策不同可以得出指数板块界限逾越的跨度，2 倍快超过，4 倍快超过等，以及指数板块与行业板块共轭情形，进而判断行业板块龙头个股上涨的时间和幅度。界限思维是投资人判断指数板块价值倍增位及成倍位的重要依据，以及不同成长板块之间在界限思维的基础上形成价值共赢共轭的共同确定。界限思维实现于成长板块轮换，是投资人长期的观察和总结，与人气营商学底线思维与人口营商学顶格思维相结合，既有相互的联系，又有很大的区别，如表 3-1 所示。在股价投资过程中，界限思维的判断如图 3-14 所示。

表 3-1 底线思维、界限思维、顶格思维关系表

营商思维	底线思维	界限思维	顶格思维
研究学科	人气营商学	人群营商学	人口营商学
研究对象	商品——"三价"	衍生品——股价	奢侈品——个股
研究核心	承诺结果	共赢共轭	信任头部
价值确定	价值共识	价值共同	价值共享
重点关注	承诺实现倍增价值结果——底线限度	共赢形成倍增、成倍价值共同——界限跨度	信任达到倍增、成倍、百倍价值头部——顶格极度

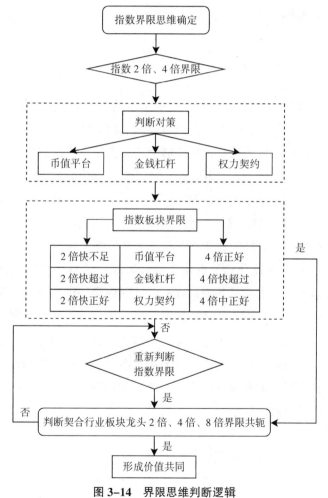

图 3-14 界限思维判断逻辑

综上所述，应该从虚拟时代证券化的角度研究股价，界限思维是影响投资人心理向往的关键变量。成长行业板块与指数板块之间在界限思维实现的过程中形成价值共同，才能形成股价蓝海相对价值的共赢共轭。通过人气对策与人群决策的共同作用，实现投资人的心理向往，人群投资对象在界限思维上形成价值共同，促成共赢共轭。

第三节　虚拟时代的共赢共轭原理

一、共赢共轭原理的理论来源

自然时代的共赢依存，是人类生存最基本的共赢目的；物质时代的共赢交互，是支撑人类富裕的共赢目的；虚拟时代的共赢共轭，是人类寻求更大发展的共赢目的。证券市场股价的投资正好能够创造更大增值空间和更短时间蓝海相对价值，吸引更多人进行投资。以共轭这一新的视角分析股价的指数板块和行业板块的共赢，不仅使证券市场投资研究在内容上更加丰富，而且拓展了共轭的研究空间。共赢在虚拟时代中，其角色和要求都发生了根本性的变化，"共轭"概念的引入为本书提供了一个新的视角。共赢共轭科学揭示出来衍生品的新特质、新事实和新规律，对哲学社会科学产生了深远影响。共赢共轭原理也并非无迹可寻，世界上许多事物的本质是共轭存在的。共轭观是一种动态的、辩证的和系统的自然观与世界观，它从更新的视野揭示了事物的本质及其运动规律，在此基础上形成的新的概念和范畴，其理论意义与实践意义具有普适性，它不仅具有哲学方法论上的意义，也影响着营商思维的创新。本章主要从哲学和营销学两个领域来进行阐述。其中哲学为共赢共轭原理提供了全新的思维视觉，而营销学则为共赢共轭原理提供了发展的脉络。

（一）哲学来源

共轭，作为宇宙间的普遍现象，广泛地存在于每一个领域。简单到牛在耕地时所用的工具，复杂到有机化学和生物体中的共轭聚合效应；小到量子物理中的微粒效应，大到宇宙间的正反物质，共轭现象无处不在。从哲学来讲，"轭"其实就是一种联系，而且这种联系是有条件的。"共轭"是按照一定规律联系着的一对事物，而且这对事物通过一定的规律协调对称地相互影响、相互制约，使得整个系统结构相对稳定、要素联系紧密、整体功能协调、对环境适应性强。共轭是有序之本，共轭机理是事物运动发展的终极原因。共轭关系是指系统演化过程中，若干要素或其结构、功能在密切联系、实现系统整体功能过程中，表现出的相互影响、相互作用的协调的、动态的对称关联关系。

1. 共轭的特点

第一，对称性。强调共轭要素都是成对出现的，并且对系统的作用力呈现出"矢量"的特征，具有大小和方向。对系统的作用而言，共轭要素表现出来的作用力的大小相等、方向一致。当然，共轭要素本身存在相互制约、相互促进的关系，这种关系让共轭要素相互之间的作用力互相抵消，好比共轭复数的"虚部"。共轭要素相互制约、相互促进并表现出的互相抵消正好是对称的完美表现，减少系统内耗并让系统趋于稳定状态。股价的指数板块与行业板块就是成对出现，具有大小和方向性。

第二，传递性。在共轭系统中，每一个共轭要素都表现出其特有的性能，它们各自发挥着自己独特的效应。为了维持系统的共轭状态，共轭要素必须进行"能量"的传递，正如化学"共轭电子"的作用方式一样，通过共轭电子的作用，将原本不共轭的化学键共轭化，即使分子中电子云密度的分布发生改变（共平面化），内能减少，键长趋于平均化，折射率升高，整个分子更趋稳定，股价指数板块与行业板块相互传递，表现出证券市场的活跃度。

第三，规律性。自然科学领域中的共轭都有明显的规律可循，成对共轭要素和共轭系统三个量，只要知道其中两个，第三个自然能找到答案，这就是"规律"的作用。在哲学社会科学领域，由于研究对象的非线性特征，让共轭系统的规律性表现为源自系统的自组织能力，股价指数板块与行业板块的共轭，与相应的投资对策紧密相关，三者形成自组织能力。

2. 共轭的依存性与对称性

共轭的含义告诉我们，共轭的依存性是指共轭要素之间的一种关系，任一共轭要素的存在都以另一共轭要素的存在为基础。这就要求共轭要素之间需要相互妥协，即任一共轭要素的生存与发展必须以其对应的共轭要素的生存与发展为基础。其中一方变化，共轭另一方必须相应变化；其中一方消亡，共轭另一方也将不复存在。共轭的依存性要求人们在竞争的过程中必须加强必要的合作，在相互妥协中相互依存，说明股价的指数板块与行业板块、地区板块及任何一种概念板块之间，都是相互依存，指数不能上涨，肯定是行业板块、地区板块及其他概念板块价值空间不大和时机都不够成熟，相反也是一样的。

共轭的对称性是为了实现系统行为，达到协调稳定优化发展的目的而在系统内部进行物质、能量、信息相互交换的一整套程序机制。如果说共轭的依存性是共轭要素关系的质性描述的话，那么共轭的对称性就是共轭要素之间关系的量化表征，而且这个量是一个矢量，具有大小和方向。共轭对称性是指成对共轭要素共轭驱动系统发展时，要求共轭要素的矢量之和最大，且合力的方向与系统方向一致，强调成对共轭要素的综合作用力。如果要保持系统的共轭状态，任一共轭要素的变化，必然需要对应的共轭要素相应地变动，不然系统共轭状态就不复存在。当确定成对共轭要素存在时，则共轭系统存在；当确定共轭系统和共轭要素之一存在时，则对应的共轭要素就可以被清楚地认识了。这给定量研究提供了一条完美的路径。如同中国股市自 2005 年以后才开始大幅上涨，就是在股价投资对策的作用下，指数板块与行业板块共轭的能量要足够大，否则投资也无法成功。

要在一个不断发展的系统中实现共轭的对称性，需要成对共轭要素之间有畅通的"信息"反馈机制。图 3-15 显示了共轭要素保持对称互动中的共轭反馈，要素 A 采取的行动影响要素 B，要素 B 对要素 A 的行动做出反应，然后要素 A 根据要素 B 的反应调整另一个影响 B 的行动，这是一组要素保持对称性的共轭反馈表达，这种反馈形成共轭要素对称性的完美性形式。

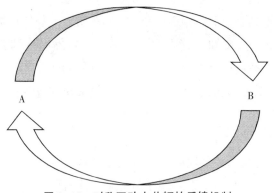

图 3-15　对称互动中共轭的反馈机制

从认识论的视角来看，共轭从更新的视野和更深邃的意蕴，揭示了事物的本质及其运动规律，影响着研究思维方式的转变。虚拟时代，共轭视角让投资人在分析衍生品中股价的时候，将指数板块和行业板块紧密联系在了一起。共轭形成了相对价值创造投资增长驱动研究的创新视角之一。

（二）营销学来源

关系营销学认为：共赢强调的是利益相关方的利益兼顾，即所谓的"赢者不全赢，输者不全输"。这是关系营销中经常用的一种理论。多数人的所谓的共赢就是大家都有好处，至少不会变得更坏。"共赢"模式是中国传统文化中"和合"思想与西方市场竞争理念相结合的产物。在现代企业经营管理中，有人强调"和谐高于一切"，有人提倡"竞争才能生存"，而实践证明，和谐与竞争的统一才是企业经营的最高境界。市场经济是竞争经济也是协作经济，是社会化专业协作的大生产，因此，在市场经济条件下的企业运作中，竞争与协作不可分割地联系在一起。

共赢渠道模式即通过渠道成员之间的合作机制，使多方成员的利润提高，成本下降，效率增加，冲突减少的多赢局面。我们可以通过图3-16更加清晰地了解共赢渠道模式的内涵。如图3-16中的"+"表示增加或提高，相应的"-"则表示减少。对于多数企业来说，它不可能也没有必要从原料的生产到产品的销售完全独立完成，较为普遍的模式是供应商—企业—分销商—最终顾客，即企业从供应商那里获取原材料，然后通过分销商销售产品。因为供应商提供原材料的费用和产品由分销商销售产生的分销费用构成了企业产品的成本。因此，一般认为，供应商和分销商会使企业的收益降低，企业与供应商和分销商之间存在着竞争。但实际上，企业与供应商、中间分销商之间也有共同利益。在竞争日趋激烈的市场环境中，明智的市场营销者会和供应商、分销商建立起长期的、彼此信任的互利关系。

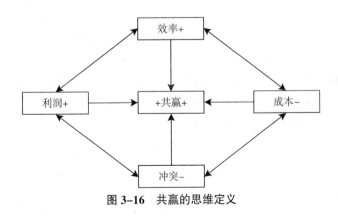

图3-16 共赢的思维定义

我们分两种情况分析：第一种情况称之为"不合作"，即各成员互不合作，它们的定价目的是使自身利润最大化；第二种情况称之为"合作"，各成员合作定价，以使整个渠道的利润及各厂商的利润都实现最大化。实践证明：合作时的收益要比不合作时的收益高（两个厂商的利润都增加），同时，可通过产品价格的制定使额外利润在制造商和零售商之间公平分配。大量实践证明，各成员间互相竞争并不是最佳的策略，如果彼此相互协调与合作，就能实现共赢交互，达到最佳策略的效果。如用分析工具博弈论，也会得出同样的结论（李海凤，2009）。

关系营销具体到营销渠道上，表现为重视与各渠道成员的交互、沟通、合作与共赢，并最终在搭建起的关系营销网中，吸引和留住顾客，提高企业的竞争能力，实现企业的目标。共赢渠道模式管理中的作用：

（1）关系是减少不确定性手段。企业在变化急剧的环境下面临很大的不确定性。从供应商方面看，供应商可能根据市场情况提高价格使企业付出更高的成本，供应商也可能转向更加有利的客户而使企业不得不付出更换供应商的成本和不确定性，特别是因不确定性而使原材料供应中断使客户遭受重大的损失。企业可以通过供货合同约束供应商行为，但这种约束在一定的情况下并没有很大约束力；从客户方面看，需求的变化常常使企业的生产量供应不足或大量过剩，难以预期。关系性交易提供了解决复杂性的有效方法。为了克服不确定性给企业带来的负面影响，企业可能选择一次性交易与内部交易的折中，重复交易。一次性交易代表的是典型的市场行为，而内部交易则是企业内的计划组织，长期的关系交易恰好可以克服两种机制的不足而具有灵活性和效率。关系方法是市场价格机制、科层组织行政手段之间的配制资源的有效方式。

（2）关系营销可降低交易成本。在关系营销中，有几方面因素可减少交易成本。①有限的供应商数量减少交易成本。包括花费较少的时间收集信息和评估新的供应商，谈判、协调、行为的控制和检查等。②因双方行为协调而降低单位成本，以及共同学习、经济规模交易而降低价格。③因减少在几个供应商之间转换而降低的运作成本，其中包括双方磨合成本（吴淼，2002）。

（3）利用外部资源实现效率。单个企业的资源是有限的，企业必须具备获取外部资源的能力。同时，在变化迅速的环境下，企业拥有全部所需要的资源也使企业失去灵活性。为解决内部资源的有限性与企业经营的灵活性矛盾，企业从孤立地依靠自有资源转向建立关系。关系营销在提高新产品开发速度、构筑进入壁垒、能力互补等方面具有优势。

（4）关系营销可使企业获得经济价值之外的社会价值。对单个公司来说，关系是一个重要资产，其价值不仅表现在创造效率和创新上，还表现在提供信息、影响其他公司上。在许多公司，关系可能是最重要的资产。关系是组织之间学习的良好途径。

（5）共赢的合作伙伴关系及战略联盟可以减少渠道成员之间的冲突并使利润增加。近几年，诸如分销伙伴关系、渠道伙伴、分销商伙伴、经销商伙伴及战略联盟这样的术语在营销渠道文献中出现的频率越来越高。而建立合作伙伴关系及战略联盟是实现共赢渠道模式的重要途径。这种伙伴关系或战略联盟强调的是制造商与渠道成员间持续的和相互的支持关系，其目的是建立更加主动的团队、网络或者渠道伙伴的联盟。在这种渠道伙伴关系或战略联盟中，传统的"我们、他们"的观念已经被"我们"所取代。营销渠道通常由许多各自谋求自身利益的公司组成，因为这些利益是相互竞争的，所以渠道成员常常无法合作，甚至各自目标完全相反，由此产生的渠道冲突往往导致渠道效率下降。分销中的联盟就是为了解决这一问题而出现的。在一个战略联盟中，两个或更多的组织发生联系从而使得他们按照各方的共同利益进行运作。

关系营销的共赢理论研究已经非常成熟，企业之间为了利益最大化，逐渐形成了较为强大的互利关系方，就像工业社会的人们绝大部分都要结婚一样，结婚成为婚姻的终点，结婚就形成了互利的关系方，可以大大降低各种成本，增加互利。找对象、谈对象，都是为了更好地结婚，双方相互判断，自由恋爱，自由自主；而农业社会结婚则是婚姻的起点，因为那时共赢是依存目的，门当户对格外重要，父母包办，只要找对人家结婚，就会一辈子有饭吃、有衣穿，自由谈对象、找对象放在第二位了。虚拟时代的共赢不是只为依存，也不是为了交互，降低成本，增加效益。结婚既不是起点为了相互依存，也不是终点为了交互利益，结婚是为了相互推动对方，为对方创造最大相对价值，共赢共轭才是虚拟时代结婚的目的。这就是共赢共轭来自共赢交互的发展脉络。人群营商学是来源于关系营销学的理论支撑，共赢共轭的理论来源于共赢交互的跳跃思考。共赢共轭就是各个板块之间实现咬合，通过界限思维的实现，判断股票指数板块、行业板块、地区板块和其他概念板块的相互共轭。人群营商学共赢共轭部分也与人气营商学的承诺结果部分紧密相连。人群营商学共赢共轭研究重在分析形成界限思维的价值共同；而人气营商学承诺结果研究重在分析实现底线思维的价值共识。如图3-17所示。

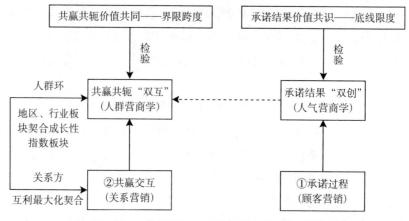

图 3-17　共赢共轭与共赢交互、承诺结果的关系

熟悉关系营销理论研究，很容易理解传统的关系营销学是从环境变化和核心竞争力角度分析共赢交互，是偏重于科学的方法，而人群营商学是从人类的动机心理学、互动行为学角度出发，分析共赢共轭，是偏重于哲学的思维，二者都是从人类自身出发。科学方法是了解人们动机偏差产生的原因，人类必须利用好这些工具，思维是体现和承认人类自身的动机偏差，通过动机偏差，分析价值，形成投资。这些都是共赢共轭思维产生的理论基础和源泉。

二、虚拟时代共赢共轭原理

（一）基本原理

虚拟时代共赢共轭原理主要指投资人的心理向往形成的 2 倍增（快）、4 倍增（快、中）股价指数人群环，与通过"双互"（互联互通）形成的界限思维，指数板块与契合的成长地区、行业板块的共赢共轭关系，说得简单一些，是指数板块的人群环与其他契合板块的人群环怎样寻求共赢共轭。"双创"（创新创业）保底线，每个国家、民族、集体、个人，只要不搞"双创"，价值底线就会保不住；同理，不搞"双互"（互联互通），界限思维也是很难形成的。只不过是底线思维通过商品：物价、股价、房价"三价"的倍增（减）进行研究，界限思维通过衍生品：股价的指数板块及其他板块的人群环（2 倍快、4 倍快和中）进行研究。共赢共轭建立在承诺结果的研究基础上，没有人气线"三价"底线思维（最低倍增快）实现，就不可能有体现股价上涨的指数板块人群环（最少 2 倍快和 4 倍快、中）相对价值蓝海的其他板块上涨。有关承诺结果与心理憧憬的关系在

《人气营商学》中已经详细阐述。投资人的心理向往是由板块之间共赢价值共同形成，进而使得共赢共轭呈现出基于界限思维，具有倍增和成倍的心理向往，"双互"形成的价值共同则是连接心理向往与共赢共轭的桥梁。因为虚拟时代共赢与共轭结合在一起，共赢必须是板块之间的共轭，研究板块之间如何共轭？是共赢共轭原理的核心，其作用机制如图 3-18 所示，虚拟时代心理向往直接影响共赢共轭的大小以及变动方向，共赢共轭的价值共同变动情况影响投资者的心理向往，两者相互作用。

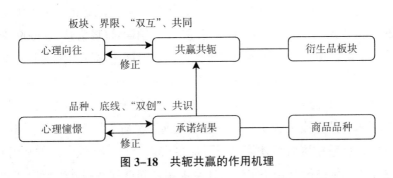

图 3-18 共轭共赢的作用机理

心理向往之所以可以影响共赢共轭的大小是因为心理憧憬可以是倍增、成倍、百倍，倍增快是投资的起点，吸引投资品种的关注转移，是人气营商学研究的视角；心理向往是股价板块的上涨，是板块的跟随，幅度一定超过倍增快，成长的板块肯定比整体上涨空间大，至少也会出现 2 倍快和 4 倍快、中（人群决策专门研究）的蓝海价值跟随循环，有些特例情况下次板指数板块上涨直接出现 8 倍，2014~2015 年中国股市的创业板块指数从 500 点附近直接上涨 8 倍到 4000 点，就能说明这一点，但不能落地到个股的指数板块上涨，投资人是无法投资的，所以人群只研究 2 倍、4 倍是符合投资人的成长板块投资思维逻辑的（如同人气只研究 2 倍）。直接 8 倍上涨的研究用在人口营商学，专门研究个股投资更加有意义。那是投资人的心驰神往，投资 8 倍上涨的个股才是投资人梦寐以求的价值真谛，板块虽然形成 8 倍快、中、慢的人群环，但间隔上涨的 8 倍需要时间太长，可能十几年，只有个股的 8 倍投资既有价值空间，又可以较短时间落地实施。

全球投资人对于证券板块的共赢共轭程度的心理向往发生变化，那么就意味着证券投资人投资行为发生变化，对于国家之间的证券板块、同一国家内部的证券指数板块、行业板块和其他概念板块等，都会跟着投资人的心理向往发生投资改变，而板块之间的共轭程度反过来会影响人们的心理向往。同时，全球证券市场板块之间的心理向往是"双互"（互联互通），一个国家证券市场发生蓝海正向变化，那么对于另一个国家证券市场就会产生联动作用，可能是正向，也可能是反向，这是全世界证券投资人对于不同证券板块相对价值蓝海判断，所以证券投资时机的把握是集中全世界投资人的智慧，不是个别人想利用自己的资金优势造市，凭借自己的一己之力撼动股市，一不可能，二这是"野蛮人"、"害人精"。历史上有很多这样的教训，一些国家由于股市出现短期大幅波动，而应对又不及时，出现金融危机——资产泡沫破灭，就是沉痛教训。证券市场的上涨是多个板块之间的共赢共轭的结果，了解了这些理论，就不难解释为什么2009年以后美国股市持续上涨，中国股市一直低位徘徊。这段时间全球证券市场共赢共轭美国股市，形成道琼斯指数从6000多点上涨到2019年29000多点的长牛，如果中国股市吸引不了全球证券投资人，美国股市还会继续上涨。开放中国的资本市场，让全球投资人在证券投资板块之间"互联互通"、共赢共轭，发现中国股市的蓝海相对价值，这时中国股市才能真正形成牛市。没有全球投资人的吸引和参与，证券板块的蓝海价值投资无法实现。证券板块之间这种共赢共轭反应在国与国之间的关系上，一定时期、一定范围证券板块之间投资相互推动，有时出现相互遏制、相互牵制、相互抑制实属正常，但这些都不是一个国家说了算，是全球投资人的价值共同，共同智慧。如果一个国家不努力，反应在证券板块的全球共赢共轭程度就会变小，意味着该板块的"双互"程度逐渐开始减弱。投资人的心理向往就会降低，说明虚拟时代证券板块之间形成的共赢共轭程度是影响投资人心理向往的关键因素。

心理向往的大小，对证券板块共赢共轭变动幅度大小产生影响，心理向往板块的2倍、4倍涨幅大小，是通过"双互"界限思维实现，形成价值共同，为了证券投资人对板块之间的共轭有着更清晰的理解，即指数板块与其他成长板块之间共赢共轭如何实现，是通过指数板块的界限思维实现的，为什么选择指数板块的界限进行分析？实际上选择任何板块都是一样的，都会产生2倍、4倍人群环，只是指数板块基于金融学的研究，产生的界限意义重大，其他任何板块与指数板块的契合分析成为重点（契合章节研究）。而且分析清楚指数板块与其他成长板块的共赢共轭的界限思维，首先，人气不同的投资对策，产生的证券同一指数板块界限不同，对于同一指数板块证券的投资，不会采用重复的投资对策（参考人气营商学对策研究）；其次，同一对策，对于不同的证券板块指数，产生的界限也不同，主板、次板指数板块人群环界限不同（参考人群决策研究）；再次，不同的板块指数界限，产生不同的成长行业、地区及其他概念板块的上涨（参考人群契合章节的论述）；最后，不同成长板块龙头个股上涨的绝对价值时间和空间（2倍、4倍、8倍）与指数板块上涨人群环（2倍、4倍）产生共赢共轭是本章研究重点（参考人口营商学信任研究）。所以，对于界限的理解承上启下，必须综合分析底线思维、界限思维和顶格思维的深刻含义以及研究对象。三种思维汇集在一起，便于人们理解，如图3-19所示。

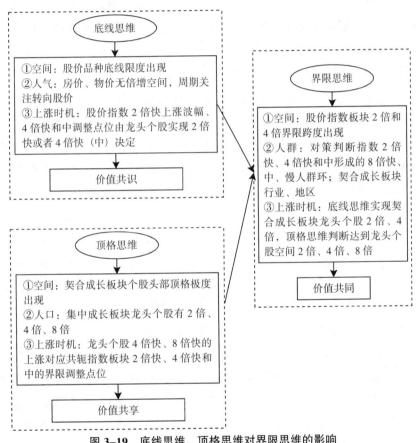

图3-19　底线思维、顶格思维对界限思维的影响

同样地，共赢共轭也会反作用于心理向往，板块之间的共赢共轭，会促使虚拟时代的投资人寻求相对价值蓝海的心理向往，吸引更多的资本流入这个国家的证券成长板块，从而影响股票价格指数板块的心理向往，提升全球投资人对该指数板块的心理向往。构建共赢共轭，加强互联互通，对于投资意义重大。首先是从证券市场的开放，比如沪港通、沪伦通，放宽金融行业的参股比例等；其次是证券各个板块之间的共轭将有助于推动股市上涨。互联互通可以让投资人发现各指数板块较国际其他市场的指数板块具有估值吸引力的心理向往。一国资本市场开放程度提高，会给本国证券市场带来增量资金、带来新的投资理念，降低股市波动率；对于证券市场有助于帮助行业转型，找到新的盈利点，进而推动国内经济转型。证券市场共赢共轭的构建，保持了投资人的长期心理向往，对于股市有着长期正面影响。当然影响心理向往的工具和手段不只是板块之间的共赢共轭，还包括其他的一些影响因素，如国内外环境突变，重大事件发生。为了改变这种环境和现状，国家和社会就会加大投资和支持力度（综合体现在股市的人气投资对策就是三种：币值、金钱、权力），都是产生板块上涨和迅速轮动的重要推动力。板块的轮动加快，就可能引致共轭指数板块的上涨，指数板块倍增快、成倍快和中的人群环实现的可能性加大，吸引投资人参与股市投资的激情就会放大，如此循环，共赢共轭的局面才能真正形成，否则，量变不能形成质变，速度慢和空间小的投资吸引不了投资人参与。投资人的心理向往作为全球投资人判断的依据，需要共赢共轭的板块变动来实现。通过实际的共赢共轭变动，正确把握和影响投资者的心理向往。在虚拟时代，共赢的本质是共轭，投资主体的心理向往会因为这种共轭变化而发生改变，这就是投资人必须密切关注及提前预测政府和社会投资人对于挽救不良局面的决心、力度与能力，反应在股市就会非常明显，题材、业绩、成长形成的行业、地区板块就会强力轮动，上涨的核心板块一定是契合理论分析的成长板块，行情启动初期题材或者业绩板块上涨都很正常，只有成长板块上涨才能真正推动指数上涨，形成指数人群环共赢共轭。上海等一线城市房价上涨的例子就能说明这一点，2008年美国出现金融危机，影响世界，局面很糟糕。中国政府采取果断措施扭转局面，宽松的货币政策，刺激经济发展，也刺激了全社会的投资情绪，反应在"三价"人气线投资市场上——共赢共轭，2009年全国城市房价普遍上涨，上海等一线城市是当时房价上涨的成长板块，上涨幅度最大。这里还要说明房价上涨与股价有不同之处，房间上涨后不能也不会大幅下跌（人气营商学已经研究），股价上涨，情绪散去后就会大幅下跌。中国2020年的新型冠状病毒引起的肺炎疫情，必然引起政府刺激经济的宽松货币政策，加大杠杆，刚好符合当前股市上涨的金钱投资对策（与2005年中国股市上涨的币值投资对策不同），会对股市产生重大影响。因此，心理向往和共赢共轭是相互影响、相互作用的。

（二）共赢共轭研究的逻辑

要理解共赢共轭，必须要理解共赢共轭的逻辑。首先，虚拟时代共赢共轭根本目的是追求蓝海相对价值的创造，而蓝海相对价值创造的过程是通过板块投资实现的（商品"三价"投资只能创造明星比较价值），别无他法，因此虚拟时代共赢共轭的过程也就是板块投资的过程。其次，投资人投资哪个具体板块是对这个板块共赢共轭的肯定，即通过契合该板块与股票指数板块的"双互"程度，全球投资人产生心理向往，才会选择进行投资，才能创造确定的蓝海相对价值。再次，共赢共轭是投资的一个目标，也是投资人选择投资的主要参考，敏锐的投资人最先进行投资，获得相应的、可观的板块收益，开始可能是题材板块、业绩板块，而这种投资收益也反过来吸引更多投资人投资契合成长板块，形成与指数板块的共赢共轭。最后，共赢共轭契合的成长板块，将会影响下一个成长板块的投资，这是因为，一个板块的共赢共轭创造的板块价值会对后面的板块投资人产生重要的影响，使相应的投资人产生对于契合的其他成长板块投资产生心理向往，坚定人们对不确定性虚拟投资的信心。

虚拟时代板块的共赢共轭可以实现投资人蓝海相对价值的心理向往，就会引起全球投资人对该国衍生品的证券股票相应板块进行投资。通过该国的股价板块投资载体实现价值创造，在人气线"三价"的基础上，由于房价和物价有其局限性，投资人选择股价板块投资是最明智的。并且对各国证券板块投资的研究，也会以这个国家为核心板块带动形成全世界的共赢共轭，为世界做出贡献。如图3-20所示。

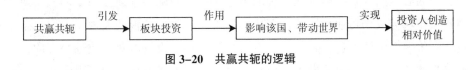

图 3-20 共赢共轭的逻辑

（三）心理向往变化的内在含义

从人气营商的认知心理学不难分析投资人心理憧憬，追求比较价值是价值创造的起点，投资人心理向往是人群营商的动机心理学引起的，变化的实质是因为具体人群的相对价值发生了变化，人口营商的学习心理学研究的是投资人的心驰神往，具体人口的绝对价值发生变化。随着投资人心理向往程度的变化，其共赢共轭对象的心理向往会发生变化，其相对价值也随之发生改变，进而对共赢共轭的价值创造产生影响。共赢共轭的股价表现是指数板块与其他成长板块的"双互"程度,只有不断地增加"双互"程度,才能做到正确地把握指数板块的界限思维以及与其他成长板块的共轭,长期保持投资人的蓝海价值心理向往。如果无法正确把握心理界限及其形成的跨度,也就是没有准确把握心理向往发生变化,蓝海的相对价值创造就会很难实现,投资人就会转移到其他有价值的板块,全世界证券投资人寻求有价值的板块进行投资。

影响共赢共轭的心理向往因素很多,前面已经有所叙述,板块的规模大小,成熟与否都是影响人们心理向往的影响因素。这里,依据人群环理论着重研究人气投资对策引起的主板指数板块与其他成长板块的共轭,也就是研究指数板块的 2 倍快及 4 倍快和中形成的人群环。主板指数围绕三种对策产生的主板人群环本身也是共赢共轭的结果,如果主板的人群环都不能有效实现,次板实现起来也不一定成功,主板共赢共轭的心理向往与次板分析是一致的,次板上涨的空间幅度、共赢共轭的成长板块肯定与主板不一致,契合章已经论述,除美国之外,许多发达国家的创业板投资不成功,就说明主板对于一个国家价值板块投资的重要性。只有在认真研究主板投资的人群环基础上,才能有效保障次板投资成功,立足主板的人群环心理向往研究,成为人群投资的必要性显而易见,主板投资成功也不能确保次板投资顺利。只有不断创新,在次板发展的道理上也要加强探索,加以储备,一个国家一旦主板发展到高位,次板的共赢共轭板块也基本形成,全球投资人的心理向往决定了投资人继续投资该国证券市场,说明这个国家对于人群营商投资理论才是真正运用得当。美国的高科技板块发展正契合美国当时创业板成功的共赢共轭。

因为心理向往是共赢共轭原理的核心所在,明确心理向往的变动,实质是主板指数板块与成长行业板块共轭变化。如果没有共赢共轭的表现,人们将很难对具体的价值投资情形进行判断。随着时间的推移,投资者对板块的心理向往会随着该板块的共轭的变化而发生改变。当对一个国家证券板块的心理向往发生改变后,就意味着投资人对该国证券相对价值界限思维人群环发生调整。

心理向往这个概念源于心理学,本书中心理向往主要是指投资人对于板块投资回报的期待与向往。投资人心理向往发生变化,即投资人对投资板块回报的期待和向往发生变化,也就是契合的板块之间构成的共赢共轭对于界限的人群环发生变化。

界限思维的变化过程可以用图 3-21 示意。在进入虚拟时代,选择进入人们视野、有相对变化的对象 A。图中椭圆的面积表示 A 的"双互"程度,椭圆的周长范围表示心理向往的大小。随着时间的变化 A 在不同时间段的"双互"程度是不同的。在第一种情况下，A 的"双互"程度相比过去不断增加，心理向往由倍增（2 倍）→成倍（4 倍），以其为核心的共赢共轭也会发生改变，A 对于界限思维的把握更为准确，从而使投资人对 A 所在的共赢共轭的心理向往放大，相应会吸引其他成员加入共同体，使得更多的投资人对其增加投资。反之，A 的"双互"程度增加的速度变缓，由心理向往成倍（4 倍）→倍增（2 倍），人们对以 A 为核心的共赢共轭的心理向往程度就会降低，投资人就会将投资转移到其他共赢共轭的价值板块或者离开这个国家。

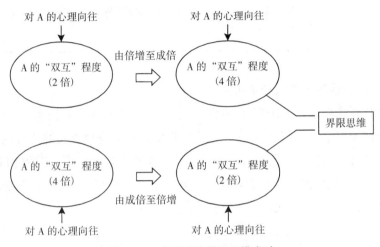

图 3-21 虚拟时代界限思维变动

"双互"程度加强，心理向往倍增（2 倍）→成倍（4 倍）的增长，形成的共赢共轭更加具备创造蓝海价值的可能性，会使其在虚拟时代的相对价值上升，投资人对该共赢共轭形成的界限思维的心理向往不断提升，使得更多投资人抓住共赢共轭的机会，加入共同体。反之，"双互"程度减弱也会导致心理向往减小，该共赢共轭形成的界限对于投资人吸引力将降低，不可能形成有价值的人群跟随，这也说明指数板块心理向往、共赢共轭形成的界限把握与人群环理论高度一致，2014~2015 年的中国 A 股主板市场短期内上涨幅度过大，如果达到 4 倍，就会破坏共赢共轭的界限，不符合人群环理论，政府立即出手，形成了股市主板指数的 2 倍快超过，为未来的 4 倍界限形成打下基础。人群营商的心理向往、界线思维与人气营商的心理憧憬、底线思维，人口营商的心理神往、顶格思维的对比如表 3-2 所示。

表 3-2　股价的心理憧憬、心理向往和心理神往

心理状态	营商思维	股价波动幅度及满足的基本条件	
心理憧憬	底线思维	指数板块实现倍增快（2 倍）的限度，保住底部	② 起步，可能是反弹，可能形成界限思维
心理向往	界限思维	指数板块形成先倍增（2 倍）快、中的跨度，2 倍在前、4 倍在后，上涨的分界	② → ④，4 倍形成的头部至少达到前期高位的倍增
心理神往	顶格思维	在指数界限形成的同时，共赢共轭契合成长板块，龙头个股头部必须有达到百倍（8 倍）的极度，2 倍快、4 倍快或者中在 8 倍（快、中、慢）的前后有多种情况的可能策略组合出现。 最后，真正使底线守住、界限实现看龙头个股 2 倍、4 倍的上涨力度和速度	2、4、⑧， 4、4、⑧， 4、⑧， 4、⑧、2， 2、⑧， 2、2、⑧， ⑧、2， ……

（四）共赢共轭的类型和适用对象

了解共赢共轭原理，研究过心理向往后，就要研究共赢共轭本身。虚拟时代的每一个国家都会自觉或者不自觉地通过共赢共轭影响投资人的心理向往变化，因此，可以将共赢共轭按照对人们心理向往影响程度以及人群环蓝海相对价值理论主要分为三种类型。这三种典型类型分别是："成倍快"共轭；"成倍中"共轭；"倍增快"共轭，共同构成蓝海，如图 3-22 所示。

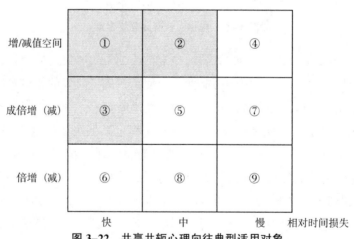

图 3-22　共赢共轭心理向往典型适用对象

这三种共赢共轭的类型主要是以虚拟时代的全球投资人的心理向往影响程度和人气矩阵为基础来进行划分的。共赢共轭的表现是："成倍快"人们的心理向

往较大，且共轭的"双互"程度增速较快，可以形成优秀人群的共赢共轭，导致该板块价值创造的成倍快（减）；"成倍中"是指共赢对于人们心理向往影响较大，但共轭的"双互"程度的增速适中，需要一定的耐心，导致该板块价值创造的成倍中（减）；"倍增快"是对于人们心理向往影响有限，其受"双互"影响程度对比其他两种程度较小，但实现创造蓝海相对价值的时间快，导致该板块价值创造的倍增快（减），一般都是共赢共轭的起步阶段。这三种对象是典型的共赢共轭对象，直接研究板块 8 倍增值的情况也存在，前面已经叙述，研究意义不大。

1. 成倍（4 倍）快

特点："成倍快"是共赢共轭的最期望投资向往，是价值共同的最优结果，也是全球投资人的心理向往，受到全球投资人的认同与关注。成倍快的相对时间较短，空间较大，该指数板块上涨或契合的成长行业、地区板块就会吸引全球各方资本流入，则相应的金融衍生品股价就会上涨加快，界限的范围也比较大，如果不加以干预，往往可能超过 4 倍空间。因此，对以上指数板块和契合的成长行业进行投资，可以实现自身价值成倍增值。由于心理向往的程度增强，该指数板块或契合的成长行业必须保持高度共赢共轭，不断形成价值共同，在虚拟时代创造最具投资的相对价值时机。

适用对象：币值对策、金钱对策、环境突变、突发事件等因素形成的大量资金投入，无意识动机作为核心驱动的国家证券板块或其他商品板块。对于资产增值有较高要求的投资者，希望在最短时间内资产升值最快的投资者，心理向往程度较高，可以承受双向波动风险的投资者，例如，2005 年的人民币单边大幅升值，从 8.7 升值到 6 附近。现如今中国没有前期金融经验，单边升值使大量国内、外资本迅速进入中国资本市场，无意识使上证、深证股票主板指数大幅快速上涨；2008 年美国金融危机对于世界经济的影响空前，属于突发事件，若不采取措施，中国经济就会出大问题，国家放松银根 4 万亿刺激经济，大量的流动性金钱杠杆，无意识驱动上海等一线城市地区商品房价大幅上涨。投资人能够等待和把握这种投资机会实属难得，也是对一个国家的信任投资。

2. 成倍（4 倍）中

特点：具备"成倍中"的共赢共轭，虽然创造价值的时间有所增加，但仍然具有 4 倍的价值空间，对比成倍快，心理向往的程度也趋于稳定，界限的范围也将缩小。在没有"4 倍快"的共赢共轭的情形下，"4 倍中"的共赢共轭可以带来非常稳定的投资回报，界限的范围也适中，风险也有所减少，因此，仍然受到稳健投资人的高度关注。

适用对象：权力对策、经济稳健发展、国家的影响力提升，双因素动机作为核心驱动的国家证券指数板块或其他商品板块，希望资产升值较大的投资者，心理向往程度中等，可以承受双向波动的风险中等的投资者，美国金融危机之后，冲击世界经济，世界很多国家受到影响，而美国很快摆脱危机，在全世界的影响力得到提升，股市的持续上涨就使全世界重新恢复对美国的信任，是一个国家商业繁荣发展到一定阶段的必然。

3. 倍增（2倍）快

特点：具备"倍增快"的共赢共轭，其可以创造相对价值空间仅有2倍，是在底线思维确定的前提下，判断是否构成2倍快、4倍快和中的界限思维，否则，只能判断是一次下跌过程的反弹，不能看成是界限思维形成。在没有出现"成倍快"与"成倍中"之前，该共同体同样具有关注的必要，因为该共同体可以短时间内创造2倍的价值增值，可以吸引部分投资人的关注。

适用对象：任何一轮证券行情启动，初期表现都是提高一个层面的上涨，是一个稳健的层次提示，层次动机作为核心驱动的国家证券板块或其他商品。追求非常稳定的投资者，希望在一定时间内实现资产升值的投资者，心理向往程度较小，可以承受双向波动风险较小的投资者。对于成熟的投资人通过指数的2倍快增长，可以把握后续4倍快和中的共赢共轭投资对策，启动时机、力度，甚至契合的行业、地区板块，所以2倍快指数空间，把握得好，可以投资升值，更为4倍增长投资打下伏笔。

（五）共赢共轭选择步骤

投资人在选择共赢共轭、调整心理向往的时候要遵循以下三个步骤：

第一步，判断共赢共轭的方向，判断共赢共轭方向向上或者向下对价值投资具有重要意义。共赢共轭与共赢依存、共赢交互不同，共赢依存就是中国人常说的"嫁鸡随鸡，嫁狗随狗"，一个家庭在人生一定的时间内不会有多大的变化，人的平均寿命较短，人的自然规律决定相互依存可以度过一生；共赢交互就是"一个巴掌拍不响"，"物以类聚，人以群分"都是这个意思，发生的变化是线性的，是一种技术和方法决定的，后天可以改变人的一生；共赢共轭就是互联互通，表现是"双互"程度，发生的变化是非线性，看似非常形象，如上所述共赢共轭的类型和对象分析的三种典型形态。具体的演绎过程非常迅速和复杂，如果分析清楚指数板块上升方向投资正确，将契合的行业板块把握得好，龙头个股升值空间巨大。反之，损失惨重，个人资产共轭一只或几只股票赚钱很多或者赔得很惨，被"割韭菜"，不能埋怨别人，可能一次投资成败就改变人的整个命运，是投资人自己的思维决定的，必须终身努力。在判断共赢共轭的方向时要具体考察共同体的"双互"程度的变化大方向和共轭的板块，通过共赢的表现可以判断共赢共轭是否满足投资人的心理向往，是否带动共赢共轭中其他板块的上涨，指数上涨的大方向把握不准确，通过短线投机是非常危险的投资，下跌趋势和小幅波动不要误判和轻易投资。"双互"程度不断加深的向上趋势才能吸引投资人进行投资，不仅会带动资产价值的提升，还反应在股票指数板块上涨加速。判断一个以"成倍"或者"倍增"的共赢共轭对人们心理向往的影响，相比之下，共赢共轭在"成倍"共赢共轭更有作用，可以创造更多的相对价值，这就要求互联互通的板块更多，影响面更广，力度更大，才能带动主板指数成倍上涨。因为"成倍"共同体对人们的心理向往的影响相对较大。相反地，如果板块的共轭程度对人们的心理向往的影响小，未来发展也不会被看好，则不会形成投资人的跟随。只有共轭板块的大方向判断无误，才能首先满足投资人的心理向往，这是相对价值创造的前提。

第二步，判断共赢共轭的价值投资空间。通过判断共赢共轭"双互"程度的大小，可以预估价值投资空间的大小，空间越大投资吸引力越大，其心理向往的程度越大。只有形成共轭的共赢，才能更准确地把握相对价值的界限思维，板块之间的"双互"程度越高，通过共赢共轭实现价值的倍增乃至成倍增加，然后吸引更多的投资人跟随该板块。这里判断空间大小：①判断证券指数板块的空间大小，如果指数空间不够大，契合的成长板块也不会大幅上涨，在一个指数空间极小的证券市场投资其他行业板块是非常危险的，特别是多数非职业投资人更为危险。②判断指数上涨契合的行业、地区板块，很多板块可能是短期题材，也有可能是业绩板块（一般指数板块盘整、筑底时业绩板块上涨），这些板块都是与指数上涨的幅度互联互通的，明确的意思是这些板块上涨的幅度也与指数上涨幅度共赢共轭，不能轻易判断这些板块无上涨空间，如 2014~2015 年主板指数板块上涨，创业板整体就是题材板块（没有多少业绩，成长性也没有到来），该题材板块的大幅上涨与该指数板块的契合线上教育行业板块共赢共轭，就出现了"全通教育"（股票代码 300359）从 34.8 元上涨到 467.5 元，这种题材和业绩板块上涨不是本书重点关注的板块。因为没有成长板块及其大幅上涨，指数板块的大幅上涨就不可能，题材板块炒作和业绩板块投资很难带动主板指数板块；反过来，题材板块炒作和业绩板块投资空间肯定受到限制，这也是为什么主板大盘指数不能上涨时，证监会严厉打击题材炒作，过分炒作伤害的肯定是广大中小散户投资人。③判断个股的上涨空间，同一板块个股的上涨空间绝对不同，这也是投资人投资落地的地方，没有个股的把握，投资就会落空。这些研究在人口营商学研究中有介绍。虽然主板指数板块、次板指数板块、行业板块、题材板块、业绩板块等板块上涨空间与人气对策、人群契合、人口信任理论紧密相关，但从共赢共轭理论的分析得出的理解，会从另外的角度看待上涨空间。上述分析可以看出，指数板块上涨的空间把握是第一位的，共赢共轭指数板块的上涨空间如图 3-23 所示，如果把握好指数板块之间 2 倍快、4 倍中、4 倍快界限的跨度，再契合相应的题材、业绩、成长板块和龙头个股的价值创造，才能进行有效投资。

第三步，投资人需要判断共赢共轭的价值投资时间，对投资者来说，时间是非常重要的。时间不能正确把握，节奏把握不好，一样会导致投资失败，也就是人们常说的"选择比努力更重要"。首先，把握主板指数板块的上涨时间，没有大盘指数上涨，炒作个股一般来说是非常危险的，其实很容易理解，大盘整体下跌，任何板块都不会幸免，也是共轭的，不能把大盘下跌的反弹，当成上升趋势形成，前面刚刚叙述，除大盘指数稳定时，投资业绩股票外，题材、成长等其他股票投资时机都是大盘上涨，否则都不合适。

其次，契合的板块上涨时机，即使大盘上涨，涨幅很多，很多投资人还是不赚钱，或者赚小钱，有的甚至赔钱，就是共轭指数上涨的成长板块上涨时机把握错误。共赢共轭指数板块的成长板块是通过契合理论分析出来的（契合理论与人气对策结合分析的），这时必须投资与大盘指数共轭的板块，有可能在成长板块上涨之前，题材板块先上涨，说明投资人的风险喜好发生了变化，大盘行情随时可能开始启动，此时的管理部门也比较宽容，这是成长板块上涨之前的征兆。题材板块的选择和上涨是因为当时环境或者事件的突变，一般不容易把握，但成长板块只要通过人气、人群、人口理论的结合，比较容易把握，而且不会因为其他突发事件及原因就改变共赢共轭指数板块上涨的成长板块。

最后，及时选择和把握投资契合大盘指数上涨的成长板块龙头个股的投资时机是至关重要的。大盘不上涨，共赢共轭的成长板块不会大幅上涨，有些小幅波动，投资人就会放弃成长板块的跟随，甚至都会怀疑自己的分析正确性，成长板块的龙头也会放弃留意投资时机（龙头个股通过人口营商进行研究），这是人气的对策、人群的契合、人口的信任的理论结合，最终是正确把握龙头个股的投资时机。理论分析是这样把握共赢共轭投资时机。实践上可能正好相反，只有龙头个股快速实现2倍快、4倍（快和中）、8倍（快、中、慢）（人口营商研究），才能有契合的成长板块快速上涨，成长板块共轭主板指数板块的2倍快、4倍快和中的界限跨度上涨，大盘指数上涨时机真正形成。其实谁也不可能准确把握龙头个股的投资时间或者投资的是不是龙头，投资人可以做到的就是在投资过程中运用自己的智慧反复印证。龙头个股需要自身努力，持续进步，投资人需要耐心等待，但投资的只要是龙头，长时间等待也是值得的，股市酝酿一轮行情需要长时间（至少十几年），每一轮行情，成长板块只有很少几个，而很多板块龙头只有一个。这也是为什么说商业社会的婚姻是"谈对象、结婚、找对象"，找对象时间最长，是婚姻的终点，结婚不是婚姻终点，始终看对方头部达到的最高位，一旦结婚后对方不能持续进步，而头部位置确定而不高（一般称之为中年困境），会造成离婚率较高（工业社会结婚时间最长，一般不离婚，是婚姻终点），结婚后可能需要双方长期的努力、等待和培养，最后是寻求或者希望对方是未来（最好实现比较早，但在老年时期还是保持龙头地位不变）一定时期的龙头（当然龙头当的时间越长越好，孔子文化就是长时期中国文化龙头的表现），每一个婚姻的双方结婚前后都是在培养对方或者自信自己就是对方投资的难得龙头（见图3-23）。

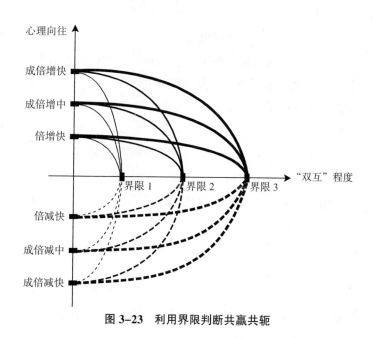

图3-23　利用界限判断共赢共轭

（六）虚拟时代共赢共轭的目标

在虚拟时代中，通过共赢共轭将目标一致的投资人整合在一起，增加投资人对于金融衍生品的投资信心、创造人群环的蓝海相对价值，从而推动时代变迁。时代变迁的人群环很多，共赢共轭无处不在，比如，自然时代就是中医的人群环，那个时代以中医为主，不断进步和完善，各种疾病的出现和治疗，共赢共轭推动中医发展到一定水平；物质时代西医人群环出现，各种西医、西药共赢共轭几百年推动西医发展到一定水平；虚拟时代就是预防医学的人群环，生命科学、心理医学等学科都是预防医学的发展前沿，但预防疾病的疫苗和各种病毒共赢共轭推动预防医学向前发展。由此可见，中医、西医、预防医学三种人群环是人类时代变迁在医学方面表现的结果，只是人们无法用数据加以说明而已，大家就喜欢争论，各个领域的医学专家会利用这些医学之间的发展共赢共轭，推动各自学科的发展，但是必须承认这种人群环的划分，时代为了帮助人们提高认识，增强人群环的投资动机，2003 年中国的"非典"疫情，2020 年的新型冠状病毒引起的肺炎疫情，都是时代进步给中国人和全世界人们敲响预防医学发展的警钟，中国人和全世界人们在这些疫情面前能做什么？不能做什么？人们现在开始需要做什么？都会留给全世界人们深入思考。以上分析，足以看出人群环理论和思维在时代变迁的重要性。在虚拟时代，衍生品投资领域这种人群环的共赢共轭目标是：利用股票指数板块的界限思维和心理向往与契合的其他板块共轭投资，帮助投资人创造可以定量表述的蓝海相对价值，每一位投资人选择金融衍生品进行投资都是为了获得更高收益的回报。虚拟时代共赢共轭为投资人证券投资实现相对价值创造，指明了正确的思考方向、注入发展的正能量。从证券板块层面上讲，具有共赢的板块"双互"程度较高，在自身快速发展的同时，还可以带动共同体其他板块同时发展，这样的共赢共轭就会容易得到全球证券投资人的跟随，投资人就会选择在该板块进行投资。总的来说，虚拟时代共赢共轭的目标是：更好地完善和实现契合理论，实现指数板块的人群环与所有其他契合板块的人群环形成共赢共轭。二者相辅相成，才能产生明显的股价指数波动幅度，创造指数板块的蓝海相对价值。

虚拟时代共赢共轭的具体目标是对板块界限思维的正确把握，把握界限是为了预估所投资的各板块预期收益空间和资产增值成长速度，也就是 2 倍快、4 倍快和中的界限把控，看似非常简单，只是指数板块三种数字的转换和组合，实际体现在共赢共轭上就非常复杂了，这里需要的不只是对于指数三种数字组合好，还有与契合的其他板块界限共轭，有可能涉及人口营商的龙头个股的顶格思维，以 2014~2015 年股市行情为例，股市融资融券的改革，是股市改革必须经历的，国外早就有成熟的经验，也符合人气营商学——金钱杠杆对策研究的结论。

融资融券改革对于股市主板指数的影响造成的界限结果是 2 倍快超过，上海证券主板指数从 1849 点上涨到 5178 点，次轮行情共赢共轭的第一成长行业板块就是证券板块。因为中国股市第一次可以合法加杠杆了，定是证券板块最先共轭指数板块，随着指数板块与证券板块的共轭，通过人口营商研究，指数上涨 2 倍，龙头上涨没有 8 倍，这时当证券板块龙头上涨 4 倍时，中信证券从 9 元多上涨到 38 元，必须培育推动指数上涨的更大成长板块，也就是为大量的融资寻找出路，为指数板块共轭，正确的经济相对价值成长板块就是高铁行业板块，使高铁龙头中国中车从 10 元上涨 4 倍到 40 元，让中国股市主板上海指数彻底完成了 2 倍快。最后就是文化相对价值成长板块迅速反应补涨，航母板块龙头上涨 4 倍（为了保密起见，不说个股名称），文化价值板块对于股价指数影响不大，三大成长价值板块共赢共轭了指数板块该轮行情的上涨。其实还有一个板块就是题材板块，业绩板块一般不会在股价的指数大幅上涨时凑热闹，但题材可能是成长的先兆，往往比成长板块炒作更凶猛，题材板块陪伴成长板块，也可能就是政府扶持的板块。只要政策把握得好，投资一样成功，也不会大幅影响指数波动，股市有时需要题材活跃投资热情和赚钱情绪，共轭股市初期上涨，稳定股市，吸引资金，留住资金，带来成交量后共轭其他板块上涨。从这个例子可以看出投资股票需要较为复杂的思考。

各个板块的共轭远远超过指数板块本身的界限思考。但有一点是非常明确的，2014~2015 年次轮行情控制界限在 2 倍快超过，没有形成界限 4 倍快和中，是全世界证券投资人正确的选择，智慧的抉择，更是中央政府的正确决策。及时干预证券市场，防止出现金融危机影响世界和中国出现大幅倒退，为人群环的界限 4 倍快超过留下了空间。投资人合理地运用界限思维，有利于正确判断价值成长的板块上升与下降的界限位置和跨度大小，把握投资的趋势，是各个板块之间"双互"程度形成共轭的具体体现，界限思维不只是体现在指数板块和成长板块之间共轭，所有板块之间都会共赢共轭，成长板块内部也是共赢共轭的。上面的例子可以说明融资融券首先是证券板块与指数板块共轭，证券板块上涨到一定幅度，导致经济价值成长板块推动指数上涨，是指数上涨的需要，只有更大资金推动股市才能上涨，经济价值板块可以吸引大资金，同时社会价值证券板块上涨，人气转向其他价值板块实属正常（人气营商已经专门研究），必然带动经济价值成长板块和文化价值成长板块，有时还包括题材板块，业绩板块。只有这样灵活运用界限思维，并且考虑顶格思维和底线思维，才能在板块投资的共赢共轭中获得成功。

界限思维是创造相对价值的思考起点，如果没有界限思维的跨度分析，界限分析还会判断错误，如同底线思维的限度一样重要，底线到底在哪方？界限的跨度是2倍、4倍实现的具体表现，可能超过、可能不足、可能正好，不是铁板一块，结合人气不同对策形成的指数跨度界限、契合蓝海形成的各种板块响应界限、比较价值判断形成的成长板块转移界限、绝对价值判断形成的龙头个股空间界限。只有通过界限思维，结合以上的分析才能准确判断界限的跨度，并且利用跨度进行有效的板块和个股价值投资。简单地说就是，研究指数板块形成蓝海相对价值人群环（2倍、4倍）的过程中，分析指数板块与契合的题材板块、成长行业的龙头个股之间的共赢共轭，对共轭的倍增位与成倍位的界限位置进行有效把握，选择合适的投资决策才能创造更大的价值，使更多的投资人进而跟随投资。

在虚拟时代的证券投资中，界限思维是价值发生成倍增（减）及倍增（减）的关键。通过对界限（2倍、4倍）的判断，由于对策不同可以得出指数板块界限逾越的跨度，2倍快超过，4倍快超过等，以及指数板块与各种契合板块共轭情形，进而判断共轭各板块龙头个股上涨的界限，进行有效的相对价值投资。

三、共赢共轭的"双互"程度选择

（一）共赢共轭相对价值投资时机选择：互联网时代到来

互联网时代，以信息化为主的大数据时代到来，互联互通成为共赢共轭的保障，大数据也为互联互通提供便利。互联网的搜索引擎可以在大数据中搜索人们想要知道的一切。聪明的投资人可以利用互联网进行各种投资互动和超前预测，总会在全球证券市场寻求投资热点和板块的轮动。例如，投资中国资本市场的证券板块股票，就可以搜索美国投资银行股票的发展轨迹，很多板块的波动是全球互联互通的，是有轨迹可循的，其他国家走在前，其他人可以学习，自己走在前，别人就会学习。人类的生存和发展永远都是在前人基础上进步的结果。只是互联网的发展使这种共赢共轭成为常态，加速了人们发现投资的新机会，而且这种价值共同很容易形成，如全球发现了美国发展的互联网行业，各国纷纷跟随和效仿，形成了全球发展互联网的价值生态，移动终端、网购、网约车、移动支付等行业投资不断兴起。反应在证券市场上是这些行业股票的投资激情高涨，股价不断地循环跟随。只要人们敢于和善于学习和思考，从互联网上学习会更加广泛、顺畅、及时，股价板块的波动可以在证券市场上迅速查询和记录。基于互联网搜索数据和社交行为的经济预测研究，已逐渐成为一个新的学术热点，并在经济、社会以及健康等领域的研究中取得了一定成果。在资本市场应用上，研究发现，搜索数据可有效预测未来股市活跃度（以交易量指标衡量）及股价走势的变化。通联数据可以按照主题热点或者自定义关键字进行分析，构建知识图谱，将相关的新闻和股票提取做成简洁的分析框架。

互联网大数据时代对提高"双互"程度具有很大的推动作用。互联网使"双互"程度加深、加强、加速，连接世界、连接历史，正因为如此，共赢共轭的实现成为可能，作为价值投资的一个重要部分，它与价值蓝海契合与投资决策紧密结合。要形成更具有价值的共赢共轭，提高投资的准确率，增加投资的收益回报，就要注重在大数据互联网时代下，加强"双互"程度的提升，认识到互联互通是时代变迁的需求，证券投资人互联互通与证券板块共赢共轭相伴而生。证券市场板块波动是体现共赢共轭的主战场，如 2014~2015 年中国股市的高铁板块大幅上涨，就是全球证券投资人对于股票板块互联互通和共赢共轭的结果，在证券市场上，是首次对中国高铁行业及高端制造的肯定，也是中国政府根据中国实际情况作出的正确决策，得到全世界投资人的认可。板块之间不能实现深刻的互联互通，就难以实现相对价值创造，也不会引起其他投资人跟随。

在互联网时代，运用大数据的方法收集各种需要的信息还远远不够，通过信息的掌握，建立互联互通的思维更加重要，如中国 2020 年初的新型冠状病毒肺炎疫情，人们马上会搜索 17 年前，2003 年中国的"非典"疫情，还有世界其他国家的各种疫情。全球加强疾病疫情的通报和合作交流，对于世界非常重要，因此提高"双互"的程度，有利于提升全世界疾病预防的共赢共轭的价值共同。人类在灾难面前没有任何人可以独善其身，绝对不是别人有难，与自己无关，相同的灾难同样会出现在自己身上，也不是别人出现灾难次数比自己多，自己只是偶然出现一次，以后就可以侥幸逃过。通过再次的疫情，决策者会上升到"双互"思维的高度，意识到任何一个有影响力的国家，必须高度重视建立疾病预防体系，这对于自身和世界的影响重大而深远。加紧完善与疾病预防有关的体制机制建设，特别要注意一个负责任的大国在全球公共卫生这个重大问题面前对于世界的影响和贡献。疫情处理得好，就会赢得世界认可，成为全球学习的典范。共赢共轭中国与世界各国、世界卫生组织对于疾病预防方面的各项建设、经验交流、技术帮助。投资人表现在证券投资方面，就是共赢共轭医疗和医药板块，抓住重要的、难得的投资机会，这个板块将会达到中国历史上从来没有过，以后也难有的新高度，从此中国在疾病预防和治疗方面追赶和超过世界先进水平。对于中国政府要充满信心和具有良好预期，中国再也不会也不能有同样的事件发生。正因为这种强烈的板块共赢共轭，就会带动其他板块的共轭投资，消除市场的不良情绪，通过投资市场的良好表现，彻底消除疫情对于中国经济产生影响的消极情绪，很快焕发消费热情，形成疫情只是短期影响中国经济，中国经济长期向好趋势成为全球共同的要求。

（二）共赢共轭"双互"程度投资情形选择

虚拟时代的国家都希望证券投资人对自身国家的证券市场共赢共轭的心理向往程度处于不断上升的方向。共赢共轭的"双互"表现反映了人们心理向往的大小和强弱，利用价值共同对于人们心理向往强弱的影响，分析共赢共轭的"双互"具体表现情形。只有不断地创造人群蓝海相对价值，才能保证共赢共轭的发展方向是向上的。

价值共同不只是营商学研究的范畴。如同人气营商学研究的价值共识一样，是投资人对于价值底线的基本认同，是全球投资人对于一个国家经济、社会、政治的总体看法，具体表现在人气线关注的商品在一定的成交价格和数量情况下，能否形成倍增快或者倍减快的"明星"比较价值判断。价值共同也是全球投资人对于引领各国商品价格实现底线的同时，人群跟随的各个板块的倍增快、4倍增快和中的蓝海相对价值人群环的价值判断，是投资人对于各个板块的相对价值看法，综合分析经济、社会、文化发展的方方面面，认真把握板块发展的脉络和方向。以股价为例，就是投资人对于一个国家股价指数板块上涨的倍增快、成倍增快和中的蓝海价值人群环界限的判断，以及准确把握带来指数上涨的各个阶段的共赢共轭的其他价值板块，这些板块可能是主板，也可能是次板；可能是题材板块、业绩板块、成长板块；成长板块还包含文化、经济和社会价值板块；经济板块又包含钢铁、汽车、高铁板块等，只有这种综合分析判断，才能真正实现相对价值创造。

随着证券化程度的加深，世界各国都会加快资本市场对外开放的脚步。只有对外开放才有助于推进资本市场的法制化、国际化以及市场化进程，而承担着经济晴雨表功能的股票市场，作为资本市场的重要组成部分，其对外开放的脚步更是不能停止。随着资本市场的快速发展，证券市场的互联互通机制对一个国家股票市场的影响更为重要，已经超越了对于一国经济发展的反应，更是联通世界经济和社会发展的新方向。实施互联互通机制的改进和发展，对于全世界和每一个国家本身都有着深远现实意义和理论价值，在虚拟时代，必须提升"双互"程度，依据价值共同的界限思维创造更大的蓝海相对价值。

1. 共同的定义

共同是一个属性词，含义为个体之间互相联动，产生更大的效应。在虚拟时代证券化的背景中，基于人气承诺的价值共识形成底线思维，人群共赢提出价值共同形成界限思维创新概念。价值共同是指证券的各个指数板块与题材板块、业绩板块、成长的行业（地区）板块以及行业板块之间相互共轭，推动形成2倍和4倍的以指数板块为代表的相对价值蓝海。价值共同是特定时代共同体在时代变迁的过程中，通过板块的"双互"程度，形成投资人的心理向往，创造蓝海指数板块相对价值。在虚拟时代，不同板块间的"双互"可以形成价值共同，各种板块之间的共赢共轭的界限思维是产生价值共同的核心原因。共赢共轭的投资情形选择要根据价值共同的"双互"程度和蓝海相对价值进行选择。与人气承诺的价值共识相同，只有人气关注的商品房价、物价、股价"三价"的比较价值底线倍增快价值，才吸引全球投资人。在虚拟时代的金融衍生品市场中，只有创造倍增快、成倍增快和中价值共同的界限思维人群环蓝海相对价值股价指数板块，以及共赢共轭的各种其他相对价值板块才能使人群跟随投资。

2. 三个时代的价值共同类型

替代、迭代和时代都会导致形成价值共同，但由于时代带来价值增值远远超过自然时代的替代和物质时代的迭代，因此虚拟时代形成的价值共同增值程度最大，速度最快。在不同的时代中，价值共同的情形都会有所区别，总体分为三类：自然时代的少量价值共同、物质时代的较多价值共同和虚拟时代的大量价值共同。

自然时代受限于品种有限，绝大多数的乡村人口都生活在自给自足的基础上，器具的作用也主要是被统治者用来进行战争，人们首要解决的是吃穿问题，因此心理向往程度较少，形成较少的、简单规律性的价值共同。对于物质时代，机器的出现推动了各个国家的经济总量，各种新技术、新发明应用于物质生产，人们对于生活有了更高的要求，形成较多的、技术性的价值共同。进入虚拟时代，人们可以通过投资金融衍生品实现资产的快速增值。金融衍生品存在大量的指数板块，题材、业绩、成长板块，行业和地区板块，不同板块间的价值共同远远大于自然时代与物质时代，必须形成更多的、更为复杂思维的价值共同。为了总结和思考板块轮动，本书将投资人较为熟悉的题材板块、业绩板块以及成长板块做了对比，如表3-3所示。人群营商研究以成长板块为主，是因为成长较为容易把握，与主板指数密切相关，投资相对安全，题材和业绩板块往往对于主板指数贡献较少，共赢共轭程度小一些，但对于大盘的启动和指数的稳定都会有作用。

表3-3 题材、业绩以及成长板块对比表

分类	判断类型的依据					关系	举例
题材板块	炒作题材的板块。这些题材可供借题发挥，可以引起市场大众跟风，政策性强	业绩差、市值小，成长不确定，容易与成长混淆	与政府政策、突发事件密切相关	无意识心理动机为主	较多存在于创业板等次板之中	市场反应过快，短期涨跌幅度大，在大盘上涨前或者后上涨	一般板块都是经历从题材到业绩，再到成长为主的发展阶段。题材是成长的萌芽，往往扶持题材就是为了培养成长	重组股、现在的医药股，90年代的网络股票
业绩板块	有业绩向好的行业环境支撑，行业技术成熟、处于垄断地位的股票板块	业绩有保证和增长、成长有空间、上涨速度较慢	与行业发展和市场认同密切相关	层次心理动机为主	较多存在于主板之中	市场反应相对较慢，短期涨跌幅度较小，在大盘盘整和筑底时上涨		白色家电、银行、白酒
成长板块	具有成长性的板块，这些板块有可能有题材或业绩好，当其成长性凸显的时候都归为成长板块	有业绩、周期性强，上涨速度快，有未来	与社会整体发展紧密相关，必须经常动态分析、判断	双因素心理动机为主	较多存在于成熟的板块，不是无基础	是指数板块上涨的核心推动力，相对容易把握，一旦上涨，速度快		现在的证券是非银金融和投资银行、高铁是高端制造

3. 虚拟时代的价值共同情形

在虚拟时代中，共赢共轭实现蓝海价值创造是由人群矩阵、人群的循环跟随，由2倍快、4倍快、4倍中的蓝海价值构成，也就是说，2倍快、4倍快、4倍中是板块价值共同形成的界限。对于以成长股票为主的主板指数板块而言，典型的指数人群环是上述三种界限的组合，每一种组合形成8倍（超过8倍的一般人口营商研究龙头个股，次板也可能超过8倍，也是以题材为主的板块阶段）为顶格。存在三种实现蓝海价值的情形：2倍快不足与4倍快正好，共同实现指数板块8倍快；2倍快超过与4倍快超过，2倍快超过与4倍快超过之间存在时间间隔，共同实现8倍中；2倍快正好与4倍中，共同实现8倍慢。这三种蓝海价值实现情形分别对应了人气营商学中币值、金钱、权力三种对策，是人群环与人气对策的有效对接。

情形1：无意识动机的心理向往，形成快速的价值共同。

特点：蓝海价值完成时间较短，共赢共轭表现的"双互"速度较快。

优点：投资人可以在较短时间，实现最大化的蓝海相对价值创造。

缺点：价值增值的速度过快，投资人很难把握共赢共轭的其他板块界限跨度，容易错失投资机会。

要求：需要拥有丰富的投资经验，对市场信号变动具有灵敏的反应，抓住板块启动的时机，对应的人气营商学对策是币值对策。

如图3-24所示。

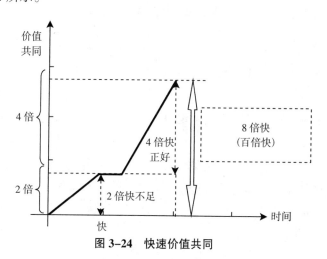

图3-24 快速价值共同

情形2：双因素动机的心理向往，形成强大的价值共同。

特点：蓝海价值完成时间中等，共赢共轭表现的"双互"程度加强，界限的跨度大。

优点：可以实现最大化的指数板块蓝海相对价值创造，同时有着清晰的时间把握共赢共轭其他板块轮动的时机，实现价值增值。

缺点：两次蓝海界限价值实现都是超过，波动幅度大，不易把握两次蓝海实现的顶部和底部，界限之间间隔时间比较长。

要求：需要不断进行界限思维跨度分析，注意指数板块蓝海价值实现过程中板块的轮动，以免错失难得的投资机会，对应的人气营商学对策是金钱对策。

如图 3-25 所示。

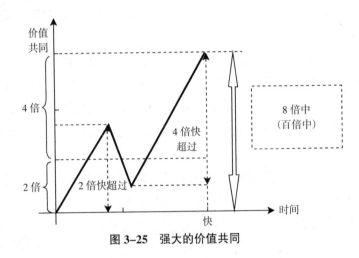

图 3-25　强大的价值共同

情形 3：层次动机的心理向往，形成长期的价值共同。

特点：蓝海价值实现时间长，共赢共轭表现的"双互"程度时间较长，长期牛市。

优点：相对稳定，可以稳定实现价值增值，投资人容易把握界限的跨度，不同板块的价值投资比较明晰。

缺点：实现蓝海价值时间相对较长，不能短期内实现价值增值。

要求：在蓝海价值实现的过程中，是慢牛，投资需要耐心，对应的人气营商学对策是权力对策。

如图 3-26 所示。

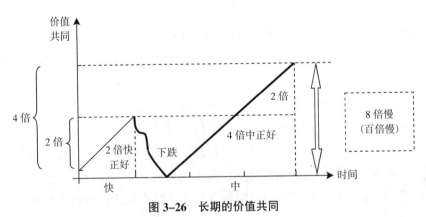

图 3-26　长期的价值共同

(三) 共赢共轭"双互"程度不断增加的方法

虚拟时代中,保持共赢共轭"双互"程度的不断提升,是一个国家、地区和投资金融衍生品共同的追求,只有"双互"程度不断提升,形成价值共同,界限思维形成的蓝海心理向往才能实现,蓝海相对价值创造,才能吸引人群循环跟随。"双互"程度是从自然时代"双联"程度,即联系联络程度;物质时代"双补"程度,补足补短程度提升的结果。虚拟时代"双互"程度提升方法从证券投资人动机创新分析得出界限动机上升、下降;证券投资人互动表现分析得出跟随意愿增强、减弱,都是为了不断提高"双互"程度。分析"双互"程度不断提升的方法,可以从 SWOT 分析方法入手,从优势、劣势、机会、威胁几个方面进行研究,将环境变化和竞争分析进行改造,从动机创新和互动表现角度进行共赢共轭分析,从而保证"双互"程度不断得到提升。

1. SWOT 方法简介

SWOT 分析方法(Strengths Weakness Opportunity Threats),又称为态势分析法或优劣势分析法,是一种企业内部分析方法,即根据企业自身的既定内在条件进行分析,找出企业的优势、劣势及核心竞争力之所在,从而将公司的战略与公司内部资源、外部环境有机地结合起来。其中,S 代表 Strength(优势),W 代表 Weakness(弱势),O 代表 Opportunity(机会),T 代表 Threat(威胁),S、W 是内部因素,O、T 是外部因素。其中营销机会存在三个来源:①现有产品供应不足;②使用一种新的或者优良的方式去提供现有的产品和服务;③开发一个全新的产品或服务。环境威胁是一些因素不利的发展趋势所构成的挑战,如果缺乏防御性的营销行动,将导致更低的销售额或者利润。识别有吸引力的机会只是一件事情,另外一件事情就是把握这些机会。因此只有外部环境分析对一个企业来说是不够的,还必须对企业内部的环境进行分析,每个企业都需要评估其内部的优势和劣势。如图 3-27 所示。

(1)优势与劣势分析(SW)。由于企业是一个整体,并且由于竞争优势来源的广泛性,所以,在做优劣势分析时必须从整个价值链的每个环节上,将企业与竞争对手做详细的对比。如产品是否新颖,制造工艺是否复杂,销售渠道是否畅通,以及价格是否具有竞争性等。如果一个企业在某一方面或几个方面的优势正是该行业企业应具备的关键成功要素,那么,该企业的综合竞争优势也许就强一些。需要指出的是,衡量一个企业及其产品是否具有竞争优势,只能站在现有潜在用户角度上,而不是站在企业的角度上。

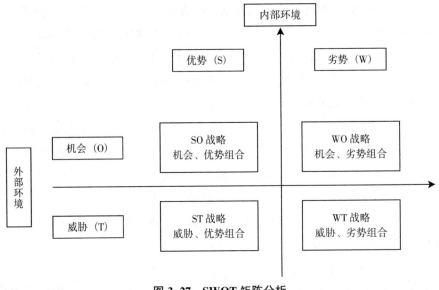

图 3-27　SWOT 矩阵分析

（2）机会与威胁分析（OT）。机会和威胁是购买者需求变化和外部影响因素共同作用的共同体，包括政治、经济、文化、技术和社会方方面面的影响因素，给企业的产品需求带来的机会和威胁，企业自身是不可控制的，要适应、利用环境变化带来的需求机会和面临的威胁及时调整企业的产品。对于企业来讲永远面临机会和威胁，只是需要企业经常动态地分析机会和威胁，辨析企业的机会和威胁，结合企业优势和劣势分析，二者结合越紧密，分析越透彻，企业进步就会越快，增强购买者的信任感，增加购买量。

（3）整体分析。从整体上看，SWOT 可以分为两部分：第一部分为 SW，主要用来分析内部条件；第二部分为 OT，主要用来分析外部条件。利用这种方法可以从中找出对自己有利的、值得发扬的因素，以及对自己不利的、要避开的东西，同时发现存在的问题，找出解决办法，并明确以后的发展方向。根据这个分析，可以将问题按轻重缓急分类，明确哪些是急需解决的问题，哪些是可以稍微拖后的事情，哪些属于战略目标上的障碍，哪些属于战术上的问题，并将这些研究对象列举出来，依照矩阵形式排列，然后用系统分析的思想，把各种因素相互匹配起来加以分析，从中得出一系列相应的结论，有利于领导者和管理者做出较正确的决策和规划。如图 3-28 所示。

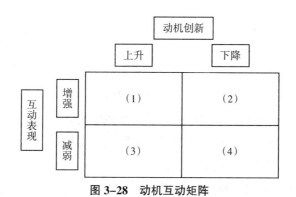

图 3-28 动机互动矩阵

2. 保持共赢共轭"双互"程度长期提升的方法

在图 3-28 所示的动机互动矩阵中，类似于 SWOT 矩阵分析里面的机会矩阵和威胁矩阵，左上角单元格（1）动机创新上升明显并且互动表现增强，处在这个单元的板块"双互"程度也就提高，所以在这个单元格的板块共赢共轭容易受到投资人的跟随。右下角单元格（4）动机创新下降并且互动表现减弱，处在这个单元格的板块几乎没有"双互"程度，没有上升动机和强烈的互动不能形成共赢共轭。右上角单元格（2）和右下角单元格（3）板块的"双互"程度的情况，值得密切观察以便于做出决策。

（1）保持共赢共轭"双互"程度长期提升的方法包括动机上升和互动增强。动机是激发和维持有机体的行动，并将使行动导向某一目标的心理倾向或内部驱力。美国心理学家武德沃斯 1918 年最早应用于心理学，被认为是决定行为的内在动力。从哲学层面上讲，人类的行为是个体自身与外界环境互动的关系，而从心理活动层面上讲：所谓"个体自身"是指人的心理特征，因为这是心理活动层面最稳定而对人类及其个体仅具有代表性的部分；而"个体与外界环境互动反应"，从心理活动层面上来讲也就是个体对客观事物的反应这一心理过程。由此，行为从心理活动层面上讲也就是个体的心理特征与其心理过程相互作用的过程与结果。而由于心理特征和心理过程相互作用与反应的结果形成心理状态，所以从心理活动层面上说，行为动机实际上是属于心理现象中的心理状态。动机具有三方面功能：①激发功能，激发个体产生某种行为。②指向功能，使个体的行为指向一定目标。③维持和调节功能，使个体的行为维持一定的时间，并调整行为的强度和方向。从不同的角度进行分类，依据动机的起源，可分为生理性动机和社会性动机。前者与有机体的生理需要相联系；后者与有机体的社会需要相联系。

依据引起动机的原因，可分为内在动机和外在动机。前者由有机体自身的内部动因（如激素、中枢神经的唤起状态、理想、愿望等）所致；后者则由有机体的外部诱因（如异性、食物、金钱、奖惩等）所致。

（2）从心理学的动机理论分析证券投资动机创新的来源。虚拟时代的共赢就是共同体共赢，只有实现蓝海相对价值，才能吸引更多投资人选择循环跟随。这就需要动机创新上升，准确把握界限思维的跨度。虚拟时代证券共赢共轭的动机创新源于对策界限动机、板块界限动机、触发界限动机、共振界限动机结合 2 倍快、4 倍快和中主板指数界限跨度的把握，才能更好地促成动机创新形成指数界限上升，形成具有蓝海价值的共赢共轭。

1）对策界限动机。商业社会房价、股价、物价"三价"与人气营商学 4 个对策有着直接的关系，在人气营商学进行了详细论述。证券投资是股价的最好表现，投资人根据人气的相关对策去分析证券主板指数蓝海价值实现，是最好的动机创新研究。人群营商学的币值对策、金钱对策和权力对策三个对策是股价主板指数动机创新的重要来源，不同的对策对"三价"的影响不同，以房价为例，以上海为代表的一线城市房价形成 2 倍、4 倍界限，实现 8 倍上涨，就是金钱杠杆放大在该地区板块的表现。上海经济发达，房价上涨过大、过快，是与该地区一致的，不要以为政府犯了错误，这是对投资人的提醒，但其他地区金钱对策不敢放得太大，也不可能放太大。房价上涨是以金钱对策为主的，说得直白一点，投资人一旦有钱在商业社会就是买房，因为金钱杠杆加在房价最安全，其他中心城市的房价政府再也没有过分放大杠杆，房价同样上涨。币值对策影响股价，不会过分影响房价；权力对策影响物价，不会过分影响房价。

不同的对策对股价主板指数板块的影响不同于房价，而且研究主板指数的对策界限对于房价、物价都有指导意义。币值平台对策推动的主板指数板块趋势上升情形速度较快，会实现 2 倍快 × 4 倍快的两次蓝海增值。第一次蓝海实现的界限跨度是不足 2 倍，第二次蓝海界限实现的跨度是整 4 倍快，两次蓝海的实现总体时间较短，与"8 倍快"指数人群环相契合，如图 3-24 快速价值共同；金钱对策推动的指数板块趋势上升情形速度也相对较快，会完成 2 倍快 × 4 倍快的两次蓝海价值实现，两次蓝海的实现总体时间中等，与"8 倍中"指数人群环相契合。但是金钱杠杆对策第一次蓝海价值实现的界限跨度超过 2 倍后，会出现大幅调整，使两次蓝海价值实现的过程出现时间间隔，由于金钱杠杆的特性，第二次蓝海价值实现也会超过 4 倍，如图 3-25 强大价值共同；权力对策推动的板块指数上升情形速度就比较慢，对股价的影响相对比较稳定，由 2 倍快×4 倍中实现蓝海价值，与"8 倍慢人群环"契合，两次蓝海的实现总体时间最长，如图 3-26 长期价值共同。

2）板块界限动机。对策界限动机主要以主板指数板块形成的界限动机加以研究，可以看出任何一个指数板块都可以用人气营商学 4 个对策加以研究，只是不同的指数板块，在不同时期对于社会发展作用不同，成熟度、代表性不同而已，现阶段上海主板指数代表性较强，构成上海主板指数的股票大部分为成长股，题材、业绩板块也同时存在。如创业板指数主要为题材股票，上涨幅度就会远远大于主板，2014~2015 年股市行情，上海主板上涨超过 2 倍，创业板上涨 8 倍（500 点上涨到 4000 点），而直接顶格上涨 8 倍极度是人口营商学个股龙头研究的内容。次板上涨对于主板上涨也是共轭的，如次板先于主板，带动主板；主板上涨速度变缓时，次板上涨加快。主板与次板的界限动机对于主板界限研究很有帮助。如 2020 年的中国新冠病毒肺炎疫情发生，新年股票开盘创业板第三天就上涨回补缺口，而主板第 11 天回补缺口，次板共轭主板。

这里主要研究主板上涨对应的题材、业绩、成长板块界限动机，成长板块的行业、地区板块界限动机，主板指数上涨不同的对策，产生不同人群环；不同人群环契合不同的成长板块；不同的成长板块上涨的界限跨度不同，因为行业板块不能以行业指数参考（组成板块的股票数目太少，没有代表性），可以通过龙头个股的顶格 8 倍极度配合研究。

3）触发界限动机。不否认人气对策可能使股价形成上涨的界限动机，成长板块上涨动机也可以推动指数界限上涨动机，但作用力往往不够，借助一些重要触发，刺激股价板块上涨速度加快，可能效果更好，一些触发会对股市的发展产生巨大影响甚至是根本性的改变。证券市场由于存在着一定的投机因素，对于触发的重大事件往往会做出即时反应。2001 年美国"9·11"恐怖袭击事件触发后，美国政府虽然采取了紧急应对措施，但美国股市甚至整个世界股市都出现了不同程度的下跌。"9·11"事件后，纽约证券交易所和 NASDAQ 市场被迫停市 4 天，从 9 月 12 日停市到 9 月 17 日恢复开市，开市之后的第一周暴跌 13.4%。触发对股市的影响各不相同。一般来讲，在股市低迷的状况下，出现突发性的利多触发，股指都能很快上扬，爆发井喷行情；但如果触发属于利空性质，则影响甚小，股指只是借势振落而后又回复到原有格局，因为股指已经处于低位，行情必然会发生逆转，后市必然要修整反弹。而在股市火爆的背景下，利空性触发则能迅速使股市降温，大势甚至还会出现自由落体式的直线连续下跌。因此要判断触发本身对大势的影响，关键还要看大势当时所处的位置，即市场的内在规律会起主导作用。

触发影响股市，第一点表现为股市对触发的影响通常表现为极端的方式。当触发出现后，股市基本采取了暴涨或是暴跌的走势来对触发做出反应，很少出现温和的走势。鉴于触发对股市的影响力较大，所以股市仍然偏重于对消息面的依赖。第二点表现为突发触发对社会的影响力大小从而不同程度地影响到股市。如果触发是在某一地区或是局部造成影响，那么，该触发对股市的影响相对较小。但如果触发在全国或是对国民经济增长率产生影响，那么，这样的触发给股市带来的影响是巨大的。第三点表现为政治性质的触发对股市的影响力往往会产生惊人的效果。政治性质的触发，往往会产生轰动效益，犹如多米诺骨牌，会产生联动效应。一些看似很小的政治触发，却出乎意料地给股市带来巨大反应。因此，对突发性质的政治触发要有必要的准备。第四点表现为触发的不同，对股市股票的影响也不同。比如有些公共卫生的触发，对股市股票带来的影响不一定都是负面影响。该类触发会对旅游、酒店、餐饮业等第三方产业的股票产生不利影响，但却对制药、疫苗类股票产生有利影响，形成短期内题材板块的上涨。如2020年的中国新冠病毒肺炎疫情发生，刺激医药板块加速上涨，龙头个股上涨超过2倍界限，吸引大量资金入市，成交量放大，对于成长板块带动作用明显，中国股市又在低位，有可能触发界限带动股市。

4）共振界限动机。共振，物理学上的一个运用频率非常高的专业术语。共振也是一种宇宙间最普遍和最频繁的自然现象之一。在股市同样，一旦有相同属性的多只个股出现共振时，往往是一个板块的走牛的起点。股市共振是指股票的一种共同运动和振动，这种共同运动和振动建立在相同的阶段、相同的形态、相似的价格、相似的空间以及相似的成交量基础之上，也就是说在一个共振突然发生就会立刻带动另一个甚至另外几个共同振动，这就是股市共振的核心。通过共振可以提前对板块的涨跌有一个明确的判断方向。一个板块界限上涨，可能是事件引起，事件板块（大部分可能是题材板块）上涨，唤起早已等待的某一成长行业板块（契合研究），形成行业板块界限共振（可以用龙头个股价格界限和顶格代表）；该板块的界限上涨实现，又会引起另外一个成长板块的共振界限，如此反复，成长行业板块龙头个股价格的界限共振，形成板块之间的共轭共赢，推动大盘主板指数，实现共赢共轭。首先就是达到板块共振，没有成长板块共振，充其量只是个股行情或者少数板块题材行情，投资人很难把握投资的机会。而成长板块与板块（表现为龙头股）之间共振后，就是行情的开始，一旦形成共振，成长板块之间界限跨度明确，体现在龙头个股的上涨顶格与界限之间的辨析。如2014~2015年上海主板受融资融券，放大金钱杠杆，事件刺激行情，没有此事件，理论上分析的对策界限无法实现，主板指数2倍超过界限空间不能迅速打开，融资融券直接受益是证券板块，证券板块迅速上涨，主板指数上涨行情启动，事件界限与对策界限、板块界限一致。板块界限研究成长板块首先就是证券板块，龙头个股（人口研究得来）上涨的幅度是大于主板指数上涨的幅度，对策界限预测指数上涨超过2倍界限，证券板块龙头就会上涨4倍，成倍快，由于证券板块上涨4倍，同时共振了高铁板块龙头上涨2倍，航母、医药等板块龙头上涨2倍，对策界限指数板块共轭2倍不足；如果实现指数板块2倍超过，成长板块经济价值板块龙头就会上涨4倍，成长经济价值板块上涨4倍后，共振文化价值板块航母板块龙头上涨4倍，对策界限圆满实现，界限的共振就实现了人群共赢共轭。分析如图3-29所示。

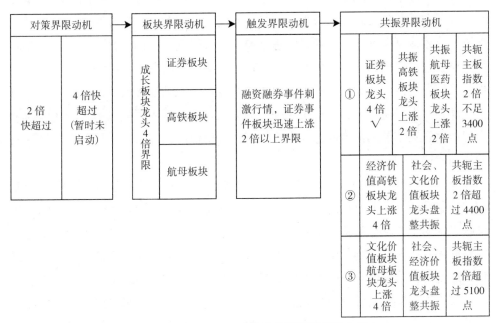

图3-29 2014~2015年股市行情界限动机分析

如果板块界限的共振带动大盘同时上涨，则称板块和大盘整体形成了向上的共赢共轭。相反，如果板块的界限共振向下，带动大盘同时下跌，那么板块和大盘形成了向下的共轭。共振并不是随时都可以发生，而必须符合很多条件，而且也是其他条件具备的必然，当这些条件满足时，共振可能产生，才有效果；当条件不满足时，共振就不会发生；当部分条件满足时，也会产生共振，可能是假象或者力度不够，作用就很小；当共振的条件满足得越多时，共振的威力就越大。所以共振界限是在多个界限具备时才能发生。共振是一种合力，是发生在同一时间多种力量向同一方面推动的力量。投资者一旦要找到共振这个时间点，将可获得巨大利润和规避巨大风险，而这个点就是选择共振行业龙头个股投资上，龙头个股的共振表现可能上涨，可能下跌，还有可能盘整，必须依据个股的头部高低加以判断（人口营商学研究）。

（3）从行为学的互动理论分析证券投资互动表现来源。虚拟时代的共赢含义是蓝海相对价值创造，互联互通的价值共同体，投资人的心理必须与行为统一，人气营商认知心理与沟通行为，认知提高和降低，沟通增加和减少，反映在底线思维和创新创业的价值共识；人群营商动机心理与互动行为，动机上升和下降，互动增强和减弱，反映在界限思维和互联互通的价值共同。加强互动考虑价值上涨逻辑，才能更准确把握主板界限思维跨度形成时间。不断增强和扩大价值互动的领域，选择合适的互动对象和内容，确定明确的界限思维，缩小分母——时间损失，创造价值。互动的方式和对象源于大盘逻辑互动、板块演绎互动、热点纷呈互动、主力切换互动，分析每一种互动对象表现的具体影响和内容，才能通过更好地增强互动带来价值创造，形成具有蓝海价值的共赢共轭，从而满足投资人的心理向往。

1）大盘逻辑互动。逻辑是与跳跃思维相对应，人气营商学研究人们思维方式改变的重要性，工业社会、科学研究是线性思维为主，商业社会、商科研究是跳跃思维为主，没有跳跃思维人类社会无从进步，由于篇幅限制，不能讨论思维的发展和变化。有了跳跃思维往往不够，必须付出一定时间进行论证和检验，逻辑推理就是为了减少时间损失，使跳跃思维的投资对策成为现实，每一次股票上涨的大行情，投资人必须进行大盘上涨的逻辑互动，只要逻辑错误，大盘上涨的对策空间界限思维无法实现。足以说明逻辑互动的重要性。有了投资对策，没有上涨的逻辑，只有耐心等待时间的到来。逻辑思维是互动行为的基本起点，没有上涨的逻辑，上涨行情不会真实形成。以 2008 年美国出现金融危机为例，美国的金融危机不同于亚洲金融危机，影响面之广、力度之大，超过任何一次，这是由美国在全球的地位和实力决定的。经过逻辑推理，中国为了世界，为了本国自身的发展，必须采取超常规的做法，就是宽松货币，4万亿元投资，正好与当时的金钱杠杆房价对策一致，形成了2009年上海等一线城市房价上涨的金钱杠杆逻辑。没有宽松货币，对策无法实施落地，房价大幅上涨的界限思维的心理向往实现不了，而且当时货币宽松的逻辑是合理、合法的，经得起当时和历史的检验。可以看出这种逻辑是国家和金融监管部门最权威声音和做法，必须有担当。

逻辑就是事物发展的内在规律，运用在股市大盘中就是大盘涨跌的内在规律。投资人一定要先对股市有全面深刻的认识，厘清大盘上涨的逻辑，之后再进行股票投资，才能保障实现蓝海相对价值创造。大盘上涨的逻辑往往与一个国家的发展阶段、宏观经济水平、政策法规、投资对策、突发事件、行业发展等因素紧密相关。比如很多因素重叠推动了由美国股市2009~2019年的这一轮10年的牛市，是因为美国2008年出现严重金融危机，房地产泡沫破灭，美国在危机处理过程中，自身和国际社会的紧密配合，形成了美国股价上涨的影响力逻辑，实现权力契约对策，而美国科技产业的蓬勃发展使得自己成为世界发展的佼佼者。这一次股价上涨的逻辑不是金钱杠杆，而是权力契约形成的影响力。不同的国家，不同的时期，都是股价上涨，但逻辑是不一样的。房价、股价和物价各自上涨的逻辑更是不同。中国2020年的新型冠状病毒引起的肺炎疫情，对中国股市也会产生重大影响，投资人可以拭目以待。

2）板块演绎互动。虚拟时代是形象思维和演绎思维为主的时代，在本书的第一章进行了论述。证券化的形象思维是界限思维形成的前提，2倍、4倍的界限是投资人大脑人群环的形象表现，这些都在共赢共轭原理进行了叙述。但是这些界限落实在什么板块上，就是演绎推理了，板块的演绎互动，指数板块、题材板块、业绩板块、成长板块（行业板块、地区板块）如何演绎，也是减少时间损失的重要保障。加强板块演绎互动，正确把握投资节奏，精准投资板块，实现形象思维形成的界限。2014~2015年中国A股是资金推动型的大盘上涨逻辑，如何实现资金推动，板块如何上涨轮动，是板块演绎分析的难点。书中契合分析、人群决策等章对于成长板块轮动进行了认真分析和把握，是板块演绎互动的核心。能够灵活掌握板块演绎互动是全书的重要内容和灵魂。从该轮行情结果可以看出板块演绎路径是非常复杂的，首先是创业板上涨倍增（500点上涨至1000点左右），其次是上海主板上涨倍增不足（1850点上涨到3400点），最后是创业板上涨 4 倍（从 1000 点附近上涨到 4000 点）。从主板与次板的演绎中就会发现时间、节奏把握对于投资人多么重要，直接影响投资人的价值创造。在上海主板实现从 1850 上涨到 5178 的形象思维的 2 倍超过界限过程中，主板上涨的成长板块演绎也非常清晰，首先是证券板块上涨，其次是高铁板块上涨，最后是航母板块。每一步上涨的节奏感非常明确。还有题材板块、业绩板块的演绎互动就会更为复杂。

板块演绎互动往往是事后孔明，因为板块实在是太为复杂，准确把握实在不是一件易事，很容易眼花缭乱，导致这边看见那边高，结果是损失时间，或者损失金钱，投资心态变坏。把握投资对策清晰、价值共同明确、形象思维清晰的指数板块，契合的成长板块加以投资和板块的演绎互动，就会把复杂问题简单化，同时利用其他板块的演绎互动帮助印证契合的成长板块。

3）热点纷呈互动。在股市每一轮上涨行情中都有居多热点产生，大部分是题材股票，投资热点的形成可能与具体事件有紧密关系，有时是相关题材带动，热点往往比较分散，难以把握，稍纵即逝。只有这些热点不断呈现，创造价值，吸引资金纷纷进入股市，才能延续指数板块的行情，增加大盘的成交量，推动板块演绎互动尽快形成，使成长板块上涨成为可能。成长板块与各种热点相伴相随，热点是成长板块形成的加速器，没有热点纷呈，就说明市场的参与者非常单一，大盘上涨的动力就不足，成长板块和指数板块很难上涨。

热点往往是短期和幅度有限，可能是政策推动，可能是机构资金推动，可能是技术走势原因。只要把握适度，都是市场上涨所需要的，过分追逐热点，炒作热点是非常危险的，容易被证券监管机构打压和监控。市场资金以逐利为目标则会聚集在热点上，热点纷呈则意味着股市的上涨，牛市的到来。热点可以导致在某一特定时间内部分板块或个股被市场迅速热炒。这些在特定时间内被炒作的板块与个股，也在这一段特定事件内称之为"热门股"。热点能够聚集主力资金，它决定着市场运行的方向。因此，进入市场就要先找准方向，而要把握好市场方向就要找准市场热点。通常讲的要"牢牢把握市场热点"的道理就在于此。

投资人一般可以从三个层面去捕捉市场热点。首先是消息面，发布主体要是中共中央国务院级别的；尤其是之前从未提出过的新政策要特别关注；要特别关注影响时间足够长的消息，最好涉及板块也比较多的；此外，要关注政策是否落地，能否对应到板块或者个股，例如，"一带一路"、雄安新区、自贸区均是当前的热点；有产业政策类消息，比如充电桩、锂电池、5G、国产芯片、高铁、生物医药均是目前的热点。其次是市场面，从市场中的涨幅榜、成交量以及走势来捕捉到热点,如果在涨幅榜前 20 名中,某一板块的个股占据了 5 只以上,并且连续一段时期都出现这样的情况,就可初步断定该板块在启动了。最后是主板中存在的习惯性热点现象,比如指数指标股容易在大盘暴跌时尾市逆势托指数,防守板块(绩优的白酒、医药)容易在平衡势的跌势时逆势上涨,筹码集中股容易在牛市强势调整时逆势上涨,在平衡市的强势日,最新次新股容易拉尾盘。

热点纷呈互动,可以抓住股市上涨的投资机会。比如 2020 年初中国股市的热点纷呈,意味着行情走势的强劲,一些概念、题材的股票受到市场的追捧,共轭主板指数板块上涨。而之所以如此,其中一个很重要的原因是市场流动性充足。一方面,基于提振宏观经济,银行接连释放出大量流动性;另一方面,受疫情影响,大量的资金流向了疫情题材股票。股市的人气指数也得到很大的提升,股市的低迷投资态势迅速改变。

4)主力切换互动。主力切换主要指股市中主力资金切换至不同板块。主力资金指在股票市场中能够影响股市,甚至控制股市中、短期走势的资金。主力资金一般为大机构掌控,研究国内以及全球宏观经济环境及企业微观环境,把握国家经济发展政策动向,及新兴经济发展趋势。投资人与主力切换互动,可以获取超越市场大众的投资回报。主力资金对个股和板块影响都十分重大,主力资金的流入流出直接影响着板块和热点个股的涨跌,成长板块的轮动,进而共轭指数板块上涨。

主力切换反映在共振界限和成长板块的龙头个股的表现上,也是投资者投资热情的变化过程。当某板块股票人气旺盛的时候,主力资金会随着流入,进而吸引更多的投资者加入,这有助于股价的进一步攀升。当龙头个股价格达到一定的界限跨度之后,投资者分析没有倍增、成倍空间,将会导致交易欲望的减少,这时前期获利的将纷纷套现,进而导致成交量变大,主力资金流出,股价下跌,该板块市场人气大减,主力资金成功实现了切换,很快又会有新的板块龙头个股上涨。主力切换互动是判断股票走势的重要依据,对分析主力行为提供了重要的依据。

成长板块是虚拟时代投资的主体。只有成长板块上涨才能真正推动指数上涨,形成指数人群环共赢共轭,业绩板块和题材板块也会推动指数上涨,但很难形成指数契合蓝海相对价值,其倍增和成倍不一定可以实现。因此当主力资金切换至成长板块,意味着投资人的成长板块与指数板块的共赢共轭可以满足投资人的心理向往,大量资金入市,研究主力资金在成长板块之间的切换更有意义,成交量放大，成长板块将共轭指数板块上涨。

以 2014~2015 年上海 A 股行情为例，主板受融资融券逻辑互动；创业板与主板的板块演绎互动；大量增量资金加速入市，主板投资热点纷呈互动；资金主力切换互动。分析如图 3-30 所示。

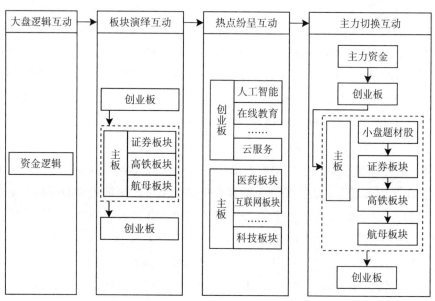

图 3-30　2014~2015 年股市行情互动分析

四、心理向往的价值共同把握调整

（一）心理向往调整：主动和被动

对于商业社会的商品投资人，心理憧憬的价值共识，是投资房价、股价、物价"三价"形成底线思维的基本前提；对于虚拟时代的证券投资人，心理向往的价值共同，是投资股价的主板指数形成界限思维的基本前提。心理向往的价值共同是一个国家根据全球化、证券化的特点，把握和调整投资人的价值共同，形成共赢共轭。调整类型分为主动和被动。主动调整是指共赢共轭中的证券市场运用界限思维主动对投资人的心理向往进行调整。而被动调整指的是价值共同的变动界限超出了投资人的预期，事先没有预料到，共赢共轭需要谨慎地应对心理向往被动调整的情形，从而通过共赢共轭为投资人创造蓝海相对价值。

证券投资人都应该主动利用共赢共轭，实现投资人的心理向往。心理向往主动调整时，投资人应该重视调整产生心理向往的时机与实现心理向往的幅度。投资人应当判断当前是否是投资共赢共轭板块的最佳时机。若是合适的时机，则应结合心理学、行为学保持共赢共轭；若当前不是投资主板共赢共轭的最佳时机，则需要主动调整心理向往的程度，否则可能会造成共赢共轭创造的价值的成倍减。实现投资人心理向往股价板块界限的空间和时间，受到影响因素很多。投资人是否投资该国证券市场重要因素之一是投资人对于任何一个板块的价值共同。如中国上海证券主板市场为什么会吸引更多的投资人投资，就是因为该主板包含的价值板块形成了较为完美的价值共同，能够代表和体现中国资本市场的发展轨迹。并不只是上海主板包含价值板块越多越好，而是投资人与主板形成价值共同，体现中国经济发展现状和未来一段时间发展的所有价值板块构成上海主板这一大板块。为了未来的发展，现在就开始培养创业板等次板，也是为了形成该板块的更多价值共同。

价值共同能否形成，人们一直在不断探索，就像一个国家培养几个板块的资本市场是为了寻求价值共同，并不是每一个都能成功，但人们必须不断寻求价值共同，培育新型的价值板块。一旦形成价值共同，赢得证券投资人的价值共同，共赢共轭形成界限思维的心理向往，吸引全球证券投资人投资，这个板块主动的价值共同是成功的。被动调整是由于心理向往和预期存在巨大的差异而做出的。在极其不确定的虚拟时代的价值投资活动中，这是投资人会经常遇到的情形，需要谨慎地应对。如中国在高科技的核心领域经常遇到卡脖子的事件，这是谁也不愿意看到的事情，如何应对呢？中国发展科创板，经过一定时间的发展，能够形成价值共同的科创板，对于中国的高科技发展影响深远。

从自身板块分析，是由于受到向往的共同体创造的价值创造达到了高位，无法实现投资人对倍增快、成倍中及成倍快价值增值的心理向往，也无法继续通过共赢创造出新的增值空间，心理向往出现转移，转而向往其他具有倍增、成倍空间的共同体。从其他共同体的角度分析，虚拟时代中共同体的相对价值出现变化，出现另一共同体比该共同体具有更大的相对价值，使得人群直接跟随其他共赢共轭。可以出现在国内板块之间的转移，也可以是全球证券板块之间的转移，比如，随着美国股票市场日趋成熟，收益率利差逐渐收紧，成长空间受限，中国股市主板估值目前处在相对较低的位置而作为高收益优质资产的新来源，引起了国际投资者的广泛关注，全球结构性投资者们纷纷将目光投向这个潜力巨大的市场。同时，中国实施了各种重大举措，努力向国际投资者群体开放本国市场，吸引全球投资人。

（二）共赢共轭心理向往把握：内部和外部

共赢共轭心理向往的把握，是由于时代的不断变迁，全球投资人形象思维引起的，由于该国金融市场经验和智慧不断积累，日益成熟，产生的价值升级，对于该共同体以及价值共同的理解加深。

全球证券投资人以界限思维为判断依据，对各国人群蓝海相对价值进行判断，不断形成不同板块的共赢共轭。一个国家要把握心理向往对于价值共同的影响，要从人群环价值升级加以衡量，可以从一个国家内部和外部两个价值共同方面来加以论述价值共同的形成，如图 3-31 所示。

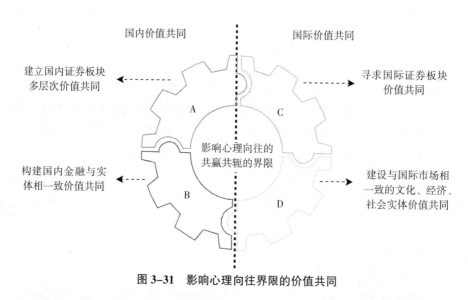

图 3-31　影响心理向往界限的价值共同

1. 建立国内证券板块多层次价值共同

经过多年发展，国家的资本市场发展取得了巨大的发展，在国民经济中发挥着越来越重要的作用。股票市场已经逐渐成熟，由多层次的证券板块有效互联互通，不仅为一国的大批新经济和高新技术企业提供了资本市场服务，同时也满足不同层级投融资主体的多样化需求，逐步建立国内证券板块多层次价值共同。

中国股票市场主要由沪深主板、中小企业板、创业板、科创板等多层次、多级别的各类价值共同，共赢共轭推动中国股市不断向前发展。目前，中国建立起以深沪交易所为核心的主板市场，将现有的沪深两市定位于中国证券市场的"精品市场"，中国的主板市场相对发展历史较长，成熟度相对较高，在国内的价值板块投资中起关键作用。主板主要面向融资规模大、业绩佳的成熟知名大企业，对公司资产负债比率、公司规模、盈利指标、成长性有着一定要求，充分保证了主板市场公司的质量，也降低了该板块的投资风险。目前在中国，上海主板指数代表性较强，构成上海主板指数的股票大部分为成长股，题材、业绩板块也同时存在。并且通过人群营商学研究，可以分析出主板的指数与成长板块密切相关，与此相对应，题材板块炒作和业绩板块投资对主板的影响则相对较小，即成长板块与主板指数的共轭程度要高于题材、业绩板块与主板的共轭程度。

随着主板的发展，同时国内培养和建立以中小科技创业企业为核心的次板市场，即深圳创业板。创业板是对主板市场的重要补充，在中国的资本市场占有重要的位置。创业板与主板市场相比，上市要求往往更加宽松，主要体现在成立时间，资本规模，中长期业绩等的要求上。创业板与主板市场比较，存在更大风险。创业板股票投资风险大，原因有以下几点：①创业板的上市门槛低，没有经过 ST 阶段，是直接退市机制，若企业经营不佳退市的可能性就高，这一低一高有别于主板市场。②创业板的公司经营历史较短，规模较小、不成熟，抵抗市场风险和行业风险的能力相对较弱，股价可能会由于公司业绩的变动而大幅波动。③公司流通股本相对较少，盲目炒作会加大股价波动，也相对容易被操纵。④公司业绩可能不稳定，传统的估值判断方法可能不尽适用，投资者的价值判断可能存在较大差异。

为了寻求更多的国内价值共同，上海证券交易所设立科创板。科创板是国内建设多层次资本市场和支持创新型科技型企业的产物之一。设立科创板是落实创新驱动和科技强国战略、推动高质量发展、支持上海国际金融中心和科技创新中心建设的重大改革举措，是完善资本市场基础制度、激发市场活力和保护投资者合法权益的重要安排。与主板和创业板相对比，科创板的定位较高，更强调"双创"，是完全为高科技企业上市而量身定制的。科创板主要服务于"符合国家战略、突破关键核心技术、市场认可度高"的科技创新企业。科创板的设立，放宽上市门槛，补齐资本市场服务科技创新的短板目的是推进科技型创新型企业的发展，使其得到更多的资本支持，增强资本市场对实体经济的包容性。同时，科创板刚刚起步，并且因科创企业普遍具有技术新、前景不确定、业绩波动大、风险高等特征，市场可比公司较少，发行定价难度较大，科创板股票上市后会存在股价波动的风险。

我国多层次、多级别的证券板块逐步完善，建立国内证券板块多层次价值共同，不仅扩大了社会融资规模，满足了实体经济发展资金需求，同时多层次的证券板块的价值共同也满足了不同类型投资人对资产增值的心理向往。

2. 构建国内金融与实体相一致价值共同

一国的金融与实体经济是相互依存、互促共生的关系。金融是因实体经济发展的需要而产生，其发展的根基是实体经济，实体经济是金融存在和发展的基础，而金融则又可以通过发挥自身的功能而成为推动实体经济发展的"驱动引擎"，两者的相互促进，构建国内金融与实体相一致价值共同。

实体经济借助于金融业的发展，金融业的发展影响实体经济的外部宏观经营环境，金融业的发展为实体经济的发展增加后劲，实体经济的发展随时都需要资金的支持和金融血液的灌输，金融业的发展状况制约着实体经济的发展程度。同时，金融发展无法独立于实体经济而单独存在，如果没有实体经济的支撑，金融资产投资和交易的回报就没有坚实的基础，并且由于实体经济影响着投资者对上市公司业绩的预期，实体经济也将直接影响着股市的交易。实体经济对金融市场提出了新的要求。随着整体经济的进步，实体经济也必须向更高层次发展。实体经济在其发展过程中对金融市场产生了新的要求。正是这些要求才使得金融市场能够产生，特别是使得它能够发展。否则，金融市场就将会成为无根之本。实体经济是检验金融市场发展程度的标志。

金融对实体经济服务质量的高低和供给资金的能力，是实体经济发展和质量提升极为重要的因素。金融服务实体经济的质量，关乎着实体经济的增长以及金融业自身的发展。大力提升金融服务实体经济的质量，助推我国经济向高质量发展转变，是虚拟时代金融业面临的新使命、新要求。金融作为服务实体经济发展的重要工具，也必须向高质量发展转变，以适应和支持经济的高质量发展。金融要发展，服务质量要提高，关键是要抓好深化金融改革，改革是推动金融高质量发展的必由之路。所谓金融高质量发展，主要表现在金融体系健全，金融运行安全，金融发展具有创新活力，金融服务产品丰富，供给均衡，能为实体经济提供高效、便捷、广为覆盖的金融服务。

金融是现代经济的核心，金融发展的根基是实体经济。离开了实体经济，金融就会成为无源之水、无本之木。但金融业必须面向实体经济，因为金融不仅来自实体经济，而且金融业服务实体经济的同时，又促进实体经济的发展。经济的发展依托金融，促进金融的发展。

3. 寻求国际证券板块价值共同

目前全球证券投资是价值共同，任何一个国家的股市均不可能独善其身，全球股市连锁反应。同时，证券投资与经济发展没有必然的联系，近年来，全球经济增速变缓而金融市场仍表现出良好发展趋势，满足投资人对于商业价值创造的心理向往。2009~2019 年美国股市 11 年牛市，就是最好的例证。投资人的乐观情绪不断高涨，心理向往的程度逐渐放大，对股市的上升持肯定态度，明显地表现出美国股市成为全球证券投资人的价值共同。

目前，发达经济体和新兴国家的经济发展放缓，令各大央行纷纷关注流动性状况并采取宽松的货币政策以恢复增长动力。包括美联储、欧洲中央银行和日本央行在内的主要央行支持宽松的货币政策，从而增强全球流动性，并防止对增长动力的拖累。新兴市场的中央银行也跟随采取了类似的措施，大幅度采取降息行动以刺激经济增长。总而言之，全球流动性的放松趋势已成为常态，全球货币政策的趋同态势也增强了信贷环境，抵御贸易政策的冲击和国内需求的疲弱。长期的低利率环境将持续引导全球流动性和资本流入金融市场，提振近期的市场表现。流动性的宽松趋势，将为股市带来正面的影响。

这些经济举措，每个国家都会效仿，而且只要不犯大的错误，无关大局。但一个国家的资本市场不能成为全球证券价值共同，从实体上升到金融，品牌演变为衍生品，很难成为发达国家，所以每个国家经过多年的国内资本市场积累，就是为了成为全球证券的价值共同。

随着美国道琼斯指数的长期上涨，并且处于高位，全球证券投资人在进一步寻求国际价值共同，中国股市的庞大体量和相对低位。对于全球及新兴股市而言，中国是一个日益重要的国家，相对于已经达到高位的美国股市，当前的上证主板 A 股大盘 3000 点只是起点，股市将有更大的增长空间。并且中国股市存在众多利好因素将预示着中国股市即将提振，比如中国金融市场开放，A 股在 MSCI 指数中权重增加，5G 移动网络的领先，高铁的迅速发展，养老金入市等，使中国股市成为全球价值共同。

4. 建设与国际市场相一致的文化、经济、社会实体价值共同

21 世纪，全球一体化是必然的趋势，世界各国和地区之间的经济活动相互依存、相互关联，并且由于互联网技术与交通工具的迅速发展，各经济、社会发展联系日益密切，必须建设与国际相一致的文化、经济、社会实体价值共同。面对世界经济、社会格局的深刻变化，各国也积极推动开放合作，实现共同发展，各国实体的共赢发展对促进各国的股市也是一项利好因素。

只有与世界接轨的实体经济，才能形成证券市场的价值共同，随着全球金融

化的不断加深以及中国与"一带一路"沿线国家（地区）经贸往来的不断增加，相关国家（地区）的金融市场尤其是资本市场间的联动性将日趋加强。极大地推动各国间经济的互联互通，推动新的经济增长点不断出现，不仅沿线国家的实体得到了发展的动力，还增强了中国经济与"一带一路"沿线国家（地区）经贸往来的不断增加，以及与世界各国的联系，有利于中国形成全球证券价值共同。美国与西方国家及全球经济的紧密联系，使美国的资本市场长盛不衰。

"一带一路"可以带动中国证券板块与沿线国家（地区）股市共赢共轭，不仅有利于中国，还有利于"一带一路"沿线国家，最后有利于全世界。比如"一带一路"的投资项目将催生大量对于建材和设备的需求，从而直接或间接地拉动其他需求。此外，对铜、石油和天然气等大宗商品的需求也会产生积极影响。就具体板块来说，包括港口、铁路、公路、航空等交通板块，石油、天然气、煤炭等能源板块，以及电力、钢铁、基础建设等基础设施板块。同时"一带一路"倡议对中国制造业升级的影响巨大，首推高铁装备，其次是核电设备，还包括船舶制造、大飞机制造、工程机械制造等方面。

第四节　共赢共轭的价值创造

一、共赢共轭的研究对象

虚拟时代的共赢共轭是在证券化背景下股价构建的价值共同，不再是人气营商学的研究对象房价和物价，而是将眼光聚集在证券化的板块股价，研究股价的指数板块、成长板块的界限。界限思维是投资人动机心理与互动行为的表现，只有准确地把握界限思维，才能准确地把握指数板块、不同成长行业（地区）板块之间界限的跨度大小，进而才能判断指数板块、行业板块上涨的空间及强度。能够实现蓝海价值的共赢共轭是证券市场中人群投资的首选，所以共赢共轭在虚拟时代中的含义为人群共赢，没有蓝海价值的共赢共轭就没有人群的跟随和投资。因此，证券投资者从机构到个人，如何运用界限思维分析纷繁复杂的证券板块共赢共轭，成为本章的研究重点。

人群共赢的研究对象是在虚拟时代的衍生品相对价值不断变迁与人气营商学

研究对象"三价"的基础上共同确定的，如图 3-32 所示。从图的横向看，是从虚拟时代金融衍生品的角度进行分析。进入虚拟时代，金融衍生品——股价是市场经济发展的必然产物，是经济价值的代表，不仅对实体经济的发展具有巨大的促进作用，金融拉动经济，还可以为投资人带来更大、更快资产增值的心理向往，投资人对于股价有更大的期盼和宽容度。

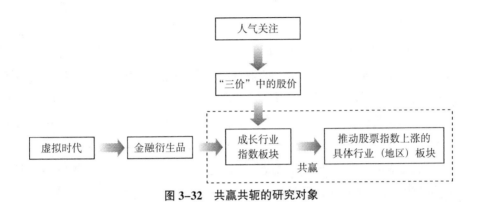

图 3-32 共赢共轭的研究对象

从图的纵向看，人群共赢的研究首先要基于人气关注的角度去研究国家和地区的"三价"，在"三价"中选择股价作为研究对象。人群共赢的研究重点也在于股票市场投资，研究股票指数板块在实现蓝海价值的过程中，通过界限思维去判断股价的界限，对策界限，指数、行业板块的界限、触发界限、共振界限。同时，人群共赢理论中的界限思维作用在价值共同的股价指数、行业板块上最为清晰，对投资人房价金钱杠杆对策作用于地理区域、经济发展水平板块界限、物价权力契约对策作用于品种特点和库存水平板块界限均有重要的参考意义。本章研究如何使指数板块、行业（地区）板块之间的"双互"程度得到不断的提升，通过有效的运用界限思维，分析推动股票上涨的界限动机，精确地把握界限的跨度，帮助投资人抓住板块轮动的上升，保持投资人对于未来的心理向往呈现提升的方向。因此界限思维是共赢共轭研究的重要核心，对界限思维的运用若存在误判，则会使投资人错过资产增值的指数和行业板块，会给投资人造成严重的时间损失。

二、人群共赢蓝海价值实现的类型

随着时代的变迁，在虚拟时代中，共赢共轭的"双互"程度表现在对于投资人心理向往产生影响，因此投资者的投资会引起金融衍生品不同类型产生很大的变化，不同的心理向往导致对于不同种类金融衍生品的投资反应也有所不同。虚拟时代的人群共赢，可以引发共赢共同体实现蓝海价值创造的类型只有三种。这三种情况分别是 2 倍快（不足）和四倍快构成的 8 倍快；2 倍快（超过）和 4 倍快（超过）构成的 8 倍中；以及 2 倍快和 4 倍中构成的 8 倍慢。人群环中都包含有 2 倍快，不是倍增就不能得到人气关注，所以人群环的第一步都是 2 倍快。对本书的人群跟随来说，除了倍增快的实现，后续还有成倍快和成倍中这两个蓝海类型。这三种类型是人群共赢研究对象。

虚拟时代中人群共赢共轭是以商业社会人气关注的对象——"三价"为基础进行聚焦的。人群营商学共赢研究的内容主要聚焦于"三价"中股价的三种情况，之所以选择股价，是因为"三价"中股价的特点具备这三种类型，这三种类型对应平台、杠杆、契约三个对策，并且一个价值共同的指数板块可以依据三个人群环呈现逐级上升。对于房价来说，不可能让一个板块上涨三个人群环，即使有也必须扩大该区域范围，以免房价大幅上涨，一旦倍减，出现资产泡沫破灭，引发金融危机。同时房价只适应金钱杠杆对策，币值平台对策、权力契约对策对于房价影响较小，同时不允许出现 2 倍快（超过）和 4 倍快（超过）这种类型。因为房价不能出现大幅调整的情况，一旦出现可能造成系统性风险，智慧的投资人会避免这种情况发生，在发现出现 2 倍超过时就会限购、限价。物价除了与房价一样，不能出现同一板块上涨三个人群环，同时控制出现 2 倍快（超过）和 4 倍快（超过）这种类型，还控制出现 2 倍快（不足）和 4 倍快这种类型。因为物价波动相对平稳，否则影响人们生活，投资人群跟随出现持续追涨到 2 倍快（不足）和 4 倍快这种情况是小品种，不会过大影响人们生活，控制出现大涨大跌的 2 倍快（超过）和 4 倍快（超过）这种类型，一般出现在副食品，主食上涨就是 8 倍慢。股价的人群共赢立足于指数板块，并且契合行业板块，房价的人群共赢立足于地区板块，物价的人群共赢立足于品种类别。人气投资对策与"三价"的关系如表 3-4 所示。表中▲的数量多少代表投资对策对"三价"的影响程度。

从共赢共轭的类型看，如表 3-5 所示，只有股价指数板块兼有这三种人气投资对策实现三种人群环蓝海价值。所以本书将研究着重点聚焦于股价。本章研究具体的股价指数板块并且契合行业（地区）板块，在股价价值共同的指数板块才能实现三种人群共赢共轭类型，表中标星是房价、股价、物价能够实现共赢共轭的人群共赢共轭类型。表中★代表投资人心理向往对其价格变动的宽容。

表 3-4　人气对策关注"三价"商品与其他投资对策作用对应表

"三价" 人气 营商对策	房价商品特点		物价商品特点		股价商品特点	
	地区人气线	经济发展人气线	库存水平人气线	品种结构人气线	人气关注价值共同的指数板块	契合的其他指数、行业板块
币值平台	▲		▲		▲▲▲	
金钱杠杆	▲▲▲		▲		▲▲▲	
权利契约	▲		▲▲▲		▲▲▲	

表 3-5　人群跟随的板块共赢共轭的类型

"三价" 蓝海类型	2 倍快不足 × 4 倍快 = 8 倍快	2 倍快超过 ×… 4 倍快超过 = 8 倍中	2 倍快 × 4 倍中 = 8 倍慢
股价	★	★	★
房价	★	控制	★
物价	控制	控制	★

三、股票板块的共赢共轭投资选择

在虚拟时代中，股价板块的共赢共轭可以实现投资人蓝海相对价值心理向往，会引起全球投资人对该国衍生品证券股票相应板块进行投资，金融带动实体经济得到快速发展，也得到更多证券投资人跟随。在虚拟时代中，股价能够实现人群营商投资的成倍波动空间心理向往和宽容，既有利于满足投资人对资产增值的心理向往，也推动了实体经济的快速发展。

(一) 共赢共轭价值投资的实现步骤

从人群共赢的视角来说，本章分别从共轭原理、心理向往、界限思维、共赢共轭的方法、价值共同、应对心理向往的调整等，说明共赢共轭在虚拟时代中的运作机理。

共赢共轭的正确投资选择步骤一共分为 5 步，如图 3-33 所示。只有根据这个步骤，虚拟时代的投资人才能更好地实现自己的资产增值，创造最大化的蓝海价值，从而在虚拟时代中占得先机，把握板块轮动的时机和空间。

第一步，投资人要选择虚拟时代被人气关注国家的股价指数板块。在《人气营商学》中已经阐明只有受到人气关注的国家，该国已经进入商业社会，"三价"才能够聚焦大量的人气，才有全球商业价值投资，股价是虚拟时代人们关注的重

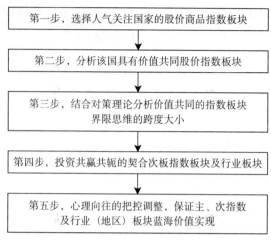

第一步，选择人气关注国家的股价商品指数板块

第二步，分析该国具有价值共同股价指数板块

第三步，结合对策理论分析价值共同的指数板块
界限思维的跨度大小

第四步，投资共赢共轭的契合次板指数板块及行业板块

第五步，心理向往的把控调整，保证主、次指数
及行业（地区）板块蓝海价值实现

图 3-33　实现股价蓝海价值的步骤

要商品对象。对投资人而言，选择价值共同的股价指数板块是实现蓝海价值的首要前提，投资人需要寻找"双互"程度较高的全球投资人价值共同指数板块进行投资。指数板块的互联互通程度可以更好地表现出投资者对于蓝海价值共赢板块的投资，投资人可以使该指数板块蓝海价值实现更加安全平稳。

第二步，确定该国具有价值共同的股价指数板块。虚拟时代中，一个国家证券投资市场存在多种指数板块，选择具有价值共同的指数板块是投资者的首选。价值共同是指该板块经过长期发展，行业和地区构成合理，人气对策形成蓝海价值的人群环相对明确。选择价值共同指数板块的一个主要指标便是其"双互"程度的大小，投资人需要寻找"双互"程度较高的共赢指数板块进行投资。板块的互联互通程度可以很好地表现出投资者对于投资共赢共轭指数板块的投资。但并不是所有的指数板块都可供投资人作为蓝海人群环投资选择，如果没有清晰的行业、地区板块，没有长期发展的指数板块，蓝海人群环投资不确定。在主板成熟而且具有明确的行业板块时，投资人选择主板指数人群环投资，创业板指数只是次板，如同行业或者其他板块一样共赢共轭。价值共同指数板块不是一成不变的，目前的中国股市主板是价值共同指数板块。一旦主板人群环蓝海价值空间失去，次板（包括创业板、科创板、中小板、新三板等）的培养，将来可以取代主板形成新的价值共同，帮助投资人实现蓝海相对价值。

第三步，结合对策理论判断现有价值共同指数板块界限思维的跨度大小。对于核心指数板块投资在共赢共轭理论的具体应用，主要依据界限思维的研究展开进行，核心指数板块界限的跨度大小变化决定和影响其他板块蓝海价值创造，跨度的大小变化又是该国证券板块的次板及各种分类契合题材、成长、业绩行业或者地区板块之间循环投资的反应。在价值共同核心投资板块的蓝海价值投资过程中，界限思维的跨度形成"成倍快""成倍中""倍增快"三种度量尺度的价值创造，投资人才会进行投资。说明界限思维在共赢共轭的投资运用的重要性，依据《人气营商投资理论与实践》中不同的投资对策，对应股票价值共同指数板块的蓝海价值情形，三种对策对应三种典型蓝海实现类型，如图 3-34 所示。这便是界限思维进行投资价值共同指数板块的选择逻辑。

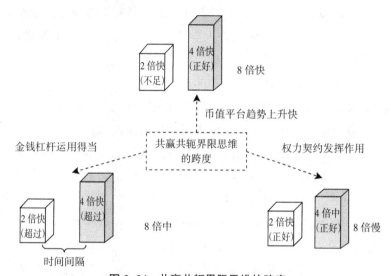

图 3-34　共赢共轭界限思维的跨度

第四步，投资共赢共轭的契合次板指数板块及行业（地区、品种）板块。次板指数板块可能超过主板指数板块上涨的速度和空间，但蓝海价值人群环研究是以价值共同的主板作为研究对象。次板是为了培育市场，当主板成熟后，希望成为新的价值共同的板块，所以次板可以与主板共赢共轭，往往次板先于主板上涨，通过次板上涨证明主板上涨的时机很快到来，但往往不会同时上涨，次板一般与主板的题材板块、触发板块同时上涨，但是能否带动主板上涨，还需要主板的成长行业板块共赢共轭，主力资金的切换，才能撬动主板。不能以次板上涨的空间和速度作为人群环研究依据。如 2014~2015 年上海主板指数上涨是 2 倍快超（1850~5178 点），符合人群环理论，而创业板上涨 2 倍后（585~1423 点），又上涨近 4 倍（1194~4037 点），如同龙头个股价格走势（人口营商学研究）。契合的行业板块投资中，题材板块、触发板块一般很难把握，成长板块与主板指数上涨紧密相关。所以投资人选择价值共同的指数板块，参考次板指数板块、题材板块、触发板块，重点把握成长板块投资。

第五步，心理向往的把控调整，保证主、次指数及行业（地区）板块蓝海价值实现。板块的心理向往把控能力是其能否实现共赢共轭的重要影响因素。首要分清股价值共同指数板块心理向往的把控能力，能够把控的蓝海指数板块人群环是投资的首选，如创业板投资人必须另外开户，门槛高，风险和把控难度大于主板；主板人群环全部实现后，才能寻求次板指数人群环进行投资，风险喜好的投资者可以更多参与其他指数人群环。其次，次板指数人群环如同行业板块人群环一样，可以共赢共轭主板指数蓝海人群环，帮助投资人把控主板指数。最后，投资的最终落脚点在价值共同的蓝海指数板块的契合成长行业板块上，是价值投资人实现界限思维，把握心理向往的关键。

共赢共轭如果不能准确地把握界限的跨度范围，也就意味着共赢共轭的"双互"程度在不断减弱，共同体内的投资人将会转向跟随其他相对价值较高的共赢共轭板块。如2020年新冠疫情全球投资人价值共同的美国道琼斯指数从29000多点，下跌至18000多点，反弹至24000多点，虽然美国的金融实力得到全世界认可，但投资人根本没有判断其上涨的2倍或者4倍的界限，只有在一定幅度波动，投资人就会跟随界限明确的指数板块进行投资。指数板块位于倍增至成倍附近，可以超出一定范围，超出和不足的部分就是投资人需要密切关注的跨度。"双互"程度的变化会影响共赢共轭创造蓝海价值。通过对指数板块界限思维的准确把握，识别出界限思维逾越的跨度，也是衡量一个以某地区或者国家为核心的共赢共轭的"双互"程度，界限思维是共赢共轭把握价值创造的关键。

（二）共赢共轭界限思维投资板块的选择

虚拟时代中共赢共轭帮助实现契合确定的投资板块，是通过板块的界限思维分析。界限思维逾越的跨度，直接影响投资人对于虚拟时代衍生品股价指数的相对价值判断，跨度是指不同指数、行业板块跨界的大小。如同任何事物的运动一样，价值共同的指数板块变动界限明确后，与不同的指数、行业板块之间有着密切的联系，一轮牛市行情中，往往根据行业分类、发展阶段分类、对策分类、主次分类，确定的契合指数板块、成长行业板块共赢共轭的界限思维顺序，某一板块投资到位之后，另一个板块便会很快接过领涨接力棒。板块的"双互"程度越大，跨度越大，共轭的所有指数、行业板块才有带动价值共同的股票指数板块实现蓝海价值的能力。

在人群营商学的研究中，共赢共轭的投资对象不再是《人气营商学》的房价、物价和股价"三价"之间比较价值投资商品品种的人气关注转移，而是在股价基础上契合的证券指数板块、行业板块、地区板块创造相对价值投资衍生品板块的人群跟随作为本书研究重点。投资一个国家的证券市场，价值共同的板块都要依据界限思维的跨度，结合《人气营商学》底线思维的商品品种限度判断指数板块投资的起点以及行业趋势改变的成长行业板块安全性，如上海主板在 2440 点，就是 4800~4900 点密集成交区的底线限度，离该点位越近越安全，是主板指数投资的起点；同时有契合的成长行业板块龙头个股反弹实现倍增，就说明该行业板块趋势可能发生改变，在指数板块继续下跌之时，该个股一般不会创新低，该行业板块 2 倍、4 倍的界限思维跨度开始形成。《人口营商学》龙头个股顶格思维的极度判断个股 2 倍或者 4 倍的界限及形成个股 8 倍快、中、慢的龙头心理占位的价位，指数板块、行业板块界限思维产生及龙头个股的 2 倍、4 倍及 8 倍，必须紧密结合，进行综合分析，三种思维的示意图如图 3-35 所示。

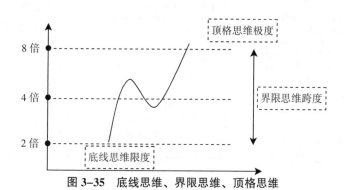

图 3-35　底线思维、界限思维、顶格思维

基于人气营商学对策的不同会有不同的板块轮动节奏，出现三种不同的人群环。根据人群环的类型，人群营商学提出了三种投资决策——路径规划决策、系统动力决策、组合优化决策，后文有详细介绍。由于股票指数板块的人群环不同，推动指数板块人群环的具体行业（地区）成长板块也有所不同。由于契合指数人群环的社会价值行业板块、经济价值行业板块和文化价值行业板块不同，而且价值空间和时机不同，所以在股票指数蓝海人群环实现的过程中有不同的板块作为成长板块适合投资者投资，绝对不是一成不变的。投资者在判断指数板块契合的成长行业板块过程中，需要密切关注指数板块界限思维的跨度，

跨度是指数板块底线确定后，指数板块 2 倍、4 倍的范围，而行业板块的龙头个股在顶格极度范围内的价值空间和板块轮动，指数板块跨度不同，契合的成长行业板块的跨度及龙头个股 2 倍、4 倍、8 倍形成的空间和时机不同。通过三种人群环的指数板块情形，进而判断龙头个股百倍的类型。共赢共轭的界限思维投资板块的选择示意图如图 3-36 所示。

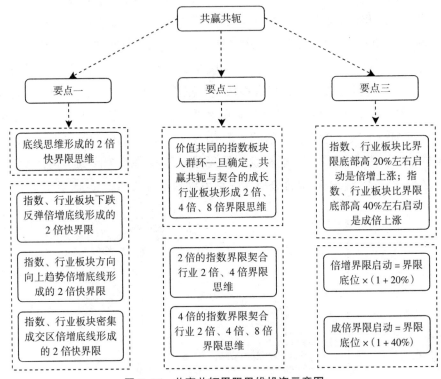

图 3-36　共赢共轭界限思维投资示意图

结合人气营商学的对策理论，可以得出三个对策所对应的契合蓝海指数板块，为了区分清楚股价的比较价值（倍增）、相对价值（成倍）以及绝对价值（百倍），还有其中在各个板块，具体赋值如下：

（1）B_m^n 代表股价的全集，也就是成长股票指数，其中 $\{m|m \in N+$，N+ 为正整数 $\}$，$\{n|n=(1，2，3)\}$，m 和 n 取值不同，含义不同；其中 m 的不同取值，对应在股价上，分别代表不同类型的板块。可以依据行业、地区、主次和发展阶段进行分类。

（2）n = 1 代表比较价值，n = 2 代表相对价值，n = 3 代表绝对价值。

（3）m 的取值应该是任意正整数，为了分析简单，按照人气关注理论，按照行业划分投资人只会关注文化、经济、社会三种价值板块，这里将 m＝1 代表社会价值行业（地区）板块，m＝2 代表经济价值行业（地区）板块，m＝3 代表文化价值行业（地区）板块，三种价值表现的行业（地区）分析在第四章详细介绍。

要点一：底线思维形成的 2 倍快界限思维。

底线思维是界限思维的基础，同时也是界限思维的起点，2 倍、4 倍共同构成界限。没有底线思维形成的 2 倍快界限实现，一般就不可能出现第二个界限 4 倍，在指数板块上涨时更加明确，2 倍快后，才会出现 4 倍快和 4 倍中指数板块上涨情形，是 2 倍与 4 倍的组合。但是在契合的行业板块就不一定必须先有 2 倍快，才有 4 倍快和中，必须结合指数板块蓝海人群环进行具体分析，如 2014~2015 年上海 A 股主板上涨 2 倍界限，证券行业中信证券直接上涨 4 倍界限，没有先上涨 2 倍，后上涨 4 倍，这是成长的证券行业契合指数上涨 2 倍快界限，必须有一个 4 倍快界限，而中信证券没有 2 倍快和 4 倍快的界限的空间，所以直接实现 4 倍快界限，而不一定有 2 倍快界限的原因；还有指数板块实现 4 倍时，行业板块直接实现 8 倍快、中、慢，而没有先期的 2 倍、4 倍，8 倍可以直接实现（相当少见，三六零就是一步到位，7.96~66.5，实现 8 倍快），也可以是先 2 倍快、后 4 倍快组合，先 4 倍快、后 2 倍快组合，也可以 2 倍快、2 倍快、4 倍快组合等必须分析与指数板块共轭和密集成交区得出 8 倍形成的界限组合，但不能简单理解为 2 倍快和 4 倍快、中的界限，是由个股的顶格思维与指数板块 4 倍人群环特点共同决定。

结合人气营商学承诺章节最后的分析不难得知，证券投资底线思维形成的 2 倍快界限思维有三种类型：①分别为指数或行业板块下跌反弹倍增底线形成的 2 倍快界限；②指数或者行业板块方向向上趋势确认，倍增底线形成的 2 倍快界限；③指数或者行业板块密集成交区倍增底线形成的 2 倍快界限。

（1）指数或者行业板块下跌反弹倍增底线形成的 2 倍快界限。当指数板块处于下跌趋势，已经从高位多次下跌，此时意味着该指数或者行业板块形成下跌趋势，不断探底。是否开始反弹，就看是否存在倍增的上升空间，当满足投资人的心理向往时，指数或者行业板块迅速反弹实现倍增，该价位就是反弹的底线，也是 2 倍快界限，如上海 A 股主板 1664~3400 点是指数反弹的底线思维形成的界限。

（2）指数或者行业板块方向向上趋势确认，倍增底线形成的 2 倍快界限。当指数或者行业板块具有方向向上的上涨趋势，并且启动位置高于前期反弹底线位。这时意味着该指数板块将保持上升趋势，同时启动的倍增位将高于前期倍增高位，满足投资人的心理向往，指数或者行业板块实现方向向上的上升趋势底线，形成 2 倍快界限，如上海 A 股主板 1850~3700 点就是指数上涨趋势确认 2 倍底线思维形成的界限，以至于结果上涨到 5178 点，是金钱杠杆理论形成的 2 倍超人群环。

（3）指数或者行业板块密集成交区倍增底线形成的 2 倍快界限。当指数或者行业板块形成密集成交区，并且指数或者行业板块点位开始下降，意味着此处的底线倍增位起到重要支撑作用，该指数或者行业板块能否上涨，满足投资人的心理向往，该点数就是密集成交区倍增底线，如上海 A 股主板 2440~4900 点是指数上涨密集成交区 2 倍底线思维形成的界限，上海 A 股主板在 5178 点，真正的密集成交区在 4800~4900 点。

要点二：价值共同的指数板块人群环一旦确定，共赢共轭与契合的成长行业板块形成 2 倍、4 倍、8 倍界限思维。

价值共同的指数板块人群环有三类，分别是 2 倍快（不足）和 4 倍快构成的 8 倍快人群环；2 倍快（超过）和 4 倍快（超过）构成的 8 倍中人群环；以及 2 倍快和 4 倍中构成的 8 倍慢人群环。这些都是通过价值共同股价指数板块的投资决策，可以明确判断出三种人群环分别与人气的三个对策，币值平台对策、金钱杠杆对策以及权力契约对策相对应。判断指数板块人群环在人群决策章节研究，这关系着指数板块的空间以及实现速度，指数板块不涨，成长行业板块中的龙头个股很难有巨大的上涨空间。在进行股价投资时，首选是投资确定性最强的，即运用不同的人气对策产生不同的股价指数人群环来进行契合成长行业的共赢共轭投资。

（1）主板指数板块实现 2 倍增值时，一定存在 4 倍上涨的成长行业板块；主板指数板块实现 4 倍增值时，一定存在 8 倍上涨的行业板块。

（2）4 倍上涨的行业可能只有 4 倍，也可能是先上涨 2 倍，后上涨 4 倍；可能是一个行业与另外一个行业，按照顺序上涨，也有可能有的行业不上涨，这些都与指数板块的人群环对策、契合的成长板块紧密相关。

（3）有 8 倍上涨的行业，可能是直接 8 倍上涨，也可能出现 2 倍、4 倍的多种组合；有的 8 倍之前上涨 2 倍，有的 8 倍之后还上涨 2 倍；可能是按照行业顺序出现 8 倍快、8 倍中、8 倍慢，也有可能行业顺序不明确，同时上涨，这些都与对策、成长行业、密集成交区、指数板块共振、个股顶格等有关系。

指数和契合成长行业板块界限分析

		契合成长三类行业界限		
		一次上涨	二次上涨	三次上涨
币值平台 (8倍快)	指数2倍快 (不足)	B_1^2(4倍) B_3^2(4倍)	无	无
	指数4倍快 (正好)	B_2^3(4倍)	B_1^3(2倍) (累计4倍)	B_3^3(4倍)
		B_1^3(2倍)	B_3^3(2倍)	B_1^3(2倍) B_2^3(2倍)
				B_1^3(2倍) B_2^3(2倍)
金钱杠杆 (8倍中)	指数2倍快 (超过)	B_1^2(4倍)	B_2^2(4倍)	B_2^2(4倍)
		B_2^1(2倍) B_3^1(2倍)	—	
	指数4倍快 (超过)	B_1^3(2倍) B_3^3(2倍) B_1^3(4倍)	B_2^3(4倍) B_2^3(2倍)	B_3^3(4倍) B_3^3(2倍)
		B_3^1(2倍)	—	B_1^1(2倍) B_1^1(2倍) B_3^1(2倍)
权力契约 (8倍慢)	指数2倍快 (正好)	B_2^2(4倍快)	B_2^2(4倍快)	无
	指数4倍中	B_1^3 (4倍中)	B_1^3 (4倍中)	B_1^3 (4倍中)
		B_2^3(2倍快)	B_1^3(2倍) B_3^3(2倍快)	

图3-37 行业板块界限分析

如图3-37所示，在币值平台2倍快不足的情形下，是由社会价值板块龙头和经济价值板块龙头在第一次上升过程中上涨4倍实现相对价值创造。经济价值行业板块占当前成长股票指数的绝大多数，启动后会带来指数的上涨强劲，而成长股票指数2倍的实现没有完全完成。所以第一次成长股票指数的蓝海实现中，经济价值行业板块因为其板块的属性和成长股票指数不契合所以不参与蓝海价值

4 倍增长的实现。由于 2 倍快的时间要求和空间要求，使得社会价值行业板块和文化价值行业板块的启动时间大致相同，共同助推 2 倍不足的成长指数板块。在币值平台 4 倍正好的情形下，是由经济价值板块龙头、社会价值板块龙头和文化价值板块龙头通过三次上升共同推动实现指数板块完成 4 倍快正好。如图 3-37 所示，可以看出第一次上升是由经济价值板块龙头最先启动完成 4 倍增值，同时伴随的是社会价值行业板块实现 2 倍增值。这是由于在第一次成长股票指数实现 2 倍不足的情况下，没有经济价值行业板块参与，所以经济价值行业板块会受到投资人关注，最早完成 4 倍增值，经济价值行业板块开始调整。在经济价值行业板块上涨 4 倍的同时，社会价值行业板块已经开始完成 2 倍增值，因此在经济价值行业板块调整后，在第二次上升过程中，社会价值行业板块继续完成 2 倍增值，伴随着文化价值行业板块实现 2 倍增值，由于社会价值行业板块累计实现 4 倍增值，社会价值行业板块开始调整。由于文化价值行业板块只有在第二次上升过程中实现 2 倍增值，因此，在第三次上升过程中，文化价值行业板块实现 4 倍增值，完成百倍绝对价值创造。同时伴随着经济价值行业板块与社会价值行业板块实现 2 倍增值，两个行业板块完成绝对价值创造。行业板块的三次上升完成，成长指数板块完成 8 倍快价值增值，此时文化价值行业板块还有 2 倍的成长空间。

　　在金钱杠杆界限是 2 倍超过的情形下，必须要多个板块轮动才能推动指数的上涨。第一次上升过程，社会价值行业板块首先上涨 4 倍并且开始调整，由于是 2 倍超过，同时伴随着经济价值行业板块和社会价值行业板块实现 2 倍增值。社会价值行业板块开始调整后，第二次上升过程和第三次上升过程依次是经济价值行业板块和社会价值行业板块顺序实现 4 倍增值。在金钱杠杆 4 倍快超过的情形下，由于股票指数超过 4 倍上涨需要的推动力度较大，社会价值行业板块、经济价值行业板块、文化价值行业板块均会参与其中。如图 3-33 所示，由于 2 倍快成长股票指数蓝海价值实现过程中，社会价值行业板块最先完成 4 倍增值，因此 4 倍成长股票指数蓝海价值实现的第一次上升过程也是由社会价值行业板块完成 8 倍增值，其上涨步骤为，社会价值行业板块完成 2 倍增值，出现下降调整，再次实现 2 倍增值，最后实现 4 倍增值，社会价值行业板块开始调整，同时伴随的是文化价值行业板块实现 2 倍增值。与 2 倍快超过成长股票指数蓝海价值实现的第二上升过程相同，4 倍快超过蓝海价值实现的第二个上升过程也是经济价值行业板块完成 8 倍增值，其上涨步骤为，经济价值板块先完成 4 倍增值，再完成 2 倍增值，经济价值行业板块开始调整，同时文化价值行业板块实现 4 倍价值增值。4倍快超过蓝海价值实现的最后一个上升过程是由文化价值行业板块实现2倍增值，这时社会价值、经济价值完成最后的2倍增值，真正是社会价值、经济价值、文化价值行业板块按照顺序实现8倍快、8倍中、8倍慢。

在权力契约指数板块界限是2倍快正好的情形下，共有两次上升过程。第一次上升过程是由文化价值行业板块首先完成4倍增值，文化价值行业板块上升同时，经济价值行业板块也完成4倍增值。在权力契约指数板块界限是4倍中的情形下，是由社会价值行业板块、经济价值行业板块和文化价值行业板块共同推动。由于2倍快正好成长股票指数蓝海价值实现的过程中没有社会价值行业板块参与，因此4倍中成长股票指数蓝海价值实现的第一次上升过程便是社会价值行业板块在较长时间内完成4倍中增值。第二次上升过程是经济价值行业板块在较长时间内实现4倍中增值，经济价值行业板块开始调整，同时伴随的是社会价值行业板块实现2倍增值，社会价值行业板块完成8倍增值，同时伴随的是文化价值行业板块实现2倍增值。第三次上升过程是由文化价值行业板块在较长时间内实现4倍中，完成文化价值8倍增值。

要点三：指数、行业板块比界限底部高20%左右启动是倍增上涨；指数、行业板块比界限底部高40%左右启动是成倍上涨。

指数板块、行业板块的界限与对策、契合分析密切相关，上面已经分析得非常深刻，真正启动这些界限的时机，以及到底是2倍，还是4倍，与主力切换的资金多少有很大关系，主力切换的深度越大，股票上涨的动力越足，空间越大，股票在倍增与成倍拉升之前，共同特性便是位于具有明显特征的启动点位，主力会在股票界限的底线位开始建仓。判断倍增与成倍的启动价位不仅会给投资人带来较高的资金收益，还可以规避不确定性的风险，有助于投资人科学地选择最佳投资时机和价位。

主力资金的切换将会推高股价，机构投资者作为巨额资金的持有者和大宗交易的实施者，其市场力量受到格外重视。机构投资者在交易过程中经常会采用建仓行为，机构投资者建仓是指机构投资者在交易时为了不将股票价格推高而逐步地增持股票，它们把大的交易头寸拆散，进行分批交易，即指在股价相对较低的阶段，主力通过投入大量资金，低吸某股筹码，并通过大量收集筹码以达到控制或改变股票供求关系，最终实现影响股价走势的目的。主力的建仓工作一般是在股价相对较低时进行的，即使是建仓时的价位较高，如果大势不好，主力还是会把股价打下来之后继续建仓以摊低成本。对于投资者而言，最理想的情况是在主力建仓完成准备拉升时再跟踪介入。因此作为主力资金的机构建仓的位置便是股票上涨的界限底位。通过分析股票的界限底位，结合界限思维，可以判断出启动倍增上涨的界限比底位高 20% 左右，启动成倍上涨的界限则比底位高 40% 左右，具体计算见式（3-1）、式（3-2）。

$$倍增界限启动 = 界限底位 \times (1 + 20\%) \tag{3-1}$$

$$成倍界限启动 = 界限底位 \times (1 + 40\%) \tag{3-2}$$

通过结合界限思维判断启动底线的位置，不仅可以科学判断出主力资金建仓点位，还可以判断出股票的上涨空间。成倍上涨比倍增上涨需要更多的资金与动力，其启动底线也会比倍增启动底线更高。因此对于拥有主力资金的机构而言，想要获得成倍的上涨空间需要的低位建仓时间便越久，因为建仓时间越长，机构能够收集的筹码就越多，吸筹成本也越低，股价上升的潜力也就越大。由于建仓时间长，机构需要支付的人力成本、资金使用成本等费用也会增加，也要求拉升的空间更高才能保证投资利润。

本章练习

一、简答题

1. 怎么理解共赢在三个时代的不同含义？

2. 简述共赢共轭原理。

3. 如何理解心理向往？

4. 如何理解价值共同？

5. 简述底线思维、界限思维、顶格思维之间的联系与区别。

二、材料分析题

2014 年 7 月至 2015 年 6 月，上海主板涨幅超过 2 倍，中国 A 股迎来了七年未见的特大牛市。受到政策利好不断、货币政策超级宽松、流动性泛滥等影响，A 股市场自年初开始便火热异常。"国企改革预期""互联网+""工业 4.0"及"高端装备制造"等成为本轮牛市启动的几大风口。在杠杆资金的助威下，股市一路"狂飙"，在 6 月 12 日一举站上了 5178.19 点，创下了 2015 年股市以来的新高。从数据来看，2015 年两融资金从 1.23 万亿元攀升至最高的 2.27 万亿元，场外配资客户资产规模合计近 5000 亿元。2014~2015 年这一轮行情被誉为 A 股历史上最牛主升浪一点都不为过。

2014 年末伴随着突然的第一次降息开启，上证呈井喷式爆发，连续大阳，迅速将 A 股人气汇聚，社会开始关注 A 股市场，2014 年开始，融资余额暴增，A 股融资余额一路走高，突破万亿元。资金凶猛入市，推高了低估值的蓝筹股，也形成了新的财富效应。A 股开户数不断攀高，已经冷清多年的券商营业部门前再现排队开户的情形，证券板块集体短期集中性的连续涨停，成为牛市上涨首个"领军"板块。

2015 年，"一带一路"是政府新提出的重大倡议，也是当年经济工作会议的重点工作。为此中字头概念股受到市场热捧，而南北车的合并事件更是将"一带一路"概念的炒作带上高潮，中国中铁在 3 月 18 日到 4 月 28 日 29 个交易日内大涨 150%。

2015 年，第二艘航空母舰的消息获得军方证实，"航母概念股"再次引起了投资者关注。航母编队作为一项庞大的系统工程，涉及包括航母、舰载机、辅助舰艇等作战单元，这意味着航母编队市场蛋糕巨大，有证券分析人士保守测算建设一支完整的航母编队约需百亿美元。中国在未来的 20~30 年为兴建 4~6 个类似于美制航母战斗群将进行大量投资。航母编队投资的千亿投资里包含了诸多的投资机会，整个产业链在船舶工业、飞机、发动机、武器装备、复合材料、卫星导航通信等领域都将迎来巨大的发展机遇。在消息面利好刺激下，7 月，航母板块在所有概念板块中位居首位，并引燃了整个国防军工板块的投资热情。

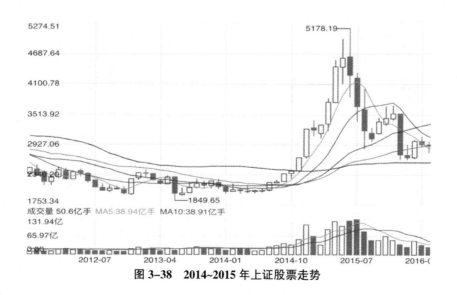

图 3-38　2014~2015 年上证股票走势

1. 分析中国股市 2014~2015 年的股票上涨历程回答以下问题:

(1) 分析 2014~2015 年股市行情的界限动机。

(2) 分析 2014~2015 年股市行情是如何互动的?

2. 结合界限思维,分析 2014~2015 年 A 股是如何上涨到 5178 点的?

第四章　人群契合

第一节　如何理解人群契合

一、契合的理解

(一) 契合含义

契合一词，语出唐代杜甫的《投赠哥舒开府翰》诗："策行宜战伐，契合动昭融。"其意为你施行安边策略，放弃战争，君臣相契，感动上苍，将使帝业光大发扬。《辞海》中对契合的解释有三个含义，一是"投合，意气相投"；二是"符合"；三是"结盟；结拜"。从这三个含义中可以看出，契合主要强调情趣、意气、情义的紧密和相互融合。

契合的概念也延伸到关系营销领域的研究中。在营销中，契合是指关系方交互价值相等，即互利及关系价值最大化。在关系营销中，由于关系互动主体的对等性，关系双方都要从合作关系中获得价值，而不是一方尽力满足另一方价值的获取，关系营销的研究强调合作双方在价值获取之间的最大化。所以提出契合的概念也就是关系双方价值最大 (陈敬东，2010)。在以往管理学研究中，一旦达成契合，无论是对购买还是个体组织目标的达成方面都有促进作用。

在人群营商的研究中使用契合进行研究，主要是因为人群在投资中可以跟随不同的投资标的，尤其是虚拟时代中有广泛的投资标的。虚拟时代中，全球化、证券化的衍生品价值背景下，金融衍生品越来越多。投资人开始追求相对价值的最大化，不断在股价的不同价值板块中进行投资。投资人和投资对象的契合是人群价值投资的关键。这也是使用契合进行研究的原因，即研究什么样的投资标的

161

可以符合投资人的相对价值最大化。

要理解契合，就要理解契合的两个关键属性：一致性和互补性。关系营销的互补性契合是指互利关系方的一方所预期的互利正好由关系的另一方所提供；一致性契合是互利双方一致性程度的描述。对人群营商的相对价值投资来说，投资者期望投资人群的时间损失和增值空间要互补，这就是契合的互补性；投资者期望的投资人群创造的相对价值一致，这是契合的一致性，合适的人群投资是人群投资的重点和关键。

（二）契合演变

从契合的概念中，可以看出契合对于《人群营商学》研究的重要意义。这是《人群营商学》可以实现相对价值最大化的关键，但是在不同时代中契合有不同的含义。《人气营商学》已经将人类社会发展分为农业、工业和商业三个社会，人群营商将人类生存和变迁划分为三个不同的时代，即碰撞出"自然时代—物质时代—虚拟时代"的人类社会变迁时代人气线。本章对契合的理解和分析都是基于人类变迁时代人气线中的三个时代开展的，契合在不同时代的理解如图4-1所示。

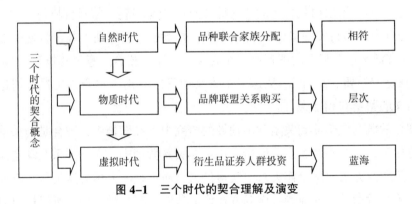

图4-1　三个时代的契合理解及演变

在自然时代中，门当户对一直是古代婚姻建立中最重要的条件，也就是说，联姻双方要有相符的身份地位。家族之间为了生存，利用子女之间的联姻，达到家族的兴旺发达。高丽王朝，在朝鲜半岛统一后，高丽王朝的国王王建，为了笼络各大家族的势力，就采取了联姻的模式，开始到处娶世家的女儿们做妃子。中国古代也有"秦晋之好"的典故，秦穆公为求将来与中原友好，与当时力量强大的晋国联姻，向晋献公求婚，晋献公就把大女儿嫁给了他。古代君王很多都用过联姻的方式达成自己的政治目的，更不用说是名门望族。在自然时代，除了名门望族间通过联姻等方式缔结关系，契合还可以理解为不同品种自然产物和其直接使用方式相符，而物尽其用。在自然时代，人们从自然中找到各种自然产物，通过经验的总结，认识到每一个品种的产物最佳的使用方式。这是中国古代先民们因地制宜适应环境使用工具的思想来源，也是李时珍总结出古典医学瑰宝的初衷，他们都是为了找到人与自然的契合，从而实现自然产物原有的自然价值。

在物质时代中，契合是企业在实现关系价值过程中，和不同关系方达成的不同层次的互利契合，强调层次。企业是最主要的物质时代主体，所以实现企业的价值至关重要。尤其根据企业开展的经济活动，根据企业的价值链延伸，企业会有不同的关系方。因为价值链的每一环节都与其他环节相关，所以企业和不同的关系方要想实现关系价值的最大化就要和不同的关系方达成契合。关系契合不同于顾客满意，由于关系方的不断形成和组合，相互契合形成的产品和服务品牌是不断进行迭代。满意强调企业方提供的产品或服务利益高于顾客预期，契合更强调企业主体和自己的不同关系方的预期利益（互利）一致和互补。共同努力的结果体现在物质时代的契合是由关系方互利创造的不同产品和服务品牌迭代形成的关系价值契合。物质时代由于市场竞争力的推动，产品和服务品牌不断迭代和壮大，所以，不同的产品和服务品牌会和不同迭代的购买者契合，从而满足购买者迭代需求。

随着虚拟时代到来，契合成为了投资人和证券化的金融衍生品的契合。能够达成投资契合的是金融衍生品的价值蓝海。金融衍生品的种类随着虚拟时代的到来，不断增多，因此投资者才有选择衍生品进行投资的必要。衍生品市场也才有了实现契合的蓝海价值。蓝海原意指的是未知的市场空间（W.钱·金、勒妮和莫博涅，2005）。这里指衍生品价值增长属于人群矩阵中成倍增快、成倍增中和倍增快三个部分构成的相对价值的衍生品。之所以使用蓝海一词，是因为蓝海表现了未知和不确定性的相对价值投资空间，与红海相对而言。在虚拟时代的投资中，投资者不仅追求比较价值最大化（人群营商研究的内容），更重要的是追求相对价值最大化。相对价值最大化在人群矩阵中表示的是蓝海（详见人群决策章节）。也只有蓝海价值才能达成投资人的人群相对价值契合。

二、契合表现

契合的表现主要从其在三个时代中研究的不同侧重点进行说明，总体来说，契合在三个时代中表现各不相同。

(一)自然时代契合表现：家族价值，体现为门当户对

因为自然时代，不同宗族团体为了实现自己家族发扬光大，更好地光耀门楣，选择符合双方身份地位的联姻或联盟，从而维护自己统治阶级的稳固。所以，自然时代契合的表现就是实现名门望族的家族价值。古代名门望族有很强的影响力，人们有自己的家训家规，在所处时代会有很多当朝为官的家族成员。所以，这样的家族会十分注重自己的家族团队，强调家族价值。同理，自然时代的主体是军事，为了实现军事力量的稳固，军事实力提升往往通过家族团队联姻，从而在自然时代壮大军事实力。

自然时代对家族价值的理解用公式化的语言可以抽象为，家族价值=家族产出/家族投入。从公式中可以看出，为了达成契合就要求家族价值最大化，价值最大化就要家族产出最大化，家族投入最小化。如图4-2所示，契合就是A和A′的重叠面积即两个家族的家族价值。为了使家族价值尽可能大，A需要尽可能趋近于A′。所以A越是符合A′，A和A′就越契合，只有联姻形成一个共同的大家族，A和A′就会越来越接近。

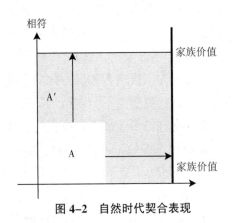

图4-2　自然时代契合表现

(二)物质时代契合表现：关系价值，体现为关系层次

在物质时代，为了实体经济的发展，企业更好地实现盈利，要跟自己的关系方达成契合，以保证自己工业生产到销售的全过程畅通。在物质时代的各企业和关系方只有达成关系价值最大化，才能实现契合。因为这是企业为达成产品价值链总体规模和盈利最大化的共同目标。所以物质时代契合表现是企业不同关系方达成的不同层次的关系价值契合。关系营销的关系价值构成分为三个层次：一是产品和服务的情景下价值；二是战略和个人价值的关系下价值；三是侦察创新、

社会支持的网络下价值。在不同的关系层次中，主要通过亲缘关系、地缘关系、业缘关系、文化习俗、偶发性关系等达成不同层次的契合（戴静鸿，2000）。

物质时代注重富裕和经济总量，所以实体经济要求企业重视关系营销，注重品牌的总体价值。一个企业往往有很多的子品牌，从而和不同层次的顾客关系方达成契合，实现企业营收的总量最大化。企业关注关系价值，关系价值用抽象化的公式表达为，关系价值=互利/成本。关系价值最大化，要求互利最大化，成本最小化。物质时代的契合是一种基于关系价值的不同层次契合。高层次的契合重要性要大于低层次契合。如图4-3所示，为达成关系价值最大化，在 A′到 E′五个不同层次上，都要实现对 A 到 E 缺失部分的弥补，只有关系方的互利最大化，才能使整体关系价值最大化。

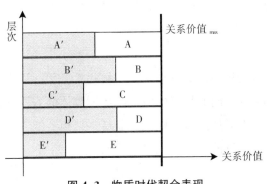

图 4-3　物质时代契合表现

（三）虚拟时代契合表现：相对价值，体现为人群蓝海

虚拟时代的契合是一种基于相对价值的契合蓝海。虚拟时代的投资人只有达成相对价值最大化，才能实现投资契合。虚拟时代的投资标的主要是不同的金融衍生品价值板块，比商业社会的投资标的"三价"进一步细化而明确。虚拟时代的投资板块从无到有，各种板块创新层出不穷，板块轮动此起彼伏，交错涨落。集合投资不同价值板块的股价成为拉动国家经济名副其实的"晴雨表"，而股价的各个板块发展轨迹和轮动也不尽相同。

在虚拟时代中，投资人目标是尽可能快地实现投资的多倍增值回报，所以要在投资蓝海中寻找和自己契合的投资标的板块，实现相对价值的最大化。本书强调投资者在金融投资中，把握板块轮动的节奏，不断实现自己的相对价值增值。在纷繁复杂的金融衍生品中，找到相对价值所在。相对价值在虚拟时代可以理解为，相对价值＝（替代增值＋迭代增值＋时代增值）/（时间损失＋金钱损失＋精力损失+体力损失)。为实现相对价值最大化，一方面要求升值空间最大化，另一方面要求时间损失最小化，如图 4-4 所示。

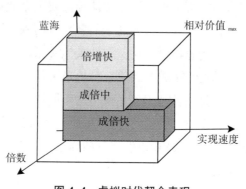

图 4-4　虚拟时代契合表现

三、契合作用

满意与人气线紧密相联，契合与人群环相联系，契合从作用上分析是在比较价值人气线的基础上发展出的相对价值人群环。具体的人群环概念会在下一章明确说明。三个时代的人群环是在"机器—器具—思想"的人气线上发展出的，主要是因为三个时代的人们强调的人群环不同，这也造成了三个时代的契合作用不同。

(一)自然时代契合作用：奖励传承，家族文化血脉累加

自然时代"器具"是核心，主体是军事实力，是政权稳固的关键。政权稳定又是统治者关注的核心，政治不稳会导致人们最基本的生活资料无法得到保障，人们生活难以达到幸福。所以，军事力量往往决定着自然时代的发展脉络。在自然时代，拥有权力和资源的人是世家望族，这些世家望族都有自己的军事力量。为了保证自己家族可以长久不衰，也为了使自己的权力和资源传承，通过联姻、结盟等方式壮大自己的军事力量，从而结成家族同盟。拥有权力的家族会通过联姻和联盟缔结关系保障权力，因为结成团体是为了更好地稳固权力，从而使文化基因传承累积，家族血脉得到永续。自然时代世界的各个地方都有封建领主、奴隶主的军事力量。在西方社会中以著名的玛丽女王为例，她和法国当时的王太子弗朗索瓦二世、达恩利勋爵亨利·斯图亚特和苏格兰贵族伯斯维尔伯爵詹姆士·赫伯恩，都是为了寻求军事权力上的契合，从而实现苏格兰文化基因的累积。在中东，阿拉伯各国的苏丹们通过联盟和联合的方式，共同组织了自己的军事力量马

穆鲁克。马穆鲁克出现后很快就成为伊斯兰世界最具战斗力的部队，长期被用于与西方的十字军和伊斯兰内部的战争中，参与了无数战斗。更是在艾因·贾鲁战役之中击败了西征的蒙古大军，成功阻止了蒙古人的继续西征，使得伊斯兰圣地耶路撒冷仍然在穆斯林的控制下，也是伊斯兰教得以存世的关键之战，使伊斯兰教的文化基因得以传承。自然时代的契合作用是为了家族文化血脉累加，如图4-5所示。

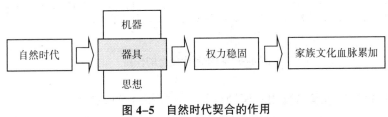

图4-5　自然时代契合的作用

（二）物质时代契合作用：奖励合作，关系方经济盈利累积

物质时代"机器"是核心，实体既包括企业也包含经济，通过机器来实现企业财富的增值。物质时代强调富裕，拥有财富的是企业和厂商，企业家由于利益驱动会不断扩大产量希望实现自己的财富增长。实体经济是相对于虚拟经济而言的，是指以有形的物质为载体、进入市场的要素以实物形态为主体的经济活动。实体经济囊括了第一、第二、第三产业的大多领域，是人民生活的保障，是国民经济的根基。实体经济直接创造物质财富，是社会生产力的集中体现。发达稳健的实体经济，对改善居民生活、提供就业岗位、实现经济持续健康发展具有重要作用。为了使规模得到扩大财富增长，厂商会通过不同层次的契合方式缔结关系方，加强合作和交流，让自己的产品在各个环节实现成本最小化，利益最大化，顺利地实现产品的生产和销售全过程。缔结关系方是为了更好地使财富增长，从而使企业财富盈利积累。实体经济是促进就业和实现社会稳定的基础。通观全球经济发展历程不难发现，在收入大体相当的国家和地区中，那些工业特别是制造业所占比重较高的国家和地区，就业情况、经济增长速度和社会稳定程度都相对较好；而那些缺乏坚实的制造业基础的国家和地区，一旦发生经济动荡，则往往容易陷入被动局面。从国际经验看，大力发展实体经济是有效应对外部危机的关键。金融危机之后，欧美发达国家特别重视实体经济的复兴和发展，大力推行"再工业化"战略，实体经济的复兴与发展成为国家经济发展头等大事。从2009年起，美国政府便提出了"再工业化"口号，实施"制造业回归"计划，大力发

展制造业，尤其是加大了对高新技术产业的扶持，还出台了包括扩大内需、刺激消费、放宽抵押担保条件、降低中小企业贷款成本等措施在内的一系列以振兴实体经济为主的政策。所以物质时代的契合作用就是关系方经济盈利累积，具体如图 4-6 所示。

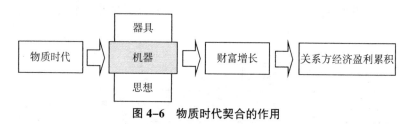

图 4-6　物质时代契合的作用

（三）虚拟时代契合作用：奖励成长，人群相对价值叠加

虚拟时代"思想"是核心，虚拟经济是相对实体经济而言的，是经济虚拟化（西方称之为"金融深化"）的必然产物。虚拟时代不断强调思想，有思想的人才可以过上尊严生活。拥有尊严的生活是投资人追求投资，价值叠加的结果。在虚拟时代中，板块成长，投资人都会奖励成长，维护其尊严。因为如果其尊严得到维护，可以更好地吸引投资。经济的本质是一套价值系统，包括物质价格系统和资产价格系统。与有成本和技术支撑定价的物质价格系统不同，资产价格系统是以资本化定价方式为基础的一套特定的价格体系，这就是虚拟经济。由于资本化定价，人们的心理因素会对虚拟经济产生重要的影响；这也就是说，虚拟经济在运行上具有内在的波动性。虚拟经济目前的研究较为集中在金融业、房地产业、体育经济、博彩业、收藏业等。但是最为主要的研究还是集中于金融业。在金融业的发展中，如果金融发展过度也会带来泡沫经济。为了在虚拟时代企业的市值不出现较大的下跌，企业注重商誉，商誉也是企业的尊严。企业的负商誉与股价负相关，超额回报负相关，更说明了商誉的重要性（王思维，2012）。在虚拟时代中，投资人要不断地开发蓝海板块寻求财富的相对价值增值。在虚拟时代，投资平台上的衍生品要努力成为蓝海，更好地吸引投资，从而使虚拟时代成长性增强，追求尊严生活的时代才得以实现。虚拟时代的契合作用，如图 4-7 所示。

综上，三种时代契合的作用，如图 4-8 所示。

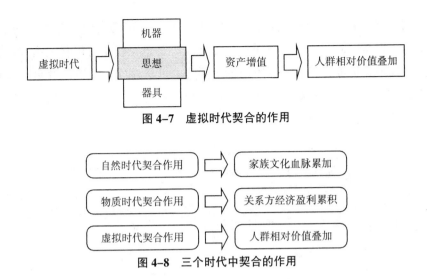

图 4-7　虚拟时代契合的作用

图 4-8　三个时代中契合的作用

四、契合赋予

契合在不同的时代中，不同的角色赋予了契合不同的价值表现。通过对三个时代的整理可以方便理解契合概念的产生发展。在自然时代中，赋予契合的是家族。根据自然时代的特点，可以发现自然时代的主体是军事和粮食品种。自然时代，在有限的生产力基础上，为了扎实根基的目标必须不懈努力，要发展军事。从石器时代的石刀、石刃和石镞到冷兵器时代的铜矛、铜刀和铜斧，军事发展从未停止。为了完成文化基因传承累加，扎实自己家族根基的目标，自然时代的名门望族努力寻求自己团队价值的最大化。他们拥有自己的粮食品种和军队，因此可以决定分配的资源，可以在联盟和联姻中不断寻求契合，从而扩大自己军事力量和粮食品种的多样性替代。所以自然时代的契合就是在自然时代与家族发展壮大中达成契合的军事力量和粮食品种联合，寻找和自己资源占有能力相符的家族。以此发展军事巩固权力，实现家族传承。这就是自然时代契合赋予的过程，如图 4-9 所示。

在物质时代中，契合的赋予由关系方决定，如图 4-10 所示。物质时代的特点就是企业生产产品以满足人们日益增长的需求，提高生产效率、优化专业化分工，最后扩大企业的规模占领市场。在物质时代，实体企业为了做出正确的决策，就需要找寻关系价值最大化的伙伴。实体企业如果可以跟其他关系方达成契合，就有助于扩大企业规模。所以在契合的赋予中，关系方起到了决定性作用。关系方有些承担企业的生产消费某一个环节，有些是企业的战略合作伙伴。没有关系方的契合，企业很难在物质时代通过自身单一的努力完成企业追求的目标，这就是关系方是物质时代契合赋予的主体原因。要想在物质时代与关系方达成契合就要寻找关系价值，没有关系价值的关系方，就无法实现双方的共赢。只有关系价值最大化思想上寻找到的关系方才可以更好地为企业实体产品品牌的发展助力，实现其更大规模的目标。

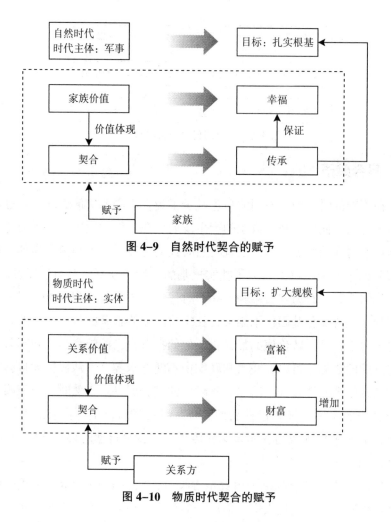

图 4-9　自然时代契合的赋予

图 4-10　物质时代契合的赋予

虚拟时代中契合不再是由关系方决定，主要是通过人群赋予，如图 4-11 所示。虚拟时代人群主要表现为跟随意愿的推动力。简单来说，人群是人们思维的时代引领，具有成长性。人群是可以引领一个时代发展的思维，在下一章中将对其进行详细的记述。例如，商业社会的精英阶层是专家和名人，是人气的关注；

虚拟时代的精英阶层是各种金融大腕和金融分析师，因为金融大腕和金融分析师
是人群的关键人和关键意见领袖，会左右投资甚至吸引投资，是人群的跟随。在
网络时代，关键人和意见领袖能够通过自身形象、人格的魅力引领潮流、影响消
费者购买意愿，已经有很多文献说明这一情况（赵哲，2017）。所以在虚拟时代，
金融分析师都希望以自己时代地位提升以增加自己对投资的影响力。虚拟时代的
契合就是和投资蓝海的契合，人群的推动力给蓝海不同的分区。所以，在虚拟时
代中，是人群赋予契合创造不同的相对价值。

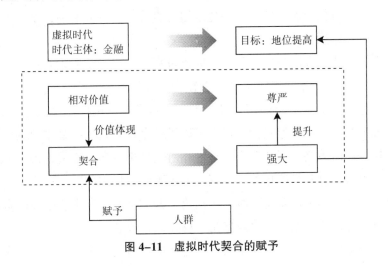

图 4-11　虚拟时代契合的赋予

第二节　虚拟时代的契合

一、虚拟时代契合角色变化

（一）证券化和契合蓝海形成人群跟随

本书研究离不开相对价值的内涵，相对价值和契合蓝海紧密相关。相对价值
研究之所以在股价范围内研究并和证券化联系紧密，主要是因为股价形成倍增和
成倍，进而实现百倍，是比较正常的心理和行为。物价是关系国计民生的重要价
格指数，直接影响人们的生活，不可能也不允许在短期内发生成倍和百倍的增
值，房价增值太快和空间太大，会出现资产泡沫破灭，这已经成为全球共识，是

房价参与的人数太多，影响范围广等原因引起的。同时，股价的人群理论研究可以促进互联互通，支持实体经济，并通过虚拟带动实体发展。

对证券化的理解有两个方面的含义。从狭义上讲，它是指传统的银行和储蓄机构的资产（主要是贷款或者抵押物）被转变成可转让证券的过程。这类证券可能由存款式金融机构也可能由非银行的投资者购买。从广义上讲，证券化就是指近年来各种各样新型可转让票据市场的新发展，如在国际金融市场上出现了便利的浮动票据等。票据替代了传统银行贷款，是一种借款机制筹资的新工具。这个过程的发展意味着投资者和借款者绕过了银行直接进行商业交易，事实上削弱了银行体系的中介作用。

随着虚拟时代发展的深入，契合研究也进行了升级，从原来企业的关系市场中达成不同层次的契合，转向了投资人在全球证券投资市场找契合蓝海进行投资，而且，由于没有证券化的衍生品就无法进行全球市场投资，证券化的股票、期货等通过金融衍生品的形式让投资人可以进行全球投资。在资本市场中，金融学强调的相对价值策略是指从资产价格的相对高低中获利，也就是说，相对价值策略同时涉及两个具有高度相关性的资产或者不同市场中的同一资产，当这两个资产（市场）之间的价格差变大时，买入价格低的资产，卖出价格高的资产，获取两者之间的价格差。相对价值策略是一种无风险或者低风险套利，目前国内出现的主要有统计套利和市场中性策略。契合在虚拟时代的多个资产间的实现，每次选择新的低买高卖的投资标的，都是一次契合实现。

投资人是在全球证券市场选择相对价值契合蓝海的。因为契合蓝海达成伴随着全球相对价值的不断衍生，可以投资的蓝海会不断出现，不是一成不变的。首先，现今时代新的相对价值不断出现。中国、印度等新型国家证券化的金融衍生品价值投资开始出现。由于这些投资出现会产生新的投资标的，更多的投资机构开始参与相对价值判断。就股价而言，各国股价，如美国股价、中国股价和印度股价的相对价值不同。其次，由于虚拟时代的证券化深化，各国相对价值的选择会更为多样。随着时代增值成为虚拟时代的主旋律，不断出现新的相对价值，投资不仅是倍增，开始出现成倍增情况。因此出现越来越多的价值蓝海。最后，证券化和契合蓝海关系紧密，因为证券化会导致板块轮动加快，由于新的板块和全球性突发情况的出现，相对价值量和时间的估计难度增加。因此投资难度增加，相对价值转换频发。

（二）契合蓝海与各国联动关系更为密切

契合蓝海在虚拟时代并不仅仅在一国中寻找投资标的，投资标的选择是广泛的，正如第一章中对虚拟时代的描述，金融衍生品的种类繁多。投资者可以在金融衍生品中进行投资。金融衍生品中被投资者所熟知、能够运用人群理论研究的是股票市场。因此，大多数投资者都会在股市进行投资。目前被大家关注的美国股市、伦敦股市和中国股市都可以进行相对价格投资。投资不同的股票板块是契合蓝海实现的关键。

在虚拟时代，强调的是人群分类，而不是人气分级，所以股票的板块会联动，各国的股票指数板块、地区板块、行业板块都可以作为一个板块来研究。板块联动是指同一类型的股票常常同涨同跌的现象。掌握板块联动操作技巧，有助于发现并及时把握市场热点，增强交易的盈利性；有利于回避因为板块整体下跌而带来的个股风险。板块联动在各国的股市中都有体现，一国股市的相对价值会集中体现在各个板块中。股市中有一些股票会共同具备某种具有重大经济内涵的特殊性质，当这种共同性质被市场认同时，就会形成股市中的板块结构。

以中美贸易战为例，可以更好地理解契合蓝海和各国联动。美国东部时间2018年7月6日0：01，美国正式开始对340亿美元的中国产品加征25%的关税，这是迄今为止经济史上规模最大的贸易战。受中美贸易战影响，全球股市出现大幅下跌。A股三大股指今日大幅低开，沪指跌破3200点，钢铁、船舶、半导体、有色行业跌幅居前，猪肉、农林牧渔、黄金则逆势上涨。多家上市公司23日回应称，整体上基本不受美国贸易政策波动的影响。亚太股市大跌，日经225指数，午盘收跌3.54%，刷新上年10月10日以来新低，韩国综合指数下跌2.29%。美股出现2月闪崩以来最大单日跌幅，道指、纳指、标普500，三大股指纷纷收跌超2%。欧洲股市同样受到较大冲击，富时100跌1.23%，法国CAC40跌1.38%，德国DAX跌1.70%。

在这次贸易战中，通过不同国家和不同板块的股价变动反应，看出其背后蕴含的相对价值。虚拟时代，除了有越来越多的相对价值板块外，这些板块会在各国间联动反应。世界对中国经济的投资信心和认识，可以在美国纳斯达克的中概股板块走势看出，而不仅仅反应在中国国内的股票指数中。所以，在虚拟时代打破了国家的界限，让投资人在世界各地都可以买到上涨的股票。当板块中的一、二只股票领先大幅涨跌时，也就是龙头个股上涨时，同类其他股票也会跟随涨跌。利用板块的这种联动效应，选择正确的板块进行投资，是获取长期或者短线收益的一种重要方法。只要跟随正确的人群蓝海，实现投资人的蓝海价值会更为容易。

二、虚拟时代契合新要求

（一）契合蓝海对时间和空间的要求

虚拟时代的契合蓝海跟以往不同，主要是由于虚拟时代价值的计算公式是由空间增值和时间损失的比值决定的。对于契合蓝海来说，对时间的要求主要有两个。一是该投资衍生品已经有大量商业人群跟随。因为没有人群跟随衍生品相对价值时机就没有到。人群跟随和人气关注的最大不同在于人群跟随相对价值是在股价范围内根据不同的板块进行有节奏的投资，而不是在房价、物价和股价这"三价"中周期性的关注。例如，中国股市、美国股市都有人群跟随所以可以分析其相对价值。二是部分板块的上涨时机适应整体板块上涨要求。相对价值投资时机选择要先看整体上涨。如果整体大涨，则带动部分上涨能力强的相对价值时机到来。这是契合蓝海非常重要的投资逻辑，没有不同的板块分类和整体与部分的思维，是无法理解契合蓝海的投资时机的，同时整体上涨是部分价值蓝海板块上涨带动的。所以，《人气营商学》的研究与《人群营商学》的理解有密切关系，但也有很大的区别。如只有中国股市的整体上涨时机到来，才有行业板块、地区板块上涨。2005~2007 年，中国股市因为人民币升值导致整体上涨时机到来时，上海大盘指数上涨形成价值蓝海，分别是倍增快不足（股票指数从 998 点上涨到 1750 点），成倍快正好（股票指数从 1500 点上涨到 6000 点），才有不同行业板块的上涨时机到来。如证券、钢铁、黄金、航空等板块；相反，不同行业上涨时机到来，促进整体上涨时机的形成，各个次板块或者行业板块的龙头股票上涨时机超前主板，如 2014~2015 年创业板次板就提前上涨 1 倍（股票指数从 500 点上涨到 1000 点），促进主板上涨时机的形成，主板才从 2000 点附近上涨至 5178 点。

除了对时间的新要求，契合蓝海对空间的要求也有两个。一是整体板块要有绝对价值空间。绝对价值空间是整体增长 8 倍或以上的空间。如果没有这个空间，投资衍生品不会引起相对价值的投资人群跟随契合。这一思想说明了没有龙头股的板块不能利用人群跟随理论进行投资。二是当前至少有倍增空间。契合蓝海包括成倍增快、成倍增中和倍增快三个部分。倍增快要求 2 倍空间，所以当前没有比较价值的空间，肯定无法实现契合蓝海。这一要求也说明了大盘指数和板块指数的关系，在后文中会有详细的记述。以中国的股票市场为例，2005~2007

年中国股市大盘指数从 998 点上涨至 6124 点，整体上涨 8 倍，分别两次实现了倍增快不足（股票指数从 998 点上涨到 1750 点）和 4 倍快正好（股票指数从 1500 点上涨到 6000 点）价值蓝海，导致有不同行业板块的大幅上涨，如证券、钢铁、黄金、航空等板块，另外，次板和行业板块的龙头股票的上涨倍数会超过主板，带动主板，2014~2015 年行情，创业板指数上涨 8 倍（股票指数从 500 点上涨到 4000 点）超过主板的倍增快（从 1850 点上涨至 5178 点）。

（二）契合蓝海对投资人的主动性和被动性要求

契合蓝海对投资人还有主动性和被动性的要求，主动寻找要求投资人把握启动动机。投资动机是指投资活动主体进行投资活动所要达到的目的。在以往研究中，投资动机研究都是基于量化分析，对间接或直接投资的原因进行归因分析。例如，李磊（2016）将我国企业的对外直接投资分成了五类。但这些研究是基于动机心理学的层次心理学而分出不同的层次。在虚拟时代中，投资人要掌握根据动机心理学中的层次、双因素和无意识三个不同的心理动机，因为这三种动机会引发主板指数板块价值的上涨。投资人需要判断并选择跟随，主动选择契合蓝海。这三种不同的动机的具体内容会在第三节详细记述。投资者在契合蓝海达成的过程中，契合的优先级顺序是成倍快（成倍中、倍增快）。为了实现更快的价值增长，投资人会在蓝海中选择，选择可以实现更低时间损失更大上涨空间的投资标的，如币值平台的上升，使主板股票上涨就是无意识动机，投资人主动导致选择 2 倍快不足和 4 倍快，构成 8 倍快；金钱杠杆导致股票上涨就是双因素动机，币值平台不出问题，金钱杠杆加在股票上，投资人主动选择 2 倍快超过和 4 倍快超过，构成 8 倍中；权力契约导致股票上涨就是层次动机，币值不出问题，金钱杠杆存在，权力保驾护航，投资人主动选择 2 倍快正好，4 倍中，构成 8 倍慢。

被动适应要求投资人应对突发情况。蓝海在发展过程中不是一帆风顺的，都会有突发情况发生。因此，需要投资人应对调整，重新做出判断，选择契合的蓝海进行投资。投资蓝海因为不同于人气矩阵的明星就可以投资，蓝海还会出现成倍增（减），所以在其发生的蓝海增值过程更为曲折，这造成了投资人在契合蓝海中需要被动适应进行选择。尤其是对于股票指数来说，币值、金钱和权力对策已经在大的框架下确定了人群实现两次跟随的增值空间，出现倍增快、成倍中、成倍快三种情况的主动组合，但每次具体的调整幅度不能准确把握，所以需要投资人被动接受。如金钱对策推动的上涨中一般会出现超过倍增或者成倍的情况，因为金钱杠杆带来的资金量大且难以控制，超过多少也不好控制。所以，更需要投资人根据股票指数当时的现实情况及时调整自己的投资决策。

三、契合与金融衍生品价格的关系

本书最重要的知识点是契合，不理解契合就无法理解和把握后面的 4 个决策。4 个决策在契合蓝海思想的基础上才可以实现决策效果，所以，这一章内容的关键意义不言而喻。正因为没有相对价值和价值体现就出现不了契合，明确的说法是无法准确把握主次、人气、行业（地区）、人气对策和发展阶段分类的板块轮动，4 个决策投资效果无法实现。

价值体现的含义可以直接从字面理解为"价值的表现"。这种对价值的衡量就相对于价值体系更为细致。没有价值体现就分不出多种的相对价值，也形成不了不同的契合蓝海。倍增（减），都是在一种增值空间的两个方向性选择。但对于契合蓝海来说，可以是不同时期和同时期的多种投资标的投资契合选择。所以，价值体现和相对价值跟契合这一概念密切相关，契合既要考虑相对价值又要考虑不同投资标的价值体现。不能仅仅单独考虑其中一个孤立的分析，会造成投资标的选择失误从而错过实现价值蓝海这一难得投资机会。

人群跟随正因为有对价值体现和相对价值的价值衡量，才产生了投资契合。人群追随形成相对价值，同时相对价值是通过价值衡量表现出来的，没有价值衡量，无法表现相对价值；有价值衡量，经过相对价值的参考分析，人群会选择不同的投资标的进行投资，就会产生不同的蓝海板块。这些板块将吸引国际资金大量流入，引发金融衍生品价格上涨，带来财富增值。不同的人群通过投资实现价值增值。关于人群的相关内容将在第四章进行重点阐述。价值体现、相对价值、金融衍生品价格的关系如图 4-12 所示。总体来讲，三者组成一个正向反馈循环系统，价值体现寻求蓝海相对价值，从而引发金融衍生品价格变动。与此同时，

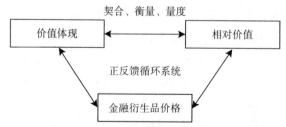

图 4-12　价值体现、相对价值与金融衍生品价格之间的关系

金融衍生品的变化又导致新的价值体现变动，价值体现和金融衍生品价格变动与相对价值之间又相互作用。

四、虚拟时代的契合确定

虚拟时代契合的赋予是人群，确定契合，主要有三种方式：博弈确定、参照确定和匹配确定，三者并非相互独立，而是相互影响，共同促进契合的达成。

（一）决策确定

决策确定实际上是博弈确定，人们的投资决策是选择最优，抛弃最差。其中逻辑是博弈确定，但最后显示为投资的决策。在2倍、4倍增值空间和时间快、中、慢的决策矩阵中，人们选择2倍快、4倍中、4倍快三种，放弃另外三种决策（详细内容在人群决策章节中描述），就是具体应用。契合就是决策占优决策，如有了高铁板块出现，在经济价值板块绝对占优势，其他任何板块都不会投资，高铁的出现创造了相对价值，同时削弱了其他经济板块（汽车、飞机等）的相对价值。

博弈论主要研究公式化了的激励结构间的相互作用，是研究具有斗争或竞争性质现象的数学理论和方法。契合蓝海之所以要借用博弈论来解释契合的确定，主要是对于投资人来说，对股价中板块的选择要进行优化，因为投资的不同蓝海会直接影响投资人的收益情况。博弈确定要从四个方面去理解，分别是占优策略、纳什均衡、重复博弈和零和博弈。

占优策略是指严格优于其他一切策略的策略。如表4-1所示，目前有三个板块可以投资，分别是A、B和C，投资人在三个板块的投资收益如下。无论局中人2选择B还是C，局中1都会选择A；无论局中人1选择A还是B，局中人2都会选择A；所以局中人1和局中人2的严格占优策略是（A，A），C策略无论对于局中人1还是局中人2都是严格劣势策略。所以当成倍快、成倍中和倍增快三种蓝海同时出现，且投资人都可以识别时，成倍快是占优策略，因为收益最

表4-1　局中人1、2的占优策略

2 ＼ 1	A	B	C
A	9，9	7，8	5，7
B	8，6	6，5	4，4
C	7，4	5，3	3，2

大。如果投资人三种蓝海的效用值，那么 A 投资决策就是投资人的严格占优策略。投资人都选成倍快的 A 板块，全体投资人的效用最大化。但达成契合的不一定严格占优势策略，它的出现非常稀少，局内人一定不会是严格占劣势策略。这就是成倍慢、倍增中和倍增慢被剔除的原因。

从博弈矩阵的效用值中可以看出，博弈会剔除严格劣势策略纳什均衡是对于每个参与者来说，只要其他人不改变策略，他就无法改善自己的状况。纳什证明了在每个参与者都只有有限种策略选择并允许混合策略的前提下，纳什均衡定存在，可被理性维持的行为。因为对于每个参与者来说，只要其他人不改变策略，他就无法改善自己的状况。所以需要"人群"的力量才可以实现契合蓝海，不可以通过自己的随机选择决定自己获得成倍快的相对收益。纳什均衡达成时，并不意味着博弈双方都处于不动的状态，在顺序博弈中这个均衡是在博弈者连续的动作与反应中达成的。纳什均衡也不意味着博弈双方达到了一个整体的最优状态，需要注意的是，最优策略不一定达成纳什均衡，严格劣势策略不可能成为最佳对策，而弱优势和弱劣势策略是有可能达成纳什均衡的。在一个博弈中可能有一个以上的纳什均衡，也可能只有一个纳什均衡。所以，不是契合蓝海的一个种类一旦达成一次契合就会不改变。每一种蓝海选择在下一次博弈中还有可能出现。同一时间蓝海可以被识别和出现的个数不确定，但至少有一个蓝海。所以遇到可以识别的蓝海就要投资，实现相对价值最大。

全球的投资市场实际是一个近似于寡头垄断市场。因为只有一两个国家的投票市场会吸引大量的投资人群。目前全球化视角下，存在多个可以投资的虚拟时代国家，数量没有多到每一个国家对资产价格影响忽略不计。

如图 4-13 所示，为了使相对价值最大化，等价值线在相对价值最大化的资产规模水平上一定相切。说明在契合蓝海中能够选择不同国家的资产规模有多种契合方式。其中，为了实现相对价值最大化，满足式（4-1），其中最优条件是式（4-2）。

$$\max_{y_1, y_2} p(y_1+y_2)\left[y_1+y_2\right]-c_1(y_1)-c_2(y_2) \tag{4-1}$$

$$MR_1 = p(y_1^*+y_2^*) + \frac{\Delta p}{\Delta Y}\left[y_1^*+y_2^*\right] = MC_1(y_1^*)$$

$$MR_2 = p(y_1^*+y_2^*) + \frac{\Delta p}{\Delta Y}\left[y_1^*+y_2^*\right] = MC_2(y_2^*) \tag{4-2}$$

从合作博弈可以看出，如果出现多国的资产配置，那么就会有不同的契合蓝

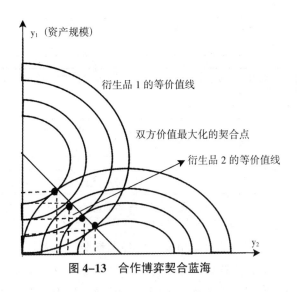

图 4-13　合作博弈契合蓝海

海方式。但实际上，如果一国认为自己国家增加资产规模会增加自己国家的相对价值，就会出现作弊风险。这就是为什么美国会不断扩大和发展本国金融市场的原因。如果只有一次博弈，那么这种问题很难解决。但在蓝海投资中这是一个重复博弈的过程，所以人们会采取"针锋相对"的策略，即复制上一轮局内人策略。这就是说，如果各国在无限次博弈后会形成一个价值最大化的契合。这也是人群循环跟随的来源，所以投资决策的人群跟随来源于契合。

对于投资品而言，因为投资人会选择一个跟随，不能同时跟蓝海全部达成契合，所以对于投资标的来说是竞争关系。从零和博弈的矩阵中可以看出，同一层次的投资对象间是此消彼长的关系。如中国股市和美国股市，中国房市和美国房市。在房价和股价投资对象的相对价值衡量下，就是此消彼长的关系。博弈确定实际上也是决策确定，人们的投资决策是选择最优，抛弃最差，人群决策章节在2倍、4倍增值空间和时间快、中、慢的决策矩阵，人们选择2倍快、4倍中、4倍快三种，放弃另外三种决策（详细内容在人群决策章节中描述），就是具体应用。契合就是决策占优决策，如有了高铁板块出现，在经济价值板块绝对占优，其他任何板块都不会投资，高铁的出现创造了相对价值，同时也削弱了其他经济板块（汽车、飞机等）的相对价值，如图 4-14 所示。

（二）参照确定

参照确定是基于相对价值的概念出发的。相对价值是指有一定的参照条件，价值会跟随参照条件变化而变化，而绝对价值是无论其他条件如何改变都不会对

占优策略 〉	有占优策略先选占优策略，即严格优于其他策略的策略。若有，选择严格占优策略
纳什均衡 〉	局内人在有限种策略选择并允许混合策略的前提下，有一个或多个纳什均衡定存在。选可以识别的蓝海
重复博弈 〉	由于合作博弈存在"作弊风险"在无限次博弈后，为实现价值最大化。选择针锋相对的策略
零和博弈 〉	在严格竞争下，一方的收益等于另一方的损失。投资对象间的此消彼长

图 4-14　博弈确定

其产生影响，价值不变。从概念出发，应强调参照的重要性。生活中，汽车是运动的，树木是静止的，这样说大家都能接受，但如果反过来说树木是运动的，汽车是静止的，则会有很多人说你痴人说梦。其实在物理学上这两种说法都是正确的，只是所选的参照系不同而已。这是爱因斯坦伟大的相对论创建的基本出发点，也是契合参照确定的出发点。

从哲学方面理解，相对价值指在考虑问题时一定不要孤立地看待问题，任何物体的价值都是相对的。从经济方面理解，大卫·李嘉图提出的经济概念，指所有衍生品之间的比例关系。这种比例关系一般比较稳定。处在相对价值形式上的衍生品的价值主要通过处在等价形式上的衍生品的使用价值表现出来。传统的财务评价只看一些绝对数值，新的评估方法着重在相对价值的创造，亦即在物流通道中提供增值服务，顾客所增加的价值中企业可占多少比例。

相对价值确定因为参照系和参照物的不同会产生不同的结果，相对价值又是虚拟时代契合的表现，所以虚拟时代的契合根据参照确定。如图 4-15 所示，B

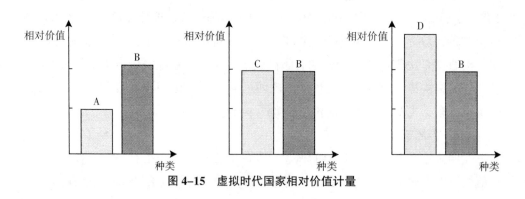

图 4-15　虚拟时代国家相对价值计量

是参照物，从图中可以得出：A＝1/2B，C＝B，D＝2/3B。所以导出 A：B：C：D＝1：2：2：3。如果相对价值在同一时期进行选择契合蓝海选择的优先级为 D＞C＝B＞A，则契合蓝海的选择顺序是相对价值量决定的。相对价值根据不同的参考对象确定，同一时期能达成契合蓝海的对象是相对价值量最大的一个。

参照确定可以更好地解释快慢的概念。《人群营商学》不同于《人口营商学》，有时间损失的三个不同情况，所以也有了价值实现速度快、中、慢的区分。这里的快、中、慢概念是通过横向比较和纵向比较得出来的。参照以往的价值实现速度，可以得出这次价值实现的速度。在同一时间点，不同的人群追随的板块的价值实现速度也会有快、中、慢。这就是人群矩阵出现快、中、慢三个不同的价值实现速度的原因。另外，从增值空间上理解，所谓的倍增、成倍都是以自己的现值为参照。倍增是实现现值的 2 倍以上 4 倍以下的价值增值，成倍是实现现值的 4 倍以上和 8 倍以下的价值增值，百倍是实现现值的 8 倍以上价值增值。只有理解了这个概念，才能更好地理解本书中对成倍和倍增的描述，如高铁板块出现后，投资飞机板块，就有时间和空间的判断了，高铁发展正是时候，发展快，而飞机发展快的时间美国已经抢先，投资中国的飞机时间是不明确的，空间也是如此，美国、欧盟飞机发展空间大，已经成为事实，中国要超过，比较有难度。但高铁成长空间明确，这就是参照确定的例子。

（三）匹配确定

匹配确定主要强调投资对象的内部匹配以及投资对象和投资人间的相互匹配。这两个方面是否可以匹配成，最主要的是进行价值衡量，最终能匹配到一起的都是经过价值衡量后判断出蓝海。价值衡量中的"衡量"有两重含义，一是指量度物体的重量和容积，二是考虑斟酌事物的轻重得失。价值衡量是对投资品的相对价值进行斟酌判断，最后选择和自己匹配的蓝海进行投资。通过如图 4-16 所示匹配确定，可以得出对于股票板块进行相对价值投资，最主要的是基于两个方面进行价值衡量。

价值衡量主要从定性和定量两个角度理解。对于定性的价值衡量是相对模糊的，这是一种投资者心中的模糊评价。中国有句俗话说"3 岁看大，7 岁看老"。它简单明了地概括了幼儿心理发展的一般规律。价值衡量是对其原有或者现有的一些情况，以对其未来的发展做出相匹配的预测。

定量的衡量要理解层次间的关系。对于不同层次的金融衍生品，投资者可以得出不同的价值体现，根据价值体现的多少，选择投资可以实现倍增快（2 倍

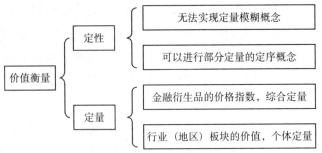

图 4-16　相对价值的契合蓝海价值衡量

快)、成倍快 (4 倍快)、成倍中 (4 倍中) 的板块。契合蓝海的价值衡量在量化
分析上，分为金融衍生品的价格指数和行业 (地区) 板块的价值。金融衍生品价
格指数的价值衡量是综合定量，主要是根据三个对策进行价值衡量，这将在本章
第三节中详细记述。对于行业 (地区) 板块，要实现该行业 (地区) 板块历史与
未来的匹配。对于一个成熟的行业 (地区) 板块来说，都有一定的发展历史，所
以要观察对投资对象的发展历史，根据发展历程中的高位和时间损失可以帮助判
断衍生品，未来的蓝海类型。但是，对于创新的行业板块、地区板块就需要博
弈、参照确定，综合判断。如钢铁行业属于成熟行业板块在 2005~2007 年的行情
中根据行业历史和未来的判断可以确定是最后一次蓝海价值机会；证券板块在中
国是创新板块——投资银行业务为主，中国股市是刚刚开始形成该行业板块，博
弈确定证券行业与房地产行业 (因为房地产也是一个新型行业) 相比较，证券行
业占优，房地产辉煌已经过去，参照确定，国外经验告诉投资人，中国的投资银
行业务刚刚开始，投资行业的发展空间巨大，蓝海价值不断体现。

　　金融衍生品的价格指数和行业板块之间也有匹配确定契合。行业板块和推动
金融衍生品价格指数的上涨，其中的契合度高，时机最合适。金融衍生品价格指
数的相对价值量匹配决定该投资对象整体的空间，所以行业板块必须适应该空间
的要求。金融衍生品的价格指数有了 2 倍空间，推动其上涨行业板块就有 2 倍或
4 倍空间；金融衍生品的价格指数有 4 倍空间，行业板块就有 4 倍和 8 倍空间。
所以，为更好地实现投资者的价值增值，投资者可以根据对投资对象空间和时间
的价值衡量，进行行业板块或地区板块的投资选择，也就是要找到股票指数实现
蓝海价值的真正原因。

　　金融衍生品价格指数往往不止一个，而是多种指数，它们的指数上涨空间也
不一样，主板与人气对策有关，次板上涨快，空间大。发展新次板，有利于推动

主板，但次板中行业板块或地区板块不是很明确，价值衡量会比较难，也就是投资人与投资对象之间的相互匹配，很多投资人不适宜投资次板，把握不住新次板的股票指数，所以给新次板设置"门槛"是为保护投资人。

第三节　虚拟时代契合蓝海原理

一、契合蓝海原理的理论来源

(一) 营销学来源

"契合"这一概念的使用可以追溯到 17 世纪，它被用来描述包括道德或法律上的义务、责任、婚约、雇佣及军事冲突等内容 (Brodie R. J.，2011)。近 20 年来，"契合"的概念被广泛应用到心理学、社会学、政治学及组织行为学等学科领域。

营销实践最早使用"契合"一词可以追溯到 2001 年，阿佩尔鲍姆 (Appel-baum，2001) 指出，顾客契合由理性忠诚和情感依恋组成。随后，"契合"在营销领域迅速成为研究的热点，并由此引出包括顾客契合 (Customer Engagement)、消费者契合 (Consumer Engagement)、顾客契合行为 (Customer Engagement Be-haviors)、顾客品牌契合 (Customer Brand Engagement) 等一系列概念。对于顾客契合的概念，企业界和学术界有着不同的界定。企业界从组织的角度考虑，将顾客契合定义为"加强互动，促进客户在品牌中的情感、心理或物质投资的活动"；学术界从系统的角度将顾客契合解释为顾客与组织代表及其他顾客参与协作知识交流过程的倾向 (简兆权，2018)。不同学者对于契合的定义也有所不同，具体内容如表 4-2 所示。

表 4-2　营销领域对契合的概念及定义

学者	概念	定义
Patterson 等 (2006)	顾客契合	顾客在于服务组织的关系中身体、认知和情感呈现的程度
Bowden (2009)	顾客契合过程	是一个心理过程，描述新顾客对服务品牌的忠诚的形成机制，以及重复购买顾客对服务品牌的忠诚的维持机制
Pham 和 Avnet (2009)	契合行为	契合似乎是源于一类行动或对目标物的退缩

续表

学者	概念	定义
Higgins 和 Scholer（2009）	契合	被目标对象卷入、占据、完全同化或专心致志的状态，其结果是产生某种吸引力或排斥力。高度契合的个体会接近或排斥目标物，因而增加或减少目标对象的价值
Vivek、Beatty 等（2010）	消费者契合	个体与组织的提供物和活动（由顾客或组织发起）参与和联系的强度
Mollen 和 Wilson（2010）	在线品牌契合	顾客对于品牌积极关系的认知和情感承诺
Van Doorn 等（2010）	顾客契合行为	顾客对品牌或企业的超出购买行为的行为表现，源于动机驱动因素，如口碑活动、推荐、帮助其他顾客、撰写博客、写评论
Holllebeek（2011）	顾客品牌契合	顾客的动机、品牌相关和情境依赖的心智状态，其特点是在与品牌互动中有某种程度的认知、情感和行为活动

　　除对顾客契合概念的研究与阐述，目前国内外许多学者对于顾客契合的测量也较为关注。测量顾客契合，需要明确其维度。学术界对于顾客契合维度的研究成果主要分为两大类别：单维度与多维度。40%的学者将顾客契合认定为一个单维度概念（Brodie，2011）。单维度定义又分为偏重心理层面和偏重行为层面两种。Pham 和 Avnet（2009）主要从行为的角度界定顾客契合，认为用行为的维度测量有利于进行观测分析。Van Doorn 等（2010）认为，顾客契合是行为上的一种表现，而不是心理上的反映。Beckers 等（2014）则认为，顾客契合表现顾客的心理活动变化，这种心理状态驱动着行为的产生。更多的学者认为，多维度能够更好地体现顾客契合的含义。Patterson 等（2006）提出，顾客契合包含四个组成部分，即专心、奉献精神、活跃和沟通。Vivek（2009）提出，顾客契合包括热忱、有意识地加入和交流互动三个维度。Kumar 等（2010）将顾客契合价值这一概念引入，并认为顾客的影响价值、终身价值、推荐价值以及知识价值共同构成顾客契合的价值。Hollebeek（2014）提出，顾客契合包含的三个维度分别是认知、情感和行为，在不同的环境下，顾客与企业或品牌的契合水平是不同的。其中，认知、情感和行为三维度定义受到越来越多的认可，并逐渐成为国内外学者用来测量顾客契合的标准。

　　根据以上理论综述，可以看出营销领域关于"契合"的研究中主要分为两大流派：一是将人力资源管理中个人—组织契合的概念延伸到关系营销中，认为契合是互补性与一致性契合的集合，契合的对象是各个关系方；二是将契合聚焦在顾客、品牌上，提出顾客契合、品牌契合等概念。本书采取个人—组织契合理论对营商学中的契合进行解释。根据该理论，个人与组织间具有两种基本的契合类型：相似性契合和互补性契合（Kristof，1996；Cable and Edwards，2004）。相似性契合（Supplementary Fit）主要强调个体的个性、价值观、目标以及态度与组织的文化、氛围、价值观、目标和规范之间的一致性（Schneider，1987；Schneider，Goldstiein and Smith，1995），而互补性契合（Complementary Fit）则强调组织需求能够被个体的供给（努力、承诺、经验、知识、技能等）所满足或者个体需求能够被组织的供给（资金、物质、心理资源、发展机遇等）所满足。

人群营商学来源于关系营销学，契合蓝海的理论来源于关系契合。所谓契合蓝海就是要在投资对象的内部，以及各个板块间达成契合，股票指数板块、行业（地区）板块、发展阶段板块等寻找的都是相对价值。契合蓝海的实现和关系契合一样要从分类、确定、定型和调整的方面思考，需要通过这四个步骤实现跟随价值最大化。人群营销学契合蓝海部分也来源于人气营商学的顾客满意部分。人群营商契合研究实质重在发现相对价值，而人气营商满意研究实质重在发现比较价值，如图4-17所示。

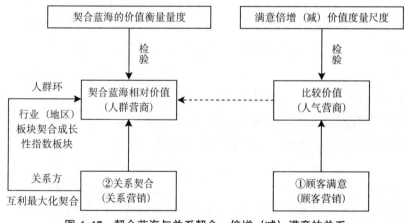

图4-17 契合蓝海与关系契合、倍增（减）满意的关系

（二）行为经济学来源

20世纪80年代以后，以理查德·泰勒为首的经济学家，从进化心理学获得启示，认为大多数人既非完全理性，也不是凡事皆从自私自利的角度出发。以此为理论基础，专门研究人类非理性行为的行为经济学应运而生。行为经济学形成于1994年，哈佛大学经济学家戴维·莱布森从心理学和行为角度探讨人类的意志

和金钱，把经济运作规律和心理分析有机组合，研究市场上人性行为的复杂性。行为经济学尤其是心理账户研究可以解释投资人为何对不同的板块有不同的价值衡量。从"心理账户"的概念理解，它是人们在心理上对结果（尤其是经济结果）的编码、分类和估价的过程，它揭示人们在进行（资金）财富决策时的心理认知过程。在股票的价值投资中，不是简单的现值比较，而是充满投资人对未来的价值判断。行为经济对研究人的非理性行为有很大的帮助，在股票投资市场也经常存在非理性的行为。因为投资人的心理因素对最后的投资决策产生很大的影响，所以利用行为心理学的研究成果作为本书的研究依据。

当然，行为经济学中的研究还有很多，本章只是对心理账户部分的理论进行综述，因为本章和这部分内容关系紧密。从心理账户的研究起源上来说，Thaler（1980）在研究沉没成本效应时，认为人们当前的决策容易受已经付出成本的影响，这是因为人们将过去的付出与将来的付出综合在一个账户中进行考虑，据此，他把这种内隐的账户系统称为"心理账户系统"（Psychological Accounting System）。Hsee（1999）在心理账户的研究中，提出使用不同的评价方法，会使人们的选择偏好发生改变。李爱梅（2014）研究发现，不同来源的金钱账户间彼此独立。消费者在进行消费决策时，会根据不同的财富来源匹配相应的消费方式，所以才会有不同的板块跟随，因为不同的资金来源会对投资者选择投资标的有所影响。心理账户不是中性的，这违背了传统经济学中金钱的可替代性原则。传统经济学认为，金钱是可以相互替代的，因此人们的决策不应该受金钱来源的影响。但是，现实生活中，不同账户中的金钱往往不能相互替代，各个账户中金钱的来源和使用的途径也是不同的，这就是心理账户的非替代性特征。人们的决策更多受到局部账户的影响，总会自动运用局部账户进行加工，即人们对结果的评价总是基于某一参照水平，而不是绝对水平（Kahneman and Tversky，1984）。所以，对于心理账户来说每个人群在自己心理账户的结算方面都有自己的逻辑，并不是所有的心理账户之间可以相互转换里面的相对价值。

心理账户不仅和普通会计账户一样涉及金钱账户，心理账户还涉及时间账户。心理账户的研究结论方面大多涉及的是金钱心理账户，时间心理账户和金钱心理账户不完全一致。Duxbury（2005）研究发现，在时间心理账户中，人们的决策不会受局部账户的影响。这种不一致的原因可能在于，在金钱心理账户中，金钱的价值是稳定且容易评估的，而在时间心理账户中，时间价值本身就具有模糊性而且不易评估，所以人们对时间相对值变化不敏感。此外，Rajagopal 和 Rha

（2009）发现，时间心理账户也有类似金钱心理账户的匹配方式。具体来说，如果是通过工作中节省出的时间，人们更倾向于使用在工作中，而通过"非工作"（如娱乐）节省出的时间，人们更倾向于使用在"非工作"中。但总的来说，人们倾向于将节省出的时间用于娱乐。

根据以上的研究成果也可以得出：在人们进行投资决策的过程中存在心理账户。正是由于投资者的心理因素才导致最终不同投资决策。心理账户是投资者进行价值衡量的账户，心理各个账户中，金钱的来源和使用的途径也不同，这也是心理账户的非替代性特征。从不同的角度思考，每个板块的涨跌判断有异同。所以，不同的板块相对价值最终的结算都是通过心理账户的价值衡量独立得到的。因此，不是每次作为金融衍生品的股票指数上涨都会带来所有板块的普涨。投资人投资中的时间损失都是评价相对模糊的，除和不同的板块比较增值实现的时间长度外，最重要的是和板块自身比较增值而实现的时间长短。一个板块的4倍中和4倍快的实现与自己板块历程中的时间长度有关，是一种相对概念。

二、虚拟时代契合蓝海原理

（一）基本原理

虚拟时代理解契合蓝海原理离不开心理期盼。期盼是指人们对未来一段时间要发生的事情的美好预期和愿望。蓝海从概念上讲是未知的价值空间，其包含投资标的未来的价值判断。心理期盼是指对未来一段时间一个相对价值判断，其背后有行为经济学中心理账户的价值衡量作为逻辑支持。投资人心理账户是存在的，心理期盼背后是心理账户的运算逻辑支持，其逻辑是对各种板块选择的损失—获益进行估价，称之为"得与失的构架"。但需要重点强调的是，心理期盼心理账户理论也有不同的地方，心理期盼对于投资者来说，不会因为选择投资决策就注销，而是在蓝海实现过程中进行调整，这也是没有直接使用心理账户一词的原因。心理账户理论旨在决策后消费者最后的账户余额为零，而心理期盼是因为投资者进行相对价值衡量后得出不同板块的相对值量。

正因如此，心理期盼在形成蓝海的过程中，也不会完全是正好的整数倍增长，存在灵活多变的超过、不足等形式。投资者的心理期盼往往决定蓝海的不同情况，对衍生品相对价值蓝海实现的板块、空间、方向有影响，如图4-18所示。同时，蓝海形成的过程中对投资者心理期盼有所调整。因为蓝海的实现并非一蹴而就，在实现过程中，投资人会根据实现的情况对板块的相对价值进行新的衡量，最后又作用于心理期盼。人群营商心理期盼用于判断衍生品板块的空间和方向，而人气营商的心理期望则用于判断商品品种的大小和方向。

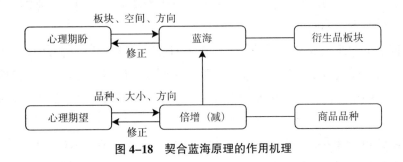

图 4-18　契合蓝海原理的作用机理

（二）契合作为蓝海研究的逻辑

《人气营商学》已说明，如不能实现倍增快（不是明星商品），投资人不会满意，也就不会投资，也不会达成契合。人群营商学属于相对价值的实现过程，比创造比较价值的人气营商学更进一步，除创造倍增快价值，还要实现成倍快和成倍中。契合放弃成倍慢，如同满意放弃倍增慢一样，所以成倍慢不会达成契合。成倍由于空间大可以在成倍中和成倍快同时达成契合。倍增快是蓝海价值的实现起点，才能实现成倍快和成倍中，是达成蓝海契合基本价值度量尺度，也就是 2倍快、4倍快、4倍中是契合的价值度量尺度，共同构成蓝海价值，二者完整地统一。

契合除强调蓝海价值空间和时间外，更加强调的是板块间的契合。推动股票指数板块上涨，实现蓝海价值的是具体行业（地区）板块，所以要将契合聚焦于行业（地区）板块和成长性研究。只有在指数板块蓝海的实现下选择正确的行业（地区）板块投资，才可以保证投资者实现相对价值最大化。

如果没有指数板块的蓝海价值实现，研究具体行业（地区）板块的契合，则属于不确定投资，一般投资人不容易把握。即使有行业板块和地区板块出现价值增值的情况，对于指数板块的上涨贡献也不会太大。所以，契合研究的逻辑是从指数板块的蓝海契合研究开始的，指数板块覆盖下的具体行业和地区板块的蓝海价值实现，为投资人实现更大的价值增值提供参考。举例说明，2015 年股票指数下跌后，白酒行业板块股票上涨，未能带动大盘指数上涨，投资人不容易把握，而 2014 年大盘指数上涨，必然带动证券、高铁等行业成长板块上涨，投资人比较容易通过契合分析进行把握。

最后说明契合与后悔分析的联系，后悔是人口营商研究的问题，后悔的价值度量尺度是 2 倍快、4 倍快、4 倍中、8 倍快、8 倍中、8 倍慢构成的龙头股价值创造，没有龙头股价值创造，即使是契合分析寻求到行业和地区板块，投资也很难落地，投资到一只龙头股股票才能真正实现相对价值和绝对价值的统一，这些研究只有通过人口营商才能研究清楚。

（三）心理期盼变化的内在含义

心理期盼的变化内涵是心理账户中相对价值的变化。所以，要明确心理账户的变动，实质是不同心理账户项目的相对价值的变化，这也是心理账户的变化。心理账户这个概念源于行为经济学，是指人们在心理上对结果（尤其是经济结果）的分类记账、编码、估价和预算等过程。所以，没有投资者对经济结果的评价，就不会有心理账户中价值的变化。根据已有研究，消费类别的模糊性是影响非替代性与预算控制的一个因素。这一影响因素的研究主要来自于"灵活的心理账户"（Malleable Mental Accounting）理论（Cheema and Soman，2006）。正如这里反映的心理账户是程序理性，投资者相对价值衡量的结果不一定完全相同。这导致了心理期盼不是一成不变的评价标准，会随着时代的变化而变化。

心理期盼的变化会引导投资股票板块的不同人群为自己投资的板块寻找投资理由。所以，对于投资者来说，一国股票指数会有自己的心理期盼，并通过心理账户进行价值衡量；一个具体的地区板块或者行业板块，也有投资者做出的心理期盼，即通过心理账户衡量不同板块的相对价值。在投资股票的过程中，投资者不会死板地分类地区或者行业板块，而是不断灵活地调整，虽分类因为时间的变化，边界模糊，但分类特点突出。因此，不同属性划分的板块随着心理期盼的变化而出现轮动的情况。

所以，心理期盼的变动实质是投资人群心理账户而相对价值的具体变化，用价值衡量判断最后的蓝海类型，从而进行投资决策。如图 4-19 所示，在不同的时点，金融衍生品（指数板块）通过均值的形式反映变化情况。指数的变化是指数包含的行业（地区）板块等各个板块的变化。对于投资者来说，要想实现比指数更大或者相等的价值增值，就要在不同的时点选择不同的行业（地区）板块，选择依据是相对价值最大的板块。例如，在时点 1 选择板块 1，在时点 2 选择板块 2，在时点 3 选择板块 3……直至实现的投资人总体价值增值会大于或等于指数的增值。最后实现投资人相对价值最大化的投资决策，因为指数的变动是总体反应，如果有行业和地区板块上涨空间大和时间短，超过大盘，那么就会有行业

（地区）板块落后大盘指数上涨，成长行业代表的个股更是如此。

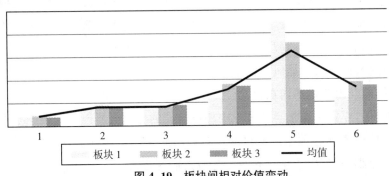

图 4-19　板块间相对价值变动

（四）契合蓝海的类型和适用对象

在《人气营商学》中，满意与倍增（减）的选择和人气矩阵密切相关，《人群营商学》中，人群矩阵和契合蓝海有很大关系。人群矩阵来源于 GE 矩阵模型（GE Matrix/Mckinsey Matrix），是美国通用公司创造的一种投资组合分析方法，所以又称通用电器公司矩阵法，是企业战略规划的基础理论之一。在下一章中有详细的介绍。从前文的契合作为蓝海研究中，可以理解契合指数蓝海主要是通过不同行业和地区板块推动得到的（见图 4-20）。

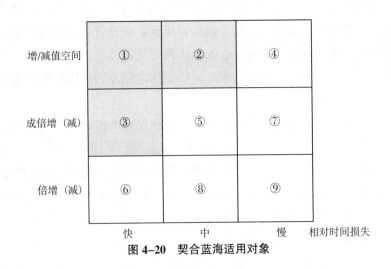

图 4-20　契合蓝海适用对象

本部分根据契合蓝海可以完成契合的三个类型，分别记述三种情形下蓝海的特点和适用对象。在虚拟时代中，只有明确了契合蓝海的体现，才能知道各个板块如何在指数蓝海中达成契合。能够实现这三种蓝海的是股票指数板块。一国最具代表性的股票指数往往是主板，也是成长指数板块之一。在不同的国家，还有很多个不同成长指数。如中国有中小板、创业板指数、科创板指数、深证A股主板指数和上证A股主板指数等，美国也有纳斯达克指数和道琼斯指数。能够达成契合蓝海的研究对象一般是主板指数，这是因为其他指数板块往往起步初期如同行业和地区板块，板块股票容量小、规模小，上涨往往超过蓝海价值空间，且构成指数上涨的行业板块和地区板块极不明确，很难利用契合理论进行分析，只有通过发展形成容量较大的指数板块并且逐渐取代主板指数（主板成长空间受到限制），次板才能进入蓝海价值指数。

契合蓝海价值指数的类型和适应对象就是为了说明在投资一个国家的前提下，其不同的板块可以达成的契合类型。通过对契合蓝海的投资特点和适合的投资人群进行归纳，更好地理解蓝海契合，可以放大研究范围到房价、股价、物价。

1. 成倍（4倍）快

特点：特点可以实现"4倍快"的板块都是价值空间大，实现速度快的板块，除股价外部分适用房价。在蓝海的三种类型中，这些板块的增值空间最大、速度最快。一般只有股票指数板块可以"4倍快"，对于一些地方的房价板块也会实现"4倍快"（如北京和上海）。但是并不是所有的房价板块都可以实现，如果价值衡量达不到。价格上涨过快出现虚高，就可能面对极大的价格波动，出现资产价格破灭的情况。物价板块也就不会出现这种蓝海，因为物价短期内打不开这么大空间。出现"4倍快"，意味着投资人和投资对象的契合最容易达成，会有很多人认同这种衍生品的投资。同时，能达成"4倍快"也意味着投资者心理账户中相对价值大。

适用对象：可以对投资对象和整体趋势做出迅速准确判断的投资者；希望在最短时间内资产升值最快的投资者；可以承受双向波动风险的投资者。

2. 成倍（4倍）中

特点：能够出现"4倍中"的板块，都是虽然价值空间大，但是实现速度相对较慢的板块，部分适用房价和物价。在蓝海的三种类型中，这些板块的增值空间最大、速度较慢。相关板块的相对价值存在但短期并不凸显。对于股价指数和股票的具体地区和行业板块而言都有可能出现这种情况。房价的部分地区板块也可能会出现，甚至整体房价指数也有可能被地区板块拉动出现"4倍中"。物价中的有些板块也会出现，只要是持续的上涨没有中断，"4倍中"也有可能实现。

出现"4倍中"也意味着投资人和投资对象的契合较易达成，会有一些人认同这种衍生品的投资。同时，能达成"4倍中"也意味着投资者心理账户中，相对价值量中等。

适用对象：追求投资收益较为温和、稳定的投资者；希望资产升值较大的投资者，同时可以承受较长投资时间；可以承受中期双向较大波动的投资者。

3. 倍增（2倍）快

特点：能够实现"2倍快"的板块，都是比较价值凸显的板块，板块有倍增空间，但实现速度快，适用房价、股价、物价。在蓝海的三种类型中，这种类型最为常见。根据《人气营商学》中有"2倍快"才会有人气关注。有人气关注才会有人群跟随。所以"三价"都会出现这种情形。板块出现"2倍快"的原因，是由于"三价"中的相关板块的相对价值短期内存在且可以实现。有不同"2倍快"完成情况，也就是"不足"、"超过"和正好，才有后面的契合蓝海趋势上升。出现"2倍快"，意味着投资人和投资对象的契合能够达成，会有部分人认同这种衍生品的投资。同时，能达成"2倍快"，也意味着投资者心理账户中，相对价值较小，比较价值凸显。

适用对象：追求投资价值实现非常稳定的投资者；希望在短期时间内实现资产升值的投资者；可以承受双向波动风险较小的投资者。

（五）投资人契合蓝海选择的步骤

第一步，判断动机。人群营商要对可以引发上涨的动机有基本判断，要判断是无意识动机、层次动机还是双因素动机。根据动机心理学可以知道，一般使用三个动机理论进行综合研究。这三种契合蓝海从动机心理学来说，分别是由无意识动机、双因素动机、层次动机三种不同的动机确定。无意识（潜意识）动机指个人的原始的盲目冲动、各种本能以及出生后和本能有关的欲望等。双因素动机主要有两个因素即激励因素和保健因素。满意是指可以使人得到满足和激励的因素。不满意因素是指容易产生意见和消极行为的因素，即保健因素。层次需求动机产生主要有两个原因：一是需要，二是刺激。马斯洛把人类的需要分为五大类层次。对应金融衍生品股票的指数板块，结合人气营商学的对策分析不难发现，无意识动机形成股票指数8倍快价值蓝海，双因素动机形成8中价值蓝海，层次动机形成8倍慢价值蓝海。这三种不同的动机会引发不同的上涨情况，如表4-3所示。

表 4-3 动机和契合蓝海的对应关系

动机	判断动机的依据	蓝海类型
无意识动机	◆ 一个国家的币值平台对策快速上升就是无意识的表现 ◆ 全球大量的货币迅速投资该国的金融衍生品，速度快 ◆ 根本没有盘整的时间和空间，2 倍只有不足，4 倍快，从而形成8 倍快	2 快不足×4 快正好= 8 倍快
双因素动机	◆ 币值平台不出问题的前提下（保健因素），金钱杠杆发挥作用（激励因素），构成双因素，增值速度快，空间大，容易超过2 倍、4 倍 ◆ 由于增值超过2 倍、4 倍，期间就会出现大幅调整，从而形成8 倍中	2 快超过×4 快超过= 8 倍中
层次动机	◆ 币值平台和金钱杠杆不会出现问题，非常稳健，人们不会，也很难利用这些对策推动股价指数，利用权力契约推动股价 ◆ 权力契约的运用，也意味全球投资人开始对该国的股价投资充分认同，是层次动机的明显表现 ◆ 权力契约和层次动机不会导致急速的4 倍快，从而形成2 倍快（人气投资的基本要求）正好、4 倍中，从而形成8 倍慢价值蓝海	2 快正好×4 中= 正好8 倍慢

第二步，判断空间。指数的蓝海价值通过动机理论进行判断，指数包含的板块投资标的，空间越大投资吸引力越大，也越容易达成契合蓝海。判断空间是对投资者心理盈余的一个判断，如果盈余不多则其增值空间有限。这一判断是对该行业或者地区未来成长性的判断，不管是简单的倍增还是成倍的判断，该股票指数包含的行业板块，不同的板块都有自己的上涨空间，这不仅由板块本身属性决定，也通过同类板块间的相对价值衡量对其进行判断。以证券板块为例，中国的证券行业板块的空间是基于中国股市的发展阶段和该板块自身股价高低，而判断其成长空间大小。

第三步，判断实现时间。指数的价值蓝海一旦判断清楚，行业和地区板块空间也容易确定，接下来是实现价值增值的时间长短，这也是人群营商的重要判断，跟随的时间越短，增值实现速度越快，是投资人的追求。实现速度慢，人们就可以不予投资。从相对价值=（替代增值+迭代增值+时代增值）/（时间损失+精力损失+货币损失+体力损失）可以看出，时间损失对于相对价值的重要性，所以判断相对价值的实现时间是重要的一步。根据不同板块的增值时间，投资者可以进行投资的布局，实现自己短时间内价值增值的最大化。

在投资人契合蓝海选择的第一步基础上，正确理解每次契合蓝海的实现是动机心理学在金融衍生品投资的重要体现。心理期盼分别是倍（减）增快、成倍增（减）中和成倍增（减）快，并通过价值衡量对相对价值最终的结果进行判断。

价值衡量是根据指数板块价值蓝海动机决定的，无意识动机推动 8 倍快，双因素动机推动 8 倍中，层次动机推动 8 倍慢。

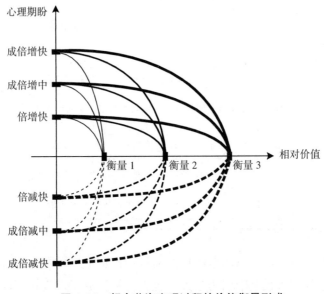

图 4-21　契合蓝海实现过程的价值衡量形成

价值衡量多用于股票指数板块，因为股票指数板块的蓝海实现速度，决定具体行业（地区）板块的增值速度。所以，契合分析具体行业（地区）板块就显得非常重要。相对价值的每个衡量是投资人对于指数板块进行一次价值判断。例如，主板指数的蓝海实现速度，决定了行业板块和地区板块的增值速度，如2005~2007 年中国股市主板指数是 8 倍快蓝海价值实现，大盘上涨 8 倍，需要的时间是一年半左右，行业和地区板块上涨时间更加变换较快，证券板块上涨 5 个月左右，立即转换为钢铁板块等，投资人在大盘指数实现 2 倍快和 4 倍快的蓝海价值时间周期内耐心等待和把握行业转换是非常有必要的。大盘指数蓝海价值实现到一个新的大盘指数蓝海价值重新实现需要相当长时间的等待，如 2005~2007 年蓝海价值实现，直到 2014 年新的蓝海价值实现需要等待 7 年时间。虽然投资人没有办法准确把握一个蓝海到另一个蓝海实现的时间，以及每一个蓝海完成的具体时间表，但人们可以分析出蓝海价值实现的对策和实现蓝海的途径，投资指数蓝海就相当容易了。契合分析的行业和地区板块就显得非常重要了。相对价值的每个衡量都是投资人对于指数板块进行一次价值判断，是 2 倍快、4 倍中、4倍快三者之间形成 8 倍的组合。

(六) 虚拟时代契合蓝海的目标

虚拟时代是在电子信息技术取得极大发展的背景下，以互联网、虚拟 VR 技术、多媒体、通信等手段为媒介，建立在一个广阔无垠虚拟空间之上的。当前所处的时代是一个虚拟与现实交互的时代，人们所依赖和拥有的不只存在着的实体，还包括存在着的虚体。实体与虚体的内在统一发展是人主体性思维中的理性和非理性的内在及外在的发展，两者的区分和割裂还没有被建立起来 (张涛，2017)。

契合达成，从宏观来说可以使衍生品通过多次升值，聚集人群投资；从微观来说，可以使投资人实现价值的多次增值。对虚拟时代的国家而言，为吸引全球投资人投资，并使投资人能找到不同领域的投资机会，紧跟投资节奏，可通过投资人和蓝海投资标的契合，实现相对价值的循环跟随。本书已经将虚拟时代的投资聚焦于金融衍生品的投资中，所以，虚拟时代的蓝海目标是在金融衍生品领域中实现的。在一定时期内，锁定一国的投资后，找到具有代表性的金融衍生品 (股票指数)。在此基础上会有不同的蓝海价值板块带领蓝海股票指数上涨，直至实现指数的蓝海价值创造。投资者要在这种不同的板块轮动中找到投资目标，实现自己的价值增值。

三、契合蓝海的价值投资选择

(一) 契合蓝海相对价值投资时机选择：衍生品种类繁多的时代

不同于《人气营商学》对商业社会到来的强调。《人群营商学》的研究背景需要强调虚拟时代的发展。其特征表现为供投资的衍生品变多和越来越多的投资人对自己的投资对象有了长时间和深入的了解。

随着金融市场不断完善，衍生品种类不断丰富细化，会促使有契合蓝海相对价值实现。金融衍生产品是指以货币、债券、股票等传统金融产品为基础，以杠杆性的信用交易为特征的金融产品。金融衍生工具是一种特殊类别买卖的金融工具统称。这种买卖的回报率是根据其他金融要素的表现情况衍生出来的。金融衍生品中有一些基本属性，它既可以用来对冲或降低风险，也可以用来增加风险，杠杆和投机，甚至可以进行各种各样的组合实现不同的收益策略。对于投资而言，可以进行投资的衍生品越来越多，证券化越来越深入。投资平台上可以选择的投资标的的增多，意味着虚拟时代逐步深化。

尤其对于股票市场来说，虚拟时代的深化代表着投资对象只要具有相对价值就会有投资人循环跟随投资，每一个实体企业都希望成为金融衍生品市场的一个投资标的，选择好哪个国家、哪个板块指数的金融衍生品市场，是证券投资人、金融分析师和相关决策机构共同抉择的结果，是集体智慧的结晶，也是契合蓝海相对价值投资时机的选择。如在主板指数空间越来越小，人群跟随的动机和对策形成主板蓝海价值可能性也越来越小时，积极培育新的蓝海价值指数显得非常重要，保持长久的指数蓝海，发展新的蓝海价值指数是契合蓝海价值投资的必然选择。

（二）契合蓝海价值投资情形选择

1. 价值体现的定义

体现主要意思是指某种性质或现象通过某一事物具体表现出来。价值体现是相对于人气营商的价值体系而提出的，没有价值体系无法度量尺度大小，没有价值体现无法衡量量度大小，股票指数就是价值体现之一会出现 2 倍和 4 倍的价值蓝海，包含很多行业和地区板块、丰富相对价值内涵的体现。没有价值体现就无法表现相对价值。在虚拟时代，每个板块都是其相对价值体现，5G 板块、稀土板块在股市中的上涨和下跌都是其在虚拟时代证券化后的价值体现。价值体现有其多样性，股票市场的价值体现最后都可以通过虚拟时代的证券化方式显性地表现出来。契合蓝海的投资情形选择要根据价值体现的蓝海价值多少来进行选择。并不是所有的价值体现都会进入资本市场，进入资本市场价值体现在一定的时期内不一定具有蓝海价值，就像进入人们关注的价值体系的房价、股价、物价人气线的倍增价值而值得全球投资人投资，价值体现也是进入人群环的蓝海股价指数板块的行业和地区板块才能使人群跟随投资。

2. 三个时代的价值体现类型

对于价值体现来说，不同的时代有不同的价值体现情况。替代、迭代和时代都会带来价值体现，只有时代的价值体现变化最大，因为时代带来价值增值在这三个时代中最大，可以进行投资。总体来说，三个时代价值体现分为三种：自然时代的少量价值体现、物质时代的较多价值体现和虚拟时代的大量价值体现。三种价值体现都是由于不同时代的心理期盼进行价值衡量。

自然时代，因农业社会人们心理期盼较少，可以价值衡量的品种有限，所以价值体现少量。对于物质时代来说，相较于自然时代人们心理期盼增多，生产力进步，品牌也较多，价值衡量后会有较多价值体现。到虚拟时代，投资人可以投资的衍生品更多，不同的指数板块、行业和地区板块更是不断涌现和创新，所以价值体现就比前两个时代要多很多，会产生大量的价值体现。

3. 虚拟时代的价值体现情形

在虚拟时代，股价指数契合蓝海的上升情景是 2 倍快、4 倍快、4 倍中组合的形态。在一次完整的实现中，可以实现倍增快（2 倍快）配合成倍快（4 倍快）和成倍中（4 倍中）形成 8 倍的蓝海类型，对于股票指数板块而言，一般都有三次实现蓝海价值的情况：2 倍快搭配 4 倍快实现 8 倍快；2 倍快搭配 4 倍快，中间有时间间隔实现 8 倍中；2 倍快搭配 4 倍中实现 8 倍慢。这三种情况分别对应人气的三个对策，三种蓝海价值上升情形。如图 4-22 所示。

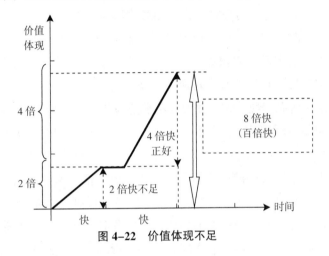

图 4-22　价值体现不足

情形 1：无意识动机的心理期盼，相对价值体现不足。如图 4-23 所示。
特点：完成时间短，两次蓝海实现之间间隔时间短。

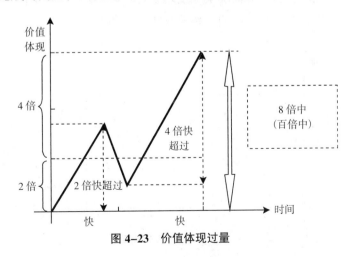

图 4-23　价值体现过量

优点：较短时间内实现最大化相对价值创造。

缺点：板块轮动太快，同时上涨的板块较多，无法抓住多次投资机会。

要求：需要耐心地等待启动和丰富经验提前发觉。

形成原因：币值对策推动的契合蓝海趋势上升情形速度较快，所以一般两次蓝海的实现总体时间较短。这种情况下，第一次2倍快的实现在不足的时候就会出现轻微的调整，马上积蓄力量实现4倍快。这种一鼓作气的上涨方式，在一个国家出现币值平台上升的情况下会出现，因为此时，在全球投资人心中该板块的成长性明显，可以实现8倍快的绝对价值。最后完成蓝海契合上升。

情形2：双因素动机的心理期盼，相对价值体现过量。

特点：完成时间中等，两次蓝海实现之间波动空间大。

优点：可以实现最大化相对价值创造，有相对较长的时间供投资人发掘，易把握；可以实现投资板块的多次转换，实现价值增值。

缺点：两次蓝海实现波动幅度大，不易把握两次蓝海实现调整的顶部和底部。

要求：需要不断进行价值判断，关注成倍实现过程中的板块变化，以免错失其他投资机会。

形成原因：金钱对策推动的契合蓝海趋势上升情形速度也相对较快，所以蓝海的实现总体时间中等。正是因为金钱对策一般很难出现精准的计算，时间充分，总有出现资金追逐过分情况的发生，这时往往会出现大起大落的情况。这种情况下，第一次2倍快的实现会出现超过的情况，就会出现大幅的调整。在调整中积蓄力量，等待时间，最后实现4倍快的超过。这种上涨方式，在一个国家出现金钱杠杆往股市上引导的情况下会出现，也可以实现8倍中的绝对价值，就容易出现上涨过程大起大落，中间板块轮动明显。如图4-24所示。

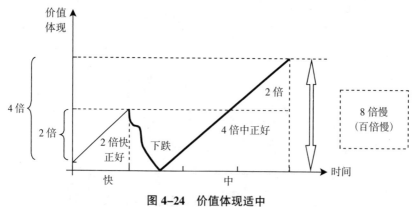

图4-24　价值体现适中

情形 3：层次动机的心理期盼，相对价值体现适中。

特点：完成时间长，两次蓝海实现之间间隔有较长的盘整时间。

优点：相对稳定，可以稳定实现价值增值，可以进行多次不同板块的价值投资。

缺点：时间较长，不能实现短时间的价值增值。

要求：由于时间相对较长，对资金的占用时间长，要有长期投资的耐心。

形成原因：权力对策推动的契合蓝海价值上升情形速度就比较慢，所以一般两次蓝海的实现总体时间最长。因为权力契约对策使用在股价上，没有币值反应快，没有金钱力度大，股价上涨时见效慢，效果不明显。这时往往会出现平缓的上涨。这种情况下，第一次 2 倍快的实现会正好，中间经过平整的盘整调整期。直到权力契约再次使用，积蓄力量，等待时间，最后实现 4 倍中。这种上涨方式，在一个国家权力契约往股市上引导的情况下会出现，最后也可以实现 8 倍慢的绝对价值，就是过程十分漫长，中间板块轮动明显，但是需要耐心。

（三）保持契合蓝海价值上升的方法

保持契合蓝海相对价值处于较高的情况，创造相对价值最大化。保持契合蓝海价值上升主要有四种不同方法，这四种方法在契合蓝海相对价值投资过程中具有重要的作用，通过这四种方法可以更好地达成契合。

1. 相对价值契合蓝海明显属性分类

分类，是指按照种类、等级或性质分别归类。"物以类聚、人以群分"，所以分类重要性不言而喻。没有分类就没办法在衍生品泛滥的情况下找到可以投资的对象，所以分类是选择投资板块的关键。要进行明显属性分类，要明确分类原则：第一，由大范围向小范围划分从国家这种大的范围逐渐向小的范围划分。第二，分类由有明确标准向不明确标准划分。第三，根据变化及时调整分类标准聚类。本书要对分类进行重新整理，主要强调四种分类方式。

（1）行业（地区）分类：地区分类比较好理解是指根据不同的地区对股票进行分类，大的地区可以根据国家进行分类，如美国股票、中国股票和英国股票等，小的地区可以根据一国的不同市场进行分类。可以根据投资者想要细化的投资对象进行不同的划分。股市开始阶段地区板块比较明显，如上海板块、深圳板块，现在国内其他地区板块的效应越来越弱化，行业分类的重要性凸显，所以也可以直接进行行业分类。

行业分类是个不断涌现和变化的分类，分类判断依据如表 4-5 所示。对于行业分类而言，不仅有长期和成熟的板块划分，如钢铁板块、银行板块等，也有因为公司业务变化和新技术的出现演化出新行业概念板块，如芯片板块、石墨烯板块。金融行业、首饰行业、钢铁行业、家具行业等属于不同的板块，这里将行业分类进行了一个相对大的归纳。本书可以根据《人气营商学》中对文化价值、经济价值和社会价值的区分，对不同的行业板块进行整合归纳，整体分为三个大的价值板块，如表4-4所示。本书根据《人气营商学》中对文化价值、经济价值和社会价值的区分，对不同的行业板块进行整合归纳，整体分为三个大的价值板块，地区板块同理。

表4-4　人群契合行业分类

分类	判断类型的依据	举例
文化价值行业板块	◆ 背后由历史或者商业故事的板块	白酒、航母
经济价值行业板块	◆ 支撑板块上升的主要动力的板块，是有好的经济效益和实体业绩支持的板块	高端制造、基础设施建设
社会价值行业板块	◆ 全社会认同的板块，紧跟指数板块的行业板块	证券、保险

　　行业板块之所以这样分类是将其属性进行大致划分，在文化价值板块、经济价值板块和社会价值板块下还可以进一步划分具体行业。社会价值板块一般支持的人较多，是被大家广泛认可的行业价值板块；经济价值板块一般都是传统行业板块，有良好的业绩支撑；文化价值板块都是由有文化故事的行业构成。这三个价值板块之间不是一成不变的，在不同的时间会有不同的划分方式，这是因为行业板块随着社会发展和公众的认知，会划分为不同的价值，行业板块的地位越来越高。

　　（2）发展阶段分类。发展阶段分类主要是指根据行业的发展和公司的发展，可以将他们分为题材板块、业绩板块和成长板块，分类判断依据如表4-5所示。这与行业的生命周期也有关系，一个传统行业的成长性不会比一个新兴朝阳行业的成长性好，所以经过比较，银行股更容易是业绩板块，而保险股对于中国来说属于成长板块。题材板块往往都是企业初现时或者在困境时，进行重组等重大事项，才会被划分为题材板块。后来投资注重业绩，实现从题材板块向业绩板块转化，虚拟时代注重成长板块，成长意味着有美好未来，业绩更多代表现在，成长也可能会带来业绩，也有题材性，成长具有不确定性，是虚拟时代投资的主体。

表4-5 人群契合发展阶段分类

分类	判断类型的依据	举例
题材板块	◆ 炒作题材的板块。这些题材可供借题发挥，可以引起市场大众跟风。特点是业绩差、市值小	重组股
业绩板块	◆ 有业绩向好的行业环境支撑。特点是业绩有保证、成长空间有限、市值大	白色家电、银行
成长板块	◆ 具有成长性的板块，这些板块有可能是题材股或者业绩股，但是当其成长性凸显的时候都归为成长板块，特点是业绩有保证、市值相对较小、成长性好	证券、高铁、新能源

在本书的研究中，成长板块是关注的重点，因为只有成长板块才是人群投资的指数契合蓝海可以达成的板块。业绩板块和题材板块也会推动指数上涨，但这些板块并不会形成指数契合蓝海，其倍增和成倍不一定可以实现。

（3）对策分类。对策分类是重要的分类方式。币值对策、金钱对策和权力对策三个对策是激发人群环的关键。不同的对策对"三价"的影响不同，具体内容在第三章基于营商价值的人群跟随原理及决策中有具体阐述。三种对策激发的人群环会有不同，如表4-6所示。

表4-6 人群契合对策分类

分类	判断类型的依据	举例
币值对策板块	◆ 币值对策激发指数板块上涨的三种价值行业板块类型集合	证券、房地产
金钱对策板块	◆ 金钱对策激发指数板块上涨的三种价值行业板块类型集合	证券、高铁
权力对策板块	◆ 权力对策激发指数板块上涨的三种价值行业板块类型集合	保险、旅游

（4）主次分类。主次分类是最难理解也是最有创新性的一个分类。不同于前面的分类是根据不同的特点进行归类，主次分类会分出不同的排序。排序将决定先研究哪个板块和指数的蓝海契合。主次分类是根据股票指数的成熟型、拥有的股票数量和资金数量等进行综合评价。主次分类必须要在确定一个国家股票的前提下进行，以美国股票为例，在主次分类中道琼斯指数就排在纳斯达克指数的前面。这里以中国的股票为例，对现有的指数和板块进行排序，具体情况如表4-7所示。最终得出主板的成熟性、股票数量和资金量最多。所以契合蓝海最容易在主板实现。

表 4-7　人群契合主次分类（以中国为例）

分类	判断类型的依据	举例
主板	◆ 上海 A 股和深圳 A 股统称为主板。深圳 A 股在深圳证券交易所上市交易，人民币交易的股票，股票代码"0"字开头。上海 A 股在上海证券交易所上市交易，人民币交易的股票，股票代码"6"字开头	浦发银行（600000）
中小板	◆ 中型稳定发展的企业，但是未达到主板挂牌要求的企业，也是深圳交易所的一个板块。是在深市上市的以 002 开头的股票，流通盘在 1 亿元以下	西部证券（002673）
创业板	◆ 以快速成长的科技型企业为主，人民币交易的股票，股票代码"3"字开头	长盈精密（300115）
新三板	◆ 全名叫作股份转让系统，是场外交易市场（OTC）。新三板的企业叫作挂牌，而不是 IPO，实行的是主办券商制度，主办券商资格可以在中国证券业协会查询	德商股份（837976）
科创板	◆ 2019 年 7 月 22 日开市，采取注册制，科创板根据板块定位和科创企业特点，设置多元包容的上市条件，允许符合科创板定位、尚未盈利或存在累计未弥补亏损的企业在科创板上市，允许符合相关要求的特殊股权结构企业和红筹企业在科创板上市	卓越新能（688196）

主板、中小板、创业板、新三板都是多层次资本市场的一部分。主板又分为上海主板和深圳主板，其中上海主板上市公司以 60 开头，而深圳主板上市公司以 000 开头，主板主要是定位于为大型蓝筹提供融资服务。中小板是深圳以 002 开头的上市公司，主要指中型稳定发展的企业，但是未达到主板挂牌要求的企业，也是深圳交易所的一个板块。创业板自从 2009 年诞生以来，以快速成长的科技型企业为主，一般要求是年净利润不低于 3000 万元，虽然证监会的书面要求是两年 1000 万元净利润指标，但在实际 IPO 过会的时候几乎没有见过两年 1000 万元能上的。创业板是以 300 开头的公司。最后是新三板，合格投资者 500 万元的门槛，把很多投资人挡在了门外，交易非常不活跃，以前是做市商撮合交易，近期也推出了竞价交易，但流动性缺乏的窘况并没有实质改变。新三板不是在沪深交易所，而是在北京的全国中小企业股份转让系统，股票代码以 8 开头。中国股市 2019 年还迎来了科创板。随着科创板的发展，中国股市形成了多层次投资局面。

2. 相对价值契合蓝海重要属性目标投资标的确定

相对价值契合蓝海重要属性目标投资标的确定，是指在虚拟时代找到推动股票指数实现蓝海契合的大致板块目标。重要属性是在 4 个分类标准中，选取至多 3 种重要属性分类标准对可以投资的股票板块进行划分，确定可以进行投资实现投资者相对价值的板块。

（1）一重属性确定。一重属性确定是在分类基础上进行的，投资者选择一种分类标准进行投资。投资人根据自己熟悉的分类标准，自主选择自己认为可以相对价值最大化的板块进行投资。投资人可以选择一个行业（地区）分类中的行业板块进行投资，也可以选择地区板块进行投资。但是，目前地区一般已经不怎么受到投资人关注了，上市公司在国内不同的地区可能都有子公司。所以股票的相对价值差异受到地区的限制较少。因为人气营商学的对策都是确定的，一轮行情中都是由币值、金钱、权利对策中的一个对策激发的人群环。所以，一般在行业（地区）分类、发展阶段分类、主次分类三种分类方式中找一个确定的目标进行投资。行业分类一重属性的目标确定主要是在文化、经济、社会价值三大行业板块中选择一个进行投资，如投资玻璃行业、飞机制造这样的经济板块。发展阶段属性分类就是选择成长板块进行投资，因为只有成长板块是人群投资的契合蓝海可以达成的板块，不是成长板块不会出现倍增（2倍）和成倍（4倍）的组合，不会推动股票指数实现蓝海契合。当然最好的一重确定是根据主次分类属性确定。因为主次分类的板块投资人可以直接进行投资。具体的主次属性分类如图4-25所示，以中国为例，选择成熟的主板投资，一方面有更多的投资选择，另一方面主板现在属于成长板块，有很好的成长性，可以达成蓝海契合。主板从创立初期的题材板块推动增值变为业绩板块推动，现在成为成长板块推动增长经历的漫长的发展时间，目前更利于中国股市的良性发展。

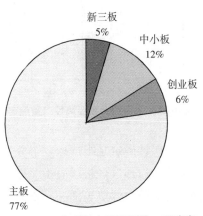

图 4-25　人群契合重要属性一重确定

注：图中百分比按 2019 年 2 月 23 日市值划分。

（2）二重属性确定。二重属性确定是在分类基础上，投资者选择两种分类属性，建立二维坐标系，确定投资目标。投资在同一层次的分类板块，在目标确定是哪一种蓝海类型时要使用排除法。如中国 A 股和美国道琼斯指数就不可能处于同一情形价值蓝海，中国处于币值对策蓝海，美国可能进入权力契约蓝海，中国进入金钱对策蓝海，美国股市的价值蓝海可能很难实现了。在同一国家内部也是如此，如图 4-26 所示，选择主次板块和发展阶段两个属性分类。发展阶段属性是一个变化的过程，中国股市的主次板可以对应不同的发展阶段板块。目前主板是成长板块，具有蓝海价值，所以，推动股价上涨的主力板块依然是主板成长板块，创业板也是成长板块，创业板块上涨比蓝海价值大，也可以投资，但它不是价值蓝海投资的三种情形，炒作过度，具有题材特性，随着创业板的完善，业绩表现好，成长行业和地区明确，将来可以取代主板成为成长板块投资，但次板这么多板块，谁能够取代主板指数判断起来还为时过早。对于投资人来说，由于成长板块的上涨是符合人气 4 个对策推动的，所以是最确定投资选择目标的。

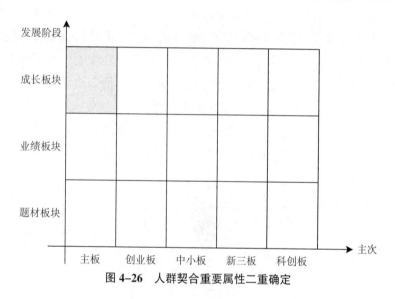

图 4-26　人群契合重要属性二重确定

（3）三重属性确定。三重属性确定是指选择三个分类属性，建立三维的坐标系确定投资目标市场。选取行业（地区）板块分类、发展阶段板块分类、主次板块分类三种分类方式，确定投资的目标更为准确和全面。以目前中国股价为例进行分析，确定可以实现契合蓝海的板块。图 4-27 中加黑的内容为契合蓝海可以实现的板块。

确定加黑部分为蓝海主要是从三个维度的分类属性综合考虑。从综合发展阶段和行业维度来看，目前主板市场是成长板块，创业板行业板块不明确，所以要

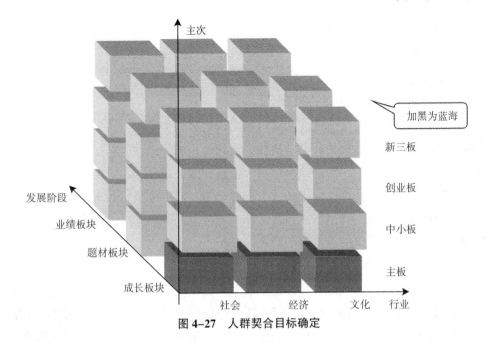

图 4-27　人群契合目标确定

投资主板，因为它是成长板块。目前，从中国股市的发展情况看，锁定主板市场的原因是目前主板市场的两大股票指数都处于低位。从主板市场的股票数量和市值来看，主板市场都具有得天独厚的优势，有很多成熟的行业板块，所以从难易程度上看主板市场拥有的投资者和投资机构都很多，更容易达成契合，应该优先在主板市场寻找契合蓝海。因此，主板如果蓝海实现没有结束，投资者就应该优先投资主板，而不是投资创业板。当主板市场达到高位的时候，进行相对价值判断。那时如果主板市场的空间受限，时间损失又相对较大，就可以选择创业板市场投资或者投资新的板块。投资主板可以实现蓝海契合，也可以实现投资者相对价值的最大化。主板的股票指数在不同的发展阶段和变化时期，业绩板块、成长板块，题材板块和股票指数会产生不同的契合。主板的股票指数在形成两次蓝海增值的过程中，主要依靠成长板块股票的助推。所以要在其中选择行业进行投资。

　　股票指数在实现 2 倍或者 4 倍的蓝海时，一般都是由社会价值板块带动、经济价值板块带动、文化价值板块在不同时期推动上涨。所以 3 个行业板块都要关注，具体的行业板块会在定型中确定。三个行业板块都会和股票指数达成契合是因为在股票指数需要较大动力助推时，社会价值行业板块会启动，因为有更多的投资人认同该板块。在股票指数上涨趋势已经形成时，经济价值行业板块就会启动，因为经济效应有支撑。文化价值行业板块在股票指数整体上涨的带动下也会上涨，但由于其市值和规模较小，所以仅仅依靠该板块不会带动股票指数大规模快速上涨。所以人群契合蓝海定型会确定 3 个价值板块进行投资，是推动股票指数完成契合蓝海的关键。

3. 相对价值契合蓝海决定性属性定型

决定性因素定型是契合蓝海相对价值实现的另一个重要方法，定型是要在确定的基础上，找到行业板块分类，找到究竟是什么板块推动股票指数蓝海价值上涨。在决定性定型环节，契合蓝海相对价值选择的决定性因素也是从分类的属性选择出来的，该因素是推动股票指数上涨的动力。对于股票指数来说，该决定性因素是行业属性。只有知道行业板块才能进行投资的股票选择，因为对于绝大多数的投资者来说，投资的标的都是股票即个股。只有确定推动股票指数的行业才能为进一步确定个股起到指导作用。

相对价值契合蓝海决定性属性是对股票指数板块下行业板块的具体选择。在分类中已经可以明确地知道如果对行业板块进行细致的划分，无论是动态性还是复杂性都会增加。尤其是由于公司的业务在不断调整，很多公司会在竞争环境下发展新的领域。在这种情况下将行业板块分为文化价值板块、经济价值板块和社会价值板块。但定型这一步要在行业板块中对 3 个价值行业板块进行契合分析，进行决策确定、参照确定、匹配确定，分别找到不同价值的 1~2 个具体的行业板块，对其进行有节奏的投资。

相对价值契合蓝海重要属性目标投资标的确定说明，要在股票指数实现蓝海的时候，研究成长股的契合蓝海，就是选择主板的成长股进行投资。所以，相对价值契合蓝海决定性属性定型第一步要判断股票指数的契合蓝海。在确定主板的成长股后要选择决定性因素对板块进行定型。这里的决定性因素就是行业因素。如果在发展初期，行业板块没有大量成熟的情况下，还有可能是地区因素作为决定性因素，应选择定型板块。

人群契合板块定型方法可以从两个方面进行思考，一个是思维分析，另一个是方法运用。如图 4-28 所示。在思维分析方面，主要有 4 个方法，第一是从投资者间交流来考虑。通过股评和线上线下的投资者的交流沟通，可以有效地确定达成契合的行业板块类型。第二是从行业发展历程分析。每一个行业都有发展历程，一般站在时代发展契机上的行业板块是可以达成契合的蓝海板块。第三是从相对价值概念判断。相对价值的分子部分是替代增值+迭代增值+时代增值。所以要从三个增值的角度出发思考板块确定。第四是从投资者的以往投资经历出发。投资者若有丰富的投资经历，就可以按照自己丰富的投资经历选择与所选择的股票指数板块契合的行业板块。

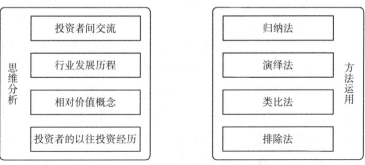

图 4-28 人群契合板块定型方法

从方法运用上出发，可以从归纳法，即从许多个别的事物中概括出一般性概念、原则或结论的思维方法。从各类信息中归纳出目前跟时代发展最契合的板块。也可以从演绎法，从文化、经济、社会三大行业板块下仔细分析，定型契合板块。类比法，从过去投资情况中比较得出可以带动股票指数板块上涨的相关行业。排除法，从过去的股票上涨历程中分析，如果在多年前有带动股票指数上涨，现如今发展不如以往的行业板块予以排除。通过以上的思维分析和方法可以定型行业板块。

行业板块的确定还应从心理期盼出发进行判断，选择价值大的行业板块作为价值体现，具体行业板块如何进行判断还要在实际中不断检验，通过对历史数据和行业前景的判断，分别从文化、经济和社会价值行业板块中选出具体的行业板块，如建筑建材行业、水泥行业、家电行业、电子信息等。每一个价值板块通过契合确定（决策、参照、匹配）方法（归纳、演绎、类比、排除），选择一到几个具体行业板块，如表 4-8 所示，最终确定 3 个具体行业板块，就是行业定型带动股票指数蓝海价值上升的板块。

表 4-8 人群契合行业板块定型

行业分类	具体行业体现	定型
文化价值行业板块	白酒行业、航母行业、航空行业、旅游行业	航母行业
经济价值行业板块	建筑建材行业、水泥行业、高铁行业	高铁行业
社会价值行业板块	证券行业、保险行业、房地产行业	证券行业

4. 相对价值契合蓝海动态属性调整

相对价值契合蓝海动态属性调整，首先要从指数板块调整上理解。从指数板块调整时间和空间上讲，在 8 倍过程中，依据人气营商学的四个对策币值、金钱和权利的调整时间有长有短，但都是实现价值蓝海，只要把握明确的板块轮动，创造相对价值非常确定，如 2005~2007 年币值对策，只要把握证券板块、钢铁板块、黄金板块，任何时间和空间调整都不重要，如果过分注重空间调整，3000 点抛出股票，5000 点再次投资，6000 点全面下跌，则损失惨重。在金钱对策的 8 倍实现过程中，第一个 2 倍超过调整投资失误，只要把握正确的板块，在第二个 4 倍超过中很容易投资成功。在 8 倍实现后，调整时间过长，一般将近 10 年左右，时间过长没必要研究，调整时间和空间的研究。应该根据《人气营商价值投资理论与实践》满意理论，结合投资房价、股价和物价的调整空间和时间进行研究。比如，在股价出现 8 倍中的调整，就会利用房价的调整空间和时间投资房价，或者投资物价。

与此同时，不仅是从股票指数蓝海形成视角的调整，可以判断行业板块对于指数蓝海价值形成的贡献，在币值平台对策出现的 8 倍快，行业板块作用就不会非常明显，行业板块重叠，如经济价值钢铁板块和文化价值黄金板块上涨重叠，金钱杠杆对策形成的 8 倍中，证券板块、高铁板块、航母板块上涨明确；还要对前三步找出的推动成长股票指数板块上涨的行业板块进行调整，验证这个板块是否真的起到推动作用。对于成长指数板块来说，有两次蓝海价值实现。在价值实现的过程中第一次和第二次的行业板块都是一样的板块。所以在成长指数板块第一次蓝海价值实现后，要进行总结和调整。如果推动成长股票指数在第一次实现蓝海中的推动板块寻找错误，错过了投资上涨时机，就需要调整。不错过第二次蓝海实现中的行业板块投资机会。一般，第一次蓝海价值实现过程中也就是 2 倍快的过程中行业板块实现上涨和带动作用的板块在第二次蓝海实现过程中一定会上涨。如果第一次蓝海实现过程中没有出现上涨的行业板块，并一定在第二次蓝海时不带动上涨。所以在成长指数板块两次蓝海实现的过程中需要进行调整。调整是在定型基础上的，弥补定型中选错了行业板块。

如表 4-9 所示，在金钱对策下，第一次成长指数板块蓝海 2 倍快实现过程中，航母板块带头上涨，上涨超过了其他文化价值成长板块的上涨。所以证明定型正确，在接下来成长指数板块蓝海 4 倍快实现过程会接着实现。而白酒板块没有在成长指数板块蓝海 2 倍过程中上涨超过指数，是在指数调整过程中逆势上涨，说明不能带动指数板块。所以，在下一次 4 倍快实现过程中，白酒板块跟指数板块上涨没有必然关系。因此，在文化价值行业板块投资中不选择投资白酒板块，航空、旅游板块随着指数板块上涨幅度也不小，但是，它们不是领头板块。

表 4-9　金钱对策下的文化价值板块调整

成长指数蓝海实现　　　具体行业	2 倍快（超过）	4 倍快（超过）
白酒行业板块	×龙头上涨，超过指数上涨，4 倍以上增值	√会实现 8 倍以上增值
航母行业板块	√龙头上涨，超过指数上涨，4 倍以上增值	√会实现 8 倍以上增值
航空行业板块	×上涨，没有超过指数上涨	×
旅游行业板块	×上涨，没有超过指数上涨	×

另外，对于行业板块而言，龙头个股逐渐成为引导板块发展的原动力。任何一个板块，判断它是否成为价值定型的板块，其最根本的核心在于这一板块本身的发展前景以及板块中起龙头作用的上市公司的区域和行业地位。所以，没有龙头个股带领的实现 2 倍快，4 倍快、中或者 8 倍上涨的板块都无法实现整个板块的蓝海价值。指数板块 2 倍增值，行业龙头出现 4 倍及以上，该行业板块成为定型后的调整板块，指数板块 4 倍增值，行业龙头出现 8 倍及以上，该行业板块成为定型后的调整板块，通过指数板块 2 倍增值的龙头个股 4 倍以上的增值表现，把握指数 4 倍增值的行业板块，通过指数 4 倍增值时，行业龙头的 8 倍判断，把握行业定型的动态调整。

投资者通过之前分类、确定和定型后选定投资对象，究竟是否可以实现契合蓝海，要依靠最后一步不断调整思维，找到最终可以实现推动股票指数蓝海价值实现的行业板块。

四、心理期盼的把控调整

（一）心理期盼调整：主动和被动

心理期盼之所以要调整是为了使一国的金融市场充满活力，要造成相对价值此消彼长，达成投资者循环跟随的投资环境。为了防止一个板块上涨过高，出现后期的资产泡沫破灭，应有心理期盼的调整，可以让证券投资人的人群跟随不离开该国，而是在一国的不同板块上循环投资。对于投资者来说，心理期盼是投资人自己对投资对象进行的虚拟价值判断。

每个国家都应该通过创造契合蓝海的相对价值主动进行调整，防止出现与人们的心理期盼在蓝海价值实现的过程中，过于大起大落，造成不利的后果。以日本为例就可以看到对相对价值不进行调整的例子。在日本签订广场协定前，全世界的投资者都在关注日本，日本股市就出现了快速的上涨。日本政府没有主动进行调整，就出现了第二次蓝海实现夭折的情况，最终股市汇市双杀，日本房价泡沫破灭。这就是对股市不加主动调整的后果。以中国的现实情况为例，中国和美国目前在国际竞争中的矛盾日益凸显，尤其是贸易战不断加剧和升级，美国妄图打击中国相对价值体现的 5G 通信技术和高端制造，以此遏制中国未来的发展。对待这种情况，为了保证价值体现不出问题，就要对心理期盼进行把控调整。让世界投资人在不同的板块间投资，用金融市场为企业提供好的融资环境，塑造更为有价值的企业，发展科创板，创造新的价值蓝海和新的行业，以虚带实，让企业有更多资金投入研发，进行技术创新，彻底打破美国的贸易战。在美国政府对华不友善的情况下，要吸引其他投资者投资中国创新的相对价值蓝海，让人群长期跟随在中国的价值蓝海。

为了更好地把控心理期盼，首先要对投资者的心理期盼有所了解。只有了解哪些因素会影响投资者的心理期盼，才可以更好地进行把控和调整。研究心理期盼，就要对价值体现有所认识，要对价值体现进行调整干预才可以影响到心理期盼。要增加板块的价值体现，这样，一个国家的人群才会不断聚集，可以包容更多的人群进行不同板块的投资。

（二）增加心理期盼的价值体现

增加心理期盼的价值体现要从国际、国内两个方面衡量。并通过两种途径提高价值体现。一个国家要有一个自己的价值体现，要从国内和国外两个方面思考。既要做强自己也要影响世界，要让世界认可自己的价值体现。如图 4-29 所示，通过这些方式都会增加一个国家的价值体现，保证蓝海的实现。

对于国内而言有两个途径，一是完善国内价值体现。要完善国内的价值体现就要从分类出发，有主板也要有次板。因为，次板对主板的相对价值实现有帮助。经济、社会、文化价值的板块都要有。从指数板块到行业板块划分，都要由少到多，逐步完善。对于新的次板来说，也要不断完善自己的行业板块，让行业板块从不健全到清晰。这样才能使次板逐渐壮大，在主板蓝海价值不明确时取代主板，不断给投资者新的投资标的。所以，查漏补缺是第一步，先要分析国内还

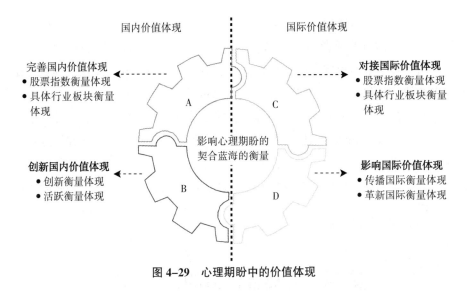

图4-29 心理期盼中的价值体现

没有完善的价值板块，建立健全价值体现。这样投资者才可以在虚拟时代有蓝海价值板块跟随。

二是创新国内价值体现。从相对价值的概念出发，相对价值的增值强调替代、迭代和时代增值。能引领时代发展的板块才是关键的板块，也是成长性最好的板块。创新国内价值体现，创新衡量体现并且活跃衡量体现。创新引领未来虚拟时代的板块，可以增加该国的心理期盼的价值体现。因为投资者对未来发展高成长行业会重点跟随，成长代表未来，这样的行业前景也会增加投资者的心理期盼价值体现。大数据、AI、5G等都是把握到时代脉搏的板块，所以要创新这些板块。美国正是当时创新了智能手机板块，以苹果公司领衔，使智能手机板块在投资者心中相对价值体现明显。同时，建立自己国家的特色板块也是一种创新，如白酒板块也可以作为一个成长的文化价值行业板块进行跟随。

对于国际而言，一国还要对接国际价值体现。要跟世界对接，其他国家有的板块本国也要有。美国有纳斯达克的股票指数板块，就要有创业板、科创板这样的指数板块进行对标，吸引国际投资者投资科技创新企业。从股票指数到行业板块，都要有对应的行业。虽然国际分工让不同的国家行业发展不同，但作为一个独立国家要有自己完善的行业板块。不能让美国利用芯片技术，卡住很多行业的脖子。国际上最前沿的行业都要有本国的行业板块与其对应，紧紧跟上。同时也不能丢掉传统制造业，出现美国之前那种工业空心化的局面。要保持国内行业板块的多样性。从前沿到基础的行业板块，都需要完善。

一国要增加价值体现除了对接，还要影响国际价值。成为价值体现的传播者和革新者。新的行业或者新的概念革新，就像现在兴起的机器人 AI 行业，之前机器人在实验领域出现较多，现在其更多地出现在消费领域，在很多领域都是直接替代性的，替代了人工。新的可拓展技术也是革新的反映，手机从 iPhone4 到 iPhone11，迭代快是手机最大的特点。这就是新的可拓展技术的运用。指纹解锁、全面屏、5G 功能等新技术的运用推动了手机板块的上涨，这就是迭代。而时代革新往往是要抓住的，因为持续的时间会很长。要做时代的引领者才可以更好地保证蓝海实现。所以要做好技术创新和思维创新，让世界认可和跟随本国的价值体现。

第四节　契合蓝海的价值创造

一、契合蓝海的研究对象

本章之所以称之为契合蓝海，其研究重点是帮助投资人达成契合蓝海投资。蓝海契合是一系列复杂的过程，不再是《人气营商学》的房价、物价和股价"三价"之间的投资转化，而是直接将眼光聚焦于证券化的股价，研究股价的指数成长板块投资和推动股票指数上涨的具体行业（地区）板块。蓝海的契合是投资者对指数板块和不同行业（地区）板块跟随意愿的最终结果，是人们形象思维、演绎思维的表现，也是选择性思维的修正。全世界投资者从国家到个人，如何在纷繁复杂的板块轮动中做出最正确的选择，成为本章的研究重点。

在契合蓝海的过程中，有一个问题首先要明确，为何要研究股价的蓝海契合。从人气与人群营商的联系来看，第一，因为股价是商业社会的商品之一，是人气营商的研究对象，可以通过股票市场为企业拓宽融资渠道，对投资人创造衍生品价值有重要意义。正如习近平总书记在中共中央政治局就完善金融服务、防范金融风险举行的第十三次集体学习中提出的"经济是肌体，金融是血脉，两者共生共荣。金融活，经济活；金融稳，经济稳。经济兴，金融兴；经济强，金融强"。股票作为重要的资金融通方式，证券市场对金融市场有着非常重要的意义。本书聚焦于股票市场投资，研究股票指数在实现契合蓝海的过程中，具体的行业

（地区）板块会如何和成长股票指数达成契合蓝海。第二，因为股价研究的契合理论对于房价、物价具有重要的参考意义，例如，部分地区房价超过 8 倍上涨，就是金钱杠杆过分放大在地区板块，导致地区房价大幅上涨的结果，在经济发达地区不会有多大影响，但在中西部地区房价超过 2 倍必须限制购买，否则很容易出现房价的大起大落，资产泡沫破灭，形成金融危机，而且 2 倍房价上涨之后，一定是 4 倍上涨，只是盘整的时间长，必须加快发展中西部中心城市的经济，支撑上涨的房价。

确定契合蓝海的研究对象还有另外一条研究思路，即从虚拟时代金融衍生品的角度进行思考，金融衍生品的时代价值创造是判断相对价值的重要理论源泉，是契合蓝海价值指数，行业和地区板块选择的重要确定标准，如图 4-30 所示。

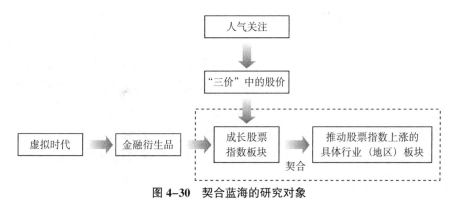

图 4-30　契合蓝海的研究对象

一方面，在虚拟时代，金融衍生品是指一种金融合约，其价值取决于一种或多种基础资产或指数，合约的基本种类包括远期、期货、掉期（互换）和期权。金融衍生品还包括具有远期、期货、掉期（互换）和期权中一种或多种特征的混合金融工具。股价指数作为一个衍生品很多的投资标的，可以更容易实现蓝海价值契合。对于一个国家和地区来说，都有具有代表性的股票指数，各国为了让自己在虚拟时代的变迁中抢占先机，就要让自己国家具有代表性的股票指数实现蓝海价值创造（在人群决策中仔细研究）。只有当股票指数进入蓝海价值，也就是成为成长股价指数板块时才能证明该国股价的相对价值突出，会有人群对其循环跟随。

另一方面，可以从物质制造的实体企业出发，股价的上涨可以对实体企业的融资成本降低提供极大的帮助，真正做到虚拟的衍生品对物质品种的带动作用。各国大力发展金融市场的原因是吸引投资者进行投资，带动自己国家经济向高端发展，只从工业经济本身发展以及力不从心，必须着手虚拟带动实体，提高人们的生活品质。人气关注"三价"中的股价可以知道当股价被人气关注也只有 2 倍的增值空间，成长股票指数板块会有人群环的跟随，还会在 2 倍基础上实现 4 倍。这两方面都是要研究确定成长股票指数板块和行业（地区）板块。契合是研究蓝海价值成长股票指数板块和推动股票指数上涨的具体行业（地区）板块之间的关系，从而帮助投资者做出投资决策。

股票成长指数板块和行业（地区）板块的关系相互包含、相互促进。股票成长指数板块覆盖的是行业（地区）的变化增长。行业（地区）板块的时代价值创造是契合蓝海价值指数的推动力量，要对可以实现时代增值的行业（地区）板块加以投资。

从个人投资者角度出发，股票指数进入成长股票指数板块说明是蓝海价值研究范畴，就证明投资者在价值投资上更具有投资选择的机会。投资者要紧跟指数蓝海增值的脚步，合理选择投资标的，选择可以推动股票指数上涨的具体行业（地区）板块，把握投资节奏，从而在较短时间内实现自己的价值增值。所以，契合蓝海的研究对象最后落脚到推动股票指数上涨的行业（地区）板块上。

投资人在面对股票指数上升过程中，如何实现自己板块投资的节奏的转换，发现在指数蓝海价值创造中不同板块的轮动规律，实现自己资产的成倍增或者百倍增，将会在本节第三部分详细介绍。

二、虚拟时代板块达成契合的类型

虚拟时代的人群契合，可以引发人群跟随的契合蓝海价值上升情形只有三种，形成不同的人群环，在下一章具体描述。这三种情况分别是 2 倍快（不足）和 4 倍快构成的 8 倍快；2 倍快（超过）和 4 倍快（超过）构成的 8 倍中；以及 2 倍快和 4 倍中构成的 8 倍慢。人群环中都包含有 2 倍快，不是倍增就不能得到人气关注，所以人群环的第一步都是 2 倍快。对本书的人群跟随来说，除倍增快的实现，后续还有成倍快和成倍中这两个蓝海类型。这三种类型是蓝海契合研究对象。

本书研究的内容主要聚焦于股价人群契合的这三种情况。选择股价是因为"三价"中只有股价刚好有这三种类型的人群契合。对于房价来说，整体上需要控制出现 2 倍快（超过）和 4 倍快（超过）这种类型人群契合，因为房价整体不能出现大的调整这种情况，一旦出现带来的危害太大，智慧的投资人会避免这种情况发生，在发现出现 2 倍超过时就会限购、限价。物价整体除不能出现 2 倍快（超过）和 4 倍快（超过）这种类型，还不能出现 2 倍快（不足）和 4 倍快这种人群环，因为物价波动相对平稳，投资人群跟随需要控制出现 2 倍快和 4 倍快这种情况。同时"三价"分板块都会出现"8 倍"人群环，只是立足的板块不同。股价的人群契合立足于行业板块；房价的人群契合立足于地区板块；物价的人群契合立足于品种类别。

从能够达成契合的类型来看，如表 4-10 所示，★代表投资人对其价格变动的宽容，是房价、股价、物价能够实现蓝海契合的人群环类型。股价在三种对策的激发下，整体兼有三种人群实现蓝海，其中成长指数板块里的行业板块与这三种人群达成契合。所以，本书研究着重点聚焦于股价三种不同人群环的行业板块契合。

表 4-10　人群跟随的板块蓝海契合的类型

"三价" ＼ 蓝海类型	2 倍快不足 × 4 倍快 = 8 倍快	2 倍快超过 × … 4 倍快超过 = 8 倍中	2 倍快 × 4 倍中 = 8 倍慢
股价	★	★	★
房价	★	控制	★
物价	控制	控制	★

三、股票板块的契合蓝海投资选择

（一）契合蓝海价值投资的实现步骤

从契合蓝海的内容来说，本章分别从契合在虚拟时代的股价表现形式即相对价值出发，研究投资人如何把握板块轮动的节奏实现自己投资的价值增值。

契合蓝海相对价值衡量在虚拟时代中的运作机理。对于投资人来说，投资对象选择步骤一共分为 5 步，具体如图 4-31 所示。只有根据这个步骤，虚拟时代的投资人才能更好地实现自己的资产增值，创造最大化的契合蓝海相对价值，从而在虚拟时代占得投资先机。

第一步，选择人气关注的国家股价进行板块分类。《人气营商学》中已经阐明受到关注的国家"三价"人气线能够聚焦大量的人气，而股价是其中很重要的关注对象。研究"三价"中股价的原因在前文中已经详细记述了。对投资人来讲，选择一国的股价进行板块分类十分重要，因为在虚拟时代中，可以投资的衍生品

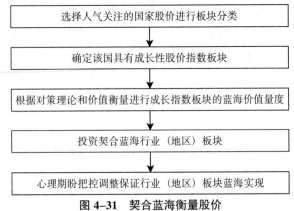

图 4-31　契合蓝海衡量股价

较多，要通过分类寻找确定性的板块投资。依据分类的原则和四种分类方式对行业、地区、发展阶段和主次进行清晰的分类。只有分类清晰才可以在后来进行投资选择，所以要依据不同分类标准进行合适的划分。

第二步，确定该国具有成长性股价指数板块。经过各种板块分类，指数板块是股票板块的核心，指数板块非常多，选择具有成长性的指数板块，是投资的首选，指数不具有成长性就没有蓝海价值创造，投资该指数的行业、地区板块更加不确定。成长指数也有很多，不是所有成长指数都可以投资，没有明晰的行业、地区板块，没有长期观察和领悟的指数板块，也是不能投资的。有的成长板块指数可能直接实现 8 倍增长，投资人也只能望尘莫及。如 2014~2015 年创业板指数上涨超过主板指数，很多投资人是不可能投资的，投资设定一定的门槛，50 万元及以上投资人才能投资，不能融资等规定，限制了很多投资人，同时该板块是新型次板指数，包含的行业板块不明晰，无法寻求成长行业板块，龙头个股不能正确把握，在主板熟悉而且具有明确的行业板块时，投资人选择主板指数，不会投资创业板。成长指数板块不是一成不变的，目前的中国股市主板还是成长指数板块。一旦主板成长性失去，对次板（包括创业板、科创板、中小板、新三板等）的培养，是为了经过几十年发展，将来可以取代主板，为投资人创造契合的蓝海相对价值。

第三步，根据对策理论和价值衡量进行成长指数板块的蓝海价值量度。投资人要进行指数板块投资，必须清楚该指数板块的蓝海价值衡量。依据《人气营商学》中不同的投资对策，对应股票成长指数板块的蓝海价值情形，三种对策对应三种典型蓝海实现类型（见图 4-32）。价值衡量的量度影响着契合蓝海的价值实现，量度是对策与动机心理的结合，是人们投资实践的理论升华。股票指数是一种用数字记录的量度单位，根据蓝海契合的价值衡量，在共同（指数板块和行业板块等）的量度下实现不同的契合蓝海类型。

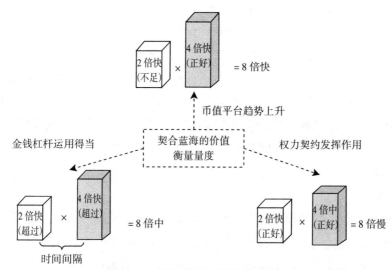

图 4-32　契合蓝海的价值衡量量度

第四步，投资契合蓝海行业（地区）板块。对于大部分投资人来说，投资该国和地区的股票指数一般都是通过股指期货等方式投资，除了这种方式更为便捷和投资门槛较低的方式是投资推动板块上升的行业（地区）板块。应选择最合适的股价行业（地区）板块进行投资，选择具体的契合蓝海行业（地区）板块才可以让投资更具确定性。虚拟时代的人群会跟随带领股票指数板块上涨的行业（地区）板块。所以投资人在选择了成长股价指数之后，会通过相对价值判断决定投资行业（地区）板块，实现指数板块和行业板块的共振。在不同股价指数的蓝海实现，投资人会进行不同节奏的契合蓝海。投资人找到带动股价指数上升的地区、行业时代增值板块，实现自己的价值增值。

第五步，心理期盼把控调整保证行业（地区）板块蓝海实现。板块的心理期盼把控能力是决定其能否实现持续价值增值的重要影响因素。首先是提高股票板块的心理期盼的把控能力。前文已经详细地分析了，如何对心理期盼进行把控调整，心理期盼把控能力是一个蓝海价值实现的表现，也是后续进行行业板块选择的关键。对每个投资人来说，一个国家或者地区对板块的把控能力往往是投资分析的重要判断依据。通过四种方式可以提高心理期盼的价值体现，如开通科创板，增加新的价值体现，通过契合科创板带动主板，就是对心理期盼的主动把控调整，可以契合主板的蓝海实现。保证主板指数的蓝海价值实现，就有效保证了行业板块的蓝海实现。所以投资人最后要结合创新价值体现，带动主板蓝海价值板块进行投资选择，这一步是最后一步也是最重要的一步。

（二）契合蓝海相对价值投资板块的选择

契合蓝海的相对价值投资板块的选择和投资对象一样要分步骤确定。在虚拟时代对股票指数来说，主要依据心理期盼原理的价值衡量价值体现来进行展开，契合蓝海相对价值的变动总是随着价值衡量的价值量度进行变动。在会计中，实物量度相当于以生产量计量，劳动量度相当于用生产数量计量，货币量度用生产的货币价值计量。价值量度就是相当于用价值计量。由于参照的价值量不同，价值基数的差异，所以价值量度存在差异。价值量度的不同也定义了 2 倍、4 倍和 8 倍的增值。

在成长股票指数板块的契合蓝海的价值衡量上，受到《人气营商学》中三个对策的影响，也受到《人口营商学》中龙头个股绝对价值实现的影响。在虚拟时代找到可以推动股票指数实现蓝海契合的板块。要明确这一点首先要明白研究对象的逻辑。《人气营商学》将研究问题聚焦在"三价"，即房价、物价和股价上；《人群营商学》将研究问题聚焦在股价的成长板块上；《人口营商学》将研究问题聚焦在龙头个股的选择上。所以本部分内容涉及这三部分内容的综合运用。具体来讲，这三者间的关系：可以根据龙头个股决定成长板块的空间。龙头个股有百倍的，板块就会实现成倍；龙头个股有成倍的，成长板块就会实现倍增。这就是拥有龙头股的板块才可以实现契合蓝海，出现成倍的增长。没有龙头个股可以带领增长的板块不是成长板块的关键。人气对策决定成长股票指数板块的变动类型，与价值体现变动和蓝海上升的情景对应。

契合蓝海确定投资板块的最直接过程就是通过相对价值进行判断。相对价值选择投资板块主要是通过分类、确定、定型和调整四个步骤，定型是其中的关键。投资人只有投资真正推动成长指数板块强劲有力上涨的行业板块，才可以实现自己的价值增值。为选准板块实现人群营商的确定性投资，就要对人气营商、人群营商和人口营商共同结合进行判断。成长股票指数板块上涨时机的到来和空间的打开说明人气到"股价"，这时才是投资"股价"的时机。另外，由于行业（地区）龙头股的变化，会使板块产生轮动。只有龙头股实现成倍和百倍，契合的行业板块才有带动股票指数蓝海实现的能力。该部分内容会在《人口营商学》

中进行详细记述，三本书的关系如图 4-33 所示。

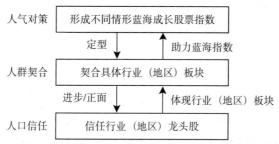

图 4-33　契合蓝海研究和营商学核心内容的关系

契合蓝海要在人气营商学的对策理的基础上，运用三种定型进行板块的相对价值衡量。相对价值衡量的思想贯穿整个契合蓝海定型，定型分为三个要点，成长指数板块定型、对策理论定型和行业（地区）板块定型，如图 4-34 所示。

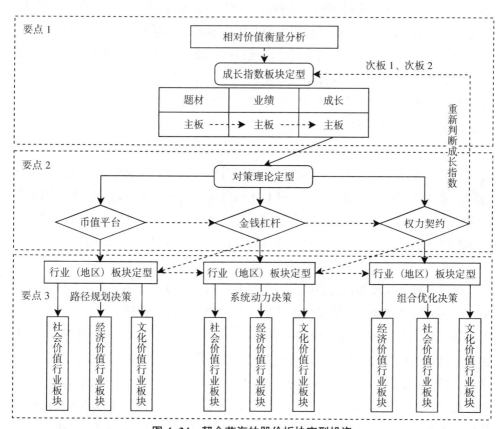

图 4-34　契合蓝海的股价板块定型投资

在人群营商学投资理论中，契合蓝海的思想贯穿全书，整体上，成长股票指数板块基于人气对策的不同会有不同的行业板块轮动节奏，出现三种不同的人群环。根据不同的人群环，人群营商学会有三种不同的决策思路，即路径规划决策、系统动力决策和组合优化决策，后文有详细介绍。由于股票指数板块的人群环不同，推动指数具体行业（地区）板块也有所不同。基于以上契合蓝海的思路，思考一个问题："如何确定在众多行业板块中，对不同人气对策下可以实现价值大幅增值的社会价值行业板块、经济价值行业板块和文化价值行业板块的具体行业板块进行相对价值契合蓝海决定性属性定型，确定具体行业？"

要点一：成长指数板块定型投资。

真正的成长指数板块可以运用对策理论辅助判断，来确定指数变化人群环的类型。一般指数板块都经历从题材到业绩，再到成长的发展阶段。大多数指数板块没有一出现就是成长板块指数，但有一些次板诞生时就具有成长性，8倍人群环，反应明确，甚至超过主板。这种次板指数板块也不是真正的成长指数板块，虽然看似表现出成长性，但其构成的行业板块不明晰，可能还是题材阶段，业绩阶段都没有进入，在一定时期内可能出现过度投机，有可能会影响整体指数板块相对价值创造。人们无法通过该指数板块进行有效的契合投资，所以投资人还会选择经过历史沉淀的成长指数板块进行投资，因为这些指数板块与对策契合、与行业板块契合，容易把握。只有当指数板块相对价值空间明显不足时，投资人才会转向次板指数板块投资，要判断一个指数板块是不是成长板块也是要观察其是否经历过题材板块和业绩板块的发展阶段，哪怕是依靠构成该指数板块的行业发展阶段进行分析得出。现阶段不难判断主板是成长指数板块。这是因为中国主板股票1990年上海证券交易所成立至今经历多年的发展，从初期追求题材投资，到2000年后追求业绩投资，很容易证明目前的主板进入追求成长投资阶段。

要点二：对策理论定型投资。

确定主板为成长指数板块后，需要根据不同的对策，运用契合确定成长指数板块的蓝海价值实现。币值平台上升产生8倍快人群环，金钱杠杆产生8倍中的人群环，权力契约产生8倍慢的人群环，是验证指数板块确定性成长投资的关键。超过对策理论的人群环指数板块上涨增加指数板块投资的不确定性的板块是次板，即使具有成长性也等同于行业板块。只有与人群环理论一致的指数板块才能形成有效的相对价值投资，也可以说对策定型形成的人群环是检验成长指数板块的一种有效方法，是契合理论的重要支撑。结合人气营商学的对策理论，可以得出三个对策所对应的契合蓝海指数板块，为了区分清楚股价的比较价值、相对价值以及绝对价值，还有其中的各个板块，具体赋值如下：

（1）B_m^n 代表股价的全集，也就是成长股票指数，其中 $\{m|m \in N+$，N+ 为正整数$\}$，$\{n|n=(1，2，3)\}$，m 和 n 取值不同，含义不同；其中 m 的不同取值，对应在股价上，分别代表不同类型的板块。可以依据行业（地区）、主次和发展阶段进行分类。

（2）n=1 代表比较价值，n=2 代表相对价值，n=3 代表绝对价值。B_m^1（m=1，2，3，…）代表比较价值股价，倍增是起点，是明星，代表股价整体波动，B_m^2（m=1，2，3，…）代表相对价值股价，是 2 倍、4 倍蓝海，代表板块波动，代表成长股价指数，B_m^3（m=1，2，3，…）代表绝对价值股价，是 2 倍、4 倍、8 倍龙头，代表个股股价波动。

（3）m 的取值应该是任意正整数，为了分析简单，按照人气关注理论，投资人只会关注文化、经济、社会三种价值，这里将 m=1 代表社会价值行业（地区）板块，m=2 代表经济价值行业（地区）板块，m=3 代表文化价值行业（地区）板块，至于三种价值的行业（地区）分析在前面的章节已经介绍。

不同的对策，契合成长指数板块不同的行业价值板块。由于社会价值行业板块（B_1^2）、经济价值行业板块（B_2^2）和文化价值行业板块（B_3^2）带动成长股票指数上涨的动力不同，而且启动的时机不同，所以在成长股票指数增值的过程中有不同的板块适合投资者投资，因此达成不同的行业板块契合。具体如表 4-11 所示。在后文中会有详细记述，不同对策会导致不同的行业板块契合指数蓝海实现。

表 4-11　依据对策理论判断成长股票指数板块与行业板块蓝海契合

股价对策	蓝海实现过程	助推指数人群环实现的契合蓝海行业板块	契合优先顺序
币值平台	2 倍快（不足）	B_1^2、B_3^2	$B_1^2 \approx B_3^2$
	4 倍快（正好）	B_2^2、B_1^3、B_3^3	$B_2^2 < B_1^3 \approx B_3^3$
金钱杠杆	2 倍快（超过）	B_1^2、B_2^2、B_3^2	$B_1^2 < B_2^2 < B_3^2$
	4 倍快（超过）	B_1^3、B_2^3、B_3^3	$B_1^3 < B_2^3 < B_3^3$
权力契约	2 倍快（正好）	B_2^2、B_3^2	$B_2^2 \approx B_3^2$
	4 倍中（正好）	B_1^3、B_2^3、B_3^3	$B_1^3 < B_2^3 \approx B_3^3$

成长指数板块由币值、金钱和权力对策引发的三轮上涨后需要投资者重新确

定成长指数板块。成长指数板块不是一成不变的，主板从题材、业绩到成长经历发展，新次板也会逐渐发展经历一定的阶段积累，成为符合对策理论的蓝海价值人群环。所以，创业板和科创板也会在将来变成符合对策理论的成长指数板块，因为对策理论引发不同的人群环。所以对于一国来说，要创新、培养新的成长指数板块，为一国的相对价值实现创造不竭动力。

要点三：具体决策的行业（地区）板块定型投资。

行业（地区）板块定型就具体行业价值体现板块定型。在币值、金钱和权力对策引发的三轮上涨指数板块人群环过程中，具体决策行业（地区）板块定型投资主要是确定社会价值行业板块（B_1^2）、经济价值行业板块（B_2^2）和文化价值行业板块（B_3^2）对应的具体行业，作为价值体现的行业板块是不断变化的，不能寻找具体行业板块，投资人无法实现蓝海价值创造，相对价值投资无法落地，人口价值创造，行业龙头投资也是口号。

蓝海指数板块属性决定行业板块特征。社会价值行业板块（B_1^2）、经济价值行业板块（B_2^2）和文化价值行业板块（B_3^2）价值体现实际上是由蓝海成长指数板块属性决定的。社会价值行业板块（B_1^2）是跟蓝海指数板块最为紧密的板块，这是因为虚拟时代主板指数板块与大金融板块密切相关，金融板块是社会价值行业板块（B_1^2）。经济价值行业板块（B_2^2）是能够支撑板块上涨的重要行业板块，本次经济价值行业板块（B_2^2）是大制造板块。文化价值行业板块（B_3^2）是指可以传承历史故事的板块，不能划归在社会和经济价值中的行业板块都可以归为此类。蓝海价值指数板块发生变化，行业的社会价值板块、经济价值板块、文化价值板块就会变化。另外，对策理论之间影响行业（地区）板块定型。金钱对策影响币值对策的三个价值行业板块定型，权力对策影响金钱对策的价值行业板块定型。以主板市场为例，具体来看，三个对策激发人群环下的行业板块契合蓝海定型行业分三种情况。

（1）币值对策下确定具体行业板块。币值对策作为一种分类会有对应的行业板块，回顾中国主板股票的发展历程，可以确定社会价值板块、经济价值板块和文化价值行业板块对应的具体行业，如图 4-35 所示。

币值平台激发人群环中的社会价值行业板块（B_1^2）定型的具体行业是证券板块和房地产板块。定型证券板块是因为币值平台引发股价上涨的逻辑是人民币升值，所以人民币计价的股票会被投资者追捧，因此证券公司是直接获利的机构，股价的快速上涨带来大量的投资者直接利好证券公司板块股票。定型房地产板块

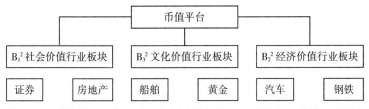

图4-35 币值平台对策、路径规划决策下的行业板块契合蓝海定型行业

是因为人民币升值对处于相对价值低位的房地产市场也是一个利好，全球投资人会投资人民币计价的房地产。尤其是根据人气线股价之后会是房价上涨，更是利好房价。所以证券和房地产板块是2005~2007年上一轮币值平台激发人群环的社会价值行业板块，是全社会认同的板块。

币值平台激发人群环中的文化价值行业板块（B_3^2）定型的具体行业是船舶板块和黄金板块。定型船舶板块是因为船舶板块当时处于低位，是相对价值最为突出的板块。为了保证币值平台的方向向上，军队实力至关重要，海、陆、空三军中海军实力最弱，建造自己的航母、造船能力十分迫切。船舶板块跟中国平台方向向上的故事最为密切。定型黄金板块是因为币值平台引发股价上涨的逻辑是人民币升值，人民币上涨直接引发的是黄金需求的增多，带来黄金板块股票的上涨。而且船舶板块和黄金板块是上一轮币值平台激发人群环的文化价值行业板块，是背后有历史或者商业故事的板块。

币值平台激发人群环中的经济价值行业板块（B_2^2）定型的具体行业是汽车板块和钢铁板块。在经济价值行业板块中要寻找价值洼地，所以要根据思维分析中的行业发展历程去思考。在传统行业中找发展相当成熟的被低估行业板块。因为对于传统行业中的成熟行业板块往往因为到了发展的后期，是最后的价值表现，没有新的行业能够取代，意味着行业的相对价值要实现，这时如果行业板块被低估，那么就应该选择该板块投资，投资钢铁板块和汽车板块就是这个思路。因为这些行业板块的上涨时机最契合，如果不在此轮完成上涨，就无法实现汽车和钢铁行业的相对价值量。所以汽车板块和钢铁板块是上一轮币值平台激发人群环的经济价值行业板块，有好的经济效益和实体业绩支持的板块。

（2）金钱对策下确定具体行业板块。金钱对策作为一种分类会有对应的行业板块，观察中国主板股票的投资实践，可以确定具体的社会价值、经济价值和文化价值行业板块对应的具体行业，如图4-36所示。

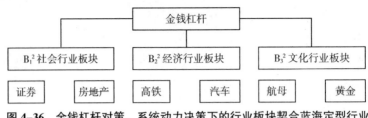

图 4-36　金钱杠杆对策、系统动力决策下的行业板块契合蓝海定型行业

金钱杠杆激发人群环中的社会价值行业板块（B_1^2）定型的具体行业是证券板块。定型证券板块是因为金钱杠杆引发股价上涨的逻辑是将金钱引导到股价上，金融业会在这次定向宽松中获利。成为本轮上涨的直接受益者。定型中还要排除房地产，是因为本轮上涨中，房地产被国家限价管控，不会有币值平台引发上涨时的全民投资热潮，因此股价难以超过前期高位，板块历史高位难达倍增，不会强势上涨，无法成为带动成长指数板块的行业板块。所以证券板块是本轮金钱杠杆激发人群环的社会价值行业板块，是全社会认同的板块。

金钱杠杆激发人群环中的经济价值行业板块（B_2^2）定型的具体行业是高铁板块。定型高铁板块是因为关注行业发展历程，沿着行业价值生态寻找行业。在币值平台激发人群环中的经济行业板块定型的具体行业是汽车板块和钢铁板块。高铁作为钢铁的下游产业符合时代的演进，并且和汽车行业也是互为替代品，有替代的增值，直接排除了上一轮的汽车板块。所以，高铁板块作为高端制造是在本轮金钱杠杆激发人群环的重要经济价值行业板块，有好的经济效益和实体业绩支持，成为推动成长股票指数上涨的主要推动力。

金钱杠杆激发人群环中的文化价值行业板块（B_3^2）定型的具体行业是航母板块。定型航母板块是因为关注行业发展历程，沿着行业价值生态寻找行业。在币值平台激发人群环中的文化价值行业板块定型的具体行业是黄金和船舶。因为本轮不是币值上涨引发，所以可以排除黄金板块。船舶股价在前期高位后很难超越，造船行业后是给中国造的航母上配备其他航母设施，航母板块上涨最符合"实现中华民族复兴"的"中国梦"。所以航母板块是本轮金钱杠杆激发人群环的文化价值行业板块，是背后有历史或者商业故事的板块。

（3）权力对策作为一种分类会有对应的行业板块，展望中国主板股票的投资实践，可以预测具体的社会价值、经济价值和文化价值行业板块对应的具体行业，如图 4-37 所示。

图 4-37　权力契约对策、组合优化决策下的行业板块契合蓝海定型行业

权力契约激发人群环中的经济价值行业板块（B_2^2）定型的具体行业是高铁板块。定型高铁板块是因为下轮是权力契约引发的人群环。权力契约意味着中国在全世界大影响下提升，这时的经济价值行业板块不是简单的制造业，要有强有力的相关实体支撑。该行业就和以美国的苹果公司为首的智能手机行业一样，支撑美国经济。综观中国的高端制造业，只有高铁有潜力成为这样的行业。所以，高铁板块是在下轮权力契约激发人群环的重要经济价值行业板块，有好的经济效益和实体业绩支持，成为推动成长股票指数上涨的主要推动力，影响世界。

权力契约激发人群环中的文化价值行业板块（B_3^2）定型的具体行业是旅游板块。定型旅游板块是因为权力契约意味着全世界都到影响力大的国家平台来旅游，利好旅游服务相关行业。定型排除航母板块是因为到一国影响力已经扩大的全球的时候，航母板块已经到达相对价值高位。所以旅游板块是下轮权力契约激发人群环的文化价值行业板块，是背后有历史或者商业故事的板块。

权力契约激发人群环中的社会价值行业板块（B_1^2）定型的具体行业是保险板块。定型保险板块行业发展历程，沿着行业价值生态寻找行业，保险行业是金融行业发展到后期可以持续盈利的行业，可以在虚拟时代持续盈利，具有长期社会共识肯定其盈利能力的潜力。定型还要排除证券板块，因为权力契约引发股价上涨过程慢，总体实现 8 倍慢，不会直接引发大规模上涨行情。所以，证券不会强势上涨，无法成为带动成长指数上涨的行业板块。所以保险板块是下轮权力契约激发人群环的社会价值行业板块，是全社会认同的板块。

本章练习

一、简答题

1. 如何理解契合在三个时代的不同含义？

2. 简述契合蓝海原理。

3. 如何理解心理期盼？

4. 如何理解价值体现?

5. 简述为什么契合蓝海的研究对象是推动股票指数上涨的具体行业 (地区) 板块。

二、材料分析题

材料一

中国股市在 2005~2008 年走出了一轮波澜壮阔的上涨行情,如图 4-38 所示。从 998.23 点上涨到 6124.04 点。

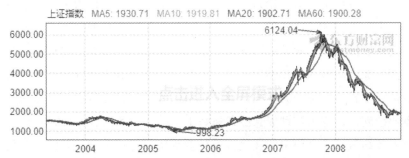

图 4-38 2004~2008 年中国上证指数月线图

资料来源:东方财富网。

这轮股市上涨中以股票交易量划分主要分为 6 个阶段,在不同阶段不同板块领涨,券商板块上涨贯穿始终。第一阶段,2005 年 6 月 6 日至 12 月 30 日,大盘从 998 点涨到 1160 点,涨幅约 15%,沪市日均成交 88 亿元。其中,地产、信息服务板块领涨。第二阶段,2006 年 1 月 1 日至 7 月 6 日,大盘从 1160 点涨到 1700 点,涨幅约 45%,沪市日均成交 211 亿元,较前一波放大了 1 倍。市场首度出现普涨格局,98% 的个股上涨,资金开始流向蓝筹股,涨幅超过 100% 的股票多达 270 只。中信证券 (600030) 等券商概念股集体爆发。第三阶段,2006 年 7 月 7 日至 12 月 14 日,大盘从 1700 点涨到 2245 点,涨幅约 40%,沪市日均成交 254 亿元,较前一波微幅放大,大盘在所有均线都呈多头排列的架势下一举冲过 2245 的历史最高点,确立牛市格局。所有个股的平均涨幅不到 10%,仅 56% 的个股上涨。金融和地产成为急先锋,大涨逾 30%。涨幅超过 100% 的股票仅 16 只,地产占据半壁江山。第四阶段,2006 年 12 月 15 日至 2007 年 2 月 26 日,大盘从 2245 点涨到 3000 点,涨幅约 30%,沪市日均成交 743 亿元,较前一波急速放大了 2 倍,市场开始多次出现 3% 以上的跌幅,但很快就能再创新高,大盘在震荡加剧中来到 3000 点,99% 的个股上涨,市场第二次在放量的情况下出现普涨格局。板块方面百花齐放，个股方面，涨幅超过100%的股票达95只，权重股中海通证券（600837）大涨逾300%，低价股和题材股表现活跃，资产重组、整体上市、券商、3G、有色金属、年报行情等热点此起彼伏。第五阶段，2007年2月27日至5月29日，大盘从3000点涨到4300点，涨幅约40%，沪市日均成交1470亿元，较前一波再度放大1倍。沪深300涨72%，上证50涨44%，中小板涨45%，所有A股平均上涨88%，99%的个股上涨，市场继续普涨，而大盘蓝筹股则相对表现疲弱。纺织服装、房地产、公用事业等涨幅居前，第六阶段，2007年5月30日至10月16日，大盘从4300点涨到6124点，涨幅约40%，沪市日均成交1500亿元，成交量已不再放大，上证50涨61%，沪深300涨43%，中小板涨1%，而A股平均仅上涨7%，仅43%的个股上涨，指数与个股表现出现严重背离。采掘、有色金属、金融、钢铁等权重板块大象群舞，而下跌的板块多达40%。

材料二

2014年7月开始，中国的牛市持续12个月，行情启动初期，赚钱效应明显，非银金融板块、军工板块和高铁板块都在普涨，整体走势如图4-39所示。

图4-39　2012~2016年中国上证指数月线图
资料来源：东方财富网。

在前三个月中，中国股市呈现出普涨走势，军工、机械、汽车领涨，银行涨幅垫底，各行业涨幅，没有明显差距。2014年10月后，牛市正式确立，进入加速阶段，之后三个月，行业出现分化。期间非银金融、银行业，始终保持领涨，实现超额收益，而其他行业，全部跑输指数，像电子、医药生物，还出现负收益。弱势股补涨，强势股补跌，即首轮涨得好，第二轮就差些。2015年2月后，进入牛市中期，行业分化消失，重归普涨格局。期间传媒、建筑装饰、计算机领涨，实现超额收益，其他行业涨幅，整体较为平均，但银行、非银金融等垫底。

这段时间行业表现与上一波类似，都是弃高就低，就是每次反弹，领涨板块不同，当时涨得多的，下轮就涨得少，板块轮动呈现此消彼长的态势。2015 年 5 月后，中国股市迎来最后冲刺，行业整体表现，近似普涨走势。期间国防军工、计算机、通信等，高弹性品种领涨，其他跟随反弹，银行、非银金融垫底，行业轮动方面，与前几轮相似。

1. 分析中国股市 2004~2005 年和 2012~2016 年的股票上涨历程回答以下问题：

（1）为什么两次股票上涨的时间不同？

（2）两次股票上涨板块涨幅有什么共同点？

（3）对于沪市 A 股主板来说，成长板块是什么？为什么？

2. 以 2004~2005 年的上涨行情为例，分析文化、经济和社会价值行业板块和沪市 A 股主板契合的原因是什么？

第五章　人群决策

第一节　如何理解人群

一、人群的理解

(一) 人群含义

《辞海》中将人群解释为"群众、人类或民众"。在社会学研究中，人群通常是指那些偶发聚集体，也就是偶然地在同一时间同一地方临时聚集起来的一群人，比如搭乘公共汽车的乘客、商店里购物的顾客、电影院里观看电影的观众、餐厅里就餐的食客等。与组织行为学中群体的概念不同，在这些人群的成员之间并不发生具有意义的社会互动，也没有共同的归属感，聚合的时间也十分短暂，因此他们不能算作群体。美国社会学家阿尔比恩·W. 斯莫尔（1905）将群体定义为"一大群或一小群的人，在期间所存在的关系使我们必须把他们作为整体来考虑"（田在兰等，2012）。以上对于人群或群体的概念大多从其形态上做出阐述，而本书所讲的人群有所不同，是以虚拟时代为大背景所形成的以追求相对价值最大化为目标的、能够起到跟随作用的载体。综合之前"人群"的含义，将其归纳理解为人们思维的跟随。当虚拟时代中投资人的思维引领某一价值判断时，"人群"便会形成跟随。

随着虚拟时代的到来和人气全球化进程不断推进，人群的形成与转换在全球范围内越加频繁，尤其在证券化的股票市场上表现最为明显。当某一板块股价所代表的相对价值创造到了高位，增值空间变小，不能继续创造新的相对价值时，该人群的引领作用就发生了减弱，导致跟随的投资者转而跟随新的板块。因此，如何持续地吸引人群跟随和创造新的相对价值人群，使得某一板块作为引领的人群时间更长和强度最大，是虚拟时代的一个重要命题。

(二) 人群演变

"人群"这一概念并不是新造词汇，在源远流长的中国传统文化中，这一概念一直存在。如《庄子·天道》："帝王之德配天地。此乘天地，驰万物，而用人羣之道也[①]"；《楚辞·远游》："形穆穆以浸远兮，离人羣而遁逸[②]"；《北齐书·文苑传·颜之推》："方幕府之事殷，谬见择於人羣"；唐代诗人杜甫也在《题柏大兄弟山居屋壁》诗之二中有："静应连虎穴，喧已去人羣"。这里的"人羣"与"人群"同译，指的是成群的人，或天下人。在自然时代，从原始时期的部落到封建时期的家族，家族是指具有血缘关系的人组成一个社会群体，通常有几代人。人们一直保持着以群体为单位的群居生活，并且以部落或家族的兴旺为己任，不断为壮大其群体而努力。不仅如此，许多相似的部落或家族聚集成更大的群体，这个大群体中的小群体一般是具有亲缘关系或能够相互帮助使彼此的家族更加兴盛。最具代表性的是曹雪芹笔下的四大家族（贾、史、王、薛），它们是《红楼梦》中的一个封建官僚集团，势力庞大，是本地区最有权有势、极富极贵的四大名宦世家。这四家皆连络有亲，一损皆损，一荣皆荣，扶持遮饰，俱有照应。因此，人群在自然时代主要解释为物以类聚、人以群分，家族兴盛、人丁兴旺。

随着物质时代的到来，"人群"的概念也发生了变化。物质时代的"人群"主要来自社会学和组织行为学中的"群体"的概念。Bon（1896）认为，群体行为是群体中的成员形成"一种暂时又十分明确的集体心理"，它是由成员自发形成的，并非固定或一成不变，它会随着时间的推移，或强化，或弱化，或消失，受群体环境影响发生变化。Park 等（1921）认为"群体行为是在公共和集体冲动的影响下发生的个人行为，它是社会互动的结果"。巴克（1984）认为"群体行为是自发的，是无组织的，甚至是不可预测的，它依赖于参与者的相互刺激"。戴维·波普诺（1999）认为"群体行为是在相对自发的、无组织和不稳定的情况下因为某种普遍的影响而发生的行为"。另外，关系营销中的"关系方"也是人群的具体表达。关系营销过程的核心是建立并发展与消费者、供应商、分销商、竞争者、政府机构及其他公众的良好关系。无论在哪一个市场上，关系具有很重

---

① 译为"帝王的德行能跟天地相合。这就是驾驭天地、驱遣万物而任用天下人的办法。"
② 译为"他们形体静穆渐渐远去，脱离人群尘世隐逸飘然。"

要作用，甚至成为营销活动成败的关键。在与关系方交往过程中必须做到相互满足关系方的经济利益，并通过在公平、公正、公开的条件下进行成熟、高质量的产品或价值交换使关系方都能得到实惠，即各个关系方在营销活动中为达成互利而聚集在一起。因此，物质时代的人群建立在关系的基础上，人群根据相互关系进行匹配和划分。主要表现为各类人群所包含的关系方的扩大。

随着时代的变迁，虚拟时代应运而生，这时人群的含义已经发生了深刻变化。与自然时代和物质时代不同，在虚拟时代，哪里有价值就投资哪里，从而推动虚拟时代的变迁。而寻找价值的过程需要刺激人们创新性，将人的思维能力发挥到极致。因此，虚拟时代中的人群来源于人的思想，表示人们思维对某一事物的跟随。跟随，旧指跟随人员，后指跟随别人的视线，同一个看点。由此可以将虚拟时代的人群理解为人心所向，是由人的思维主导的、对于事物未来的哲学思维引领。在虚拟时代，思维方式与人们的心理动机有着密切关系。具体来说，人们根据不同的动机产生不同的思维方式，而相同思维方式的人们便聚集在一起成为人群。人群跟随对象的选择是根据所跟随事物创造相对价值能力的动机心理，只有创造相对价值的事物才能得到跟随。虚拟时代的人群是根据人的动机心理不同而进行划分，主要表现为人们对某一事物进行投资的跟随意愿。

综上所述，人群在三个时代的演变路线如图 5-1 所示。

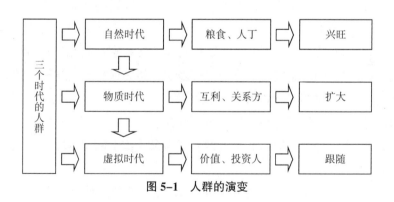

图 5-1　人群的演变

二、人群表现

人群的表现主要通过人群在三个时代中的流动范围和方式衡量。总体来说，人群在三个时代中呈现出三种不同的变化特征：在自然时代中，"人群"是人丁兴旺，表现为传承；在物质时代中，"人群"是互利关系方的增加，表现为合作；

在虚拟时代中,"人群"是指投资人的跟随,表现为意愿。

(一) 自然时代人群表现:传承持续力

在自然时代中,由于自然条件与社会环境的不佳,人们所需要考虑的首要问题是生存。想要生存,需要解决天灾、疾病、温饱等一系列问题,这些问题的存在使得人们有了聚集在一起即形成人群的抱团取暖初衷。根据马斯洛需求层次理论的两个基本出发点:一是人人都有需要,某层需要获得满足后,另一层需要才出现;二是在多种需要未获满足前,首先满足迫切需要;该需要满足后,后面的需要才显示出其激励作用。因此,人们必须先聚集在一起形成人群来保证生存问题,才能使得一个部落或家族能够延续下去,完成生命与生存技能的持续传承。

自然时代一直保持着以家族为单位的定居与生活方式。我国古代,把始祖庙叫作"祖",始祖之后历代先人的庙叫作"宗祠"。我国历朝历代以及至今之宗法制奉行嫡长子继承制,嫡长子享有建立、奉祀历代宗庙的特权,被称为"宗子",他的弟兄们则被称为"别子""支子"或"庶子",仍属于原有的家族,到曾孙的后代,已满五代,古时奉行"五世而迁",这时就要从宗子之族分出,作为一个家族的分支,另建祖庙。奉祀支子的庙叫作祖庙,标志这一分支的始祖;支子的后代子孙另立宗庙,以标志这一分支从哪里来,那么这同祖庙的一支就称作"一族"。综上所述,所谓家族,就是奉祀同一宗庙的家族分支,是以宗庙为中心聚集起来的人群,它是以血统为标准划分的。家族是以婚姻和血缘关系结成的亲属集团,是社会的基本单位。它不断维持着最直接的人类社会的延续性,并形成家族体系。在中国漫长的封建制度下,这种封建的父系家长制大家族始终留存,不论大家族内部包罗的小家族、个体家庭有多少,始终保持着同姓家族的观念并不断传承下去。人们通过亲缘的集合形成大家族来保障个人及家庭最基本的生产、生活的投入减少。这种集合在一起的想法称为传承,而持续不断的传承是每个家族所追求的。在这种社会形态下,人群表现为家族传承的持续力,由此保证家族持续繁衍、人丁兴旺。

同样,家族亲缘为主的"五缘文化①"持续不断传承使其逐渐兴旺,亲缘就是宗族、亲戚关系,它包括了血亲、姻亲和假亲(或称契亲,如金兰结义等)。亲缘的持续传承巩固了人群的存在与延续,由此形成一个良好的循环状态。自然时代的人群表现如图5-2所示,不同人群代表着不同持续力的文化传承内容或方

---

① "五缘文化":是对以亲缘、地缘、神缘、业缘和物缘为内涵的五种关系的文化研究。

式，人群越来越多，传承越来越高，越来越多元，持续力也越来越强。自然时代的人群表现为一定传承持续力情况下不同人群波动的线段，保证自然时代中家族亲缘与地位的传承持续力，这样便会保持甚至不断增加人群数量，而家庭是社会的细胞，众多兴旺的家族人群组成了整个社会的人群。正是人群的持续传承，才使一个民族和国家保持正常的繁衍和不断扩大，是一个人基本的追求和传统道德。

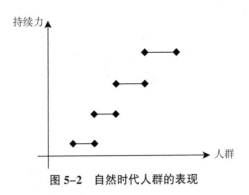

图 5-2　自然时代人群的表现

（二）物质时代人群表现：合作协调力

自然时代后期，生存问题已经得到了基本解决，人们随之开始追求更好的物质生活，导致了时代追求目标的升级，即满足人们的各项物质产品需求。为了实现这一目标，人们利用自己的主观能动性来将科学知识应用到改造升级工具。通过发展和利用科学技术，各种机械化工具与设备应运而生，以此来满足日益增长的物质需求。由于技术和工艺的升级，企业将生产好的产品通过各种渠道售卖给顾客实现交换。而为了更多地获利，企业试图与客户和其他利益相关者之间建立、保持并稳固一种长远的关系，通过协调各个利益相关者进而实现信息及其他价值的相互交换。企业与顾客和其他利益相关者被称作关系营销中的关系方，关系方的扩大被称为物质时代的人群，而这种与关系方的合作协调力便是物质时代人群的具体表现。

合作就是个人与个人、群体与群体之间为达到共同目的，彼此相互配合的一种联合行动、方式。合作共赢是指交易双方或共事双方或多方在完成一项交易活动或共担一项任务的过程中互惠互利、相得益彰，能够实现双方或多方的共同收益。合作才能发展、合作才能共赢、合作才能提高。在这个竞争十分残酷激烈的市场经济时代和互联网时代，合作共赢更是时代的选择，很多事情的成功在于合作，合作也可凸显共赢，携手共进，合作共赢是 1+1，但它不等于 2，而是要大于2，合作可以使双方共克时艰，共赢商机，提振信心，共同发展。关系营销把营销活动看成是一个企业与消费者、供应商、分销商、竞争者、政府机构及其他公众发生互动作用的过程，其核心是建立和发展与这些公众的良好关系。在与关系方交往过程中必须做到相互满足关系方的经济利益，并通过在公平、公正、公开的条件下进行成熟、高质量的产品或价值交换使关系方都能得到实惠。物质时代的人群为了获得更大互利，各个关系方会不断协调合作，因此，合作的协调力是物质时代人群的表现。

如图5-3所示，人群和合作协调力是正相关关系，当人群的数量增加或规模变大时，各关系方合作的协调力就越大，反之亦然。根据关系营销的理论，只有各关系方能够互利互惠，才能够保持长久而良好的关系，而想要互利互惠就需要依靠不断增加的关系方的合作协调力，即人群间的相互协调合作，减少贸易摩擦，增加人群之间的相互协调，加强相互往来。所以，物质时代的人群表现为更加有效的合作协调，只有加强协调力，互利的需求才能更好满足。

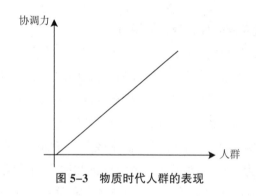

图5-3　物质时代人群的表现

（三）虚拟时代人群表现：意愿推动力

进入虚拟时代，人群的表现不再仅仅是家族兴旺传承或者关系方增加合作，更重要的是投资人跟随意愿的推动力。虚拟时代的人群概念已经发生了重大变化，强调投资人的思维判断。人群跟随的事物，与人气关注的事物有所不同，是对人气关注的提升，是人气关注后，动机心理作用的结果。虚拟时代人群将人气形成的房价、股价、物价"三价"人气线的股价作为跟随对象，是由股价自身的特点决定的，一是股价的跟随有利于实体经济的发展，人们会容忍和支持；二是避免房价大幅上涨，资产泡沫破灭，房价的人群跟随会遭到抑制；三是物价波动的空间不会那么大，基本上没有跟随的可能。人们可供选择的跟随对象除了股价外，还有很多，如何选择合适的跟随对象是关键。判断跟随对象就要看跟随对象的相对价值大小，直接影响人群的跟随意愿强弱，空间越大、时间越短，跟随意愿就会越强，更容易成为人群跟随的对象。

虚拟时代的人群表现为跟随推动力，具体讲是跟随意愿的推动力。虚拟时代中，人群重点研究的是全球投资人跟随某一个股票板块市场（国家板块、地区板块、指数板块、行业板块）时间长短和空间大小，也是对于该股票板块可供投资的虚拟价值的跟随时间的长短和空间大小的判断。中国股市、美国股市乃至全球各国股价都是全球投资人所跟随的股票市场，并且在全球范围内都能够起到引领作用，因此全球投资人可能有意愿跟随每一个人群。不仅如此，越快形成虚拟价值的股价板块，投资人跟随意愿的推动力就越强。而能够受到跟随的人群根据人气矩阵的分析和后面人群矩阵的判断，不外乎三种情况：成倍快、成倍中和倍增快。这表明，人群需要有选择性、有针对性地跟随，而不是随意地选择，至于百倍（8倍）的人群跟随情况也可能会出现，在人气营商的实践中就已经涉及，倍增、成倍（4倍）、百倍（8倍），主要是倍增研究，一般不会出现"三价"的某一价8倍整体上涨，只有可能在关注某一种价格上涨时，部分区域或龙头上涨8倍；在人群营商中股票板块出现8倍的概率也是极小的，也是在跟随上涨的主流板块同时出现非主流板块上涨8倍，在人口营商中会专门讨论百倍增值空间的研究，主要用于个别龙头股票的研究，龙头股票出现8倍增值的概率较大，也是百倍研究的核心。

对于虚拟时代的人群来说，人群表现如图5-4所示。不同的人群与其对应的跟随意愿推动力组成了不同的梯度，各个梯度上有着数量不同的投资人。人群跟随会在这些梯度间选择转化，只有成倍快、成倍中和倍增快的三种人群是虚拟时代投资人最希望跟随的，并且三者间跟随意愿的推动力也有所不同。因为从价值空间看成倍所带来的相对价值较倍增更大，从相对时间损失上看，时间越快相对

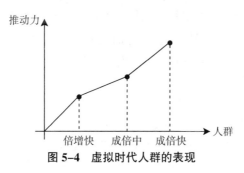

图5-4 虚拟时代人群的表现

损失的价值越少，因此人群的跟随意愿由强到弱分别是：成倍快人群>成倍中人群>倍增快人群。综上所述，虚拟时代的人群表现为跟随相对价值最大的意愿推动力，在具体实践中人群跟随，不是简单的成倍快、成倍中和倍增快的跟随意愿，它们只是不同的人群环的构成组合而已。

三、人群作用

人群在不同时代，其作用也发生了不同的变化。三个时代中，人群作用是不同的。总体来说，如图5-5所示，自然时代，人群是为了减少家族成员的体力投入，从而保障每个消费者品种供应；物质时代，人群是为了满足购买者品牌需求、获得更多互利；虚拟时代，人群是为了更好地创造金融衍生品价值，减少投资人的时间损失和增加增值空间。

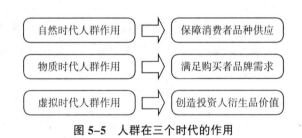

图 5-5　人群在三个时代的作用

（一）自然时代人群作用：保障消费者品种供应

在自然时代，人群指的是人丁兴旺，当每个家族都枝繁叶茂时，社会就逐渐向兴盛发展。由于自然时代物资缺乏，想要人丁兴旺需要解决生存问题，就应保障家族的物品供应。《人气营商学》中，人气在三个社会的作用依赖于中国传统农学的核心观念"三才论"。在中国人看来，天地间万物的生存和发展都依赖于天、地、人三者的配合及其作用（严火其，2015）。在农学上的表现就是："夫稼，为之者人也，生之者地也，养之者天也[①]。"因此，《齐民要术》说："顺天时，量地利，则用力少而成功多。任情返道，劳而无获[②]。"它还说："得时之和，适地之宜，田虽薄恶，收可亩十石。"马一龙《农说》主张："合天时、地脉、物性之宜。"

---

① 译为"庄稼，种它的是人，生它的是地，养它的是天。"
② 译为"顺应天时，衡量地利，那么可以花很少的力气而获得最大的成功。放纵情感违反规律，将一无所获。"

《知本提纲·农则耕稼》强调，农业生产要"相土而因乎地利，观候而乘乎天时"。

在时代产生和变迁中，"地、天、人"三才演化为"器具、机器、思想"，这是人气线决定的。自然时代，"器具"是核心，如图5-6所示，器具在自然时代起到了重要作用。因此，自然时代中器具是核心，农作物种植和生长离不开生产器具，而农作物的产量与不同品种决定了当季人们的生存，因此生产器具的完备能够帮助农产品品种供应。此时，人们最基本的是通过以家族为形式的集合来保障生存，就需要家族中人丁兴旺，人丁越多就有更多的劳动力进行农作物的种植与收获，因此人群就是为了保障消费者的不同品种供应而形成的集合体，只有集合在一起才能保证拥有一定的土地、获得更好的生存条件。品种指一个种内具有共同来源和特有一致性状的一群家养动物或栽培植物，其遗传性稳定，且有较高的经济价值，指具有相同品质的东西，如植物品种。不同的人群结构，需要的粮食品种不一样，各种食物的营养结构不同，必须由不同的人群投入和产出，不同的土地产出的粮食品种完全不同，南方产大米，北方产小麦，就是典型的粮食品种不同，生活在这片不同土地的人群也不一样，不同人群之间进行简单的物物交易，丰富了人们的营养结构，才使人类正常繁衍和生生不息。

图 5-6　自然时代的人群作用

（二）物质时代人群作用：满足购买者品牌需求

18世纪60年代，英国人瓦特改良蒸汽机之后，由一系列技术革命引起了从手工劳动向动力机器生产转变的重大飞跃，工业革命开始。自此以机器取代人力，以大规模工厂化生产取代个体工场手工生产的一场生产与科技革命逐渐蔓延欧洲大陆甚至全球。物质时代是在自然时代长久积累的物质和精神财富的基础之上演变而来的，更是对自然时代的超越。如图5-7所示，物质时代的"机器"具有很重要的作用。人们从原有使用生产器具，到开始通过科学技术发明"机器"。人们开始通过技术改良物质条件并且开始通过购买实现交换，于是众多不同行业的不同企业应运而生。企业与顾客和其他利息相关者间为保持长期的互利关系需要不断地合作，这时便有了关系营销中的关系方，关系方之间共同努力制造出不同的实体品牌。

图 5-7　物质时代的人群作用

　　简单地讲，品牌是指消费者对产品及产品系列的认知程度。品牌是人们对一个企业及其产品、售后服务、文化价值的一种评价和认知，是一种信任。品牌已是一种商品综合品质的体现和代表，当人们想到某一品牌时总会和时尚、文化、价值联想到一起，企业在创品牌时不断地创造时尚，培育文化，随着企业的做强做大，不断从低附加值向高附加值升级，向产品开发优势、产品质量优势、文化创新优势的高层次转变。当品牌文化被市场认可并接受后，品牌才产生其市场价值。中国品牌定位与塑造权威机构——段马乐咨询结合当今商业环境和消费心理学给出了新的定义：人们在接触商品、服务以及相关宣传时，通过和心目中已经熟悉的同类商品和服务对比形成的，对商品和服务的识别印象和对比感受。因此，没有对比就没有品牌。段马乐咨询认为，真正的品牌营销从品牌调研就开始了。品牌是制造商或经销商加在商品上的标志。它由名称、名词、符号、象征、设计或它们的组合构成。一般包括两个部分：品牌名称和品牌标志。

　　物质时代人群指的是关系方的增加，由于物质时代存在众多的关系方，各个关系方为了能够运用各种方式获得更多的利益，于是合作制造出不同品牌，代表不同的利益构成，满足不同的品牌需求，这便是物质时代中人群的表现，因为不同的人群合作是制造不同的品牌利益的最佳方法。不可能也没有必要每一个人群制造同一种品牌，各个人群制造自己的品牌，寻求品牌交换，发展的主要动力则是物质时代发展过程中实体经济增长对于各关系方关系需求的极大刺激。由此可见，物质时代人群满足购买者不同的品牌需求。

（三）虚拟时代人群作用：创造投资人衍生品价值

　　随着科学技术的不断发展以及物质时代发展到顶端，物质需求基本被满足，制造业和实体经济对于时代进步的边际贡献已经有所减弱，资产价值的增值成为影响时代变迁的重要因素，金融危机使人们认识到只注重以制造业为主的物质时代已经发生了根本性改变，时代已经进入虚拟时代，出现了资产泡沫破灭，影响整个时代的变迁。金融衍生品的研究和创新被提到重要地位，一是金融衍生品的股价更加容易创造相对价值，人们对于股价价值空间比房价和物价更加容易放大，能够得到时代的青睐；二是股价这一金融衍生品的投资和价值创造，有利于带动实体经济，避免虚拟成分过大，产生资产泡沫破灭；三是房价的资产泡沫破灭对于社会的危害较大，鼓励和正确引导虚拟时代的金融衍生品投资，减少大量的资金冲击房价，是一种智慧的投资选择。为了适应时代变迁，需要用价值投资思维判断新时代，否则落后于时代。在此背景下，全球先进的国家纷纷进入虚拟时代。

虚拟时代中最重要的概念是虚拟价值，如何在短时间内创造更多的虚拟价值是全球投资人想要解决的首要问题。虚拟时代中，衍生品价值＝（替代＋迭代＋时代）增值/（时间＋体力＋金钱＋精力）损失，人群总是会选择跟随可能获得的价值增值大与付出的时间损失小的对象，即选择相对价值最大的对象进行跟随。虚拟时代的人群是对事物未来的哲学思维引领，通过人群才能创造相对价值，从而实现营商价值的创造。在虚拟时代中，推动时代进步的是人，如图 5-8 所示。人的动机心理是推动相对价值创造的原动力。虚拟时代以人的思想为本，人的思维成为了能够创造相对价值的关键，这种时代背景下，人群的含义是投资人的跟随，表现为跟随意愿的强弱。当人群的跟随意愿不断增加，则意味着能够创造更多的相对价值。

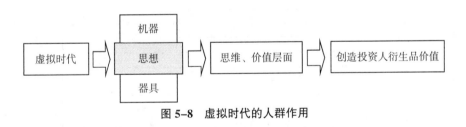

图 5-8　虚拟时代的人群作用

四、人群形成

人群的形成在三个时代也有不同形成机理。在自然时代，人群形成主要是通过互助，在物质时代主要是通过互利，在虚拟时代主要是通过互相。

自然时代中，生产力低下，人类利用和改造自然的能力弱，人们的生存和温饱是最重要的问题。保障粮食品种的供应，解决家族成员的温饱问题是保障社会稳定的基础，而这个保障必须依靠土地才能实现。我国从战国开始就人多地少

（严火其，1999）。在人多地少的情况下，人们获得土地不容易，土地显得特别珍贵。由于土地珍贵，地主出租土地的地租额特别高，通常达到土地产量的一半。即《汉书·食货志》所谓的"或耕豪民之田，见税十五"。因此，每个人群都需要更多的成员互相帮助进行土地耕种，以保障每个人群成员的生存问题。

自然时代主要以生存为最终目的，人依附于土地生存，但土地有限，要保证粮食品种顺利生长，各个人群需要各司其职，人们需要相互配合从而保证家族的延续和传承，也就是说，人群配合决定了粮食的自然生长。在人员配合的过程中，与生存相关的生产方式也慢慢地被一代又一代传承下去，而自然时代的人群体现在传承上，随着人员互助，逐渐形成人群。传统自然生长的互助在中国源远流长，其组织特征是：组织形式复杂多样；组织方式的血缘性、地缘性和绝对的自愿性；组织分布呈现极不平衡性；组织规模一般较小（李小红，2007）。传统粮食生产互助组织形式千差万别，但综合考察来看，都离不开人力、畜力、农具（特指价值大的农具）、土地四个要素。

因此，自然时代人群的形成如图5-9所示。人群体现在家族传承上，人员配合促进了家族的传承并决定了自然生长，随着成员间的互助行为，逐渐形成人群。互助行为使得成员将劳动力作用于土地之上，帮助人们顺应自然生长，所得的粮食、棉花等品种帮助人们解决生活问题，而这正是自然时代中人群所在。人群可以改变消费者品种供应，人群形成的真正原因就是人群之间的互助。

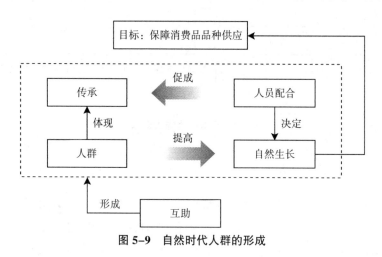

图5-9　自然时代人群的形成

物质的需求增强是时代变迁的标志，因此物质时代逐渐开放市场以满足需求，人群的形成条件与自然时代也有所不同。物质时代中，人群主要体现在关系方合作中。相互合作的关系方数量越多、合作的程度越强，人群越容易形成与增加；反之亦然。交易双方相互之间的利益回报促进了合作的发生。如果没有各自利益的实现和满足，双方就不会建立良好的关系。关系建立在互利的基础上，要求互相了解对方的利益要求，使双方在利益上取得一致，寻求双方利益的共同点，并努力使双方的利益得到满足，这是关系赖以建立和发展的基础（郭明春，2004）。

物质时代，如图5-10所示，为了达成满足关系需求的目标，物质时代的人群需要相互合作以保证利益回报，而利益回报决定了品牌生产和购买。因为有了人群就意味着能够带来购买需求，企业有了利润会不断生产和提高技术满足关系需求的愿望，从而达成了物质时代的目标。物质时代中，人群主要体现为合作的推进。为了追求利益的回报，人们通过合作满足时，人群便体现为合作的推进，互利性推动了人群合作的形成。

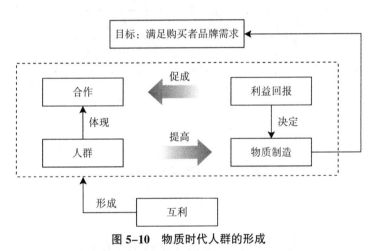

图 5-10 物质时代人群的形成

进入虚拟时代后，人群是投资人的跟随，表现为跟随意愿的强弱。根据人群的含义可以知道，人群是思维引领形成的，在虚拟时代对各投资人有着重要的作用。思维的引领源于动机心理学的无意识动机、双因素动机和层次动机，这些动机促进了人们在投资时要跟随的人群。虚拟时代的人群是由互相形成的。互相在《辞海》中意为两个或两个以上相互动作或彼此对待的关系，如汉代李陵的《与苏武》一诗写道："仰视浮云驰，奄忽互相逾。"本书的"互相"指全球投资人在不同的动机作用下思维的互相影响，只有拥有能够起到引领作用、达成相对价值创造思维的人群才能够被跟随，即有更强的跟随意愿。

虚拟时代中，跟随是由人们的动机思维形成的，所以跟随意愿的强弱源于思维引领发生变化。思维引领促成了跟随意愿的不同并决定了投资对象的选择，虚拟时代衍生品的时代价值大小，时代特征是否明显，是投资人跟随的真正动力，替代性、迭代性的衍生品，不能形成时代的共鸣，是很难吸引投资人投资的，投资人在全球证券化的资本市场上充分进行思考，也就是互相比较，不断归纳和演绎，寻求具有时代增值的相对价值板块进行投资。如图5-11所示，虚拟时代的人群，通过跟随意愿、思维引领与投资间的相互作用而形成。最终，达到了在虚拟时代中创造相对价值的目标。虚拟时代中，人群表现为投资人跟随意愿的强弱。被跟随对象相对价值的互相比较，形成跟随强弱的差别，即形成不同的人群。

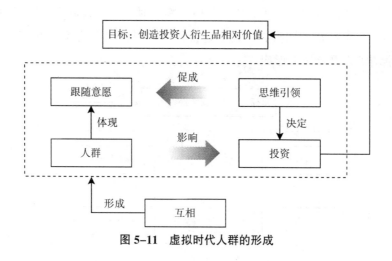

图5-11 虚拟时代人群的形成

第二节 虚拟时代的人群

一、虚拟时代人群角色变化

（一）人群跟随与证券化密切相关

随着虚拟时代的来临，虚拟经济成为一个热点被企业界和学术界关注。虚拟经济是相对实体经济而言的，是经济虚拟化（西方称之为"金融深化"）的必然产物。经济的本质是一套价值系统，包括物质价格系统和资产价格系统。与由成本和技术支撑定价的物质价格系统不同，资产价格系统是以资本化定价方式为基础的一套特定的价格体系，这也就是虚拟经济。由于资本化定价，人们的心理因素会对虚拟经济产生重要的影响；这也就是说，虚拟经济在运行上具有内在的波动性。广义地讲，虚拟经济除了目前研究较为集中的金融业、房地产业，还包括体育经济、博彩业、收藏业等。

证券化有两个方面的含义：从狭义上讲，它是指传统的银行和储蓄机构的资产（主要是贷款或者抵押物）被转变成可转让证券的过程。这类证券可能由存款式金融机构也可能由非银行的投资者购买。从广义上讲，证券化是指近年来各种各样新型可转让票据市场的新发展，如出现在国际金融市场上的票据发行便利的浮动票据等，它们替代着传统银行贷款的作用，是一种借款机制筹资的新工具。这个过程的发展意味着投资者和借款者绕过了银行直接进行商业交易，事实上削弱了银行体系的中介作用。根据本书前文所讲，在虚拟时代与虚拟时代的大背景下，选择证券市场进行研究更具有现实意义，而人群跟随也与证券化密切相关。

（1）人群跟随的范围证券化。虚拟时代选择人群的范围较人气关注的全球化更加聚焦，是基于证券化的视角进行人群跟随，这是"虚拟"二字对各类商品的创新印刻。此时投资人所要跟随的对象不是单纯的一个国家或商品，更多的是一种可转让的证券或票据，例如，某一板块的股票。也就是说，人群跟随的范围较人气关注的范围要小，具体来说就是人群多跟随股价，而人气需关注"三价"。

（2）人群跟随时机选择证券化。人群跟随的时机选择也因虚拟时代的到来而有所不同。人群跟随时机的选择应以证券所代表的价值大小为基础，这里的价值具体来说是相对价值。投资人往往会选择相对价值空间大且增值速度快的股票进行投资，这种时机的选择也是站在证券视角上的。

（3）人群跟随的价值标准证券化。虚拟时代想要引领世界，得到全球投资人的跟随，必须能够拥有成倍快、成倍中、倍增快的相对价值，这些价值标准能够反映在证券市场上，包括产权市场产品如股票，债权市场产品如债券，衍生市场产品如股票期货、期权、利率期货等。由此可以看出，人群跟随的价值判断标准也符合证券化，即在证券市场是以此为价值标准来决定投资对象的。

（二）人群创造相对价值

虚拟时代中，人群创造相对价值，主要有两个方面：一是人群的跟随创造相对价值；二是相对价值的形成引发跟随对象发生改变，从而形成人群跟随。

相对价值是价值相对论的基本主张。处在相对价值形式上的商品价值通过处在等价形式上商品的使用价值表现出来。现有研究认为市场是通过追逐产品的比较价值或相对价值来实现资源优化配置的。产品价值是生产此产品的成本与此产品能带来的收益的对比关系。即价值＝产品能带来的收益/生产此产品的成本。若V表示产品的价值，C表示生产产品的成本，I表示产品能带来的收益，则价值公式为：$V = I/C$。不同产品间的价值数值对比关系，就是产品的比较价值或相对价值（张丰羽，2017）。虚拟时代所研究的对象已经不是产品的相对价值，而是投资对象的相对价值。人气是由于人们的认知心理形成的人气线的周期关注，创造投资人的比较价值，是以倍增为度量尺度加以判断的，是商品投资的价值判断。人群是由于人们的动机心理形成的人群环的循环跟随。创造投资人的相对价值，是以蓝海（倍增、成倍）为衡量量度加以判断的，是衍生品投资的价值判断。虚拟时代研究人群是为了创造相对价值，人群跟随的过程就是利用跟随意愿吸引投资人在证券市场创造相对价值的过程。金融衍生品创造的相对价值比商品创造的比较价值更加吸引投资人，人群营商强调投资人对其进行的价值投资所创造的相对价值最大化，这是人群营商学的关键。虚拟时代的相对价值主要反映在投资者的动机心理上，不同指标和考量都由投资者最终形成心理动机的无意识（成倍快）、双因素（成倍中）与层次动机（倍增快）所决定。

另外，相对价值的形成也使得人群跟随对象发生变化。由于相对价值大小的判断标准是动机心理学的三类动机，因此投资人在选择人群进行跟随时也是根据动机心理的强弱来进行判断选择。成倍快的人群自然能够拥有更强的跟随意愿，其次是成倍中，最后是倍增快。而投资人会持续不断地进行价值判断，在三种相对价值人群中循环跟随，形成不同的人群环，经过人们的投资实践和相关人气对策理论分析，衍生品相对价值的人群环也只有三种情况：8倍快（调整时间短）＝2倍快（不足）×4倍快（正好）；8倍中（间隔时间长）＝2倍快（超过）×4倍快（超过）；8倍慢（盘整时间长）＝2快（正好）×4中（正好），投资人在人气创造的房价、股价、物价"三价"人气线中，通过股价投资形成人群环创造更多的相对价值，吸引证券投资人。这就能够证明相对价值与人群循环跟随的关系。也就是说，虚拟时代中研究人群理论是为了创造相对价值，人群的思维引领作用就是以追求相对价值最大化为目标。人气比较价值创造是人群相对价值创造的基础，人群相对价值创造是人气比较价值创造的提升，人口绝对价值创造才是价值创造的最终追求。

二、虚拟时代人群的新要求

(一) 人群的广泛影响力

虚拟时代人群跟随可以创造相对价值，通过相对价值的大小来判断是否进行人群跟随，能够帮助投资人实现成倍或倍增，因而人群在虚拟时代中的影响力极其广泛。人群的广泛影响力使得大到一个国家、小到一个投资人都需要人群所创造的相对价值进行不同程度的投资行为，使不同的国家或投资人在虚拟时代有望获得新的投资契机。具体地，人群的广泛影响力可以从三个方面理解。

（1）国际层面。虚拟时代的全球化特征，各国都利用了人群与全球化的密切相关，因为全球范围内有众多的证券类别能够投资。以股票为例：美国的股市包含纽约证券交易所（New York Stock Exchange）及纳斯达克证券市场（Nasdaq Stock Market）上市的股票，目前主要由道琼斯工业股票指数、纳斯达克指数和标准普尔500指数三大股指代表着美国股市的兴衰；而中国股市则有主板和创业板的划分。全球众多国家的众多投资人都寻找能够创造相对价值的投资对象，即选择不同的人群。因此，国际范围内不同的人群通过吸引全世界投资人的跟随，从而引领该国虚拟时代的金融衍生品价值投资和相对价值创造，因此可见人群跟随理论在国际层面具有广泛影响力。

（2）国内层面。人群与人气有相同之处，都会带动其他行业的发展，但也有所不同，人群会对一个国家的诸多领域的实体行业产生更大影响，各国可以利用人群理论发展最有相对价值的行业、地区、板块，从而有力地推动该国虚拟时代的变迁。通过证券化的资产价格上涨和股权投资，带动相关行业发展。人们期盼证券化金融衍生品支持实体经济的发展。

（3）个人层面。个人投资者应当充分利用人群循环跟随理论和衍生品投资，人群跟随会对投资者投资的衍生品价格产生重要影响。当人群大量跟随虚拟衍生品价值时，衍生品价值便能够实现成倍快、成倍中、倍增快的蓝海相对价值创造，价值创造的空间更大、时间更短，通过衍生品的投资，思维不断创新和物质财富的不断放大，虚拟时代的每一个人都能过上高品质的美好生活。

(二) 人群的主动性和独立性

虚拟时代的人群跟随是由动机心理驱动下的相对价值的互相判断而引发并形成的，投资人通过相对价值的判断形成的投资使得全球范围内的证券市场的各类投资品种发生成倍或倍增。所谓人群的主动性，是指各类投资主体（国家、金融机构或个人投资者）可以根据环境、行业的变化主动进行调整以适应时代变迁，使其创造更大价值。随着虚拟时代的到来，能够投资的对象——衍生品种类越加丰富，如何从纷繁复杂的板块、行业选择人群进行跟随便成为投资人决策的关键。无论是国家还是个人投资者都应该能够根据不同衍生品种类创造出相对价值的多少这一判断标准而自主寻找适合跟随的投资对象，具体来说是自主寻找并选择成倍快、成倍中或倍增快的人群进行跟随。不仅如此，受到跟随的人群应自身主动起到引领作用。例如，为获得跟随，2018 年开始，中国制定一系列吸引外商投资的法律，不断开放资本市场，吸引国际资本投资中国 A 股；上海 A 股主动占领文化价值的制高点——促进形成白酒板块，成为文化价值的引领人群，受到全世界的投资人跟随。世界各国都是如此，美国的高科技板块，中国的高铁板块都是主动吸引人群跟随投资。

人群的独立性是指由于契合分类、目标确定、成倍定型、动态调整分析的结果，且运用思维超前进行判断，人群对不同类型的投资对象的跟随是相互独立、互不影响的。这就是人群的独立性所代表的含义。具体来说，全球证券市场有着各种各样的金融衍生品投资品类，比如股票、债券、期货、期权等，这些都可以成为投资人跟随的人群，它们既属于证券市场这个大环境，但各自又可以独立地成为一个投资类别，投资人可以在任何一个类别下进行投资行为，也就是说各个人群虽相关联却又独立存在，可独立发挥引领作用，增强跟随意愿，投资人可以在国家之间进行独立选择，比如，2009 年以来美国股市屡创新高上涨 4 倍，而中国股市还在 3000 点附近徘徊，比 2007 年的最高点 6000 点相差一倍；还可以在各类投资标的中进行选择，比如股票、期货等金融衍生品，它们都是独立的。但按照参与的人数多少来说，股票市场才是最好的投资标的，所以本书主要以金融衍生品的股票指数板块作为研究对象，很多类别很少有人参与，或者不适宜参与；股票市场主要区分主板和次板，次板参与的人数较少，很多中小投资人也不适宜参与，在主板股票市场中，行业板块分析和人群跟随，也是比较成熟、规模极大的行业板块才能投资，人群跟随才有一定的确定性。如中国的高铁制造在世界上首屈一指，这种技术上和市场上的优势影响其股价，围绕高铁的制造、维修配套、铁路修建形成高铁板块，使其高铁板块相对价值比较明显，能够倍增、成倍；另外，中国的酒文化一直受到世界关注并成为引领人群，以茅台酒为主的白酒板块，吸引众多投资人投资。由此可以说，中国既有引领的高铁板块，又抓住酒文化，引领的白酒板块，二者都是受到跟随的人群且相互独立。

三、人群与金融衍生品价格的关系

进入虚拟时代后越来越多的金融衍生品投资品种层出不穷，而只有具有引领作用的才能够称之为人群，并值得跟随。虚拟时代的投资品类统称为金融衍生品，其价格的变化影响着人群跟随。金融衍生品（Derivatives）是指一种金融合约，其价值取决于一种或多种基础资产或指数，合约的基本种类包括远期、期货、掉期（互换）和期权。金融衍生品还包括具有远期、期货、掉期（互换）和期权中一种或多种特征的混合金融工具。一种金融衍生品的价格若要发生成倍增（减）或倍增（减），首先需要拥有全球投资人较强的跟随意愿，否则无法创造相对价值，跟随意愿如果持续上升，说明该金融衍生品开始受到来自全球投资人的跟随，从而带来巨大的社会财富增值；相对应地，只有能够发生成倍增或倍增的金融衍生品才能够成为跟随的人群。也就是说，金融衍生品的价格变动与人群跟随相互影响。

另外，人群的不同是蓝海契合分析的结果，不同的分类标准、不同的定型方式决定了不同的人群。人群根据相对价值的大小进行跟随，经过相对价值的契合分析，人群选择不同的投资标的进行投资，也就产生了不同的蓝海板块。这些板块将会吸引国际资金大量流入，引发金融衍生品上涨，带来巨大的社会财富增值。不同的人群通过投资实现价值增值。因此蓝海契合能够帮助选择跟随的地区、成长、主次、行业板块人群，只有综合运用蓝海契合理论，才能实现衍生品的相对价值创造。

同样地，根据本书第二章，人群跟随正因为有对价值盈余和相对价值的价值衡量，才产生了投资契合。而价值盈余变动引发金融衍生品价格变动，与此同时，金融衍生品价格的变化又导致价值盈余变动，价值盈余和金融衍生品价格变动与相对价值之间又相互作用。由此可以解释金融衍生品价格的变动与蓝海契合的关系。综合上文，人群跟随、金融衍生品的价格变动与蓝海契合三者形成了一个反馈循环系统，如图5-12所示。

四、虚拟时代的人群确定

（一）相对确定

相对确定以相对价值的空间大小和相对价值的时间作为人群的确定标准。人群选择跟随对象，总是会对人气关注对象进行相对价值的判断，选择相对价值更

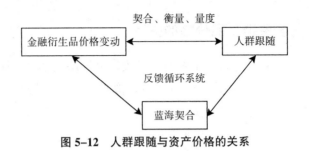

图 5-12　人群跟随与资产价格的关系

大的对象进行人群跟随。

　　人群营商是站在虚拟时代的背景分析，而不是站在商业社会的背景分析，研究的不是房价、股价、物价"三价"的人气关注，是研究人气关注的股价与虚拟时代人群跟随的各类金融衍生品价格之间的结合分析，是对股价研究的深化，金融衍生品种类不同都有自己的价值量。但各金融衍生品的价值量（独立的分子或分母）表现出的相对价值的大小（多个分子与分母的比值）是人群跟随的核心，因此在进行多个投资对象的相对价值分析时需区分相互价值量的关系。所以，在进行人群的相对确定前，需要将互相分析的对象按其自身价值量（绝对值）的大小进行分类。以字母 A、B 分别代表两类不同的金融衍生品的价值量，根据二者的价值量大小分为两类情形：A>B（A<B 与之类似）和 A≈B。在这两类不同情形下，分别又有相对价值水平相当、相对价值差距小、相对价值差距大三种情况，具体分析如下：

　　1. A>B

　　当 A 与 B 自身的价值量不同时（这里以 A>B 为例进行具体阐述），只能表示二者所包含价值量的绝对值是不同的，但在某一领域或行业的相对价值需要进一步分析。例如，按照经济发展水平和 GDP 总量来讲，美国是远远高于中国的，所以美国的总体股价指数高于中国，表现出美国的金融衍生品价格指数一定高于中国，也就是不同板块相对价值大小不同产生的人群跟随不一样，但人群跟随除去股价大盘指数板块，还有行业板块、地区板块等，无论是高铁机车制造技术还是铁路建造技术中国的高铁行业都是首屈一指的，也就是说在此方面中国是强于美国的。这就是所谓的行业相对价值量的大小与总体相对价值没有直接关系，同时可以带动总体相对价值，下面对相对价值的三种情况进行具体分析说明：

　　（1）相对价值水平相当。当 A 与 B 相对价值水平相当时，人群跟随会起到非常重要的作用。人群的跟随可能会使两者之间产生差距，并随着人群的持续跟随而拉大差距，如图 5-13 所示。当人群跟随作用于 B 时，可能造成 B 的相对价值超越 A，且这个差距达到倍增快（2 倍快）的程度。这时 B 开始拥有引领作用，吸引更多的人群跟随，进一步加强的人群跟随可能会导致 A 与 B 的差距越拉越大，直到达到成倍（4 倍）。由于 A 与 B 本身存在着价值量的差距，这在一定程度上会影响二者相对价值的比较，因此 A 与 B 的差距尽管可能达到成倍却只能是成倍中，即相对时间损失长。

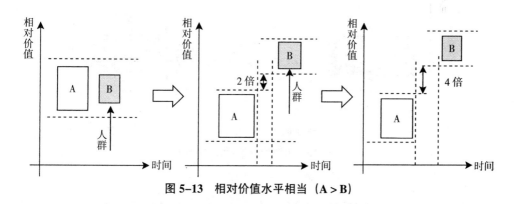

图 5-13　相对价值水平相当（A ＞ B）

（2）相对价值差距小。当 A 与 B 的相对价值存在一定的差距，能够区分二者孰优孰劣，但差距较小时，人群跟随的到来会产生与相对价值水平相当类似的作用。也就是说，人群跟随可能会使得劣势一方追赶甚至超越优势一方，如图 5-14 所示。

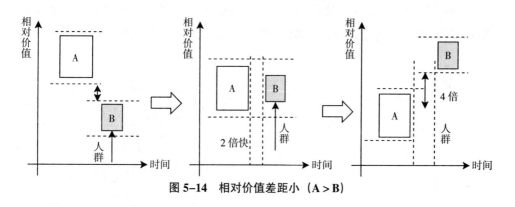

图 5-14　相对价值差距小（A ＞ B）

（3）相对价值差距大。人群总是会跟随与其他对象差距显著的、呈现出两极分化状态的对象，这些产生两极的内容可以非常丰富，如金融衍生品的不同种类、所属的不同市场、投资人对其的熟悉程度等。人群跟随这些品类时创造相对价值的可能性较大。而对这种差距大的跟随对象，人群跟随后，人群对各自产生相向作用，如图 5-15 所示。同物理学中力对物体做功的原理一样，二者之间差距逐渐缩小，而这个缩小的过程也是人群创造相对价值的过程。

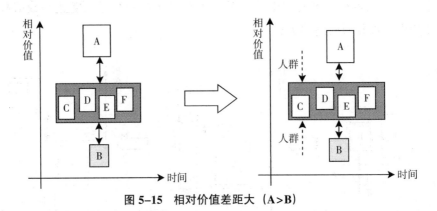

图 5-15 相对价值差距大（A>B）

2. A≈B

当 A 与 B 自身的价值量相差不大几乎相等时，想要明确人群跟随在此情形下的情况，同样需要分为三种情况进行说明，具体分析如下：

当 A 与 B 相对价值水平相当时，人群跟随的作用几乎与 A>B 的情形相同。人群的跟随会使两者之间产生差距，如图 5-16 所示。由于 A 与 B 本身不存在价值量的差距，当人群跟随作用于 A 时，可能造成 A 的相对价值快速超越 B，且这个差距直接达到成倍（4 倍）的程度。因此 A 与 B 的相对价值差距在人群跟随的进入后瞬间发挥作用，使得二者迅速达到成倍的相对价值差距，即 4 倍快。

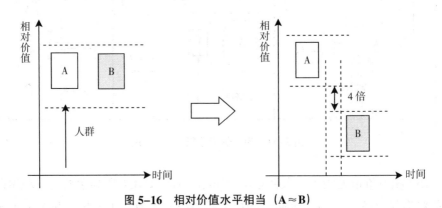

图 5-16 相对价值水平相当（A≈B）

　　而当二者的相对价值差距大时，人群跟随的具体作用情况也与A>B类似，只是需要注意的是，由于A与B的自身价值量几乎相等，因此人群跟随的作用效果和效率都会更好，也就是说，人群跟随的作用会使得A与B快速产生成倍的差距，即4倍快。如图5-17、图5-18所示。

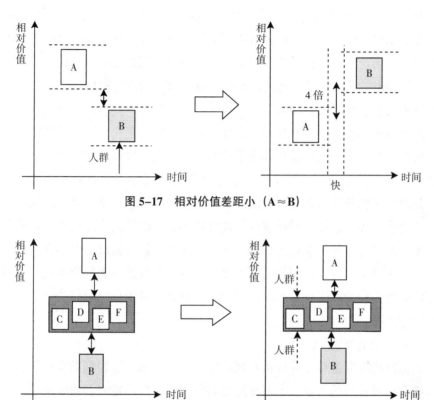

图5-17　相对价值差距小（A≈B）

图5-18　相对价值差距大（A≈B）

（二）蓝海确定

　　虚拟时代金融衍生品投资不只是商品投资的倍增（减）的"明星"投资品种，它可能形成倍增快、成倍中、成倍快所构成的"蓝海"板块，这种板块可能是许多新兴事物，显示出许多未知空间有待发掘。这种未知的空间被学术界和企业界称为"蓝海"，这里称借用这个词汇更能代表人群跟随的相对价值创造。根据前文对于人群的理解，人群是虚拟时代创新的概念，在一定层面上正是蓝海的体现。因此，想要成为具有引领作用、被全球投资人跟随的人群，必须结合蓝海的概念和类型进行确定。

1. 蓝海的概念

在工商管理学科领域下，蓝海指未知的市场空间。企业要启动和保持获利性增长，就必须超越产业竞争，开创全新市场，这其中包括一块是突破性增长业务（旧市场新产品或新模式），一块是战略性新业务开发（创造新市场、新细分行业甚至全新行业）。相对于蓝海是指未知的市场空间，红海则是指已知的市场空间。一般进入市场面临的选择是在蓝海中开辟新的道路或在红海中"杀出一条血路"，来比喻在市场空间中生存的选择。欧洲工商管理学院的学者 W. 钱·金和勒妮·莫博涅首先提出"蓝海战略"理论，并认为蓝海战略的理论精髓是规则再造与价值创新（王建军、吴海民，2007）。

蓝海的开创者不以竞争对手为标杆，而是采用一套完全不同的战略逻辑，这就是价值创新。价值创新是蓝海战略的基石。在蓝海战略逻辑的指导下，企业不是把精力放在打败竞争对手上，而是放在全力为买方和企业自身创造价值飞跃上，并由此开创新的、无人竞争的市场空间，彻底甩脱竞争。蓝海战略的价值创新对"价值"和"创新"同样重视。按价值创新来协调企业活动的圈套系统。

本书对于蓝海的概念有更具体而深入的理解，认为蓝海是能够在相对时间损失较小的情况下相对价值增值的最大化的，且非常规的一类投资范围。只有在此范围内的投资标的才能有可能成为引领的对象，即成为虚拟时代的人群，有着较强的跟随意愿。

2. 蓝海的类型

虚拟时代人群主要是由动机心理产生的蓝海而确定，根据前文对于蓝海的界定并结合相对价值的内容，本书在运用蓝海进行人群确定时，将以下三种类型作为可以进行跟随的具有相对价值的蓝海人群，分别表示为：成倍快蓝海、成倍中蓝海、倍增快蓝海，其中成倍或倍增指的是相对价值增值的大小，即成倍是相对价值增值 4 倍，倍增是相对价值增值 2 倍；而"快或中"指的是在相对价值增值的相对时间的大小。

只有以上 3 种类型才是虚拟时代的人群跟随的蓝海投资对象，由它们单独跟随，更多的是形成蓝海循环跟随，这将在时代确定中进行认真研究，还有可能直接形成百倍（8 倍）蓝海（人口营商学称之为"龙头"），这一类型在人口营商学进行专门研究，蓝海的类型见下一节人群矩阵分析。

(三) 时代确定

1. 品种替代

品种替代在虚拟时代中属于相对价值创造的基础和源泉。因为品种替代从自然时代的自然生长到如今的虚拟时代作用巨大，品种替代会一直吸引人群跟随。在虚拟时代中，由品种替代带动品牌迭代、衍生品时代的情况经常出现。人类对于品种替代的探寻从未停止，品种替代升级随着人类认识自然的探索进程不断推进。品种替代过程中，推动品牌迭代和衍生品时代，三者相辅相成。从自然生长广种薄收的温饱模式，到物质制造机械化播种和收割模式，到虚拟时代农场、庄园式生产模式，不断完成品种替代。

在吸引人群的过程中，从品种替代到品牌迭代，再到衍生品时代动机心理的过程一直有效。随着对自然生长的动机不断加强，先进物质制造技术的发展，人们的思维动机也有了新的转变。但随着人们对于品种替代的加强，认识到了解自然生长的重要性，茅台酒就是从中国人几千年衣食住行的饮白酒。进行品种替代的结果；发展到物质制造，酿造技术作为支撑，品牌迭代继续购买茅台酒，成为白酒品牌之一；变迁到今天的衍生品时代——白酒板块上市成为衍生品，代表文化价值的时代板块，茅台酒又是品质生活的体现，股票价格近千元，公司市值超过万亿元（茅台酒的龙头特征将在人口营商学研究）。

2. 品牌迭代

品牌迭代是衍生品时代的支撑，制造的进步促进时代的变迁。现在，全球范围内正在不断地进行制造迭代，如信息制造、生物制造、新材料制造、新能源制造广泛渗透等。世界大国都在积极强化制造迭代部署，如美国实施再工业化战略、德国提出工业 4.0 战略。综观引领过全球发展的国家，都有着极强的品牌迭代能力。以汽车的品牌迭代为例：1712 年，英国人托马斯·纽科门发明了不依靠人和动物来做功而是靠机械做功的蒸汽机，被称为纽科门蒸汽机。1769 年，瓦特与博尔顿合作制造了真正意义上的蒸汽机，随后蒸汽机汽车出现。1866 年，德国工程师尼古拉斯·奥托成功地试制出动力史上有划时代意义的立式四冲程内燃机。1876 年，又试制出第一台实用的活塞式四冲程煤气内燃机。这台单缸卧式功率为 2.9 千瓦的煤气机，压缩比为 2.5，转速为 250 转/分钟。这台内燃机被称为奥托内燃机而闻名于世。奥托于 1877 年 8 月 4 日获得专利。后来，人们一直将四冲程循环称为奥托循环。奥托以内燃机奠基人载入史册，其为汽车的发明奠定了基础。随着社会的发展和制造的不断升级，电动汽车以车载电源为动力，用电机驱动车轮行驶，符合道路交通、安全法规各项要求的车辆。由于对环境影响相对传统汽车较小，其前景被广泛看好，汽车没有停止过制造的品牌迭代。

3. 衍生品时代

衍生品时代是虚拟时代人群确定的核心。只要有衍生品时代，就会有人群环跟随的形成，这是由人的动机心理学发挥作用形成的，物质制造是环境变化影响人们的需求，自然生长是竞争状况影响人们的供应，只有虚拟时代人们的动机心理起主导作用，因此人们要不断地激发投资人的心理动机形成人群环，这是时代确定中的重要环节。用一个简单的例子来解释衍生品时代，不同时代对于出行的人群跟随不同：①自然时代的车马人力车为代步工具，车水马龙，表明人群分配兴旺；②物质时代的汽车、飞机、轮船、火车个人出行工具，表明人们的利益需求，人群购买力增强；③虚拟时代的高铁、磁悬浮等公共快速交通工具，表明人们的价值创造，人群投资跟随，只有虚拟时代的人群投资跟随，能够反映在衍生品的价格上。它们之间是一个不断变迁的过程。

由于虚拟时代思维是形象的、推理的，所以衍生品时代可以形成许多新的人群动机链条，再经过反复验证与筛选，能形成引领人们投资的人群环（见下文详解）。它既可以影响投资人的跟随意愿，也是投资人跟随人群选择的判断标准。人群环来源于衍生品时代，衍生品时代形成的人群环是以认知创新形成的人气线为基础的，能够形成人群环的投资人跟随，说明这一链条上的人群往往是正确的、符合全球投资人和时代变迁的价值创造，且能够让投资获得巨大的价值增值。衍生品时代形成人群环的影响因素如图 5-19 所示。

	他国	本国
	他国的衍生品时代影响别国	本国衍生品时代的心理准备和加速证券化
	他国的衍生品时代经验和教训	本国的资源、优势与推理智慧的运用

图 5-19　时代变迁形成人群环的影响因素

综上所述，替代、迭代、时代的三种方式，都会引起投资人在虚拟时代的人群跟随，但跟随的强度是不同的，品种替代和品牌迭代，必须通过衍生品时代，改变人们心理动机的强度从而引起投资人的人群跟随，而不是购买者增加和消费者兴旺，衍生品时代是虚拟时代的主旋律，本书以动机心理学为主的金融衍生品——股价作为研究对象。

　　虚拟时代人们的思维就是不断形象和推理，就会出现新的、复杂的人群思维的循环，经过反复推理，才能形成人们强化的人群环。它既可以是别国经过的思维循环，别国的思维循环可能是本国学习的榜样，如汽车、钢铁等基础行业发展就是别国思维跟随的结果，没有基础工业的发展，一切无从谈起，所以基础工业的人群环必须跟随；也可以是别国的成功或失败经验教训，别国成功的循环，本国必须学习，如大飞机制造，虽然起步晚，但是作为一个人口众多的大国，飞机制造的人群环还需要强化，但成功的难度大，成效没有高铁明显，大飞机的人群环跟随就有不确定性，别国失败的循环，本国需要吸取教训，如高铁技术的发展和应用，一些国家起步早，但应用晚；同时，必须结合本国的衍生品时代的发展速度，不断完善和发展证券市场，加速资产证券化，没有证券化的衍生品，人群环的跟随无法实现，创造相对价值成为口号；根据本国的资源、条件综合分析是人群环跟随的基本立足点，如高铁行业人群环就是结合中国国土面积大、人口众多等特点，适合发展高铁技术和应用，形成自己特有的人群环，比发展大飞机还显得迫切，高铁的人群环跟随在中国更容易成功。

第三节　虚拟时代的人群跟随原理

一、人群跟随原理的理论来源

　　虚拟时代的人群是投资人的跟随。人群跟随某一事物的过程就是人群对该事物产生影响的过程，也是人群创造相对价值的过程。虚拟时代中的人群跟随原理主要表现为人们的心理动机和循环。这个跟随原理的理论来源主要包括金融学和营销学两个方面。

（一）金融学来源

　　美国证券分析家拉尔夫·纳尔逊·艾略特（R. N. Elliott）利用道琼斯工业平均指数作为研究工具，发现不断变化的股价结构性形态反映了自然和谐之美，并由此提出了一套相关的市场分析理论，精炼出市场的 13 种形态或波浪（Waves），在市场上这些形态重复出现，但出现的时间间隔及幅度大小并不一定具有再现性。而后他又发现了这些呈结构性形态之图形可以连接起来形成同样形态的更大图形。这样提出了一系列权威性的演绎法则用来解释市场的行为，并特别强调波动原理的预测价值，这就是久负盛名的艾略特波浪理论。

艾略特波浪理论（Elliott Wave Theory）是股票技术分析的一种理论。认为市场走势不断重复一种模式，每一周期由 5 个上升浪和 3 个下跌浪组成。艾略特波浪理论将不同规模的趋势分成九大类，最长的超大循环波（Grand Supercycle）是横跨 200 年的超大型周期，而次微波（Subminuette）则只覆盖数小时之内的走势。但无论趋势的规模如何，每一周期由 8 个波浪构成这一点是不变的。这个理论的前提是：股价随主趋势而行时，依五波的顺序波动，逆主趋势而行时，则依三波的顺序波动。长波可以持续 100 年以上，次波的期间相当短暂。

波浪理论考虑的因素主要有 3 个方面：①股价走势所形成的形态；②股价走势图中各个高点和低点所处的相对位置；③完成某个形态所经历的时间长短，即波浪理论具有 3 个重要方面形态、比例和时间，其重要性依上述次序逐而下降。使用直观图解说明，所谓形态，指波浪的形态构造，这是最重要的部分；比例分析是指测定各个波浪之间的相互关系，来确定回撤点和价格目标；时间指各波浪之间在时间上相互关联，可以利用这种关系来验证波浪形态和比例（朱德通，1999）。

股票价格呈波浪形态运行，并不是由于波浪理论的提出才为人们所发现。但波浪理论指出了各个波浪之间的关系，这为分析股市走势打下了基础。该理论本身看似并不复杂，但要精通它特别是运用于实践却很不容易。关键是要了解各波段的特征及掌握各波段不断变化的各种形式（胡雅泉、薛倚明，2002）。波浪理论认为，证券市场应该遵循一定的周期周而复始地向前发展，股价的上下波动也是按照某种规律进行的。这种理论最基本的形式认为每个完整的周期包含 8 浪，其中 5 浪上升，3 浪下降。在周期的上升阶段，每 1 浪均以数字编号。1 浪、3 浪和 5 浪是上升浪，称为主浪，点 1、点 3、点 5 为顶点，而 2 浪和 4 浪的方向与上升趋势的方向相反，因为 2 浪和 4 浪分别是对 1 浪和 3 浪的调整，故称为调整浪，点 2、点 4 为底点，上述 5 浪完成后，出现了一个浪形式的调整，这 3 个波浪分别用字母 a、b、c 表示。其中，b 为顶点，a、c 为底点，如图 5-20 所示。

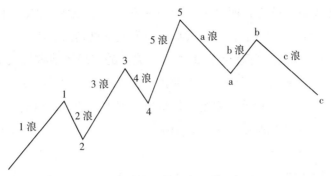

图 5-20　基本的波浪形态

（二）营销学来源

艾略特·艾登伯格（Elliott Ettenberg）2001 年在《4R 营销》一书中提出 4R 营销理论。唐·舒尔茨（Don E. Schuhz）在 4C 营销理论的基础上提出了 4R 营销理论。4R 营销理论是以关系营销为核心，注重企业和客户关系的长期互动，重在建立顾客忠诚。它既从厂商的利益出发，又兼顾消费者的需求，是一个更为实际、有效的营销制胜术。4R 是从市场营销理论中的 4P，发展到整合营销理论中的 4C，再到与新营销方式对应的 4R 理论，其基本趋势是从重点关注企业向越来越关注消费者需求、消费者感受，以及与消费者建立长期合作关系（薄立伟、何弦，2007）。从现在的社会经济基础来看，4R 决策分别是关系（Relationship）、关联（Relevancy）、反应（Reaction）、回报（Reward）。

第一，关系（Relationship），在企业与客户的关系发生了本质性变化的市场环境中，抢占市场的关键已转变为与顾客建立长期而稳固的关系。与此相适应产生了 5 个转向：从一次性交易转向强调建立长期友好合作关系；从着眼于短期利益转向重视长期利益；从顾客被动适应企业单一销售转向顾客主动参与到生产过程中来；从相互的利益冲突转向共同的和谐发展；从管理营销组合转向管理企业与顾客的互动关系。第二，关联（Relevancy），即认为企业与顾客是一个命运共同体。建立并发展与顾客之间的长期关系是企业经营的核心理念和最重要的内容。第三，反应（Reaction），在相互影响的市场中，对经营者来说最难实现的问题不在于如何控制、制定和实施计划，而在于如何站在顾客的角度及时地倾听和测试商业模式转移成为高度回应需求的商业模式。第四，回报（Reward），任何交易与合作关系的巩固和发展，都是经济利益问题。因此，一定的合理回报既是正确处理营销活动中各种矛盾的出发点，也是营销的落脚点。

关系是 4R 决策的核心，明确企业的关系方，遵守 20/80 原则，而人群决策是人群营商学 4 个决策的核心，确定人群环激发的强度是人群决策的关键，如图 5-21 所示。二者的联系在于关系营销中通过关系的实现活动满足关系方互利共赢，人群营商通过动机心理学的无意识动机、双因素动机和层次动机驱动形成人群跟随来创造契合的相对价值，也是时代增值发现人们的重点跟随形成的相对价值，都是其他决策形成的基础。关系营销中，关系决策是核心，而这里的关系是互利平衡的升华，是一种生态关系。具体来说，各关系方之间遵循 20/80 原则、在各自责任范围内做到最好，保证其中关系的平衡且合理竞争，以使整个关系如生态系统般和谐平衡。人群营商以人群环为基础，契合相对价值进行跟随，根据人群的跟随对路径、系统、组合决策进行相应的决策，以使得创造相对价值最大化。

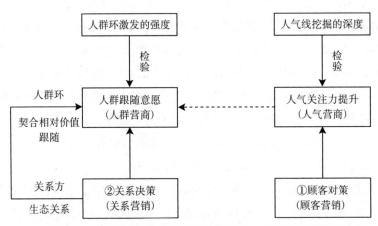

图 5-21　人群（跟随）决策与关系决策、人气关注对策的关系

二、虚拟时代人群跟随原理

（一）基本原理

虚拟时代，人群跟随原理主要是指心理循环与人群跟随的关系。人群跟随来源于人的思维激发的强度，而这个强度与人们的心理循环相关联。人的心理循环通过影响人们思维的激发强度，进而使得人群的跟随呈现了循环性，时代创新的思维是连接心理循环与人群跟随的桥梁。所以在虚拟时代中，如何判断人群跟随某一类金融衍生品的强度更大是一个重要课题，也是人群决策的研究重点。

从人群与相对价值看，人群跟随某一类金融衍生品的循环的蓝海价值越大，则该金融衍生品创造的相对价值越大，说明其对全世界投资人更具有吸引力，能够聚集更多的跟随意愿。因此，研究如何判断人群跟随心理循环的蓝海价值是人群跟随研究的核心。研究人群跟随的心理循环，其作用机制如图 5-22 所示。心理循环直接影响人群跟随某一类金融衍生品的蓝海价值，而人群跟随意愿强弱的变化情况又会影响心理循环，两者相互作用、相互影响。如果一个投资板块能够持续创新成为时代增值的某一类金融衍生品，则人群跟随的心理循环就会形成蓝海，投资人投资该类金融衍生品创造的价值就会越来越大，因此吸引着全世界的人群跟随，一旦该类金融衍生品自身创新不足，导致时代增值的能力受到限制，价值投资跟随意愿就会受到限制，成倍或倍增很难实现，投资人跟随意愿就会减弱，人群跟随就会转换，创新的内容分为替代创新、迭代创新、时代创新，三种创新方式交相呼应，创新升级是虚拟时代的核心，只有不断进行创新升级才能形成蓝海价值人群跟随，才能形成有效投资。

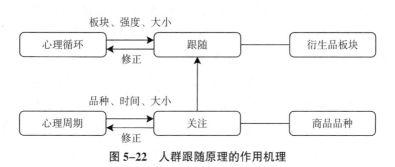

图 5-22 人群跟随原理的作用机理

　　心理循环对于人群投资的影响巨大，反过来，人群跟随影响心理循环。虚拟时代人群的跟随，呈现循环性跟随，其核心思想是在全球范围内、证券化市场中，人群将以金融衍生品为主。其他投资品种（如房地产投资）的人群跟随与衍生品投资有很多相似之处，但也有很多不同，在本书中多次涉及。人群的跟随意愿越高，拥有的强度越大，而这种强度就会创造相对价值。

　　所以，选择合适的金融衍生品时代创新板块吸引投资人跟随，是人群营商的良好开端，人群跟随太早，跟随意愿不能一直保持较强的水平反而对投资不利，没有人群跟随，就说明没有相对价值创造；一旦吸引人群跟随，应充分利用其创造更多的相对价值，保持人群的跟随，激起投资人的心理循环强度，让全球投资人获得更多、更好的回报。

(二) 人群作为跟随研究的逻辑

要理解人群是一种跟随，必须理解人群作为跟随的逻辑。虚拟时代跟随的根本目的是创造相对价值，而创造相对价值的过程是通过投资人跟随并投资实践的。虚拟时代人群跟随的过程也是投资者选择投资板块的过程，虚拟时代以人为主，人群的动机心理学形成不同人群环跟随，是虚拟时代的最重要跟随，可以更加有效地创造价值。投资人根据不同的心理动机会驱动不同的人群跟随，只有拥有较强的跟随意愿才能投资，虚拟时代就是一个衍生品投资的时代，这一点在前面的章节进行了叙述，而没有跟随是不可能进行投资的，跟随是投资的必要条件，投资是跟随的结果。

虚拟时代中，由于跟随意愿的强弱不同，会导致证券投资人发现能够起到引领作用的人群并进行跟随，而跟随是为了投资。无论是投资一个国家还是投资证券市场的某一金融衍生品，一旦将人群作为跟随来考虑，它便能够引发全球范围内的投资行为。跟随该国或某一板块金融衍生品，就会对其进行投资，一个国家或某一金融衍生品整体是无法衡量是否具有投资价值的，只有通过投资具体板块加以体现，而在人群营商学中主要表现是对证券市场金融衍生品板块指数和行业、地区等价格的研究，也是由于人们对于证券市场的投资要求更高、强度更大的结果。当人群跟随某一金融衍生品时，必然带来全球资金流动，该金融衍生品的价格便上涨，从而使得价值发生增值，实现成倍或者倍增，如图 5-23 所示。因此，虚拟时代中人群跟随的根本目的是创造相对价值，而创造相对价值的过程是通过投资实现的。因此，虚拟时代人群跟随的过程是投资者在衍生品选择投资板块的过程。

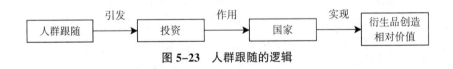

图 5-23　人群跟随的逻辑

(三) 心理循环变化的内在含义

心理循环是人群跟随原理的核心，所以在研究人群跟随的循环原理时应明确心理循环变化的内在含义。首先要明确的是，心理循环变化的实质是因为相对价值发生了变化。随着强度的变化，人群跟随对象的心理循环会发生变化，其相对价值也随之发生改变，进而对跟随对象的价值创造产生影响。虚拟时代中相对价值的创造是通过人群跟随实现的，因此人群跟随某一对象，并且使其处于人群环蓝海强度大小，则创造的相对价值不同。

心理周期是在人气关注的商品投资人气线中选择投资对象——"三价"，心理循环是在人群跟随的衍生品投资人群环中选择投资对象——板块；心理周期对应倍增、成倍、百倍的价值度量尺度，而心理循环对应倍增、成倍快、成倍中的蓝海价值衡量量度；每一个心理循环是蓝海价值的组合，是 2 倍与 4 倍的组合，通过这种组合体现相对价值的强度大小。投资人进行投资决策，是金融衍生品投资的心理循环。在资产证券化呼声越来越高的今天，金融与实体经济发展越发紧密的时代，心理循环对于金融衍生品的研究越来越重要。证券投资分析的基本面分析和技术分析，显得有些力不从心了，投资分析的"波浪理论"，也曾经在研究心理循环中做过很多努力，帮助投资人利用波浪进行投资，但没有心理学的研究基础，很难在具体应用中得到广泛认同。在以人为本的虚拟时代，心理循环的心理学研究更能帮助投资人作出正确的投资决策。

人群跟随的心理循环与人群环的不同紧密相关，不同的人群环创造相对价值的能力是不同的，心理循环处于"蓝海"时的创造相对价值的能力要强于"红海"，投资人投资蓝海价值，如同人气营商投资人投资明星价值，投资人不断地寻求蓝海价值。而心理循环变化的实质是创造相对价值能力强弱变化的过程。衡量人群跟随的心理循环就是判断创造相对价值的能力，人气矩阵的"明星"商品创造比较价值的能力要强于其他商品。没有倍增的比较价值，心理周期就会影响人气线，人气关注就会转移。

（四）跟随类型的特征及适应对象：人群矩阵分析

人群跟随聚集的初期并不明显，投资者很难判断人群正在向某一事物聚集。而随着人群跟随过程中开始创造相对价值而形成的正向反馈时，人群跟随该对象的强度将加大，但所剩空间变小和速度加快了，投资者很难在投资中实现蓝海相对价值增值。所以，这就成为了投资人选择投资的难题。本书在这里引入了人群矩阵，通过相对时间损失和增值空间双重维度来分析和判断人群跟随某人群的类型特点及适应对象，以指导人们的投资。

1. 人群矩阵的概念及来源

近年来，随着全球经济的快速发展，国际金融市场一体化趋势日渐明显，资产证券化的步伐越来越快，证券投资也越来越受到人们的广泛关注。许多机构投资者与个人投资者开始寻求更好的选股策略与算法，以获得收益最大化。但由于金融市场是一个复杂的、充满了各种不确定性的系统，如何在各种复杂的、充满了不确定性的金融环境中对资本进行有效配置，实现投资收益与风险均衡将是机构与个人投资者所要面临的重要问题，即投资组合优化问题。因此，在金融市场中投资者在追求高投资收益的同时如何有效地控制风险，成为投资组合优化的首要问题（高萍，2018）。

GE 矩阵模型（GE Matrix/Mckinsey Matrix）是美国通用公司创造的一种投资组合分析方法，所以又称通用电器公司矩阵法，是企业战略规划的基础理论之一。该分析矩阵是在波士顿矩阵（Boston Consulting Group's Matrix，BCG）的研究基础上进行扩展完善而成，使之更适用于多元化经营的公司进行业务组合战略选择。相比 BCG 矩阵，GE 矩阵也提供了产业吸引力和业务实力之间的类似比较，但不像 BCG 矩阵只用单一指标市场增长率来衡量吸引力，用相对市场份额来衡量实力；而 GE 矩阵使用数量更多的因素来衡量这两个变量，纵轴用多个指标反映产业吸引力，横轴用多个指标反映企业竞争地位，同时增加了中间等级。因此，在多元化公司战略规划过程中，应用 GE 矩阵可以根据各业务单元的自身竞争力和所在市场吸引力对这些业务单元进行分析评估，也可以由此判断出该公司在业务组合方面的优势和劣势。按照各个业务单元所处各自行业中的市场吸引力和自身竞争力这两个维度来建立坐标体系对各个业务单元进行评估，每个维度分为高、中、低三个不同等级，将两个维度不同的等级进行两两组合，就形成一个 3×3 拥有 9 个象限的评价图表，将各个业务单元按照其分析评价结果标于各象限中，从而针对该业务单元所处的象限位置做出相应的战略选择，如图 5-24所示。

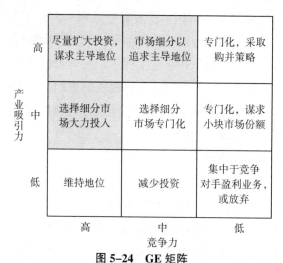

图 5-24 GE 矩阵

类比 GE 矩阵，人们用于选择金融衍生品进行投资时，也可以以此为基础进行划分，由此分为这 9 个不同类型，如图 5-25 所示。人群矩阵将横、纵轴的内容分别变为增（减）值空间和相对时间损失，其中增（减）的大小以成倍（减）和倍增（减）确定，而矩阵中的相对时间损失分为"快、中、慢"三种，人群矩阵也可以划分出百倍，百倍快的人群也存在，但是，百倍的人群增值空间不是人群营商研究的重点，在人气营商就有百倍的研究，只是度量尺度大小不同而已，人气的核心是对策研究，是倍增，人群的百倍也只是一种特例出现，人群核心是把握投资板块类型，是倍增和成倍增值构成的蓝海，以至于百倍研究将在人口营商中专门研究，研究的是龙头价值，而非蓝海价值。

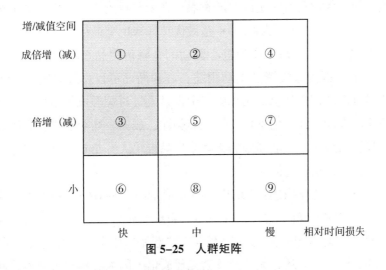

图 5-25 人群矩阵

在这 9 个方块中，能够作为虚拟时代投资选择的并不是全部，需要按照一定的标准进行筛选，而这个标准便是一定时间内相对价值实现的大小。投资人应该选择增值空间大、相对时间短的国家或金融衍生品进行投资，具体主要有三种：成倍快、成倍中和倍增快（如图 5-25 中的①②③）。根据虚拟时代人群的确定，将以上三种投资对象统称为"蓝海"，也就是说只有蓝海才值得投资。

2. 人群矩阵的特征（"蓝海"特征）

（1）成倍快。特征描述：4 倍增（减）值空间，相对时间损失小。成倍快是"蓝海"中最优选择，即最优人群。一旦出现 4 倍快的人群，必定会有最强的跟随意愿。因为成倍快是相对时间最短、损耗最小却又增值空间最大的投资对象，因此会成为全球投资人跟随的对象。

适应对象：无意识动机作为核心驱动的金融衍生品；有意成为最优人群，引导全球范围各国投资者主动跟随；心理循环可以最短时间内修正跟随意愿，并获得最高相对价值增值，成倍快还有两种类型：4倍快正好和4倍快超过4倍，这是由于人气对策不同，导致的4倍快的结果不同，虽然都是无意识动机驱动，产生的投资空间会有很大不同，这些将在人群环专门研究，在投资具体板块中，还有题材的无意识、业绩的无意识、成长的无意识，只有成长的无意识才是人群营商研究的重点和把握的内容，这些将在契合章进行具体分析。

（2）成倍中。特征描述：4倍增（减）值空间，相对时间损失适中。成倍中是"蓝海"中第二选择人群，它在相对时间上属于中等、损失适中，但仍具有4倍的增值空间，因此具有一定的跟随意愿。在未寻找到4倍快人群的情况下，如若存在4倍中则必然应该跟随，虽不是最优选择却也是最佳选择。

适应对象：双因素动机作为核心驱动的金融衍生品板块；有意成为较优人群，引导一定范围国家投资者主动跟随；心理循环可以中等时间内修正跟随意愿，但相对价值增值空间仍最大。成倍中也是人气对策形成的结果，是投资人在成倍增值中的次优选择，倍增快人气才会关注，成倍中还会有投资人跟随，成倍慢就没有投资人跟随了，业绩好的金融衍生品板块大都是双因素动机作为核心驱动，形成成倍中的增值蓝海。

（3）倍增快。特征描述：2倍增（减）值空间，相对时间损失小。成倍快是"蓝海"中第三选择人群，也是人气中的"明星类商品"，由于其相对价值增值空间仅有2倍，因此其跟随意愿相对而言在"蓝海"中最弱，但它是人群环的起点，第一环，没有第一环，无从谈及第二环成倍，因为其相对时间短，即能够在短时间达到2倍，所以能够吸引投资者跟随。

适应对象：层次动机作为核心驱动的金融衍生品；只能拥有2倍增值空间的人群，引导投资者主动跟随能力弱；心理循环只能在短时间内以倍增的增值水平修正跟随意愿，倍增快是人群环构成的起点，在倍增快的投资增值中，由于人气对策的不同，倍增快也有几种情形，即倍增不足（币值平台对策）、倍增超过（金钱杠杆对策）、倍增正好（权力契约对策）。

（五）投资人人群跟随选择的步骤

第一步，判断该国的金融衍生品相对价值大小，是否引导人群的跟随，是否存在人群矩阵中的"蓝海"。只有衍生品相对价值大小必须满足"蓝海"，即相对价值需要达到倍增快、成倍中、成倍快才能够成为人群跟随选择的对象；不在

"蓝海"范围内的国家和地区是无法吸引投资人进行投资的。上文中已经讲到了虚拟时代的人群确定方式，人群跟随最根本的前提是这个对象要具有相对确定、蓝海确定、时代确定。

第二步，判断具有相对价值国家的衍生品投资，一个国家有了相对价值是通过该国衍生品价格的变化来反映价值投资的收益，而股票市场投资板块的选择，是人群矩阵在该国金融衍生品投资的有效体现，灵活运用人群矩阵进行"蓝海"板块的选择是投资该国金融衍生品品种的基本前提，还要以人气营商为基础，并配合人口营商，才能准确投资，保障投资收益最大化。

第三步，投资人需要持续运用心理循环与跟随的相互关系，判断具有相对价值的某一金融衍生品的心理循环，某个人群板块吸引人群环跟随，是人群跟随决策的核心，应及时和审慎该投资对象时代价值创新的情况及其心理循环蓝海价值，投资人必须不断进行分析判断。若该国的心理循环不明确、时代价值创新出现问题，投资人必须在全球范围内寻找新的衍生品投资对象。人群跟随的成倍（增/减）快、成倍（增/减）中、倍增快位，都是投资人判断心理循环的标准，不断审视投资的倍增（减）、成倍（增/减）空间和时间，在人群环上判断为跟随意愿是持续跟随，还是转换跟随对象寻找重要依据，在不同的关键位置挖掘人群环会出现不同的结果，呈现出此消彼长的状况（见图5-26）。

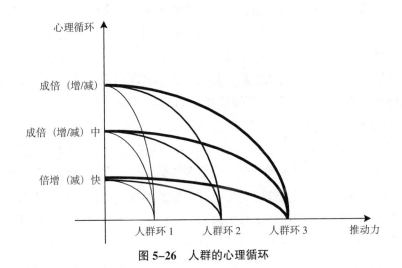

图5-26　人群的心理循环

（六）虚拟时代人群跟随的目标

为了使全球的投资人投资一个国家或某一金融衍生品，使得人群跟随实现并创造相对价值，都希望实现其在虚拟时代中最具吸引力的跟随目标：人群时代价值创新、形成人群环跟随和心理循环的蓝海。这种人群目标主要是使得一个国家能够被跟随的人群不断创造处于"蓝海"阶段的相对价值，这样才能不断地创造相对价值并且效率更高，社会财富快速而大量向该国积累，使该国人民尽快且长久过上美好生活。

之所以要使得人群长期跟随一个国家或某一金融衍生品，一方面，因为无论是一个国家还是某一金融衍生品在开始只能吸引到极少数的人群跟随，想要实现人群跟随，需要达到许多条件，根据本章第二节对人群确定的阐述可知，人群需要相对确定、蓝海确定和时代确定，并根据人群环进行跟随对象的选择，不是任何投资对象都能够吸引人群跟随的，只有能够形成人群环蓝海价值的对象才能够吸引人群跟随。另一方面，人群跟随的转换比聚集要快得多，一旦人群从某一投资对象流出，开始转向其他，则再次吸引人群跟随的难度较大。因为虚拟时代的信息更新速度极快，证券市场瞬息万变，投资更是分秒必争，每一个投资人都紧盯着市场动向，在品种纷杂的金融衍生品种不断寻找着能够创造相对价值最大化的投资板块。以股票市场为例，一旦某一板块失去人群跟随的最佳时机，则投资人会迅速找到另一板块进行投资，而上一个跟随的板块可能会经历很久的"空窗期"，无人问津，如中国高端制造的高铁板块，经过发展成为时代创新，就会取代汽车、飞机等板块的相对价值创造，这些板块再也无人跟随了。

尽管人群跟随是创造相对价值的最优选择，但事实上想要实现人群跟随相当困难。因此在努力实现保持人群跟随这一最优目标的同时，也必须清楚人群环循环跟随后是一个比较漫长的调整期，甚至再也不可能形成相对价值，蓝海价值循环不可能再实现了。衍生品必须继续进行通过时代确定来创新。充分利用人群环、人群矩阵、人群模式等方式把握蓝海价值，还需要合理利用路径、系统、组合决策配合人群决策进行调整，帮助全球衍生品投资人创造价值进行投资决策，不错过任何一个可能形成人群环蓝海价值的投资对象。不仅如此，在心理循环调整过程中，也有助于寻找到能够实现人群跟随的对象，巩固虚拟时代人群跟随的目标最终达成。例如，中国在面对美国贸易战的一步步紧逼时，见招拆招、不断循环调整，并鼓励广大投资人，积极投资中国股市，中国股市的相对价值板块非常明确，无论是主次板块，还是行业板块，都能够将人群不断吸引到中国，期待能够在不久的将来实现人群的相对价值跟随。

三、人群跟随意愿的选择

（一）跟随时机的选择：追求尊严的时代到来

人群是从物质时代向虚拟时代变迁过程中产生人群跟随这一概念。在人气营商学的理论中，人气关注转移是依据"权力—金钱—名誉"人气线进行选择的，商业社会追求名誉，人们从购买转向投资，人气的含义发生变化，成为关注。随着三个社会向三个时代的背景理解，人们的动机心理发挥作用，人们所追求的事物发生了变化。在物质时代，人们追求富裕生活，通过维持关系方间的长期关系实现关系共赢并从中获利，以实现富裕。物质时代发展到一定阶段，物质制造极大丰富，互联网的出现使得网络的概念深入各行各业，新的时代——虚拟时代已经到来。在虚拟时代中，仅仅追求富裕生活已经不能满足人们对更高生活层次的追求，如何才能实现更高的生活层次成为人们开始思考的问题。根据人气营商学中"生活层次人气线"的描述，自然时代追求幸福，物质时代追求富裕，虚拟时代求尊严。这时，追求尊严时代的到来成为跟随时机的选择。尊严是比富裕更高层次的内容，是虚拟时代人群跟随意愿的选择结果。从物质时代关系方的扩大以实现富裕到虚拟时代人群的跟随来获得尊严是心理动机作用程度逐渐加深的过程，富裕是物质利益的体现，尊严是美好生活的体现。

在替代、迭代和时代的变迁中，人们在不断进步，不断地改变自己的思维，自然时代人们注重生长、物质时代注重制造、虚拟时代注重构想，这就是人们的心理动机发挥了作用。构想是人们充分发挥主观能动性的表现，人群跟随也是人们心理动机驱动的主观行为，这既是时代进步的表现，也是人们思维时代创新形成的结果。本书前面章节进行了详细描述，但如何利用人们的心理动机，分析人们跟随意愿的变化，这是虚拟时代价值创新的重要内容之一。

（二）跟随情形选择

通过人们心理动机的分析，蓝海相对价值创造是人群循环跟随形成的源泉，人群跟随的转换反映在人们实现成倍增（减）的心理循环，利用超前思维分析和判断人群跟随创造相对价值的变化，帮助人们把握心理循环和选择人群跟随的人群环。

通过时代变迁和人们心理动机的分析，为了正确把握心理循环影响下的人群跟随，帮助投资人准确识别动机，正确投资，创造相对价值，把握人群跟随意愿强弱的变化过程，提出了人群环及人群集合的概念应对人群跟随的对象和情形进行具体分析。

1. 人群环

（1）人群环的定义。人群环是人心理认知形成的人气线基础上的一个思考螺旋，是由无意识、双因素和层次三种动机的强弱不同构成人们跟随意愿不同，它是由于人气对策的不同导致跟随意愿变化的结果，是动机心理推动形成蓝海价值的衍生品时代的一种逻辑推理，是推动虚拟时代不断变迁、吸引人们投资的思维循环。在人气线关注的金融衍生品人群环中，不断发现和判断三种蓝海创造的相对价值人群环，是人群环的典型代表：

1）无意识动机人群环（8倍快（时间）＝2倍快×4倍快）。所谓无意识动机，在弗洛伊德看来，就是构成无意识（潜意识）的那些个人的原始的盲目冲动、各种本能以及出生后和本能有关的欲望等（从这里我们看到，在弗洛伊德那里，无意识是由无意识动机组成的）。无意识动机是行动的原因。弗洛伊德强调对行为动机的探讨，认为人们往往意识不到他们的许多行为的真正理由。真正的理由是深藏的本能倾向，以复杂而往往迂回的方式表现出来。一个人的选择和行动不常是对后果深思熟虑的产物。弗洛伊德关于无意识动机的观点已经和继续发生深远而广泛的影响，延伸到有关人类的最外缘领域，如当代文学、艺术、教育、哲学、医学等各个领域。

由于无意识动机的内涵，人群营商学将这类的蓝海称为无意识动机蓝海，且在相对价值增值与相对时间损失的结合判断中认为无意识动机蓝海是8倍快＝2倍快×4倍快。这类蓝海拥有较大的相对价值增值，并且相对时间损失少，也就是说该类人群能够在很短的时间内拥有成倍的相对价值增值，是币值平台对策引起的衍生品价格迅速增值的结果，币值迅速升值，必然导致大量资本流进国内资本市场，由于无意识，升值时间较短，2倍快可能不足，但4倍快很容易短期形成，共同构成8倍快，这也是虚拟时代比较理想的跟随人群，速战速决，也是较佳投资对象，中国股市2005~2007年的行情就是无意识蓝海明显的表现，只一年多的时间实现了8倍增长（上证指数998~1700点，2倍不足，1500~6124点，4倍快）。

2）双因素动机人群环（8倍中（时间）＝2倍快×4倍快（中间间隔时间））。双因素动机来自双因素理论（Two Factor Theory），亦称"激励—保健理论"，由美国心理学家赫兹伯格1959年提出。他把企业中有关因素分为两种，即满意因素和不满意因素。满意因素是指可以使人得到满足和激励的因素。不满意因素是指容易产生意见和消极行为的因素，即保健因素，没有不满意因素。

双因素动机较无意识动机而言人们有一定的心理准备，有保健因素，来得不是那么突然，所以时间比较充分，形成 2 倍快，同时，有激励因素，动力较大，故超过 2 倍，也会因为影响因素多而幅度超过 4 倍，因此就会在 2 倍与 4 倍形成的过程中出现大幅调整，出现 4 倍的时间推迟，使 8 倍的人群环时间延长，这种蓝海一般对应的是金钱杠杆对策。金钱杠杆对策是在币值平台对策不会出现重要心理关口突破的前提下进行的，是双因素动机共同形成的，虽然其代表的蓝海在形成 8 倍增值时没有无意识动机蓝海那么快，但力度比无意识动机大，空间大，对于人口营商的龙头个股投资机会把握是非常好的一次蓝海机会（具体内容将在人口营商学中进行研究），中国股市从 2014 年开始运行的就是双因素动机蓝海。

3）层次动机人群环（8 倍慢（时间）= 2 倍快 × 4 倍中（时间））。层次动机来自马斯洛需求层次理论，是人本主义科学的理论之一，由美国心理学家亚伯拉罕·马斯洛于 1943 年在《人类激励理论》中提出，书中将人类需求像阶梯一样从低到高按层次分为五种，分别是：生理需求、安全需求、社交需求、尊重需求和自我实现需求。

由于层次理论是早期激励理论所演变的，因此有一定的局限性，尤其是需求的实现层次上有待发展，且比双因素和无意识动机更加具有确定性。所以 2 倍快能够顺利实现，既不会不足，也难以超过，4 倍实现的时间是中等，不会快，如同美国股票指数从 6000 点附近上涨到 24000 点，是从 2009 年上涨到 2018 年，整整 9 年时间，时间较长，导致 8 倍实现的时间比较长久，所以构成 8 倍慢，形成股市的慢牛，层次蓝海的特点是走势稳健，但力度不会太大，这种蓝海一般对应的是权力契约对策，是全球证券投资人对于人群环的跟随，平稳投资的结果。

（2）人群环的形成。首先，人群环来源于三种动机心理，是动机心理在金融衍生品投资领域的具体应用，人们对时代变迁和投资的长期观察及总结，属于重大创新研究。时代变迁既不是社会发展认知心理形成人气关注的人气线，也不是时期演进学习心理形成人口集中的人口顶，任何概念与理论的出现都是无数学者对身边事物的观察与总结。牛顿通过观察一颗苹果的下落过程，发现了著名的万有引力定律。任何一个学科形成都是对前人研究的总结发展并结合自己所看到的新事物进行不断创新的过程。长期观察和总结不仅适用于技术创新的发展，思维创新与投资的经验及成败更是与之密不可分，如曾经的衍生品上涨和下跌的总结及回顾能够在一定程度上把握人群环的形成。

其次，从人群环的定义可以看出，人群环是以人气线为理论基础的。没有人气线关注"三价"，很难联想人群环理论最适合用来研究衍生品——股价，根据人气营商学的研究，将人气关注的"三价"人气线作为最佳研究对象。因此，以人气关注"三价"人气线着手研究，可以使问题简化，从中研究股票指数的人群环理论，比研究其他人群（如房价、物价人群）简化、方便、易量化、更实用，特别是人群环研究房价时容易出现一些不适应，房价上涨如果出现2倍超过，并且大幅回调，对于广大投资人来讲容易出现资产泡沫破灭，因为参与投资房产的投资人远远多于投资股票的投资人，所以房价一旦超过倍增，往往出现限制购买，不允许出现房价的大起大落，一旦实现倍减，不可收拾，保持房价的平稳是政府的一项新的职能，对于股票投资运用人群环进行研究，股价的波动空间可以放大一些，有利于增加股票投资的弹性，才能吸引投资人创造相对价值，人群环理论也不适宜研究物价，物价不能容忍达到4倍快的空间和速度，物价大部分利用期货市场进行操作，说明空间小，自身放大倍数，但人群环研究股价的结论对于房价和物价具有重要参考和借鉴作用。

最后，人群环的研究完善了人气营商学的研究，也有利于帮助人口营商学的研究。人群环是基于人气营商理论，同时帮助实现人口营商理论，是介于二者之间的理论研究，8倍的人口顶研究对象是龙头股票，没有人群环的基础研究和契合分析出相应指数板块背后的行业板块或者地区板块，就无法研究人口顶形成龙头价值，龙头是人群环契合研究行业板块推动蓝海形成前三位个股中通过信任分析研究出来的。同时，这两个理论的研究又可以促进和正确把握研究人群环理论，可以简化人群环的理论研究。人气营商研究的度量尺度是2倍起步、直接4倍（与人群交叉）、直接8倍（与人口交叉）的商品投资对象；人群营商研究的衡量量度是2倍（与人气交叉）后一定有4倍构成的三种8倍人群环以及直接8倍（与人口交叉）的衍生品投资对象；人口营商学研究测量高度是三种直接8倍人口顶或2倍（与人气交叉）、4倍（与人群交叉）后直接8倍构成8倍以上的奢侈品投资对象。

（3）人群环蓝海价值的特征。人群环蓝海价值形成的核心驱动是由动机心理学理论影响的，包括无意识动机、层次动机、双因素动机。三种动机发挥作用的时机、增值空间的大小，具有极大的不确定性，这使得人群环蓝海价值的形成具有不确定性，需要分析判断三种人群环各自的特征。

动机不同，人群环的形态不同，同时虚拟时代金融衍生品的人群环分类定型更是不同，是地区、行业、发展阶段、主次板块构成的，落脚点可能是主板、成长板、行业板块、地区板块，需要灵活把握，这些分析将在契合章节专门研究，所以人群营商的重点章节是契合分析，而不是 4 个决策，是由替代、迭代转向时代价值的产物，与人气线相同，也不属于科学的范畴，属于哲学范畴，是人们的思维形象和推理。因此，人群环蓝海价值形成过程需要丰富的生活阅历、相关行业知识和经验，对于不同地区的理解和分析、行业发展前景的综合判断、衍生品发展阶段的深刻把握和主次板块特征的灵活掌控，人气关注、人群跟随、人口集中等理论共同作用和影响，否则可能无法通过思维超前推理出人群环，发现正确的人群环，以及环与环、环与线、环与顶之间的相互联系。在投资实践中，具有相对价值的人群环是一种稀缺资源，需要眼光和耐心，人群环选择的正确与否和创造蓝海相对价值的大小，会对虚拟时代的个人、机构投资者产生重大影响。证券投资市场中，可投资的金融衍生品人群环很多，人们所处行业、地区、职业、知识背景、家庭环境不同，会对不同人群环的理解产生跟随的结果大不相同。只不过是在虚拟时代中人们重点研究的证券化的股票市场的人群跟随的股票指数板块、地区板块、行业板块、发展阶段板块而已，由这些因素形成的时代相对价值人群环契合板块就不会太多了。

每个人群环蓝海价值并不是固定的，不同的人群环可能有 1 环、2 环或者 3 环等不同的数量，但最典型的人群环是主板指数在 2 倍快、4 倍中、4 倍快间形成的 8 倍快＝2 倍快（不足）×4 倍快（正好）；8 倍中＝2 倍快（超过）×4 倍快（超过）（两环中间大幅下跌导致间隔时间延长）；8 倍慢＝2 倍快（正好）×4 倍中三种组合（因为 4 倍中上涨慢，总时间大幅延长），如图 5-27 所示。而这些判断人群环蓝海价值组合激发的强度判断和利用，正是本章的重点和难点，是智慧投资人综合运用自己的知识、能力和智慧把握的结果。

2. 人群集合

（1）人群集合的含义。集合，简称集，是数学中一个基本概念，也是集合论的主要研究对象。集合论的基本理论创立于 19 世纪，关于集合的最简单的说法就是在朴素集合论（最原始的集合论）中的定义，即集合是"确定的一堆东西"，集合里的"东西"则称为元素。现代的集合一般被定义为：由一个或多个确定的元素所构成的整体（刘宝宏，2014）。集合拥有三个特征：①确定性：给定一个集合，任给一个元素，该元素或者属于或者不属于该集合，二者必居其一，不允许有模棱两可的情况出现。②互异性：一个集合中，任何两个元素都认为是不相

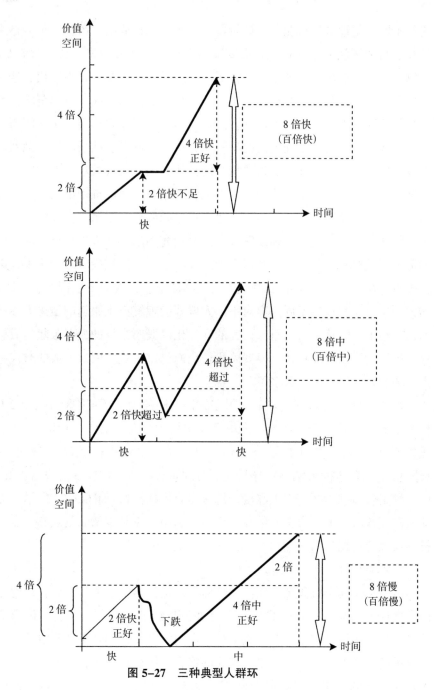

图 5-27　三种典型人群环

同的，即每个元素只能出现一次。有时需要对同一元素出现多次的情形进行刻
画，可以使用多重集，其中的元素允许出现多次。③无序性：一个集合中，每个

元素的地位都是相同的，元素之间是无序的。集合上可以定义序关系，定义了序关系后，元素之间就可以按照序关系排序。但就集合本身的特性而言，元素之间没有必然的序（辛钦，2010）。

人群集合作为一个新的概念，与数学上的集合既有联系又有区别。人群集合拥有集合中互异性和无序性。人群集合是人群营商学中人群环的演化，是与人气营商学中人气线的演化——人气组合相似的概念。由于商业社会中的人气线数量无穷无尽，因而若干条人气线组合在一起也会形成一个人气组合，不同的投资人，投资的人气组合是不同的，人气组合是商业社会中多元的人气关注的集合。不同种类、不同数量的人气线组合在一起产生不同的人气组合，这些人气组合可以表现出商业社会的多元，并且可以被用来分析研究不同的社会问题。人气组合中所含的人气线数量越多，所能够分析的问题可能越具体、细致。过渡到虚拟时代，虚拟时代中若干个人群环集合在一起，就形成了人群集合。此外，由于每个人群环是相互独立、互不影响的，因此具有无序性。人群集合与数学中集合的概念的区别是，人群集合不具有确定性。虚拟时代比商业社会更具有不确定性，因此就会有种类丰富复杂的人群环，这些人群环便会形成多样的人群集合。在虚拟时代中，人群集合所包含的人群环都具有相似的特性，都希望为投资人创造相对价值最大化，具有相同的引领作用。

（2）人群集合的划分。在虚拟时代的不同领域中有不同类型的人群环，如在投资领域，无意识动机蓝海—双因素动机蓝海—层次动机蓝海是最值得研究的人群环，但在其他领域，人群环也存在，这一点与"人气线"类似。因此人群集合——这一由人群环集合起来所形成的概念就拥有众多的划分方式，但主要遵循以下几点：

1）根据人群环的定义，人群环是以动机心理学为主要理论基础而形成的创新的概念，因此在划分人群集合时，需要以心理动机为本质依据，没有动机心理，无法产生人群环。

2）以大量的社会实践、生产实践为基础。社会实践是人类认识世界、改造世界的各种活动的总和。即全人类或大多数人从事的各种活动，包括认识世界、利用世界、享受世界和改造世界等。当然重点是为求生存进而为求发展的改造世界的活动，其中物质生产活动是最基本的。但阶级社会中阶级斗争的实践给人们的影响尤为深刻。社会实践是人类发现真理、运用真理、验证真理、发展真理的基础，但发现新的真理不能单单只有社会实践，还必须在此基础上与辩证思考相结合。

3）参考国内外各国成功经验，失败教训以及个人的生活阅历、人生经验。成功的经验能够帮助人们明确受到跟随的人群究竟具有哪些特点，为何能够吸引人群跟随或成为人群环被研究；相反地，失败的教训能够提醒人们避免犯同样的错误，以最高效的方式获得人群跟随。同样地，个人的生活阅历与人生经验也能够帮助判断不同的人群环从而划分到不同的人群集合中。

根据人群环确定可知，只有具备思维的时代创新，才会有人群环蓝海形成，这是由人群模式确定的，没有认真的形象思维和推理无法形成确定的人群环。因此，在划分人群集合时，需要时代创新，而不是简单的替代创新、迭代创新，人群环、人群集合的形成是相对价值创造的源泉，人们必须鼓励时代创新思维，推动虚拟时代不断向前变迁。

（三）加强人群循环跟随的方法——人群模式

要使人群跟随一个国家或某一类型金融衍生品，保持较强的跟随意愿，除了通过人们动机心理时代创新形成不同蓝海人群环，决定选择不同的人群环进行跟随外，还要正确把握人群跟随的方法，真正保持跟随意愿越加强化。本书以人们经常提出的商业模式研究为研究基础，将人气营商学中的人气模式加以深化和提高，提出人群跟随的模式，简称人群模式，较为系统地分析加强投资人跟随的方法，以解释很多金融衍生品为什么不能引起人们的跟随，或者跟随增值空间不大，时间损失严重。

1. 人群模式的概念

人群模式对保持人群循环跟随具有关键的作用，人群模式是人气营商学中人气模式的提升，也属于人群营商学的又一创新，是针对人群这一虚拟的、基于人们思维引领而存在的概念。通过人群模式的提出，也可以为虚拟时代的相对价值创造提供思路，同时也为通过价值创造保持人群循环跟随提供思路。

人群模式的思想区别于商业模式和人气模式，虽然都是强调价值创造，但人气模式强调比较价值和周期关注，人群模式强调相对价值和循环跟随，自 1975年孔扎尔（Konzal）和 1977 年多巧雷（Dottore）首先使用商业模式一词以来，商业模式的概念历经国内外众多学者和企业家的研究，已经提出了丰富的研究成果，简要来说，商业模式就是创造价值的内在逻辑（李萌，2016）。彼得洛维奇（Petrovic，2001）等在研究过程中指出，商业模式主要阐明潜藏于具体业务深处的商业系统创造价值的逻辑（田志龙、盘远华、高海涛，2006）。拉帕（Rappa，

2004）在研究过程中指出，商业模式指的是做买卖的技术与手段，是企业可持续发展的渠道——可以为公司带来收益的渠道。其明确指出企业在整个价值链里面所处位置，在此基础上，指导企业怎样实现收益（丁浩、王炳成、苑柳，2013）。商业模式的内在逻辑是价值模式。

人气模式是指国家、企业或个人通过其所拥有的载体——商品，结合自身拥有的创新能力创造比较价值、实现人气关注创造倍增（减）价值的一般思维方式。由于不同的个体所拥有的载体和创新能力都是不同的，所以其使用的人气模式也是千差万别的。人气模式包括载体（由平台和专业构成）以及创新（由跳跃思维和逻辑驱动构成），人气模式是商业模式的具体表现，必须拥有产生可持续盈利收入的要素，人气模式是商业模式的有效发展，人气模式告诉人们很浅显的道理所谓商业模式就是吸引人们的关注，这是创造比较价值的基础，没有关注，无从谈及价值创造，强调故事能否被人们长期关注，建立平台，拥有专业，讲好故事，实现商业价值，把握投资的方法和思维，二者不可偏废。在以上的理论基础上，本书又提出人群模式的概念，与人气模式不同，人群模式是指国家、企业或个人通过其反映在证券市场的金融衍生品的有效规划和自身拥有的相应专长、结合形象思维创新和演绎推理形成的循环跟随，创造相对价值、实现蓝海增值的方法和思维，如中国高铁事业就是典型的人群模式的成功范例。

2. 人群模式的内容

人群模式包括四个部分：规划、专长、形象思维与演绎推理，如图 5-28 所示。规划和专长是保持人群循环跟随的必要条件，只有认真合理地规划并且清楚自身的专长保证，才能够实现人群循环跟随；而形象增值思维和演绎推理是从思维层面对规划和专长的丰富与延伸，是保持人群循环跟随的充分条件，即能够保持人群循环跟随的对象一定拥有良好的形象增值思维和演绎推理能力。这四个构

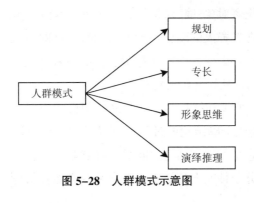

图 5-28 人群模式示意图

成部分相辅相成，无论是从技术应用上还是从思维创新上；无论是从微观操作层面还是从宏观构想层面都能全面地把握和实现。

（1）规划。规划就是个人或组织制定的比较全面长远的发展计划，是对未来整体性、长期性、基本性问题的思考和考量，设计未来整套行动的方案。规划具有综合性、系统性、时间性、强制性等特点。规划需要准确而实际的数据以及运用科学的方法进行整体到细节的设计。依照相关技术规范及标准制定有目的、有意义、有价值的行动方案。其目标具有针对性，数据具有相对精确性，理论依据具有翔实及充分性。

虚拟时代，规划应具有长远性，即应该着眼于长期的发展进行规划，以保证人群能够循环跟随。规划具有复杂性，应在不同的方面进行全面而具体的规划，这样有助于在长期发展中增加有效性。

（2）专长。《辞海》中对专长的解释是：独到的学识和技艺、专业本领；特殊才能。有专家认为，解释中所谓的"独到"就是一个相对概念，不是一个绝对概念。

专长是虚拟时代中人们创造相对价值的根本保证，只有掌握某种专长，才能占据蓝海；规划相当的时候，专长越强，受到的人群循环跟随、创造的相对价值越大，好的专长才有可能进行规划，专长是规划的起点和保证。如进行高铁规划，就是基于中国人口众多和技术可以买断及创新的专长。

（3）形象思维。形象思维的思路：有时，在做某件事时，不妨打开思路，设想一下如何把它做得更漂亮、更有价值，循序渐进，层层推进。虚拟时代人群想要被循环跟随，需要拥有形象思维方式，以蓝海价值为判断标准，不断打开思路，寻找有蓝海相对价值的对象投资。形象思维想要发挥作用，首先要对投资对象有深刻的理解，在理解的基础上打开思路；其次通过形象思维将各投资对象联系起来；最后完善投资对象的相对价值，确定进行蓝海价值的对象。

形象思维建立在投资人的动机心理上，拥有良好的形象思维能够不断引导国家或投资者的深入跟随，保持人群循环跟随。如高铁路线形象从 4 纵 4 横发展到 8 纵 8 横，就是形象思维的具体表现。

（4）演绎推理。所谓演绎推理，就是从一般性的前提出发，通过推导即"演绎"，得出具体陈述或个别结论的过程。演绎推理是从一般到特殊的、前提蕴含结论的推理，并且它是前提和结论之间具有必然联系的推理。演绎推理就是前提与结论之间具有充分条件或充分必要条件联系的必然性推理。演绎推理的逻辑形式对于理性的重要意义在于，它对人的思维保持严密性、一贯性有着不可替代的校正作用。这是因为演绎推理保证推理有效的根据并不在于它的内容，而在于它的形式。

演绎推理作为人群模式的其中一个内容，能够保证人群循环跟随的正确性分析和判断。首先，选择循环跟随的人群需要运用演绎推理的方式，也就是从一般人群到特殊人群的推理，这里的特殊人群就是具有相对价值的、能够实现成倍或倍增的人群。其次，可以通过演绎推理的方式得到具体的投资准则，即在虚拟时代投资中，通过一般性的演绎推理出不同情形下具体的投资对象、方式，以保证所投资人群循环跟随。人们根据不同演绎推理，由此产生不同的投资结果。推理的正确与否，直接影响人群循环跟随的投资决策。如西方国家人们的交通工具是汽车和飞机，高铁对于欧洲国家应用率较低，国家小，人口少，美国人口也是偏少，国家大，高铁成本高，通过这样的演绎推理，事实也证明美国和欧洲国家在高铁方面投资的人群环循环的不可能性，飞机和汽车演绎推理的正确性，才能保证和确保中国高铁成功的人群环循环跟随的正确性，只有中国人口多、国家大，时机把握好，加大投资力度。一旦同一类型国家发展快，对于中国高铁的循环跟随意愿就会减弱，中国高铁走在前面是时代的选择，也是规划、专长、形象思维和演绎推理共同作用的结果。

四、人群跟随循环的把控调整

(一) 人群跟随调整的类型：主动和被动

虚拟时代中，保持投资人对于人群环循环的跟随意愿，是一个国家、企业、组织和每个人需要努力的方向，但由于虚拟时代中的任何事物都具有多变性和不确定性，因此实现人群长期跟随的目标，人群跟随的调整显得格外重要。跟随某一个国家和金融衍生品的人群调整可以分为两个类型：主动调整和被动调整。主动调整是指一国以蓝海契合为核心并通过路径、系统和组合决策的综合运用，对人群跟随的循环短期流动方向产生影响，适当引导或者分流人群，避免过分跟随人群环中的某一环而造成跟随意愿虚假过盛，导致心理循环承接不上、人群环断裂，继而产生"盛极必衰"的结果。而人群的被动调整是全球范围内证券市场中相对价值的变化流动，由全球所有的国家和投资者共同决定。

人群跟随的主动调整分为两个方面。首先是调整跟随时机。判断当前是否为人群跟随的最佳时机。若是人群跟随的时机，则应当结合人群模式保持人群循环跟随；若当前不是，则需要转移人群跟随，否则有可能会发生人群跟随的倍减、成倍减。例如，2016年下半年中国证监会强烈谴责了股市中保险资金盲目收购企业、准备强行吸引人群跟随股市而不顾当时股票市场的现状的人，证监会就会主动调整关注时机，股市上涨时机不到，就说是"野蛮人""害人精"，股市上涨时机到了，就说"金融有利经济，经济促进金融"。其次是调整跟随强度。人们应当主动调整使创造价值的强度保持在合适范围，发现"蓝海"并且及时跟随，但是强度也要把控好，以保证该国能正确利用"蓝海"价值，人群跟随的实现，给投资人创造相对价值，但是，往往强度不好把握，不是超过，就是不足，如2015年中国股市就是强度太大，超过人们事先的预想，从2000点附近上涨到了5000多点，时间才半年多，若不控制，这种上涨强度过大，资金面一定会跟不上，引起股票大幅下跌，为此证监会出面控制，严厉打击场外配资，主动调整强度，使股市没有实现4倍快，只是2倍快超过。因此，人群应当主动调整使创造价值的人群环强度与实际水平相结合，符合"蓝海"价值这一判断标准。

一个国家出现被动调整的原因可以分为自身原因和他国原因。首先是自身原因。受跟随国的价值创造到了高位，无法实现成倍或倍增，也无法继续通过思维创新形成新的相对价值人群环，人群出现跟随意愿减弱，转而跟随其他具有蓝海空间的国家。其次是他国原因。全球范围内的相对价值出现变化，人群环路径规划的心理防线突破，就会出现另一国家（板块）比该国具有更大的相对价值，使得人群直接被引导跟随另一国家（板块）。

（二）人群跟随心理循环的把握：内部和外部价值多样

人群跟随心理循环的把握，是全球投资人思维的时代价值创新引起的，由于该国经验和智慧不断积累，产生的思维创新价值多样，形成了人群环。价值多样化是现代社会的重要特征。历史和现实表明，价值从来都是具体的、多样的。价值多样主要体现为人们价值观念、价值目标、价值评价、价值选择等方面的差异性、多样性。自古以来，人类历史的重大变迁，价值多样总要比常态社会更为显著。全球投资人以人群环为基础对各国人群蓝海价值进行判断，不断进行循环选择。一个国家要把握心理循环对人群跟随的影响，要从价值多样思维加以衡量，可以从外部价值多样和内部价值多样两个方面来进行，如表5-1所示。

1. 他国的竞争能力

他国的竞争能力是国家创造附加价值的一种能力，意即国家借助经营原有资产，通过制度、吸引度及积极的整合关系，形成自有的经济、社会模式来增加财

表 5-1　人群跟随循环的价值多样

外部因素形成价值多样	内部因素形成价值多样
他国竞争能力	国家的核心竞争力
国际经济环境与背景	本国的政策制度
国际事件的波及程度	本国的经验与教训
他国时代创新的程度与强度	危机应对与处理能力

富，其重点在于创造附加价值以增加国家财富之能力。

国家竞争力不是一个单一的概念，是由多种因素相互作用而构成的。日内瓦世界经济论坛认为，国际贸易和国际金融的开放因素，政府预算、税收和管理因素，金融市场发展因素，运输、通信、能源和服务性基础设施因素，企业组织、企业家、企业创新和风险经营的管理因素，劳动力市场及流动性因素，法规和政治体制因素等是影响国家竞争力的主要因素。瑞士洛桑国际管理学院认为经济实力、国际化程度、政府管理、金融体系、基础设施、企业管理、国民素质等是影响国家竞争力的主要因素。此外，波特在解释国家竞争优势时提出了钻石模型。该模型由四个基本决定因素和两个辅助因素组成，其中，基本决定因素是指要素条件、需求条件、相关产业及支援性产业，以及企业的战略、结构和竞争；辅助因素是机会和政府。研究认为，决定一国国家竞争力的因素涉及许多方面，既有经济方面的，也有政治方面的。以上影响国家竞争力的因素不仅客观地描述了各国竞争力的实际结果，更重要的是确立了决定和影响各国国家竞争力的基本要素。通过对影响国家竞争力的因素进行分析，可以明确认识他国竞争能力的强弱及其制约因素，以有利于增强一国的国家竞争力。

人群跟随在进行心理循环的把握上需要将他国的竞争能力作为一个重要的外部因素进行考虑，因为他国竞争能力的强弱直接影响本国的战略计划，只有明确他国的竞争能力并开发出与他国不同的本国竞争能力才能吸引更多的人群跟随，增强心理循环的把握。

2. 国际经济环境与背景

由于虚拟时代的人群跟随与证券化密切相关，且人群与金融衍生品的价格有着密切的关系，因此国际经济环境与背景便成为把握人群跟随心理循环的一个重要的外部因素。国际经济背景的情况、经济形势的好坏、经济环境的态势对处于这个大环境下全球范围内的每一个国家都有着重要的作用，尤其是对于国家的金融衍生品价格有着巨大的影响。把握国际经济环境的发展态势与变动情况才能更好地运用心理循环的变动完成人群跟随。

目前，世界经济贸易仍将维持低速增长态势。国际金融危机爆发后，世界经济虽然在各国大规模刺激政策作用下一度快速回升，但随着刺激政策的退出和作用衰减，世界经济贸易自 2012 年以来重新回落至 4% 以下的低增长，复苏动力明显不足。据国际货币基金组织 2015 年 10 月发表的《世界经济展望》报告，2015 年全球经济和贸易量分别增长 3.1% 和 3.2%，预计 2016 年将分别增长 3.6% 和 4.1%。但从 2015 年第四季度以来各主要经济体的主要经济指标情况看，2016 年全球经济贸易增速难以明显回升，多数研究机构和国际投行预计 2016 年仅有 0.1~0.2 个百分点的微弱回升。总体来看，世界经济仍处在危机后的深度调整期，各国都在大力推进结构性改革，为未来的经济增长积蓄动能，世界经济在短期内仍难以摆脱低速增长状态。据国际货币基金组织的中期展望，2020 年前世界经济贸易的年均增速分别难以超过 4% 和 5%，分别明显低于金融危机前 5 年的 5% 和 8% 左右的年均增速。

主要经济体走势将进一步分化。自 2015 年以来，发达经济体总体回升向好，而新兴经济体增速继续回落。从发达经济体内部情况看，美国经济增长较快，消费、投资、出口和房地产形势明显好转，失业率已降至 5% 以下；欧元区和日本经济虽然有所好转，但增速缓慢，通缩压力较大，经济持续复苏仍面临不少制约。虽然金融危机后 3 大经济体都采用大规模的财政货币刺激政策支持经济复苏，但欧元区和日本的结构性改革进展滞缓，而美国同时还实施重振制造业战略和出口倍增计划，加大对页岩气等新能源和新技术新产业的扶持力度，通过结构调整进一步巩固了经济复苏势头。从新兴经济体内部看，受石油等大宗商品价格大幅回落和地缘政治动荡等因素影响，俄罗斯和巴西经济出现衰退，同时还面临资本外流、货币大幅贬值、通胀上升压力，其他对资源出口依赖程度较高的新兴经济体也普遍面临不同程度的困难；亚洲新兴经济体虽然总体情况相对较好，但由于结构调整进展缓慢导致内生增长动力不足，而外需疲弱又使得传统的出口拉动型经济增长模式难以为继，经济增速普遍持续放缓，唯有印度继续保持 7% 以上的较快增长。

国际金融市场调整波动可能加大。由于全球经济走势分化、周期不同步，主要经济体的货币政策也出现分化甚至背离。美联储已经启动加息进程，2016 年有 2~3 次加息行动，而欧洲中央银行和日本中央银行仍在实行量宽政策支持经济复苏，由此导致的美元资产收益率上升和美元汇率走强将引发国际债市、汇市、股市和大宗商品市场的持续调整和波动，特别是国际资本加速回流美国和美元资产，将使得受到大宗商品价格大幅回落重创的资源出口经济体更加雪上加霜，资本外流和货币贬值有可能在债务过高的经济体诱发偿债危机，进而加剧国际金融市场的动荡。金融市场稳定是经济稳定增长的重要前提，在全球经济复苏势头依然脆弱的情况下，国际金融市场调整波动加大会进一步制约世界经济复苏，从而影响各国价值多样形成和人群跟随。

3. 国际事件的波及程度

随着全球经济活动的一体化发展不断加快，一件突发事件发生之后所波及的程度已经不再简单地局限在一个国家或者地区，而是多个国家乃至于全球，在局部地区的突发事件，会在全球范围内产生巨大的影响（刘定平，2014）。

伴随着全球化进程的日益加快以及互联网技术进步的日新月异，人们在日常社会生活、经济生活乃至于个人生活之间的联系中会借助互联网而产生相互交错的影响。在此背景之下，一件国际事件的发生，不会再像过去那样在一定范围内造成小范围的传播，借助全球化和互联网的现实背景，它们的波及程度往往会被加倍地放大和加深，造成难以估量的后果。同时，在自然环境日益恶劣、现代化科学技术快速发展、经济形势日趋复杂、政治活动扑朔迷离等多重效应相互结合相互影响的背景之下，各类国际事件发生的数量也较之前呈现出数量级的增长。在过去的 10 年中，战争、恐怖事件、自然灾害、经济危机、疾病传播、社会浪潮、体育赛事等突发事件层出不穷，其波及程度也比十年前显得更加剧烈，人们的生活和日常的经济发展也因为这些事件的发生而产生了极大的影响。因此，国际事件的波及程度成为人群跟随心理循环把控的一个重要外部因素。

一般来说，越是波及程度大、范围广的事件越能够影响全球投资人的心理循环，一旦心理循环发生改变，那么人群跟随的情形也会发生变化。因为人们受重大事件的影响，关注力越强的事件越会有高人气，而人群是以人气为基础的深化，受到认知心理和动机心理的驱动，因此国际事件的波及程度会影响人群跟随，如中美贸易摩擦影响人群跟随，必须冷静、理智对待。

4. 他国时代创新程度与强度

时代确定是虚拟时代人群确定的重要方式，一个国家的时代创新程度与速度决定了这个国家能否获得人群的跟随，而时代创新能力是否具有持续性则决定了这个国家人群跟随的循环时间长短和强度。创新能力缺乏持续性的国家人群跟随的周期不会太长，当创新程度不足时，增值空间就会受到限制，人群跟随很难继续实现成倍或倍增，因此人群会发生转移。

所以，被人群跟随的虚拟时代国家，必须不断规划升级，创造价值，同时也必须以人气为基础并配合人口价值理论，正确引导和利用人群推动时代的进步，真正让人群跟随造福这个国家和人民，造福全世界和全人类，他国创新推动大的人群跟随，同时影响其他国家，别国选择紧跟或者超过。

5. 国家的核心竞争力

国家核心竞争力由国家经济实力、企业管理和科学技术三大要素构成。国家经济实力是创造增加值和国民财富以及支持它的投资、储蓄、最终需求、产业运营、生活成本、潜在发展的经济运行能力。企业管理和科学技术两大要素是对国家经济实力要素的直接支持，体现深层的竞争实力、创新基础和发展动力。核心竞争力、环境竞争力、基础竞争力共同构成国家的国际竞争力，主要指国家在国际竞争中赢得胜机的超常发展能力，主要由独有的创新能力，以及实现创新能力必不可少的人才素质规模和制度性环境构成。简言之，人才、创新、制度三项基本元素构成国家核心竞争力。

国家的核心竞争力是这个国家在全球范围内最受到关注、最能够体现国家地位的能力，因此拥有核心竞争力的国家便能够更大程度地受到人群跟随。拥有核心竞争力的国家应该快速抓住机会，充分发挥其作用，获得数量尽可能多的、范围尽可能大的人群跟随。然而，由于心理循环在人群跟随过程中发挥着一定的作用，因此任何国家拥有的核心竞争力不是固定不变的，任何变动因素的影响都应该快速做出反应，这样才能保证人群长期循环跟随，如新西兰的乳制品行业，德国的汽车行业等都是国家核心竞争力导致人群跟随的体现。

6. 本国的政策制度

政策是国家政权机关、政党组织和其他社会政治集团为了实现自己所代表的阶级、阶层的利益与意志，以权威形式标准化地规定在一定的历史时期内，应该达到的奋斗目标、遵循的行动原则、完成的明确任务、实行的工作方式、采取的一般步骤和具体措施。国家的政策，一般分为对内与对外两大部分。对内政策包括财政经济政策、文化教育政策、军事政策、劳动政策、宗教政策、民族政策等。对外政策即外交政策。政策是国家或者政党为了实现一定历史时期的路线和任务而制定的国家机关或者政党组织的行动准则。

本国的政策制度是人群跟随心理循环把控的重要内部因素，运用政策是判断当前经济形势和定调，及第二年宏观经济政策最权威的风向标。政策可以大致把握当年各项工作完成的情况，也能较为准确地判断来年的经济形势。例如，2015年的中央经济工作会议基调是，坚持稳中求进工作总基调，坚持以提高经济发展质量和效益为中心，主动适应经济发展新常态。2016年的中央经济工作会议基调是，坚持稳中求进工作总基调，保持积极财政政策，同时要保持稳健货币政策，这些宏观政策的制定对于人群跟随有重要的指导作用，产业政策和行业发展的判断对于人群跟随影响可能更大，如大力发展公共交通，使人群坚定跟随高铁行业发展，大力开放金融行业，人群坚定跟随投资银行发展，等等。

7. 本国的经验与教训

人群跟随的实现不是一蹴而就的，需要大量的经验积累，尤其是本国自身成功或失败的经验与教训。本国应该从多次实践中得到的知识或技能和从错误或挫折中得到的经验。在不断吸取经验的过程中，不断调整心理循环的时间和空间，使得人群跟随得以实现。

例如，中国曾经在汽车行业进行大力投资，形成人群跟随，经过几十年的发展，中国汽车行业发生了翻天覆地的变化，但核心技术还是难以掌握，知名品牌企业难以出现。这些事例充分说明人群跟随必须有选择性，人群跟随成为时代价值创新是投资人的首选。汽车行业已经成为发达国家人群跟随成功的典范，其他国家模仿和学习是可以的，而成为虚拟时代的人群跟随的相对价值创造就很难形成。人们从中吸取教训，在出行领域迅速寻找新的突破口，发展公共交通——高铁，是人群跟随创造相对价值，在交通出行领域中国成功的典范，人群跟随必须不断总结以前的经验和教训。

8. 危机应对与处理能力

虚拟时代的到来带来了更大的不确定性，在这种不确定的环境中，国家可能将会面临很多的危机，如果不能快速地应对会对人群跟随产生巨大的影响。一方面，本国若已经获得人群跟随，危机的出现会导致跟随人群心理循环出现问题，人群跟随便会受到影响；另一方面，本国若在还未获得人群跟随时遭遇危机，那么就不会再吸引人群的跟随。由此可以看出，危机应对与处理能力是一个国家人群长期循环跟随的重要内部影响因素。

危机处理是公共关系活动中日益引起重视的管理思想和生存策略，特别是在全球化加剧的今天，企业或组织一个小小的意外或者事故就会被扩大到全国，甚至更大的范围内，产生恶化后果，更不用说一个国家在处理一些危机时如若有任何问题，那必然在全球引起"轩然大波"。因此在新时代，每个国家都应该建立起完备的危机紧急处理系统，并懂得如何运用新的技术全方位地有效传播和收集信息，使损失降低至最低。

无论是企业或组织还是一个国家的危机应对与处理，都属于公关活动。公关强调的是人与人之间、国家与国家之间、国际组织之间的交流，因此需要运用所有的资源进行沟通。面对虚拟时代的大环境，网络在危机应对与处理过程中发挥着重要的作用。网络的开放性与传播的快速性给国家带来了危机应对及处理的机会，国家可以以最快的速度向全球传播有利于自身的信息，网络提供了很好的宣传自己、规避风险的途径，同时网络信息的高速传播和受众的覆盖面又成为危机迅速控制的有力保证。网络因其优势可以使国家更快地将有利信息传达给尽可能多的公众，但也同样会加快不利信息的传播，带来难以想象的舆论压力。因此必须清楚网络时代的危机处理规则与技巧，才能将不利转化为有利，如中美贸易摩擦影响中国股市的人群跟随，但处理得及时和有效，不但不会影响人群跟随，相反会促进人群跟随。

第四节　人群跟随的蓝海价值创造

一、人群决策的研究对象

本章的主要内容是如何运用人群跟随进行蓝海价值创造，并如何应对人群跟随转换的各种情形，为投资者在人群变化的不同情况下提供决策方法以达成人群跟随投资。人群跟随是一个复杂的过程，不再是人气营商学的研究对象房价、物价和股价"三价"之间的周期转化，而是直接将眼光聚焦于股价的循环跟随，研究股价的成长指数板块投资，立足股票指数上涨的成长地区、行业板块。因此，投资者在对投资某一具体板块进行未来的预判时，需要掌握人群跟随理论在此过程中所起到的作用及如何最终做出正确的决策，使得人群理论真正落地。

人群决策的研究对象与人气对策有所不同，其大背景是由商业社会聚焦到虚拟时代、以人气关注的三价为基础而确定的，如图5-29所示。首先，从图5-29的横向看，虚拟时代的到来使得衍生品成为"宠儿"，在众多衍生品中，金融衍生品因其自身所体现的价值特征及与人群研究的理论相结合成为人群营商的主要研究对象。金融衍生品的种类众多，在前文也已有具体的解释，而由多种基础资产构成的成长性指数板块以及地区板块、行业板块，是衍生品投资研究的重要标的，不断创新成长性的指数板块、地区板块、行业板块是人群投资决策的前提。

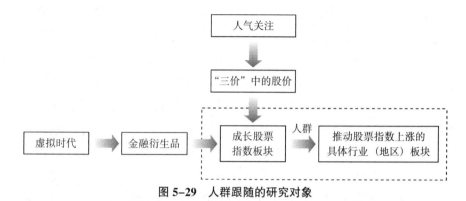

图 5-29　人群跟随的研究对象

其次，从图 5-29 的纵向看，主要研究人气关注的国家和地区的"三价"人群跟随。只有进入商业社会被关注的国家的"三价"才可能成为人群被跟随。一个国家和地区的人气关注状态，是这个国家不断创造比较价值的结果，吸引全球投资人投资。只有受到人气关注的国家才能在全球范围内有实力成为价值"蓝海"，而成为"蓝海"是人群跟随的首要前提。因此，作为投资者，当一个国家具有人气、受到的人气关注开始增加时，该国的商品受到的人气关注也会变强，人气线上升为人群环。而之所以要研究"三价"中的股价，是因为"三价"之中选择股价投资，从研究的便利性和实操性来说都优于房价、物价。如果房价形成人群环不同状态的跟随，倍增和成倍增（减）的情况就会给该国的资产价格带来泡沫破灭的巨大风险，只有在一些特殊的地区板块适应该理论。对于关系国计民生的物价而言，更不能出现倍增或者成倍的增长，这可能直接影响民生及国家稳定。人气关注"三价"中的股价只要被人气关注，就有 2 倍的增值空间，成长股票指数板块会有人群环的跟随，还会在 2 倍基础上实现 4 倍。这两方面都将研究确定在成长股票指数板块。人群就是研究成长股票指数板块和推动股票指数上涨的具体行业（地区）板块之间的关系。

二、人群跟随蓝海价值实现的类型

虚拟时代中人群跟随蓝海价值实现的类型对于投资者选择不同的板块、不同的个股有很大的影响，所以利用人群投资股票价格时，首先要进行人群跟随蓝海价值类型划分。虚拟时代中，人群跟随蓝海价值实现的类型是以商业社会人气关注的对象为基础的。商业社会人气关注的对象最终落脚在"三价"上，因此人群跟随也是以"三价"为基础进行聚焦的。根据前文所述，人群跟随主要有三种典型人群环，这三种人群环理论上均能够对应到人气关注的"三价"中，但在现实投资类型选择时却以股价为研究对象，对其指数进行投资选择。这是因为只有股票指数能够以最完整的人群环类型形象地呈现出来，便于理解与研究。另外，如果房价发生形成人群环不同状态的跟随，倍增和成倍增或者百倍增（减）的情况就会给该国的资产价格经济带来泡沫破灭的巨大风险，只有在一些特殊的地区板块适应该理论，很有可能引发资产泡沫破灭的链状恶性问题。对于关系国计民生的物价而言，更不能出现倍增或者成倍的增长，这可能直接影响民生威胁及国家政权的稳定。如图 5-30 所示，★表示股价、房价、物价"三价"中能够选择的人群跟随类型，可以看出，只有人气关注的股价在人群跟随类型的选择上有可实际应用的全部人群环，而房价与物价在人群跟随类型的选择上只有部分可以实际应用的人群环。

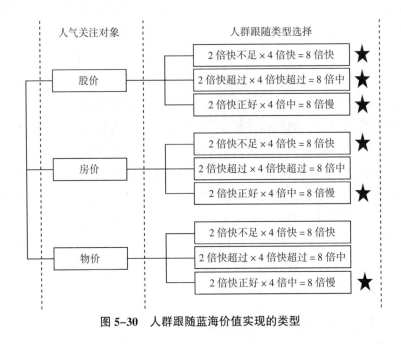

图 5-30　人群跟随蓝海价值实现的类型

从人群跟随蓝海价值实现的类型分析中可以看出，人群矩阵中六种类型中只有左上角的三个可以称之为蓝海，而它们所代表的指数板块、地区板块和行业板块只要正确运用人气营商的对策就会实现"8倍快""8倍中"或"8倍慢"的三种人群环，但是，人的决策是智慧的，不会让房价出现大起大落的"8倍中"。物价不会出现快速上涨的"8倍快"，大起大落的"8倍中"，这就是人群理论选择股价研究的原因所在。因此，投资者在进行投资对象选择时便是以此为依据，并结合其他对策进行理论分析和反复比对判断而得到。

三、相对价值板块的人群决策

（一）人群投资决策选择步骤

对于人群决策来说，人群的跟随原理，主要是说明人群在虚拟时代中的运作机理。从国家层面来说，正确把握虚拟时代中的人群作用机理能够使本国股价更多地受到人群跟随，更加快速地发展，创造更大的相对价值。从投资者层面，了解并掌握人群的作用机理可以使投资者在投资过程中付出更少的时间损失，实现倍增或成倍，获得更大的增值。但是虚拟时代中人群是证券化的，并不能由一个国家或地区决定人群的变化情况。所以，投资者在不同的人群状态下应该结合人群营商理论具体分析，选择相应的决策应对这些变化。

对于投资人来说，想要做好人群投资决策，需要明确投资决策选择的基本步骤。人群决策分为5步，如图5-31所示。虚拟时代的投资人需要正确把握此步骤，只有根据这几个步骤进行人群投资决策，投资人才能更好地实现自己在虚拟时代的价值增值，从而在虚拟时代占得先机。

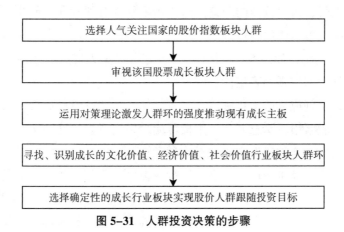

图5-31 人群投资决策的步骤

第一步，选择人气关注国家的股价指数板块人群。人群与人气不同，人气是以关注为主要标准进行投资的，因此人气投资第一步是选择关注的时机。而人群决策是以人气关注对策为基础的证券化聚焦，首先明确是对股价指数的投资。对投资人来讲，选择一个值得投资的股价指数板块十分重要，如果该股价指数不能够在较短的时间内完成相对价值的增值就不是最佳的投资对象。所以，需要明确如何选择，即选择的根据或标准。综合人气营商学与人群营商学的理论内容，应该选择被投资人人气关注国家的股价指数，根据人气营商学理论，受到全球关注的"三价"人气线能够聚焦大量的人气，而股价便是人群环研究的重点对象。

第二步，审视该国股票成长板块人群。根据第三章契合理论可知，股票有众多分类方式，也就有不同类型的股票。由于股票投资的阶段性有题材、业绩、成长板块之分，因此把握各种板块动向尤为重要。成长是虚拟时代的主旋律，成长板块是虚拟时代最佳选择对象，是具有成长性的板块，成长板块可能是指数板块、行业板块、地区板块、主板板块、次板板块，这些板块都因其成长性凸显被归为成长板块。特点属于业绩有保证、市值相对较少、成长性好。

第三步，运用对策理论激发人群环的强度推动现有成长主板。人群环激发的强度影响着人群跟随的价值实现，强度是对策与心理动机的结合，是人们投资实践的理论升华。人气营商是整个营商学的基础，《人气营商学》中的币值对策、金钱对策和权力对策是激发人群环强度的一种重要的推动力，这三个对策决定了 2 倍与 4 倍的三种不同组合。而人口营商是投资人进行具体投资的最佳理论，因此三个对策的组合也以此为基础，即达到 8 倍。在进行人群跟随股价的选择时，必须充分运用人气、人口营商的理论，这样才可称为有理有据。据此，现有三种典型人群环推动主板，币值平台趋势上升快、金钱杠杆运用得当、权力契约发挥作用三种情况发生时，如图 5-32 所示，激发三种典型人群环的强度并以此为基础进行投资选择具有较强的确定性。

第四步，识别成长的文化价值、经济价值、社会价值行业板块人群环。随着时间的推移，股票市场瞬息万变，主板可能会失去活力，这时在对策理论产生的三种典型人群环不能被激发现有主板或激发缺乏动力时，需要寻找并准确识别出成长的文化价值、经济价值、社会价值行业板块人群环，如同龙头股票带动行业板块一样（人口营商研究），从而帮助点燃主板的热度，带动证券投资人投资。随着时代的变迁，次板可能会成为未来投资的主板，一举多得。这既是契合理论支持的结果，也是龙头股投资的基础。

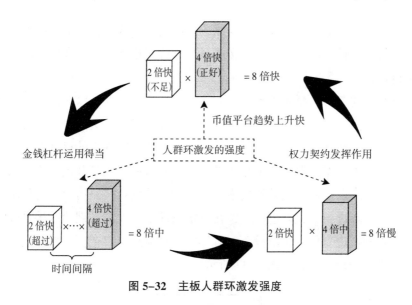

图 5-32　主板人群环激发强度

第五步，选择确定性的成长行业板块，实现股价人群跟随投资目标。创新的次板可能具有龙头效应，成长倍数超过主板，但行业板块不会明显，投资确定性较差，所以大部分投资人运用契合理论，选择投资对策明确的主板人群环，并且在其中选择成长行业进行投资，是实现人群跟随投资目标的最优选择。随着时代变迁，也有可能次板中的成长行业明确，昔日的次板可能成为主板，值得人们投资，典型的例子是美国的创新次板投资机会在全球属于典范，相对容易投资成功。

（二）人群跟随相对价值的投资决策

虚拟时代人群跟随股价的决策受到各方面的影响，包括路径规划、系统动力、组合优化等决策，而最重要的是受到人群环的影响。人群环激发的强度是人群跟随股价决策的重要判断根据，人群环激发的强度不同，人群跟随股价的投资决策就不尽相同。无论是投资一个国家，还是投资在证券市场的某一板块甚至某一个股价指数板块，都要根据人群环的心理动机的强化程度不断进行调整，最后综合反映在具体的某一行业板块的股价上，做出最终的投资决策。心理动机具体来说就是激发和维持投资人的行动，并将使行动导向某一目标的心理倾向或内部驱力。人群环的心理动机的强化程度越强，心理动机所驱动的行为出现的频率越多，而这一行为所导致的结果越明显。

虚拟时代中，人群跟随股价的变动过程实际上是相对价值之间流动的过程。对于虚拟时代中的投资人来说，实现自己在投资环节人群决策价值创造的关键一步也是最后一步，就是投资股价。因此，如何确定投资方向、选择何种股票指数板块便是重中之重。在第三章中已详述了契合蓝海相对价值投资板块的选择，本章就不再赘述。

人群跟随的股价选择决策是站在人群跟随理论的角度，以人群环激发的强度为关键点展开的。在进行人群跟随股价的决策选择时，首选是根据人气营商学中的币值平台、金钱杠杆及权力契约三种典型人群环进行确定的投资选择。根据前文所述，这三种典型人群环所带来的投资结果相对而言最为确定，投资人可以免去不必要的风险。然而，这并不代表人气线的其他两价——房价和物价不能运用人群跟随人群环进行研究。事实上，在一定条件下，人群环理论能够延伸到"三价"的众多领域进行相对价值投资，具体的投资要点需要把握人群跟随形成相对价值的决策的选择逻辑，如图5-33所示。

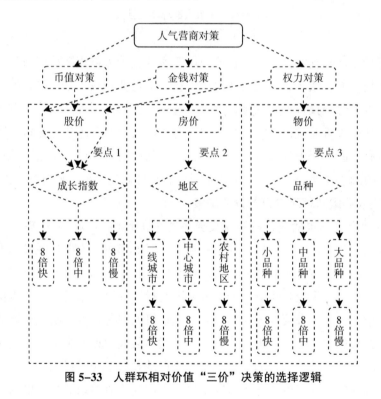

图5-33 人群环相对价值"三价"决策的选择逻辑

根据图5-33的选择逻辑，人群跟随相对价值的决策有三个要点，具体分析如下：

要点一：强化心理动机产生的人群环，运用币值平台、金钱杠杆、权力契约产生不同强度股价成长指数（主板→次板$_1$→次板$_2$→…→次板$_n$）人群环，是人们最确定且强度最大的蓝海价值投资，具有更大的相对价值。

根据本章第三节所述，只有三种典型人群环是虚拟时代最佳研究对象，这是首先必须明确的一点。在此基础上，由于人群环激发的强度是创造相对价值的前提，因此必须不断地强化人们对人群环的理解和把握，在虚拟时代创造相对价值。根据本章第三节对人群环的介绍可知，人群环是人心理认知形成的人气线基础上的一个思考螺旋，是动机心理推动形成蓝海价值的衍生品时代的一种演绎推理。而心理动机能够激发和维持投资人的行动，是使行动导向某一目标的心理倾向或内部驱力。人群环的心理动机的强化程度直接影响心理动机所驱动的行为出现的频率，从而影响该行为所导致的结果。因此，强化人群环的心理动机尤为重要，这关系着是否拥有足够强度的人群环吸引人群跟随，从而创造价值。在人群环的心理动机被强化后，人们会将焦点放在最为宽容的金融衍生品市场中，而最具投资价值的金融衍生品就是股票。在进行股价投资时，首选是投资确定性最强的，即运用不同的人气对策产生不同的股价指数人群环进行投资。

（1）币值平台趋势上升快。由人气营商学可知，币值向上突破心理关口会直接加速该国所有的资产价格上涨，其中股价最快，也就是说当币值的心理关口向上突破，全球投资人认为币值平台上升加快，最先反应的是股价，就意味着股价要上涨。原因有三：①在一个国家的所有资产从购置难度上股票投资的难度系数最小。对于国际投资者来说，股票是最容易进入投资的投资品种，是全球投资人的最先选择。②作为国际资本会优先选择股价投资，是由于股票的变现能力强，作为金融资产有很多自带杠杆，利润空间大，因此最先反应。③对于该国或者该地区本身的投资人来说，只有选择股价换取现金购买其他资产，才可以实现自己生活品质的提高，面对国内投资人高涨的投资热情，股票价格也会快速上涨。因此，币值快速上升，会在短时间内吸引大量资金流入股市，此时升值时间较短，2倍快可能不足，但4倍快很容易短期形成，共同构成8倍快，这也是虚拟时代比较理想的跟随人群，也是较佳投资对象。

（2）金钱杠杆运用得当。金钱杠杆发挥作用时，会吸引大量资金流入，引发股价上涨。根据第三节所述，此次上涨是双因素动机推动的，即保健因素和激励因素，所以时间比较长，保证没有不利因素出现，并且金钱动力较大，激励效果不断放大，且金钱对策一般很难出现精准的计算，时间充分，总会出现资金追逐过分的情况发生，这时往往会出现大起大落的情况，故超过2倍，也会因为影响因素多幅度超过 4 倍，因为都会超过倍数，就会在 2 倍与 4 倍形成的过程中出现大幅调整，在调整中积蓄力量，即"2 倍快"与"4 倍快"之间一般会存在时间间隔，出现 4 倍的时间推迟，使得形成 8 倍中的系统动力决策人群环时间延长。

（3）权力契约发挥作用。比起币值平台和金钱杠杆，权力契约对股价的影响作用最为长久。当一国权力契约发挥作用时，股市的人群跟随会发生相应的变动。权力契约对策使用在股价上，没有币值反应快，没有金钱力度大，股价上涨时见效慢，效果不明显。因此，当权力契约发挥作用时，吸引资金流入，这时往往会出现平缓的上涨，2 倍快能够顺利实现，既不会不足，也难以超过，中间经过平整的盘整调整期，直到权力契约再次使用，积蓄力量，等待时间，4 倍实现，调整时间导致只能是 4 倍中，这是由于层次理论是币值平台产生的"8 倍快"和金钱杠杆产生的"8 倍中"对于股价产生作用后的股价上涨的重要推动力，形成更加规范的"8 倍慢"。这也符合证券投资人对于组合优化决策人群环平稳投资的结果。

要点二：金钱对策引导房价的人群环确定和相对价值投资时，需要根据地区分类（区域分类$_1$→区域分类$_2$→…→区域分类$_n$）契合完成三种人群环确定与其对应的相对价值投资。

人群环激发的强度不仅能够在股价上得以应用，也可以延伸到其他两价。根据《人气营商学》可知，金钱对策的最佳投资对象是房价，那么金钱杠杆投资对策是房价进行人群环确定与投资的关键问题。股价人群环以指数板块为主，房价人群环以地区板块为主。众所周知，房价的上涨幅度和速度影响因素多，权力控制较多，因此，在确定人群环时需要加入地区这一分类条件，不同地区代表不同的价值内涵，契合不同的人群环。具体来说，一线城市（金钱杠杆明显）符合 8 倍快人群环，经济基础好，人们收入高，以上海为主的一线城市房价在 2009 年快速大幅度上涨，因此符合 8 倍快人群环；而中心城市（金钱杠杆适中）经济不如一线城市，只能 8 倍中人群环，即使 2 倍快超过也不允许发生，防止出现大幅下跌，所以西安等中心城市房价上涨到 2 倍时，限制购买、限制价格，使 8 倍中实现平稳，时间延长，明确中心城市符合 8 倍中人群环，政府控制 8 倍中不能存在 2 倍超的情况；根据人群环理论，三种人群环剩余最后一种是 8 倍慢人群环，正好对应金钱杠杆最为弱小的广大农村地区。事实上，由于农村地区经济发展水平较落后，且该地区缺少较多的资金投入，因此导致了农村地区的房价只可能符合 8 倍慢人群环的特征。而按照经济价值（上海等一线城市）、文化价值（西安等中心城市)、社会价值(北京与广大农村)三种价值板块划分,北京房价上涨空间最大,必须提前做好安排,副首都中心和雄安就是先行谋划。

要点三:权力对策干预物价的人群环确定和相对价值投资时,需要根据品种分类(品种分类$_1$→品种分类$_2$→⋯→品种分类$_n$)契合完成三种人群环确定与其对应的相对价值投资。

与金钱对策引导的房价人群环确定相似,权力对策要干预物价人群环实现时也需要选择一个分类标准进行契合分析。根据物价的含义以及所包含的具体内容,选择品种这一分类标准进行人群环的确定非常合适。具体来说:那些不常用且需求量小的品种称为小品种,小品种的人群环是8倍快,因此其短时间的上涨也属正常,对人们生活不会产生太大的影响,2011年中国物价的大蒜、绿豆、生姜短期大幅上涨明显证明这一点。还有像猪肉、水果等必不可少的品种、副食品种,这类称为中品种。中品种较小品种来说政府和社会的容忍程度开始收紧,但一定程度的涨幅是可以接受的。当然,由于中品种仍属于日常用品,其涨势并不激烈,且时间较长,形成8倍中的人群环,2019年猪肉价格上涨就是副食价格上涨的前兆。作为大品种,即人们生活中使用数量多且必不可少的必需品,如大米、面粉、棉花等,政府对于其价格上涨密切关注,不能超出人们的接受范围,必需品的大涨大跌会对人们日常生活产生巨大的影响,严重的会造成整个社会不稳定因素的增加,这是政府不能容忍的,因此大品种只能是8倍慢。

综上所述,人群环理论是贯穿人气、人群营商的重要内容,深刻理解并灵活使用人群环对投资人有重要的意义。人群环能够全面运用到股价、房价与物价这"三价"上,而具体的投资选择则需要深入思考。当然,三种典型人群环在股价上的应用与投资选择仍是重点和关键,只有不断强化人群环的心理动机,才能将全部投资决策聚集到金融衍生品上。一旦金融衍生品受到关注,就更容易形成人群,从而提高金融衍生品的地位。金融衍生品地位的提高在一定程度上促进实体经济的发展,有利于更好地拉动实体经济。另外,金融衍生品地位的提高也对自然品种、物质品牌的提升具有重要的作用。由于金融衍生品是时代变迁过程中品种和品牌的延续,因此虚拟时代的金融衍生品地位的提高相应就会带动自然品种和物质品牌的发展,从而提升其地位。股价的灵活变化能更大地创造相对价值,分散金钱杠杆和权力契约对于房价和物价的影响,减少资产泡沫的形成和体现民生关注。同时,成长的文化价值、经济价值、社会价值行业板块人群环是衔接人群决策中核心人群环与人口策略中人口顶(龙头)策略的重要桥梁,具有承上启下的作用，为更好地创造价值、为龙头个股绝对价值投资打下了坚实基础。

本章练习

一、简答题

1. 简述人群在三个不同时代中的含义、表现和作用。

2. 简述人群跟随原理。

3. 如何理解人群环？

4. 如何激发人群循环跟随？

5. 如何运用人群环进行相对价值投资决策？

二、材料分析题

材料一

2005 年 5 月股权分置改革启动展开，开放式基金大量发行，人民币升值预期，带来的境内资金流动性过剩，资金全面进入市场。2006 年起，沪深股市走出了一轮爆发式的波澜壮阔的大牛市行情，其力度之大，时间之短，涨幅之大，不仅多年未遇，更创下了中国股市的种种历史之最。

受到政策利好不断、货币政策较为宽松、流动性泛滥等影响，A 股市场自 2014 年初便异常火热。2014 年 7 月开始，股市出现一波一骑绝尘的大行情，11 月之后更是一度进入超过 45 度角的"疯牛"阶段，两市活跃账户不断创近年来新高；至 2014 年末，A 股指数涨幅领跑全球。2015 年上半年继续高歌猛进，以 32% 的夺目涨幅赢得了全球的瞩目。金钱杠杆的带动使得股市从 2014 年的 2000 点附近一路上涨至 2015 年的 5178 点。

材料二

国土资源部下属中国土地勘测规划院全国城市地价监测组发布的最新研究报告显示，2009 年全国住宅平均价格为 4474 元/平方米，涨幅达 25.1%，为 2001 年以来最高水平。报告指出，"商住综合地价与商品房价格均呈快速上涨趋势，房价上涨幅度远高于地价，商品房价格及增长率均为 2001 年以来最高水平"。2009 年四万亿能量注入，全国房价爆发式增长的起点，与此同时加大了对购房的信贷支持，房贷款利率打 7 折，首付降到 20%。全国房价迎来了暴涨，一、二线城市的售价均已创新高，其中，一线城市最近一周（2009 年 7 月 30 日）的价格已经高出 2007 年下半年平均水平 30%，最近四周平均价格也已高出 25%。

2010 年 4 月 30 日，北京出台"国十条"实施细则，率先规定"每户家庭只能新购一套商品房"。9 月 29 日"国五条"出台后，累计有上海、广州、天津、南京、杭州等 16 个一二线城市推出限购政策。截至 2011 年 2 月，已有 36 个城市提出限购；新一轮住房限购城市将翻番达 72 个，高压调控楼市跌入"冰点"，据相关专家称 2011 年房价将得到遏制。2011 年 8 月 17 日，住建部下发二、三线城市限购标准；12 月，住建部知会地方政府，对于限购政策将要于 2011 年底到期的城市，地方政府需在到期之后对限购政策进行延续。

材料三

据了解，中国是世界上最大的猪肉生产国和消费国，生猪产量约占世界总量的一半，猪肉占居民肉类消费的 62.7%。非洲猪瘟疫情发生以来，猪肉市场波动始终是各方关注的热点。

2019 年对全国 500 个县集贸市场的定点监测，9 月第 4 周全国活猪平均价格为 27.58 元/千克，比前一周上涨 1.6%，与上年同期相比上涨 94.2%。海南、上海、黑龙江活猪价格下降，其余省份价格上涨，福建涨幅最大，为 4.9%。华南地区活猪平均价格较高，为 31.68 元/千克；西北地区较低，为 24.92 元/千克。全国猪肉平均价格 42.98 元/千克，比前一周上涨 1.0%，同比上涨 82.5%。海南、北京、黑龙江、重庆、山西、青海、河北、陕西等省份猪肉价格下降，其余省份价格上涨。华南地区猪肉平均价格较高，为 49.24 元/千克；东北地区较低，为 39.03 元/千克。全国仔猪平均价格 58.54 元/千克，比前一周上涨 3.0%，同比上涨 129.9%。甘肃、青海仔猪价格下降，天津价格与上周持平，其余省份价格上涨。

针对猪肉供应紧张和价格上涨问题，近期，国家发改委会同有关部门制定出台保供稳价的方案和措施，大力支持生猪养殖能力建设，增强储备调控能力，切实做好困难群众基本生活保障等。为了填补市场缺口，中国正在增加进口，并从中央储备中释放冷冻猪肉。但着眼于一个长期的解决方案，中国正在鼓励大规模养猪。为了稳定猪肉供应，中国决定从中央预算中向大型养猪场提供补贴，以支持其设施建设。补贴在 50 万~500 万元。

稳定猪肉价格，关键在于稳定生猪生产。据农业部表示，自 2019 年 8 月底以来，中国已经出台了 17 项措施来支持生猪生产，其中大部分已经实施。伴随着国内补栏积极性的回升，以及政府各项鼓励生猪养殖的政策开始落实，今年年底前生猪产能将探底趋稳，猪肉市场供应有望逐步稳定和恢复。

1. 结合以上材料及人群跟随原理分析为何选择金融衍生品"成长股票指数板块"作为人群跟随主要对象，而不是衍生品指数期货？

2. 根据材料内容及人群环相关理论分析以下问题：

（1）人群环理论是否适用于"房价"和"物价"的研究，与研究"股价"相比有何不同？

（2）结合本章理论和个人投资经验分析，在运用人群环激发强度研究"房价"和"物价"时需要注意哪些问题？

第六章　路径决策

第一节　如何理解路径

一、路径的理解

（一）路径含义

《辞海》中对于路径的解释是"路线"。路径（Path）在不同的领域有不同的含义。在网络中，路径指的是从起点到终点的全程路由；在日常生活中指的是道路，人行走的路线。

路径的出现主要是一种"路线"，这一点在各类研究中都被广泛认可。路径这一词语来源于人们的生产生活。从路径的起源上看，日出而作，日落而息、春播秋收可以保障人们基本的生活，带给人们便利，也就是说由于路径出现，带给人们很多便利。

路线作为虚拟时代价值投资的一个基本方向指引，对一个国家的价值创造起着巨大作用。虚拟时代路径是为实现人群思维跟随，而进行规划的相对价值投资路线。在虚拟时代，路径与不同国家和地区的价值创造关系密切。投资路线是决定国家和地区创造商业价值量多少的重要表现，投资路线的改变会给所有相关投资人带来直接影响，从而影响到国家价值投资以及国民生活的各个方面。以2008 年美国金融危机为例，表面为次贷危机造成，归根结底是由于国家价值投资路线失败所致，致使整个美国经济崩盘，波及全球范围。从美国金融危机中可以体现出价值投资路线在一个国家和地区政治、经济、时代、文化等各个方面的作用，这也直接反映了投资路线在虚拟时代中的重要地位。

在本书的路径决策中，路径概念仍是"路线"。本书结合全球证券化的背景和日益开放的投资市场，主要强调投资路径之间的相对价值。虽然路径的概念是指路线这一通用观念，但其概念在不同的时代侧重点是不同的。在自然时代中路径概念是在减少投入、保障产出的基础上，按照自然属性进行路径记忆；物质时代路径建立在品牌利益最大化的基础上，依靠科学方法降低成本，增加利益，形成路径依赖；在虚拟时代中路径概念建立在相对价值最大化的基础上，利用哲学思想进行蓝海路径规划。

（二）路径演变

研究虚拟时代的路径，首先需要梳理清楚路径的发展历史，虽然路径的概念一直为"路线"，但路径在不同历史时期有不同的研究主体，使得路径的界定也随之发生变化，演变过程具体如图 6-1 所示。

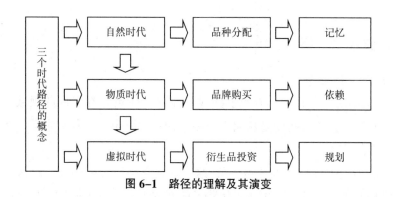

图 6-1　路径的理解及其演变

"路径"的概念早在自然时代就已经存在。在自然时代中，路径可以引申理解为对于自然时代品种的记忆，一切生产活动按照品种进行分配，使人们投入最少的资源，获得最优的产出。古人谓"五谷食米，民之司命也"。又曰："终岁不制衣则寒，一日不得食则饥"，就是这个道理。粮食充足与否，不仅是个吃饭问题，它还直接关系着国家政权稳定（李维才，2011）。统治者不仅要将土地分配合理，还要将种植的种类分配合理，同时安排专门的占卜人员来进行气候预测，配合农民进行四季耕作，使农民在一定时间内达到最好的收成。如商代很重视天气对人类活动的影响，其对不同种类的作物有着不同影响。观测天气气候的变化，是人类最早从事的科学活动之一。随着人类文明的诞生，气象科学开始萌芽。相传我国在公元前 3000 多年的黄帝时代，就设有专人从事气候观测。在公元前 2000 多年的帝尧时代，还设立了专门掌管天文和气象的官职（我国古代天气和气象是一起的），这一官职历代相沿。到清朝时称为"钦天监监正"，是掌管天文、气象的最高政府官员。我国古代曾为世界气象科学的发展做出过卓越的贡献。商代用甲骨文表述风、云、虹、雨、雪、雷等天气现象，还利用占卜来预求天气信息（可长达十天），有季节、八方位等概念。而春秋战国时期，管仲不仅认识到植物生长种类与地势高下及地下水深浅的关系，还提出了齐国三十节气的划分。由此可见，路径在自然时代主要理解为人们为了保证温饱生活，各地农民对于各种农作物品种耕种的记忆，从而掌握更多的自然资源禀赋，为人类的生产生活创造更加有利的条件。

进入物质时代后，相比自然时代，"路径"的概念发生了变化。物质时代的"路径"建立在品牌利益最大化的基础上，为了让购买者实现利益线性增长，人们依赖于品牌购买，深入挖掘其利益，同时保障成本的降低。物质时代的到来意味着品牌的迭代，同样的产品拥有不同的品牌与质量。一个企业要想成为物质时代行业的领头羊，就要拥有自己的品牌，就要拥有属于自己品牌的特定形象。这个时候就需要找准定位，围绕定位让人们可以有深刻印象，然后让这个概念在人们大脑里不断强化，最后依赖于购买此品牌。而一个企业要超越另一个企业，这时就需要品牌的迭代。同样地，一个品牌想要持续生存，就需要在前人的基础上更新和迭代。魅族科技的副总裁李楠，在混沌研习社上进行了一次演讲，他针对品牌定位，谈论了自己的看法。他提出的观点和传统品牌理论强调坚持自己的定位不一样，李楠说，在今天的中国，品牌迭代才决定了中国企业的生死。例如，无印良品把自己的定位从"便宜"转为了"设计"，它还是卖杂货，但不说自己是最便宜的杂货了。无印良品请了全日本第一流的设计师，像原研哉、深泽直人等，让他们设计日常生活中那些最小、最不起眼的杂货。说白了就是制造反差。试想消费者如果知道自己在无印良品买的一些很不起眼的东西，比如牙刷、毛巾，居然都出自一流的设计师之手，他们当然乐意接受。物质时代机器生产代替手工作坊，科学制造改变了时代生产力的构成要素。由此可见，路径在物质时代主要理解为人们为了追求品牌利益的增长，基于品牌购买的技术路径依赖，每一种新的品牌出现，意味着依赖传统技术的新变革出现。

虚拟时代"路径"含义发生改变，虚拟时代路径建立在价值最大化的基础上，为了让投资人正确把握价值空间和时机，需要创新的理念进行路径规划，深入挖掘衍生品的价值空间和时机。虚拟时代属于一个全球投资的证券化时代，要想在虚拟时代站稳脚跟，立于不败之地，就必须具有前瞻性的正确投资路线。投资路线的选择不仅要掌握投资的价值空间，同时也应该注重把握投资时间，否则将会功亏一篑，难以实现蓝海价值。虚拟时代成功投资的路线体现在板块轮动，例如，上海主板指数从 2005 年 6 月的 998 点上涨到 2007 年 10 月的 6124 点，用了两年时间，指数实现了 2 倍不足 × 4 倍 = 8 倍快，是一个十分明确的指数板块价值投资路线，若投资者可以把握住这条投资路线将很容易实现蓝海价值创造，实现资产翻倍，最终实现自身的蓝海价值投资目标。反之，失败的价值投资路线，小则使个人资产损失惨重，重则使一个国家深受其害，该国人们长期处于中等收入陷阱的尴尬境地。人群营商学研究的是板块投资路径，个股投资的路径不是本书研究的重点，研究指数板块和行业（地区）板块的路径才是本书的重点，人们很容易混淆个股的饥饿地位和指数的路径规划的关系，由此可见，虚拟时代的路径主要理解为投资人为实现衍生品指数板块蓝海价值创造，利用证券化投资进行的路径规划。

综上，三个时代路径的理解如图 6-1 所示。

二、路径表现

路径表现主要从三个时代研究不同侧重点来进行说明，总体来说路径在三个时代中表现各不相同。

（一）自然时代路径表现：产量稳定

自然时代以衣食为主，路径重复为了保障温饱生活。自然时代是以农业生产为主导经济的时代，自然时代的农业是指原始农牧业，称为第一层次的农业。原始农牧业是以人力、畜力为规划，以简单的手工农具为设备，靠天吃饭的农牧业。所谓"靠天吃饭"，就是气象、气候条件对农业的影响相当大。如果风调雨顺，庄稼就会有好收成；如果旱涝灾害，庄稼就会减产甚至绝产。农业生产的好与坏由气象、气候条件来决定。由于人们依靠土地，土地作为消费者主要的生活来源，离开了土地，相当于没有了养家糊口的食粮，将无法继续生存。因此，消费者要想实现丰收，就必须充分掌握当地的气候类型与特点，遵循四季更替，春播秋收的农业生产规律。由于自然时代的生产劳作成果主要受到气候等外在因素影响，因此，农民一直在探索如何利用各种自然资源禀赋进行路径记忆重复，减少体力投入，获得确定的粮食产出，避免不必要的体力投入。充分掌握四季规律，便可使粮食收成呈现确定性产出，满足农民最基本的生活需要，使得农民可以安居乐业，过上幸福的生活。

自然时代的价值＝产出/投入。自然时代的价值主要是建立在满足温饱生活的前提下，以此为基础，尽可能使得产出最大化，投入最小化，追求价值最大化。自然时代是在自然经济条件下，采用人力、畜力等为主的手工劳动方式，依靠世代积累下来的传统经验进行土地耕作。由于自然时代的生产力水平不高，使得单位土地的产出增长幅度有限，也就是说，产出增长的幅度受限，但是必须确定。根据自然时代的价值公式可知，在分子产出保持不变的前提之下，要想提高自然时代的价值，只能尽可能减少分母投入。减少分母投入最重要的一个途径就是尽可能多地掌握自然规律，并将其运用到作物耕种中来，春播秋收，不同类型的土地种植不同的作物。如油沙地适合种西瓜，而不适合种玉米、土豆等。原因是油沙地土质瘠薄，肥料分解和养分消耗、流失较快，所以玉米、土豆等作物植株在生长后期容易"脱肥"，亩产自然就低，油沙地透气性好，降雨或灌溉后水分渗透快，且夜间散热迅速、昼夜温差大，直接促成西瓜植株生长良好，果实糖分积累多、品质好。

在粮食产量基本稳定的前提下，路径记忆表现为产量稳定，目的是体力投入尽量减少。综上所述，自然时代的路径，主要依靠规律记忆，不断重复，即在投入减少的情况下，实现产出确定。具体如图6-2所示。

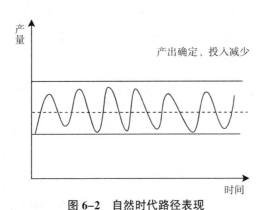

图6-2　自然时代路径表现

（二）物质时代路径表现：成本下降

物质时代以经济发展为主，技术模仿使人们的物质利益需求得到满足。机器制造业的快速发展，提高了生产效率。物质时代到来首先进入低价工业化，低成本是低价工业化的核心竞争力，由于核心技术主要依靠学习，因此劳动者主要从事一些基本的体力劳动，缺乏技术含量，故而劳动力成本低。技术进步是现代经济增长的内生规划，在低价工业化过程中，中国企业极强的技术学习能力促进技术进步并使经济增长按照比较优势原则调整经济结构，又加速经济发展。技术学习成为低成本物质时代我国经济快速增长的事实，我国企业倾向于选择技术模仿战略与现阶段我国消费者的消费偏好所引致的需求紧密联系。在物质时代中，我国的顾客有着"价廉物美"的消费偏好，这是由国民绝对收入水平较低与城乡、地区间的收入不平等所造成的。这决定我国国内市场上绝大多数商品具有价廉物美性价比的典型特征，造成国内市场高质量商品需求空间规模狭小和需求结构失衡。这种"价廉物美"的需求偏好传递到企业的能力发展方面，就转化为企业的技术模仿战略和对技术创新风险的理性规避（黄文正，2009）。

物质时代的价值=利益/成本，物质时代的价值主要指顾客价值。其中，顾客价值等于利益与成本之比。由于物质时代的产品同质化较为严重，市场竞争主要是价格的竞争，也就是说企业无法通过提高零售价格来进行统一定价，提升价值的方法主要来源于降低成本，降低成本最简单易行的方法也是依赖方法模仿。模仿是人的天性，这是社会心理现象，这是人类学习的重要机制和社会学习形式。模仿指在没有外界控制的条件下，个人在他人的影响下仿效其言行，并使自己的言行与其相同或相似的过程。模仿不是进行简单的效仿或复制，而是与他人和世界发生关联的过程，并在这个过程中形成自己的世界观、行动和行为。有人说，人类的整个文化可以看成是一种模仿的过程，在文化中有模仿的自然"基因"，而这些基因对学习是非常有效的，最为彻底的学习就是有意识的模仿学习。方法模仿使得利益保证的前提下，成本尽可能最小化，进而导致价值最大化，如汽车的制造都要模仿马车，飞机制造模仿动物世界的鸟类。

在工业成本基本一致的前提下，路径依赖表现为按技术和方法模仿升级，目的是使产品利益呈现线性不断增长，路径依赖表现为不断实现品牌的迭代，鼓励原创，紧跟学习，不断改进。如中国的彩电、冰箱行业是典型的路径依赖，改革开放初期引进一批生产线，市场紧缺，销售火爆，在一段时期后，这些企业纷纷淘汰出局，新的品牌不断出现，技术的每一次进步和革新，都是路径依赖的结果，任何从头再来的技术革新往往需要巨大的金钱成本，基于以上分析可知，物质时代利益增长主要来源于技术和方法的模仿，不断地进行技术升级和迭代稳定，因此，随着方法模仿程度的深化，产品成本呈现线性减少的趋势，这是路径依赖的必然结果和产生的原因。具体如图6-3所示。

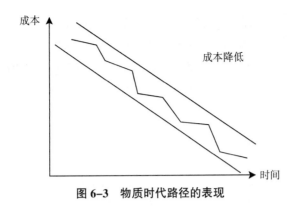

图 6-3　物质时代路径的表现

（三）虚拟时代路径表现：方向向上

　　虚拟时代以价值投资为主，思维的方向性将导致价值空间大小和时间长短各不相同，理解虚拟时代的路径，主要是必须理解虚拟时代的相对价值，具有相对价值是路径规划的基本方向。世界经济的全球一体化趋势已成为当前世界经济发展的一个重要特征，世界金融一体化是世界经济一体化发展的必然结果。由于生产的社会化和国际分工的发展，经济国际化对世界金融一体化提出了客观要求。换句话说，路径规划是在全球一体化的证券化投资背景下展开，证券化投资同时也在促进着全球一体化，股价板块相对价值与路径规划之间相辅相成，二者相互促进。两者皆是人们进行价值投资的重要判断依据，达到投资者的预期，路径规划就算成功。投资者进行全球价值投资时，首先选择国家和地区这一关注对象，通过对不同国家和地区的衍生品板块投资进行价值比较，选取相对价值最高的板块，进行成功投资，最终实现路径的成功规划。路径规划成功或失败的国家和地区都很多，美国是典型的进行股价板块路径规划成功的国家之一，使得美国在全世界的金融地位经久不衰，诞生了世界有名的"华尔街"，使美国引领世界上百年。

　　虚拟时代的价值＝增值/损失，价值创造同时追求增值空间最大与时间损失最小两个方面。商业价值等于增值与损失之比。虚拟时代相对价值创造主要分为"2倍快""4倍中""4倍快"三种蓝海价值类型，形成典型的8倍快、8倍中、8倍慢三种人群环。因此，要想实现相对价值最大化，必须要正确把握投资路线。

　　正确的路径规划是人群环投资的基本保证，方向向上带来"2倍快""4倍中""4倍快"三种类型"蓝海"价值。路径规划方向引领相对价值创造。投资者在进行相对价值路径选择时，应该优先选择"4倍快"投资路线，其次是"4

倍中"投资路线，最后是"2倍快"投资路线，但是在实践中都是2×4，2倍在前，4倍在后。这只是理论投资路线决策选择，在实际投资中，三种类型投资路线应该如何演绎，投资者应该根据投资对策研究对象和动机心理的实际投资情况在三者之中进行相应的路径决策选择。具体如图6-4所示。

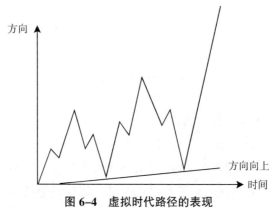

图6-4　虚拟时代路径的表现

不同的时代变迁，路径的表现有所区别。自然时代为实现广大消费者的温饱生活表现为产量稳定，物质时代为实现购买者利益增长表现为成本下降，虚拟时代为实现投资人蓝海价值创造表现为方向向上。具体如图6-5所示。

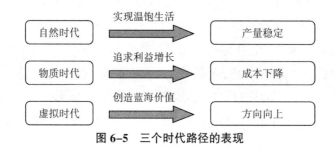

图6-5　三个时代路径的表现

三、路径作用

路径是指人们做事的路线，从路径的概念可知，路径是达到目标的行动方案，是利用规律、方法和思维的具体表现，虽然三个时代路径的作用不同，但路径在不同的时代作用都很重要，自然时代的路径主要基于吃穿、生存层面，进行春播秋收、利用器具实现；物质时代的路径主要基于利益、物质层面，进行方法趋同、技术成熟的机器实现；虚拟时代的路径主要基于价值、精神层面，进行寻求蓝海、价值创造，通过思想实现。

（一）自然时代路径作用：尊崇规律，器具实现

自然时代路径的作用是为了在尊崇规律的基础上，保证利用器具的实现。中国自古以来就是农业大国，在古代也是以农为主的经济体系，大部分人以此为生。中国拥有悠久的历史文化，同时也经历了漫长的自然时代。春种—夏长—秋收—冬藏是农人一年耕作的基本规律，春天下种，夏日生长，秋天收获，冬日收藏；民以食为天，讲的就是要依据天时、遵循规律。说到种植的规律，就不得不提到二十四节气，它是指二十四个时节和气候，是中国古代订立的一种用来指导农事的补充历法就是古代制定的指导农时的历法，二十四节气反映了季节、物候现象、气候三种变化，形成于春秋战国时期。

早在东周春秋战国时代，汉族劳动人民中就有了日南至、日北至的概念。随后人们根据月初、月中的日月运行位置和天气及动植物生长等自然现象，利用之间的关系，把一年平分为二十四等份。并且给每等份取了个专有名称，这就是二十四节气。到战国后期成书的《吕氏春秋》"十二月纪"中，就有了立春、春分、立夏、夏至、立秋、秋分、立冬、冬至八个节气名称。这八个节气，是二十四个节气中最重要的节气。标示出季节的转换，清楚地划分出一年的四季。到秦汉年间，二十四节气已完全确立。二十四节气将天文、农事、物候和民俗实现了巧妙的结合，衍生了大量与之相关的岁时节令文化，成为中华民族传统文化的重要组成部分。在漫长的农耕社会中，二十四节气为指导农事活动发挥了重要作用，拥有丰富的文化内涵，而诸如立春、冬至、清明等一些重要节气还有"咬春""踏青"等趣味盎然的民俗。二十四节气的出现是历史的必然，是农民进行农作物种植规律探索的结果。在自然时代则要尊崇这一规律，其出现对农民收成的稳定作用巨大。

自然时代人们尽力摸索规律，记载规律，从而减少体力投入，稳定粮食产出。从原始社会起，人们就在不断地探索规律，寻找可以利用的器具，最早的人类用简单石器和木棒采集植物的根、茎、种子、果实，猎取动物，作为食物；氏族公社时期，人们已经能够在磨制的石器上钻孔，装上木柄，制成石斧、石锄和带尖石的枪矛，还发明了鱼钩、渔网，用人工取火和制造陶器。使用器具的进步，能够使生活条件大为改善。母系氏族时期，人们能够建筑木结构的房屋，过起定居的生活，由于器具的变化，利用其又培植了小麦、大麦、水稻、玉米等农作物，驯化饲养了狗、羊、猪、牛、驴、马等，原始的农业和畜牧业产生了。父系氏族时期，手工业也发展起来，纺织、陶器制造、榨油、酿酒的器具产生了，使得手工业成为专门的行业。同时，一些地区的居民开始掌握了金属冶炼技术。这一步步走来主要是依靠规律的探索与记载，器具的更新与进步。到了人类依靠种植来进行生存时，人们又探索通过总结季节、物候现象、气候三种变化规律来进行相应的生产生活，通过器具的合理实现来保证以较少的体力投入，获得尽可能大的粮食产出稳定，来进行人类的繁衍生活。

正是人们对各种自然规律的不断重复、总结，广泛掌握，器具不断进步，才推动人类文明不断向前，实现时代的发展与进步，推动自然时代进步到物质时代。自然时代以器具为主，路径的具体作用如图 6-6 所示。

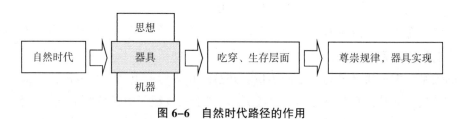

图 6-6　自然时代路径的作用

（二）物质时代路径作用：技术先进，机器实现

物质时代路径的作用是获得先进技术，使得机器代替手工劳作。物质时代技术模仿既是为了降低成本，也是追求利益最大化。从自然时代进入物质时代，机器大生产逐渐代替手工劳作，工业生产规模化逐渐形成，由于顾客追求物美价廉，为了降低成本，追求利益最大化。出于降低生产成本和扩大需求规模的目的，技术模仿逐渐被提上日程，随着国际化的到来，技术外溢为技术落后的经济体进行模仿提供可能。回顾世界上各国经济增长的发展历史，经济增长较快的国家大多数是工业领先的国家，如历史上美国和日本在经济赶超进程中，技术发明"应用"反而比发明"创新"更重要。

如果说创新是经济增长的发动机，那么模仿则是传动装置；落后的经济体可以通过技术模仿，累积到一定数量并在此基础上对产品质量进行提升，来实现技术的赶超（田永晓，2015）。从经济历史学角度来看，工业革命伴随着技术的变迁，可以在一定程度上解释各地区经济快速增长的原因。19 世纪初期，相对落后的国家如德国、法国和俄罗斯可以通过引入鼓励投资和技术采用"适宜"的经济制度，迅速赶上较发达的经济体。英国在工业革命初期，先进的技术（如冶金和化学）掌握在英国移民技师手中，而欧洲其他的国家在长达几十年的时间里一直依赖技术的供应。1950 年前后，欧洲的贸易壁垒降低，通过对美国技术的模仿学习，欧洲国家在汽车、国内电子设备以及电子工业得到快速发展。像日本等其他亚洲国家通过在类似行业模仿学习美国先进技术，到 20 世纪 80 年代日本甚至超越欧洲国家成为美国的竞争对手（尹朝安，2003）。

技术被模仿，鼓励人们不断探索新技术。尽管一致认可技术模仿在落后经济体发展中的重要性，技术差距越大则后发经济体的技术选择机会越大。技术模仿的过程实质上就是技术引进与吸收，技术创新的第一步就是技术模仿，对未来机器的实现奠定技术基础。技术模仿的基础是模仿创新，所谓模仿创新是指企业以率先创新者的创新思路和创新行为为榜样，并以其创新产品为示范，跟随率先者的足迹，充分吸取率先者成功的经验和失败的教训，通过引进购买或反求破译等手段吸收和掌握率先创新的核心技术及技术秘密，并在此基础上对率先创新进行改进和完善，进一步开发和生产富有竞争力的产品，参与竞争的一种渐进性创新活动。这种模式对于激烈的竞争中的创业企业不仅投入较少、风险小，而且由于晚进入市场，特别是可以观望市场的发展和演变，选择适当的时间进入，因而可有效回避市场沉默所导致的损失和市场开发初期需求、市场行为不确定性的风险，成功率高。同时，凡是在市场受欢迎的创新产品，多数技术水平较高，企业模仿这样的率先创新，通常都会有较高的技术起点。进而模仿者的技术水平提高，创新能力增强，抢占更多市场，进入良性循环。

中国很大一部分产业的技术来源都是对发达国家的技术模仿，有的学者认为这是现阶段技术进步的主要内容。中国是一个以技术模仿为主要技术采用的国家，比单纯的技术模仿更高一层次的是模仿性的技术改革，对已有的成熟技术进行借鉴，或者进一步进行其他企业核心技术的破解，从而研发出新的机器，同时在这一过程中向自主创新者学习创新思路及行为。技术模仿是指先进技术的学习，而对象通常为技术薄弱的国家通过多种途径"请教"技术先进的国家，从而拉近本国与技术输出国的距离，实现本国技术的演化进步，技术模仿是新兴技术企业发展的必经之路。从技术模仿到集成创新，再到自主创新是一个渐进的过程。

技术进步到一定程度，技术日趋成熟，推动物质时代向虚拟时代进步。技术模仿是指技术研发以跟踪开发为主，学习、借鉴别人已经成熟的技术，保证机器的实现以节约产品成本，提高竞争力。但值得注意的是，技术模仿并不意味着亦步亦趋，也不是简单的拷贝、粘贴；相反，它是一种学习的过程，借助技术的引进，消化吸收，然后进一步进行创新加工，创新机器以保证其符合自身发展需要。当然，模仿创新同时也有一些缺陷和劣势，一是被动性，在技术方面有时只能被动适应，在技术积累方面难以进行长远的规划；二是有时会受进入壁垒的制约而影响实施的效果，这种壁垒一方面是自然壁垒，如核心技术信息被封锁，另一方面是法律保护壁垒，有时会和率先者知识产权发生矛盾，阻碍模仿创新的发生。技术模仿基础上的创新，对于企业乃至国家的发展至关重要。物质时代以机器为主，路径的具体作用，如图 6-7 所示。

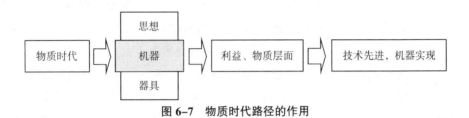

图 6-7　物质时代路径的作用

（三）虚拟时代路径作用：思维超前，思想实现

虚拟时代路径规划的目的是使得思维超前，实现思想的进步。虚拟时代是证券投资的时代，没有价值投资就无法促进虚拟时代向前发展。虚拟时代充满着投资机会，包含各种不同类型的价值投资，例如，虚拟时代投资不再仅仅满足于倍增（减）价值投资，而是运用超前的思维，找到蓝海价值进行投资。在虚拟时代价值投资的思维方向引领相对价值创造，因此，要想实现相对价值创造最大化，必须要正确把握投资路线。在进行相对价值投资路径规划时，首先规划"2 倍快"，它实现蓝海价值空间起点，时间最短，空间小，容易实现；其次是规划"4倍中"，它实现蓝海价值的空间大，时间次之；最后是"4 倍快"，它实现蓝海价值的空间大，时间较短。当然进行蓝海价值"4 倍快"的路径规划，难度最大。

鼓励人们获得超前思维，寻求方向向上的路径规划。相对价值路径规划，前提是人们必须具有创新思维，创新思维是实现蓝海价值路径规划的必要条件，要想进行蓝海价值路径规划，就必须具有创新思维，但具有创新思维，并不一定会成功进行蓝海价值方向向上的路径规划。创新是在当今世界，在我们国家出现频率非常高的一个词，同时，创新又是一个非常古老的词。它原意有三层含义，第一，更新。第二，创造新的东西。第三，改变。创新作为一种理论，形成于 20世纪。由美国哈佛大学经济学、管理学教授熊彼特在 1912 年，第一次把创新引入了经济领域。有的东西之所以叫它创新，有的是因为它改善了我们的工作质量，改善了我们的生活质量，有的是因为它提高了我们的工作效率，有的是因为它巩固了我们的竞争地位，有的是因为对经济、对社会、对技术产生了根本影响。但创新不一定非得是全新的东西，旧的东西以新的形式包装一下，包装旧的东西叫创新。旧的东西以新的切入点叫创新，总量不变改变结构叫创新，结构不变改变总量也叫创新。

创新思维可以创造价值，这主要是因为创新思维的特点。创新思维具有两个特点：独创性和风险性。创新思维的特点在于创新，它的思路在于探索思维的方式方法上和思维的结论上，能独具卓识，提出新的创见。同时作为新的发现，实现新的突破，具有开拓性与独创性。创新性思维不局限于某种固定的思维模式、程序和方法，它既独立于别人的思维框架，又独立于自己以往的思维框架，是一种开创性且灵活的思维框架活动，如果成功的话将带来不一样的突破结果，带来质的飞跃，但是创新思维并不一定会成功，其成功的概率极小，这正是它的可贵之处。创新思维以新颖独创的方法解决问题的思维过程，通过这种思维能突破常规思维的界限，以超常规甚至反常规的方法、视角去思考问题，提出与众不同的解决方案，从而产生新颖的、独到的、有社会意义的思维成果。只有创新思维，获得超前的思维，才能使新的思想得以实现。

虚拟时代是一个需要不断进行价值投资的时代，要想成为虚拟时代的领头羊，需要不断进行价值投资，因而相对价值路径规划需要不断进行，这也就意味着证券化的价值不断创造。思想基础上的创新，对于企业乃至国家的发展至关重要。虚拟时代以思想为主，路径的具体作用如图6-8所示。

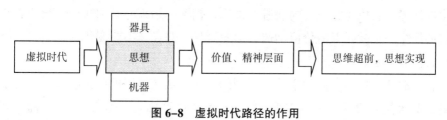

图 6-8　虚拟时代路径的作用

综上，三个时代路径的作用，具体如图6-9所示。

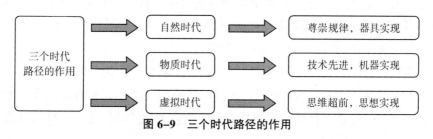

图 6-9　三个时代路径的作用

四、路径赋予

路径在三个时代的表现和作用各不相同，从而使得路径在不同时代背景下呈现的内涵各不相同。在自然时代，路径主要指的是基于资源禀赋的路径重复，表现为产量的稳定，这不仅要求人们对自然规律进行不断探索，同时要求人们不断进行路径规律记忆，从而尽可能多地借助自然资源进行相应的生产生活，如根据二十四节气进行春播秋收。保证土地在体力投入一定的前提之下，获得稳定的粮食产出。在物质时代，由于蒸汽机、内燃机的发明以及电力的广泛应用，路径的表现逐渐变为成本下降，为了降低成本，实现规模化生产，需要不断进行路径模仿，即科学制造方法的模仿，使得后来者与被模仿者差距逐渐缩小，且路径模仿并非单纯的模仿，而是对技术的吸收消化及再创新，被大多数企业乃至国家延用。

到了虚拟时代，虚拟经济的出现使得一系列金融衍生产品相继出现在市场上，以供投资者对其进行价值投资。只有通过相对价值的判断，人们才可以分辨出哪些是值得进行价值投资的衍生品。相对价值创造是基于人们思维的创新、知识的积累与创新思维的碰撞。以现有的思维模式提出有别于常规或常人思路的见解为导向，利用现有的知识和物质，在特定的环境中，本着理想化需要或为满足社会需求，而改进或创造新的事物、方法、元素、路径、环境，并能获得一定有益效果的行为。价值投资包含三个彼此关联、密不可分的重要因素：研究性、安全性和收益性。首先，投资必须建立在详尽分析基础上。其次，投资具有一定的安全性保障，它更重视风险的规避。最后，投资的结果，必须取得使投资者相对满意的回报，也就是蓝海价值创造。由此可见，路径是不断变化的，是由人类的时代特征所赋予。

自然时代人们在不同的季节，不同的地区，生产不同的粮食品种，实现季节交替，品种投入替代，如南方生产大米，北方生产面粉，是由于气候特点不同，粮食生产品种不同，投入也是不同的。如图 6-10 所示，自然时代的路径是为了保证品种分配合理，通过路径重复达到自然时代粮食产量稳定，人的营养丰富，通过有效的分配，品种调节起着至关重要的作用。自然时代路径赋予是品种替代，目标是使人体的基本需要全面保障供应。

在物质时代中，由于不同的产品功能升级，就会生产出不同的品牌产品，产生品牌利益迭代。如图 6-11 所示，物质时代的路径是为扩大消费，进一步促进品牌利益增长，带动经济增长。通过路径模仿达到物质时代功能升级的目的，可以更好地促进购买。在物质时代的路径赋予中，品牌利益迭代起到决定性作用。物质时代路径赋予是品牌迭代，目标是促成需求升级，不同的品牌，产品利益不同。

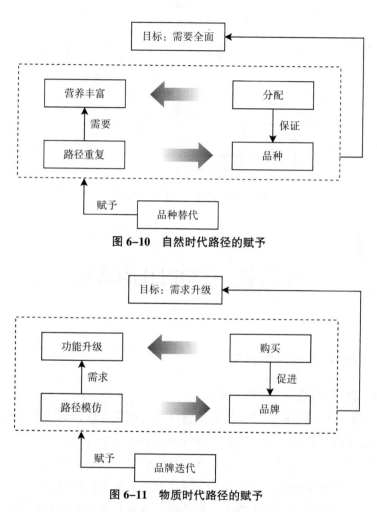

图 6-10 自然时代路径的赋予

图 6-11 物质时代路径的赋予

在虚拟时代中，随着不同价值体现的变迁，产生不同的衍生品，这时就进入衍生品价值时代。如图 6-12 所示，证券化进程加快，追求衍生品价值增值是人们形成的共识。虚拟时代的路径主要指的是衍生品价值方向向上，追求虚拟时代的蓝海价值路径，可以更好地增加投资，通过衍生品时代进行路径赋予，进一步发展虚拟时代，引导人们正确进行路径规划，从而引导价值投资。虚拟时代的路径赋予是衍生品时代，目标是使得资产增值，不同的时代，出现不同的衍生品指数板块、行业板块、地区板块，等等。

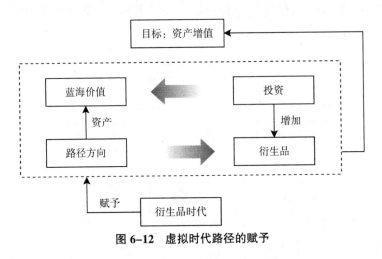

图 6-12　虚拟时代路径的赋予

第二节　虚拟时代的路径

一、虚拟时代路径角色变化

（一）路径规划与证券化密切相关

正如第一节所描述的，路径规划是虚拟时代投资人进行蓝海价值创造的思维引领。也就是说，投资人要想实现蓝海价值创造必须进行路径规划，只有这样才能实现相对价值，达到投资人动机心理的预期效果。换句话讲，路径规划与证券化密切相关，如中国的高铁、美国的飞机、德国的汽车相对价值空间大，必须通过证券化的虚拟衍生品才能创造出蓝海价值。证券化是虚拟时代路径规划成功的一个显著特征。

与物质时代的路径依赖完全不同，路径规划是基于证券化的相对价值路径规划，证券化分为广义与狭义两种形式，从狭义上讲，它是指传统的银行和储蓄机构的资产（主要是贷款或者抵押物）被转变成可转让证券的过程。这类证券可能由存款式金融机构也可能由非银行的投资者购买。从广义上讲，指的是所有的实体经济都可以通过证券化进行反映。成功的路径规划不仅影响投资人的投资意愿，也影响着整个虚拟时代的发展前景。证券化发展在国际金融市场上表现为两个较为明显的特征：第一，20世纪80年代上半期，新的国际信贷构成已经从主要是银行贷款转向主要是证券化资产。传统的通过商业银行筹措资金的方式开始逐渐让位于通过金融市场发行长短期债券的方式。第二，银行资产负债的流动性（或称变现性）增加。银行作为代理人和投资者直接参与证券市场，并且将自己传统的长期贷款项目进行证券化处理。

从证券化视野研究相对价值路径规划，对虚拟时代衍生品价值的挖掘与研究具有显著意义。基于证券化，路径规划才可以在全球范围内进行相对价值思考，如中国的高铁时代满足人们美好生活的需求，中国的茅台白酒满足品质生活。放眼全球，中国的白酒和高铁板块的股价波动是基于证券化的衍生品价值良好范例，它们的蓝海价值都会在证券市场上充分反映出来，也正因如此，才有A股主板指数板块蓝海价值创造。一个国家要想在虚拟时代中实现蓝海价值创造，必须有效地进行路径规划，结合蓝海价值的增值空间与时间损失两个维度来进行考虑，路径规划成功的关键在于形象思维创新。因而，一个国家要想实现路径规划，必须加大形象思维创新，并且善于进行演绎推理，进一步掌握衍生品价值投资的核心思想。简言之，证券化是虚拟时代投资者实现蓝海价值创造的一个基本前提条件。

（二）路径与各国联动关系更为密切

路径与各国联动关系较为密切，一个国家路径规划成功，意味着另一个国家路径规划必须记忆、仿效和创新，否则，其具有的相对价值降低。由于各国的路径规划是一个动态的相对关系，证券化的价值创造是一个国家整体指数板块、地区板块、行业板块的价值联动。如汽车在德国的路径规划较为成功，则在其他国家的路径规划必须形象仿效，能否超过必须进行该国时代行业板块演绎推理；飞机在美国的路径规划较为成功，则在其他国家的路径规划必须进行形象仿效，能否超过必须进行该国时代行业板块演绎推理；一个国家路径规划成功，并不代表别的国家同样成功，一个国家路径规划失败，并不代表别的国家一定失败，必须结合该国进行衍生品时代分析，创造蓝海价值，如高铁在欧美不成功，在中国时机成熟，进行路径规划就可以成功。如币值平台一样，稍有不慎，升值过快和币值下降更多，升值和贬值时机不正确，都会影响商业社会国家资产价格的整体波动，特别是房价的大幅下跌，资产泡沫破灭，使整个国家落后于其他国家，在人气营商学进行了详细描述。路径规划出现问题，也会使一个国家的衍生品价格发生不可逆转的影响，也就是该国股价就会出现大幅下跌，证券化进程就会变慢，中国股市板块路径规划成功，则影响其他国家股市的路径规划。虚拟时代国家之间的竞争已经逐渐上升到形象、演绎思维与相对价值创造之间的竞争。因而各国需要加紧路径规划，引导世界其他国家价值跟随，最终在虚拟时代之中立于不败之地。作为发展速度较快的国家，应该抓住自身优势，加紧指数、行业、地区等板块路径规划，带领世界发展。

当然，占领全球路径规划的制高点，是各国路径规划的重中之重。如美国的核心技术（芯片、高端制造、人工智能）、中国的核心文化（白酒、茶叶、饮食）及核心思想（价值创造、哲学社会科学）。各国之间的路径规划既独立又相互影响，一个国家若有实力独立进行蓝海价值路径规划，则可以凭借自身实力去争夺路径规划的制高点；若没有实力去进行路径规划，则需要追赶强国进行路径规划，这也算是另一种成功。一个国家路径规划的成功与否，直接影响到其他国家的路径规划。规划成功对于其利益共同体国家而言是有利的，对于其敌对国家具有压制作用；规划失败对于其利益共同体国家而言是不利的，对于其敌对国家是有利的。个人（一国）投资路径规划与他人（他国）投资路径规划是一个相互影响的关系。路径规划的影响机理具体如图6-13所示。

图6-13 路径规划影响的逻辑机理

二、虚拟时代路径新要求

虚拟时代对于路径规划而言有两个新要求，这两个要求是在虚拟时代证券化的背景下提出来的，只有达到这样的要求才能成功进行路径规划，实现蓝海价值创造，占领虚拟时代路径规划的制高点，成为虚拟时代的引领者，这两个要求分别是：

（一）路径规划的广泛影响力

正如前一小节所言，虚拟时代的路径规划是基于证券化的大背景之下，因而一国的路径规划不仅关系到该国未来的现实发展状况，还会进一步影响虚拟时代其他国家的相对价值创造。在虚拟时代中，只要有人群跟随，必然存在路径规划，二者相当于产品与价格、人气关注与币值平台之间的关系——相互依存。即只要有产品，就存在买卖，势必就存在价格，价格是依附产品而存在的；人气关注离不开币值平台，币值平台趋势向上必然是由于人气关注的结果。同样的道理，路径规划是为了更好地引领人群跟随，人群跟随离不开路径规划。

此外，必须说明的是，路径规划在虚拟时代之中至关重要，一个成功的路径规划，将有利于国家、行业、组织、个人的长远发展规划；好的路径规划，创造了比倍增更大的蓝海价值。这一点在虚拟时代中有无数的实例可以证明。一个国家若有实现蓝海价值的路径规划能力，将会吸引大量的外来资本进行投资，从而使该国具有大量资金进行经济建设，国家富裕，其所包含的企业和行业组织乃至公民必将受益，为何世界500强企业多数来自欧美等发达国家，正是由于该国和相关企业进行了认真的路径规划的结果，企业也就有长远的发展。因而，虚拟时代的国家更应该明白衍生品相对价值投资路径规划的重要作用，从而尽自身最大努力去进行路径规划，实现国家乃至投资人个人的蓝海价值创造，从而带动实体经济的快速而且长久发展。衍生品路径规划必须具有广泛的影响力，赢得全世界证券投资人的广泛共识，衍生品指数板块、行业板块、地区板块的路径规划形成人群环，才能帮助形成实体行业的长期发展。

币值平台是路径规划的基础，规划是平台的延伸；有了币值平台，路径不规划好，将无法实现蓝海价值，帮助人群、系统、组合共同形成4个决策。平台是《人气营商学》中的一个对策，平台的作用是为了吸引人气关注，路径规划是《人群营商学》中的一个决策，路径规划是为了引领人群进行跟随，二者具有相同的作用。币值平台是路径规划的一个基础前提，路径规划是币值平台的延伸，二者均为实现价值创造服务，只不过前者是为了实现商业社会商品倍增（减）价值创造，后者是为了实现虚拟时代衍生品蓝海价值。路径规划将与人群、路径、组合三个决策配合，共同促进虚拟时代的衍生品蓝海相对价值实现。

（二）路径规划的主动性和独立性

路径规划的主动性与独立性相互联系，关于路径规划的主动性，其基本含义可以理解为主体（国家或投资者）为迎合国际营商的整体环境，审时度势，针对变化的具体情形，主动出击进行思想调整，创造最大化蓝海价值。在虚拟时代衍生品价值投资过程中，一个国家要想实现相对价值蓝海创造必须具备相应的条件，即洞察相关领域的相对价值洼地；通过形象思维发现蓝海。虚拟时代之中，蓝海相对价值洼地随处可见，只是没有被发现与挖掘板块人群环。这就要求投资者具有独到的眼光，通过自身的形象思维可以主动发现蓝海，从而进行相应的路径规划，获得人群跟随，从而实现蓝海价值创造。中国高铁板块、白酒板块就是主动进行行业蓝海价值的路径规划，在这两个领域可以说是全世界虚拟时代的主动引领者。

路径规划的独立性，其基本含义可以理解为主体（国家或投资者）在规划时，需要依靠自身实力进行独立规划，有些路径模仿他人，往往行不通。具有路径规划独立性的国家往往具备以下条件，即具有实力强劲的路径规划能力；可以引领全球蓝海价值投资方向。该类国家可以保证自身具有独立规划蓝海价值的能力，可以承受路径规划失败所带来的风险，在某个蓝海价值领域成为虚拟时代其余国家的引领者。如中国路径规划制造高铁比飞机容易成功，主要由中国的国情决定，人口多、分布密集和集中，"一带一路"倡议实施，引领全球，具有明显的蓝海价值空间，中国可以独立进行路径规划，从而实现衍生品蓝海价值创造。

如果一国的路径规划不能保证主动性与独立性，则会对该国的虚拟时代以及经济发展产生极大的负面影响，轻则造成该国资本外流、发展缓慢，重则使该国陷入长期中等收入陷阱，很难实现新的突破，所以保证路径规划的主动性与独立性至关重要。只有路径规划具备主动性与独立性的国家才能适应商业环境的瞬息万变，经得住虚拟时代的狂风巨浪，始终处于不败之地。总而言之，虚拟时代的路径规划应该着眼于全球范围，只有保证证券衍生品路径规划的主动与独立性，才会赢得在国际上崭露头角的机会，吸引大量国际资本流入，获得证券投资人群的长期跟随，实现自身乃至全球利益共同体的快速发展。

三、路径与金融衍生品价格的关系

人群跟随是四个决策中最为重要的一个，对虚拟时代的衍生品相对价值投资而言，是实现蓝海价值创造的重要前提条件，对投资者进行价值投资意义重大。在第三章中，人群决策的理论和意义都已经得到了详细的阐述。人群跟随是虚拟时代路径规划的前提，人群跟随是人们动机心理作用的结果，没有人群以及其他三个决策的相互配合，蓝海价值创造将无从谈起，说明这个国家的金融衍生品价格相对于其他国家也就没有了相对优势，没有相对价值就不会被人群跟随，更不可能成为蓝海价值国家，路径规划不成功，研究路径规划对金融衍生品价格的影响就失去意义。

路径规划作为人群营商学的四个决策中的第二个决策，对人群价值投资进行方向指引，其重要性不言而喻。人群跟随需要和指数路径规划相互配合，才能实现蓝海价值创造，导致衍生品价格升值。仅仅凭借路径规划与人群跟随其中的任意一个，难以实现衍生品价格升值。在进行蓝海价值创造的过程之中，投资者需要发掘蓝海，进而进行相应的蓝海价值创造，在同一时间段内，人群跟随该国，形成相对价值，经过相对比较，人群开始跟随该国，也就产生了蓝海价值国家，将会吸引国际资金大量流入，引发该国蓝海资产价格上涨，带来巨大的时代财富效应，人群投资实现蓝海价值增值。蓝海价值国家在本书第三章进行重点阐述。指数路径变动、人群跟随、衍生品价格变动的具体关系如图 6-14 所示，总体来讲，三者组成一个正向反馈循环路径，指数路径变动引发衍生品价格变动，与此同时，衍生品价格的变化又导致指数路径变动，指数路径变动和衍生品价格变动与人群跟随之间又相互作用。

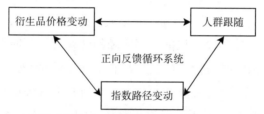

图 6-14　指数路径变动、人群跟随和衍生品价格变动的关系

四、虚拟时代的路径确定

虚拟时代路径的赋予是衍生品时代，但如何确定使路径规划成功，主要有三种方式，分别是：人群确定、力争确定和道理确定，三者并非相互独立，而是相互影响，共同促进路径规划的成功。

（一）人群确定

要理解路径的人群确定，就要理解路径是一种方向性规划。人群是以追求相对价值最大化为目标的、能够起到引领思维作用的载体。路径的作用就是与人群相互配合来实现蓝海价值创造，路径规划成功，就会吸引大量的人群跟随；人群跟随反过来影响路径规划的成功率。路径规划与人群跟随二者之间相辅相成。学者们在研究逃生过程中，人群流向会对行人的路径规划产生影响。行人跟随人流的从众现象也很常见。行人在没有清楚地了解出口信息前，会观察附近行人的逃生方向，从而选取跟随对象，把这个对象称为"领队"。在跟随模型的研究中，目的就是要跟随者尽可能地靠近"领队"（被跟随者），但是又不能超越"领队"，当行人距离"领队"较远时，跟随行人会以较快的速度接近"领队"，但是当距离"领队"已经较近，行人需要放慢速度。这同样适用于价值投资领域，路径规划始终朝着人群跟随的方向进行不断的规划调整，以保证二者的统一步调。

从人群矩阵可知，需要从"2倍快""4倍中""4倍快"三个层面进行路径规划，实现蓝海价值。这三者的路径规划优劣程度逐渐升高，其人群跟随程度也逐渐提升，由此可见，路径规划与人群跟随的一致性。路径规划"2倍快"实现蓝海价值的时间最短，蓝海价值空间小，路径规划"4倍中"实现蓝海价值的时间长，蓝海价值空间大，路径规划"4倍快"实现蓝海价值的时间短，且蓝海价值空间大。由此可见，"4倍快"的路径规划最优，但规划难度也最大，是虚拟时代的国家与投资者追求蓝海价值投资的终极目标规划。

人群跟随的走势，就是路径规划的方向，明智的投资人会紧跟人群进行路径规划。如图6-15所示，人群跟随原理使得人群由1→3转变，对应的投资标的顺序依次为A→B→C。路径决策根据人群跟随的转移而不断向上进行规划，在"2倍快""4倍中""4倍快"进行规划且规划方向始终保持向上，具体的规划根据对策不同会产生2倍不足、2倍正好、2倍超过；4倍快正好、4倍快超过、4倍中。没有人群的跟随，就不可能进行路径规划，所以说路径规划首先是人群确定。

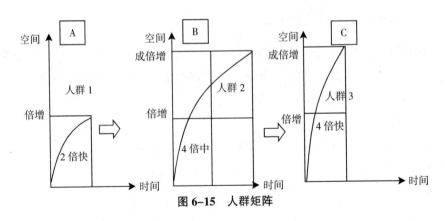

图6-15　人群矩阵

（二）力争确定

力争通常有两层意思，一层是努力争取，另一层是努力争辩。路径规划中的力争确定主要是指在齐涨齐跌的板块中，寻找涨幅最大的进行规划。力争确定属于一种重要的路径确定方式，是从竞争的角度提升，是指路径并非一帆风顺的规划，是众多路径的脱颖而出，只有力争，这种路径才能规划成功，投资人才敢于投资，力争不同于竞争，力争为尽力争取，而竞争是个体或群体间力图胜过或压倒对方的心理需要和行为活动，力争是多种路径的选择结果，是虚拟时代衍生品特有的，不是房价、股价、物价"三价"之间的两两比较，更不是轻而易举、表现明显，否则，不会有人群跟随。随着技术变革、创新和知识型组织战略的兴起，企业力争基础已经从传统的物质资源转向无形的金融资源；在思维驱动的金融环境中，以知识资本为基础的形象思维和演绎推理成为企业力争的焦点，明确的表述是股价的指数板块和行业板块，是力争的重要目标投资对象。

强调力争确定主要关系到虚拟时代动机，是指那些被代表时代特征的路径规划能力。个人或者国家的力争确定不仅应该具有持续竞争力，还应该具有鲜明的时代特征，只有这样才能最终实现相对价值创造。研究表明，时代特征明显的核心竞争力，更能获得发展的优势，在此基础上进行的路径规划也更容易实现蓝海价值创造，引领虚拟时代的主流人群进行跟随。时代特征（Social Identity）是个体认识到他属于特定的时代群体，同时也认识到作为群体成员带给他的情感和价值意义。时代特征是一种有效的非正式的控制手段，它能够帮助核心竞争优势发挥更大的作用，有助于推动路径规划走向成功，实现蓝海价值创造。

力争确定要求国家或者投资人付出最大的努力对应该涨幅大的路径进行规划，主要从国家整体发展和虚拟时代的角度分析，是集全球力量和人气所有对策的结果，如利用人气、币值、金钱、权力4个对策力争于股价的路径，从而以金融带动经济，这些都是力争的表现。人们不会利用这些对策力争作用于房价和物价，这也足以表明力争的含义和人们的智慧。关于路径规划如何力争确定，具体如图6-16所示。

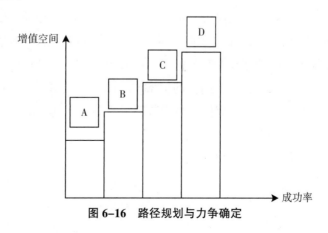

图 6-16 路径规划与力争确定

（三）道理确定

虚拟时代影响路径规划的第三个因素是道理确定。道理，道之理也，是非曲直也。"道"是衍生万物的本源，"理"是存在于一切事物之中的"道"的分支。我们常说的"道理"其实就是"理"，就是一切事物都在遵守的法则，有"理"的就是合乎法则的，是能永远存在的。只有自己亲身投入到事物中去才能清晰地感受到"道理"的存在，才能感知出"道理"的运行轨迹，这也就是古人常说的与道合真。路径规划就如同道理一般，路径就是"道"，规划则是"理"，最优路径规划就是最合乎情理的道理。

此处道理确定主要指的是投资者的心理防线具有动态性。在心理学中，心理防线主要是一个界限，指对别人的信任和提防程度，心理防线具有弹性变动的属性，在实际价值投资中，心理防线是对于规划方向向上（下）可能产生逆转的每一个路径点位，这时人们往往通过心理防线破位的效度来判断如何利用心理防线进行正确投资决策。

最早关于心理防线的研究来自于心理学，随后逐渐渗透到其他领域，关于价值投资市场的心理防线研究已经较为普遍。在充满高度风险和激烈竞争的股票市场中，投资者要想成为赢家，就必须建立起牢不可破的心理防线，而心理防线的建立，取决于投资者的投资经验及对路径规划的把握能力。这就要求投资者必须具有自身独立思考与判断的能力，不能抱着赌博心理动机而进入市场买卖股票，这无疑是走向失败的开始。因为这种人在成功之后会被胜利冲昏头脑，孤注一掷。也不能人云亦云，跟风随波逐流，这都是不成熟的投资表现。心理防线的把控对于虚拟时代的价值投资相当重要，正确寻找心理防线位，对路径规划及蓝海价值实现意义重大。

由于心理防线具有动态的属性，因此心理防线一般很难把控，但并不是没有规律可循，价值投资过程之中心理防线的类型如图 6-17 所示，指数路径心理防线由于路径规划的方向性变动，分为向上防线和向下防线两种情况。向上防线分为三类：一类是历史高位、历史高位的倍增位；二类是成倍位、成倍超位；三类是 2 倍不足位、倍增位、2 倍超位。当指数路径规划出现向下的趋势时，就会产生向下的心理防线。向下防线分为两类：一类是 2 倍不足的调整位、2 倍超的倍减底线位；二类是倍减位、成倍减位。

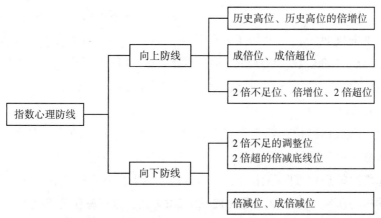

图6-17　路径规划方向性变动时的心理防线

1. 向上突破心理防线

历史高位的倍增位和历史高位是路径方向发生逆转向上的关键点位。因此，把握好这两个点位，就会使得指数路径规划不断向上变动。如上证A股6124点和12000点就是上海主板A股的历史高位和历史高位的倍增位，是重要心理防线。

成倍位（4倍）和成倍超位（4倍超）心理防线位。不论是2倍快不足、2倍快正好还是2倍快超过，都可能是成倍位和成倍超位的前奏。3062点的4倍12000点附近，向下破位3062点，意味指数向下突破形成4倍超过心理防线位，只有4倍超过才能达到12000点，3062点是历史高位6124点的倍减位，12000点是3062点的成倍超位心理防线。

2倍不足、2倍增位、2倍超位是成倍位和成倍超位的基础。结合规划后产生8倍快=2倍快不足×4倍快正好；8倍中=2倍快超过×4倍快超过（两环中间下跌调整间隔时间延长）；8倍慢=2倍快正好×4倍中（中间盘整时间不长、4倍中上涨需要时间、总时间延长）三种人群环，这也就分别对应币值平台、金钱杠杆、权力契约三种对策。2倍不足如上证2005~2007年股市，上海A股998点的2倍正好应该是2000点附近，998点上涨到1700点就是2倍不足的心理防线，2倍超过心理防线是2013年6月1850点上涨到2015年6月5178点。

2. 向下突破心理防线

2倍不足的调整位是对不足2倍空间的点位迅速调整，紧接着进行4倍的规划。如上证A股998点的2倍正好是2000点附近，998点上涨到1757点，不足2倍，向下调整1512点的形成4倍正好6124点，1512点就是向下调整的形成4

倍快正好心理防线。如果 2 倍上涨达到 2000 点，向下调整到 1500 点，就会使调整及恢复的时间延长，与 8 倍快人群环不一致。5178 点下降调整心理防线可以突破 3062 点、2600 点、2500 点，就是不能突破 2400 点附近，因为 2400 点附近是 4800 点密集成交区的倍减底线思维位，是保持指数规划方向向上形成 4 倍超过的重要心理防线。

倍减位和成倍减位这两个重要点位会对一个国家或者地区有着重要的影响。因此，指数板块突破倍减位和成倍减位，并不影响指数整体上升的方向，这样才能使得指数路径规划方向整体向上，从而创造衍生品蓝海价值，这是路径规划心理防线的核心所在。如上证 A 股 6124/2＝3062 点，是倍减位心理防线，12000 点的成倍减位 3062 点，这就是成倍减位心理防线，所以 3062 点轻易不能突破，只有金钱杠杆对策形成向下突破目的是向上形成 4 倍超过的效果，才能突破。

总之，不论是向上防线，还是向下防线在路径规划过程中的作用都不可忽视，因为它们直接影响衍生品价格变动。所以，不论是一个国家还是相应的投资人，要对向上防线和向下防线仔细斟酌。这样使得投资人可以掌握虚拟时代的价值投资，更容易把握路径规划的方向，实现蓝海价值创造。

第三节　虚拟时代的路径规划原理

一、路径规划原理的理论来源

路径在虚拟时代中，其角色和要求都发生根本性改变。虚拟时代中，衍生品主体可以是国家和地区，也可以是能发生价值倍增（减）的所有板块均在研究范围之内。蓝海价值已成为实现虚拟时代价值路径规划的代名词。虚拟时代的路径规划主要表现为人们的心理预判及蓝海价值变动，可以从管理学与营销学两个领域来进行阐述。其中管理学主要为路径规划原理提供方法支撑，而营销学则为路径规划原理提供主要思维源泉。

（一）管理学来源

路径规划在管理学中的研究前身可以归结到运筹学中的动态规划（Dynamic Programming），动态规划是运筹学的一个分支，是求解决策过程（Decision Process）最优化的数学方法。美国数学家理查德·贝尔曼（Richard Bellman）在20世纪40年代提出了动态规划（Dynamic Programming，DP）的概念，它用来描述解决最优选择问题的过程（Richard Bellman，1957）。贝尔曼把复杂问题分割成简单的子问题，从而解决复杂的问题。同时他还发现，动态规划能够解决多阶段决策问题，将复杂的多变量优化问题分步骤处理，先求得每个阶段的最优解，再利用递归调用的算法，最终得出复杂问题的最优解决途径。

动态规划就是在具有障碍物的环境中，按照一定的评价标准，寻找一条从起始状态到目标状态的无碰撞路径，它可以解释现实中的很多问题。动态规划问世以来，在经济管理、生产调度、工程技术和最优控制等方面得到了广泛的应用。例如，最短路线、库存管理、资源分配、设备更新、排序、装载等问题，用动态规划方法比用其他方法求解更为方便。虽然动态规划主要用于求解以时间划分阶段的动态过程的优化问题，但一些与时间无关的静态规划（如线性规划、非线性规划），只要人为地引进时间因素，把它视为多阶段决策过程，也可以用动态规划方法方便地求解。

动态规划程序设计是求解最优化问题的一种途径、一种方法，而不是一种特殊算法。不像搜索或数值计算那样，具有一个标准的数学表达式和明确清晰的解题方法。由于各种问题的性质不同，确定最优解的条件也互不相同，因而动态规划的设计方法对不同的问题，有各具特色的解题方法，而不存在一种万能的动态规划算法，可以解决各类最优化问题。因此我们在学习时，除了要对基本概念和方法正确理解外，必须具体问题具体分析处理，以丰富的想象力去建立模型，用创造性的技巧去求解。我们也可以通过对若干有代表性的问题的动态规划算法进行分析、讨论，逐渐学会并掌握这一设计方法。如中国象棋博弈常提及的一个问题就是中国象棋空间复杂度，即中国象棋状态总数。现有文献仅给出中国象棋空间复杂度数值却没有提供计算方式，同时不同文献给出的数值存在较大差异。长期以来，中国象棋状态总数这一计数问题无人问津，却又莫衷一是。利用中国象棋棋子着法特点把求解中国象棋状态总数问题分解为若干个子问题，又通过动态规划方法分别求解各个子问题，最终准确求出中国象棋状态总数，为以后描述中国象棋状态总数提供可靠依据。

综合以上管理学和统计学所涉及投资的相关研究，可以看出对于路径规划研究的相对普遍性，其被人们逐渐重视。关于路径规划的研究十分全面，最终目的就是让投资者增值最大化，损失最小化，引导投资市场实现快速发展。如何将路径规划运用到衍生品投资领域，更加有效地创造相对价值，实现蓝海价值创造，是路径规划原理在后续内容中研究的深入。

（二）营销学来源

营销学与管理学又有所不同。营销学注重投资人创新投资思维的培养，管理运筹学更多关注技术和方法。路径规划的营销学基础就是基于关系营销中的关联决策。关联决策的研究为人群营商学的价值投资提供方向与指引。

21世纪开始，艾略特·艾登伯格（Elliott Ettenberg）提出4R营销理论。它阐述了四个全新的营销组合要素：即关系（Relation）、关联（Relativity）、反应（Reaction）和回报（Retribution）。

人群营商学的路径决策相当于关系营销中的4R决策中的关联决策。关系营销中的关联主要指的是企业依照某种规则在供需之间形成价值链，以情感、时代纽带将价值以集成产品的形式传递给顾客，与顾客形成长期的较为固定的互需、互助、互求的经济利益共同体（Lisa M. Ellram, Monique L. Ueltschy Murfield, 2019）。在企业与客户的关系发生了本质性变化的市场环境中，抢占市场的关键已转变为与顾客建立长期而稳固的关系。与此相适应产生了5个转向：从一次性交易转向强调建立长期友好合作关系；从着眼于短期利益转向重视长期利益；从顾客被动适应企业单一销售转向顾客主动参与到生产过程中来；从相互的利益冲突转向共同的和谐发展；从管理营销组合转向管理企业与顾客的互动关系。从顾客实际需求、个性心理需求及潜在需求等多方面满足顾客；产生某种利益回馈机制吸纳消费者，在用户和企业之间建立持续合作的契约式关系。关联决策实施的核心是"成本不超过收益"。其目标就是企业把品牌资产直接与客户主要的购买动机相关联，要求以最小成本，实现最大关联。而路径决策就是通过规划在最短时间内尽可能实现价值创造最大化。所以在这一点上，两者是互通的。

关联决策认为企业与关系方是一个命运共同体，建立并发展与关系方的长期关系是企业经营的核心理念和最重要的内容。在激烈的市场竞争中，关系方有很大的自主选择权。现在关系方长期购买某种品牌的产品和忠实于某一企业的情况越来越少，易变性和高流动性成为现代关系方的特点（杨坤，2007）。因此，要提高关系方的忠诚度，稳定关系方，赢得长期市场，企业必须在业务、产品、需求等方面与关系方建立持续的关联，形成一种互助、互求、互需的关系，把关系方与企业联系在一起，这样可以大大减少关系方的流失（何劲、熊学萍，2003）。4R营销理论为企业建立关系方关联提供了理论依据，关系就在于通过低成本的关联使关系方都找到最优决策，获取最大利益。然而，在路径决策中，确定心理防线破位的效度是其决策的关键，如图 6-18 所示，关联与路径决策二者之间的共同点是低成本与关系方产生关联，是与关系方长期保持关系的基本点，充分发挥每一个关系方的核心竞争力，是形成关系共赢的基本保证，路径的核心在股价投资中最能够缩短时间损失的价值路径才是投资人必须优先规划的路径，如同一个人的人生最容易成功，而且社会最为认同的路径是每一个人的追求，虽然因人而异，因为社会、时代而变化，但路径规划是实现蓝海价值的基础，如同币值平台是实现倍增明星价值的基础，路径规划出现问题，其他方面都难以保证实现。

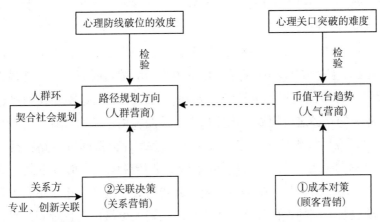

图 6-18　路径（规划）决策与关联决策、币值平台对策的关系

《人气营商学》的营销学基础是顾客营销学，其中的成本对策为币值对策奠定了很好的研究基础。成本对策中的成本不仅指的是一个企业的生产成本，更多地包括顾客的购买成本，《销售行为学》中提到即顾客的选择标准（VOC）、买点、卖点，寻求满意。找到了顾客的选择标准，就是顾客的最低购买成本。然而，商业社会的投资成本最低就是币值平台的趋势上升，币值平台上升吸引投资者投资，资产价格上升，而且是股价上升最快，也就是币值平台是推动股价上涨的核心动力，成本对策最重要的联系就是通过币值平台对策所带来的，币值平台与资产价格联系起来。以此作为理论基础，当币值平台的趋势无论是上升还是发生逆转时，对资产价格的影响都不尽相同。同时，通过心理关口突破的难度来检验币值平台的上升和下降趋势。所以成本对策作为理解币值对策是至关重要的。

人群营商学的研究基础是关系营销学，关联决策在关系营销实施的 4R 决策中是重要决策之一，关系方以侦察、创新，防范风险形成共赢的互利需求形成关联决策。此时，企业将主要争夺重要客户，而在这些客户中，虽然大部分存在一定的客户忠诚，但仍然会被其他的共同利益所吸引或者转移顾客忠诚。关联策略的目标是企业把品牌资产直接与客户主要的购买动机相关联。企业可以通过"专业技能"和"核心产品"来做到这一点。企业必须通过满足关系方的特殊需求来与之形成关联，不仅要注重关联的内容、形式；而且要以最低的成本、最方便的途径去关联，从而才能为重要关系方和潜在不利关系方做出有针对性的关联决策，最终使得关系双方之间形成一种"和谐"和"协调"的共存共赢关系。关联双方中的任何一方要实行协同发展，即通过一定程度的合作和资源共享来寻求核心竞争力，建立一种协调合作，形成互补的合作状态，谋求企业的共同发展并促进整个国家经济的可持续发展。

人群营商学中研究的路径规划是用最少的时间损失，形成社会契合进行规划。上文提到，路径的核心在于股价投资中最能够缩短时间损失创造最大价值路径才是投资人必须优先规划的路径，如同人的一生，就是要寻找到最适合自己的、最为专业的路径进行规划，虽然每个人的路径由于家庭背景、社会角色都不尽相同，但是规划人生的第一步"多读书"这一社会认同价值路径是人们的首选，由此带动其他发展路径，也说明中国古老传说中"万般皆下品，唯有读书高"对于读书的推崇，是人生路径规划的起步阶段。因此，币值平台上升形成路径规划带动股票上涨的人群环 2 倍快不足，投资人可做出迅速规划的是社会价值板块，通过社会认同的效应，带动其他价值板块，是最优的路径规划。

二、虚拟时代路径规划原理

(一) 基本原理

虚拟时代路径规划原理主要指心理预判与规划之间的关系，没有币值平台的基础，对于路径的规划不可能做到合理有效，有关币值平台与心理预期的关系已在《人气营商学》中详细介绍过。有了币值平台的基础，人的心理预判通过影响人们路径规划的方向与空间，来使得人们创造最大化相对价值的同时，损失最小化。反过来，路径规划的空间与方向修正人们的心理预判。如图 6-19 所示。

心理预判理论是将来自心理研究领域的综合洞察力应用在经济学当中，尤其是在不确定情况下的人为判断和决策方面做出了突出贡献，针对长期以来沿用的理性人假设，从实证研究出发，从人的心理特质、行为特征揭示影响选择行为的

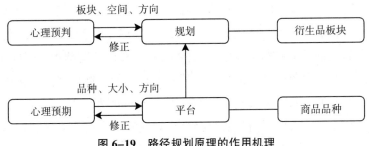

图6-19 路径规划原理的作用机理

非理性心理因素。人心有一把看不见的尺子，就像我们伸出十个手指头，不可能是一样齐的。我们对于世界的认识是基于我们的知识和眼界。事实上，人与人之间的智商的差异远远低于人和猿猴之间的差异。无论我们做什么事都有自己的动机，在这个动机的背后，都有一个心理预判。那么，一个人所拥有的预判能力又是十分重要的，如果能在一件事情发生之前预先判断出其发展走势，并且具有卓越的分析和辨析能力，就能够在最短时间内辨别出一个板块是否具有蓝海价值。

　　心理预判之所以可以影响路径规划的空间和方向，其原因在于虚拟时代投资的基础是对衍生品板块规划。规划越合理其附属于资产所产生的价值创造就越大，但规划的空间强弱程度又受到心理预判的影响。首先，根据投资人自身的评定判断与比较，若某个板块具有高心理预判能力，根据投资人具有敏锐的察觉能力，能够在一定时间内快速辨别出一个板块是否具有蓝海特质的衍生品，从而进行成倍增（减）快、成倍增（减）中、倍增（减）快三者之一的价值创造，从而规划值得投资、创造价值大的板块，更好地把握和利用路径规划，也就是说心理预判的正确与否能够帮助决定路径规划的方向。其次，价值空间越大，路径规划得也就越合理，其价值弹性也就越大，由此便能够更有效进行蓝海价值创造。若某项资产的未来估值，出现升值空间远远大于下跌空间，基本是封住了下行空间，此时，投资人心理预判的范围是相对宽泛的，这时投资人就会进行规划，反之，投资人一定不会再进行规划。

　　同样，规划的空间和变动的方向也会影响金融衍生品价格的心理预判，金融市场的研究就是对价值投资的心理预判影响分析的关键。在金融市场上，衍生产品是一种金融工具，一般表现为两个主体之间的一个协议，其价格由其他基础产品的价格决定。并且有相应的现货资产作为标的物，成交时不需立即交割，而可在未来时点交割。金融衍生产品是与金融相关的派生物，通常是指从原生资产派生出来的金融工具。其特征是保证金交易，即只要支付一定比例的保证金就可进行全额交易，不需实际上的本金转移，合约的了结一般也采用现金差价结算的方式进行，只有在满期日以实物交割方式履约的合约才需要买方交足贷款。因此，金融衍生产品交易具有杠杆效应。保证金越低，杠杆效应越大，风险也就越大。也就是说，如果人们期待金融衍生品有某一个长期的均衡价格，那么由于他们采取相应的投资决策，而这种大进大出的投资决策的变动，往往影响金融衍生品价格向这个方向移动，人群营商学研究路径规划突破心理防线对于金融衍生品价格的心理预判产生重大影响，路径变动意味着规划的变动。所以投资人对于股价这种证券市场的心理预判发生蓝海成倍增（减）影响，是人群营商学研究的重点。

（二）路径作为规划研究的逻辑

要理解路径是进行相对价值投资的一种规划，必须要理解路径作为规划研究的逻辑。路径规划最早来源于几何学，最后逐渐延伸到各个领域。路径规划是指，在具有障碍物的环境中，按照一定的评价标准，寻找一条从起始状态到目标状态的无碰撞路径。路径规划是运动规划的主要研究内容之一。运动规划由路径规划和轨迹规划组成，连接起点位置和终点位置的序列点或曲线称之为路径，构成路径的策略称之为路径规划。路径规划算法中路径规划采用了基于知识的遗传算法，它包含了自然选择和进化的思想，具有很强鲁棒性。例如，给定起始站点 s 和目标站点 d，路径规划问题求解以下三种路径：①最早到达路径（Earliest Arrival Path，EAP），在 π 时刻或之后从 s 出发，最早到达 d 的路径是哪条？②最晚出发路径（Latest Departure Path，LDP），要求在 π′时刻或之前到达 d，最晚离开 s 的路径是哪条？③最短耗时路径（Shortest Duration Path，SDP），期望在 π 时刻或之后离开 s，在 π′时刻或之前到达 d，耗时最短的路径是哪条？这就是几何学中最常见的路径规划。

路径规划思想，是在自然时代路径记忆和物质时代路径依赖的基础上，结合证券投资的大环境，在虚拟时代逐渐形成并成熟，涉及的领域较为广泛。路径规划逐渐渗透到虚拟时代价值投资领域之内，路径规划延伸到价值投资领域，主要指的是价值投资规划。路径规划是继人群决策之后，其他所有决策实现的前提，没有路径规划无从谈及系统决策、组合决策，是投资人实现人群环的基本保证，没有心理防线的突破效度分析及保持路径规划方向向上的话，系统动力决策和组合优化决策都无法实施。如同币值平台对策对于金钱杠杆对策、权力契约对策的影响一样，必须准确把握币值心理关口突破的难度，保持平台趋势向上，路径规划的方向发生逆转或者方向向下，对于系统决策和组合决策的影响会是深刻的。

规划是虚拟时代衍生品路径的一个最为重要的价值判断，投资人都会谨慎地使衍生品增值路径先行增值2倍，后面增值4倍，从而确保路径规划方向不发生方向的逆转，以及走过的路径永远踩在脚下，不能倒退，否则衍生品路径规划的心理防线突破，将会导致股价的指数板块或者行业板块退出投资人跟随的视野。

（三）心理预判变化的内在含义

因为金融衍生品价格的心理预判是路径规划原理的核心所在，所以第一点要明确心理预判的变动实质是虚拟时代相对价值的变化。如果没有相对价值的变化，路径规划将很难被运用到虚拟时代的价值投资之中。随着时间的变化，一个国家的虚拟价值会随路径之间的相互改变而发生改变。当虚拟价值发生改变后，就意味着各个路径规划间的相对价值发生了变化。

相对价值的变化过程如图6-20所示。具有币值平台突破的比较价值国家之间，才能分析选择两个进入人们视野、相对价值均衡的国家A和国家B。纵坐标表示虚拟价值量，横坐标是心理预判。随着时间的变化，A、B两国的虚拟价值量是不同的。在初期，A国的虚拟价值量跟B国具有相对价值。因此A国起到人群引领的作用，A国的路径规划心理防线向上突破比B国高。随着B国虚拟价值量的挖掘，B国心理防线向上突破的空间和速度迎头超过A国，B国的虚拟价值量逐渐凸显，B国最终的虚拟价值空间和速度超过A国，在这种情况下，人群跟随的主体也将随之发生改变，B国的相对价值凸显，从而使B国的路径规划方向上升，超过A国原有的地位，B国的路径规划提升，在虚拟时代所扮演的角色也

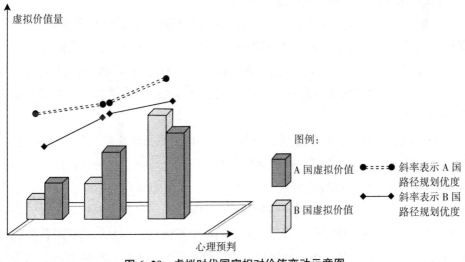

图6-20　虚拟时代国家相对价值变动示意图

随之发生了重大变化。

B 国的商业价值提升，是比较价值判断，会使该国相对价值随着提升，但不会同步，2005~2007 年中国股市上涨，是中国比较价值提高的前期表现，币值平台发挥作用的结果，2008 年美国出现金融危机，房地产泡沫破灭，是美国比较价值下降的鲜明表现，房价是比较价值的真实表现，2009 年中国房价大幅上涨，也证明房价是比较价值表现这一点，更加确信中国迈入商业社会。而美国股市从 2009 年至今一直向好，道琼斯指数上涨 4 倍多，从 6000 多点上涨到 27000 多点，说明美国的衍生品价格相对价值还是比中国大，股价是相对价值的表现，只有美国股价出现大幅下跌，同时中国股市出现大幅上涨，在相对价值领域发生一次激烈交锋，才能确信相对价值的表现——中国股价占上风。会使中国在虚拟时代的国际地位上升，是该国价值投资路径规划和系统动力决策共同作用的结果，有更多的投资人跟随中国股价，跟随规模加大。反之，一国的虚拟价值增速变缓也导致人群跟随规模减弱。

由此可以看出，投资者心理预判是随虚拟时代相对价值变动的，正好揭示了虚拟时代国家为何如此重视相对蓝海价值创造。每个国家都在相互力争，稍不努力就会淹没在不被人群跟随的相对价值变小的国家行列。由此将导致一系列不利于该国资本市场发展的问题产生，最终使该国落后于虚拟时代的先进国家，慢慢失去国际话语权。因此，要想成为虚拟时代的领头羊，创造更大的蓝海价值就应该不断地培养相对价值人群，实现本国的蓝海价值创造。

（四）路径规划的类型及适用对象

为更加深入了解路径规划原理，在研究过心理预判后，就要研究规划本身。虚拟时代的每一个国家都希望通过路径规划的运用影响投资人心理预判的变化。因此，对应着人群矩阵，可以将路径规划按照对人们心理预判影响程度分为三种类型，分别是："四倍快"规划①、"四倍中"规划②、"二倍快"规划③，如图 6-21 所示。

这三种规划的划分依据是证券投资人的心理预判强弱程度。其具体表现为：4 倍快规划对于人们的心理预判影响程度大，引起全球证券投资人群跟随的路径规划，导致该国价值创造进行成倍快增（减）；4 倍中规划是指路径规划对于人们心理预判影响程度较大，路径规划作用开始减弱；2 倍快规划是对于人们心理预判影响空间较小，其实现价值创造的空间小，但时间快，是创造相对价值路径规划的起点和基础，是承接人气倍增，与成倍共同实现人口百倍的桥梁。作为每

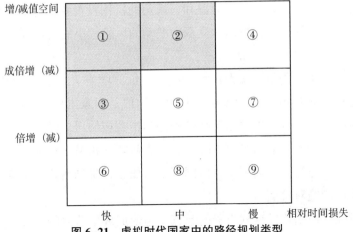

图 6-21　虚拟时代国家中的路径规划类型

个投资人都要结合自己的投资品种偏好在全球范围内选择不同路径规划类型的国家和证券指数、行业板块进行投资，同时各个国家自身可以根据本国不同的规划特性选定路径规划的目标。三种路径规划的特点和适用对象具体如下：

1. "4 倍快"规划

特点：从国家层面讲，蓝海区域的国家，属于价值增值"4 倍快"的路径规划国家。路径规划首先要求这些国家的规划方向空间最大、速度最快。国家出现"4 倍快"的原因，是由于这些国家房价、物价、股价"三价"中的相关品种和证券指数板块可以做到路径的最优规划，可以使投资者实现"4 倍快"价值创造。这是吸引证券投资资本市场力度最大的国家，"三价"投资路径最为顺畅，直接奠定该国在虚拟时代中的投资地位。

适用对象：对于追求路径规划最优的投资者；这类投资者往往是希望在最短时间内资产升值最快，其心理防线守住的效度明显，可以承受双向波动风险的投资者。

2. "4 倍中"规划

特点：从国家层面讲，属于蓝海区域国家，价值增值"4 倍中"的相对价值路径。路径规划表明这些国家的规划方向向上，但是处于比较稳定时期。国家出现"4 倍中"的原因，是由于这些国家"三价"中的相关品种和证券指数板块可以做到路径的较优规划，可以使投资者实现"4 倍中"价值创造。吸引投资资本市场力度没有"4 倍快"来得迅猛，这也是吸引证券投资人创造相对价值的黄金时期。

适用对象：追求路径规划较为温和、稳定的机构投资者；希望资产升值较大的投资者；心理防线稳定，可以承受双向波动的风险较小的投资者。

3. "2倍快"规划

特点：从国家层面讲，蓝海区域的国家，价值增值"2倍快"的国家。路径规划表现这些国家的规划方向不会出现大幅增值。国家出现"2倍快"的原因，是由于这些国家"三价"中的相关品种和证券指数板块可以做到速度较快，具有倍增空间，可以使投资者实现"2倍快"价值创造。如果一个国家"三价"的路径规划比2倍快还慢，空间还小，该国资本市场就很难创造相对价值，投资者更难投资个股创造绝对价值。

适用对象：追求路径规划投资的起点，是形成成倍蓝海的基础，非常稳定的投资者；希望在一定时间内实现资产升值的投资者；心理防线守住非常稳健，可以承受双向波动风险较小的投资者。

（五）投资人路径规划选择的步骤

第一步：判断路径规划的方向。首先判断路径规划的方向。路径规划方向向上或者向下，是一个重要的判断，只有正确判断方向，才能做出正确的投资决策，这是相对价值创造的前提，路径下跌趋势延续、下跌趋势反弹、上升趋势形成是判断路径规划方向的前提。路径规划方向对于价值投资来说意义重大，因为路径规划是价值投资的风向标，规划方向又是价值投资的重中之重。当投资人所选择的金融衍生品具有投资价值时，这时应该尽早进行规划，当所选择的投资领域的价值逐渐缩小直至消失时，就需要重新找寻需要规划的新板块。因而路径规划具有动态性，随着投资价值的潜力及他人的路径规划不断进行调整及改变。若路径规划方向判断失误，且未能及时发现及调整，将会造成不堪设想的后果。

第二步：判断路径规划的价值投资空间。投资路径规划空间大小与吸引力有关，空间越大，对于投资人吸引力越大。从底线思维和倍增理论，并结合人群环理论能够基本判断相对价值的空间大小是倍增（2倍）还是成倍（4倍）。除了判断路径规划的方向，路径规划的空间也是投资者在进行路径规划时，需要重点关注的一个问题。在进行路径空间规划的选择时，根据实际情况、结合投资者的心理预判高低程度，选择价值空间最大且实现价值增值时间最短的金融衍生品进行投资。投资人要明确心理预判的临界点，把握心理防线的效度，完成在不同金融衍生品之间路径规划的转换，尽可能通过提升路径规划的效果，最终实现最大化蓝海价值创造。

第三步：判断路径规划的价值投资时间。时间长短也是人群营商的重要判断，规划的时间长，表明吸引资金速度慢，反之，吸引资金速度快，投资者就会因此考虑资金成本和时间损失。此处的时间判断为金融衍生品实现蓝海价值增值的时间。投资人在对某金融衍生品进行投资时，应关注该类金融衍生品随着时间的推移而发生的增值情况。因为虚拟时代的路径规划应对倍增或者成倍的实现速度进行判断。若是倍增实现速度中或者慢，就可以不予考虑。时间成本是虚拟时代投资者考虑价值投资的相当重要的一个因素，同时价值投资具有极大的不确定性。路径规划较好的投资者，可以在较短的时间内，超越众多投资标的，成为虚拟时代的领头羊。因此，人们对实现蓝海价值的时间非常注重。

路径规划股价指数板块的方向与价值投资的空间与时间相互作用依存，形成一种巨大合力，这种合力可能带来形成指数板块的乘数效应，投资人对以上步骤进行准确的判断后，投资的绝对价值个股的价值则会增加更快，相反则会减少。

从图6-22中可以看出，路径规划为到达规划方向向上的趋势目标会不断面对挑战，每一个心理防线都会面对不同的重新选择。在当下证券化的背景下，每一个心理防线都会面临6种选择情形，即成倍增（减）快、成倍增（减）中、倍增（减）快。对于路径规划而言，为保证路径规划的方向始终向上，需要守住各个重要的心理防线。只有如此才能保证路径规划的效度越来越高。

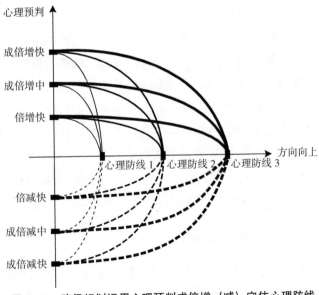

图6-22 路径规划运用心理预判成倍增（减）守住心理防线

(六) 虚拟时代路径规划的目标

对于虚拟时代的国家而言，为了吸引证券投资人投资，都希望展现本国更好的路径规划，在时间损失最小、空间增值更大的前提下，实现相对价值最大化的投资目标。

在虚拟时代中，投资具有较大升值潜力的金融衍生品、创造最大化相对价值是虚拟时代路径规划的主要目标。在价值创造的过程中，路径规划进行方向的选择，创造最大化的虚拟价值，是虚拟时代投资人的共同追求。对于虚拟时代的路径而言，为了引发证券投资人的投资，都希望创造虚拟价值最大化的价值目标。实现目标的基础条件是在价值投资的过程中合理运用路径规划原理，即路径规划与价值创造之间存在必然的联系。任何投资人只有在心理预判的前提下进行路径规划才能更好地进行价值投资，否则只是盲目的跟风，这样的投资方式不仅不能够实现虚拟时代路径规划的目标，反而可能造成投资金融衍生品的价值降低、投资风险增大，甚至证券市场的混乱。在价值创造的过程中，如何利用路径规划创造最大化的虚拟价值，是虚拟时代投资人的共同追求。

当然在路径规划不断向上的过程中，必然也有向下的时候。如果出现路径规划向下的现象，这时路径规划决策就要及时配合人群、系统、组合决策合理运用，让人群继续跟随本国证券市场相对价值创造的路径规划，使路径规划向下的时间变短，空间变小。同时运用系统动力或者组合优化引导投资者发现相对价值，并不断创造新的相对价值。总而言之，让投资人对路径规划重要心理防线守住的效度，从而赢得路径规划持续向上的时间和空间，减少路径规划短期向下对一国或地区投资的不利影响。更为具体地讲，虚拟时代路径规划的目标是通过路径规划来守住心理防线的效度，从而带来价值投资的积极效应。规划的正向拉动带来的积极效应，避免和消除负向调整对于心理预判的消极影响。路径规划处于心理预判的正向效应，主要原因是证券市场的某一指数和行业板块提供源源不断的助力，使板块涨势良好。在证券投资人将路径规划运用到该国价值投资之时，就要及时配合其他三个决策，即人群、系统和组合决策，选择具有相对价值的金融衍生品进行价值投资，最终实现虚拟时代的价值引领，实现蓝海价值创造。

三、路径规划的价值投资选择

(一) 路径规划价值投资时机选择：技术路径依赖作用明显减弱

路径从记忆到依赖再到规划的过程，是一个由易到难逐步提升的过程。在自然时代，人们主要从事的是农耕劳作，路径记忆的目的是尽可能多地利用一些资源禀赋，减少体力劳动，保持产量稳定；在物质时代，随着生产力水平的提升，人们的物质需求逐渐多样化，为了满足人们日益增长的物质需求，需要对生产制造方法进行路径依赖，以此来降低成本，实现工业化发展。研究表明，资源型地区发展很容易产生路径依赖。罗曼奈利和凯森纳（1990）认为，区域认同导致产业集聚，在资源型地区产业形成过程中，资源富裕地区会达成"自然资源丰裕就需要发展资源型产业"的共识，产业结构形成路径依赖式的递进。随着虚拟时代的到来，价值投资成为时代的主流思想，由于价值投资伴随着高收益与高风险，这就要求人们在进行价值投资时，需要谨慎的态度及合理的规划，尽可能保证规划方向向上。路径规划是对价值投资的一个重要指引，主要从实现价值创造的时间与空间两个方面进行相应的规划，最优的路径规划结果是可以在较短时间内，尽可能将蓝海价值创造最大化。由于证券价值投资的相对性赋予路径规划极大相对性，成功的路径规划的前提是要求投资人具有敏锐的市场判断，且具有丰富的价值投资经验与理论知识。

　　路径规划是人们投资价值动机心理判断，是在技术发展到一定水平的人们动机心理产生作用的结果。经典动机心理学认为，动机是一个特定的人和一种特定的情景之间交互作用的产物。动机是人和环境的交互作用，动机是一种带有持续性的个人特征，而动机作用是人和具体情境交互作用的结果。经典动机心理学同时认为，行为由某种激励所决定，所以这种激励常常被定义为一类动机行为，而且，在日常生活中，通常对某种事物发挥作用的激励可能不止一种，而是有好几种激励在发挥作用。由于时代的变迁，人们对激励的作用要求也逐渐提升，不再仅仅满足一种线性的激励方式，开始重视倍增（减）或成倍增（减）的激励方式，要想在虚拟时代实现蓝海价值实现，必须不断对价值投资路径进行规划，规划出"2倍快""4倍中""4倍快"的价值投资路径，引导国家乃至投资人以最短的时间成本，创造最大的衍生品蓝海价值。

　　技术的路径依赖作用在很多国家和地区减弱，这时就需要思维路径规划。如高铁在中国就能成功，而在其他一些国家得不到快速发展，就是思维路径规划的明显表现。技术依赖仅仅适用于外界环境基本确定且不会发生剧烈变动的时代，但是随着时代的变迁，外界环境发生巨大变化，技术的路径依赖所起到的作用受到很大局限。在苏联瓦解之前，由于苏联经济发展得较为强盛，东欧各国都在照搬苏联模式，缺乏自主性与适应性，导致国家发展的不平衡激化了社会矛盾。而中国结合自身国情，走出了适合中国发展的具有中国特色的社会主义道路。由此可见时代变迁之下，技术的依赖之路逐渐行不通，需要进行自主路径规划创新，价值投资尤其需要虚拟的衍生品路径规划，其路径规划的效果也就会非常明显，动机心理如同认知心理一样，产生明显的投资效果，形成形象的蓝海相对价值创造，所以人们不得不利用动机心理学进行衍生品价值投资决策。

（二）路径规划投资情形选择

人们的动机心理和互动行为是创造蓝海相对价值的核心驱动，是动机心理和互动行为在价值投资领域的具体应用。从动机心理学的角度进行分析，人们最终会选择具有较大增值空间且时间损失最小的衍生品进行投资，最后保留最有价值空间和时间最短的衍生品进行路径规划，实现蓝海价值创造并最终进行价值投资。在进行路径规划的过程之中，不断根据互动来形成成熟的投资理论。这就需要借助价值网络，以便投资人能够从中选择适合自己的路径规划，最终提升自己路径规划的成功率，实现自身的蓝海价值创造。

价值网络不全是营商学研究的范畴，涉及多学科交叉，路径规划的金融衍生品价格表现反映在人们的心理防线的守住的效度，利用价值网络提高投资人对于心理防线高低的影响，分析路径规划的资产价格表现情形，只有不断寻找价值网络，才能首先确保路径规划方向向上。

1. 价值网络的定义

价值网络是指公司为创造资源、扩展和交付货物而建立的合伙人和联盟合作系统。路径规划中的价值网络错综复杂，有很多种，要主动选择相应板块进行规划。Mercer 顾问公司著名顾问 Adrian Slywotzky 于 1998 年在《利润区》首次提出了价值网络的概念。书中指出，随着 Internet 和信息技术的发展，激烈的市场竞争使得企业将传统的供应链转变为价值网，来满足顾客不断增长的需求。根据书中的定义："价值网络是一种新的业务模式，它将顾客日益提高的苛刻要求和灵活以及有效率、低成本的制造相连接，采用数字信息快速配送产品，避开了代理高昂的分销层，将合作的提供商连接在一起，以便交付定制的解决方案，将运价提升到战略水平，以适应不断发生的变化。"

可见，客户、供应商及其合作伙伴、信息、资金都在价值网络这个动态的网络中流动，其动力正是客户的实际需求，而信息技术正是连接这些网络实体的桥梁和保证。与传统的供应链相比，价值网络具有以下特质：第一，顾客需求为中心。企业的生产活动是基于顾客的实际需求，关注的是如何使顾客的价值最大化。第二，高度协作。网络中的企业关注的是整个网络成员共同效率的提高，因此企业要充分利用合作伙伴的能力，其中内嵌和外包是价值网络中企业运作的主要手段。第三，快速反应。信息技术增强了各网络成员间的沟通能力，能够及时有效地对市场需求做出反应。第四，低成本。虽然在企业信息技术方面的成本增加了，但信息技术为企业带来的交易成本的降低，能够抵消基础设施建设方面增加的成本，总体看来，企业的成本是下降的。在价值网络这个动态的网络中不存在固定的边界，也没有固定的模式。处于网络中的企业都是根据客户的需求来组织自己的资源。一般来说，企业之间存在两种关系：第一种是各个企业处于平等的地位；第二种是存在一个"核心企业"，由一个企业或是企业联盟组成，而其他企业围绕核心企业来组织协调。具有核心企业的价值网络比较稳定。

关于价值网络的演变，是在传统的供应链模型中，生产者生产的出发点是对客户需求的预测，也即生产者根据历史同期产品的销量、产品替代品以及客户购买力等方面的情况，来决定产品的生产量。这时企业就会面临两大问题：第一，可能因为预测市场状况时选择的变量或是标准不当使得预测出现偏差；第二，因为市场的需求是随时变化的，而预测仅仅是基于当前的需求产生，所以当产品生产出来以后，已经"过时"。传统供应链中的这些缺陷，使得价值不断流失，究其原因，正是没能及时地对市场变化做出反应。要做到及时、有效地对市场需求做出反应，仅靠单一的企业是无力完成的，所以一些对企业来说成本较高或不具备完成能力的任务，就要交给其他合作企业来完成了。正是在这种情况下，有互联网和不断发展的信息技术作支撑，就出现了价值网络的概念。

后来随着时代变迁，虚拟时代人们以证券投资为主，人们关注点逐渐转移到价值投资领域。此时价值网络指的就是一种基于原有价值链的新型衍生价值，人们的目的主要是实现创新价值链延伸模式，创造更大的蓝海价值。

虚拟时代的国家都期待本国的路径规划有效并且成为最优的规划，不论是怎样的规划，都要选择好价值网络。价值网络分为三种：大网络、中网络和小网络。大网络下的路径规划种类多样，错综复杂，如图6-23所示；中网络下的路径选择相较于大网络少，如图6-24所示；小网络的路径规划种类最少，有很大局限性，如图6-25所示。

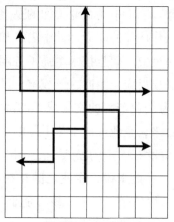

图 6-23　大网络

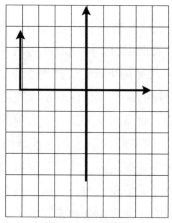

图 6-24　中网络

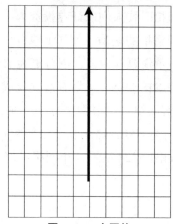

图 6-25　小网络

2. 价值网络的情形

虚拟时代，投资人都希望自己所投资的证券板块的心理预判保持在比较高的程度，并在全球范围内不断提升，长期发挥作用。价值网络所产生的影响因素很多，在路径规划的使用过程中，由于规划途径不同，投资人心理预判的金融衍生品价格增值空间不同、时间不同，可以划分出三种情形，分别是路径规划最优、路径规划较优和路径规划最低要求，下文就这三种情形进行分析。

情形 1：如图 6-26 所示，路径规划最优——大网络。

特点：路径规划最优，时间长，空间大。

优点：此种路径规划的最大优点就是可以有足够多的时间以及足够大的空间，实现最大化相对价值创造。

缺点：此时路径规划效果最优，但需要投资人对多种路径清晰规划选择，否则会使得投资人错失良机，同时由于投资人缺乏相应的理论与实践指导，一般没有经验可言，很难把握。

适用：虚拟时代大幅上涨的板块。

要求：需要不断规划自身的价值投资路径，由于路径规划最优，伴随着高收益与高风险，因而人们需要不断进行调整，从而保证路径规划程度持续最优，成功的路径规划在引领人群的同时，也不断有追随的人群。

路径规划最优结果是庞大的价值网络，其规划所需要的时间长，且实现价值网络的价值空间最大，路径规划的程度最优。大网络虽然可以带来高收益，但是其具有极大不确定性，并不是所有金融衍生品都具有巨大价值网络的潜力，也并非此时所有的路径规划都可以实现大的价值网络，保障路径规划长期向上。

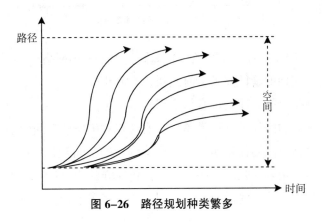

图 6-26　路径规划种类繁多

情形 2：如图 6-27 所示，路径规划较优——中网络。

特点：路径规划较优，时间中，空间大。

优点：此种路径规划可以在中等时间内，拥有足够的空间实现较大的相对价值创造。

缺点：对于投资人来说有较多的路径需要规划选择，时间不足使得投资人不能够迅速做出判断。

适用：虚拟时代具有一定上涨幅度的板块，路径规划所需时间短的情况。

要求：需要储备一定时间不断规划自身的价值投资路径，尽可能实现路径规划最优。同时也要防止当时路径规划由于时间不足，出现规划不完整的现象。

路径规划较优结果是中等大小的价值网络，其规划实现蓝海价值所需要的时间较少，但实现价值网络的价值空间最大，路径规划的程度较优。中等大小的价值网络这种情形比较常见，世界上大部分国家在这种价值网络情况下对路径规划后保持方向向上。

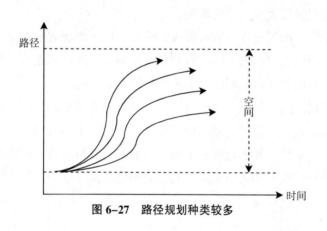

图 6-27 路径规划种类较多

情形 3：如图 6-28 所示，路径规划最低要求——小网络。

特点：路径规划的最低要求，时间长，空间小。

优点：此种路径规划往往很容易实现相对稳定。

缺点：可选择的路径规划种类单一，实现相对价值的空间较小。

适用：此时路径规划往往实现蓝海价值创造的时间较长，但实现蓝海价值的空间有限，适用于跟随大幅度上涨板块，比较保守的价值投资者。

要求：需要蓄力较长的时间进行规划选择，尽可能保证实现路径规划的最低要求。

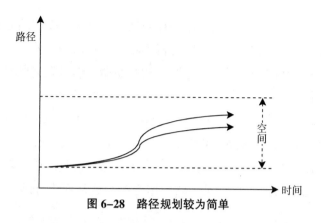

图 6-28　路径规划较为简单

路径规划最低要求是形成较小的价值网络，其规划实现蓝海价值所需要的时间长，实现价值延伸的价值空间较小，路径规划的程度次优。较小的价值网络虽然带来的收益一般，但是可以完善简单的路径规划，大多数金融衍生品至少具有形成小价值网络的潜力，这是人们进行路径规划最为基本的前提条件。

（三）保持路径规划方向向上的方法

为实现价值网络，各国路径规划所处的不同阶段，分别对应不同的方法。每个国家应该根据自身的实际情况采取不同的路径规划方法，最终顺利实现自身的相对价值创造。如图 6-29 所示，主要有 4 种不同方法，这 4 种不同的方法使用的时期也不同，不同的国家和地区可以根据不同的时期分别使用这 4 种方法来保持路径规划方向向上。

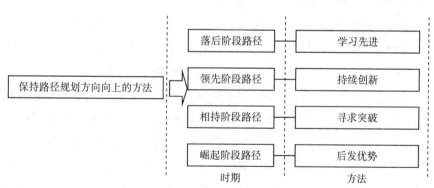

图 6-29　保持路径规划方向向上的方法

方法一：落后阶段路径——学习先进。

并不是所有的国家都可当虚拟时代的引领者，对于一些国家而言，要想长期保持路径规划向上，就要紧盯先进的路径规划。这种学习先进的方法，就是在自己的路径规划与别人的路径规划之间进行不断相对权衡的一种关系。就如同习主席所说的，学习时代先进楷模，更好践行初心使命。学习先进典型，争当时代先锋，始终要坚定共产主义信仰；学习先进典型，争当时代先锋，始终要做到对党的事业无限忠诚；学习先进典型，争当时代先锋，要始终把人民群众放在心中。像中国在进行自身的路径规划的同时，会学习发达国家的路径规划，通过学习模式来保证自身的路径规划方向始终向上，在进行路径规划之前，需要知己知彼地了解强手路径规划的方向与空间，以此作为参照，从而更好地进行相应的路径规划。

学习先进往往是针对路径规划处于落后阶段的国家而言的。"任何一个民族、一个国家都要学习别的民族、别的国家的长处，学习人家的先进科学技术。"这正是邓小平在强调对外开放时所提出的。由于自身规划能力有限，需要模仿借鉴该领域的领头羊，然后赶上这些国家，来改善自身的落后现状，才能进入全球先进的路径规划。如中国股票的主板 A，必须紧盯美国道琼斯进入世界领先。美国道琼斯指数是 1884 年由道琼斯公司的创始人查理斯·道开始编制的，世界上历史最为悠久、影响最大、最有权威性的一种股票价格指数。中国上证指数在世界上的影响力远远不如道琼斯指数，因此需要以其为参照对象，学习其路径规划趋势，才有可能在其他领域（其他次板指数）进入世界股票指数的领先地位。还有中国制造 C919 大型飞机也是学习发达国家的路径规划，只有补上短板，才能在其他领域（高铁）想方设法超过别国。

方法二：领先阶段路径——持续创新。

持续创新往往是针对路径规划处于领先阶段的国家而言，自身的创新能力较好，往往会选择一个新的路径进行规划，这也表现了一个国家的创新思维发展水平。在国家和地区的发展过程中，并不是仅仅比较目前的一个静止状态，而是比较未来的发展趋势，也就是两个在虚拟时代的领先国家，如何在虚拟时代成为领头羊，需要采取快速发展的一种方式。持续创新就属于这种变速发展的方式。持续创新的发展策略，主要是前期掌握国际先进路径规划方向，对其有了一定的充分了解，为后期的持续创新提供一定的前提基础。到了后期，采取持续创新的方式选择创新的发展路径，实现该领域虚拟时代路径规划的引领者，让其余国家纷纷效仿跟随。

持续创新可以归结为持续管理创新、持续技术创新和持续市场创新三部分内容。第一，持续管理创新。管理创新是指创造一种新的更有效的资源整合模式，管理创新既可以对全过程管理进行创新，也可以对具体的细节管理进行创新。持续管理创新是在动态的市场环境下，通过持续不断地对其内外部资源进行创新性整合来实现其预定目标的过程。第二，持续技术创新。技术创新是基于市场需求，或由基础研究、应用研究开始，或综合已有的科学技术，通过整合研究，探索满足市场需求的新产品、新工艺、新技术、新管理方法，并引入生产经营系统，实现生产力转化，再通过市场扩散，实现商业化、产业化的一系列创新过程。那么持续技术创新，也就是技术创新活动的持续化，是指持续不断地进行一项又一项的技术创新并适时进入新的正确的技术轨道的活动和过程。第三，持续市场创新。持续市场创新是在动态的市场环境中，通过不断地引入新的市场要素或改变原有的经营要素以求持续地开拓市场、占领新的市场，从而更好地满足市场需求的过程。

持续创新的关键点是对路径规划的未来能找到新创新点，如果没有可以创新的方式，那么就无法实现路径规划的快速上升。创新的思维逻辑也是实现路径引领的核心所在，前文中也提到了创新思维的重要性，只有创新思维，才能获得超前思维，实现蓝海价值创造。例如，美国的资本市场利用美国的领先地位，重新规划纳斯达克，规划新的路径，确保全球资本市场的领先地位。美国的资本市场之所以如此强大，主要在于其路径规划较为成功，其道琼斯指数与纳斯达克指数，已经成为世界股票指数的代表与引领者，其余国家的股票指数纷纷以道琼斯指数为方向标与参照，保证国际金融市场的有序运行。中国在高铁领域的路径规划是在了解其他国家发展现状，并且分析自身可以在该领域持续创新的路径规划。

方法三：相持阶段路径——寻求突破。

往往是针对路径规划处于相持阶段的国家而言的，为了牵制住竞争对手，就需要在对手的股价指数的路径规划上，设置不同类型的障碍，从而使自身具备长期优势，始终保持该国股价领先的优势地位或者是向上寻求突破。寻求突破的含义就是当本国和别国路径规划都在盘整期，可能一国在高位，另一国在低位，不在同一水平上，也是处于相持阶段，为了赢得时间和空间，要采取相应的决策牵制住对方，从而使弱势国家的路径规划向上寻求突破。路径规划处于相持阶段是一个非常漫长的阶段，如果不能寻求向上突破，处于弱势的一方就会向下突破，二者之间的差距越来越大，强势一方也会明白相持阶段是自身继续保持强势，还是向下突破的分水岭，双方必须设置不同类型的障碍，去牵制对方，从而使自身的路径规划寻求向上突破或者保持强势地位。中国经济的发展，就是一个不断开拓创新和寻求突破的过程，是从沿海地区向西部内陆不断推进的过程，"一带一路"倡议将为全面深化改革和持续发展创造前提条件，在区域合作新格局中寻找未来发展的着力点和突破口。

关于两个国家处于相持阶段的路径规划，强势国家为了保持领先，必须对另一个即将寻求向上突破国家进行牵制。如中美两国目前在世界上都具有较为强大的扩张力，美国阻碍中国的高端制造和 5G 通信技术发展，利用芯片技术展开拉锯式贸易战，就明显地表现出美国利用两国股价的相持阶段，美国在 26000 点的高位，中国在 3000 点以下的低位，希望继续保持美国道琼斯指数领先地位，使中国股价永远处于弱势地位，并且向下突破，才不会对美国产生威胁，中国也会在经济发展、消费升级、扩大开放、增加进口等方面牵制美国，使中国股价寻求向上突破，缩小与美国的差距。

方法四：崛起阶段路径——后发优势。

往往是针对股价路径规划处于崛起阶段的国家而言的，通过对优秀路径规划的不断学习，最终实现自身崛起。这种发展模式在路径方面的体现就是开始由于自身能力有限，没有能力进行相应的路径规划，因而只能韬光养晦，使自己的路径规划处于相对较低的位置。等到自身有足够的实力发展起来时，再采取规划决策，以保证路径规划的长期向上，这种发展经验在很多国家都有使用，如韩国、新加坡、东盟成员国。这些发展中国家的路径都经历一个"欲扬先抑"的过程，在路径变动的过程中，路径实现从一个相对的稳定或者路径向下的阶段到迅速上升的过程。

美国经济史学家亚历山大·格申克龙（Alexander Gerchenkron，1904~1978）在总结德国、意大利等国经济追赶成功经验的基础上，于 1962 年创立了后发优势理论。"后发优势"也常被称作"落后得益""落后的优势""落后的有利性"等。格申克龙对 19 世纪德国、意大利、俄国等欧洲较为落后国家的工业化过程进行了分析，并指出："一个工业化时期经济相对落后的国家，其工业化进程和特征在许多方面表现出与先进国家（如美国）显著不同。"他把这些差异归纳为八个对比类型：本地型或者引进型；被迫型或者自主型；生产资料中心型或者消费资料中心型；通货膨胀型或者通货稳定型；数量变化型或者结构变化型；连续型或者非连续型；农业发展型或者农业停止型；经济动机型或者政治动机型。在这八个对比类型中，每一项对比类型相互之间的组合形态是由各国的落后程度来决定的。

关于路径规划的崛起阶段主要的适用对象是国家在某一领域之前处于落后阶段，而放眼未来，前途无限。如中国 A 股规划才刚刚开始不久，路径规划的机会很多，时间很长，完全可以实现股价的后发优势。一个国家在某一领域想要实现后发优势的赶超，必须在前瞻性领域具有非常强的发展后劲，只有这样，才能支撑起该国进行后发优势的赶超。

四、心理预判的提高与调整

（一）心理预判的调整类型：主动调整与被动调整

对于虚拟时代的国家而言，路径规划持续向上的调整分为主动和被动。主动调整是指一国通过系统和组合决策的调整，对路径的规划方向变动产生影响。而被动调整国际资本间的相对价值流动，是由国际社会决定的方向性变动。

1. 主动调整

主动调整是指一国通过路径规划自行调整，相比于被动调整，主动调整就要好得多，路径规划主动调整有助于更好地防范金融风险。主动调整首先要明确调整时机，一般调整时机有三个，分别是路径规划到达顶部或者规划方向向下、关键的心理防线与路径偏离时。调整也要结合系统决策和组合决策，将路径决策与其相结合时，才能使得规划路径最有效，规划结果最优，但最关键的环节就是把控路径规划方向向下的趋势。如中国证券市场，2015 年股市在 5178 点时，上涨空间有限，就需要进行主动调整，防止资产泡沫破灭。2019 年中国应对中美贸易摩擦、中兴通讯事件，开启科创板，都是防止股市的大幅下跌的主动性调整。

每一个虚拟时代的国家都要在国内、外利用创新价值网络，通过寻找适合的价值网络，进行相应的路径规划，主动调整路径规划的心理预判。主动调整可能成功，也可能失败，具有极大的不确定性，但是都不能发生重大失误。因此，不论是虚拟时代的国家还是投资人，应该明确这一点。调整好心态审时度势，积极进行主动调整，从而尽可能提升路径规划的效度。如 2015 年股市在 5178 点进行主动调整，但最终却导致中国股市大幅下跌，可能当时超出人们的心理预判，投资人损失惨重。现在看来，如果没有在该点位进行调整，2019 年中美贸易摩擦等事件的发生，对于高位股价的打击会更加严重，中国股价在 3000 点以下的低位，下跌空间有限，使中国平稳度过困难时期，顺利化解了这次证券市场的危机。

虚拟时代每一个国家自身都必须勇敢地预判心理防线的效度，从而吸引证券投资人，日本在"二战"之后，凭借自身成功的路径规划，一跃成为世界第二大经济体，从而成功实现价值创造，如中国股市目前通过调整，出现历史低位，最终也会通过自身的路径规划，又重回高位，实现相对价值创造，也是主动调整的结果。

2. 被动调整

被动调整指的是顺应国际国内、资产价格的情况，是由国际、国内资产价格的一般规律决定的方向性变动。一国之所以会出现被动调整主要有四个可能原因：第一，为了拓展空间，当该国路径规划空间有限，就会有一些投资人撤离对该国的投资从而造成价值投资路径的重新调整。第二，投资人为了寻求蓝海价值，投资了其他国家。第三，路径的相对关系变化，路径规划趋势处于高位，会有规划方向向下的可能，使其出现调整要求。第四，相对价值流动，这可能是因为一国金融衍生品相对价值凸显。其余国家路径规划较为成功，从而引领投资人进行价值投资跟随。

被动调整往往出乎投资人的意料，必须谨慎应对。路径规划的被动调整是由于心理预判发生巨大变化，在投资人意料之外，被动调整的国家必须积极应对。变被动为主动，寻求价值网络，对于一个已经进入虚拟时代的国家而言必须积极应对被动调整，因为如果不谨慎应对被动调整，很有可能变为长期趋势，使该国远远落后于虚拟时代的其他国家，很难跟上虚拟时代的发展大趋势。

关于需要被动调整的例子不胜枚举，因此而落后的国家也很多，如拉美现象、日本的广场协议，都是该国没有有效应对被动调整的结果，2019 年中国与美国出现贸易摩擦、中兴通信事件，是中美经济关系中的重要问题。贸易争端主要发生在两个方面：一是中国具有比较优势的出口领域；二是中国没有优势的进口和技术知识领域。关于中美贸易摩擦使得中国不得不进行被动调整，也就是说需要不断地进行价值路径的规划，大力发展芯片与核心 5G 通信技术，大力发展科创板，使得国家重新进行路径规划，发现相对价值行业板块，最终成为虚拟时代的领头羊。

（二）提高路径规划的心理预判

想要把控好路径规划心理防线的预判，提高路径规划的心理预判，实现最优路径的目标主要有三个步骤。第一，寻找影响路径规划心理预判的价值网络，规划心理预判的核心就是了解影响心理预判的各种价值网络。如指数板块网络，行业板块网络；提升中国股价的扩张力，扩大上海 A 股的心理预判效度。第二，在实践中动态寻找路径价值网络的扩张力，因为除了重要价值网络以外，还会有不同的价值网络的扩张力，想方设法守住重要心理防线，增加守住心理防线的效度，如中国股市坚决守住 2440 点一带的心理防线。第三，围绕这些价值网络，选择对应控制手段，对不同网络要选择不同的应对手段，发展经济，"一带一路"扩张力提升，就是为了把控好路径规划的心理预判。选择对应控制手段，面对不同价值网络要选择不同的把控手段，从而使路径规划方向保持不断向上的趋势。

人们预判心理的产生，主要取决于国内价值网络和国际价值网络。在证券市场上，短期流动资金的数额非常巨大，他们的投机性很强。这种短期投机资金对各国的政治、经济、军事形势等都十分敏感，有一点风吹草动，就会改变资金的流向。所以任何一点证券方面的投资信息都可能改变投资人的心态和投资人对证券市场预判，从而影响证券市场的整体行情。因为路径规划的短期向上具有不可持续性，对于国际资本而言，会造成热钱流入的情况，但是由于国家经济缺乏持续增长的动力就会使得投资该国的资本快速流出，从而发生货币严重贬值的情况。所以，不论是国内价值网络还是国际价值网络都会影响人们的心理预判。

影响路径规划效度、心理预判的价值网络体系，主要分为国内网络和国际网络各 3 个方面。国内网络指标和国际网络指标分为指数板块网络、对策板块网络和行业板块网络，具体如图 6-30 所示。

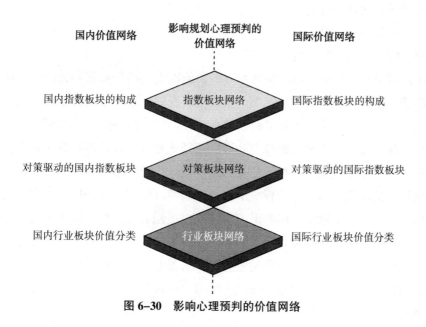

图 6-30 影响心理预判的价值网络

1. 指数板块网络

一个完整的指数板块网络是影响投资人投资的重要因素，若此时价值网络完整，才能使投资人对指数的路径规划合理，而后进行有效投资。

国内指数板块网络：国内指数板块的分类有多种，在第二章已经做了详细介绍，无论是主板、中小板、创业板、新三板还是创业板，都会对其形成的网络安排路径规划，选择最稳妥的路径，对指数板块具有一定的上涨空间。如上海主板就是路径规划的价值网络，此时上海主板规划成熟，会引发大量的人群跟随，价值网络的规模大小也会影响路径规划的效度。同时，心理防线破位的效度在路径规划中也起着至关重要的作用，也就是价值网络形成的前提。

国际指数板块网络：虚拟时代中国际指数板块网络也是指数板块网络构成的主要部分。对于一个国家乃至世界的经济增长来说，经济结构影响并决定着经济发展的长期方向，而需求结构又在很大程度上决定着经济结构的变化。在全球经济发展变化的同时，国际需求结构也在发生着深刻变化。因此，从一定意义上讲，有什么样的需求结构，就会有什么样的经济结构，对国际股价指数网络路径规划的方向起到一个重要的指引作用，对国家投资与发展的路径进行精心规划，形成2倍或4倍的上涨空间，了解心理防线破位的效度，提高心理预判从而实现自身的快速发展。

2. 对策板块网络

人气营商中的对策对应形成了对策板块网络，对策驱动形成的价值指数和行业板块是投资人选择投资的重要基础。

国内对策板块网络：指数板块形成的价值网络、路径规划创造的价值都是靠对策驱动的指数、行业板块来实现。指数板块规划后形成2倍快不足以及4倍快正好的规划方向，币值对策驱动的指数板块会形成8倍快的价值增值，突破路径规划的心理防线，币值平台趋势上升形成路径规划对股价指数影响快而直接，此时投资人进行路径规划，选择最稳妥的路径进行投资，达到心理预判的效果。

国际对策板块网络：对策板块不仅会对国内价值网络起到推动作用，还能够影响国际指数板块上涨，中国是币值对策路径规划后会产生2倍快不足和4倍快正好的上涨空间，从而影响投资人心理防线的突破。而美国就会进入权力契约对策推动的价值网络，一个国家要站稳脚跟，就需要国际认可，这才意味着国家进入虚拟时代，可以同其他国家一起进行学习，通过路径规划决策，实现本国的蓝海价值创造。

3. 行业板块网络

虚拟时代中证券化投资的关键就是行业板块价值网络的构成，无数行业形成了庞大的价值网络，这个价值网络是投资人进行路径规划的基础。

国内行业板块网络：行业板块网络是根据对策板块网络的路径规划来寻找恰当的行业板块进行投资。各个国家的行业价值板块会对整个国家价值网络产生或多或少的影响，有着起承转合的作用，起承延续了币值对策产生的影响，发展突出的行业与币值对策结合规划出指数板块，转合是指与人口营商中的饥饿策略结合，投资人就需要找到合适的价值网络寻找到龙头价值进行投资，才能达到预期的心理预判。

国际行业板块网络：国际行业价值网络分类是对国内行业板块网络进行完善和补充，投资人若要选择稳妥的路径进行投资，不仅要了解本国行业价值网络的分布，更要对国际上的行业价值网络进行分析，还要增加属于本国特色的行业价值网络，如中国的高铁板块，供全世界的证券价值投资人跟随，达到路径规划方向向上的效果。国际行业价值网络与国内相同，也需要根据对策板块网络的选择来寻找规划具体的行业板块。简言之，国家价值投资趋势就是国家进行路径规划价值投资风向标。

第四节　路径规划的蓝海价值创造

一、路径规划决策的研究对象

本章之所以称为路径规划的价值创造，其研究重点就在决策上。路径的选择以及运用在虚拟时代中是一个复杂的过程，研究路径规划具体表现为全球投资不同主体对于心理防线的把控，那么选择路径规划决策的研究对象就显得尤为重要。路径规划适用于任何具有蓝海价值的衍生品，但人群营商学根据人气营商研究的房价、股价、物价"三价"，着重选择股价人群环进行研究。

在路径规划的过程中，明确为什么要选择股价作为路径规划研究的重点，主要原因如下，第一，顺应虚拟时代到来，证券化的股价是最为重要的衍生品投资，股价也是人气线关注的商品之一，在人气线关注的房价、物价、股价"三价"的基础上进行研究,既有现实意义,又能帮助人们深入理解股价。第二,股价有连续的指数,具有广泛的金融基础,便于形成研究共识,对接和提升金融研究,房价、物价的特性和研究基础不便于作为人群营商研究对象。第三,股价指数板块和行业板块已经建立了有效的人群环,如 A 股以上海主板指数为主,形成了有效的指数人群环,创业板、科创板是未来中国股市具有成长性的次板,丰富了中国的股价指数,派生出多种板块,形成更多的人群环。第四,股价研究的成功理论有利于人们研究投资房价和物价,即使不能完全适用房价、物价,因为股价相对于房价、物价更为活跃,更适用人群理论。第五,人气营商学研究以倍增为主的房价、物价、股价"三价",人群营商学研究是以蓝海价值为主的股价指数和行业板块,也有利于未来人口营商学是以研究"龙头"价值为主的个股。第六,重要的一点就是投资房产是中产阶级的体现,拥有更多股权资产是精英阶层的体现,是优秀投资人的基本要求,人群选择研究股价路径规划显得格外重要。

人群决策的研究从人气对策的商业社会转换到虚拟时代,这是由人气关注的"三价"奠定的基础所确定的,如图 6-31 所示。从图的横向观察,在虚拟时代中,衍生品占据着核心地位,也成为带动时代进步的关键。在所有的衍生品中,金融衍生品由于其自身的特质成为人群营商学的主要研究对象。由众多证券资产构成的成长股票指数板块以及推动股票指数上涨的具体行业(地区)板块则成为研究人群投资的重要对象。从图的纵向观察,主要研究人气关注的国家和地区的"三价"进行路径规划。当一个国家和地区开始受到人气关注,这时就证明这个国家有实现"蓝海价值"的实力。将股价作为研究"三价"中的重点,原因在于股价投资具有良好的人群环属性,便于研究。因此,路径就是探索研究成长股票指数板块与推动股票指数上涨的具体行业(地区)板块之间的契合关系,使投资

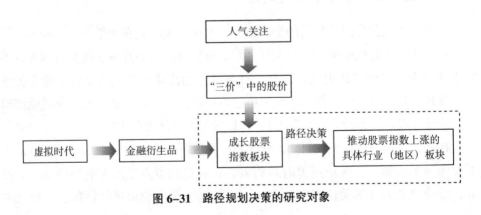

图 6-31 路径规划决策的研究对象

者据此做出最优的投资决策。

二、路径规划蓝海价值实现的类型

虚拟时代中路径规划蓝海价值的选择对象很关键，对于路径规划的成功和失败有很大的影响，不同的投资品种路径规划实现的价值也不相同，人是最为智慧的，本节研究的重点立足在房价、股价、物价"三价"的商品品种中。依据前面的分析，股价指数人群环对于人气对策，路径规划主要有三种典型的规划路径，对应到"三价"中的股价指数板块和行业（地区）板块的波动，在人群营商学理论研究中以股价为投资对象，选择其指数进行深入研究，有着深刻的理论意义和实践意义。选择股价作为研究对象是因为只有股票指数能将路径规划蓝海价值实现的对策类型完整地呈现出来，产生清晰的投资动机，如图 6-32 所示，然而房价和物价在路径规划的类型的选择上只有少部分可以实际应用，投资人和政府不会像对股价那样宽容房价和物价。图中★代表投资人对其价格变动的宽容。

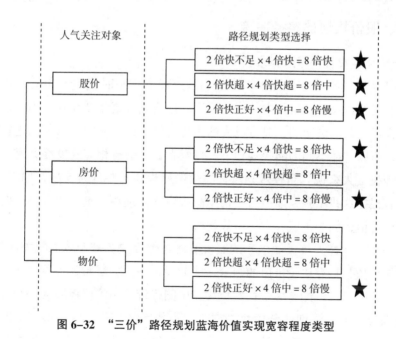

图 6-32 "三价"路径规划蓝海价值实现宽容程度类型

从路径规划蓝海价值实现的类型分析中，可以看出人群矩阵中只有三种可以称之为蓝海，它们所代表的指数板块、地区板块和行业板块将人气营商的对策充分运用起来就有可能实现"8 倍快""8 倍中""8 倍慢"的人群环。这时，人类就会运用自己的智慧进行相应决策防止房价落差过大，也不会宽容 2 倍超过、大幅下跌、4 倍超过形成"8 倍中"的情况出现；同时，物价也不会宽容出现相应的"8 倍快"和"8 倍中"，这也是本书的人群理论将股价作为主要研究对象的重要原因。因此，投资者在选择任何投资对象时就可以将这三种路径规划类型作为相应的理论依据，其中任何一种组合成果都可能成为投资者最终选择的决策，如房价就宽容路径规划"8 倍快"，因为上涨以后不会有大的跌幅，投资人接受，如上海房价上涨就是这种路径规划的典型代表，房价不会宽容"8 倍中"，是因为 2 倍超过后大幅下跌，再出现 4 倍超过，房价的大幅波动，参与投资房价的投资人太多，会引起社会动荡，所以在房价超过 2 倍时采取限制购买、限制价格等措施，但是房价在 2 倍盘整后，投资人对于 4 倍上涨还是宽容的，这就是西安等地房价上涨的路径规划。房价如此，物价也很容易理解，投资人不会宽容"8 倍快""8 倍中"的物价路径规划决策。人群营商学选择股价进行研究的道理，就会非常明确了。

三、股价板块的路径决策

（一）路径投资决策选择步骤

从路径规划的内容来说，本章分别从路径在虚拟时代中的含义、表现、作用，说明了路径在虚拟时代中的运作原理，由于路径规划变化在虚拟时代主要是由证券投资人共同决定的，具有巨大的不确定性，每一个投资人都是虚拟时代的参与者，所以，在不同的路径规划下，投资者必须选择相应的投资决策。

对于投资人来说，路径规划投资决策选择步骤一共分为 5 步，如图 6-33 所示。只有根据这些步骤，虚拟时代衍生品投资人才能更好地实现在虚拟时代的衍生品资产升值，创造价值，占得时代先机。

第一步，选择人气关注国家的股价蓝海指数板块。被全球人气关注的国家，形成比较价值，只有比较价值的国家，才能投资该国的股价，而这些国家指数板块股票不止一个，可能有多个指数板块，中国股价按照价值板块 A 股可以分为上海主板综合指数、深圳成分指数、创业板指数等几个重要的价值人群和价值路径。还有美国道琼斯指数、纳斯达克指数及标准普尔指数。因为不同的指数板块所拥有的价值增值空间和时间损失不同，投资收益也就会不同。因此，投资者应根据人群环理论，不断进行股票的指数板块路径规划投资决策。对于投资人来说，选择被人气高度关注的比较价值国家和地区（目前是中国和美国）来确定的

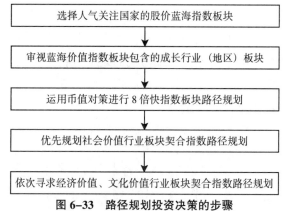

图 6-33　路径规划投资决策的步骤

指数板块股票价格的路径规划，即为最适合路径规划的股价指数板块路径。

第二步，审视蓝海价值指数板块包含的成长行业（地区）板块。选择最合适的指数板块路径规划，就是具有蓝海价值判断的路径规划，需要结合该国实际情况，结合人气营商学中人气、币值、金钱和权力四个对策来审视一国股票指数板块蓝海价值人群环，是投资人的确定性投资选择。但是在蓝海价值指数板块选择的过程中，必须契合该指数板块包含的成长行业（地区）板块，没有可契合的成长行业（地区）板块，衍生品蓝海价值指数板块投资无法落地，契合理论是本书的核心内容和章节。股票蓝海价值指数板块与成长行业（地区）板块共同作用，是路径规划决策的前提。

第三步，运用币值对策进行 8 倍快指数板块路径规划。前面的分析已经表明币值平台对策是路径规划的前提，路径规划是保持股价指数板块方向向上心理防线的把控，具有动态变动的属性，在实际价值投资中，心理防线是对于路径规划方向向上（下）可能产生蓝海价值的每一个路径重要点位的把控分析。币值平台上升投资股价是人气营商学币值对策的重要研究成果，所以进行股价指数板块路径规划方向向上的三种人群环中，8 倍快的路径规划也是明显的，系统动力决策、组合优化决策在路径规划方向不出问题的前提下，产生 8 倍中、8 倍慢的人群环，如中国 A 股 2005~2007 年行情上涨，上证指数从 998 点上涨到 1750 点附近，调整至 1500 点，直接上涨到 6000 点以上，产生"2 倍快不足"×"4 倍快"="8 倍快"的路径规划结果；第二次路径规划，上证指数从 1850 点上涨至 5178 点，从 2440 点上涨至目标点位 6124×2≈12000 点，将会产生"2 倍快超过"×"4 倍快超过"="8 倍中"（2 倍超过后调整时间延长）的路径规划结果；第三次规划，将会产生"2倍快"×"4倍中"="8倍慢"的路径规划结果。如图6-34所示，每一次路径规划心理防线必须坚守，确保指数板块路径规划方向向上，进行坚守三种典型人群环的重要点位心理防线的效度分析，以此选择具有相对价值的蓝海价值进行投资。如果路径规划重要心理防线出现突破，方向相反，直接影响系统动力和组合优化决策的实施。

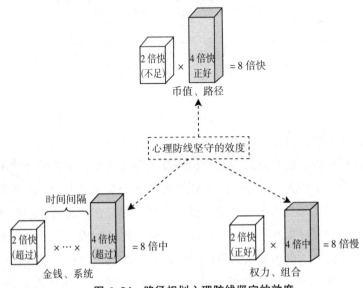

图6-34 路径规划心理防线坚守的效度

　　第四步，优先规划社会价值行业板块契合指数路径规划。对应指数蓝海价值8倍快的路径规划决策，行业和地区板块与指数板块的契合显得尤为重要，什么行业价值板块最容易被投资人熟悉，最为安全的价值板块是什么？在文化、经济、和社会价值板块中，处于社会价值的行业板块是投资人必须优先选择的路径，契合社会价值是8倍快指数规划行业核心价值板块，如同所有投资人最开始、最直接、最安全的投资品种，都愿意投资住房一样，房价是社会价值品种，规划社会价值行业来主动契合指数路径规划，这是由于社会价值板块具有推动指数2倍快增值的能力，契合指数将会产生最优的路径规划。同时，由于社会认同的作用，将社会价值行业的规划放在首位是明智之举。在第二步中已经提到，契合是本书中最为核心的部分，如果路径规划决策不能落脚在契合的行业（地区）板块上，投资人无法进行有效投资决策，在蓝海价值指数板块的规划中，必须契合的是所在指数板块中包含的成长行业（地区）板块，在文化、经济、社会三种价值板块中，社会价值板块是契合 8 倍快指数路径规划的首选。如果没有社会价值行业的规划，8 倍快指数规划路径很难迅速实现，社会价值行业板块的契合，必然产生 4 倍及以上的龙头股进行人口营商投资。同时比较明确的是，优先规划社会价值行业契合 8 倍快指数路径规划，不同于系统动力决策、组合优化决策契合的优先行业（地区）板块，在后文会详细介绍。

第五步，依次寻求经济价值、文化价值行业板块契合指数路径规划。在优先规划社会价值行业板块契合指数板块路径规划后，需要依次寻找经济价值板块和文化价值板块来契合指数板块的路径规划，此时的文化价值板块可能配合社会价值实现 2 倍快指数板块增值，因为文化价值板块股本结构原因，对于指数的推动力有限，经济价值板块很难实现上涨，只要经济价值板块与社会价值、文化价值一起上涨，就会出现指数板块 2 倍快超过。在指数板块实现 4 倍快增值时，优先规划经济价值板块，其龙头股可能实现百倍（8 倍）快的价值增值，后续社会价值板块、文化价值板块也会紧跟其后实现快速增值，龙头股实现 8 倍增值，这也是路径规划的重要目标。虽然投资人不可能迅速投资三种行业价值板块的龙头，实现路径规划目标的行业板块方式选择各有不同，需要投资人决策明确的相对价值社会、经济、文化行业板块及其龙头。同时运用契合理论、人群跟随理论和人口投资理论，实现股价指数蓝海价值路径规划投资目标，契合指数路径规划的行业（地区）板块及其龙头股，这就是最优的路径规划决策。

（二）路径规划股价板块的投资决策

虚拟时代中路径规划所投资股价指数板块的决策受心理防线的影响。心理防线坚守的效度，直接影响投资人对于虚拟时代衍生品股价指数的相对价值判断。在本书中，路径规划的投资对象不再是《人气营商学》的房价、物价和股价"三价"之间比较价值的投资品种的人气关注转移，而是在股价基础上指数板块、行业板块、地区板块契合。无论投资一个国家，还是投资在证券市场的某一板块都要依据不同情况调整指数板块的心理防线，使股价相对价值创造时间损失最短，形成 8 倍快的人群环，最终契合在证券市场的某一具体行业（地区）板块的股价上，形成最终的路径规划决策。据此，路径规划决策总结出三个要点，如图 6-35所示。

具体要点分析如下：

要点一：由于币值平台趋势向上，路径决策基于币值对策，形成与人群理论一致的 8 倍快股价蓝海价值人群环。

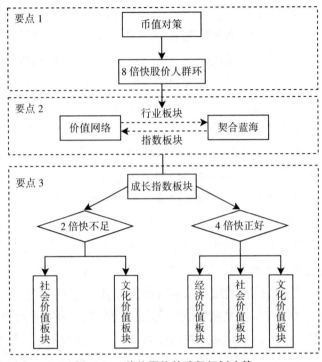

图 6-35　价值网络的路径规划决策

当币值平台上升加快时，股价才能上涨，这是币值平台对策研究的内容，在股价的反应中，路径规划所产生的心理防线，基于币值对策，创造 2 倍快不足 × 4 倍快正好 = 8 倍快蓝海价值人群环，因为路径就是要寻找到最简洁、最快的规划，形成与人群理论一致的 8 倍快蓝海价值指数人群环是为更好地引领人群跟随。虚拟时代的路径规划是基于证券化的大背景之下，因而该国的股价指数板块路径规划不仅关系到该国证券市场的发展状况，还会深刻影响虚拟时代该国的相对价值创造。

由于心理防线的坚守，路径规划对股价指数影响快而直接。由《人气营商学》中的币值对策可知，币值平台产生的股价指数板块心理防线坚守的效度对于股价的影响作用最为凸显。币值快速上升，会在短时间内吸引大量资金流入股市，此时，人们规划适当的指数板块，同时通过心理预判，产生蓝海价值指数板块上涨，连续实现"2 倍快不足" × "4 倍快" = "8 倍快"的规划，这时由于 8 倍快要求时间短，同时 2 倍与 4 倍时间间隔较短，所以此时只能规划出两个板块，即社会价值行业（地区）板块和文化价值行业（地区）板块，经济价值板块不能上涨。

要点二：路径决策的价值网络确定契合蓝海的行业板块，契合蓝海反向确定指数板块的价值网络，因成长指数板块的变动而异。

首先，在路径规划过程中，运用价值网络来契合 8 倍快指数人群环路径规划的三个价值板块。这其中的价值网络错综复杂，大小各异，这时就要主动选择相应板块进行规划。在第三节中已解释过，不论是大网络、中网络还是小网络，投资人都应准确寻找到契合路径规划的三个价值板块。人们最终会选择具有较大增值空间且时间损失最小的衍生品进行投资，最后保留最有价值空间和时间最短的衍生品进行路径规划，并最终进行价值投资。所以这就需要借助价值网络，以便投资人能够从中选择适合自己的路径规划，最终提升自己路径规划的成功率，实现自身的蓝海价值创造。

其次，社会价值创造是实现该 8 倍快路径规划人群环的前提，是因为社会认同发挥作用，人们往往都去寻找能最快实现价值的路径，所以社会价值板块就成为最被人们接受的价值板块，也因成长指数板块而异。8 倍快指数人群环的形成正是因为时间短，人们可以用最快速度实现自我价值，投资人可以最快找到契合的指数路径进行规划，此时恰好社会价值板块就是可以最快实现价值的板块，文化价值板块紧随其后，投资人从不同的指数板块中确定出契合蓝海相应的行业板块。

最后，契合蓝海的指数板块并非是固有不变的。当契合的主板失去原有效力，失去成长性的时候，这时就需要重新寻找新的次板发挥路径决策的作用，需要注意的是，在这些现有的成长指数板块中，要确定好哪些是真正的成长指数板块，投资人才能打好坚实的基础，进行蓝海价值创造。

要点三：实现成长指数蓝海价值板块路径规划的投资决策。在 2 倍快不足蓝海价值实现时，首先路径规划社会价值行业（地区）板块，其次是文化价值行业（地区）板块，经济价值行业（地区）板块停滞；4 倍快正好蓝海价值实现时，首先规划经济价值行业（地区）板块，依次规划社会价值板块和文化价值行业（地区）板块，实现最优的路径规划。

在虚拟时代中，契合蓝海价值人群环的成长指数板块包含的行业（地区）板块，推动股价指数板块上涨，这时就需要实现对具体行业（地区）板块优先顺序进行投资决策。由于是 2 倍快不足，经济价值行业（地区）板块种类繁多，对于大盘的推动效果明显，为实现指数的 2 倍不足，经济价值板块暂时停滞，所以此时对社会价值行业（地区）板块和文化价值行业（地区）板块的规划应该优先。同时又由于社会认同发挥作用，不同的人应当寻找各自适合的路径规划，板块也应是如此，也就是说，社会价值行业（地区）板块可以推动指数板块产生 2 倍快增值，所以将社会价值行业（地区）板块规划放在首位就是最优的路径规划决策，文化价值板块的指数推动效果有限，所以同时规划文化价值板块。

在 4 倍快正好时，优先规划经济价值行业（地区）板块上涨，依次率领文化价值行业（地区）板块和社会价值行业（地区）板块上涨，是达到 8 倍快指数板块上涨的最优决策。正因为这些价值行业（地区）板块上涨坚守蓝海价值的心理防线才能使得投资人做出正确投资决策，激发市场活力。在证券市场中原有板块失去蓝海价值时，就需要新的行业板块来带动新的指数板块上涨，这也是指数板块路径和行业（地区）板块路径二者之间不断契合的结果，投资人必须做出相应的投资决策。正因为时间和空间的限制，才会出现起点低的现象，这样才拥有足够的力量实现龙头，为之后的势头向上夯实基础，这就是路径规划决策起承（人气）转合（人口）最重要的作用，详细内容将在人口营商学的饥饿地位策略中进行介绍。

本章练习

一、简答题

1. 简述路径在三个不同时代中的含义、表现和作用。

2. 简述路径规划原理。

3. 如何理解路径规划的三个确定？

4. 如何理解价值网络？

5. 如何运用路径规划进行相对价值投资决策？

二、材料分析题

材料一

2005 年 4 月 29 日，中国证监会正式启动上市公司股权分置改革，随后国务院相关部委陆续出台许多稳定市场和推进改革的措施，6 月 8 日，股票市场创下了自 2002 年以来的最大单日涨幅和最大单日成交纪录，沪深两市共有 120 只股票涨停，两市共成交 317 亿元，股市开始回暖。

2005 年 7 月 21 日 19：00，中国人民银行宣布美元/人民币官方汇率由 8.27 调整为 8.11，人民币升幅约为 2.1%。此次汇率改革（中国建立健全以市场供求为基础的，参考一篮子货币进行调节，单一的、有管理的浮动汇率制）之后，出于对人民币升值的预期，一些国外的投资涌向中国。世界对人民币的需求大增，加大了人民币升值压力，而且放宽了对 QFII 的准入条件，外钱大量流入，使大量资金涌向股市以及房地产行业。同时，对于国内而言，投资价值的提升，导致钱从银行涌入股市。

2006 年 5 月 17 日，证监会出台《首次公开发行股票并上市管理办法》，企业和金融机构不仅会再创 IPO 发行规模的历史纪录，而且也会通过资本市场，策略性地运用股息政策、和参与公益性投资项目的融资活动等，从而向市场发出自己是一家好企业的信号，进一步打开资本市场低成本融资的便利通道，同时上市公司的股改也逐渐完成，股市进一步上涨。

上证指数于 2005 年 6 月 3 日 998.23 点见底后，2005 年 12 月起，上证指数从 1079.20 点上涨至 2007 年 5 月 29 日的 4334.92 点，涨幅高达 400%。2007 年 5 月 30 日凌晨，财政部突然公布将股票交易印花税从 1‰上调至 3‰，引发了股市的大幅下跌。深沪股市仅仅 4 个交易日，就有几万亿元市值蒸发，很多股票更是连续四日直奔跌停板。但其后由于基金的推动作用，股市并没有继续下跌，而是反弹开始向更高的方向进发，于 2007 年 10 月 16 日上升至 6124.04 点，具体走势如图 6-36 所示。

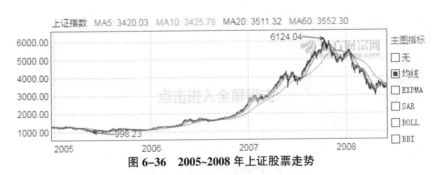

图 6-36　2005~2008 年上证股票走势

中信证券第一波行情从 2005 年 3 月的 4.17 元一路上行至 2006 年 5 月 17 日的 18.35 元，上涨幅度达 4.4 倍；之后该股整理半年，于 2006 年 11 月 22 日冲出 18.35 元再次启动，一路狂奔至 2007 年 11 月的 117.89 元附近，上涨幅度高达 6.42 倍，具体走势如图 6-37 所示。

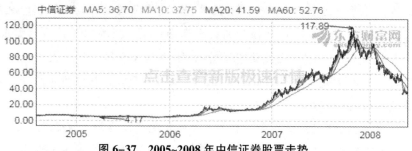

图 6-37　2005~2008 年中信证券股票走势

材料二

经历股改前期几年的漫长下跌后，2005 年 6 月 6 日，上证指数跌破 1000 点，最低为 998.23 点，而当时市场很多人预计将跌向 800 点，当天最低点 998 点是这个吉祥点位，然后启动一轮大牛市，直到 2007 年 10 月 16 日 6124 点见顶。

经历 2007 年次贷危机洗礼，在连续降息降印花税以及 4 万亿影响，估值也杀到历史底部，最终于 2008 年 10 月 28 日上证指数在 1664 点见底。但由于是靠强刺激带来的，所以这轮上证牛市只维持了 9 个月零 6 天，于 2009 年 8 月 4 日在 3478 点见顶。理论上这轮上证是 2013 年 6 月 25 日在 1849 点见底的，但由于当时钱荒以及大蓝筹股普遍业绩不好，导致上证指数一直低位盘整，具体走势如图 6-38 所示。

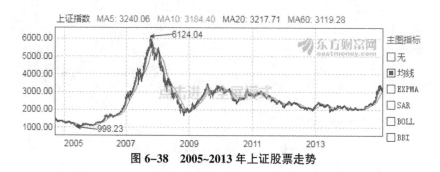

图 6-38　2005~2013 年上证股票走势

1. 结合路径决策理论分析说明币值平台对策形成 2005~2007 年股价上涨：

（1）首先规划主板指数的原因；

（2）证券板块成为优先规划的社会价值板块的原因。

2. 分析在保持规划方向向上的过程中，为什么 1850 点是规划过程中形成的心理防线而不是底线？

3. 如何理解心理防线 1850 点坚守的效度对于投资人心理预判的影响？

第七章　系统决策

第一节　如何理解系统

一、系统的理解

(一) 系统含义

系统的来源可追溯于古代希腊文 (Systɛmɑ)，其意为"部分组成的整体"。本书将系统理解为相互联系、相互作用的诸要素的综合体，实质为将零散的东西进行有序的整理、编排形成的具有整体性的整体。其核心思想是系统的整体观念，任何系统都是一个有机的整体，它不是各个部分的机械组合或简单相加，系统所具有的整体功能是各要素在孤立状态下所没有的性质。亚里士多德曾说过"整体大于部分之和"就可以很好地说明系统的整体性，如果系统内部的要素性能好，则整体性能一定好，以局部说明整体的机械论的观点进行反驳。系统中各要素不是孤立地存在着，每个要素在系统中都处于一定的位置上，有着特定的作用。要素之间相互关联，构成一个不可分割的整体。要素是整体中的要素，如果将要素从系统整体中割离出来，它将失去要素的作用。就像人手在人体中是劳动的器官一样，一旦将手从人体中砍下来，那时它将不再是劳动的器官了。

系统是普遍存在的，从基本粒子到河外星系，从人类时代到人的思维，从无机界到有机界，从自然科学到社会科学，系统无所不在。系统有宏观、微观之分，宏观层面的系统如一个国家或区域的社会系统、经济系统、生态系统，涉及企业建设、人口、就业、交通、住房等，微观层面的系统如进行生产、销售品牌企业经营管理系统等。

（二）系统演化

虽然系统自古以来就客观存在，但在不同时代，对于系统的理解各不相同。在以生存为主的粮食生产的自然时代，系统理解为结构，指品种的自然构成。品种具体包含高粱、稻子、花生、玉米、小麦等农产品。人类的生存和子孙后代的延续发展是当时面临的主要问题。拥有完整的粮食品种，生产足量的粮食作物，满足其最基本的生理需要的系统结构，是当务之急。人类在遵循规律的自然时代进行劳作可以保证粮食品种的结构合理。自然系统指在一定自然生态系统之内，人们通过种植活动建立的、具有一定的结构和功能的、以获取粮食作物为目的特殊生态系统。它是人类对自然生态系统自然化的结果，自然系统是自然存在的方式（任继周，2012）。自然系统具有规律性和普遍性，只要周围环境具备相应的条件，合乎规律的现象就必然重复出现，因此人们通过对这些符合规律的系统进行记载后，并对其运用，从而使人类的各项活动持续不断。

物质时代的系统理解为风险，是由品牌组合产生的风险。以机器制造为轴心的物质时代，是由多种零部件组成的品牌组合而成的，只要其中某一零部件出现问题，就会增加整体品牌系统产生风险的概率。因此，为减少系统风险发生，需要在生产环节进行严格把控，修改和填补每一环节中可能出现的风险及漏洞，这时系统被理解为系统风险。系统中存在的风险，指一个事件在一连串的机构和市场构成的系统中引起一系列连续损失的可能性。在系统中，极小的部分功能就会影响整体性能，具有牵一发而动全身的特性，一旦组成产品的某一子系统出现问题，就会造成系统不稳定甚至整个系统崩溃的局面。系统风险极可能存在于品牌产品之中，需要人们不断地去发现和识别。若稍有疏忽，就会给系统带来整体崩塌的可能性。物质时代系统风险是必须防范的，正是因为其有无法规避的特质，要对系统风险进行不断改进，使得品牌的寿命周期延长。但也有很多人把投资理解为系统风险，投资出现系统风险，往往是虚拟超过物质成分过高，经济总量不足导致的，金融的系统风险比物质的系统风险可怕得多。

虚拟时代的系统应该理解为动力，即衍生品导向形成的系统动力，使股价上涨。并且系统对虚拟时代创造金融衍生品蓝海价值有着重要意义，是人群营商决策的重要组成部分。对于虚拟时代系统的理解，是基于人气关注的"股价"形成的代表股价的各指数板块、行业（地区）板块，证券主板市场可以看作一个总系统，组成证券主板市场的各个行业（地区）板块就可以看作子系统。子系统行业（地区）板块具有的动力导向总系统证券主板市场上涨，总系统证券主板市场上涨带动子系统行业（地区）板块上涨，使其具有更强劲的动力。在寻求创造蓝海价值的虚拟时代，主要是实现金融衍生品的蓝海价值，只有具有蓝海价值导向的指数板块、行业板块和地区板块才可被选中并进行投资。强导向力的指数板块、行业（地区）板块是那些能够直接推动股价长期持续增长、促进创造蓝海价值的根本性的决定力量。

综上，三个时代的系统概念如图 7-1 所示。

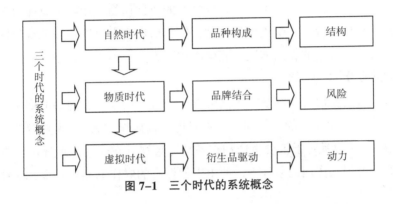

图 7-1　三个时代的系统概念

二、系统表现

不同的时代，系统的表现有所区别。自然时代系统表现为自然生产的粮食总产量，物质时代系统表现为物质经济的国内生产总值（GDP），而在虚拟时代，系统特定的表现是证券总市值。

（一）自然时代系统表现：粮食总产量

自然时代的系统表现为粮食总产量，指全社会各类粮食作物的生产量。粮食作为人生存的第一需要，自古人们就认识到它的重要性，国家把农业看作是治国安邦的头等大事，君主常行"籍田"之礼，村社乡民日出而作，日落而息，安土重迁，以耕垦为安身立命的依托。在以农业为主要产业和生产力水平较低的古代社会，粮食问题关乎国家、社会稳定，关系王朝兴旺昌盛。因此重农思想和粮食安全观念始终是古代思想文化的重要内容，在许多史籍资料皆有反映，并被许多思想家、政治家所阐释，也逐渐形成具有中国传统文化特色的古代粮食安全思想。在这个思想体系中，重农思想是保障粮食稳定、充足供应的基础，储粮备荒是应对粮食危机的主要方式，赈济灾荒是保证粮食安全的最后屏障，粮食流通在调剂地区粮食余缺中发挥了积极作用，以粮食为基础的国家政策是重农思想在实践中的体现。中国古代粮食安全从先秦时期开始萌芽，至秦汉时期得以全面发展，隋唐时期趋于完善，宋元明清时期最终定型并增加了新的内容。

我国古代粮食作物有五谷、六谷和百谷。按照我们平常的说法，五谷一般指的都是稷、黍、麦、菽、麻。六谷一般说的就是稻、稷、黍、菽、麦、麻。中国在10000年前就有农耕文明，凡是可以吃的植物都进行种植。综观古代农作物的种植种类，总的来看是从多到少然后又到多的趋势。先是上古时代的只要能吃而无毒植物就种植，到有选择地种植宜种多产的数种作物，然后对原种植作物不断进行选种和品种培育，并引入外来作物，使栽培作物得以进一步丰富和发展。从地域分布看，魏晋南北朝以前以"北粟南稻"为主，隋唐以后麦类得到推广，逐步形成"北麦南稻"的格局。

粮食是人类赖以生存的基本生活资料，是时代赖以发展的基本物质基础，也是影响历代政治和经济的重要因素。古时把粮食比作"天"，认为粮食乃"民之司命"，可见统治者对于粮食生产和储备高度重视。在通过地理环境、自然气候以及政府政策相互作用的条件下，使得人们拥有的农作物品种齐全，使社会结构达到稳定的状态。

由于中国古代统治阶级关于粮食对国计民生的重要性有着高度认识，制定并推行一系列粮食政策，使粮食总产量达到一种稳定性。"农为政本，食乃民天"的国策，说明中国古代王朝统治者对于粮食生产的重要性具有高度认识，各国都能采取多项政策来切实保障粮食生产，通过政府对土地资源的控制调节，以保障广大农民的小块土地占有，使农民这一主要自然劳动力能够与土地资源直接结合，对改善民生和维护国家统治都发挥了重要作用（周跃中，2010）。

同时，以鼓励粮食进口、限制粮食出口的政策为辅。如唐朝规定："若蕃人须籴粮食者，监司斟酌须数，与州司相知，听百姓将物就互市所交易。"意味少数民族政权若通过互市从唐朝籴入粮食，须先由当地互市监官员斟酌所需数量，并报告地方长官，才允许百姓携带粮食到互市地点进行交易。明清两朝，在对外贸易中，依旧延续了鼓励粮食进口、严禁出口的政策。有研究者指出，清朝咸丰时期，鼓励粮食进口、严禁出口的基本国策仍十分明显。为奖励粮食进口，清政府采取了如下优惠措施：进口大米，一律免税；对外商运来的大米，实行包运包销；鼓励民间出国贩运大米。为限制粮食出口，清政府做了如下规定：在重要口岸增兵严查，防止粮食出境；规定出海商船须到官府登记，限制其随船携带口粮数；即使国内交易，须经海道买粮的，也要向官府领取护照；对私自运粮出境者，制定了严格的惩罚条例，地方官失察亦相应治罪。总体而言，国家控制粮食出口，对于保证国家粮食储蓄、维护社会稳定及政权巩固，皆有重要的意义，对于抑制敌对势力、巩固边防亦发挥了一定的积极作用。在这种时代形态下，人们通过稳定的粮食产量来保障个人及家庭最基本的生产、生活，自然时代系统表现如图 7-2 所示。

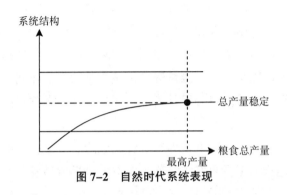

图 7-2　自然时代系统表现

（二）物质时代系统表现：国内生产总值

物质时代的系统表现为国内生产总值（GDP），指为一个国家（或地区）所有常住单位在一定时期内生产的全部最终品牌和服务价值的总和。物质时代以现代机械化生产模式为主要生产特征，引起整个经济领域的变革，进而形成以经济机械与大型企业生产为中心的现代物质经济。同时，物质经济的建立，进一步引发时代各方面的变革，形成一种区别于自然时代（以生产粮食为主）的物质时代（以促进经济为主）。国内生产总值（GDP）作为国民经济核算的核心指标，在反映经济发展、服务宏观决策等方面具有非常重要的作用。正如著名经济学家萨缪尔森指出的："宏观经济学所有概念中，最重要的指标是国内生产总值。国民收入账户提供的各种数据犹如灯塔，引导决策人将经济航船驶向其目的港。没有GDP 这类国民经济总体指标，决策人就只能在纷繁无序的数据海洋中茫然漂泊。"可以说，一个国家 GDP 变化的历史，在一定程度上代表了这个国家经济发展的历史。国内生产总值是衡量一个国家的经济发展及人民生活水平的最重要和最广泛的指标。在进行国内生产总值国际比较时，一般的惯例是将一个国家的人均国内生产总值转换为以另一个国家的通货表示——通常是美元。

系统风险影响国内生产总值。在进入物质时代后，科技和生产力的突飞猛进为时代积累了大量的物质财富，但由于时代市场化程度不够高，监管不严，内部控制力度不大等，也产生了系统风险。在一个组合系统中，一旦其中一个组成部分发生问题，就会造成牵一发而动全身的严重后果，引发"蝴蝶效应"。系统风险源于物质时代，但人们往往理解为金融风险，如 1997 年 7 月 2 日泰铢大幅贬值，标志着引发亚洲金融危机的蝴蝶翅膀的第一次煽动，这一现象很快在东南亚、东北亚国家引发连锁反应。金融危机的影响范围从缅甸到菲律宾，从马来西亚到印度尼西亚，从新加坡到中国香港，从韩国到日本。随后冲击波使俄罗斯成为金融危机的新震区，由此深化、蔓延，范围波及白俄罗斯、乌克兰、波兰、哥伦比亚、巴西、墨西哥、委内瑞拉、智利。实际上这是人们理解上的偏差，金融投资的系统是有风险因素，但金融投资系统核心是动力。如同人们理解金钱杠杆一样，在商业社会，金钱的核心不是货币，而是杠杆。人群营商系统的核心不是风险，而是动力。

一国经济的平稳增长对降低世界经济波动风险有举足轻重的作用，持续稳中向好的经济有力地推动了世界经济复苏，促进了世界贸易发展，为世界带来前所未有的发展机遇。较高的国内生产总值（GDP），国家经济回旋的余地较大，发生系统风险的可能性较小，系统风险一般都会发生在国内生产总值（GDP）总量较小的国家和地区，物质时代系统表现如图 7-3 所示。

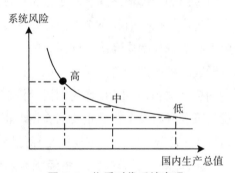

图 7-3　物质时代系统表现

（三）虚拟时代系统表现：证券总市值

虚拟时代系统的表现为证券总市值。总市值是一种供需的表现，指一个时间单位内对某项交易成交的数量。当供不应求时，人潮汹涌，买进量增大，总市值自然放大；反之，供过于求，市场冷清无人，买气稀少，总市值势必萎缩。广义的总市值包括成交股数、成交金额、换手率。狭义的也是最常用的仅指成交股数，本书所指的证券总市值一般为大盘总市值，具体为证券市场的成交金额。总市值是依附于证券主板市场的，主板市场指传统意义上的证券市场，是一个国家或地区证券发行、上市及交易的主要场所，是证券市场的稳定器。而证券主板市场是一个波动的市场，其总市值金额不断波动，具有不确定性。

系统动力影响着证券总市值。证券总市值之所以具有不确定性的特点，原因是所估计的价值可以通过注入系统动力而不断改变，具有不确定性，价值可能位于倍增之上，也可能位于倍减之下，甚至处于更高位或更低位。如果系统动力不足则会使资产未来价值仅在一定范围内小幅波动，达到一种平衡的状态。对于追求价值倍增甚至成倍增的虚拟时代，系统动力的不足会使资产的未来总市值达不到预先的期望。股票作为虚拟时代众多种类的资产之一，股票价格会受到诸如公司经营状况、供求关系、银行利率、大众心理等多种因素的影响，导致其价格波动有很大的不确定性。这时系统动力不足会导致股票价格出现两种情况：放量不涨和无量下跌。放量不涨指买的资金量和卖的资金量同时增加，导致股价浮动很小；无量下跌指一只股票在下跌，但总市值很小（一般换手率小于1%就称无量）。可见，这两种情况都是指股票价格或流量相对处于平衡的状态，并未大量增加或减少。

可见，系统动力对于虚拟时代证券总市值产生了极大的作用。但需要注意的是，只有具有蓝海价值的板块，才会具有强的导向力，由此带动主板的证券总市值不断上涨。促使证券总市值产生变动的板块相对较多，通过这些子系统而组成总系统，进而产生动力，可以使得资产的总价值最大化，直至达到使投资者满意的资产价值，虚拟时代系统表现如图7-4所示。

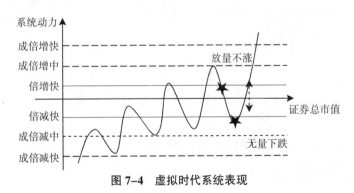

图7-4 虚拟时代系统表现

三、系统作用

三个时代中，系统作用是不同的。自然时代系统的存在是为使系统结构完整，营养均衡；物质时代系统存在是为使系统平稳，利益最大化；虚拟时代的系统存在是为更好地推动时代变迁，蓝海价值最大化。

（一）自然时代系统作用：结构完整，营养均衡

在自然时代中"器具"是核心，农作物种植和生长离不开生产器具，而农作物的产量与不同品种决定着当季人们的生存，因此，生产器具的完备能够帮助农产品品种供应。随着生产器具的出现以及生产技术的更新，土地成为人类社会最基本的生产基础和自然资源，一切围绕着土地，人类社会中的政治与经济关系应运而生，由单一的自然属性逐渐转变为自然属性与社会属性并存的状态。土地作为在自然中一种最基础的生产资料，在整个时代资源分配中处于核心地位。但仅有土地是不够的，衣食住行是保证人类存在的最基本的生活需要，并且要使得其营养均衡，只有在此基础上，人们才能够从事其他一切活动。

自然时代系统的表现是食物结构完整，指的是合理搭配食物，营养均衡。配制合理的饮食是要选择多样化的食物，使所含营养素种类齐全，比例适当，以满足人体需要。在生产力水平极其低下的自然时代，土地等自然资源分配的不均，导致各个农户拥有的土地面积较少，仅能种植单一品种的粮食。这时，农户之间会将自己种植的粮食进行物物交换，便可以使自己拥有多样化的食物，进而满足自身营养均衡。可见，自然时代营养不均的起因是各个农户在面积较少的土地上种植单一的粮食作物，只要拥有足够的土地面积，便可以种植种类多样的作物。只有系统内各要素存在，遵循粮食系统的生产规律，就能保证在拥有更多土地的基础上，获得更好的生存条件及保障生存所需，使人们处于一个相对安稳无忧的自然时代。自然时代系统作用如图 7-5 所示。

图 7-5 自然时代系统作用

（二）物质时代系统作用：风险下降，总量增大

在物质时代，人们大多已经脱离手工生产进入机器生产。通过购买大量的机器、设备，新建厂房和招聘、培训工人，促使产品和服务的品牌大量生产，实质是用机器代替人的双手，用煤、油、气、电等物质能源代替人的体力、畜力等原始动力。在物质时代，机器代替人的体力，生产力得以极大提高，通过围绕生产和机器这个轴心，以制造大量的产品品牌以及提供组织服务。

人们在完成品种供应的自然时代，必然进入品牌需求为主的物质时代，这是历史车轮不断前行的必然结果。并且，物质时代中人们对于科技的探索和实验从未停止，科技的革新，生产优质的品牌，同时创造了极大的经济效益。这种情形下，物质时代系统的作用以使用品牌为主，而利益最大的品牌可以使顾客得到满足。系统在物质时代的含义指品牌风险。应及时发现品牌系统风险，只有大力发展经济，增加总量，使其有回旋余地，继而实现系统平稳，利益最大。

近百年来，尤其是物质革命以来，西方国家率先异军突起，其经济时代发展水平和军事实力明显超越其他经济体。通过自身在科技方面的探索，不断地革新科技，经济总量越来越大，利益最大的产品品牌以满足人们的需求，同时创造了极大的经济效益，物质时代系统作用如图 7-6 所示。

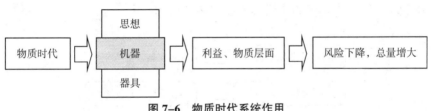

图 7-6　物质时代系统作用

（三）虚拟时代系统作用：动力积累，推动蓝海

物质时代，利益高度发达，人类必然进入到精神层面满足的高品质时代。通过保障人们在自然时代对物品品种投入的需要，满足人们在物质时代对产品品牌利益的需求，创造人们在虚拟时代对于商品衍生品价值的追求，成为人们在虚拟时代投资的首选。人们通过对投资的热爱和善于运用虚拟时代蓝海价值的创造，从而获得高品质生活。由此可见，投资的蓝海价值创造在虚拟时代的重要地位。

这时，系统的作用是汇成蓝海动力推动时代变迁，是事物从存在开始到进步的过程，使事物不断通过替代、迭代、时代而发生变化。蓝海在人群决策一章中首次提出，其原意指未知的市场空间。本书中虚拟价值蓝海增长属于人群矩阵中成倍增快、成倍增中和倍增快三个部分的金融衍生品相对价值创造。蓝海表现出成长的投资空间。在虚拟时代的投资中，投资者不仅追求比较价值最大化，还追求相对价值最大化。相对价值最大化在人群价值矩阵中表述为蓝海。经过自然时代的存在、物质时代的使用，直至虚拟时代的变迁，可以得出系统的作用由小到大、由低级向高级的一个转变过程。并且，基于物质时代的系统风险，虚拟时代系统作用进行了扩展和衍生，即风险管理功能和系统调节功能，从而进一步提高资源配置的效率，微观层面在于改善金融生态主体对未来不确定性风险的克服，宏观层面则随着金融生态系统的不断演化发展而进一步实现公平和效率的统一。可见，金融生态系统的功能是不断演进发展的，与金融发展密切相关。虚拟时代系统作用如图 7-7 所示。

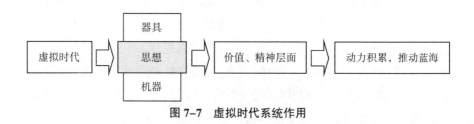

图 7-7　虚拟时代系统作用

综上，三种时代系统的作用具体如图 7-8 所示。

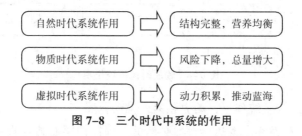

图 7-8　三个时代中系统的作用

四、系统形成

三个时代中，系统的形成是不同的。自然时代，系统主要由完整的自然资源构成，在科技和生产大力发展的物质时代，系统的形成依赖于系统利益的最大化，使用者利益的完全满足，虚拟时代的系统形成以完美的系统思想作为主导力量。

自然时代主要以生存为最终目的，整体系统由完整的品种构成。品种是自然界赋予或前人留下的，可直接或间接用于满足人类需要的所有有形之物与无形之物。本书品种主要指农牧业的生产资料。通过利用生产器具提高粮食的总产量，进而满足自然时代人们生存的需要。

首先，自然时代的粮食品种具有明显的区域性。对于中国这样一个幅员辽阔的国家而言，粮食问题在不同地区表现出极大的差异。这与不同地区之间的自然资源禀赋和气候有着密切的关系，在同一时间里，有的地区粮食高产、稳产，人均粮食占有量较高，年度间变化不大；而另一些地区粮食产量低而不稳，人均粮食占有量较低，或年度间变化很大。另外，不同地区的气候变化往往是不一致的，一些地方减产的时候而另一些地方却可能增产，保障地区粮食安全是古代社会粮食安全问题的关键所在。因此，适当的分配和粮食流通在古代社会的地位不容忽视，尤其对于那些生产波动较大的地区具有至关重要的意义，可以减少保障粮食安全的政策成本。通过粮食流通和调剂，不同地区之间的丰歉就可能互相平衡，降低当地粮食实际供应总量和价格的波动水平。其次，自然时代粮食品种还表现在粮食生产的波动和粮食产量的不稳定。气候条件、自然灾害都影响着古代粮食在时间分布上的不均衡，粮食的总量供应充足不等于在任何时间上能满足人们的需要。

但在自然时代，足够的粮食产量在安定人心、抵御灾荒、平抑粮价、调节丰歉、恢复生产和繁荣经济等方面起着举足轻重的作用，是封建财政后备的重要内容和封建国家赖以存在的物质基础，简而言之，是保证古代粮食安全的关键环节。因此增加生产和库存，以平抑粮食供应的波动和稳定地满足消费需求就成为古代粮食安全的主要目标。通过器具生产的自然品种，能够为人类提供生存、发展和享受的物质与空间。时代的发展和科学技术的进步，需要开发和利用越来越多的品种资源。其中，最为重要的自然资源就是土地，人依附于土地生存，但土地有限，人们需要使系统处于相对稳定的动态平衡状态，以此保证自然时代人们的存在。自然时代系统形成如图 7-9 所示。

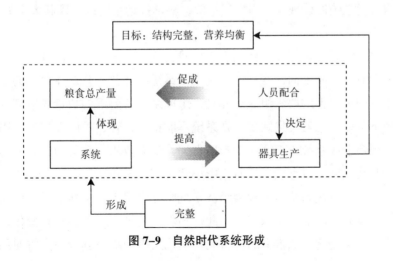

图 7-9 自然时代系统形成

物质时代中，系统的形成依赖于使用者利益的完全满足，利益越来越完全，品牌越来越大，系统就会越来越平稳。自然时代的手工生产逐渐难以满足使用者利益需求的日益增长，人类从史前时期到工业革命之前的漫长历史中，只获得了极为有限的收入增长。可以想象，如果人类现在还停留在利用自身力量进行生产的阶段，人均产量就不可能获得如此巨大的提高。麦迪逊（Maddison，1982）的研究表明，20世纪80年代早期的美国，人均产量就已经是100年的10倍了。相信没有人会不认为这得益于物质时代带来的机器化大生产。

物质时代，以大机器的使用和无生命能源的消耗为核心的专业化社会大生产占据时代经济的主导地位。由于机器在工厂生产中的使用，工人的工资降低甚至失去工作，生活艰难。同时，机器的投入使用所生产的产品数量和创造的巨额利润是手工业生产望尘莫及的。正是依赖机器带来的社会生产力的飞速提高，资本主义经济日新月异，资产阶级也在巨额利润的刺激下追求更大的财富。只要是有利可图的地方，机器就会被应用。

完全的机器系统体系就是一系列各不相同而又互为补充的工具的协作，这是以分工为基础的协作的再现。工业革命带来的机器化大生产，使人类摆脱了物质产出终将停止增长的命运。人们利用这些消耗能源并能够输出强大能量的机器代替了弱小的人类劳作，获得了生产力的巨大提高。这时候，即使生产率面临上限，只要机器的功率能够持续提高，经济就能够持续增长。科技的高度发达，生产效率全面提高，生产大量的品牌和服务以供人们日常需求。完全满足使用者利益，不仅要求生产足量的品牌，更要求生产优质的品牌，更好地与使用者达到契合。物质时代系统便体现为国内生产总值，科学推动系统的规模壮大，如图7-10所示。

虚拟时代的系统由完美的系列思想形成，这些思想符合人们理想，进而催生动力，推动时代不断地向前变迁。任何一个系统内部并非只存在单一的要素，而是由两个或两个以上的要素组成。并且，组成系统的要素的数量要恰到好处，不可缺一也不可多一，若要素缺少，则系统不能正常运转，难以发挥其作用；若要素过剩，则会造成系统内部冗余，难以发挥其最大效用。完美的系列配套最终目标是推动时代发展得以存续，使时代由小到大、由简到繁、由低级到高级。

完美的虚拟时代系统是从社会经济系统中分离出来，不断根据社会经济系统的需要调整发展自己的动态系统。因此，随着社会经济发展的不断变化，系统的功能结构也发生变化。从古老的钱币兑换演化发展到货币创造、支付便利和价值

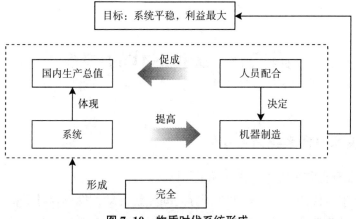

图 7-10 物质时代系统形成

发现,货币的功能便利促进蓝海价值运动,从而降低交易成本及风险规避。本质上讲,系统的功能推动证券总市值的上涨。系统作为资金的媒介者,为资金供给者和需求者提供便利的融资途径。扩大资金供求双方接触的机会,便利了金融交易,降低了融资成本,提高了资金使用效益。

在系统中,资金供给者可以选择适合自己的投资工具,而资金需求者也可以选择最适合自己的筹资方式,并且选择适用的金钱对策、币值对策以及权力对策以谋求最佳经济效益,将资金投向最有利的投资板块,使证券市场资金的配置得到优化。金融市场为各种投资者提供了便利,增强了市场对投资的吸引力。各种金融工具的交易形成了各种金融工具的价格,通过各种金融资产价格的变化,运用三种投资对策引导了资金的流向,使资金重新组合、重新配置,从而提高了证券大盘指数与证券行业板块的上涨。如图 7-11 所示。

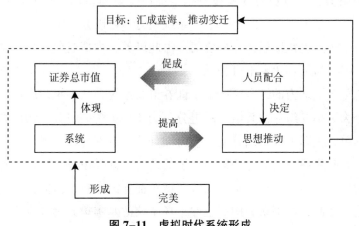

图 7-11 虚拟时代系统形成

第二节　虚拟时代的系统

一、虚拟时代系统角色变化

(一) 证券化和系统动力密切相关

随着虚拟时代的到来，资本在国际之间频繁流动，投资者对于相对价值的追随，使得证券化和系统动力的联系越发的密切，正如全球化与金钱杠杆密不可分一样。虚拟时代的系统动力，基于人气关注的"股价"形成的代表股价的各指数板块、行业（地区）板块证券市场投资背景下的，寻求在证券市场上具有蓝海价值的指数板块、行业（地区）板块进行投资，这是虚拟时代创造相对价值的动力。系统动力作为虚拟时代对系统的新定义，需要寻求证券板块作为研究对象，使得所投资金融衍生品的蓝海价值实现倍增快、成倍增快或成倍增中。证券市场的股票板块波动是金融衍生品创造价值的具体表现形式，只有投资人可以进行证券化投资，系统动力才会产生作用。

股价是量化的证券化金融衍生产品，具有区别于房价和物价的独特优势，存在倍增快、成倍增中甚至成倍增快的蓝海上涨空间和速度。其原因如下：其一，证券化金融衍生品在证券市场上筹集资金既便利融资，成本又低，容易吸引资本注入指数板块、行业（地区）板块；其二，证券化金融衍生品在流动性和收益率方面更有吸引力，并且更容易使投资衍生品产生蓝海价值创造并进行大幅度增值。只有在证券化衍生产品的基础上，系统动力才可以充分发挥其作用，助力证券化金融衍生产品更快地创造蓝海价值。由此可见，虚拟时代的系统动力是在全球化基础上的，与证券化密不可分。

证券化与系统动力的结合便产生了证券市场系统，从系统角度讲，系统的组分可以划分为更小的组分，其组分的组分可能还是系统的组分。构成系统的最小组分或基本单元，即不可再细分或无须再细分的组成部分称为系统的元素。广义地讲，元素之间联系方式的总和即为系统的结构。证券市场系统虽存在证券与其生存发展的环境之间的互动关系，强调环境对证券的影响，但同样遵循系统科学的结构理论。在此，本书认为构成证券市场系统的基本单元为证券主体，即证券市场系统的元素。本书将证券市场系统定义为由证券主体（包括证券交易主体和证券机构）及其环境组成，各种证券市场主体为了生存和发展之间，与其生存环境之间及内部之间长期相互分工、合作而演化形成的具有一定的结构特征，并能自动调节的统一整体。证券市场系统由证券市场主体、证券市场环境和证券市场调节三部分组成。显然，证券市场系统的架构主要由证券交易主体、证券机构和证券市场组织构成，即证券市场主体；其整体环境包括经济环境、政治环境以及法制与信用环境等，即证券市场环境；同时在证券市场系统中证券市场主体与证券市场环境之间由其内部调节机制而形成相对平衡的状态，即证券市场调节。

金融市场是证券市场系统运行的基础环境，为其证券市场主体的经济活动及协调发展提供基本的运行规则。当前中国实行的是社会主义市场经济体制，因此本书主要讨论市场经济与证券市场主体的相互关系。

首先，市场经济为证券市场主体提供了运行的基础和条件。市场经济拥有独立自主的企业制度。在证券市场系统中，证券主体是重要的市场主体，是市场经济的细胞，是在市场经济制度下自主经营、自负盈亏的证券产品和服务的参与者，并且能够在产权明确的条件下做出经营决策。同时，市场经济为证券市场系统提供生产要素市场，完善的市场体系既是企业实现自主经营的前提，也是市场实现资源配置的必要条件。证券市场主体能够在这样的市场体系下以价格机制为核心，通过竞争机制和供求机制相结合来配置资源。

其次，市场经济规定了证券市场系统的运行规则。市场经济本身具有契约经济和法制经济的特征，在现代市场经济条件下，作为法制化的市场运行规则，在保障市场经济有序发展方面的作用也变得更重要。市场行为规则是有关机构（政府和立法机构等）按照市场运行的客观要求和法规规定的市场主体各方必须共同遵守的行为准则，它保证证券市场主体机会均等地进入市场，自主经营，并平等地承担税收和其他负担，在法律和经济往来中处于平等地位。概括起来，市场经济规定了证券市场主体的市场进入、竞争和交易规则。

（二）系统动力变动与各国联动关系更为密切

在虚拟时代，系统动力的变动对全球各国的证券市场具有联动效应。把联动一词引入股票市场，主要是描述各国股市指数板块或者一国股市各主次板块之间，或者一个指数板块的各行业（地区）板块股票之间共同变动的趋势。针对各国股票指数之间的联动性进行研究，全球各国的股票证券指数板块以及行业（地区）都可以作为一个板块。在国际贸易的自由化、生产的国际化、国际资本的跨市场套利的环境下，投资者可以在全球股票市场进行选择投资。投资者在经过各国股市相对价值进行比对后，选择股票市场的相对价值板块进行投资。投资不同的股票板块是虚拟时代实现系统动力的关键。

随着金融市场一体化，全球各国的股票市场间逐步形成整体联动的趋势，各国股市间呈现出一定程度的"同涨同跌"现象。李晓广、张岩贵（2008）研究了美国次贷危机前后中国股票市场国际联动性的动态变化过程，认为美国次贷危机以前中国股市与国际股市之间呈现偶尔联动的状态，整体联动程度很低，次贷危机以后中国股市与中国香港股市、英国股市之间的联动性显著提高，但没有给出具体解释。西村友作（2009）研究了上证综指与美国道琼斯指数之间的联动性，认为美国股票市场与中国股票市场存在双向的收益率联动效应，以及中国股票市场对美国股票市场存在单方向波动联动效应，这些说明中美两国股票市场联动性在不断增强，中国股票市场国际化程度越来越高，吸引了大量国际金融机构的关注，特别是发达国家股市之间可能存在长期均衡的稳定关系。

但从相对价值角度看，虚拟时代的系统动力在证券市场上的反映，投资者选择投资的股票板块是蓝海价值创造的方向。只要某个国家的指数板块、行业（地区）板块具有蓝海价值动力，则该板块相应地会影响本国资产价格的波动，间接影响其他国家的板块市场的股价波动，使得联动关系得以体现，如2009年以后美国股市的强劲上涨，是其指数板块、行业（地区）板块联动的结果，其他国家股市受到压抑，投资美国股市是证券投资人的正确决策。任何一个国家必须在理解创新创业——"双创"。同时，理解证券市场的互联互通——"双互"，如果创新的系统动力不足，就不可能吸引投资人投资。

二、虚拟时代系统新要求

对于虚拟时代系统动力而言有两个要求，它们是在虚拟时代提出的，只有符合这样的要求才能帮助一个国家吸引更多的投资人跟随，从而引领虚拟时代的变迁。虚拟时代系统的不断演化是一项复杂的多因素协调系统工程，在其演化过程中，由于金融生态系统的开放性表征，系统内部与外界之间不断进行着物质、能量以及信息的交换。本书尝试运用系统动力学，由表及里从结构、作用和功能各个方面本质地把握金融生态系统的演化机理，系统形成两点新要求。基于证券市场环境下系统的复杂、开放、异质、涌现等特征，这两个要求如下：

(一) 系统的广泛影响力

虚拟时代系统动力不只表现为一个国家或区域的层面理解系统动力，也需要上升到全球层面的相互影响。系统具体表现在一个国家社会治理的方方面面，包含文化系统、经济系统、社会系统等综合系统的体现，以及各个系统内部的动力对于世界其他各国表现出来的吸引作用。只有一个国家在世界的舞台上表现出强有力的系统动力，世界其他各国才会转移跟随，投资该国，创造虚拟价值，反过来，价值创造又能更好地推动该国动力变动的程度。所以，一个国家必须在全世界人民面前建立起广泛的子系统和大系统动力，以保证全球化的投资，创造虚拟的衍生品价值。

一个国家自身系统动力的强弱与否，直接影响到与其相关联的其他国家，并且随着时间的推移，影响程度越来越大。世界发展指数数据库数据测算显示，1990~2000 年，世界主要国家的实际 GDP 周期联动指数平均仅为 0.2，而这一数字在 2000~2012 年已上升至 0.59。有学者认为，规模日益扩大的国际贸易对促进这种经济周期联动具有重要作用（Frankel and Rose，1998；Blonigen，et al.，2014）。因此，系统动力弱的国家，应紧跟系统动力强的国家，以更好地使得本国价值上升。但应注意，并非跟随系统动力强国的一切行为，而应该结合本国所处环境，有选择地进行跟随，从全球经济的角度分析。

从全球资本市场角度看，一旦该国具有一定的衍生品系统动力，那么该国在世界上的金融地位就会大幅提升，在世界舞台上的政治、经济、文化、教育等多方面地位也会得到相应提高，全世界人民会投资该国，信任该国，该国的资产价格会大幅上涨，社会财富快速积累，实现高品质生活，如中国 2019 年创立科创板，就是为中国及世界创新系统动力，带动中国资本市场上涨，直至影响世界金融衍生品价格变动。

证券市场系统无疑是一个开放的经济系统，不断与外界发生资源和信息的交换，其经济活动是一个不可逆的过程。在这个过程中，金融市场系统满足了社会经济系统要求，保证整体系统对货币流通的需求，将系统中的资金供给者和需求者在时空上进行有效的转换，发挥资源配置的作用。同时也可以看到，金融市场系统中的许多风险除了公共财政等社会保障系统去管理外，还有许多风险借助金融工具与管理，如利率风险等。所以，从金融市场系统功能的角度而言，其交易活动基本属于不可逆范围。

证券市场系统是非平衡状态的经济系统，其非平衡性主要体现在金融市场系统内部的微观的差异性，以及内部的异质性等状态。系统中存在自主性和异质性的个体，无论是居民、企业、政府，还是证券、期货交易平台，其决策会受到其有限理性的约束，个体在系统作用力大小和方向不断变化，一方面体现了金融活动的自主性和异质性，另一方面导致了金融市场系统处于非平衡状态。系统会因金融市场主体不断地投入资源和信息，而外部环境对其内部以及内部之间的相互作用使得内部之间、内外部之间均存在差异和不平衡性，这种系统内部的差异和不平衡性，为金融市场系统的自组织奠定了演化基础，保证系统内部的涌现或突变不会消亡，进而保证系统向更高层次演化。

（二）系统动力的主动性和独立性

主动性的含义是各国系统动力更多为自己主动营造，各国系统自身具有内在动力，不依赖于外界推动去塑造和传播国家的金融地位，这也是国家发展战略的重要组成部分，是一个国家吸引世界跟随与投资的重要因素。主动性要求各国在现有系统动力明确的情况下，主动寻找新系统、新动力。一个国家的系统并非是一成不变的，它会随着时代的发展不断推陈出新，先前存在的系统可能会出现一些漏洞导致不能继续运作，因此需要出现新的系统加以运用，这些新系统需要顺应时代主动发掘和识别。一旦新系统产生，新的动力随之出现。主动性的特性是各国系统基于自身的主动性，由内部动力不断推动，致使其不断运转，如中国的高铁行业板块系统动力是基于汽车行业板块系统动力、飞机行业板块系统动力之后顺应时代发展创新的行业板块系统动力，科创板也是基于全球背景和中国的实际，体现担当、主动形成的指数板块系统动力。

简单地说，独立性是指各国系统因内部各要素异质的特性，彼此之间相互独立，如科创板系统与创业板系统独立。系统内部各种要素处于一种对立统一的关系中，各自既具有相对独立性，又是一个统一的整体。系统动力的独立性要求各国应保持和塑造自身系统动力，由此才可以吸引其他国家投资。独立性还体现在各国系统基于自身发展，不受他国影响，可稳健运行。如 2009 年以来美国股价指数板块和智能手机等行业（地区）板块的系统动力，使美国股市上涨近 10 年，中国股市未跟随上涨，上涨的系统动力不足，无法与美国股市同步。每个国家必须创造优于其他国家金融衍生品的系统动力，指数板块、行业（地区）板块系统动力才能真正吸引全球投资人互联互通的证券投资。

对于虚拟时代系统动力而言有两个要求，使得系统动力具有以下四个方面的特征：

第一，系统动力具有多样化特征。如同自然市场系统中众多纷杂的生物物种一样，证券市场系统也具有证券主体、证券市场等个体组织多样化特征。这种多样化体现在证券主体的多层次存在，形成具有一定体系的、实现不同功能分工的证券市场体系。从供给和需求角度而言，证券主体的多样化能够反映不同的证券需求，与不同且多样的证券供给在市场组织下相互交易，以维持证券交易的相对稳定性。从证券功能角度来讲，证券市场系统中不同的证券主体和证券市场组织所承担的证券功能不尽相同，证券机构的服务和中介功能，证券市场提供服务和媒介的平台，从而共同承担证券市场系统资源配置、经济调节以及风险管理的功能。

第二，系统动力内部具有相互关联、相互依存性。证券市场系统中的证券主体、证券市场、证券市场环境相互之间都具有较强的关联性，证券主体不可能独立于证券市场环境之外存在，而是依附于经济发展的基础、社会信用文化以及法制建设等，其经济交易过程离不开证券市场组织提供的平台和服务。证券市场系统内部的相互依存性则体现在证券主体之间的经济活动中，证券主体的理性行为让参与者均可获得好处，满足各自的实际需求，而又通过自我强化放大这种效应。因此，证券市场系统内部具有相互关联和相互依存特征也是社会系统中各个要素相互作用的一般规律。

第三，系统动力具有演进性。生物的历史就是进化的过程，其进化是在遗传特性基础上通过自然选择而固化的形态结构、行为习惯、生理功能的变化。对比之下，证券市场系统同样具有"进化"特征，这种"进化"应该更为准确地描述为演进，主要体现在证券组织形式的演进、证券功能上的衍生、证券工具上的丰富以及金融机构的发展，总之是一种从简单到复杂、从低级到高级的金融演进过程。以货币的产生为例，由早期物与物的交换的实物货币阶段逐渐演进到采用纸质、电子货币的信用货币阶段，到目前为止，货币已朝着脱离国家主权向跨国经济区域发展的演进态势。由金融市场系统演进性的特征可以得出金融市场系统不稳定性是长期存在的。

第四，系统动力具有竞争性和创新性。生物进化论认为，自然界的一个基本特征是竞争，这是自然界进化根本的机制。证券市场系统也同样通过竞争来实现，证券主体理性逐利行为在市场竞争中"优胜劣汰"，适应经济环境并不断改变经营策略、提升服务效率，最终使得证券主体创新产品和服务，在竞争中保持优势地位或不被淘汰。

三、系统动力与金融衍生品价格的关系

在研究虚拟时代的国家中，系统动力和金融衍生品价格的关系如图 7-12 所示。系统动力的大小和方向研究是金融衍生品价格波动的基础，动力大小和方向运用是金融衍生品价格波动的前提。金融衍生品是与金融相关的派生物，通常是指从原生资产派生出来的金融工具，是指一种金融合约，其价值取决于一种或多种基础资产或指数，合约的基本种类包括远期、期货、掉期（互换）和期权。一种金融衍生品的价格若要实现成倍增（减）或倍增（减），研究的对象就是股价指数板块、行业（地区）板块等板块轮动，如同商品的种类很多一样，人气选择房价、股价、物价人气线研究，人群只有在选择股价的基础上，对指数、行业（地区）、成长、主次等股价板块形成的人群环进行研究才有意义，其他金融衍生品人群环参与的投资人较少，不易操控且代表性不强。发现和运用股价板块的系统动力，从而导向证券资产，最终金融衍生品价格上涨，使之创造成倍增（减）或倍增（减）的价值蓝海。

系统动力和金融衍生品价格的关系如同跷跷板，系统动力大小和方向的变动能够对金融衍生品价格的变化及走向起导向作用。而金融衍生品价格相当于跷跷板的另一端，动力加到一个指数板块、行业（地区）等板块上，动力越大，金融衍生品价格上涨得越多越快。换句话说，系统动力变动能够影响金融衍生品的价格波动，是系统内部构成、各子系统动力的变化决定相关金融衍生品的价格。总体讲，三者组成一个双向反馈循环系统，同时三者之间存在正相关关系。动力转移的时机准确，将使证券板块资产具有强导向力，同时会导致该领域金融衍生品价格大涨。系统动力的运用和金融衍生品价格变动与证券板块资产三者之间相互作用，如图 7-12 所示。

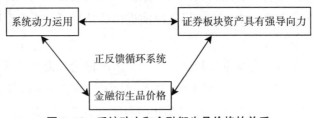

图 7-12　系统动力和金融衍生品价格的关系

四、虚拟时代的系统确定

（一）丰富确定

丰富确定是指每个国家的系统完整而且庞大，子系统发展健全，基础的物质系统风险日益降低，发挥虚拟系统的动力成为时代的追求。经历过不同时代，系统作用有所不同。由前文可知，自然时代是品种的替代，物质时代是品牌的迭代，变迁到一定的物质水平，使得虚拟时代是衍生品的时代，系统成为衍生品投资的动力。虚拟时代在经过物质时代的发展后，丰富的系统的定义已不再是以风险为主，而是以系统动力为主。在物质时代，国家的物质利益得到满足，社会财富有较大的积累，虚拟时代在此基础上，人们的跟随重点由物质的积累转向虚拟证券市场的投资，从而创造蓝海相对价值。因此需要系统动力在证券市场上进行加持，使得动力不断注入到不同的板块市场，带动不同的板块上涨。

在虚拟时代，各国系统动力的完美表现使得各国创新系统动力，投资人跟随系统动力创造衍生品价值，逐渐成为人们的共识，尤其是在证券市场上。在以产业结构调整、要素优化配置、经济增长转型为特征的改革大环境下，新兴产业板块的快速崛起为证券市场投资带来大量的机会，金融衍生品的投资已然成为时代变迁的主流，证券投资的时代大幕已经开启。新系统动力带来财富增值的速度远远高于以前的任何时代，新系统正在不断地颠覆着旧的系统，进而迸发新动力。自古以来成大业者无不是应势而谋，顺势而为。

由此可见，各国处于不同时代，应遵循不同时代所对应的系统含义。需要注意的是，各个国家自身具有差异性，其社会经济制度各异，文化背景不一，民族宗教多样，各国经济发展水平相差悬殊。由于国情的差异和所处外部环境的不同，各国所推行的系统动力并非一模一样，而是多类型、多层次的。系统内每一个层级都有不同的结构、性质与行为规则，依照其相关性的强弱，系统可以按照不同的运动形式、特征时间尺度和特征空间尺度运行，形成了多层次的金融生态。系统中的每个层面不仅是上一层次的构成元素，同时能够帮助或促进其实现特定的功能，可以理解为各个元素各司其职，又相互影响。这种影响同样呈现多层次性，既有正面的影响，又有负面的影响，还有可能同时影响。

（二）生态确定

生态"ECO"一词来源于希腊文"Oikos"，本意为住所或栖息地。1869年德国动物学家黑克尔（Haeckel）将"ECO"与"Logos"（希腊文，本意为各种学科研究）结合在一起，提出"Ecology"，即生态学的由来，其思想主要来源于 17 世纪和 18 世纪的自然史或博物学，特别是古希腊亚里士多德的思想和达尔文的进化论。随着生态学的不断发展，生态学逐渐从对个体物种的研究观察转向对群体的研究，由定性描述到定量分析、由静态到动态、由局部到整体，并且向微观层面（如分子生物学技术）和宏观层面（如地理尺度的）分别发展，这使得生态学得到了极大的丰富。英国生态学家泰勒 1935 年提出生态系统一词，生态系统（Ecosystem）是指在一定时间和空间范围内，生物与非生物环境通过能量流动和物质循环所形成的彼此关联、相互作用并有机自动调节的统一整体，他将间接地、潜在地、长期地对人类生存和发展产生影响。所以充分了解生态系统的主要特征，能够为充分认识生态确定系统奠定基础。

生态确定是指在一个整体的系统中，各项资源向核心要素进行聚集，从而确定系统动力的重点发展方向。生态确定在证券市场主要表现为某板块形成的指数、行业（地区）价值集聚，直至产生巨大的推动力，带领整个股价的上涨。在复杂系统自身包含的多种要素中，每个子系统所处的地位、对系统发展所起的作用是不同的，总有主次、重要非重要之分，其中必有一个子系统与其他诸个子系统相比处于支配地位，对系统发展起决定作用。这时，整个系统动力得到体现。正是由于系统中存在主要子系统和次要子系统，人们在运用系统以便得到良好发展时，应相应地对其中所包含子系统赋予不同的跟随侧重点，这是人群契合研究的重点。

生态确定会导致集聚效应这一现象的发生。集聚效应指各种产业和经济活动在空间上集中产生的经济效果以及吸引经济活动向一定地区靠近的向心力，是导致城市形成和不断扩大的基本因素。集聚效应是一种常见的经济现象，如产业的集聚效应，最典型的例子当数美国硅谷，该地聚集几十家全球 IT 巨头和数不清的中小型高科技公司。类似的效应也出现在其他领域，包括经济、文化、人才、交通以及政治等，汇集的各项资源有可能来自全球，也有可能来自系统本身所在的国家。这里的生态确定是系统动力形成的基本要素，如没有高铁的铁路修建、高铁零部件企业的配套，就形成不了高铁行业板块，美国的软件生态形成影响了全世界的计算机操作系统。

（三）驾驭确定

驾驭确定主要指所属各个国家的资产板块依据其特点和性质不同，投资人可以驾驭的程度。在证券市场中，各个指数板块、主次板块、行业（地区）板块，投资人可以驾驭的程度是不同的。超过人们的驾驭程度，衍生品价值创造完成。驾驭程度的大小通过心理波幅的上下浮动而展现。当板块的波动幅度大时，则该板块为蓝海板块，有创造蓝海价值的潜在可能，板块中存在价值期望达到成倍增快、成倍增中、倍增快的金融衍生品。心理波幅是指一种测定市场价格上下波动程度的指标，通常用同一金融衍生品市场价格波动的最高点与其最低点的差额表示。心理波幅分为两种：正向心理波幅和负向心理波幅。若资产处于正向心理波幅范围，则说明其竞争优势以及发展空间相较之前大，这时应该将系统动力注入其中，引领投资人进行跟随，以使得资产可以更好地增值。若为负向心理波幅，应该及时撤出动力，及时止损。

心理波幅是投资人心理承载量化表现形式，影响着系统动力的大小和方向，因此心理波幅大小以及方向的判断是核心。一般从两个方面进行分析，分别是影响心理波幅大小和方向的内在动力及外在动力。顾名思义，内在动力是从根本上对心理波幅产生影响，包含对象确定和蓝海确定。对象确定是指在不同的行业（地区）板块中，其心理波幅大小和方向是不同的。一般来说，差额越大，心理波幅也就越大；反之，心理波幅越小。在证券市场上，行情波动较大的指数板块可能是次板，达到8倍，行业（地区）板块可能是动力强大的板块。成熟的主板一般是蓝海价值板块内存在价值倍增快、成倍中、成倍快三者之一的金融衍生品价值波动。

外在动力则是外部力量对心理波幅大小以及方向产生影响，包含投资者心理活动，国家行业政策和资本支持。其中，投资者心理活动是指投资者个人的心理活动对其投资决策有影响，进而判断心理波幅的方向。若投资人个人偏好某一行业板块，则将会对此板块的心理波幅范围放大，进而会产生投资行为。一般来说，投资者的投资决策往往是在不依赖固定法则的高度复杂和高度不确定的情况下制定的，因此，在绝大多数的决策中，投资者的直觉发挥着极其重要的作用。但在直觉判断中，却会出现一些影响投资决策的认知偏差。而易出现这些偏差的投资者将会承担他们未认识到的风险。

通常外在动力是投资对策。币值、金钱、权力对策的正确运用，将带动指数及相关行业、地区股票心理波幅呈不同的波动幅度。由于币值平台、金钱杠杆、权力契约三种不同对策将会产生不同的动力，波动幅度有2倍超过、4倍超过、2倍不足，致使投资者根据相关行业、地区股票不同的心理波幅做出不同的投资决策。其中，币值平台所产生的心理波幅创造2倍快不足×4倍快正好=8倍快动力。金钱杠杆所产生的心理波幅创造 2 倍快超 × 4 倍快超 = 8 倍中动力，存在时间间隔。权力契约所产生的心理波幅创造 2 倍快 × 4 倍中 = 8 倍慢动力。比起币值平台和金钱杠杆，权力契约对股价的影响作用最为规范。

足量的资本进入投资领域，将推动心理波幅呈正向走势。具体的行业板块启动的条件必须是大量资金涌入，从市场成交额上观察资金流向的热点。每天总市值、成交额名列前茅的个股就是资金流向的热点，观察这些个股是否具备相似的特征或集中于某些板块，并且占据成交榜的时间是否够长，以及时间长短和对资金吸引的力度的大小是否成正比。若成正比，将会推动心理波幅呈正向走势，吸引充足的资本流入这一热门板块，使得板块内波动幅度变大，促使该板块的金融衍生品价格上涨。具体如图 7-13 所示。

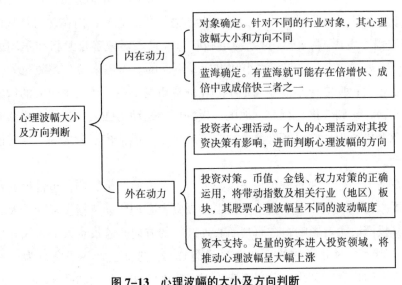

图 7-13　心理波幅的大小及方向判断

第三节　虚拟时代系统动力原理

一、系统动力原理的理论来源

在寻求价值创造最大化的虚拟时代，系统转变为动力并源源不断地注入金融衍生品中，使其价值不断地倍增甚至成倍增。系统动力原理并不是全新的概念，其理论来源主要可以从系统动力学和营销学两个方面进行论述。其中，经济学主要为系统动力原理提供方法支撑，而营销学则为系统动力原理提供思想源泉。

（一）系统动力学来源

1947年，奥地利生物学家贝塔朗菲（L. V. Bertalanffy）发表《一般系统论》，创立了系统论。系统论是研究系统模式、原理以及规律，并且使用数学模型对其功能作用进行描述，以寻求利用信息实现系统最优化途径的科学理论。系统论最为显著的特点就是整体性、综合性和最优化。在系统科学中，最为重要的原理是反馈原理、整体原理和有序原理。反馈原理就是把系统输送出去的信息作用于被控对象产生的结果再输送回来，并对信息的再输出产生影响，起到控制和调节的作用。这个过程就是反馈过程。

系统动力学自创立以来，其理论、方法和工具不断完善，应用方向日益扩展，在处理物质、经济、生态、环境、能源、管理、自然、军事等诸多人类时代复杂问题中发挥了重要作用。随着现代社会复杂性、动态性、多变性等问题的逐步加剧，更加需要像系统动力学这样的方法，综合系统论、控制论、信息论等，并与经济学交叉，使人们清晰认识和深入处理产生于现代社会的非线性和时变现象，作出长期的、动态的、战略性的分析与研究。

1970年，以Meadows教授为首的美国国家研究小组开始使用系统动力学研究世界模型，并于1972年发表世界模型的研究结果《增长的极限》。它从人口、物质、污染、粮食生产和资源消耗等全球因素出发，建立全球分析模型，其结论在世界范围内引起巨大震动，被西方一些媒体称为"70年代的爆炸性杰作"。此后，系统动力学作为研究复杂系统的有效方法，被越来越多的研究人员所采用，在全球发展战略领域，国家政治、经济、军事、对外关系领域，城市与区域发展战略领域，物质企业发展领域，生态、医疗、卫生领域等，都得到成功的应用。其主要代表有：Cooper（1980）用系统动力学研究分析得到在一个大型军事造船工程中成本超额的原因；Sterman（1985）、Saeed（1986）和Forrester（1989）使用系统动力学研究美国20世纪70年代以来的通货膨胀、失业率和实际利率同时增长等问题，揭示美国等西方国家经济长波的内在机制。截至20世纪90年代，系统动力学开始在世界范围内广泛地传播和应用，获得许多新的发展。系统动力学加强与控制理论、系统科学、结构稳定性分析、灵敏度分析、参数估计、最优化技术应用等方面的联系。

从系统环节角度来说，用来实现反馈的一定方法或途径所构成的环节，就叫反馈环节。就某一系统而言，存在着多种模式的反馈环节。究竟采用哪种模式的反馈环节，就要从实际需要出发。反馈系统是基于反馈原理建立的自动控制系统，包含反馈环节和其作用的系统。它受系统本身的历史行为的影响，把历史行为的后果传授给系统本身，以影响未来的行为。它也是相互连接与作用的一组回路，也可称之为闭环系统。反馈系统俯拾皆是，生物的、环境的、生态的、经济的、社会的系统都是反馈系统。

反馈系统分为正反馈系统和负反馈系统两类（见图 7-14），正反馈使系统出现不稳定的震荡，负反馈使系统趋于稳定。正反馈系统指正反馈起到主导作用的系统。它能产生自身运动的加强过程，在此过程中运动或动作引起的后果将回授，使原来趋势得到加强。它是一种反馈的形式。反馈信息影响系统再输出的结果，更加增大受控量的实际值和期望值的偏差，从而使系统趋向于不稳定状态。负反馈系统指负反馈起到主导作用的系统。它能自动寻求给定的目标，力图缩小系统状态相对于目标状态（或某平衡状态）的偏离。

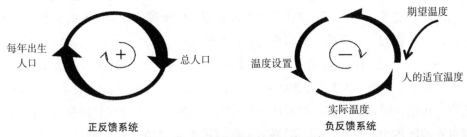

图 7-14　正反馈系统与负反馈系统

系统动力学是一个视角，通过建模能更好地解释一个复杂系统的结构和行为特性。证券市场系统的演化受诸多因素共同影响作用，这些因素间的相互影响关系是复杂的、非线性的，很难通过传统经济学定量方法解释其动力运行机制，而系统动力学则擅长于处理此类问题。因此，本书尝试引入系统动力学构建证券市场系统演化的动力模型，能够较好地解释在多因素影响下证券市场系统的运行机制和动力。

（二）营销学来源

营销学与系统动力学又有所不同。营销学更注重人的思维，而系统动力学更多跟随技术和方法。人群营商学的营销学基础为关系营销学，本书以关系营销学中的 4R 决策的反应决策为出发点对系统进行研究。20 世纪 90 年代，美国著名营销学家舒尔茨（Schuhz）提出了一种新的营销理论：4R 营销理论。该理论认为，企业与客户之间应在更高的层次上以更有效的方式建立起新型的主动关系。这一更为符合市场规律的营销理论由以下四大要素组成：关联（Relevancy）、反应（Reaction）、关系（Relation）、回报（Reward）。4R 理论是在 4P、4C 理论的基础上又一次重大的创新与发展。4R 理论以关系营销为核心、以竞争为导向，通过上述四大要素把企业和客户紧紧地联系在一起，形成一个利益共同体，注重企业和顾客之间的有效互动，强调提高顾客的忠诚度，统筹企业利益和顾客需求，其侧重于用更有效的方式在企业和客户之间建立起有别于传统的新型关系。他指出：对于营销部门而言，最大的挑战是更多地去理解客户和潜在客户的需求，在竞争的市场环境中，营销部门必须从原有的 4P 理论转移到 4R 理论。能够达到双赢的营销效果。

4R 理论中的"反应"是指企业对瞬息万变的客户需求迅速做出反应，并能及时提供相应的品牌或服务，快速满足客户需求的营销策略。它是指企业"去接近客户"而不是要客户接近企业。目前，客户的需求方式已逐渐转向需求个性瞬息化、感觉化，并且趋势日益明显。这使得企业无法预测和寻找其规律，以固定的经营方式应付瞬息多变的顾客需求。因此，对于企业来说，关键不在于如何制定、实施、控制营销计划，而在于如何站在顾客的立场上倾听顾客的希望、需求，并及时答复和迅速反应，满足顾客需求。这要求企业的经营模式要由推测型转向高度反应型，以便于发展和维护企业与顾客关系。

在企业与顾客的关系过程的视角下，陈敬东（2010）提出反应就是在企业吸引和维系顾客的各个步骤中，对不同顾客做出不同的反应。以积极响应并设法满足顾客需求，保持客户不断升级，也就是客户阶梯。关系的建立是个长期过程，顾客需要通过不断购买产品与服务来培养对公司的忠诚度。关系营销的目的在于同顾客结成长期的、相互依存的关系，发展顾客与企业间的连续性的交往，以提高顾客的忠诚度和巩固市场，促进产品持续销售。其决策的基本原则就是对顾客进行关系投资。反应决策是顾客关系发展过程中所采取的重要决策，企业与顾客以"合伙人"为最终目的，经历首次购买顾客—重复购买顾客—客户—成员—拥护者和合伙人的阶段。这些首次购买顾客、重复购买顾客、客户、成员、拥护者和合伙人或处于不同的层次上，促进顾客关系层次的确定。如图 7-15 所示，反应决策与系统决策的共同点是便利与关系方产生关联，是与关系方长期保持关系的基本点，充分发挥每一个关系方的核心竞争力。

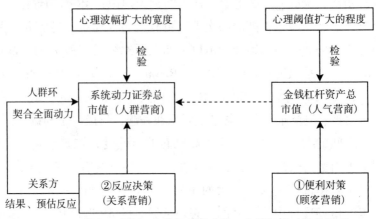

图7-15　系统（动力）决策与反应决策、金钱杠杆对策的关系

《人气营商学》的营销学基础是顾客营销学，其中的便利对策为金钱对策奠定了很好的研究基础。便利对策即为顾客提供最大的购物和使用便利。4C营销理论强调企业在制定分销策略时，要更多地考虑顾客的方便，而不是企业自己方便。通过好的售前、售中和售后服务让顾客在购物的同时也享受到便利。便利是客户价值不可或缺的一部分。在商业社会，金钱作为杠杆撬动资产价格，杠杆为资产升值提供便利，商业社会没有杠杆如同工业社会产品没有渠道、顾客没有便利，是不可能产生购买的，商业社会无论是个人投资者还是机构投资者甚至国家为获得价值倍增空间而将杠杆加到适宜的地方——全社会都在加杠杆，金钱用在资产投资上，所有的金钱都成为杠杆。因此，便利对策作为理解金钱对策是至关重要的。

人群营商学的研究基础是关系营销学，反应决策在关系营销实施的4R决策中是重要决策之一。反应决策中最重要的是对反应结果的评估和预测，以减少系统风险，是决策达到最佳的预期效果。关系营销的过程中，企业与关系方所组成共生系统中，存在的不仅是错综复杂的关系，还存在各个关系方的不同利益诉求。为让这些利益诉求达到平衡，需要做出合理的反应决策。要针对不同关系方做出不同的反应，要积极响应并设法根据关系方互利的改变而改变，保持与关系方的互利不断升级。并要求企业针对重要关系方以及对潜在不利的关系方做出快速有效、有的放矢的反应决策，同时合理地把握反应的度，避免反应过度或者反应不足所导致的不良影响。反应决策不仅要讲求对反应的速度以及时间的管理，而且反应决策要求注重对反应结果的评估，即预先了解在当时市场情况下决策制定后可能带来的共生系统的变化，以使决策达到最佳的预期效果。

从系统论的角度分析关系营销学的反应决策。以各互利关系方的关系价值为出发点，通过关系价值创新、关系动机心理、关系微观环境、关系互动行为、核心竞争力和关系方信息等关系情形分析，运用契合和多重互利属性进行关系衡量分析，在关系层次互利定型和层次决策上进行关系实现分析，创造关系价值，形成完整的关系营销系统。人群营商学中研究的系统动力是用最少的时间损失，形成社会契合进行导向。反应决策作为 4R 决策之一，与虚拟时代系统动力密不可分。首先从系统角度说明，本书证券市场系统包括金融交易主体、金融机构以及金融市场组织三方关系构成，各种金融生态主体为了生存和发展，与其证券市场的宏微观环境（经济环境、政治环境以及法制与信用环境）之间及内部之间长期相互分工、合作而演化形成的具有一定结构特征，并能自动调节的统一整体。其次从动力角度说明，动力所存在的证券市场，是由指数板块、行业板块与地区板块所组成的共生加强系统。发掘证券市场的蓝海价值板块，对其及时反应，与人气营商中的币值平台、金钱杠杆、权力契约对策理论相一致，扩大证券板块的心理波幅的宽度，以推动成长板块创造相对价值。因此，金钱杠杆放大形成系统动力带动股票上涨的人群环 2 倍快超过与 4 倍快超过，投资人可做出迅速反应，同时带动社会价值板块、经济价值板块以及文化价值板块三大板块进行运转并进行驱动导向。

二、虚拟时代系统动力原理

（一）基本原理

虚拟时代系统动力原理由《人气营商学》中金钱杠杆原理衍生而来。主要是指心理承载与系统动力的关系，与金钱杠杆中投资者心理承受影响金钱品种的大小和方向，金钱修正投资者的心理承受相同。系统动力中投资者的心理承载通过影响系统动力的方向与大小，以使得创造虚拟时代中的证券总市值最大化。反过来，系统动力的大小与方向修正人们的心理承载。承载是一个汉语词汇，原意指承载支撑物体。本书心理承载含义是指在保证投资者最大限度接受度的基础上，对于证券市值波动幅度的承载情况，如图 7-16 所示。

心理承载之所以可以影响系统动力的大小和方向，其原因是虚拟时代投资的本质是动力，动力越强，其所产生的价值创造越大，但动力的强弱程度又受到心

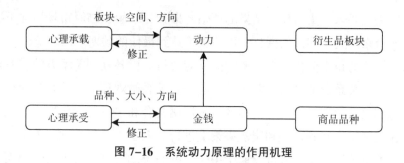

图 7-16　系统动力原理的作用机理

理承载的影响。首先，在指数板块、行业板块、地区板块中，证券投资人自身会进行评定判断与比较。若某一板块具有高心理承受能力，投资人通过其敏锐的察觉能力，在一定时间内快速辨别出相应板块是否具有蓝海特质的金融衍生品，从而进行成倍增快、成倍增中、倍增快三者之一的价值创造。将系统动力运用到值得投资、创造价值大的板块中，更好地把握和利用系统动力，即心理承载的高低能够帮助投资者决定系统动力的方向。其次，证券市值心理承载越大，指数、行业和地区板块心理波动程度（即波幅）也越大，系统所注入的动力越强，由此便能够更有效地进行蓝海价值创造。此时，投资人心理承载的范围相对宽广，这时投资人就会注入系统动力；反之，投资人一定会撤出系统动力。

相对地，系统动力的运用可以修正人们心理承载的高低。注入或是撤出动力是投资人对于指数板块、行业板块和地区板块的投资分析与修正，人们总是通过对动力方向的变化，来调整对于该板块的心理承载，二者紧密相连。影响投资人运用系统动力的因素有很多，分为国际导向和国内导向，此部分内容将在本节第三部分讲到，把握好人们使用系统动力的程度，是正确放大人们心理承载的前提。心理承载作为一种心理状态，并非是一成不变的。例如，证券主板市场包含具有不同导向力的板块 A、B、C，以板块的动力大小为评定标准，若 A 动力>B 动力>C 动力，则相对应投资人心理承载的由高到低的排序为 A-B-C，投资人则优先选择 A 板块进行投资；相反，则高低排序为 C-B-A，投资人优先选择板块 C 进行投资。投资主体的心理承载便会因为动力方向的变化而时时发生改变，这就是所谓的系统动力能够在一定程度上修正心理承载的大小。

（二）系统作为动力研究的逻辑

要理解系统是一种动力，必须要理解系统作为动力的逻辑。系统动力最早来源于系统动力学，如今涉猎各个领域。系统是完整的综合体，需要全方位的支持，需要构成系统的各子系统同时发挥自身作用才可产生动力。系统动力学实质是一种研究复杂系统问题的方法，同时也是一种结构—功能的模拟分析方法，具体是从系统的内部反馈结构出发对系统的行为做出描述分析和解释。在投资行为高度频繁的虚拟时代，时代中存在的系统动力具有复杂性和不稳定性的特征，组成系统的变量要素经常表现出非线性、非均衡性、动态性等复杂特征。

系统动力思想，是在自然时代系统结构遵循和物质时代系统风险维持的基础上，结合全球投资的大环境，在虚拟时代初具雏形并逐渐完善的。系统动力在全球资产寻求有升值空间的投资板块，涉及领域较为宽泛，只有推动事物进步的动力才可称为完美动力。本书主要以投资为主的时代经济领域为研究背景，其中投资市场是一个包含物质、信息和运动的时代经济复杂系统，系统的行为模式和特性主要取决于系统内部的动态结构和反馈机制。投资市场的参与主体（证券、银行、上市公司、投资者等）、交易系统、交易介质（股票、债券等）构成该系统的物质基础。各种影响投资者对证券价值判断的信息，比如宏观经济形势，国家经济政策变化，证券的市场供求状况，上市公司盈利状况及股利政策等构成投资者决策依据。

运用系统动力为了创造价值，所有动力的流动方向是一致的，即价值创造的方向，动力作用在哪里，哪里就更能够快速有效地创造价值或提高其自身价值；另外，只要具有价值就必然吸引系统动力，不具有投资价值的内容无法吸引人群跟随，系统动力也就不会流动于此。由此可以看出，只要金融衍生品存在价值，为追求价值并创造价值，系统动力就会存在并且得到广泛的运用，因此虚拟时代的系统动力区别于其他任何时代形态，有着极其重要的作用。也就是说，证券投资领域，系统作为动力是人们投资指数、行业（地区）板块投资的基本决策前提之一。没有完整的系统思想，板块投资蓝海价值实现将无法形成。

（三）心理承载变化的内在含义

心理承载最初含义来源于承载力理论即人类对自身生存、发展与其各种支撑资源之间匹配的种种忧虑、预测、期望。它修正人类的行为由肆意支配资源逐渐变为主动协调人与资源关系，其起源与发展伴随着人类行为的不断调整。将承载力理论与本书研究内容相结合，将心理承载定义为在保证投资者最大限度接受度的基础上，是波动幅度的承载。若证券总市值的波动幅度超过一定程度，投资人的契合点会大幅降低，甚至达到无法接受的程度。

心理承载具有不确定性，是根据各个影响因素的变化而变化的。具体来讲，心理承载具有极强的个体性，受人的能动性影响相应进行变化，进而会影响到投资人的投资决策。一般来说，投资决策受到以下五种心理因素影响：初始财富的不同，风险偏好不同，对资产收益的看法不同，流动性需求，投机需求。人们根据指数板块、行业板块和地区板块的发展趋势做决策，若向好，人们对于该板块的心理承载放大，该板块的动力也相继放大。此时会使证券总市值增长，创造价值最大化。以主板指数板块为例进行分析，A 的证券总市值相对于过去增长时（A 的证券总市值由 2 倍至 4 倍），A 的心理承载会变大，相应会吸引动力注入，使得更多的投资人对其增加投资。反之，A 的证券总市值增速变缓会导致心理承载的缩小（A 的证券总市值由 4 倍至 2 倍减），失去系统动力的能力。

由此可以看出，动力的心理承载是动态的，并未有准确的标准来衡量。人们对于不同的指数板块，不同的行业板块和地区板块中某一板块的心理承载放大，动力就会放大，证券总市值增大，创造相对价值最大化，例如，2014~2015 年中国股市上涨，主板指数板块上涨 2 倍超，而创业板指数板块上涨 8 倍，但是，一旦超过人们的心理承载的范围，突破证券总市值的心理波幅，就会出现资产泡沫破灭，证券总市值将会面临崩溃的局面，财富大幅缩水。能够正确运用动力的心理承载进行价值投资，规避和减少证券总市值的崩溃是本章的重点。如图 7-17所示。

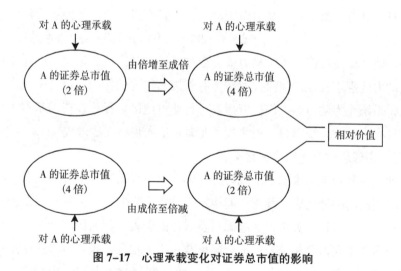

图 7-17　心理承载变化对证券总市值的影响

（四）系统动力的类型和适用对象

为更加深入了解系统动力原理，在研究过心理承载后，就要研究动力本身。虚拟时代每个国家都希望通过系统动力的运用影响投资人心理承载的变化，吸引投资人投资。由于板块不同，系统动力的类型不同，盘子小的指数板块、行业板块往往系统动力大，超过人群营商研究的范畴，直接实现8倍板块增值。为使研究范围清晰，对应着人群矩阵，可以将系统动力按照对人们心理承载对于主板指数板块影响程度主要分为三种类型。这三种类型分别是："四倍快"动力①、"四倍中"动力②、"二倍快"动力③，如图7-18所示。

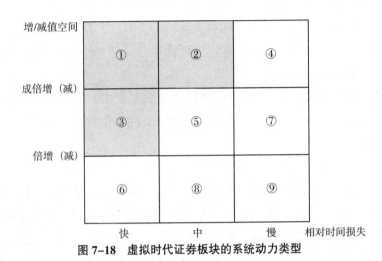

图 7-18　虚拟时代证券板块的系统动力类型

在图 7-18 的方块中，能够作为虚拟时代投资选择的并不是全部，需要按照一定的标准进行筛选，而这个标准便是一定时间内相对价值实现的大小。投资人应该选择增值空间大、相对时间短的金融衍生品板块市场进行投资，具体主要有三种：成倍快、成倍中和倍增快（①②③）。根据虚拟时代人群的确定，将以上三种投资对象统称为"蓝海"。也就是说，只有蓝海才值得投资。三类系统动力的特点和使用对象具体如下：

1. "4 倍快"动力

特点：具备"4 倍快"动力的板块，其系统动力强劲且速度快，具有成倍的相对价值空间并且相对时间损失小。"4 倍快"动力是创造蓝海价值的最优选择，即最优动力。一旦其出现，必定会引起投资人的追随。由于"4 倍快"具有的强动力，会扩大指数板块、行业板块及地区板块心理波幅的宽度，该板块市场就会吸引各方资本流入，则相应的金融衍生品的价格就会上涨。因此对以上板块进行投资，可以实现蓝海相对价值的创造。

适合对象：对于资产增值有较高要求的投资者；希望在最短时间内资产升值

最快的投资者，且可以承载双向波动风险的投资者。成倍快动力有两种类型：4倍快正好动力和4倍快超过动力，这是由于币值对策、金钱对策对于主板指数板块系统决策的影响不同，导致的4倍快的结果不同。

2. "4倍中"动力

特点：具备"4倍中"动力的板块，其系统动力进入相对稳定的时期，具有成倍的相对价值增值空间，相对时间损失中。"4倍中"动力是位于第二位的系统动力。虽然其实现价值的相对时间损失比"4倍快"动力慢一些，但其仍具有4倍的增值空间。"4倍中"虽然不能起引领作用，但在"4倍快"动力未出现的情况下，其仍不失为一种最佳选择。

适用对象：追求系统动力较为温和、稳定的投资者；希望资产升值较大的投资者，可以承载双向波动的风险较小的投资者，往往是权力对策对于主板指数板块系统决策的影响结果。

3. "2倍快"动力

特点：具备"2倍快"动力的板块和行业，短期内系统动力充足，具有倍增快的相对价值增值空间，其相对时间损失小。"2倍快"短期对于全球投资人心理承载的正、负向有倍增的影响，但其产生的作用没有4倍大，因此，产生的系统动力相对而言在"蓝海"中最弱，作为三种类型动力中的第三选择。

适用对象：追求系统动力非常稳定的投资者；希望在一定时间内实现资产升值的投资者；心理承载非常稳健，可以承载双向波动风险较小的投资者。倍增快动力有三种类型：2倍快动力不足（币值平台对策）、2倍快动力超过（金钱杠杆对策）和2倍快动力正好（权力契约对策），往往是主板指数板块实现4倍快、4倍中的前奏。

（五）投资人系统动力选择的步骤

第一步：判断系统动力的方向。判断系统动力方向向上或者向下具有重要意义，只有动力方向判断无误，才能做出正确的投资决策，这是相对价值创造的前提。系统的方向确定对于投资有着重要的意义，当投资人所选择投资的金融衍生品具有投资价值时，应该及时选择系统动力，当所选择的投资金融衍生品价值逐渐缩小直至消失时，要及时撤出动力，若动力方向判断失误，该加动力未加，该减少动力而未减，将会造成不堪设想的后果。在投资时也要注意加入动力的程度，根据实际情况、结合投资者的心理承载强弱，将动力加到合适的金融衍生品指数和行业（地区）板块，明确心理承载的临界点，把握动力心理承载的心理波幅范围，合理进行投资板块的转换，最为适度的动力获得更多的价值。如 2014~2015 年主板指数上涨，行业中证券行业板块动力方向向上，动力较大，那么系统动力及时选择主板指数板块和证券行业板块，放弃商业银行行业板块向上动力不足。

第二步：判断系统动力相对价值投资空间。判断系统动力板块投资标的空间大小，空间越大投资吸引力越大，所形成的系统动力越强，也就越容易达到蓝海相对价值的创造。证券市场由不同的指数板块、行业板块和地区板块组成，每个板块都有自己的上涨空间，通过板块之间进行比对，选择相对价值上涨空间最大的板块进行投资。但是，有些板块即使可以判断空间大小，投资起来也比较困难，如 2014~2015 年创业板指数上涨空间大，由于构成指数板块的行业板块不明确，投资起来很困难，大部分投资人选择主板指数板块空间小一些，但行业板块明确的主板指数板块进行投资。

第三步：判断系统动力相对价值投资时间。此处的时间判断为金融衍生品实现价值的时间，投资人在对某一金融衍生品进行投资时，该类金融衍生品随着时间的推移而发生了增值情况。把握时间的重要性显而易见，投资跟随时间长，吸引资金速度慢，增值实现速度慢，也是系统动力不足的表现之一。反之，吸引增值实现速度快，投资者会因此考虑资金成本和时间损失。应对倍增快、成倍中、成倍快的实现速度进行判断，若是成倍慢、倍增实现速度中或者慢，价值投资人就可以考虑不投资。

系统动力的方向与相对价值投资的空间及时间相互作用依存形成一种巨大板块投资系统动力，这种动力构成乘数效应，当投资人对以上步骤进行准确的判断后，对金融衍生品的指数、行业和地区板块投资，那么相对价值则会越加增加，相反则会减少，如图 7-19 所示。

（六）虚拟时代系统动力的目标

在虚拟时代中引导更多的资产、创造相对价值是虚拟时代系统动力的主要目标。在蓝海价值创造的过程中，系统动力注入方向的选择，创造最大的蓝海价值，是虚拟时代投资人的共同追求。对于虚拟时代的系统而言，为吸引全球投资人的投资，都希望创造虚拟价值最大化的价值目标。实现目标的基础条件是运用系统动力原理，即系统动力与心理承载的关系。任何投资人只有在把握好系统动力心理承载的前提下才能更好地进行投资，否则只是盲目的跟风，这样的投资方式不能够实现虚拟时代系统动力的目标，反而可能造成资产价值的降低、投资风

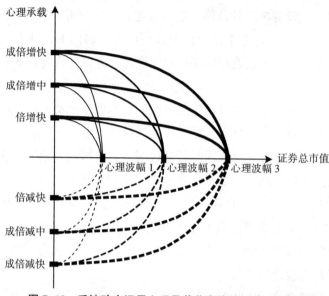

图 7-19　系统动力运用心理承载蓝海价值形成心理波幅

险增大，甚至证券市场的混乱。在蓝海价值创造的过程中，系统动力如何利用，使蓝海价值最大化，是虚拟时代投资人的共同追求。

　　更为具体地讲，虚拟时代系统动力的目标是动力的心理波幅正向拉动带来的积极效应，避免和消除负向心理波幅对于心理承载的消极影响。系统动力要处于心理承载的正向心理波幅的原因是正向心理波幅为证券市场的指数、行业和地区板块提供源源不断的助力，使其上涨。证券市场内板块结构、空间和时机最佳，从而吸引全世界的投资。系统动力在指数板块、行业板块和地区板块内对于心理承载心理波幅变动的过程中，必须善于利用这样的时机创造蓝海价值，使得投资者受惠其中。创造蓝海价值就必须使用系统动力正确引导投资，使全球投资人将系统动力加到不同的证券板块市场中，就要及时配合其他三个决策，即人群、路径和组合决策，对于"三价"中股价板块，放大人群环跟随的证券总市值心理承载和心理波幅范围，创造虚拟时代的金融衍生品相对价值。

三、系统动力的证券总市值选择

（一）系统动力时机选择：以证券总市值为主的时代

　　物质时代对于系统的理解是风险。指一个事件在一连串的机构和市场构成的系统中引起一系列连续损失的可能性。国内生产总值（GDP）作为系统中在物质时代的表现，其意指只有一个国家的国内生产总值（GDP）达标，才能够避免物质时代的风险，但这仅以经济领域为出发点，并未上升至投资领域。系统在虚拟时代的内涵就是动力，动力是人群营商学研究的证券总市值、心理波幅、心理承载，这是动力在促进金融衍生品价值在未来升值的虚拟时代独有的，也是最重要的含义。

系统的定义从结构到风险再延伸至动力的过程，是一个由表及里、层次逐渐提高的过程。由于动力在虚拟时代具有更加广泛而丰富的运用，并且具有证券化的特点，因此动力在何种条件下使用变得尤为关键，即动力使用时机应该如何选择。只有在未来未知的市场空间获得最大价值，动力的使用时机最佳。不具有蓝海区域的板块进行投资，使用动力则没有实际意义，因为只在蓝海板块注入动力，才会使得板块价值具有蓝海价值特质，而投资具有蓝海价值的板块便是为未来获得更多的相对价值。系统动力是人们投资的价值心理承载，通过心理承载来影响动力的大小及方向。

系统动力在未来市场产生的作用明显，通过动力推动蓝海区域，产生明显的投资效果，由此形成蓝海的相对价值，人们不得不利用动机心理学进行投资决策。因此，动力的使用一定要注重价值的判断，不能一味地使用动力而不顾投资人心理承载的心理波幅范围，只有在投资时，系统才是动力；并且，在投资时也要注意增加动力的程度，合理控制系统动力。根据实际情况、结合投资者的心理承载强弱，将动力加到合适的金融衍生品板块上，明确心理承载的临界点，把握动力心理承载的心理波幅范围，以最为适度的动力创造更多的蓝海价值。

（二）系统动力的证券总市值投资情形选择

系统动力的证券总市值表现，反映在人们的心理承载的强弱，利用价值导向对于人们心理承载强弱的影响，分析系统动力的证券总市值表现情形。只有寻找价值的主导方向，才能保证系统动力方向的向上。

1. 价值导向的定义

本书将价值导向的概念广义化且实质化，价值导向本是指社会或群体、个人在自身的多种具体价值取向中，将其中某种取向确定为主导的追求方向的过程。对组织而言，价值导向是确定激励机制的基础，通过树立标杆、奖励绩优，明确组织鼓励的行为，传递组织倡导的价值导向。这一定义既可用在客观事物上，也可以用于抽象的诸如话题上。本书将在价值驱动原意的基础上，重新诠释其定义，即在虚拟时代的系统下，将其中具有蓝海价值的取向确定为主导的追求方向。寻找具有导向作用的子系统（行业板块和地区板块）以拉动总系统（主板市场）进行发展。

2. 价值导向的类型

基于系统动力图 7-18 划分的三种类型，即 2 倍快动力、4 倍中动力、4 倍快动力，系统决策分析可以形成的价值导向类型（即人群环）分别是强导向、中导向、弱导向。系统动力对于总市值中的不同心理波幅的导向力是不一样的，如图 7-20 所示。

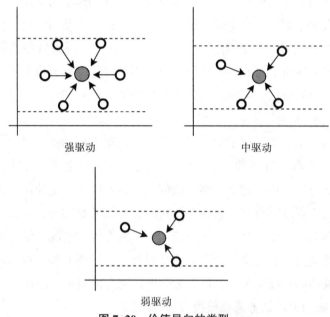

强驱动

中驱动

弱驱动

图 7-20　价值导向的类型

强导向指子系统（行业板块或地区板块）在系统内部具有强大的引导力量。当具有强导向力的板块出现时，就会产生巨大的力量并且迅速拉动其他系统内部的板块，使得整体系统具有强动力，推动主板市场进行上涨。

中导向指子系统（行业板块或地区板块）在系统内部具有较强的引导力量。当具有中导向力的板块出现时，就会产生较大的力量并且迅速拉动其他系统内部的板块，使得整体系统的动力相对稳定。

弱导向指子系统（行业板块或地区板块）在系统内部具有次强的引导力量，一般是指推动一个事物时仅仅只有一个方面且动力小，使得整体系统发生改变。行业板块和行业板块产生的导向力量往往薄弱。

3. 价值导向的一般情形

虚拟时代蓝海价值是以股价为研究对象所形成的。股价的每一次上涨都离不开系统动力的导向，系统动力股价指数主板板块的上升情景是基于价值导向中强导向、中导向、弱导向的三种形态。虚拟时代投资人都希望自己所投资的证券板块的价值导向产生极强的拉动力，并在全球范围内不断提升，长期发挥作用，成为存在蓝海价值的板块。但板块的心理承载究竟多大，价值导向所产生的拉动力是主要影响因素。在系统动力的使用过程中，由于导向力不同，投资人心理承载的证券总市值与心理波幅方向不同，主要有三种不同的证券总市值情形选择。分别是证券总市值价值导向拉动力最强，证券总市值价值导向拉动力较强，证券总市值价值导向拉动力次强。

情形 1：如图 7-21 所示，证券总市值价值导向拉动力最强，心理承载的波幅范围较大。

特点：系统动力价值导向的拉动力最强，速度最快，相对损失时间最短，相对价值增长空间大。

优点：此处动力拉动力最强，速度最快，使得证券市场板块可在较短时间，实现最大化相对价值创造。

缺点：由于此处动力最为强劲与快速，对于投资人来说反应必须快速，否则这个循环短期就会完成，板块轮动较快，无法有效把握板块轮动，2005~2007 年中国 A 股主板 1 年半时间完成主板增值，只能坚守蓝海价值行业板块创造价值。

要求：需要不断加强和坚守自身的价值投资系统动力，不宜盲目转换板块系统动力，错误追随人群而耽误时间。

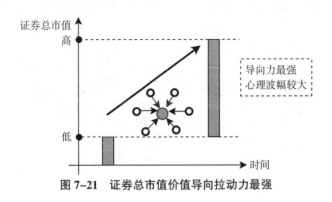

图 7-21　证券总市值价值导向拉动力最强

情形 2：如图 7-22 所示，证券总市值价值导向拉动力较强，心理承载的波幅范围适中。

特点：系统动力价值导向的拉动力较强，相对时间损失为中，相对价值增长空间较大。

优点：系统动力相对强劲而稳健，使得证券市场板块轮动在中等时间实现价值创造，板块动力轮动明确，实现最大化板块相对价值创造。

缺点：需要一定的时间等待作为心理波幅价值创造的过渡阶段，出现板块的大幅调整，时间损失较长。

要求：需要一定的耐心，使系统动力发挥到最大，尽力增强系统动力。

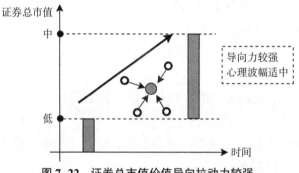

图 7-22 证券总市值价值导向拉动力较强

情形 3：如图 7-23 所示，证券总市值价值导向拉动力次强，心理承载的波幅范围较小。

特点：系统动力价值导向拉动力次强，时间最长，相对时间损失长，相对价值增长空间中等。

优点：动力小一些，但时间长，相对稳定，也没有板块的大起大落。

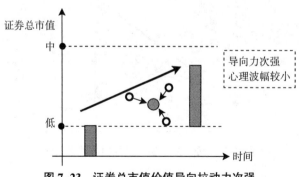

图 7-23 证券总市值价值导向拉动力次强

缺点：速度比情形一慢，空间比情形二小，容易成为不被人们重视的情形，在短期实现大幅增值的时机已经过去，需要极强的耐心，才能实现蓝海价值创造，美国2009~2019年的牛市就是典型的系统动力价值创造。

要求：选择跟随系统动力次强的板块，保持持久的耐心，防止跟随系统动力弱的板块。

4. 价值导向的影响因素

价值导向作为系统动力的核心内容，对于证券板块增长具有举足轻重的作用，因此探究价值导向的影响因素具有必要性，分别从以下八个方面进行具体分析。

（1）GDP增长。国民收入水平的高低直接影响投资者在使用动力时的价值导向的强弱以及大小。经济增长是促进社会经济发展的手段，通常情况下都用GDP来度量。GDP增长率直观反映一个国家或地区的经济究竟处于增长还是衰退阶段，从这个数字的变化便可以观察到。一般而言，GDP公布的形式不外乎两种，以总额和百分比率为计算单位。当GDP的增长数字处于正数时，即显示该地区经济处于扩张阶段；反之，如果处于负数，即表示该地区的经济进入衰退时期了。GDP的高低决定投资者分配自己所得的自由度。国内生产总值高时，国内经济发展向好，国民收入水平相应提高，国民收入水平高的人在投资时会更有底气，因为他们是在保证了基本生活的前提下使用剩余的系统来进行投资的，因此他们承载的成功或失败，无论损益如何都不会太影响自身及家庭的基本生活水平。国家统计局公布数据显示，中国经济运行继续保持在合理区间，延续总体平稳、稳中有进的发展态势。截至2019年6月，国内生产总值450933亿元，同比增长6.3%，在全球主要经济体中名列前茅。

（2）资本结构。资本结构通过影响投资者的价值导向的大小，进而影响投资者的投资动机。资本结构是指企业各种资本的价值构成及其比例，也称之为企业融资结构。合理的融资结构可以降低融资成本，发挥财务杠杆的调节作用，使企业获得更大的自有资金收益率。它反映的是企业债务与股权的比例关系，它在很大程度上决定着企业的偿债和再融资能力，决定着企业未来的盈利能力，是企业财务状况的一项重要指标。可见，一个企业的资本结构对于其吸引投资者进行投资有着举足轻重的影响。

资本结构可以根据不同的环境进行动态调整。以Fischer、Heinkel和Zechner（1989）等为代表的动态资本结构理论认为，公司存在最优或者说目标资本结构，当资本结构偏离目标水平时，公司的实际负债率低于（或超过）最优负债率，提高（或降低）负债率将有利于增加公司价值，即趋向目标调整资本结构的收益为正。但由于资本市场摩擦等因素的存在，公司调整资本结构会产生一定的成本，因此，只有当调整收益超过调整成本时，公司才会对资本结构进行目标调整，而调整速度的快慢取决于调整收益和调整成本的大小。

关于资本结构对投资行为的影响，现有的理论研究结论并不一致。随着负债比率的提高，股东有动力进行投资，因为一旦投资失败，成本由股东和债权人共同承担；而投资成功，收益全部归股东。这样，随着负债比率的提高，企业的投资水平可能增加，这是一种债权的代理成本（Jensen and Meckling，1976）。当企业的债务比率较高时，企业可能会投资不足（Myers，1977）。实证研究结论则比较一致，大多发现负债比率的提高会抑制企业投资（Giaccotto and White，2013；范从来和王海龙，2006；童勇，2008；许文强和唐建新，2015）。由此可见，资本结构对于投资者的价值导向产生一定的影响，投资者根据企业的资本结构情况进而作出投资决策。由于投资者有其不同的投资理念，进而作出不同的投资行为，因此不能具体给出一个恒定的资产结构比例，来确定在这一比例时投资者是否做出投资行为。

（3）国家政策引导。国家政策对投资者投资行为具有引导作用。而股市宏观上的大起大落一定是微观上投资者行为及其策略选择的集合反映，已经被人们广泛认可的行为金融学抛弃了现代金融理论的"有效市场假说"和"理性经济人"假设，它认为投资者并不总是以理性的态度做决策，其行为受自身固有偏差和外界环境的干扰。在证券市场，政策的引导影响着投资者的心理承受的心理波幅范围，继而对投资者的行为影响甚重。

利好政策市场的国家政策出台会扩大投资者的心理承受范围。当上市公司经营业绩普遍下滑时，往往会引起投资下降、国内需求不足和失业率居高不下等情况。很明显，没有哪个政府希望社会动荡不安，因此会采取维持证券市场稳定也是维持社会稳定的良好举措。所以，政府会经常出台利好证券市场的政策来提升投资者信心，防止资产大量从证券市场流失，政府对证券市场在特殊情况下的干预会使得大部分投资者在内心形成稳定的心理承受力，这样投资者的心理波幅就受到了政府行为的影响。在这种情况下，政府会将注意力转向证券市场，于是会出台对证券市场支持的政策以吸引企业上市和吸引投资者进入市场，政府各职能部门也会采取措施，扩大资金入市渠道，鼓励投资者投资证券市场。

国家政策总共划分为三类：货币政策、财政政策以及证券市场的具体政策。其中，证券市场的具体政策对证券市场的作用尤为显著。证券市场的具体政策是指根据证券市场的发展要求而出台的一些针对证券市场的行政手段、经济手段、新闻手段、政策法规以及市场交易制度变化等，如重要新闻媒体所发表的社论、证券法和投资基金管理办法的颁布、涨跌停板制度的实施等。证券市场具体政策是根据证券市场具体运行情况推出的，它直接影响证券市场的短期走势，进而影响投资者的短期投资行为。一方面，当证券市场过热时，证券市场管理层就会推出相应的压市政策，通过这些利空政策的出台影响投资者对证券市场后市下跌走势的预期，进而影响投资者采取短期的消极投资行为；另一方面，当证券市场过冷时，证券市场管理层推出托市政策，以这些利好政策影响投资者对证券市场后市上升走势的预期，进而影响投资者采取短期的积极的投资行为。

（4）稳定的政治环境。稳定的政治环境有利于增强投资者的价值导向的强度。政治环境就是指一个国家或地区在一定时期内的政治大背景，是特定政治主体从事政治生活所面对的各种现象和条件的总和，可相对地划分为政治体系内环境（包括政治资源、政治模式、政治局势等）和政治体系外环境（包括自然环境、社会环境和国际环境等）。比如说政府是否经常换动，政策是否经常变动等有些抽象。政治环境是各种不同因素的综合反映，诸如国内危机，针对商业的恐怖主义行动，以及国家之间在特殊地区的冲突，这些问题可能偶尔发生，也可能经常发生。政治环境包括政治体系存在和从事政治活动、进行政治决策的背景条件的总和。

安定团结的政治局面不仅有利于经济的发展和人们收入的增加，而且影响到人们的心理状况，导致市场需求发生变化，规定了国民经济的发展方向和速度，也直接关系到社会购买力的提高和市场消费需求的增长变化。一个国家的政局稳定与否，会对本国的投资环境带来重大的影响。若一个国家的政局稳定，则对此国的证券市场环境的稳定得以保证，则投资者的价值导向扩大。此时，将会有利于投资行为的产生。相反，政局不稳、社会矛盾尖锐、秩序混乱，就会缩小价值导向的方向范围，影响经济发展和证券市场的稳定，致使投资行为减少。

（5）货币的可兑换性。可兑换货币是"可自由兑换货币"的简称。可以自由兑换成外国货币，并能在对外贸易和非贸易经济往来中用作国际结算支付手段的货币。可兑换货币的发行国通常对其货币用于国际收支经常项目和资本项目的支付不采取限制性或歧视性措施，不实行多重差别汇率制，并且在其他国家的要求下，有义务随时以对方可以接受的货币或黄金换回对方经常项目往来中所结存的本国货币。金本位制度下，各国货币一般都可以自由兑换。金本位制崩溃以后，由于出现国际收支危机，许多国家对本国货币的兑换加以限制。

实现自由兑换的货币有诸多好处。首先，货币自由兑换可以塑造一国良好的对外开放形象，增进此国与国际社会进行政治与经济交往的需要。其次，货币自由兑换可以使一国的外汇管理体制与国际惯例接轨，基本满足国际货币基金组织与世界贸易组织的要求。再者，货币的自由兑换可以改善外商投资企业的投资和经营环境，扩大引进外资规模的需要。当外资大规模进入一个国家时，则要求该国存在更为开放、公平的市场经济，也要求一个自由宽松、平等竞争的金融环境。最后，货币的自由兑换有利于进一步增强国民对人民币币值稳定以及国家改革开放政策的信心。实现货币的自由兑换，进一步放松外汇管制，意味着政府对开放型经济的驾驭能力日益增强，并树立政府坚定不移地实施改革开放政策的良好形象。由此可见，货币的可兑换性对虚拟时代系统动力价值导向有着重要的意义，是把控价值导向强弱的重要国际经济导向。

（6）适量的国际储备资产。国际储备资产是一国为维持国际收支平衡而持有的用于对外支付，并维持本国货币汇价稳定的黄金和外汇资产的总和。它是一国经济实力的标志，也体现清偿能力和资信的高低。一国的储备水平主要取决于特定时期的经济发展水平和发展目标。目前，国际上通常采用一国 3 个月的进口额（即全年进口额的 25%）作为确定适度国际储备量的标准，一国的国际储备应与该国的进口额保持一定的比例关系，以 40% 为标准、以 20% 为最低限。如果该比例低于 30%，就必须对国际收支进行调节（特里芬，1960）。

当一个国家在国际交易中出现出口减少或因特大自然灾害以及战争等突发情况而造成临时性国际收支逆差，而这部分逆差又无法依靠举借外债来平衡时，人们首要的选择就是动用国际储备来弥补此逆差。这样，既可维护该国国际信誉，又可避免事后被迫采取诸如限制进口等措施来平衡逆差而影响该国经济的正常发展。此时，运用部分国际储备来平衡逆差，会减缓逆差国政府为平衡国际收支而采取的一些剧烈的经济紧缩政策对国内经济所产生的负面影响。国际储备在此可以起到缓冲作用。但是，如果一国国际收支出现根本性的不平衡，动用国际储备并不能彻底解决问题，相反，会导致国际储备的枯竭。因此，当一国经济因政策失误或经济结构不合理而造成国际收支续性逆差时，对包括外汇储备在内的储备资产的动用，必须谨慎进行。

　　为了使得系统动力证券总市值价值导向的心理波幅范围不断放大，必须认识储存一定的国际储备资产这项国际导向的重要意义，因为一个国家有足够的国际储备资产，才能使国际社会中的各国敢于将动力加到该国，一旦动力开始发挥作用，便有更多的资金流入，那么该国的价值导向心理波幅范围也就因此被放大，这就是国际投资机构的认可能够作为国际导向的逻辑。

　　（7）新型国际关系。国际关系是国际行为主体之间关系的总称。包括政治关系、经济关系、民族关系、军事关系、文化关系、宗教关系、地域关系等。其中，国际政治关系又是最重要和最活跃的关系，与政治密切相关的经济关系是最基本的关系。美国国际关系专家汉斯·摩根索和法国的雷蒙·阿隆认为，国际关系就是国际政治，二者等同。西方一些学者将国际关系中的外交关系与军事关系视为"硬政治"，视经济关系为"软政治"（陈小鼎和王亚琪，2013）。在贸易保护主义愈演愈烈的今天，以相互尊重、公平正义、合作共赢、共享共建为原则全方位构建中国与其他国家的新型国际关系，是应对"逆全球化"思潮的中国主张，有助于维护贸易自由化的秩序，推动国家的全球化发展。

　　构建新型国际关系就是要建立起一种维护全球化、自由化的公平新秩序，让每个国家都能享受到全球化发展的红利，通过合作共赢，国家间经济交往排除零和博弈的弊端，形成经济学中"帕累托改善"的状态。在资源配置中，如果至少有一个人认为方案 A 优于方案 B，而没有人认为 A 劣于 B，则认为从社会的观点看亦有 A 优于 B。这就是所谓的帕累托最优状态标准，简称为帕累托标准。从而维护各国的经贸发展利益，这势必将获得世界广大国家尤其是发展中国家的拥护和支持，结成更广泛的统一战线反对贸易保护主义、单边主义、利己主义，推动公平正义的国际经济治理机制的建立，夯实维护贸易自由化的基础。国际上的各国都应该加快新型国际关系的建立，当一国在国际上与各国保持互惠合作的国际关系时，则该国的系统动力价值导向的心理波幅范围就大。国际关系的影响使得国际政策导向所形成的推动力不断放大心理波幅，使得证券总市值不断上涨，保持领先地位。

　　（8）良好的国际形象。全球化时代，国际形象作为一项国家政治导向，对价值导向的心理波幅范围的产生有着重要影响。国际形象在国际交往中的利益紧密关联，并且对其国家声誉和威望也有较大的作用。国际形象指的是国际社会公众对该国有形表象、精神内涵和国家行为及其结果的总体评价。管文虎（2000）指出：国际形象是国际社会对一个国家政治、经济、社会、文化、外交与自然要素的综合认知与评价。该定义将国际形象与国家形象区别开来。国家形象是一个综合体，它是国家的内外部公众对国家本身、国家行为、国家的各项活动及其成果所给予的总的评价和认定（管文虎，2006，2007）。

随着信息透明化程度的提升，诸国也在不断地加强其自身形象的建设。中国作为新兴市场中的代表性国家，需要化解由于实力的不断增强，尤其是经济实力与军事实力的增强而带来的他国的误解与疑惑，消除他国对中国发展和强大产生的恐惧情绪。例如，当前中国积极推进的"一带一路"建设，亚洲基础设施投资银行都是中国积极参与地区经济社会建设的表现，能够有效带动区域共同发展，共享科学技术进步的成果，塑造负责任的大国形象，提升中国的国际形象。良好的国际形象有助于扩大系统动力的价值导向与心理波幅范围，当一国的国际形象在全球得到认可，该国就会吸引全球动力不断注入，推动该国的全球化发展。

（三）保持系统动力证券总市值不断增大的四种方法

为保持系统动力证券总市值的不断增大，可以在系统内部和系统外部寻求系统动力，有四种方法，分别为价值发现、价值重现、价值重构和价值重塑。这四种方法分别适用不同的情形，共同产生作用，利用这四种方法可以不断放大板块的系统动力，增加心理波幅的宽度，实现蓝海价值的创造。

方法一：价值发现——该系统内部板块进入历史高位，寻求新的动力。

在系统内部存在着价值或可投资的机会，只需要去寻找发现具有新导向的子系统，就可以实现增值。当证券大盘上升至一个制高点停驻不动，但还存在着上涨的机会时，需要在组成大盘的指数板块、行业板块和地区板块中，寻找具有新动力的板块，由此板块继续带动大盘上涨。

当一个板块相对价值的证券总市值开始处于中等水平，但逐渐上升到较高水平时，这时心理承载只有向上的部分，当这种情况出现时，需要耐心等待并跟随倍增的时刻，因为倍增是一个类似转折点的时刻，向上或向下移动均是在此时刻开始。当发现已经达到倍增时，需要继续等待上行空间，不能盲目放大心理波幅，需要等待，寻找新导向，因为心理承载还有向上的空间，极有可能继续向上直到实现成倍，如图7-24所示。一旦成倍实现，那么正向心理波幅便达到上确界也就是到顶，之后便需要进一步的判断。

方法二：价值重现——该系统内部板块曾经占领高位，重新超过过去。

在系统内部存在着再次出现价值增长的空间和时机的趋势，系统内部的子系统的动力都不再强劲时，经过一段时间的调整，需要创造价值，迸发新动力，使

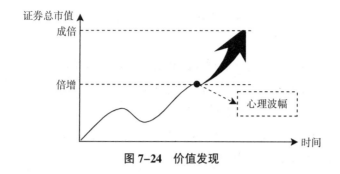

图 7-24　价值发现

原先系统重新焕发活力，重新实现板块原有价值。当证券大盘上升至一个制高点而不再进行上涨，甚至有可能下跌时，需要在组成大盘的指数板块、行业板块和地区板块中，创新动力板块，由此板块继续带动大盘上涨。

此时大盘板块的心理波幅存在倍减、成倍减和倍增、成倍增不同发展方向的情况。当发现板块已经达到倍减时，即处于最低端。首先，封住下行空间，即封住负向心理波幅倍减范围，防止出现低于心理波幅下确界的情况，因为一旦出现低于心理波幅时，就难以判断出探底的程度。也就是说，对于低位的把握具有更大的不确定性。

其次，需要创新系统动力。产生新动力打开大盘板块的上行空间，即打开正向心理波幅成倍和倍增范围，使得心理承载的方向能够快速改变，将负向心理波幅的作用转化为正向心理波幅来发挥作用。当心理承载开始向上移动时，把握成倍增时机便成为关键内容，因为开始成倍增的时刻便是正向心理波幅的开始，而一旦心理承载开始向上移动，就要指导其向成倍增实现点不断向上，当实现成倍增时，对于整体来讲便同时实现成倍，如图 7-25 所示。

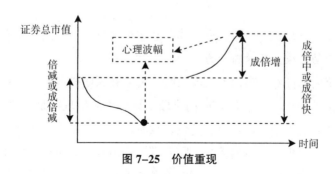

图 7-25　价值重现

方法三：价值重构——不同系统进行重构和组合，核心证券总市值占据领先地位。

价值重构指不同系统进行重新构建和组合。这时系统内部已无法带领证券大盘继续上涨，就需脱离系统内部转向系统外部（可能依然在一个大系统内）进行重新整合。板块的核心证券总市值远超世界各国，达到一定的水平，不断挖掘各种新的价值导向，并使该板块的核心金融衍生品不断创造蓝海价值，寻求正向倍增、成倍、百倍波动幅度放大的时机。

当一个板块内的证券总市值正在经历高位时，要想继续保持证券总市值的心理承载放大，心理波幅范围扩大，就必须保持该板块的相对价值证券总市值不断放大，相对价值的高低是实现蓝海价值的标志。这时需要对不同系统进行重新构建和组合，每次价值进行倍增后，应进行适当的调整，加入新的系统动力，总市值又开始成倍增，不会出现负向心理波幅，通过相对价值上升，带领和影响整个板块的证券总市值，如图 7-26 所示。

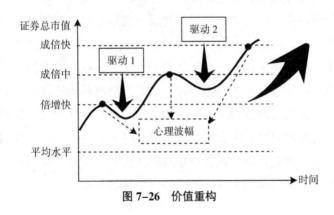

图 7-26　价值重构

方法四：价值重塑——系统内部证券总市值增值动力不足，重新塑造一个新的板块，是带动主板上涨的新动力。

当该系统内部证券总市值不再增长时，需要在系统外部寻求价值创造，进行系统重塑，创造新的系统价值。如创业板、科创板的出现都是价值重塑的表现，一个板块的证券总市值以前经历过高位，没有超过过去的上行正向倍增心理波幅空间范围，就会寻求下行负向倍减空间心理波幅范围。在进行系统重塑后，确保主板系统资产心理波幅在一定的范围内波动或者超过过去，焕发主板系统的动力和活力。

由于此时板块所处的心理承载只有向下的部分，在这种情况出现时，便需要跟随倍减的时刻。与倍增相同，倍减也是一个类似转折点的时刻。当发现已经达到倍减时，可以不必急于寻求向上空间，而是继续寻求向下空间，如图 7-27 所示，可能需要达到成倍减时，才是心理承载方向由负向正转变的可能性最大也是最佳时机。因此，这里寻求向下空间是为在向下到成倍、百倍减后，寻找新的价值导向，形成正向心理波幅，并且这时向上的价值导向心理波幅范围也达到最大。

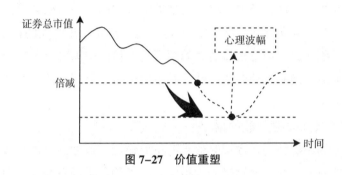

图 7-27　价值重塑

四、心理承载的扩大和调整

（一）心理承载调整的类型：主动和被动

对于虚拟时代来说，心理承载的调整分为主动和被动两方面。主动调整是指通过系统动力自行调整，对相对价值资产的总市值变动方向产生影响。被动调整指顺应国际国内、证券总市值的心理波幅波动情况，是由国际、国内证券总市值的一般规律决定的方向性变动，但被动调整往往出乎投资人的意料，必须谨慎应对。

主动调整是指通过系统动力自行加强，对证券板块金融衍生品的价格变动方向产生影响。如 2018 年央行的三次降准，释放万亿资金，重大利好股市，为 A 股带来反弹机会。首先针对银行板块，根据收集数据得出，降准 0.5% 会提升银行利润增速 0.6% 左右，并且不同性质的银行差距不大，大行增速提升 0.5%，股份行提升 0.7%。由此可见，降准会提升银行整体盈利能力，阻止银行这个子系统下行的压力。每一个虚拟时代的国家都要在国内、外利用创新价值导向，主动调整系统动力的心理承载的波动幅度。主动调整可能成功，也可能失败，具有极大的不确定性。如 2015 年中国股市在 5178 点主动调整，导致股市大幅下跌，大盘指数下跌幅度之大和速度之快，超出人们的心理承载；虚拟时代每一个国家自身必须勇敢地放大心理承载的波动幅度，从而吸引全球投资人进行跟随。

被动调整指的是顺应国际国内证券市场金融衍生品价格的情况，是由国际、国内金融衍生品价格的一般规律决定的方向性变动。如 2008 年全球性经济危机，肇始于美国，进而影响中国的市场；被动调整往往出乎投资人的意料，必须谨慎应对。系统动力的被动调整是由于心理承载发生巨大变化，在投资人意料之外，引起证券总市值的负向心理波幅大幅波动，如中国与美国出现贸易摩擦、中兴通信事件，股价产生下跌，必须寻求解决之道，被动调整的国家必须积极应对。变被动为主动，寻求价值导向，被动调整是时间和空间变化最大的价值投资机会，会努力放大系统动力证券总市值的波动幅度。如目前中国股市正在历史低位，可以寻求价值突破，没有被动调整，就没有主动应对，科创板就是主动应对形成的新的系统动力。

（二）适度提高心理承载的幅度

系统动力的正确使用在虚拟时代具有重要作用，适度的心理承载不仅能够提高资金的配置效率，而且能够带动虚拟资产、直接促进经济增长，但如果动力使用不当、超过心理承载相对价值证券总市值心理波幅范围，则会造成信用违约频发、金融机构不良贷款陡升、资产价格崩溃，最终导致金融危机的全面爆发。如何把控好心理承载，并且能够扩大系统的心理承载，使其在一个合适的心理波幅范围下发挥最大的作用，是投资人最为关键和重要的内容。

想要适度提高心理承载的幅度，主要是围绕价值导向形成的系统动力，有三个步骤。第一步，寻找影响系统动力心理承载的价值导向，控制心理承载的核心是了解影响心理承载的关键价值导向指数板块和行业（地区）板块（见图 7-28），影响动力心理承载的导向因素可划分为国内价值导向和国际价值导向。第二步，围绕价值导向板块和关键导向板块，系统动力的产生可以落脚到具体的行业板块，具有系统动力关键价值导向的板块是由于国家和地区不同、系统动力的板块不同。第三步，选择对应的提高方法。对应体现不同特征的价值导向板块选择相对应的方法，从而在适度的范围内提高心理承载的幅度，具体参照保持系统动力证券总市值不断增大的四种方法。

影响系统动力心理承载的价值导向，主要分为国内价值导向和国际价值导向各 3 个方面，如图 7-28 所示。国内价值导向和国际价值导向各分为指数板块导向、对策板块导向和行业（地区）板块导向。

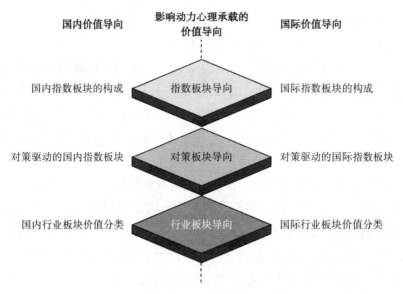

国内价值导向　　　影响动力心理承载的　　　国际价值导向
　　　　　　　　　　　价值导向

国内指数板块的构成　　指数板块导向　　国际指数板块的构成

对策驱动的国内指数板块　　对策板块导向　　对策驱动的国际指数板块

国内行业板块价值分类　　行业板块导向　　国际行业板块价值分类

图 7-28　影响动力心理承载的价值导向

指数板块价值导向。一个国家的指数板块是否具有导向性，影响投资人投资，只有充分显现指数板块内部的价值导向，才能让投资人进行指板块数的系统动力，进行有效投资。

国内导向：中国国内指数板块构成分为主板、中小板、创业板、新三板以及科创板。每个股票板块内部都存在具有关键价值导向的板块，从而会形成 2 倍、4 倍或者 8 倍的指数板块上涨空间，由此会决定投资人的投资意愿，从而会影响投资人的心理承载的幅度，主板代表国内基础工业、蓝筹工业、重要工业的价值导向；创业板代表创新、创业的价值导向；科创板代表技术领先的价值导向，使得不同的人群投资跟随，价值导向的力度会影响心理承载的幅度，科创板发出科技创新的导向，该指数板块空间会明显放大。

国际导向：虚拟时代国家指数板块的构成由每个国家最具价值导向的指数板块、行业、地区板块构成，板块价值导向强弱会直接影响投资人对于该国的投资意愿，证券投资人会将每个国家的指数板块进行分析，寻找具有强导向力的指数板块，往往以 2 倍、4 倍或者 8 倍的涨幅，进行衡量指数板块是否具有强的导向力，进而影响全球投资人的心理承载，导向力越强则能吸引更多投资人跟随，获得更多的资金流入。

对策板块价值导向。对策板块是与人气营商相对应的币值对策、金钱对策和权力对策驱动的价值指数板块，也是为了使投资人能够充分选择进行有效投资，系统动力围绕的是金钱对策驱动的价值指数板块。

国内导向：金钱对策驱动的指数板块是为了检验指数板块的价值导向、系统动力的加入创造价值的效果，并形成 2 倍快超过以及 4 倍快超过的系统动力，金钱对策和系统动力结合下的指数板块会形成 8 倍中价值增值。分辨股市上涨是上海主板指数板块，还是深圳主板指数板块价值导向，未来还有创业板指数板块，还是其他指数板块价值导向，值得投资人运用在金钱杠杆对策下的系统动力指数板块进行研究，金钱杠杆的驱动同样会提高所有板块投资人的心理承载。

国际导向：金钱对策的运用能够驱动国际指数板块和行业、地区板块上涨，形成 2 倍快超过或 4 倍快超过的上涨趋势。而在国际上不同板块的价值导向的力度，是不同国家金钱对策运用的效果，这样的系统动力会影响投资人的心理承载，资金会流向指数板块系统动力强的国家，决定一个国家在虚拟时代的地位，因而对策驱动的国家指数板块导向会影响投资人的心理承载。一个国家既要了解国际指数板块构成，也要丰富和完善国内指数板块加以抗衡，便于证券投资人进行投资，中国创立的科创板就是在国际、国内价值导向的指数板块抗衡中形成的。

行业板块价值导向。行业板块的价值导向才是证券投资的核心。由第二章契合分析可知，行业板块划分为文化价值板块、经济价值板块和社会价值板块，并且在三大板块下可以进一步划分不同的行业。这三个价值板块之间不是一成不变的，在不同的时间会有不同的划分方式，这是由于行业板块随着时代变迁和公众的认知，会划分为不同的价值，行业板块的地位发生变化。具有强价值导向的行业板块是系统动力的根本。

国内导向：在金钱杠杆对策中，系统动力的行业价值板块分类起到承上启下的作用，承上是和人气营商的金钱对策相对应，只有具有强价值导向的行业才能构成系统动力行业板块；启下是与人口营商的圈子核心策略相对应，便于投资人把握行业的核心——龙头价值的投资，如系统动力的行业板块，在系统动力的 2 倍快决策中就会产生龙头个股 4 倍以上的价值投资策略，在系统动力的 4 倍快决策中就会产生龙头个股 8 倍以上的价值投资策略，投资人需要鲜明的行业价值导向，放大投资人的心理承载来吸收资金，从而创造价值。

国际导向：国际行业价值可以帮助国内价值导向的形成与借鉴，同时也有利于国内行业价值导向的鉴别。国内行业板块价值导向是国际行业价值导向的补充与延伸。国际中一些国家的行业价值的导向，国内都应该补充完善，并且增加补充独有的行业价值导向，供全世界的证券价值投资人寻找最强的行业价值导向板块，将行业板块中系统动力达到强劲的效果，如国际的投资银行行业板块是国内投资银行的行业典范，国内必须补充和完善，无法回避和放弃；还有一些行业板块国内无法超越国际其他国家，必须另辟蹊径，寻求创新的行业价值导向成为系统动力，如中国创新高铁行业板块取代美国的飞机行业板块，形成经济价值导向系统动力，就是国际价值导向借鉴的结果。

第四节　系统动力变化的价值创造

一、系统动力的研究对象

本章研究重点是如何决策。系统在虚拟时代的实质是动力，而动力的选择、变化以及运用是一个复杂、动态的过程，远比将系统定义为风险的物质时代复杂得多，没有任何一个时代像虚拟时代这样关心系统动力作用——虚拟为主的时代。虚拟时代是一个可以放大系统动力的影响程度和增加人们财富的时代，研究系统动力其具体表现为全球投资不同主体对于系统动力产生的心理波幅心理承载高低的把握。由此可见，系统动力的研究对象已不再是《人气营商投资理论与实践》的房价、物价和股价"三价"之间的投资转化，而是在"三价"的基础上选取股价作为研究重点，研究股价的成长板块投资和推动股票指数上涨的行业（地区）板块，利用好系统动力在未知的蓝海空间进行虚拟价值创造，迅速积累更多财富。

应阐明人群营商学选择股价作为研究对象的原因。在"三价"中，只有股价才能承载成倍增或百倍增的波动空间，并且不会因为股价的大幅波动而造成恶性后果。若房价发生成倍增或者百倍增的大幅波动，就会给该国的资产带来泡沫，很有可能引发资产泡沫破灭的链状恶性问题。对于关系国计民生的物价而言，更不能出现倍增或者成倍的波动，这可能直接威胁国家政权的稳定和人民的生活。金融衍生品是虚拟时代的特殊产物，只有在虚拟时代，金融衍生品的出现才有其特定意义。金融衍生产品实质是一种金融工具，最常见的金融衍生品有股票、债券、商品期权等。在一个利率、汇率、商品价格自由浮动和国际政治政策风险时时存在的时代中，投资者有必要通过金融衍生品——股价指数板块、行业（地区）板块的波动幅度进行投资，创造相对价值，金融衍生品作为载体，投资者通过投资选定适合的金融衍生品，进而参与到股票板块的投资中。

股票大盘指数与股票投资市场密切相关，大盘趋势用股票指数表示。大盘指数可以科学地反映整个股票市场的行情，如股票的整体涨跌或股票价格走势等。如果大盘指数逐渐上涨，即可判断多数的股票都在上涨，相反，如果指数逐渐下降，即大多数股票都在下跌。股票大盘由众多股票板块组成，股票板块是指某些公司在股票市场上有某些特定的相关要素，则以这一要素命名该板块，其中板块可以是行业、规模、地域、业绩、技术、机构、政策等。在股市中，根据每轮行情的不同，股票板块与股票板块会进行轮动，即并非是某一固定的板块推动大盘指数上涨，而是每次大盘指数的上涨都会出现一个或几个价值板块带领大盘上涨。此时，称新的价值板块为成长板块，具体表现如图 7-29 所示。

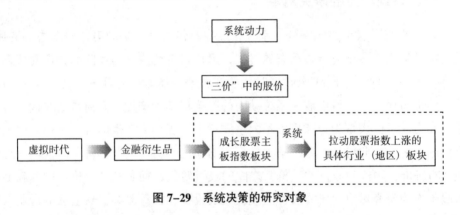

图 7-29　系统决策的研究对象

二、系统动力蓝海价值实现的类型

系统动力形成证券总市值变化的类型以商业社会人气关注的对象为基础。本节研究的重点落脚在房价、股价、物价"三价"的商品品种中，因此系统动力也是以"三价"为基础进行聚焦。根据前文所述，股价指数人群环对于人气对策，系统动力主要有三种典型的动力系统，均对应到"三价"中的股价指数板块和行业（地区）板块的波动。但在现实投资类型选择时却以股价为研究对象，对其股票大盘指数进行投资选择。选择股价的具体原因是只有股价能够承载有成倍增或百倍增的波动幅度，并且也不会因为股价的大幅上涨和下跌而造成恶性后果。如图 7-30 所示，股价、房价、物价"三价"中能够选择的系统动力类型。由图可以看出，只有人气关注的股价在系统动力类型的选择上有可实际应用的全部人群环。然而房价和物价在系统动力的类型的选择上只有少部分可以实际应用，投资人和政府不会像对股价那样宽容房价和物价。图中星号（★）代表投资人对其价格变动的宽容。

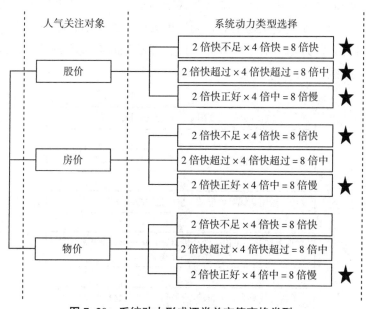

图7-30　系统动力形成证券总市值变换类型

从系统动力形成证券总市值变换类型分析中人群矩阵中九种类型中只有左上角的三个可以称之为蓝海，房价、股价和物价，它们所代表的指数板块和行业（地区）板块只要正确运用人气营商的对策就有可能会实现"8倍快""8倍中"或"8倍慢"的三种心理波幅。但以下两种情况不会发生。情况一：房价出现宽容2倍超过、大幅下跌、4倍超过形成"8倍中"的情况出现。情况二：物价宽容出现快速上涨的"8倍快"，大起大落的"8倍中"。因为情况一发生，将会产生因房地产经济泡沫而导致社会经济白热化，一旦泡沫破灭，可能会出现社会动荡的现象。为避免这种情况发生，就必须在房价超过2倍快时，对于房地产行业实施限制购买、限制价格的政策，避免出现大起大落。房价如此，物价也很容易理解，投资人不会宽容"8倍快""8倍中"的物价路径规划决策。人群营商学选择股价进行研究的道理，就会非常明确。只有股价才能完全实现人群环，这就是人群营商选择股价研究的原因所在。

三、股价板块的系统决策

(一) 系统投资决策选择步骤

对于系统决策来说，系统动力原理主要是说明系统动力在虚拟时代的运作机理。从国家层面来说，正确运用虚拟时代中的系统动力，能够使本国主板指数板块有充足的动力，促进其快速发展，创造更大的蓝海价值，进而吸引其他国家证券投资人进行人群跟随。对于投资人来说，证券化的系统动力投资决策步骤一共分为5步，如图7-31所示。

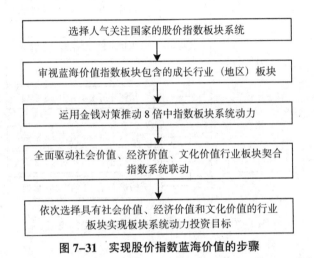

图7-31 实现股价指数蓝海价值的步骤

第一步，选择人气关注国家的股价指数板块系统。对投资人来讲，选择一个值得投资的股价板块十分重要，如果该股价板块不能够在较短的时间内完成相对价值的增值就不是最佳的投资对象。因此，需要选择被投资人人气关注国家的股价板块系统，根据人气营商学理论，只有受到全球关注的国家，其"三价"人气线才能够聚焦大量的人气，此时股价的波动才是系统动力研究的重点对象。对于投资人来讲，应选择被人气高度关注的比较价值国家和地区（目前是中国和美国）来确定的股票指数的系统动力，即确定系统动力最为充足和强劲的股票指数投资标的。

第二步，审视蓝海价值指数板块包含的成长行业（地区）板块。选择最合适的指数板块系统动力，就是具有蓝海价值判断的系统动力，需要结合该国实际情况，结合人气营商学中人气、币值、金钱和权力四个对策来审视一国股票指数板块蓝海价值人群环，是投资人的确定性投资选择。但在蓝海价值指数板块选择的过程中，必须契合该指数板块包含的成长行业（地区）板块，没有可契合的成长行业（地区）板块，衍生品蓝海价值指数板块投资无法落地，契合理论是本书的核心内容和章节。股票蓝海价值指数板块与成长行业（地区）板块共同作用，是系统动力决策的前提。

第三步，运用金钱对策进行 8 倍中指数板块系统动力，是系统动力层析性分析与人气营商学金钱杠杆对策的结合。一个国家指数板块组合比较复杂，把握对策驱动是判断指数板块成长的核心，金钱杠杆对策驱动的指数板块从币值平台对策、权力契约对策演进而来，金钱杠杆对策驱动的指数板块，系统动力决策最为明确，如权力契约对策对应驱动的指数上涨是组合优化决策、币值平台对策对应驱动的指数上涨是路径规划决策。根据前文所述，了解金钱杠杆对策驱动的指数板块，系统动力会扩大心理波幅的宽度。现有与币值对策、金钱对策、权力对策相对应的三种典型心理波幅人群环推动成长指数板块。币值对策与路径决策形成 8 倍快的人群环，金钱对策与系统决策形成 8 倍中的人群环，权力对策与组合决策形成 8 倍慢的人群环，如图 7-32 所示。

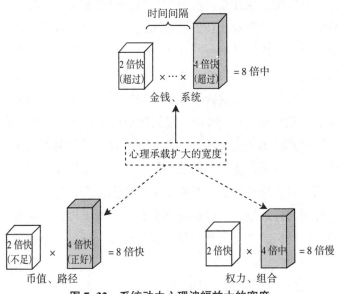

图 7-32　系统动力心理波幅放大的宽度

第四步，全面驱动社会价值、经济价值、文化价值行业（地区）板块契合指数系统联动。对应指数蓝海价值 8 倍中的系统动力决策，行业（地区）板块与指数板块的契合显得尤为重要。根据系统动力所包含的 2 倍快动力与 4 倍快动力的动力特征，有能力同时对社会价值板块、经济价值板块以及文化价值板块进行驱动。"社会价值—经济价值—文化价值"所对应的价值品种分别是"房价—物价—股价"。分别驱动三个行业（地区）板块的价值来主动契合指数系统动力。在第二步中已经提到，契合是本书中最为核心的部分。系统决策与三个价值所在的行业（地区）板块都非常契合。在蓝海价值指数板块的规划中，必须契合的是所在指数板块中包含的成长行业（地区）板块。在文化、经济、社会三种价值板块中，社会价值板块是契合 8 倍中指数路径规划的首选，依次对经济价值行业板块、文化价值行业板块进行投资。如果没有社会价值、经济价值和文化价值行业板块的动力导向，8 倍中的指数动力系统很难迅速实现，社会价值行业板块的契合，必然产生 4 倍及以上的龙头股进行人口营商投资。同时比较明确的是，系统动力决策不同于路径规划决策、组合优化决策契合的优先行业（地区）板块，后面章节会详细介绍。

第五步，依次选择具有社会价值、经济价值和文化价值的行业板块实现板块系统动力投资目标。在确定对社会价值板块、经济价值板块和文化价值板块进行动力驱动后，需要依次寻找社会价值板块、经济价值板块和文化价值板块来契合指数板块的系统动力。首先对社会价值板块进行系统动力投资。快速实现行业板块的 2 倍快超过和 4 倍快超过增值。其次对经济价值板块进行系统动力投资，此时的文化价值板块可能配合社会价值实现 2 倍快指数板块增值。最后对文化价值板块进行系统动力投资。在指数板块实现 4 倍快超过增值时，首先驱动经济价值板块，其龙头股可能实现百倍（8 倍）慢的价值增值，后续社会价值板块、文化价值板块也会紧跟其后实现快速增值，龙头股实现 8 倍增值，这也是系统动力的重要目标。迅速投资三种行业价值板块的龙头，实现系统动力目标的行业板块方式选择各有不同，需要投资人决策明确的相对价值社会、经济、文化行业板块及其龙头，同时运用契合理论、人群跟随理论和人口投资理论，实现股价指数蓝海价值路径规划投资目标，契合指数路径规划的行业（地区）板块及其龙头股，这就是最优的系统动力决策。

（二）系统动力股价板块的投资决策

虚拟时代系统动力决策是投资人利用系统动力进行的板块投资决策，综合反映在所投资的行业（地区）指数板块心理波幅的宽度。本书中，系统动力的投资对象不再是《人气营商投资理论与实践》的房价、物价和股价"三价"之间比较价值的投资品种的人气关注转移，而是在股价基础上把指数板块、行业（地区）板块契合作为本书的研究重点。据此，系统动力决策总结出三个要点以及系统动力形成的心理波幅宽度。无论投资一个国家，还是投资在证券市场的某一板块，都要依据不同情况调整指数板块的心理防线，使股价相对价值创造的波及范围广，时间损失短，形成8倍中的人群环。不仅可以带动主板市场上涨，还可以带动其他次板进行上涨，如科创板等。最终反映在证券市场的某一具体行业（地区）板块的股价上，形成最终的系统动力决策。系统动力股价决策的选择流程如图7-33所示。

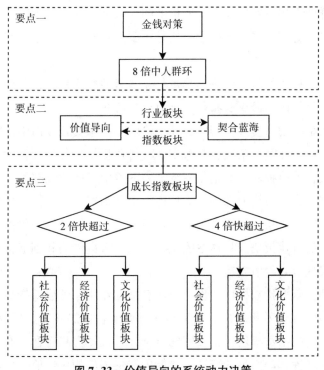

图7-33 价值导向的系统动力决策

要点一：在金钱对策、系统决策的共同作用下，形成与人群理论一致的8倍中蓝海价值人群环。

系统决策基于《人气营商学》中的金钱对策，二者具有相当密切的关系，系统决策是金钱对策的传承与延续。在虚拟时代的指数板块中，当金钱杠杆运用于股价、产生系统动力时，才可形成与人群理论一致的8倍中蓝海价值人群环。投资人寻找适当的主、次指数板块进行投资。股价指数板块系统动力不仅影响证券市场的发展状况，还深刻影响虚拟时代该国的相对价值创造。

系统动力所产生的心理波幅，创造 2 倍快超过 ×4 倍快超过（存在时间间隔）＝8 倍中蓝海价值人群环。心理波幅的扩大，系统动力对股价指数影响快而直接。由《人气营商学》中的金钱对策可知，金钱杠杆一旦作用于股价，产生的股价指数板块心理波幅扩大的宽度对于股价的影响作用最为凸显。在短时间内吸引大量资金流入股市，此时，人们就会寻找适当的主、次指数板块进行系统动力决策，同时提升心理承载，产生蓝海价值指数板块上涨，连续实现"2 倍快超过"×"4 倍快超过"＝"8 倍中"的人群环，2 倍与 4 倍存在时间间隔。所以，系统动力形成与人群理论相一致的具有蓝海价值的人群环，由于一个国家股价指数板块也比较多，寻找适当的主、次指数板块是重要的系统决策，也是契合理论研究的重点。

要点二：系统决策的价值导向确定契合蓝海的行业板块，契合蓝海反向确定指数板块的价值导向，因成长指数板块的变动而异。

首先，在系统动力发挥作用中，运用价值导向来契合 8 倍中指数人群环系统动力的行业板块。在第二章契合蓝海中，将行业板块划分为社会价值板块、经济价值板块和文化价值板块。无论是系统动力的价值导向的强驱动、中驱动还是弱驱动，都是推动指数板块上涨的三大价值板块。当然，三大价值板块作为系统动力是依次轮动的，一是推动社会价值行业板块；二是推动经济价值行业板块；三是推动文化价值行业板块。具体原因见要点三。人们借助和创造价值导向，提升系统动力，实现蓝海价值创造。

其次，契合蓝海指数板块的价值导向有推动作用，即成长指数板块的价值人群环。契合蓝海在证券板块中，指数板块是股票板块的核心。指数板块非常多，选择具有成长性的指数板块，是投资的首选。系统动力只有在具有成长性指数板块中价值导向发挥其动力足的特征，才能创造更多的相对价值。由于证券市场的成长板块的变动，导致系统决策推动三大价值顺序不同，投资人从不同的指数板块中确定出契合蓝海相应的行业板块。

最后，契合蓝海的指数板块并非固定不变。当契合的主板失去原有效力，失去成长性时，就需要重新寻找新的次板发挥系统决策的作用。需要注意的是，在这些现有的成长指数板块中，要确定好哪些是真正的成长指数板块。在证券市场系统动力作用的情况下，一旦充足的资金进入股市，就会使得股市中的成长指数板块产生 2 倍快超过和 4 倍快超过人群环，使得一些次板指数板块形成超过 8 倍的成长指数板块。在这些指数板块中，存在很多不确定的成长指数板块和真正的成长指数板块，只有在经过主板三个人群环投资后，具有成长指数板块的次板，才逐渐显露其成长性，才是投资者所确定的投资对象。

要点三：实现成长指数蓝海价值板块系统动力的投资决策。在 2 倍快超过蓝海价值实现时，同时带动社会价值板块、经济价值板块、文化价值板块依次上涨。在 4 倍快超过蓝海价值实现时，同时带动社会价值板块、经济价值板块、文化价值板块依次上涨，实现最强系统动力。

通过系统动力决策运用，使得心理波幅扩大后产生的动力充足。系统动力所产生的心理波幅创造指数板块 2 倍快超过×4 倍快超过=8 倍中的系统动力人群环。比起币值平台和权力契约，系统对股价的影响作用动力最大，波及范围最广，可以带动社会价值板块、经济价值板块和文化价值板块同时上涨。在确定三大价值板块都会进行上涨后，其中存在先后的上涨顺序。

在 2 倍快超过蓝海价值实现时，同时带动社会价值板块、经济价值板块、文化价值板块依次上涨。首先驱动社会价值行业板块上涨，其次率领经济价值行业板块，最后文化价值行业板块上涨。首先，社会价值板块一般支持和人口的人较多，是被大家广泛认可的行业价值板块，这一类板块具有形成价值快的特征；其次，可带动经济价值板块进行上涨，经济价值板块一般体量都大，需要更大资金；最后，对文化价值板块的带动，资金需要量小，行情接近尾声。

当系统动力发挥作用时，吸引资金流入是快速的，2 倍快的蓝海价值能够迅速实现，并且超过 2 倍。这时指数就会出现大幅下跌，经过一定的时间间隔后，4 倍快的蓝海价值才能实现。这时，带动社会价值板块、经济价值板块、文化价值板块依次上涨。形成的"8 倍中"对于股价产生作用后的重要推动力，波及的范围广，可推动三种价值板块进行轮番上涨，这才是股市投资人应该作出的重要投资决策。系统动力形成圈子核心，作为寻找圈子核心的龙头股，系统动力决策是承上（人气）启下（人口）的核心内容。

本章练习

一、简答题

1. 简述系统在三个不同时代中的含义、表现和作用。

2. 简述系统动力原理。

3. 如何理解系统动力的三个确定？

4. 如何理解价值导向？

5. 如何运用系统决策进行相对价值投资决策？

二、材料分析题

2015 年上半年中国 A 股迎来了七年未见的大牛市。上证综指从年初的 3258.63 点，在杠杆资金的助威下，一路"狂飙"，在 6 月 12 日一举站上了 5178.19 点，创下了 2015 年股市以来的新高，如图 7-34 所示。然而随后两个多月便跌去了 3000 点，创业板指更是从 4000 点跌至 1779 点，跌幅超过一半，期间千股跌停的场面多次出现。由此，上证综指收报 3539.18 点，年涨幅为 9.41%，振幅高达 71.95%，直追 2009 年的 89.74% 的年振幅。当年深证成指上涨了 14.98%，收于 12664.89 点，年内最高一度达到了 18211.76 点。

图 7-34   2014~2015 年大盘指数股票走势

相比之下，中小盘股指数作为主板其中的一类板块，与主板同时进行上涨，如图 7-35 所示。25 个沪深交易所核心指数中涨幅前五位均为中小盘股指数，分别为创业板综指、创业 300、创业板指、中证 1000 和中小板综指，2015 年全年的涨幅分别高达 106.61%、100.17%、84.41%、76.10% 和 75.28%。创业板指更是从 1255 点涨至 4037.96 点，创下近 4 倍增幅的历史新高。

与火热的市场对应，2015 年 A 股市值也出现了明显的膨胀。沪深两市总市值一度逼近 80 万亿元关口，东方财富 Choice 数据显示，2015 年 6 月 12 日沪深两市总市值达到年内高点，为 79.33 万亿元，相较于年初时 44.48 亿元的总市值，增幅高达 78.35%。但经过后续市场的回调，至 12 月 31 日收盘，A 股总市值收

图7-35 2014~2015年创业板指数股票走势

报59.32万亿元。除了指数和市值的新高外，2015年法人A股的成交量也让人"叹为观止"。据东方财富 Choice 数据，2015年全年，A股合计成交17.02万亿股，是2014年7.26万亿股的逾2倍。从金额上看，2015年A股合计成交额达253.65万亿元，甚至超过了过去5年的合计总成交额。

1.针对2014~2015年股价上涨的态势，分别从金钱对策和系统决策两个角度进行阐述和分析。

2.结合系统动力决策分析2015年创业板块。

（1）创业板块创下历史新高的原因；

（2）为什么投资者主要关注主板，而对创业板保持较少关注？

第八章　组合决策

第一节　组合概念理解

一、组合的理解

（一）组合含义

关于组合的概念，不同文化以及同一文化中的不同人群往往有着不同的理解。组合（Combination）是一个数学名词。一般地，从 n 个不同的元素中，任取 m（m≤n）个元素为一组，叫作从 n 个不同元素中取出 m 个元素的一个组合。把有关求组合的个数的问题叫作组合问题。根据众多学者的研讨，对组合给出的相对较统一的定义是：组合就是指由几个部分或个体结合成的整体，即排列组合。

虚拟时代的组合是证券化的组合优化，是全世界人们对于组合优化的追求。组合证券化作为一种融资工具，自 20 世纪 70 年代在美国出现以来迅速发展，并在 2007 年美国次贷危机中扮演了极其重要的角色。从马克思主义经济危机的视角对证券化进行解读，证券化、虚拟化不断升级引发了美国次贷危机。而组合优化实质是拆散—重组，从而产生衍生品达到优化的目的。虚拟时代需要不断地反复组合优化来创造"蓝海"，吸引投资人的大量资金投入。

组合决策中的组合概念仍是"由几个部分或个体结合成的整体"。结合虚拟时代组合证券化的背景和日益开放的经济环境，虚拟时代组合的含义为优化。虽然组合的概念是指排列组合这一通用观念，但在不同的社会侧重是不同的。自然时代组合概念主要强调的是品种组合，组合意义在于品种完整，带来投入确定；物质时代组合主要强调的是品牌组合，组合意义在于品牌整合，带来利益稳定；

虚拟时代组合主要强调可优化的衍生品组合，组合意义在于衍生品优化，带来价值创造。

（二）组合演化

研究组合必须根据不同的历史阶段进行分析。自然时代，由于生产力比较低下，有很多物品的种类不完整，人类会通过相互组合来进行品种的填补，以保证品种的完整性，进而实现人们追求稳定生活的需求。物质时代，生产力水平的提高使得人类的生活水平也得到提升。人类不再满足于自然品种的完整性，而更加注重产品品牌，企业家通过组合产品品牌，达到整合自身品牌的效果，使企业的利益实现最大化；虚拟时代，在品牌协同力大幅提升的同时，资产证券化迅速展开，人类通过衍生品的组合优化的扩张力进行投资判断，进而创造"蓝海"价值空间来供投资者投资。

自然时代的自然物质缺乏且生产力水平低下，这时人类的生产活动大都是为满足自己生存的需要，但品种的不完整性极大地影响人类的生存，生活在自然时代的人类会自动完善缺少的品种，使品种完整，也就体现了品种投入组合的确定。在道德维系下的社会形态十分的脆弱，这种社会自然地瓦解，转向了以自私为先驱的社会组合。由于人的伦理和道德性是基于生存和繁殖的，私有制的存在，在外力的作用下趋向物品的完整性，以及带来投入的确定诞生合作生产制，来满足自然社会的生存和繁殖需要。

在物质时代中，经济发展与资源环境协调是最重要的问题。要素领域的市场化改革仍远远滞后于产品市场，政府仍控制了大量资源，要素价格不合理导致企业集约利用资源"外无压力，内无动力"，很大程度上促成了企业对自然资源、人力资源及自然环境等的粗放利用。为建立完善要素市场，形成有效合理配置资源的市场机制，需要建立协同效果的品牌组合。组合是产业特性和市场演化共同作用的结果，相关制造布局于少数重点城市。相关制造的产业用地有效地促进该类产业的协同组合。组合不一定同市场演化后的最优地理区位重合，但节省的试错与环境成本能对其进行弥补。同时，伴随基础设施的完善和新方法的应用，地缘位置在运输成本和信息成本上的优势逐步下降，在制造业的核心竞争力中，方法的重要性不断拔高，组合产生的规模效益日渐增加。物质时代的组合不是控制人们的生存，而是企业通过资源合理配置等方式，建立协调的要素市场，组合产品品牌，达到企业利益稳定的目的。

虚拟时代的组合实质创造更大的商业价值，通过优化衍生品产品，来吸引人们投资，通过权力背书、法律支持、社会风口、焦点引爆等组合方式来保持在虚拟时代中组合优化的活力。虚拟时代以组合优化为主，维护资本市场的稳定、健康发展，创造证券化的虚拟价值。物质时代向虚拟时代转型，实际上也是稳定向优化治理的转型，组合在虚拟时代对于投资活动依然是不可或缺的。可以说，在任何一种社会模式中，组合都是最核心的构成要素，在很多情况下，衍生品组合的优化还能促进产业甚至社会的变革。如图 8-1 所示。

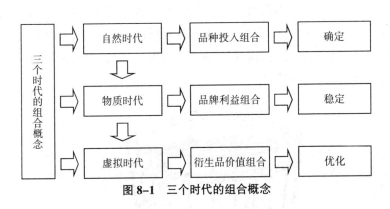

图 8-1 三个时代的组合概念

二、组合表现

正如前文所述：组合是由几个部分或个体结合成整体，其最直接的表现形式是大量不同的搭配。随着时代的变迁，组合之源也随之变化，如果说自然时代的组合之源是保持自然品种的完整，带来投入的确定，物质时代的组合之源是整合产品品牌，达到协同效果，确保企业的利益稳定，那么在虚拟时代，通过思维的运用优化投资以及创造蓝海价值可以说是思想组合的主要源泉。下文将重点论述不同时代组合的表现。

（一）自然时代：品种组合表现为凝聚力

在自然时代，品种组合影响了中国的科学技术、经济制度、政治制度、价值观念。品种组合影响科学技术表现在南北朝的气候干旱，而创造了旱作保墒技术。对政治的影响表现在古代的社会动乱往往和生态失调、自然灾害联系在一起。《史记·周本记》说："昔伊洛竭而夏亡，河竭而商亡。"伊洛干枯而夏朝灭亡，黄河干枯而商朝灭亡，都和干旱有关。伯阳甫解释说"夫天地之气，不失其序·若过其序，民乱之也"，"夫水土演而民用也，土无所演，民乏财用，不亡何待？"古代生态破坏常常和开辟土地、开矿冶炼、建筑用树、砍柴烧炭等开发活动联系在一起。

各个行业生产的品种不太齐全，人们主要依靠器具来进行生产活动，此时种植是最主要的品种生产方式，为保障品种齐全，人们需要相互补缺，来满足人类基本的生存和繁殖条件。自然时代组合表现在群体的超常的凝聚力，与木桶原理相似，木桶能盛多少水，并不取决于最长的那块木板，而是取决于最短的那块木板。任何一个组织，可能面临一个共同问题，即构成组织的各个部分往往是优劣不齐的，而劣势部分往往决定整个组织的水平，往往这个劣势部分也确定品种组合，只有不断凝聚把短缺补起来，才能保证自然品种的完整，人们生活营养的充沛，由此也就带来人类投入的确定，满足人类基本需要的生存和繁衍，如图 8-2 所示。

品种组合确定

木桶原理

图 8-2　自然时代品种组合表现

（二）物质时代：品牌组合表现为协同力

在物质时代的初期，物质还是比较匮乏的，人类不断做物质加法，从一无所有的状态到"全副武装"，随着物质时代的深入，人类对于物质的要求越来越高，不再局限于品种的完整，人类比较注重质量和品牌，因为品牌更加表现技术的升级，为了应对人类需求的变化，企业开始进行品牌整合，使品牌更加具有竞争力。1971 年，德国物理学家赫尔曼·哈肯提出了协同的概念，1976 年系统地论述了协同理论，并发表了《协同学导论》等著作。协同论认为整个环境中的各个系统间存在着相互影响而又相互合作的关系。社会现象亦如此，例如，企业组织中不同单位间的相互配合与协作关系，以及系统中的相互干扰和制约等。在物质时代，将品牌组合运用恰当，能够产生比两个品牌单独运营更大的潜力。

中国的物质时代发展飞速，很大一部分原因是中国政府鼓励正确品牌组合，物质时代的品牌组合利用国家资源，鼓励和支持市场竞争，保护企业的合法权益，为人民办了经济上的大事，管理好了大企业，发展了国有经济为主体，多种经济成分并存的中国特色社会主义经济体制，使中国用了30年时间赶上西方几百年的经济发展，充分展示了中国法治社会的特点，维护了公有制为主体的国有经济品牌、私有经济并存的开放市场品牌竞争力，让西方国家很难想象，真正是中国特色的市场经济。物质时代品牌组合表现为共同促进品牌发展的超常协同力，就是"1+1>2"的原理，共同推动物质时代高速发展。外部协同是指一个品牌集群中的企业由于相互协作共享业务行为和特定资源，因而将此作为一个单独运作的企业取得稳定的盈利能力；内部协同则指企业品牌生产、营销、管理的不同环节、不同阶段、不同方面共同利用同一资源而产生的整体效应。如图 8-3 所示。

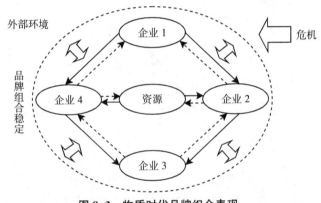

图 8-3　物质时代品牌组合表现

（三）虚拟时代：衍生品组合表现为扩张力

工厂及企业的发展基本上已经达到了成熟后期，对工厂和企业的大力度投资已经不能带来大量资产的增加。制造业发展到一定阶段，品牌组合对于物质时代的作用已经阻碍时代的变迁，富裕的物质生活使环境恶化，腐化堕落现象严重。时代变迁的迫切性，使虚拟时代逐渐来临，品牌组合必须转型。由于信息技术革命的发展，信息技术推动企业发展面临的一个主要问题就是需要进行大量资本的投入。随着现代金融体系的不断完善，人们越发找到促使自身资产大量增值的方式，那就是不断推动资本的发展。证券化就是虚拟时代组合的核心，只有保护、管理好与名誉有关的组合，才能发展好虚拟时代。

　　在当今虚拟时代，组合与资本结合，不再是物质时代在品牌市场的开放竞争，而表现为通过衍生品组合去智慧地运用证券市场优化，提升扩张力从而创造蓝海价值来供投资者投资。1944 年 7 月，在第二次世界大战即将胜利的前夕，"二战"中的 44 个同盟国在英国和美国的组织下，在美国新罕布什尔州（New Hampshire）的布雷顿森林村（Bretton Woods）一家旅馆召开了 730 人参加的"合和联盟国家国际货币金融会议"，通过了以美国财长助理怀特提出的怀特计划为基础的《国际货币基金协定》和《国际复兴开发银行协定》，总称布雷顿森林协定，从此开始了布雷顿森林体系（鲁世巍，2006）。美元在国际货币体系中的这种霸主地位给美国带来了巨大的利益和扩张力，美国的国际地位也从此得到认可，美联储靠着美元资本控制整个世界的经济命脉。现在虚拟时代人们关注重点已经从物质时代追求品牌组合的协同力转移到组合优化的虚拟衍生品扩张力上，谁的衍生品组合优化越好就意味着谁能引领虚拟时代发展，在全世界的虚拟衍生品扩张力也越大，如图 8-4 所示。

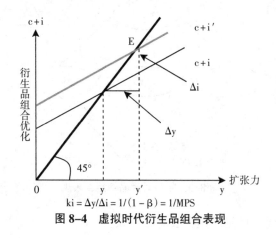

$$ki = \Delta y / \Delta i = 1/(1 - \beta) = 1/MPS$$

图 8-4　虚拟时代衍生品组合表现

三、组合作用

　　不同的时代，组合发挥的作用不同，人们要从中寻求思考。马克思、恩格斯创立唯物史观，并发现人类社会发展的一般规律，才第一次使人们真正认识到，人类社会和自然界一样，也是按照自己固有的客观规律运动和发展的。随着人类社会的发展，慢慢地深刻认识到时代组合的重要性，从品种完整带来投入确定，到品牌整合带来利益稳定最后到衍生品优化，带来价值创造，这也是人类发展的规律，例如，中国从一个经济、技术相对比较薄弱的国家，到一步步登上历史的舞台，最终成为世界强国，在世界舞台上占据举足轻重的地位，这一路走来，不管是在政治、经济、社会形态等方面多发生着重大改变，这是在发展过程时代不断组合的结果。同时在不同的时代背景下，组合的作用也随之相应地变化着。现在从自然时代、物质时代到虚拟时代三个时代层面来剖析组合的作用。

（一）自然时代组合的作用：自然品种确定，保证人类的投入减少

自然时代人们学会使用天然工具到初始自己制造打制器具，这在人类整个物质文明的发展史中，是一个了不起的质的飞跃。这段时间很长，人类不仅懂得如何用捡来的大石块和木棒来猎取动物，而且逐渐地认识到，在捕获猎物后，不光只是用手和牙齿撕开皮毛及割开筋肉，还用捡来的带锐边的石块进行切割，这样就逐渐地学会了使用工具。从此人类依靠自制的人造材料制造各种工具和器具，发展着人类的物质文明，迈向一个又一个灿烂辉煌的阶段。

自然时代人们的生活主要是依靠人力生产的器具来进行生产劳动，生产力有限，因此人们需要相当长的时间，保证自然品种的慢慢完整。中国的文化是有别于欧洲游牧文化的一种文化类型，农业在其中起着决定作用。聚族而居、精耕细作的自然文明孕育内敛式自给自足的生活方式、文化传统、农政思想、乡村管理制度等，随着时间的推移，为实现自然品种的完整性，也就带来投入的确定性。如图8-5所示。

图 8-5　自然时代组合核心作用图

自然时代需要顺天应命、守望田园、辛勤劳作，为人类自身的生存与繁殖，一方水土养育一方人。此时组合的作用主要体现在以下几个方面：一是自然时代的品种完整是一定地区内各种农作物种植面积比例及其相互结合的方式；二是农作物组合搭配得当，可充分利用土地和光热资源，提高农作物的生产效率；三是实现用地与养地相结合，促进自然生态的良性循环，保持自然品种完整，带来投入的确定。

（二）物质时代组合的作用：物质品牌稳定，满足人们的利益需求

物质的和精神的、主观的和客观的因素错综复杂地结合，构成了社会生活这一有机整体。广义的社会生活中与经济生活、政治生活、精神生活相对应的社会生活，就是指社会日常生活。内容主要表现为个人、家庭及其他社会群体在物质和精神方面的消费性活动，包括吃、穿、住、用、行、文娱、体育、社交、学习、恋爱、婚姻、风俗习惯、典礼仪式等广泛领域。

物质时代是生产力发展水平的体现，包括文明赖以存在的物质资料的生产以及科学技术发展状况，主要指农业、畜牧业、手工业生产技术的发展和自然科学知识的进步，在一定程度上反映出人们认识物质世界和改造物质世界的能力。人类在世界上，最基本的目的是求生存，可是他所处的自然环境，不是理想完善的。所谓"物竞天择，适者生存"是自然界的规律，人类不但要适应环境，同时也要利用环境，人类的物质时代，可以说是改造自然环境的成果，极大满足人类利益需求。如图 8-6 所示。

图 8-6　物质时代组合核心作用图

物质时代手工生产变化成为机器大生产，工厂规模越来越大，工人越来越多，出现城市化；交通更加发达，饮食结构越来越复杂，趋向营养化，妇女地位的提高，生产自动化、贸易市场化、资源垄断化、生产机械化、利益最大化。人们的需求也发生巨大的改变，人们从最初的吃饱、穿暖基本需要转向满足利益、物质的需求，追求利益，利益的获取最终归结于对物质品牌的掌控。此时的品牌组合作用主要表现在以下几个方面：一是物质时代的品牌组合协同，在市场开放的物质时代，随着制造革命的爆发，高新技术的不断引入，大型机器代替手工器具进行生产劳动；二是城市经济的高速发展，技术进步的不断加快，物质品牌迭代逐步取代自然品种替代；三是组合的作用旨在对地域的品牌资源进行整合，增强物质品牌的协同力，带来利益的稳定增长，经济的高度繁荣。

（三）虚拟时代组合的作用：虚拟衍生品优化，实现人类的价值追求

不管是自然时代还是物质时代都属于实体，也就是实际运转和交易的，都以实体物质为基础，活动过程总是伴随物质或实物的运动。随着知识经济的到来，同时，随着计算机技术的发展和网络的普及化，人类社会正在从实体走向虚拟。目前，虚拟化趋势正在一步步加剧。生活在一步步虚拟化：虚拟旅行、虚拟聊天、虚拟社区等。工作在一步步虚拟化：无纸办公、无纸文件等。支撑虚拟时代的基础不是资本和土地，而是知识和技术，尤其是计算机技术和网络技术。没有计算机技术和网络技术的发展，就没有虚拟时代。然而虚拟时代的到来会使资产证券化，产生虚拟衍生品。

物质时代快速发展使人们的物质层面需求得到了较大满足，虚拟时代是一个人们从注重品牌购买转向注重衍生品投资的社会，因而在虚拟时代，政治、经济、文化等方面，将会有新的表现和形式，首当其冲是在经济领域，经济的虚拟形式会有较大增长。虚拟货币、网络交易、虚拟经济等，会成为经济的主导形式。对社会而言，经济的交易成本将会大大降低。对企业而言，也会进一步降低成本。一是虚拟化技术的应用大大节省了企业设备的占地空间；二是降低了企业管理及机器的运行和维护成本，计算机使机器的运行更有效和更科学，但同时也是一个高速进步的时代。一方面是高度创新的技术形成推动时代的强大正能量，另一方面是高速度，二者结合起来，社会运行的价值组合起伏波动的空间和速度就会大大增加。价值财富的增长和消失，时间变得很短，若人们稍不努力，就会面临发展空间变小或速度变慢的境地。

虚拟时代对人的智慧提出严峻的考验，只有通过虚拟衍生品的不断组合优化，才能创造价值"蓝海"，从而优化投资，带动实体的循环发展。如图8-7所示。在证券化的虚拟时代，人们如何利用手中的资本，进行证券的有效投资，选择投资的国家和证券化衍生品，创造相对价值，是人们的共同选择和追求。此时，衍生品组合的作用主要体现在以下几个方面：一是虚拟时代组合是为优化虚拟衍生品，提升虚拟衍生品的时代价值，形成有别于品种替代自然时代和品牌迭代物质时代的发展方式；二是虚拟时代的衍生品组合优化思维是人智慧的具体体现，人的思想决定组合优化方式；三是旨在衍生品组合投资优化，创造蓝海价值，提升衍生品的扩张力，以供投资者投资。

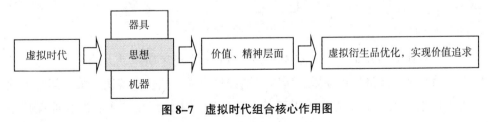

图8-7　虚拟时代组合核心作用图

综上，三种时代组合的作用具体如图 8-8 所示。

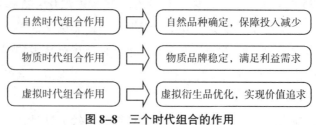

图 8-8　三个时代组合的作用

四、组合赋予

从组合的赋予角度讲，不同的时代，从不同的角度赋予了组合。

自然时代中，组合的赋予是由生理决定的，保障人们基本生活的品种完整，确定品种替代的组合，形成强大的凝聚力。人们的生存和发展主要靠手工器具劳作生存。自然灾害不可控的因素太多，人们很多时候根本无法自给自足来满足自己的基本生理需要，寿命缩短，人类的生产和生活就会受到严重影响。人类需要生存和繁殖的基本生活无法确保，这赋予自然时代品种组合的重要性，品种相互组合才能保障品种完整性，国家有计划地进行分配来弥补不足，以此保证国家能够正常运转以及政权延续。如图 8-9 所示。

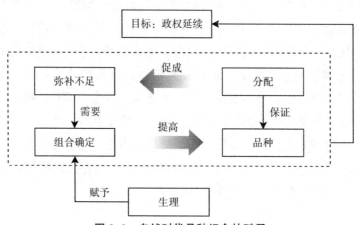

图 8-9　自然时代品种组合的赋予

自然时代大约开始于公元前 8000 年，到 16 世纪末蒸汽动力的诞生，这一阶段生产力水平、经济发展受限，所以吃饱穿暖成为人们供应解决的关键问题。此阶段人们采用人力、畜力、手工工具、铁器等为主，由于技术状况长期保持不变、农民对生产要素的需求长期不变以及传统生产要素的需求和供给处于长期均衡状态的特性，完整的品种需要依靠全国物品品种组合来保证。人们无法离开社会自己生活，要不断和别人的生产要素结合，各司其职、因地制宜地保证生存品种的完整性，保障有确定性地进行投入生产。在保证品种的完整性下，才能保证自然时代人民的生存和繁衍，从而保证国家的政权延续。

自然时代人类劳动的首要功能是为了满足人口吃饭。不能说数千年以来，人均口粮始终处于十分紧缺状况，这是一个动态的不断变化的过程。在各个国家的中期以后，通常都会达到繁荣的顶点：人口趋于高峰，土地兼并盛行，城市工商业畸形发展，社会分配不公加剧，小农经济受到严重危害。这是该国从盛转衰的开始，直至土地问题、农民生计问题和全国的粮食供给都出现危机，进入了社会大动荡。在历经严重灾难后，人口大幅减少，土地荒芜，于是农民重新开始聚集、生产，由此开始一个新周期。在每一周期中，从开始、前期至中期以前，大致是农民用力最多，其生活改善也最显著之时。但之后，人口大增，土地趋紧，加之兼并加剧，农民经济步入紧张状况。这时农民必须大力发展家庭手工业和各种副业以补充农业和粮食之不足，如果商品生产和交换可以从根本和总体上帮助克服国民经济困难及危机，即可以用非农产品交换口粮等生存物资，如同西欧一些国家那样。但中国的问题正在于，它不能从国际贸易和海外移民的途径发展起商业和商品经济，通过国际贸易来解决国内人口的吃饭、生存和就业问题，而只能主要依赖自己的国内资源。在人均资源不充裕的状况下，一旦国内资源的生产和分配出现了大问题——体现在土地、粮食供应和分配方面，受农业制约的商业乃至工副业都将发生重大问题。

自然时代的治理结构是自上而下地展开的，组合的线条自上而下地贯彻下来，统治型政府是社会治理中唯一性的治理主体，其他的社会力量都是它的延伸。根据土地拥有的多少，来划分社会的阶级，农民、地主、官员、皇帝组成的一个金字塔结构。"普天之下莫非王土"就是说皇帝拥有最多的土地，所以皇帝当然是品种组合的核心。统治阶级将权力意志强加于其统治的子民，以整合人们较分散的生活方式的分散"经营"。农民拥有的土地最少，显然成为被剥削的对象，农民就是品种组合能力的最末端，是被动地去服从的被剥削者。总的来说，拥有土地的多少就决定所拥有组合能力的大小。所以说农耕文明，究其本质组合的来源是土地，围绕这一切组合的斗争就是土地的分配，土地拥有的品种组合如此重要，是因为土地生产出的粮食保障人们的基本生理活动，生理需要赋予自然时代的组合。

在物质时代中组合的赋予是由物理决定的，物理赋予市场的组合稳定发展，展示品牌强大的协同力。物质时代把生活中必需的物资、财产、资料等提供给需要的人消费，即企业生产品牌产品，消费者在市场进行购买。如图 8-10 所示。在物质时代中，市场繁荣起到决定性作用，组合是为企业获得稳定的可持续的利益，通过整合企业的品牌资源，达到协同力效果，可以让消费者更方便地购买，在满足消费者的物理需求的情况下，促进市场的发展，最终获得稳定的利益增长。

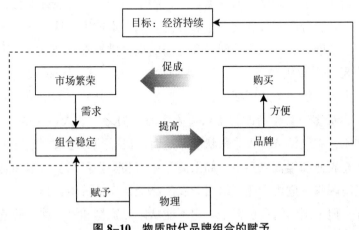

图 8-10　物质时代品牌组合的赋予

物质时代始于 17 世纪末，至 20 世纪中叶。随着物质时代的深入，人类对于物质的要求越来越高，不再限于品种的完整，人类比较注重质量和品牌，根据罗荣渠在《现代化新论》中运用唯物史观对现代化概念的阐释，得知制造化是导致传统的自然时代向现代物质时代大转变的推动力。随着社会的不断发展进步，物质主义渗透到经济、政治、文化、思想各个领域，引起深刻的相应变化。由于民主、人权和企业的发展，特别是经济和科技的迅猛发展，恩格斯所界定的国家两种职能中，阶级镇压职能退居次要地位，而社会管理职能大大增强。随着市场经济的发展，国家与社会一体化的局面逐渐被打破，与国家相对分离的民间社会和社会多元化格局逐渐形成，这样就开始了国家"看得见的手"向市场逐步转移或产品品牌组合市场化的渐进过程。

而物质时代是企业通过生产品牌来实施对社会的间接、全面的控制。而这一切的来源核心就是生产力的提高，组织化生产分工的作用。亚当·斯密的古典经济学主要阐述分工对于经济发展以及生产方式的转变（熊彼特，1991）。自然时代的生产生活是一种简单的个人或者家庭为单位的生产交换方式，而物质时代则是通过整个组织控制从事某一行业，这个组织中的每个人通过分工只是从事整个行业一个工序，整个行业通过高效的组织运作进行生产，而整个行业的每一个工人都是通过分工与协助分得自己劳动所得，实现自己个人利益与价值。总的来说，物质时代组合的核心来源是企业通过生产资料生产的产品组合，形成品牌迭代，使企业的生产效率更加高效，形成"1+1>2"的组合协同力。

在物质生活中，物质资料的生产活动是人类社会生活首要的和最根本的内容，是人类从事其他生活活动的基础；同物质生产活动密切相连的是物质生活资料（人们在吃、穿、住、用、行等方面的生存、享受和发展资料）的消费活动，这种消费活动同样是物质生活的重要组成部分，是使人类自身得以生存、繁衍和发展的必要条件。社会的精神生活以物质生活为根基，内容包括科学、哲学、伦理、政治、法律、制度、语言、民俗、教育、艺术、宗教等精神产品的生产活动，以及文娱、社交、旅游、学习、书画、体育等精神产品的消费活动。社会生活的这两个方面在许多情况下互相融合和互相渗透，如饮食、衣着服饰、建筑等都属于人们的物质生活领域，又包含精神生活的内容。作为社会生活基本单位的家庭生活，则体现了物质生活和精神生活的统一。

著名社会思想家阿尔文·托夫勒认为组合的运用，在自然时代，以暴力的形式争夺土地为基础，在物质时代则凭借利益，在后物质时代或虚拟时代主要靠知识（阿尔文·托夫勒，2006）。物质时代的本质是资本家通过对生产资料的占有以获取大量利益，而对企业生产要素的拥有是这一本质的最外在体现。工人出卖自己的劳动力，企业家通过不断的生产、投入、再生产、再投入来达到经济可持续发展的目的。

综上所述，物质时代组合的赋予是物理的，来源是企业对产品品牌的整合，组合品牌的稳定效果越好，就意味着企业在物质时代组合形成的品牌协同力越强，更能满足消费者的物质需求，从而达到企业的利益追求。企业都会存在品牌的协同力不强导致无法满足消费者的物质需求，这时需要企业相互的组合去整合自身生产资料，从而满足顾客的物质需求，获得稳定的利益，所以产品品牌的物理属性赋予了物质时代的组合。

虚拟时代中组合不再由物理属性赋予，而是由虚拟时代的投资人动机心理决定，如图8-11所示。虚拟时代的组合并不是与物质需求没有关系，而是通过投资人的动机心理表现出来。

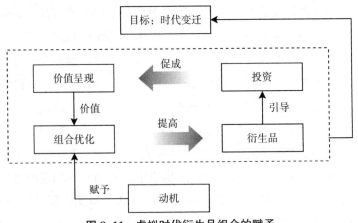

图8-11　虚拟时代衍生品组合的赋予

　　虚拟时代始于20世纪中叶，随着衍生品经济的发展，技术水平的提高，尤其是信息科技的发展推动生产方式的不断变革，各种制度的不断完善。20世纪八九十年代，出现了经济证券化的新趋势，人类同居在一个地球村里，面临着一些有关经济、环保、人权、宇宙空间以及国际犯罪等共同问题，这个阶段现代金融得到迅速发展。在现代金融体系的支持下，资本得到更加充分的运用，资本的融合创造，财富的增长速度要远远地超过其他时代一切创造财富的速度。资本结合其他生产要素不管在形式上，还是在效率上都得到更好的释放。同时，资本又远比其他生产要素有重要的特性，资本本身就具有天然的溢出效应，资本不断地溢出、增值、再溢出、再增值。整个虚拟时代在资本的作用下变得更加庞大，所以关注的焦点不得不从土地和企业转向对房屋、股票及物品等资产的投资上。虚拟时代衍生品最终组合的根本是动机心理赋予的，无意识、双因素、层次动机是动机心理驱动不同板块创造价值的表现形式，共同特征是形成板块自身不同三种价值（8倍快、8倍中、8倍慢）跟随人群环，只有三种对策（币值、金钱、权力对策）形成的股价板块人群环，才是基于认知心理形成的主板板块三种动机心理人群环的核心表现，币值平台是无意识动机心理形成8倍快，金钱杠杆是双因素动机心理形成8倍中、权力契约是层次动机心理形成8倍慢，满足人类动机层面的投资价值追求，衍生品组合资本的价值增值心理敞口和扩张力时间窗口将决定其所能够获得的投资价值大小。

　　虚拟时代对衍生品的投资通过打开心理敞口实现增值和把握时间窗口减少时间损失，将成为社会财富的主要增长方式。在证券化的虚拟时代，人群跟随的衍生品投资促进了时代变迁，如同全球化的商业社会，人类关注的商品促进了社会的发展；专业化的鼎盛时期，人口集中的奢侈品促进了时期的演进，而虚拟时代的时代变迁的人类决策之一是通过衍生品组合优化投资决策实现的，与权力对策一起形成创造衍生品价值，促进时代变迁的一个人群跟随循环，投资才能促进价值呈现，进行组合优化决策，衍生品投资就成为人们在虚拟时代研究的重要决策之一。任由拥有生存要素、生产资料的人们使用一切手段和方式来巩固自身的地位、谋求个人能力最大化的自然和物质时代已经过去，虚拟时代是一个信息透明化、全球一体化、信息高速发展的时代，人们将大量的推动力转移到由人的动机形成的证券化衍生品上面，人气的关注力成为人群的推动力，开始向投资金融衍生品资产的方向迅速转移。

随着虚拟时代的到来，人们开始了对衍生品资产的组合优化投资，也唯有对衍生品资产进行投资，才能帮助实现跨时代价值创造。通过衍生品的价值创造，吸引更多实体投资人创造时代价值，提供给证券投资人投资衍生品，虚拟时代要想聚集大量的资产市值，除了自身具备一定的自然、物质条件之外，还必须学习形象、演绎的思维方式，不断进行虚拟衍生品的组合优化，最终达到价值优化效果。随着虚拟时代的快速发展，资产证券化的高速运转，人们开始转向了对虚拟时代中价值创造的虚拟衍生品循环跟随，组合优化表现在虚拟衍生品的扩张力上，组合优化在虚拟时代中的地位越来越凸显。虚拟时代资本的组合，必须通过投资实现增值和减少损失——创造相对价值，这将成为创造时代财富的主要增长方式，组合优化创造蓝海价值，以供投资者投资，吸引投资者的资金流，真正形成虚拟带动实体，高铁板块的推出，也是形成中国 A 股主板的经济价值板块新组合和新的扩张力，通过组合优化，使汽车、飞机等传统经济价值组合的扩张力逐渐被高铁板块经济价值新组合所取代。

以器具为主是自然时代，品种组合带来投入确定，保障人类基本生理需要，达到国家政权延续的目的；以机器为主是物质时代，品牌组合带来利益稳定增长，保障企业品牌的协同效果，达到国家经济持续发展的目的；以思想为主是虚拟时代，衍生品组合优化投资，保障蓝海价值创造，达到国家价值创造永续变迁的目的。

第二节　虚拟时代的组合

一、虚拟时代组合角色变化

（一）组合优化与证券化密切相关

当一个国家进入虚拟时代，组合角色发生的最大变化就是虚拟时代的组合优化会极大提升衍生品的扩张力，会带来投资人和资本市场的循环跟随。在此基础上，组合优化的结果会决定全球投资人的证券化投资方向，从而影响全球资金流动方向，并且随着证券化（资产证券化和融资证券化组成）与组合优化越来越密切相关，组合优化的扩张力会越来越大，组合优化创造的价值大小会影响证券市场的股价板块波动，从而影响投资人进行股价板块的投资选择。

证券化产生组合优化，随着虚拟时代证券化的深入，资本的流动逐渐从商品的投资转向证券化虚拟价值投资。组合优化在虚拟时代已不是存在于一个国家或者局部地区，而是存在于全球范围内，并对全球的虚拟经济发展产生重大影响。进入虚拟时代之后，实现相对价值创造是在全球范围内进行比较的，全球资本会向最大化的虚拟价值衍生品流动，追求最大的价值创造，不受地理界限的影响。资本在全球证券市场流动，这种流动对资本的流出国和流入国的投资均会产生巨大的影响。因此，组合在虚拟时代中角色变化离不开资产的证券化，证券发生的任何变化，直接影响虚拟时代国家的组合优化。

组合优化推动证券化，融入虚拟时代是各国或者各大经济体的最大化价值追求的客观要求。对于投资者要对国家、行业（地区）、指数板块进行商业价值评估，对最具有主流价值的蓝海板块进行价值投资，存在倍增或成倍增的升值空间，有利于投资者实现倍增或者成倍增价值创造，这就是组合优化的过程，组合的不断优化推动证券市场的高速发展，实现证券组合形成—组合拆散—重新组合的循环跟随的优化过程，才能满足虚拟时代的客观要求，否则将会被时代所抛弃。例如，中国的高铁板块、德国的汽车、美国的飞机，各国的蓝海价值行业板块是不同的，是投资人不断优化产生信度的结果。

（二）组合优化变动与各国联动关系更为密切

虚拟时代商业已经全球化，各国的虚拟衍生品不断地组合优化，吸引全球投资者的投资，实现最大化的价值追求。组合优化遍布全球，组合优化的方向就是价值创造的方向。证券资产寻求价值最大化是虚拟投资的核心。首先要发现组合，其次要优化组合。组合优化的结果就是投资人资本移动的方向，只要某个国家具有相对价值，就会吸引其他国家进行跟随投资，减少其他国家的证券化资产的投资，使得联动关系得以体现。一个国家组合优化能够创造蓝海价值，说明这个国家具有投资的相对价值，也会使得投资热情高涨。例如，"一带一路"是"丝绸之路经济带"和"21世纪海上丝绸之路"的简称，多个国家进行投资与合作，进行各方面的组合优化，主要作用包括：第一，有效运用中国在资金、市场、技术、产能等方面的独特优势，全面分享中国在改革开放实践过程中，所积累的市场与政府两手并用的独特发展经验，为协助发展中国家克服在推进经济发展，以及区域经济整合过程中面临的结构性难题，提供完整的解决方案。第二，全面提高中国企业的跨国营运能力，全面打造中国企业的海外经贸据点与生产基地，针对严重产能过剩与那些在国内市场已不具经济效益的产业，进行有秩序的"走出去"，实现对外转移。第三，在全面推进绿能产业、整治环保污染、建设低碳城市与智慧型城市的过程中，积极引导拥有先进技术的欧、美、日跨国企业参与投资与提供设备，让这些跨国企业有机会分享中国城镇建设及经济增长的红利，也刺激国内企业进行产业升级。使多个国家都取长补短地发展，并且带动丝绸之路的周边国家快速发展，形成巨大的扩张力，吸引全球投资人，转移全球投资人只是注重投资西方的组合优化，再一次说明在虚拟时代中，组合优化变动对于其他国家和世界影响巨大，各国组合联动关系密切。

证券化的虚拟时代各国组合优化的关系密切，同时更加反映在证券市场上。证券市场组合优化使一个国家、地区、行业、指数板块发生翻天覆地的变化，是全球各国寻求投资的最活跃的领域，金融衍生品是投资的载体，如何把握时间窗口、打开投资者的投资时机、减少时间损失、创造最大化的相对价值，是投资人跟随的目标，各国在不断组合优化循环中创造出蓝海相对价值，在虚拟时代中提升虚拟衍生品的扩张力，帮助和配合人群跟随，以创造最大化的相对价值。美国在2008年金融危机后，组合优化出以"苹果"为首的互联网为主的相对价值行业板块，创造蓝海相对价值，推动美国资本市场的10年牛市，其他国家只能是以他马首是瞻。

二、虚拟时代组合新要求

(一) 广泛的组合影响力

虚拟时代中组合优化可以创造相对价值，通过创造的相对价值的大小不同来判断是否继续进行组合优化，能够帮助投资人优化投资，从而实现成倍或倍增，因此组合在虚拟时代中的影响力是极其广泛的。组合的广泛影响力使得大到一个国家小到一个投资人都需要对于投资所创造的相对价值进行不同程度上的组合优化，从物质时代的投资组合追求稳定到虚拟时代的投资优化追求最大化的利益，每个时代都扮演着重要角色，影响着投资人投资。具体地，虚拟时代的组合优化影响力从三个方面理解：

(1) 国际层面：虚拟时代的全球化特征，各国都会利用虚拟证券化与全球化的密切相关进行优化投资，创造更多的蓝海价值以供投资者选择。创造的蓝海价值对于世界所有国家都有广泛的影响力，全球众多国家的投资人都寻找能够创造最大化相对价值的投资对象，组合优化创造出的不同相对价值吸引全球投资人的不同投入程度，从而引领该国虚拟时代的金融衍生品价值投资和相对价值创造，可见组合优化理论在国际层面具有广泛影响力。

(2) 国内层面：只要有虚拟衍生品，必然存在组合优化，二者相当于产品与促销之间的关系，相互依存。同时组合优化和权力契约有相似之处，具有极大的号召力，都会决定一个行业的市场占有率和对于相关行业的影响，组合都会对一个国家的诸多领域的证券化行业产生更大影响，各国可以利用组合优化理论发展最有相对价值的行业（地区）板块，从而有力地推动该国虚拟时代的变迁发展，通过证券化的资产价格的上涨和股权投资，带动自然、物质时代相关行业发展，也是人们期盼的证券化金融衍生品虚拟投资，支持实体经济的具体表现，正确把握金融与经济的关系。

(3) 个人层面：个人投资者应当充分利用组合优化理论和衍生品虚拟投资，组合优化会对投资者进行投资的衍生品资产价格产生重要影响。当虚拟衍生品扩张力由于组合优化扩张力提升时，衍生品虚拟价值便能够实现成倍快、成倍中、倍增快的相对蓝海价值创造，价值创造的空间更大、时间更短。通过思维不断创新、个人的金融资产投资形成的财富不断放大，虚拟衍生品投资使每一个人都能过上高品质的美好生活。

（二）组合优化的主动性和独立性

组合优化主动性的含义是各国虚拟衍生品组合更多的是自己主动营造。各国衍生品组合自身具有内在动力，不依赖于外界推动去迫使虚拟衍生品组合优化，投资人在全球范围内通过相对价值的判断指导投资，使得其投资资产实现成倍和倍增的目标，这也是国家发展战略的重要组成部分，是一个国家吸引世界跟随与投资的重要因素。

所谓组合优化的主动性，是指各类投资主体（国家、金融机构或个人投资者）可以根据环境、行业形势的变化主动进行调整以适应大背景时代变迁，使其发挥最大效用创造更大价值。事实上，由于虚拟时代的到来，能够投资的对象——衍生品种类品类越加丰富，这时如何从纷繁复杂的板块、行业选择人群进行跟随便成为投资人决策的关键问题。无论是国家还是个人投资者，都会根据不同衍生品种类投资对象能够创造出相对价值的多少这一判断标准来自主寻找适合投资的对象，因此需要虚拟衍生品不断地重组来创造蓝海，具体来说就是创造出成倍快、成倍中或倍增快的行业板块，洞察板块或行业的价值洼地，发现跳跃思维的投资新组合，创造出更多的相对价值。美国的智能手机行业是美国人及全世界投资人主动组合优化的结果，创造出全世界金融衍生品的虚拟价值，带动美国股市 10 年牛市及美国经济的 10 年高速发展，任何一个国家都必须主动进行组合优化，吸引全球投资。

独立性的含义在全世界多重复杂组合的影响因素中，很有可能波及相关国家和地区，能够在复杂多变的组合变化中独善其身，是投资人能够正确组合优化的体现。投资者在调整时，可以依靠自身实力进行独立调整。此时，依赖他国的组合，往往行不通，各国组合因内部各要素异质的特性，彼此之间相互独立。各国应保持自身组合的独立性，才可以吸引其他国家。例如，中国的高铁制造技术比其他国家成熟，但是应用并不广泛，中国高铁在应用中不断完善技术，目前在世界首屈一指，这种技术和市场上的优势影响着其股价，围绕高铁的制造、维修配套、铁路修建形成高铁板块，使其高铁板块相对价值比较明显，能够倍增、成倍，中国高铁在世界上表现出极强的独立性，才能吸引投资人循环跟随投资，引领全世界高铁板块；另外，中国的白酒文化一直受到世界关注并成为引领人群，以茅台酒为主的白酒板块的股价一直保持着相对高的价格，吸引众多投资人投资。由此可以说，中国既有引领的高铁板块，又抓住酒文化来优化白酒板块，二者都是经过组合优化且在全世界具有极强的独立性，不会因为任何世界上的风吹草动而影响行业板块的各自独立发展。

三、组合优化与金融衍生品价格的关系

组合优化和金融衍生品价格的关系是相互影响的。金融衍生品（Derivatives）是指一种金融合约，其价值取决于一种或多种基础资产或指数，包括远期、期货、掉期（互换）、期权和具有远期、期货、掉期（互换）和期权中一种或多种特征的混合金融工具。一种金融衍生品的价格若要发生成倍增（减）或倍增（减），首先需要虚拟时代不断地进行衍生品组合，各种行业板块、地区板块、概念板块组合形成主板指数，主板内部的板块组合优化推动主板指数上涨和下跌，否则无法创造指数的相对价值，主板指数板块在人气对策的推动下上涨和下跌，必然引起行业板块、地区板块的组合优化，衍生品的相对价值就是在板块的不断组合优化中创造，能够吸引全球投资人的投资，从而带来巨大的社会财富增值；相对应地，只有不断组合优化，才能发生倍增或成倍的金融衍生品价格变化，也就是说，金融衍生品的价格变动与板块组合优化相互影响。

一国进行组合决策运用时就会优化衍生品，优化的衍生品会创造蓝海价值来供投资者选择，促进板块轮动，那么该国会流入大量的资金，进而会提高金融衍生品的价格。只有有效地利用组合优化，才能吸引全球资本流向该国，使该国金融衍生品价格大幅上涨，因此组合优化对于金融衍生品价格变动影响巨大，全球每一个国家在虚拟时代都要谨慎地对待组合优化，防止由此带来的金融衍生品价格大幅波动和金融危机。因此，虚拟时代的投资人必须时刻把握时间窗口，减少时间损失，准确地参与到该国或地区的价值投资中，实现自身资产的增值。

组合运用和金融衍生品价格的关系如图 8-12 所示。总体来讲，三者组成一个反馈循环系统，同时三者之间存在正相关关系，板块轮动是组合运用研究的前提，判断板块的上涨和下跌，就需要运用组合优化，当组合优化后，板块就开始按照优化的结果进行轮动，投资人放开指数板块的心理敞口，资金不断流入，影

图 8-12　组合与金融衍生品价格的关系

响指数板块、行业板块金融衍生品价格上涨和下跌。换句话说，组合优化的结果能够按照时间先后，扩张力大小的层次影响板块轮动，而板块轮动会决定金融衍生品的价格变化。

四、虚拟时代的组合确定

虚拟时代组合的赋予是动机心理，但如何确定组合优化，是人们形象、演绎思维的判断，主要有三种方式。

（一）定力确定

进入虚拟时代，各个国家的虚拟衍生品都需要组合来达到价值优化效果，这样才能吸引投资人进行投资，增加本国的资本流入，但是组合优化的过程是漫长的，这就需要政策定力、经济定力以及社会定力来坚持进行组合优化，跟上国家发展的步伐，跟随时代潮流。定力包括政策定力、经济定力以及社会定力，具体如下：

1. 政策定力

政策定力是指当一个国家或者地区颁布与实施一系列的政策调整板块的组合优化时，政策需要保持定力，落实、巩固已有的政策安排，是定力的基础，政策定力的保持能够稳定虚拟衍生品投资和扩大，从而保持大盘的稳定甚至带动大盘指数上涨。

保持政策定力，应把握好经济运行区间的分析预测和调控掌握，提高政策的针对性和有效性。努力实现经济发展质量和效益得到提高又不会带来后遗症的速度，这就需要以经济增速和就业"托住"区间运行的底线，而区间的上限主要在于物价，只要经济运行处于可接受区间内，政府的调控举措要"稳"字当头，注重审慎。但如果出现有可能滑出区间的情况时，需要及时启动政策预案。在加强政策的针对性上，财政要更多注重对总量影响和对结构影响的组合优化。

政策定力能够保持宏观经济稳定，保障公平竞争，加强和优化公共服务，加强市场监管和维护市场秩序。着力激发市场活力，加快转方式调结构，维护社会公平竞争环境，在政府减少审批、降低市场准入门槛等配套改革中，深化财税改革，加快构建现代市场体系，让市场主体发挥出更大潜力和活力，为经济稳定运行、打开改革新局面营造有利的政策环境。

长期以来经济和金融数据几乎是一月一变，市场对政策走向的预期跟着反复变化，这需政策定力来持续组合优化。当下经济下行风险普遍存在，特别是外部风险因素不断增多，导致板块运动行情不明确，也会使一个国家或地区的板块发展受到很大的影响，此时需要保持政策定力来落实、巩固已有的安排，将不同的板块进行组合优化来创造蓝海价值，放大投资人的心理敞口，因此在颁布政策之后，需要定力来实施，在此基础上才会顺利地进行组合优化。

2. 经济定力

经济定力是指一个国家或地区对经济调控、使人口平均的实际福利稳定增长的定力，是定力的支撑。具体地，经济定力是对经济发展过程中大盘指数板块的组合优化，一个国家或者地区也只有在经济有定力的情况下，市场才会对板块进行组合优化，从而带动经济的上升。

坚持稳中求进，把握好度才能强化经济定力。"稳"和"进"要有机统一、相互促进。一静一动，静要有定力，动要有秩序，关键是要把握好这两者之间的度。"稳"，不是消极应对、坐等观望，而是要把该稳的坚决稳住；"进"，不是冲动蛮干、急于求成，而是该进的要积极进取，把时、度、效结合起来。例如，2018年就开始中美贸易摩擦，但2019年中国经济仍有望增长6.1%，继续成为拉动全球经济增长的主要力量，这就是经济定力的作用，对市场进行组合优化，从而带动经济的上涨。

稳金融、稳外贸、稳外资、稳投资、稳预期，提振市场信心，增强人民群众获得感、幸福感、安全感，保持经济持续健康发展和社会大局稳定是各个国家在虚拟时代发展的必然要求，虚拟资本组合优化可以使很多有风险的资产转换为更安全的金融资产，而虚拟资产的多样性、可转换性和高度流动性，又使企业能以较低的风险成本实现资本存量的积累。虚拟经济通过各种金融工具，促使实体经济部门的运作风险分散，如期货期权等金融衍生工具产生的最初动机，就是为套期保值和转移风险。从宏观上看，这是有利于减弱经济波动幅度的。与此同时，虚拟经济活动还可减缓经济生活中的种种摩擦，降低交易成本，使实体经济活动的障碍减少，从而产生出更多的物质财富，促进经济的发展。

3. 社会定力

社会定力是指一个国家或者地区对社会调整的定力，是定力的发展，其实质是虚拟衍生品组合达到优化效果的定力。虚拟时代的组合优化是为创造蓝海价值来满足社会的发展，社会调整的定力将决定组合优化的产生并且持续进行下去，创造最大化社会价值。

谣言之下的"跟风跑"现象也不容忽视。三人成虎，一旦没有冷静的思考、缺乏理性的判断，就难免被传言裹挟。邪不胜正，假不成真，最可怕的是自乱阵脚。不要听风就是雨，把得住方向、守得住底线，我们的社会才会有足够的定力，从而推动虚拟衍生品的发展成熟，发达的金融衍生品市场可以在市场经济发展过程中发挥极其重要的作用。从宏观的角度说，发展虚拟衍生品市场可以显著提升金融市场宽度和深度、优化资源配置效率；从微观角度来说，金融衍生品能够为投资者提供规避风险、发现资产价格、对资产进行套期保值的金融工具。

虚拟衍生品的存在是为推进时代变迁，它能为时代创造价值。时代发展至今，虚拟衍生品的不断丰富，全社会对于衍生品的接受程度越来越高。一个国家的衍生品市场的发展是否步入正轨，与商品期货交易的品种数量及产品覆盖的行业范围密不可分。证券市场发展的成熟度，上市公司的数量、总市值规模，是投资人是否进行股票投资的重要参考。虚拟衍生品创造蓝海价值以供投资者投资选择，满足投资者的投资需要，而虚拟衍生品的组合优化需要依靠社会定力才能有效进行，社会定力会使投资者更加坚定虚拟衍生品的组合优化，使社会稳定发展和进步。

（二）远景确定

远景确定是指一个国家对于衍生品的组合优化后形成的行业（地区）、指数板块未来发展的潜力进行确定。前景确定是对商品的判断，远景确定是对衍生品的判断，情景确定是对奢侈品的判断，投资人依据时代发展的远景，进行投资组合优化。证券市场指数板块的发展趋势，行业（地区）板块的形成和发展，都是在不断地酝酿和推进，到底谁最优、远景如何，需要投资人反复判断和把握，如何进行虚拟衍生品投资成为引领世界未来的国家，这将是虚拟时代国家面临的重要问题，这些问题需要衍生品的组合优化发掘潜在蓝海才能进行远景确定，继而会被投资人群跟随，获得大量的资金，引领虚拟时代的发展。

远景确定是行为经济学的重大成果之一，1970 年，丹尼尔·卡内曼和特沃斯基对这一领域进行了系统研究，"将来自心理研究领域的综合洞察力应用在了经济学当中，尤其是在不确定情况下的人为判断和决策方面做出了突出贡献"，针对长期以来沿用的理性人假设，从实证研究出发，从人的心理特质、行为特征揭示影响选择行为的非理性心理因素。通过一系列的实验观测认为，人在不确定条件下的决策选择，取决于结果与展望（预期、设想）的差距而非结果本身。即人在决策时会在心里预设一个参考标准，然后衡量每个决定的结果，与这个参考标准的差别是多大。例如，一个人远景确定能得到奖金 500 元，当他的决策让他得到奖金500元,他会觉得没什么;若他有办法得到多于预期的500元,多数人会审慎地考量这种方法(决策)带来的风险,以免失去远景确定;如果相反,即使他有另一种比较安全,但让他少得100元奖金的办法,那多数人宁可冒较大风险,以获取远景回报。

远景对应时代,替代、迭代都要进行时代的检验,没有顺应时代的变迁,就没有远景,这是世界的潮流,更是一个国家在合适的时期和合适的发展空间推出的结果,它是人们的基本需要发生变化和在有效技术解决方案的基础上,人们心理动机不断上升的结果。如移动终端的出现就是典型的时代产物,是传统手机产品的替代,也是硬件技术、软件技术完美地结合形成的迭代产品,更是通信、互联网、投资社会的时代产品。没有时代就很难有远景,反映在资本市场上,只有具有远景的衍生品,才能进行组合优化,带来投资的行业板块、地区板块、指数板块确定性,因此各国都在寻求适合本国推出的,未来是世界的时代产品,演变成为衍生品,提供全世界的投资人投资,创造蓝海价值。中国适时推出高铁产品就是顺应时代推出的,未来引领时代,影响世界的蓝海价值创造行业板块、指数板块衍生品。

(三) 牵制确定

一个国家的发展与崛起都是市场内的组合优化的积极作用的结果,牵制确定是一种手段、态度、气势,有自己追求的目标。牵制是两个类似事物相互比较之后的结果,最后形成一方压制另一方的发展,处于优势的一方会牵制住另一方的发展,从而达到自身获得最大利益的目的,被牵制住的一方需要通过组合优化来使自身不受到牵制,能够快速发展超过对方去牵制另一方,市场的这种良性循环也就促进一个国家的发展与崛起。遏制确定是权力契约的形成,牵制确定是组合优化的形成,抑制确定是标杆象征的形成。

虚拟时代衍生品的价值创造需要有远大的发展远景,但是具有远景的事情很多,不一定适合这个国家,这个国家从事的事业远景可能还没有发展到辉煌就被其他国家远景的实现所限制。总体来说,就是一个国家自身的发展受到多方面的牵制,一环套一环,理论上可以总结为衍生品投资的时间窗口,而牵制确定能够推迟时间窗口打开的时间点,或者加快时间窗口的打开。在组合优化的过程中,牵制的双方不一定得到其他法律条例的允许,而且对手之间不断博弈,达到牵制对方发展的目的,世界风云的发展变化就是各国之间相互牵制的结果。典型的牵制确定是冷战期间美国对苏联的制裁,从1946年一直持续到1991年,美国通过自身发展牵制苏联的发展，打压苏联的上涨趋势，最终使苏联瓦解，美国一家独大。一个国家牵制另一个国家使自己快速发展，防止被对方牵制，处于劣势国家需要更有效的组合优化来牵制另一个国家，不然就被时代所抛弃。

牵制确定也是心理战，是对投资人心理的研究。随着虚拟时代的推进，技术牵制已经不能满足价值制造的需要，更为重要的是心理牵制，依靠技术方法和自然禀赋的牵制作用在下降，对于人的动机心理的把握，是牵制确定的核心，依靠把握投资人的时间窗口和心理敞口的价值空间共同作用，牵制确定极大影响投资人的投资选择。组合优化的牵制确定是时间窗口的有效把握。

牵制确定的核心是时间窗口的把握，分为内在和外在。如图 8-13 所示。

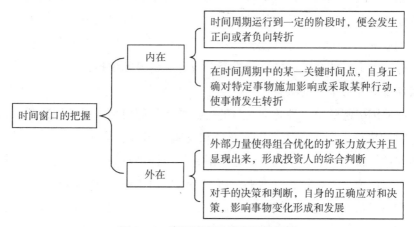

图 8-13 牵制确定时间窗口的把握

内在有两个重要时间窗口，第一是时间周期运行到一定的阶段时，便会发生转折。如 2017 年 1 月 13 日，中国人民大学中国调查与数据中心公开发布的《中国发展指数（2016）》显示，中国的发展开始具有从量变走向质变的特征。其表现为如下几个方面：①反映居民消费结构的恩格尔系数连年下降，标志着我国居民生活水平不断提升，我国正逐渐接近高收入国家行列。②城乡居民人均消费比持续下降，城乡差距逐渐缩小。③地区发展水平差距逐渐缩小，板块格局明显弱化。④农村居民人均收入持续上升，只有农民富了，中国才是真正的富强。这时候中国提出民族复兴、中国崛起，此时人们应该把握发展过程中的量变到质变的时间窗口，就是选择投资的最好时机，在组合优化投资的基础上创造更大的投资价值。

第二个在时间周期中的某一关键时间点，如果对特定事物施加影响或采取某种行动，就能成功把握时间窗口。例如，中国根据国内的时代发展，看到中国加入世界贸易组织的必要性，经过多年的努力，于 2001 年 12 月 11 日正式成为世贸组织成员，也正是因为这个重大影响的行动，是中国打开时间窗口，迅速崛起与发展。在时间周期内加上行动的作用，就能成功地把握时间窗口，创造蓝海价值。

外在原因引起的时间窗口的把握分为两种。第一种是时间窗口能够使得组合优化的扩张力放大并且显现出来。例如，2008 年的金融海啸席卷全球，这场由次级抵押债券引致的华尔街金融风暴，已经演变成全球性的经济危机，而有些投资人却能度过次贷危机，并从中获取利益，得益于时间窗口的把握在这其中扮演至关重要的角色，进行一系列的投资优化，精准地把握时间窗口，对于衍生品组合优化的扩张力的显现有着敏锐的嗅觉。因此，投资人要精准确定把握时间窗口，选择一个更好的金融市场进行投资，拉升全世界的虚拟经济从而带动实体经济，实现全球经济上升的状态。

外在原因引起的第二种时间窗口的把握是要依照对手的决策和判断，自身的有效应对和决策，影响事物变化的形成和发展，如目前美国与中国的贸易摩擦，美国不断地决策和判断，中国不断地应对，使中国度过最为困难的时期，投资中国的正向时间窗口正在打开。本来制造贸易摩擦对于中国极为不利，中国通过相互制裁和贸易谈判，延缓时间窗口负向打开的时间，中国人民币合理贬值，科创板成功开启，国内经济有效支撑，消费持续增长；而美国由加息转向迅速降息，股价暴跌，资产价格高位运行，投资人经过认真观察，获得世界对于中国投资的信心恢复，变不利为有利。

牵制确定是组合优化形成的有效途径，是动机心理学在虚拟时代组合优化投资的具体应用，把握好时间窗口，就会获得价值倍增或者成倍增，实现蓝海价值创造，能够把握好时间窗口是智慧思维相互碰撞的结果。

第三节　虚拟时代组合优化原理

一、组合优化原理的理论来源

组合在虚拟时代中，无论是其角色还是其要求，都发生根本性的改变。虚拟时代中，组合已经成为一种优化，组合的优化属性可以明确。组合优化原理的理论来源主要可以从投资学和营销学两个方面进行论述。其中投资学主要为组合优化原理提供理论依据，而营销学则为组合优化原理提供思想源泉。

（一）投资学来源

组合优化是哲学，人类从自然时代、物质时代发展到虚拟时代，组合优化应该牢牢地印在人们心中。组合优化是由投资人或金融机构所持有的股票、债券、金融衍生产品等组成的集合。目的是分散风险—投资组合。投资组合可以看成几个层面上的组合，第一个层面组合，由于安全性与收益性的双重需要，考虑风险资产与无风险资产的组合，为安全性需要组合无风险资产，为收益性需要组合风险资产。第二个层面组合，考虑如何组合风险资产，由于任意两个相关性较差或负相关的资产组合，得到的风险回报都会大于单独资产的风险回报，因此不断组合相关性较差的资产，可以使得组合的有效前沿远离风险

1952 年，美国经济学家马科维茨（Harry M. Markowit）在学术论文《资产选择：有效的多样化》中，首次应用资产组合报酬的均值和方差这两个量化指标，从数学上明确地定义投资者偏好，并以数学化的方式解释投资分散化原理，系统地阐述资产组合和选择问题，标志着现代资产组合理论（Modern Portfolio Theory，MPT）的开端。该理论认为，投资组合能降低非系统性风险，一个投资组合是由组成的各证券及其权重所确定，选择不相关的证券应是构建投资组合的目标。

美国普林斯顿大学的心理学教授丹尼尔·卡纳曼（Daniel Kahneman）等发表题为《期望理论：风险状态下的决策分析》的文章，建立人类风险决策过程的心理学理论，成为行为金融学发展史上的一个里程碑。行为金融学（Behavioral Finance，BF）是金融学、心理学、人类学等有机结合的综合理论，力图揭示金融市场的非理性行为和决策规律。该理论认为，基于理性假设的传统经济学不足

以解释人们的风险决策行为，股票价格并非只由企业的内在价值所决定，还在很大程度上受到投资者主体行为的影响，即投资者心理与行为对证券市场的价格决定及其变动具有重大影响。

卡纳曼等开创了"展望理论"（Prospect Theory）的分析范式，成为20世纪80年代之后行为金融学的早期开拓者，瑞典皇家科学院在2002年10月宣布，授予丹尼尔·卡纳曼等该年度诺贝尔经济学奖，以表彰其综合运用经济学和心理学理论，探索投资决策行为方面所做出的突出贡献，从此开启了经济学与其他学科大融合的新时代。

1980年，经典投资理论的大厦已基本完成，迄今为止，关于证券市场运作规律的研究没有获得突破性进展。世界各国学者所做的只是一些修补和改进工作。例如，对影响证券收益率的因素进行进一步研究，对各种市场"异相"进行实证和理论分析，将期权定价的假设进行修改等。

霍华德·马克斯（Howard Marks）：为合理地布局投资组合，应对投资环境的下一步变化，以及投资环境变化所引发的未来市场的走势变化，投资人必须时时保持注意力高度集中。事件面前人人平等，在同一个投资环境里进行投资操作，一旦有事情发生，每个人都能倾听到。每个人都是用耳朵倾听的，但是每个人用心倾听的程度差别很大，人们关注事件的程度不同，理解事件的程度也会存在很大差异，因此人们认知事件的潜在影响的程度也差别很大（霍华德·马克斯，2019）。

组合优化原理在投资学的理论来源中有一个重要的概念——投资组合理论。以波动率为横坐标，收益率为纵坐标的二维平面中描绘出来，形成一条曲线。这条曲线上有一个点，其波动率最低，称之为最小方差点（MVP）。这条曲线在最小方差点以上的部分就是著名的（马科维茨）投资组合有效边界，对应的投资组合称为有效投资组合。投资组合有效边界一条单调递增的凹曲线。在波动率—收益率二维平面上，任意一个投资组合要么落在有效边界上，要么处于有效边界之下。因此，有效边界包含全部（帕累托）最优投资组合，理性投资者只需在有效边界上选择投资组合。

综合上面的投资学研究，组合和优化决策的理论来源于投资学，是由于任意两个相关性较差或负相关的资产组合，是人气线关注的文化价值、经济价值、社会价值三类不相关资产的组合，但又不同于投资组合，是研究投资者主体行为的影响，即投资者心理与行为对证券市场的价格决定及其变动具有重大影响。在虚拟时代有目的地优化投资衍生品，从而探索创造出价值蓝海，以此来供投资者投资，达到组合优化、投资者有效投资以及创造价值的目的。

（二）营销学来源

组合优化的思想来源于营销学，基于关系营销中 4R 决策中的回报决策。

20 世纪 90 年代，美国著名营销学家舒尔茨（Schuhz）提出了一种新的营销理论：4R 营销理论。该理论认为，企业与客户之间应在更高的层次上以更有效的方式建立起新型的主动关系。这一更为符合市场规律的营销理论由以下四大要素组成：关联（Relevancy）、反应（Reaction）、关系（Relation）、回报（Reward）。4R 理论是在 4P、4C 理论的基础上又一次重大的创新与发展。4R 理论以关系营销为核心，以竞争为导向，通过上述四大要素把企业和客户紧紧地联系在一起，形成一个利益共同体，注重企业和顾客之间的有效互动，强调提高顾客的忠诚度，统筹企业利益和顾客需求，其侧重于用更有效的方式在企业和客户之间建立起有别于传统的新型关系。他指出：对于营销部门而言，最大的挑战是更多地去理解客户和潜在客户的需求，在竞争的市场环境中，营销部门必须从原有的 4P 理论转移到 4R 理论，能够达到双赢的营销效果。

组合优化来源于关系营销中的回报决策，有很多书籍上都提到相关的思想，如艾略特·艾登伯格（Elliott Ettenberg）2001 年在《4R 营销》一书中提出 4R 营销理论。唐·舒尔茨（Don E. Schuhz）在 4C 营销理论的基础上提出 4R 营销理论，根据市场不断成熟和竞争日趋激烈的形势，着眼于企业与顾客的互动与双赢，不仅积极地适应顾客的需求，而且主动地回报各关系方，创造蓝海价值的行业板块、地区板块、指数板块的扩展力是不同的，寻求最优组合，找到核心价值，能够牵制对手的行业板块，回报决策的层次思想就为组合优化决策奠定研究基础，以上都表示组合优化和关系营销学的回报决策密切相关。

如图 8-14 所示，《人气营商学》的营销学基础是顾客营销学，在营销学中契约权力来源于顾客营销中的沟通对策。从美国营销专家劳特朋教授在 1990 年提出与传统营销的 4P 相对应的 4C 理论后，以顾客为视角研究在营销学中越来越多。其中的促销和沟通对策就为权力对策奠定了很好的研究基础。

人群营商学的研究基础是关系营销学，回报决策在关系营销的 4R 决策中是重要决策之一。从回报决策的核心注重企业和客户关系的长期互动，重在从关系方获得合理、合法的一种理论。它既从厂商的利益出发又兼顾消费者的需求，是一个更为实际、有效的营销制胜术，目的是在一定的合理、合法回报情况下能够

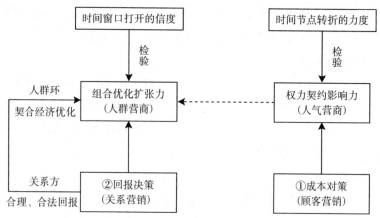

图 8-14 组合（优化）决策与回报决策、权力契约对策的关系

正确处理营销活动中各种矛盾的出发点，而这恰恰与组合优化的最终目标相呼应，创造蓝海价值以供投资者投资。

　　"敞口"在金融领域比较常见的就是对风险分析时用到的，表示对风险有暴露的地方。比如，你的收入是日元，但你有一笔美元的借款要还，且没有做任何对冲的交易（比如远期外汇买卖或外汇掉期等），你因此就有了一个日元对美元的汇率风险敞口。或者你买了一个公司的债券，由于公司债有信用风险，而且你没有做任何对冲的交易（比如信用违约掉期等），你因此有一个信用风险敞口。你如果买了一个固定利率的债券，而且没有做对冲交易（比如利率互换），你要承担利率风险，因此有一个利率风险敞口。组合优化的研究中，广泛的信息获取形成心理敞口就是一种风险预判，组合优化影响人们的心理敞口，心理敞口的大小决定投资者的投资意愿的高低，心理敞口开口越大，投资者投资意愿越大，相反则越低。组合优化是如何决定人们的心理敞口（正、负向影响），如同权力契约决定人们的心理空间，标杆象征决定人们的心理端口，组合优化决定人们的心理敞口（正、负向影响），金融学的敞口理论为虚拟衍生品组合优化放大投资者的心理敞口提供理论研究基础。

　　虚拟时代是一个证券化的时代，到处都存在衍生品，衍生品组合优化是虚拟时代的核心，影响人们的投资，超过传统的现实品牌购买，影响未来衍生品的投资，同时虚拟衍生品全球范围内相互牵制，影响各个国家衍生品的投资和发展，而衍生品组合的核心体现就是优化，组合优化的虚拟衍生品更具有扩张力。这些都是传统营销理论对于组合优化决策的启示，基于关系营销中 4R 决策中的回报决策引导本书的研究，同时，关系营销学的回报决策在虚拟时代人群营商中提炼四种长期保持提升组合优化扩张力的方法，对于组合优化的动机应该放在虚拟衍生品发展的层面上，虚拟时代组合优化能够吸引全球投资人投资，因此组合优化运用得是否得当，将会直接影响证券投资人投资该国指数板块、行业板块的心理敞口。

二、虚拟时代组合优化原理

（一）基本原理

虚拟时代组合优化原理主要指心理敞口与优化之间的关系。人的心理敞口通过影响人们组合优化的行业与扩张力大小，来使得人们创造最大相对价值空间的同时，时间损失最小化。反过来，组合优化的行业与扩张力大小修正人们的心理敞口。心理敞口理论是将来自心理研究领域的综合洞察力应用在投资当中。从实证研究出发，从人的心理特质揭示影响组合选择行为的心理因素，如图 8-15 所示。

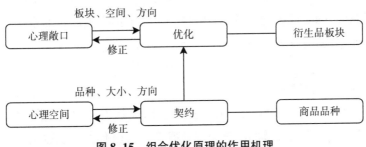

图 8-15 组合优化原理的作用机理

从组合与相对价值来看，组合优化某一类金融衍生品的行业和扩张力大小越精准，则该金融衍生品创造的相对价值越大，证券投资者打开心理敞口之后，会进行资金投入而创造价值。因此研究如何通过组合优化去创造更大的相对价值，放大心理敞口是组合优化的核心。心理敞口直接影响组合优化某一类金融衍生品扩张力大小和方向，而组合优化产生的扩张力又会放大心理敞口，两者相互作用、相互影响。一个价值投资的指数、行业、地区板块只有持续不断地组合优化，才能成为虚拟时代人群跟随的衍生品组合，组合优化的虚拟衍生品的扩张力越强，投资人投资该类金融衍生品创造的价值会越大，因此吸引全世界的证券投资人群跟随，一旦该类金融衍生品自身创新不足，成为时代增值的具备的扩张能力受到限制，价值投资空间跟随意愿就会受到限制，此时就需要通过心理敞口来修正组合优化的扩张力大小和行业发展方向。创新人群跟随的内容分为规律替代创新、技术迭代创新、思维时代创新，三种人群跟随创新方式交相呼应，思维创新人群跟随是虚拟时代的核心，只有不断地进行思维创新，才能使组合优化的扩张力和行业发展方向更加精确，进而带动主板指数板块创造蓝海价值，创造最大化的价值。主板指数的心理敞口是与权力对策相关，权力对策产生的主板指数板块心理敞口是 2 倍快正好 × 4 倍中 = 8 倍慢，投资人就会在文化、经济、社会价值行业板块进行组合优化，经济价值板块与文化价值板块共同形成 2 倍快正好的心理敞口，社会价值与经济价值、文化价值共同形成 4 倍中的心理敞口。这些结论都是通过人气营商的 4 个对策和人群营商的人群、路径、系统、组合 4 个决策共同研究的结果。

心理敞口对于组合优化的影响巨大，反过来，组合优化影响心理敞口。虚拟时代组合的优化，呈现的人群环组合达到价值优化效果，其核心思想是在证券化市场中，为获取投资者投资，组合优化虚拟衍生品，实现投资者的心理敞口，愿意投入资金获取行业组合优化创造出来的蓝海价值，投资者的指数板块心理敞口放大的空间和时间是已经确定的，8 倍慢则会对虚拟衍生品行业板块有更加明晰的投资意愿，会创造更多的相对价值。

另外，组合优化的实际应用是控制心理敞口的大小。影响心理敞口的工具和手段很多，这部分内容将在本节第三部分讲到。但心理敞口作为投资者自身的投资空间判断，需要通过组合优化的扩张力变动来修正。通过实际的组合优化变动，正确把控和影响投资者的心理敞口，符合虚拟时代发展，投资人做出智慧的判断，创造相对价值。正确运用组合优化是本章的核心，背后的原理是人们的心理敞口，也就是说，心理敞口的核心是与组合优化决策相关，心理承载是与系统动力决策相关，心理预判是与路径规划决策相关。

（二）组合作为优化研究的逻辑

要理解组合是一种优化，虚拟时代就是通过组合进行优化虚拟衍生品，虚拟时代中组合的根本目的是创造蓝海相对价值，而创造相对价值的过程是通过组合衍生品达到价值优化效果才能产生的。虚拟衍生品的组合多种多样，而虚拟时代中组合的过程也就是按照投资者的动机心理进行组合优化，而不是简单地组合投资。而且，投资人会根据自身经验判断组合优化之后的衍生品组合的潜在蓝海，虚拟时代就是一个衍生品投资的时代，这一点在前面进行了叙述，而没有组合优化是不可能进行投资的，优化是投资的必要条件，投资是组合的结果。

组合优化的虚拟时代，不难看出优化体现在组合的多个方面，比如当组合某一虚拟衍生品时，必然带来全球资金投资流动，该虚拟衍生品的价格便上涨，从而使得价值发生增值，实现成倍或者倍增，而其他的虚拟衍生品价格会下降，这样就会优化虚拟衍生品市场的行情，价格下降的衍生品同时也需要重新组合优化来重新获得资金投资，这样良性的竞争环境会促进时代的良性变迁。

组合优化投资决策是虚拟时代投资人投资一个国家和地区最为关注的核心内容。组合优化投资研究推动虚拟时代变迁，是一个国家和地区价值创造的综合定力的体现。优化该国或某一行业或者指数板块金融衍生品，就会对其进行证券投资，一个国家或某一金融衍生品整体是无法衡量是否具有投资价值，只有通过其投资具体板块载体加以体现，而在人群营商学中主要表现在对证券市场金融衍生品板块指数和行业（地区）等价格的研究，也是由于人们对于证券市场的投资关注度要求更高，强度更大的结果。当组合优化某一金融衍生品时，必然带来全球资金投资流动，该金融衍生品的价格便上涨，从而使得价值发生增值，实现成倍或者倍增，如图 8-16 所示。创造相对价值的过程是通过投资实现的，因此虚拟时代中组合优化的过程也就是投资者在衍生品选择不同行业、指数组合投资板块对象的过程。

图 8-16　组合优化的逻辑关系

（三）心理敞口变化的内在含义

心理敞口是组合优化原理的核心所在，要明确心理敞口的变动实质是相对价值的变化。如果没有相对价值的变化，人们的动机心理很难改变。虚拟时代中相对价值的创造是通过组合优化实现的，使投资者的契合度增加，并且使虚拟衍生品处于不断的组合优化中，则创造的相对价值在不断的变化中。

相对价值的变化的过程如图 8-17 所示。长方形表示人们的跟随，椭圆的面积表示 A 国和 B 国虚拟衍生品的扩张力，椭圆的周长范围表示心理敞口的大小。随着时间的变化 A、B 两国组合优化的衍生品的扩张力是不同的。在初期，A 国的扩张力跟 B 国的虚拟衍生品扩张力相差不大。因此无法判断 A 国和 B 国哪国心理敞口更大。随着时间的推移，A 国椭圆的面积超过 B 国椭圆的面积，A 国的虚拟衍生品的扩张力超过 B 国，在这种情况下，人群跟随也会发生改变，A 国组合优化的虚拟衍生品创造的相对蓝海价值更大，从而使 A 国的心理敞口打开，超过 A 国原有的投资量，A 国的组合优化得到的价值更多。

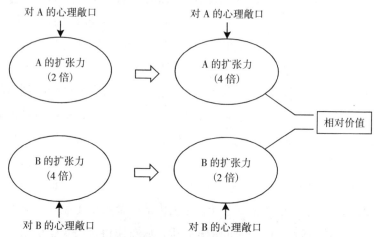

图 8-17　组合优化扩张力与资产价格心理敞口变动

A 国组合优化的虚拟衍生品的扩张力提升幅度较大，迅速放大投资者的心理敞口，让投资者放下心理包袱，因而会得到更多资产流入，能够创造更大的相对价值，以及得到人群跟随。反之，一个国家的虚拟衍生品扩张力大幅度下降，会迅速挤压投资者的心理敞口，让投资增加心理负担，因而会失去投资者的资金流入。

（四）优化类型的特点及适应对象

了解组合的优化原理以及心理敞口之后，就要研究组合优化本身。虚拟时代的各个国家都会自觉或者不自觉地通过虚拟衍生品组合优化影响投资人的心理敞口变化，因此，对应人群跟随矩阵，可以将组合的优化按照对人们心理敞口影响程度主要分为三种类型。这三种类型分别是："四倍快"优化①、"四倍中"优化②、"二倍快"优化③，如图 8-18 所示。

这三种组合优化的划分主要是对于证券投资人的心理敞口影响程度来划分的。组合优化的表现是：4 倍快优化的扩张力是对于人们的心理敞口影响较大，引起全球投资者投资的组合优化，造就该国价值创造的成倍增（减）；4 倍中优化是指优化对于人们心理敞口影响有限，组合的扩张力开始减弱的优化；2 倍快优化是对于人们的心理敞口的影响较小，这是蓝海人群跟随的最低要求。

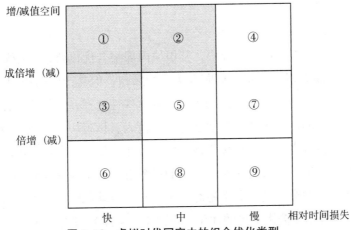

图 8–18　虚拟时代国家中的组合优化类型

1. "4 倍快" 优化

特点：具备 "4 倍快" 的板块，其组合优化的效果明显，对于证券投资人心理敞口的正向影响，负向影响都很大，受到全球证券投资人的迅速关注。由于组合优化的效果好，该板块或行业就会吸引各方资本流入，则相应的资产价格就会上涨快。因此对以上板块或行业进行投资，可以实现自身价值成倍。但该板块或行业也必须随时保持组合优化的扩张力，不断进行价值创造，保证在虚拟时代是最具投资价值的板块或行业。

适合对象：希望在最短时间内资产升值，能够控制自身心理敞口并且准确判断时间窗口，有能力承受双向波动风险，从而通过投资价值成倍增长现象的投资者，4 倍快指数板块还有两种类型：4 倍快正好、4 倍快超过，一般对应于币值平台对策和金钱杠杆对策。

2. "4 倍中" 优化

特点：具备 4 倍中的板块，其组合优化的扩张力相对稳定的决策，会有虚拟时代多数国家的资本流入，以保持心理敞口的稳定。因此，这种组合优化类型跟 4 倍中的板块和行业的关联性较大。该组合优化类型不可能快速引领所有行业或板块的上涨，是真正的组合优化的经济价值行业引领指数板块上涨，其他行业板块可能衰退，这种组合优化类型的投资收益非常稳定，波动速度变缓，因此组合优化资产价格上升的时间延长。

适用对象：追求真正组合优化效果的投资人，稳定的投资者，希望资产升值较大的投资者，时间窗口稳定，可以承受双向波动的风险较小的投资者，一般对应于权力契约对策。

3．"2 倍快"优化

特点：具备"2 倍快"的板块，其板块内部组合优化效果开始显现，短期对于全球投资人的心理敞口正、负向有倍增的影响，但其产生的作用没有 4 倍大，因此，该组合优化成为虚拟时代的多数人的试探性选择，对投资者的心理敞口影响较小，一定时间内该板块或行业会有资本流入，该板块或行业的资产价格就会上涨，所以对投资者来说可以投资该板块或行业，从而实现自身价值倍增。

适用对象：追求组合优化非常稳定的投资者，希望在一定时间内实现资产升值的投资者，时间窗口把握非常稳健，承受双向波动风险较小的投资者。倍增快有三种优化类型：2 倍快不足的优化（币值平台对策）、2 倍快超过的优化（金钱杠杆对策）和 2 倍快正好的优化（权力契约对策），往往是主板指数板块实现 4 倍快、4 倍中的前奏。

（五）投资人组合优化选择的步骤

第一步：判断国家、板块组合优化的方向。判断组合优化方向向上或者向下具有重要意义，只有优化方向判断无误，才能作出正确的投资决策，这是相对价值创造的前提。对于心理敞口有正（负）向影响大的组合优化国家，才可以实现投资的价值倍增（减）。有些国家希望拥有较大扩张力的组合优化，这需要定力、远景、牵制来辅助确定，创造更大的价值。

第二步：判断组合优化的价值投资空间。判断组合优化价值投资空间的大小，空间越大投资吸引力越大，在组合优化扩大心理敞口的同时，结合人气、人口营商等理论能够基本判断指数板块相对价值的空间是倍增还是成倍。

第三步：选择衍生品价值组合优化过程中，把握组合优化的时间窗口，这也是最后一步。如图 8-19 所示，投资研究过程中真正的时间窗口，是衍生品在即将实现价值倍增或者成倍增的关键时期，投资人左右为难时，组合优化的运用形成的正、负向心理敞口变化决定价值创造的过程中，寻求倍增（减）的重要依据，这就是投资人在判断倍增（减）时间窗口上，从窗口 1、窗口 2 以及窗口 3 找寻一个能够创造相对价值最高的时间窗口。

（六）虚拟时代组合优化的目标

在虚拟时代中，组合优化自身的投资资产以创造最大化的相对价值，是虚拟时代投资人的共同追求。虚拟衍生品组合优化的方向选择，将决定创造的相对价值的大小，为吸引证券的投资人投资，使得投资人群投资该国创造最大化的相对

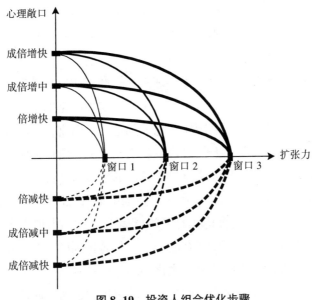

图 8-19　投资人组合优化步骤

价值，该国虚拟衍生品不断地进行组合、拆散、重新组合的优化模式，实现其在
虚拟时代中最具吸引力的投资目标：虚拟衍生品持续组合优化、创造更多的价值
蓝海。

　　这种组合优化目标的实现能够使得一个国家的虚拟衍生品能够不断地被优
化，并且能够不断创造蓝海价值来保持对投资者投资的吸引力，这样才能让一个
国家创造更多相对价值并且效率更高，社会财富快速而大量向该国积累，使该国
人民尽快且长久地过上美好生活。

　　对于虚拟时代的国家而言，为吸引全球投资人投资，都希望实现其在虚拟时
代中组合优化的虚拟衍生品最具扩张力的目标，该国的组合优化的扩张力长期正
向影响人们的心理敞口，消除和避免对于心理敞口的负向影响，正确引导人们投
资该国各种衍生品，从而创造相对价值。并且，为保持该国在虚拟时代长期拥有
组合优化的衍生品扩张力，不断地创造成倍或倍增的相对价值，社会财富快速而
大量向该国积累，使该国人民尽快且长期过上美好生活，这需要多个因素共同作
用，这多个因素在后文展开说明。

　　之所以组合优化要实现正向影响心理敞口，其原因主要是：正向影响心理敞
口使该国一直处于人群跟随投资中，该国的组合优化为 4 倍快优化，吸引全世界
的投资。优化的结果意味着支持该国和地区的投资者会在虚拟时代实现价值创

造。从日本和拉美的过往历史可以看出，如果组合优化对心理敞口产生的负向影响处理不好，很可能使一个国家很快失去投资人的信心，只有长期心理敞口正向影响才能保证该国在虚拟时代的领导地位。

组合优化在一个国家和地区内对于心理敞口长期正向影响的过程中，必须善于利用这样的时机创造虚拟价值，使该国人民尽快实现财富的积累，同时惠及全世界投资人，形成人类社会命运共同体。想要创造社会财富，就必须利用组合优化正确引导投资，否则出现价值升值过快或者出现暴跌，资产泡沫破灭，都是投资人不愿意看到的。在全球投资人愿意投资该国的虚拟衍生品时，该国利用组合优化就要配合其他三个决策（人群、系统、路径决策），及时调整该国在虚拟时代的衍生品的扩张力，运用组合优化打开投资者对于该国虚拟衍生品的心理敞口。组合优化运用引导投资调整原因有两个：一是防止别国组合优化对于心理敞口正向影响过大，引发对于本国的组合优化心理敞口受到打压，从而使该国的价值创造受到限制。二是组合优化用来调整一个国家价值创造的时间、空间，防止该国在人群跟随中的价值高估。心理敞口导致的价值高估，不但为该国未来的价值创造契约打压埋下隐患，也会对一国的经济发展和虚拟时代进程带来不利影响及巨大风险。一些国家不同程度的金融危机就是该国心理敞口到了一定的高位，组合优化运用不当，导致系统性风险，出现了资产泡沫破灭。

三、组合优化衍生品选择

（一）组合优化扩张力时机选择：思想为主的时代

物质时代是以机器为主的时代，这时主要是运用机器的升级来提升市场经济，所以该阶段品牌的组合就是为了维护市场竞争力，让市场经济更有秩序。例如，美国的法治无处不在，无时不有。美国作为由移民社区组成的联邦制国家，是在社区法治的基础上，形成了由社区法治到州法治，再至国家法治的独特的法治模式。独立战争后，美国于 1787 年由 13 个州签署制定了世界上第一部成文宪法——《美利坚合众国宪法》，标志着美国开始走上法治道路。在没有人治传统影响的背景下，美国法治道路更具民主性和创新精神。中国也提出过建设社会主义法治国家的目标。全面深化改革，推进国家治理体系和治理能力现代化，必须运用法治手段和法治思维，发挥法治的推动和引领作用，法治组合在推动物质时代进步的重要作用，以美国为主的西方国家物质时代高速发展得到充分证明。

物质时代机器创新已经发展到了高位，不仅要利用法治维护品牌组合，更要提高衍生品组合优化的地位。因为以思想为主的时代已经到来，人的思想备受关注，而思想具有纷繁复杂性，虚拟时代的组合优化就是适应这种思想多元的时代。人生活在这个形象思维变迁的虚拟时代中，人的物质需求满足后，价值创造是最重要的，围绕人对于美好生活的追求，组合优化的社会契约和围绕价值创造成为社会的共识，只有创造价值才能成为社会的优秀人才，组合优化的思想促进和保护人们价值创造，推动时代变迁。

虚拟价值时代主要是以思想为核心的人群营商。在虚拟价值时代，金融衍生品是金融投资工具，不仅可以为人们提供投融资的机会，而且可以用来消除风险，进行套期保值，是当今金融市场不可或缺的金融工具。世界金融市场发展历史证明，完善和发达的金融衍生工具市场，能够促进金融市场运作效率的提高，构架起一个国家完善的金融市场体系，推动其成为世界性的经济与金融中心。虚拟时代组合是为优化虚拟衍生品组合，从替代自然品种需要变迁和迭代物质品牌需求变迁，升华到时代衍生品虚拟价值变迁，衍生品组合优化思维是人的思想具体体现，人的思想决定组合优化的方式，提升组合优化的扩张力，也将决定蓝海价值创造的方式，吸引投资者投资创造最大化价值。

（二）组合优化扩张力情形选择

组合优化的扩张力表现反映在人们的心理敞口的大小，利用对于人们心理敞口大小的影响，分析组合优化的扩张力表现情形。只有将不同的板块进行价值排列，才能保证组合优化扩张力放大，是组合优化的前提和基础。

1. 排列的定义

在数学和哲学的领域内，限集的子集按某种条件的序化法排成列、排成一圈、不许重复。单一排列是指同类别之间的排序，在同一个面内的排列，混合排列就是在一个大的立体内进行相互排列组合，关键排列是在混合排列的基础上进行的，最后会决定立体体积的大小，形成一个大的有顺序规律的球体排列组合。

从哲学角度看，排列是对于事物按照某种标准参考机制来进行排序，这一变化既可用在客观事物上，也可以用于抽象的诸如价值排列上。分析一个国家的虚拟衍生品的价值排列是虚拟社会的必要投资程序，投资者的心理敞口影响的具体的价值排列在本节第四部分论述。

2. 排列的类型

具体的排列千变万化，按类型大致可以分为三种：单一排列、混合排列和关键排列。

单一排列是相对于混合排列而言的一个概念，一般只从虚拟时代的一个分类板块内的行业进行排列，例如，经济价值板块中钢铁板块、航天板块以及飞机板块等行业板块，通过排列组合选择，最后优化形成高铁板块来引领板块指数的上升。单一排列有助于正向影响证券投资者的心理敞口，提升组合优化的扩张力，但是由于是单一的排列组合，其正向放大投资人心理敞口有限，如图 8-20 所示，为单一排列组合优化的效果所产生的放大（挤压）投资人心理敞口的示意图，一个圈代表着同一类价值板块内的排列组合，圈的大小代表着投资人心理敞口大小。

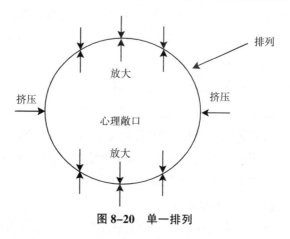

图 8-20　单一排列

混合排列是多种板块排列进行组合优化，是大量单一排列的组合，由大量的圈形成一个大的排列球体，如图 8-21 所示。排列组合形成地球的体积大小代表着投资人的心理敞口大小。混合排列是将经济价值板块、文化价值板块以及社会价值板块里面的分类板块进行排列，再将其中排列出来的板块混合优化，才能使

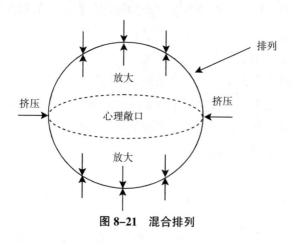

图 8-21　混合排列

板块组合优化的扩张力提升，混合排列的优化效果会放大（挤压）投资人的心理敞口。

关键排列指的是在排列组合中起到至关重要作用的混合排列，具体是指起到决定心理敞口大小的价值排列，如图 8-22 所示。内部球体部分的大小无法预测，代表着关键排列决定心理敞口的大小具有不确定性，例如，中国在钢铁板块、航空板块以及高铁板块中进行关键排列，排列组合优化选择高铁板块，用高铁板块带动其他板块的上涨，极大地放大投资人的心理敞口，让投资人放心投资中国的板块，让中国的股价指数上涨，但放大投资人心理敞口的大小无法预测。

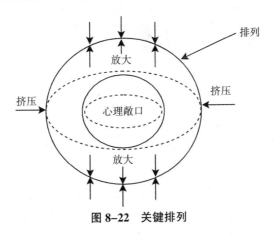

图 8-22 关键排列

3. 价值排列的情形

虚拟时代是通过价值排列组合来达到板块优化的效果，提高组合优化的虚拟衍生品的扩张力，放大投资者的心理敞口，吸引投资者的资金投入，但判断组合优化的扩张力能否提升以及空间多大需要明确价值排列情形。影响的价值排列有很多，大致可以分为三种类型，这三种类型如下：

情形 1：组合优化扩张力价值排列单一，决定心理敞口提升幅度受到限制，如图 8-23 所示，在较长时间内，投资人的心理敞口稳定，波动幅度不大。

优点：正负向扩张力不大，投资人的心理敞口易于调控把握。

缺点：波动不大，组合优化的虚拟衍生品的扩张力有限，创造的相对价值也有限。

适用：比较稳定的板块组合，跟随组合优化效果最好上涨的其他板块。

要求：选择跟随组合优化过后效果比较好的行业（地区）板块，防止跟随的行业或者地区板块的价值优化效果差。

单一板块对于影响投资人心理敞口有限，它无法带动大盘的上涨，排列组合后的扩张力提升幅度不大，需要跟随其他板块的上涨而上涨，只能作为追求稳定回报的投资人的稳定投资。

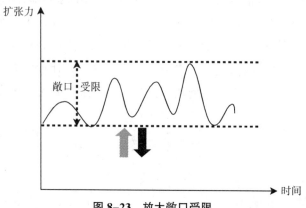

图 8-23　放大敞口受限

情形 2：如图 8-24 所示，混合价值排列能在一定时间内提升组合优化的扩张力。

优势：组合优化的扩张力在较短时间内提升很快，投资人的投资方向相对明确，从而投资人在适中时间内可以实现最大化相对价值创造。

缺点：较短时间内提升快，之后组合优化的扩张力上下波动幅动大，会影响投资人的心理敞口，不易把控。

适用：虚拟时代能够在一定时间内上涨幅度较大的板块。

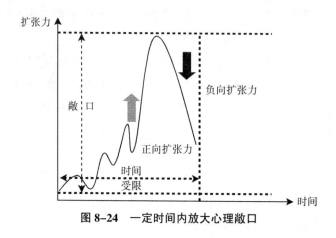

图 8-24　一定时间内放大心理敞口

要求：选相对稳定的行业板块来提升投资者的心理敞口，并且能够在一定时间影响指数板块的上涨，刺激是市场的投资欲望。

混合排列这个情形在各个国家都是比较常见的，美国各个行业板块的不断排列组合优化来带动整体的优化，才能在世界上经济领先并且引领绝大多数的国家，但混合排列时间有一定的期限，组合优化扩张力也开始下降，投资人的心理敞口开始挤压，扩张力快达到上限。

情形 3：如图 8-25 所示，关键价值排列会决定组合优化扩张力上限，决定投资人心理敞口是否长期放大。

优点：扩张力提升的上限能一直提升，投资人心理敞口也能一直放大，有较长的时间周期。

缺点：由于正负向的扩张力可能很大，一旦无法正向提升扩张力，将会极大地影响证券市场的行情。

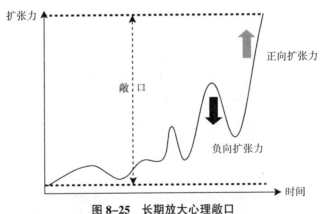

图 8-25 长期放大心理敞口

适用：虚拟时代能够带动大盘上涨的板块。

要求：该情景需要虚拟衍生品市场做好长期的价值排列组合达到最优效果，在混合排列的基础上进行至关重要的关键排列，极大地放大投资人的心理敞口，长期正向提升组合优化的扩张力，各个国家要拉动整个板块快速上涨需要进行关键排列，才能在虚拟时代引领时代的发展。

综观世界所有的价值板块，没有哪个板块能一直上涨，必须要经过价值排列，组合优化价值板块，提升组合优化的扩张力，放大投资者的心理敞口，进行关键的价值排列，组合优化后的板块才能上涨。而且，为保持板块能够稳定上涨，世界上所有的板块都需要周期性地进行关键排列，保持组合优化的扩张提升，引领虚拟时代的板块上涨。

（三）保持组合优化扩张力长期提升方法

虚拟时代中保持组合优化扩张力提升的方法有四种，包括权力背书、法律支持、社会风口以及焦点引爆，但它们的作用基本是一致的，大到投资某一国家，小到投资某一种衍生品，组合优化的扩张力都是呈现出引导、支持、发展、成熟这样一个组合优化运用的效果。同时，在组合优化影响下，这个国家或者这种衍生品所代表的虚拟价值板块也是呈现出阶段性变化的。组合优化的人群跟随选择过程是在虚拟时代中的虚拟价值板块即经济价值、文化价值、社会价值板块之间流动的过程。

不同国家组合优化扩张力形成心理敞口板块类型有所不同，这是由于各国的价值排列不同引起的，但是各国提升本国虚拟衍生品的扩张力的方法是相同的，主要分为四种方式，分别为权力背书、法律支持、社会风口以及焦点引爆，如图8-26所示。

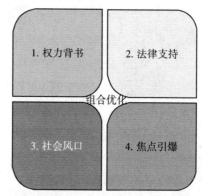

图8-26 虚拟时代中保持组合优化扩张力放大的方法

1. 权力背书

权力背书是国家政权机关、政党组织和其他社会政治集团为实现自己所代表的阶级、阶层的利益与意志，以权威形式标准化地规定在一定的历史时期内，应该达到的奋斗目标、遵循的行动原则、完成的明确任务、实行的工作方式、采取的一般步骤和具体措施。作为国家的权力，一般分为对内与对外两大部分。对内权力包括财政经济权力、文化教育权力、军事权力、劳动权力、宗教权力、民族权力等。对外权力即外交权力。权力背书是国家或者政党为实现一定历史时期的路线和任务而制定的国家机关或者政党组织的行动准则。

权力背书连续的含义有多种界定，一些法学界学者认为，背书连续仅以形式上连续有效的背书存在为前提，至于实质上该背书是否有效，在所不问。但是，也有研究表明，不仅形式上，而且实质上也连续地背书，才能被认为是真正连续的有效背书。背书连续的认定规则由三个要素构成：一为背书连续将产生何种效力，二为背书形式连续应具有何种结构，三为不真实背书的认定责任及法律后果。

权力背书具有以下特点：①阶级性。是权力的最根本特点。在阶级社会中，权力只代表特定阶级的利益，从来不代表全体社会成员的利益、不反映所有人的意志。②正误性。任何阶级及其主体的权力都有正确与错误之分。③时效性。权力是在一定时间内的历史条件和国情条件下，推行的现实权力。④表述性。就表现形态而言，权力不是物质实体，而是外化为符号表达的观念和信息。它由有权机关用语言和文字等表达手段进行表述。

权力背书在虚拟社会能够帮助一个国家的组合优化顺利进行，运用权力背书去支持衍生品价值板块发展以及创造蓝海价值，国家权力支持的企业、行业或板块是组合优化的前提，例如，中国的高铁板块，中央高层领导权力背书股票市场的高铁板块，挖掘市场的潜在蓝海，促进国家的快速发展，才能保持组合优化扩张力长期提升。

2. 法律支持

法律是由国家制定或认可并依靠国家强制力保证实施的，反映由特定社会物质生活条件所决定的统治阶级意志，以权利和义务为内容，以确认、保护和发展对统治阶级有利的社会关系和社会秩序为目的行为规范体系。

法律具有可预测性，法律是调整人们行为的一种行为规范法律正是通过对人们行为的调整来实现对社会关系的调整。它向人们提供的行为模式具有一般性的特征。即在相同的条件下，一项法律规范可以对任何人反复适用，法律所具有的规范性及其规范的一般性特征；法律具有规范性，法律是由国家制定或认可的规范由国家制定和认可是法律规范成立的两种不同方式，也是法律区别于其他社会规范的主要特征之一；法律具有国家强制性法律是以国家强制力保证实施的规范实施法律是运用法律规范来调整社会关系和维护社会秩序；法律具有普遍性，法律是对社会具有普遍约束力的规范国家是全社会的正式代表。法律特征是相比于其他主体而言的，相比于思想意识、政治实体，法律作为一种社会规范有其规范性和概括性。就社会规范而言，法律区别于其他社会规范的基本特征是法律具有国家意志性，由国家制定或认可；以权利、义务、权力、职责为主要内容。

法律是维护国家稳定、各项事业蓬勃发展的最强有力的武器，也是捍卫人民群众权力和利益的工具，也是统治者统治被统治者的手段。法律是一系列的规则，通常需要经由一套制度来落实。但在不同的地方，法律体系会以不同的方式阐述人们的法律权利与义务。其中一种区分的方式是分为欧陆法系和英美法系两种。有些国家则会以他们的宗教法条为其法律的基础。

一般而言，金融衍生品被认为是一把"双刃剑"，一方面，金融衍生工具的基本经济功能是转移风险和价值发现，运用得当则有助于促进金融市场的稳定与发展、加速经济信息的传递、资源的合理配置和资金的有效流动，增强国家金融宏观调控能力；另一方面，由于金融衍生工具自身与生俱来的高风险性、强杠杆性等特征，很容易放大风险，造成市场混乱。虚拟经济是产品经济高度发展的产物，而金融衍生产品交易是虚拟经济发展的高级阶段。这种空买空卖、合约对冲交易其本身并没有价值，因而金融衍生交易量不能准确反映社会实际的供求情况，如果缺乏规制，将会给社会带来虚假的繁荣。法律支持表现在对于组合优化的相关价值排列有法律保障，成为相关法律条文才能保证价值排列的正确性，如中国将发展交通写进相关法律文件，使高铁板块长期发展，成为重要的价值排列。

3. 社会风口

社会风口是一种影响顾客判断和购买行为的重要营销工具，是顾客获取重要信息的途径之一。此外，随着互联网和电子商务的迅猛发展，社会风口得以更快、更广地传播，营销工具成为营商工具，已经成为人们投资和价值创造、提升扩张力、打开和影响人们心理敞口的重要判断依据。

通俗地讲，"风口"是指这样一部分产业或领域，因为国家政策的支持顺应了社会发展的潮流或拥有巨大的盈利潜力，而获得了一个高速发展的机会。在这个基础上，"站上风口"，更多是指一个企业的发展是顺势而为的。风口企业因何受到资金追捧投资者青睐于风口企业，主要有以下几个方面的原因：第一，风口企业因为借势而为，往往发展迅速，企业规模和营业利益能够在较短时间内实现增幅。第二，尤其在中国，热钱总是喜欢热门题材的投资标的，因此位于风口的企业，往往有更多"故事"可讲，也就容易得到资金青睐了。第三，在金融领域，判断一个企业的价值往往不在于其目前的情况怎样，而是看投资者的预期，这也就是为什么京东年年亏损，可估值却一年比一年高的原因。第四，政府扶持。既然政府已经明言要大力发展了，并且出台了许多实质性的政策予以支持（比如高科技企业等），那么看好这一类企业，也是无可厚非的。

"站在台风口，猪都能飞上天"这句话说的是在虚拟时代潮流下，人们的生活的各个方面因此改变，创业者迅速积累起财富。对待风口的态度，我们应该是冷静而淡定的，从以下思路出发：一是深入挖掘原有产业潜力，将原有业务做大做强。这是基础，我们应该埋头原有业务，而不是左顾右盼，甚至在原有业务遇到一点挫折的时候就全盘放弃，改为进入一个你完全不了解的领域，去赶所谓的风口。二是时刻掌控最新技术和工具，并利用其对自身和原有业务进行深入的查漏补缺，缺什么就补什么。这意味着，我们也不应该故步自封，而应该时刻站在潮流的前线，对风口有清晰的了解，并充分让风口为己所用，让在风口出现的各种技术、工具、方法成为推动企业发展的动力，而不是试图掌控风口，从而被卷进风口。三是夯实基础后，拥有实力后，然后考虑跨界，充分结合企业优势和行业特点，利用周边资源，而不是盲目追逐风口，进行新的创业。

虚拟时代的社会风口多样化，分析具有以下特点：社会风口主体的变化性，具体表现在社会风口的对象不可能一成不变，一段时间社会风口集中在某国家和行业，但过段时间社会风口又会转移到其他国家和行业，这是社会风口主体的变化性。社会风口内容的专业性，社会风口的内容必须是专业性的、能够获得大众认同的、影响社会行为的，不能让人们信服的社会风口只能叫作言论，不能算作社会风口。社会风口平台的高低性，主要是指社会风口的发出者所处的平台高低不同，那么该社会风口的扩张力就不同。社会风口时间的选择性，不是所有社会风口发出后都能达到影响人们心理敞口的效果，要把握社会风口的扩张力，时间的选择也是很重要的一个方面。关于某件事情或某个人的社会风口，在某段时间内可能不会引发关注，但若社会风口的时间选择在关键的时间窗口上，其扩张力效果可能会达到百倍。不能成为社会风口的行业和地区板块，是很难成为价值排列和组合优化的板块。

4. 焦点引爆

焦点在物理学上指平行光线经透镜折射或曲面镜反射后的会聚点，在数学上指二次曲线的焦点，在社会上比喻问题的关键所在或争论的集中点。现在焦点多引申为人们对重大事件、国家政策、新闻事件以及人物等的关注集中点。

比喻事情的关键所在，或争论的集中点，或人们的关注集中点。如胡适《〈国学季刊〉发刊宣言》："大家的眼光与心力注射的焦点，究竟只在儒家的几部经书。"茅盾《子夜》："估量着他每一句话的斤两，同时就感到目前的交涉非常棘手。赵伯韬所坚持的一项，就是吴荪甫不肯让步的焦点。"

随着全球经济活动的一体化发展不断加快，一件事情发生之后所产生的影响范围已经不再是简单的局限在一个国家或者地区，而是多个国家乃至于全球，在局部地区的突发事情，引发人们关注，成为焦点，在全球范围内产生了巨大的影响（刘定平，2014）。

伴随着证券化进程的日益加快，国家与国家之间，人与人之间的联系越来越紧密，彼此之间的相互影响也越来越大。同时，互联网技术进步的日新月异，人们在日常社会生活、经济生活乃至个人生活之间的联系也会借助互联网而产生相互交错的影响。在此背景之下，一件事情成为焦点的发生，不会像过去那样在一定范围内造成一定程度的影响，借助着证券化和互联网的现实背景，它们的扩张力往往会被加倍地放大和加深，造成难以估量的后果。同时，在自然环境日益恶劣、现代化科学技术快速发展、经济形势日趋复杂、政治活动扑朔迷离等多重效应相互结合、相互影响的背景下，焦点引爆的数量也较之前呈现出数量级的增长。在过去的 10 年中，战争、恐怖事件、自然灾害、经济危机、疾病传播、社会浪潮、体育赛事等焦点层出不穷，其影响的广度和深度也比 10 年前显得更加剧烈，人们的生活和日常的经济发展也因为这些焦点的发生而受到了极大的影响，更有甚者会对社会和政治经济的稳定带来严重的不稳定因子。尤其是随着全球经济活动的一体化发展不断加快，一个焦点引爆之后所产生的影响范围已经不再是简单地局限在一个国家或者地区，而是多个国家乃至于全球，在局部地区引发关注的焦点，却在全球范围内产生了巨大的影响。

虚拟时代的焦点不再仅仅是影响人们的购买愿望，更多是影响人们投资。焦点大小不同，其所具有的扩张力便不同。焦点的大小虽然没有一个可以量化的标准，但人们关注越多的焦点、引爆国际投资或国内资产价格变化的焦点往往能造成更大的扩张力；焦点范围不同，其所具有的扩张力也会不同。焦点引爆在国内和发生在国际的扩张力大小不同，目的都是通过"敲警钟"的方式，帮助虚拟时代投资人找寻价值洼地，影响人们的心理敞口，提升组合优化的扩张力。

具体到投资领域，股市是经济形势的温度计，焦点的引爆往往会在第一时间内反映到股票市场中去，两者之间有着直接的十分密切的联系。历史上许多焦点的引爆都导致经济形势的变化，以及股票市场价格的波动。同时，随着科学技术的进步和互联网技术的发展，焦点关注对股票市场的作用机制也日趋复杂和多样，也加深其对股市的扩张力。这些焦点的引爆通过网络平台很快被散布出去，同时在这些平台的传播和发酵之下，形成一定规模和扩张力的网络舆论，从而改变投资者对上市公司或者经济形势的心理敞口判断。投资者的情绪也很容易受到这些焦点和其他投资者情绪的影响，从而使衍生品对股票市场的行情产生更加深刻复杂的冲击。

四、心理敞口的把控调整

（一）心理敞口调整的类型：主动和被动

对于虚拟时代的国家来说，优化心理敞口的调整分为主动和被动。主动调整是指一国通过组合优化自行调整，对板块的短期变动方向产生影响，而被动调整指的是顺应国际资本间的虚拟价值流动，是由国际社会资本流动的一般规律决定的方向性变动。

每个国家都应该运用组合优化主动进行调整，以防关闭人们的心理敞口产生不利的后果。冷战时期美国和苏联两个超级大国，在相对价值创造中，由于苏联的价值排列明显少于美国，特别是一些关键排列（经济实力、技术创新）与美国差距较大，苏联没有对自身的全球组合优化进行及时调整，积累到一定程度，导致在时间窗口上信度下降，全球投资人对于苏联的心理敞口产生成倍减，也就是苏联的实力不可能继续打开人们的心理敞口，从而使苏联国家分裂、执政党瓦解，教训深刻。从此，曾经能与美国抗衡的大国，如今经济实力和国际话语权在国际舞台上都已大大削弱。

组合优化的被动调整是由于心理敞口发生巨大变化，在投资人意料之外，引起价值的大幅波动，这也是人们会经常碰到的。例如，2019年中美贸易摩擦，中国是被动地调整，对中国高端制造发展及经济增长将产生不利影响，但同时也势必增加美国民众生活成本，推升美国通胀，制约消费，给全球经济复苏带来阴影，中国必须由被动变为主动；同时1996年亚洲金融危机、2001年阿根廷金融危机以及2008年的次贷危机都需要进行认真对待以及调整。只不过被动进行组合优化的时间段有的很长，有的很短，有可能把握不好，由于组合优化产生逆转，直接导致一个国家落后十几年。

当一国某资本处于高位时，该资本若不及时进行心理敞口主动调整，这时就会出现资本外流的情况，而且该国不进行新的价值创造，该国的投资人群也会逐渐离开。如果可以实现新的价值创造，那么该国的投资人群就不会离开，在短暂调整后又会引来新一轮人群跟随。对于一个已经进入虚拟时代的国家而言必须积极应对被动调整，因此如果不谨慎应对被动的调整，很有可能变为长期衰退趋势，应对及时而准确，可能带来证券市场新的价值排列和组合优化，创造蓝海价值。

（二）应对组合优化心理敞口的挤压

人们心理敞口的产生，主要取决于国内价值排列以及国际价值排列的影响因素。当投资人的心理敞口受到挤压、出现被动调整时，需要谨慎处理，一旦处理不好就会造成价值板块整体的下跌，从而需要价值排列，重新组合获得新的价值。所以任何一点市场信息都可能改变市场心态和人们的心理敞口，累积到一定的程度就会发生质变，在时间窗口上发生倍增减、成倍增减，从而使国家组合优化的扩张力发生巨大变化。

想要把控组合优化心理敞口，主要有三个步骤。一是寻找影响组合优化心理敞口的价值排列，控制优化心理敞口的核心就是了解影响心理敞口的关键排列，关键排列很多时候是时代的选择，能极大地提升虚拟衍生品的扩张力。二是围绕这些价值排列和关键排列进行组合优化的板块判断，这是人们的智慧运用，是全球投资人的选择，也是本章的核心。美国的价值排列、组合优化出来的是飞机板块，而中国的价值排列、组合优化出来的是高铁板块，这是组合优化的结果。三是选择对应控制手段，对不同价值排列要选择不同的把控手段，从而把控好组合优化的心理敞口，这些都是政治家以及社会各界研究利用上节价值扩张力的四种方法开展的工作。

影响优化心理敞口的排列，主要分为国内排列和国际排列各3个方面。国内排列和国际排列分为指数板块的构成、对策板块的指数板块和行业板块价值分类，如图8-27所示。

指数板块排列。一个国家的指数板块的多少和完整性，影响投资人投资，只有充分显现指数的价值排列，才能让投资人进行指数的组合优化，进行有效投资。

国内排列：国内指数板块构成分为主板、中小板、创业板、新三板以及科创板，构成板块的排列前后进行组合优化，从而会形成2倍或者4倍的指数板块上涨空间，2倍或者4倍的上涨空间会决定投资人的投资意愿，从而会影响投资人的心理敞口，其中主要以上海主板为主要影响对象，因为上海主板是比较成熟的板块，会有更多的人群投资跟随者，排列的顺序会影响心理敞口的优化。

国际排列：虚拟时代国家指数板块的构成由每个国家最具价值的行业、地区板块构成，板块排列组合的效果会影响投资人对于该国的投资意愿，证券投资人会将每个国家的指数板块进行排列、组合优化的板块进行2倍或者4倍扩张力衡

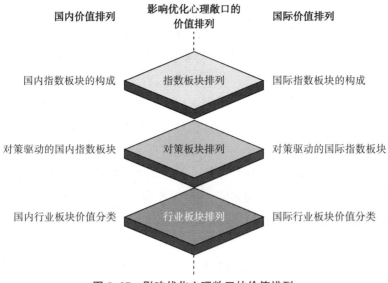

国内价值排列　影响优化心理敞口的　国际价值排列
　　　　　　　价值排列

国内指数板块的构成　指数板块排列　国际指数板块的构成

对策驱动的国内指数板块　对策板块排列　对策驱动的国际指数板块

国内行业板块价值分类　行业板块排列　国际行业板块价值分类

图 8-27　影响优化心理敞口的价值排列

量，影响投资人的心理敞口，优化效果越好则能吸引更多投资跟随，获得更多的资金流入。

对策板块排列。对策板块是与人气营商相对应的对策驱动的价值指数板块，也是为了使投资人充分选择进行有效投资，如中国主板就有两个，上海主板、深圳主板就是为了便于人们运用投资对策进行组合优化。

国内排列：对策驱动的指数板块是为了检验指数板块的价值排列、组合优化创造价值的效果，指数板块的组合会形成 2 倍快正好以及 4 倍中的组合优化扩张力，权力对策驱动的指数板块会形成 8 倍慢价值增值，中国股市上涨到底是上海主板指数板块，还是深圳主板指数板块，未来还有创业板指数板块，还是其他指数板块，值得投资人运用权力契约的指数板块排列进行研究，权力对策的驱动同样会放大所有板块投资人的心理敞口，那么投资人就会进行组合优化，决定投资什么指数板块，达到打开心理敞口的效果。

国际排列：权力对策的运用能够驱动国际指数板块的行业、地区板块上涨，形成 2 倍或 4 倍的上涨趋势，而在国际上的板块价值排列顺序前后反映的是不同国家权力对策运用的效果，这样的排列组合会影响投资人的心理敞口，资金会流向检验指数板块组合优化效果好的国家，决定一个国家在虚拟时代的地位，因而对策驱动的国家指数板块排列会影响优化心理敞口。一个国家既要了解国际指数板块构成，也要丰富和完善国内指数板块加以抗衡，便于证券投资人组合优化投资。

行业板块排列。行业板块的排列才是证券投资的核心，任何一个指数板块都是由无数个行业价值板块组合而成，行业板块价值排列的完整性是组合优化的根本。

国内排列：在虚拟时代中，一个国家排列的行业价值板块分类起到承上启下的作用，承上是和人气营商的权力对策相对应，只有完整、鲜明的行业才能构成对策组合优化指数板块；启下是与人口营商的策略相对应，鲜明的行业板块组合优化，便于投资人把握行业的标杆象征——龙头价值的投资，如组合优化的行业板块，在组合优化的 2 倍快决策中就会产生龙头个股 4 倍以上的价值投资策略，投资人需要鲜明的行业排列来寻求时间窗口，放大投资人的心理敞口来吸收资金，从而创造价值。

国际排列：国际行业价值排列分类是国内行业板块排列的有效补充和借鉴，如果要做到让投资人放心投资，国际任何国家的行业价值排列，国内都应该补充完善，自己还要增加独到的行业价值排列，供全世界的证券价值投资人充分地组合优化，将行业排列组合达到优化的效果，促使行业板块龙头个股能够发生 2 倍快、4 倍快、中和 8 倍快、中、慢的标杆象征爆发力，从而进行人群跟随，人口集中的价值创造，以酒为例，如中国既有全世界都有的啤酒、葡萄酒行业价值板块，更加创造出国际独到的白酒行业板块，因此产生了啤酒、葡萄酒、白酒行业价值排列，组合优化出白酒行业板块，同时产生了茅台酒个股龙头，吸引全球证券投资人投资茅台酒的股票，创造万亿资产市值。

第四节　组合优化决策的价值创造

一、组合决策的研究对象

组合在虚拟时代实质是优化，而优化是组合—拆散—重新组合的循环跟随的呈现效果，组合优化过程是对证券投资人对于股市心理敞口的倍增和成倍判断，以及扩张力的时间窗口把握。组合优化决策不再是人气营商学的研究对象房价、物价和股价"三价"之间的投资转化，而是直接将目光转向股价，证券投资者预测组合优化创造的蓝海价值板块，从而进行板块投资决策、创造相对价值。

　　在组合优化的过程中，明确为什么要选择股价作为组合优化研究的重点，主要原因如下，第一，顺应虚拟时代到来，证券化的股价是最为重要的衍生品投资，股价也是人气线关注的商品之一，在人气线关注的房价、物价、股价"三价"的基础上进行研究，既有现实意义，又能帮助人们深入理解股价。第二，股价有连续的指数，具有广泛的金融基础，便于形成研究共识，对接和提升金融研究，房价、物价的特性和研究基础不便于作为人群营商研究对象。第三，股价指数板块和行业板块已经建立有效的人群环。第四，股价研究的成功理论有利于人们研究投资房价和物价，即使不能完全适用房价、物价，因为股价相对于房价、物价更为活跃，更适用人群理论。第五，人气营商学研究以倍增为主的房价、物价、股价"三价"；人群营商学研究是以蓝海价值为主的股价指数和行业板块；也有利于未来人口营商学是以研究"龙头"价值为主的个股。第六，重要的一点就是投资房产是中产阶级的体现，拥有更多股权资产是精英阶层的体现，是优秀投资人的基本要求，人群选择研究股价组合优化显得格外重要。

　　如图 8-28 所示，人气开始关注"三价"，意味着该国已经进入商业社会，该国的股票板块进入以成长股票板块投资为主的虚拟时代，业绩板块和题材板块为主的物质时代的股票投资已经过去，成长的行业（地区）板块推动股票指数板块的成长产生 2 倍或者 4 倍的蓝海价值人群环，这是物质时代从来没有出现过的股票大盘指数上涨。成长股票指数板块的行业（地区）板块的组合优化，是为明确推动股票指数板块上涨的具体行业和地区板块。研究确定成长的股票指数板块，以及组合优化研究推动该股票指数上涨的具体行业（地区）板块是本节研究的重点。

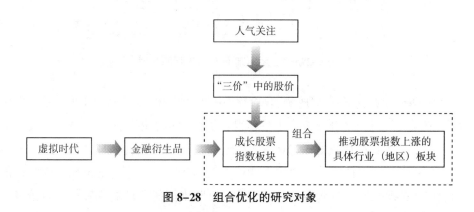

图 8-28　组合优化的研究对象

二、组合优化蓝海价值实现的类型

虚拟时代中组合优化蓝海价值实现的类型是以商业社会人气关注的对象为基础的。商业社会人气关注的对象最终落脚在"三价"上，因此组合优化也是以"三价"为基础进行聚焦。根据前文所述，组合优化主要有三种典型时间窗口和心理敞口，这三种状况理论上均能够对应到人气关注的"三价"中，但在现实投资类型选择时却以股价为研究对象，对其指数板块、行业和地区板块进行投资选择。这是因为只有股票指数板块能够以最完整的时间窗口和心理敞口实现类型形象地呈现出来，便于理解与研究，如图 8-29 所示，而房价与物价在组合优化类型的选择上只有部分可以实际应用的时间窗口和心理敞口构成的人群环。图中★代表投资人对其价格变动的宽容。

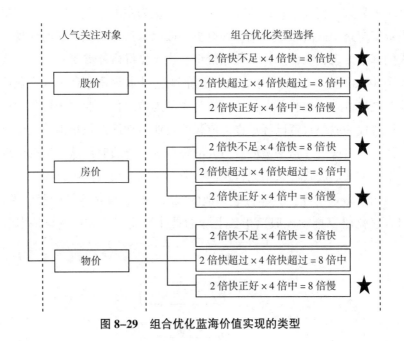

图 8-29　组合优化蓝海价值实现的类型

从组合优化蓝海价值实现的类型分析中可以看出，2 倍快、4 倍快、4 倍中蓝海价值与人气对策结合分析产生三种组合优化的指数板块跟随人群环，而它们所代表的成长指数板块只要正确运用人气营商学的对策就会实现"8 倍快""8 倍中"或"8 倍慢"三种组合优化的指数板块人群环，但会让房价出现大起大落的"8 倍中"，必须采取限制购买的各种措施，以防本国的资产泡沫破灭，重蹈日本泡沫经济的覆辙；出现房价"8倍快"只有少数经济发达地区，对策不是币值平台对策，房价永远是以金钱杠杆对策为主；出现房价"8倍慢"是广大中小城镇和农村，对策不是权力契约对策，只是投资房价的金钱更少。物价不会出现快速上涨的"8倍快"，即使有，也是小品种，如大蒜、生姜等；大起大落的"8倍中"，即使出现，也是非主流品种。这就是组合理论选择股价研究的原因所在，只有股价指数板块"8倍快""8倍中"或"8倍慢"都会出现，便于投资人创造价值。虚拟时代的每个国家只有正确运用人群营商理论，把握和利用组合优化扩张力上升的好时期，证券投资人投资该国，国内衍生品价格上涨，财富迅速积累，价值创造才能得到充分体现。

三、股价板块的组合决策

（一）组合投资决策选择步骤

从组合决策内容来说，本章分别从组合的优化原理、时间窗口、组合优化的选择逻辑等，说明组合在虚拟时代中的运作机理。组合作用机理有利于全球证券投资人分辨该国政府和地区的组合优化运用的正确性，自己作出正确的投资决策，每一个投资人都是虚拟时代的参与者，组合投资优化在虚拟时代中主要是由证券投资人决定的，所以组合优化不同的变化类型下，投资者必须选择相应正确的投资决策。组合决策的正确投资选择步骤一共分为5步，如图8-30所示，只有根据这个步骤，虚拟时代的投资人才能更好地实现在虚拟时代的价值创造，从而在虚拟时代占得先机。

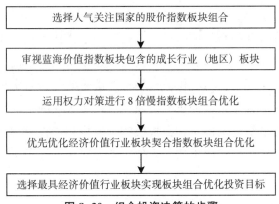

图8-30　组合投资决策的步骤

第一步，选择证券投资人关注国家的股价指数板块组合。中国股价按照价值板块 A 股可以分为上海主板综合指数、深圳成分指数、创业板指数等几个重要的价值人群和指数板块组合，形成以上海主板为主的层次组合指数板块，按照目前人们关注的比较价值国家，主要是中国和美国，美国有道琼斯指数、纳斯达克指数及标准普尔指数。不同的指数板块组合所拥有的价值增值空间不同，投资收益也就会不同。因此，投资者应根据自身对股票的判断，不断进行股票的价值指数板块投资选择。对于投资人来说，选择被人气高度关注的比较价值由国家和地区（目前是中国和美国）来确定股票指数的组合优化，即为最适合组合优化的股票指数投资标的。

第二步，审视蓝海价值指数板块包含的成长行业（地区）板块，是组合优化层次性分析指数板块与人气营商学权力契约对策的结合。一个国家指数板块组合比较复杂，把握对策驱动是判断指数板块成长的核心，只有权力契约对策驱动的指数板块，组合优化决策最为明确，如金钱杠杆对策对应驱动的指数上涨是系统动力决策、币值平台对策对应驱动的指数上涨是路径规划决策。由对策驱动寻求组合优化的指数板块是进一步进行行业（地区）组合优化的前提。

第三步，运用权力对策进行 8 倍慢指数板块组合优化。了解权力契约对策驱动的指数板块，组合优化形成巨大扩张力时间窗口，提升时间窗口的信度，打开投资人的心理敞口，是一个逐渐被投资人相信的过程，币值对策、金钱对策、权力对策相对应的三种典型人群环驱动成长指数板块，币值对策与路径决策形成 8 倍快的人群环，系统决策与金钱对策形成 8 倍中的人群环，权力对策与组合决策形成 8 倍慢的人群环，权力对策是 8 倍慢指数板块组合优化决策形成的基础，如图 8-31 所示。

第四步，优先优化经济价值行业契合指数组合优化。在文化、经济和社会价值板块中，处于经济价值的行业板块是投资人必须实现 8 倍慢的选择，契合经济价值是 8 倍慢指数优化行业核心价值板块，经济价值创造是实现 8 倍慢组合优化人群环的前提，作为体量最大的价值板块，对指数板块的上涨影响持续时间最为漫长，契合 8 倍慢蓝海价值确定指数板块的价值排列，也只有优化上涨经济价值板块，才能实现 8 倍慢的蓝海价值。其他次板可能超过或者小于权力契约对策驱动指数板块的上升空间，同时该指数板块行业组合优化板块的投资层次性较差，投资者应该投资权力对策、组合决策的指数板块。其他次板由于板块的特性上涨的空间大小和时间窗口会有很大的不同，通过长期观察和判断，为未来寻求成长

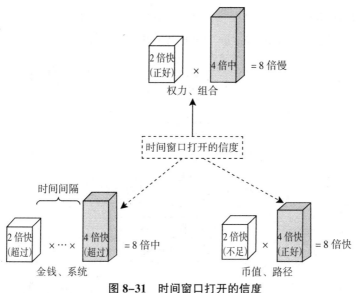

图8-31 时间窗口打开的信度

指数板块打下坚实基础。

第五步，选择最具成长的行业的经济价值板块，是组合优化分析的重要一步，既是指数板块组合优化的深入，也是人口营商标杆象征策略的经济价值板块龙头个股投资选择，具有承前启后的作用，也有助于实现股价组合优化的具体投资目标。在指数板块组合优化后确定组合优化的层次性经济价值行业、地区板块，这是实现股价组合优化决策投资目标的最优选择。经济价值板块带动社会价值、文化价值板块，形成行业板块的组合优化。如美国自2009年起10年牛市就是最具经济价值的通信行业板块为主带动其他板块实现指数上涨组合优化的结果，没有形成证券投资人认可的经济价值核心板块，权力契约对策也无法实现。

（二）组合优化股价板块的投资决策

虚拟时代中组合优化影响投资人的心理敞口和扩张力的时间窗口。无论是投资一个国家股价的指数板块，还是投资在具体行业或地区板块上，都要根据心理敞口的大小与扩张力的时间窗口的变动不断调整，综合反映在具体的一个国家虚拟衍生品价值排列上。组合优化具体体现在首选指数板块组合优化，结合人气营商学中权力契约对策进行时间窗口投资选择8倍慢指数板块，运用价值排列契合8倍慢指数人群环组合优化的三个价值板块。但是组合的结果是必须具有持续扩张力的经济价值行业支撑8倍慢的指数板块上涨作为前提，组合优化以经济价值为主的行业板块带动其他行业板块，进行社会、文化价值板块组合选择。如图 8-32 所示，这便是运用价值排列进行组合优化的契合逻辑。

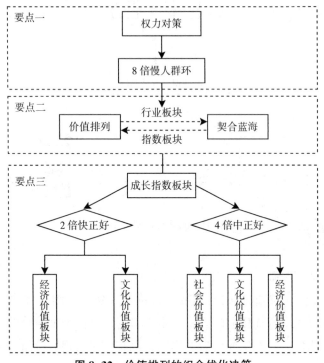

图 8-32　价值排列的组合优化决策

要点一：由于权力契约影响力上升，组合决策基于权力对策，形成与人群理论一致的 8 倍慢蓝海价值人群环。

当权力契约影响力影响股价时，股价才能上涨，这是基于《人气营商学》中权力对策研究的内容，在股价的反应中，形成与人群理论一致的 8 倍慢蓝海价值指数人群环是为更好地引领人群跟随，组合决策在实现 8 倍慢蓝海价值中起到至关重要的作用。虚拟时代的组合优化是基于证券化的大背景之下，该国的股价指数板块组合优化不仅关系到该国证券市场的发展状况，还会深刻影响虚拟时代该国的相对价值创造。

权力契约对于物价的品种可以产生"8 倍快""8 倍中"以及"8 倍慢"的物价人群环，但是对于股价方面，比起币值平台和金钱杠杆，权力契约发挥作用时，引起股价上涨，权力契约的影响速度慢，吸引资金流入是漫长的，2 倍快正好能够顺利实现，既不会不足，也难以超过，4 倍实现的时间是中等，形成更加规范的"8倍慢"。权力契约对股价产生的影响力作用时间最为长久，长时间地对股价指数产生正向影响力，会增加投资意愿，激发整个投资市场，形成与人群环理论一致的2倍快正好×4倍中=8倍慢蓝海价值人群环。

要点二：组合决策的价值排列确定契合蓝海的行业板块，契合蓝海反向确定指数板块的价值排列，因成长指数板块而异。

首先，运用组合决策中的价值排列确定契合2倍快正好×4倍中=8倍慢指数人群环组合优化的三个价值板块，提升指数组合优化的扩张力，契合确定包含文化价值、经济价值、社会价值行业板块，推动该国股价指数板块上涨，会增加股价的投资，从而金融衍生品的地位有所提高，这时金融衍生品市场就成为人们青睐的对象。美国2009~2019年股市的黄金十年，就是组合优化互联网行业使美国股市从6000多点升至27000多点，长牛十年。

其次，经济价值创造是实现8倍慢组合优化人群环的前提，作为体量最大的价值板块，对指数板块的上涨影响持续时间最为漫长，契合8倍慢蓝海价值确定指数板块的价值排列，由于8倍慢的作用时间长的特点，会反向长期影响指数板块的价值排列顺序，筛选出行业板块的蓝海，实现2倍快正好×4倍中=8倍慢的指数板块价值增值，刺激指数板块的长期上涨。

最后，契合蓝海的指数板块并非是固有不变的。当契合的主板失去原有效力，失去成长性的时候，这时就需要重新寻找新的次板发挥组合决策的作用，需要注意的是，在这些现有的次板指数板块中，要确定好哪些是真正的成长指数板块，契合理论能够准确加以判断。

要点三：实现成长指数蓝海价值板块组合优化的投资决策。

在2倍快正好蓝海价值实现时，首先组合优化经济价值行业（地区）板块，其次是文化价值行业（地区）板块，社会价值停滞；4倍中蓝海价值实现时，首先优化社会价值行业（地区），依次优化文化价值板块和经济价值行业（地区）板块，实现最有效的组合优化。

在虚拟时代中，契合蓝海价值人群环的成长指数板块包含的行业（地区）板块，推动股价指数板块上涨，这时就需要实现对行业（地区）板块优先顺序进行投资决策。当2倍快不足时会优先上涨社会价值，但当2倍快正好时需优先上涨经济价值板块，这是因为经济价值板块的体量更大，影响指数板块的上涨幅度较大，但是其上涨幅度又小于2倍快超过蓝海价值实现时，因此在2倍快正好价值蓝海实现时，优先上涨经济价值板块，其次紧随其后的是文化价值板块，社会价值停滞；在 4 倍中蓝海价值实现时，优先上涨第一轮停滞的社会价值板块，依次上涨文化价值板块和经济价值行业板块，两轮价值板块组合成 8 倍慢蓝海价值实现的指数板块涨幅顺序。

在人群营商学中，根据组合优化、时间窗口的不同，行业（地区）板块之间不同的变动顺序进行组合优化。在证券市场中原有板块失去蓝海价值时，需要排列、优化、筛选出新的行业（地区）板块来实现虚拟时代的指数板块中的蓝海价值，例如，美国组合优化的是互联网行业，即在众多行业板块内排列、优化、筛选出来的，影响国家在虚拟时代的指数板块上涨幅度，这也是指数板块组合和行业（地区）板块组合二者之间不断契合的结果。正因为这些板块组合优化制造的时间窗口才实现投资人放大指数板块心理敞口，增加投资意愿，激发整个投资市场，形成组合优化的人群环 8 倍慢。这是组合优化投资决策承上（人气）启下（人口）的核心内容，详细内容将在人口营商学的标杆象征策略中详细介绍，美国股市的成功组合优化是中国股市的重要借鉴。

本章练习

一、简答题

1. 简述组合在三个不同时代中的含义、表现和作用的演变。

2. 简述组合优化原理。

3. 如何理解扩张力的时间窗口？

4. 如何理解价值排列？

5. 如何运用组合决策进行相对价值投资决策？

二、材料分析题

2009~2018 年，与全球其他主要股指涨幅相比，美股表现遥遥领先。2009 年以来，全球主要股指纷纷止跌反弹。长江证券研究所数据显示，2009 年 3 月至今，全球主要股指平均涨幅达 139%；发达经济体股指中，日经 225 和法兰克福 DAX 指数涨幅均在 200% 以上，新兴经济体股指中，圣保罗 IBOVESPA 和恒生指数涨幅也超过 100%。虽然全球主要股市基本同步复苏，但美股的表现最为优异，接近 300% 的涨幅领跑全球。

过去十年是美国的黄金十年，实际上是美国科技股的十年，美国前十大科技股贡献了指数的大多数的涨幅，而美国的一些传统行业，特别是一些业绩差的公司没怎么涨，甚至很多公司退市了，投资者摆脱强于预期的通胀数据影响，纷纷买入 Facebook、亚马逊和苹果等科技股，在科技股的持续推动下，美国股市大盘持续上升。

习近平总书记在中央政治局第十三次集体学习中指出"金融活，经济活；金融稳，经济稳。经济兴，金融兴；经济强，金融强。经济是肌体，金融是血脉，两者共生共荣"。同时，党的十九大以来，我国金融业对外开放步伐不断加快：放宽金融机构外资持股比例上限，放宽 QFII 和 RQFII 准入条件，持续推进信用评级行业对外开放……这些实实在在的举措释放了中国金融业深化改革、扩大开放的强烈信号。

国家统计局发布消息，截至 2019 年 1 月底，中国经济增长在 2018 年取得 6.6% 的好成绩，保持了总体平稳、稳中有进的发展态势，实现了年初制定的全年 6.5% 左右的增长目标。初步核算，2019 年前三季度国内生产总值 697798 亿元，按可比价格计算，同比增长 6.2%。分季度看，第一季度增长 6.4%，第二季度增长 6.2%，第三季度增长 6.0%。分产业看，第一产业增加值 43005 亿元，增长 2.9%；第二产业增加值 277869 亿元，增长 5.6%；第三产业增加值 376925 亿元，增长 7.0%，常年保持着增长状态。

但中国近年以来，股市持续低迷，市场如何发展成为各方关注的焦点。中国股市自 6124 点下来，经过大三角形的震荡整理后，目前已经下跌到 3000 多点的关口，而且曾经跌破 2000 点后又反复被拉起，多空在 2000 点前多次争夺，而且成交量不断萎缩，市场低迷，交易疲软，市场悲观情绪蔓延，大盘在 3000 点左右陷入了拉锯。

1. 从美国互联网行业发展带来美国股市的黄金十年，运用组合优化理论分析中国股市，对于中国虚拟时代的金融、经济发展有何启示？

2. 如何树立投资人的信心，使组合优化形成的扩张力时间窗口打开信度提高，对于投资人心理敞口成倍增值空间产生积极影响？

附录　术语表

4R 理论：是以关系营销为核心，注重企业和客户关系的长期互动，重在建立顾客忠诚。它既从厂商的利益出发又兼顾消费者的需求，是一个更为实际、有效的营销制胜术，包括关系（Relationship）、关联（Relevancy）、反应（Reaction）、回报（Reward）。

A

艾略特波浪理论：是股票技术分析的一种理论。认为市场走势不断重复一种模式，每一周期由 5 个上升浪和 3 个下跌浪组成。

B

板块：是指由某些题材而产生出某些概念，把具有相同或相似题材或概念的证券群体划归一个板块，在证券二级市场上的作用十分突出，显示出强烈的板块连锁效应。

表象思维：表象思维是创造性思维的关键与根本。创造就是要做和以往不同的、有新意的东西。所以创造需要运用各类思维，包括左脑的逻辑思维（推理、归纳、总结、分析等）也要包括右脑的表象思维。

参数估计：参数估计（Parameter Estimation），统计推断的一种。根据从总体中抽取的随机样本来估计总体分布中未知参数的过程。

败势：与成势相对应，是事物在长期的发展过程中产生的可能导致其失败的趋势因素，是企业所不被社会认同的那部分竞争能力，是指其他企业所拥有的而本企业所缺少的，有利于企业发展的某些东西，或者说是失去发展的潜力。

C

创新思维：以新颖独创的方法解决问题的思维过程，通过这种思维能突破常规思维的界限，以超常规甚至反常规的方法、视角去思考问题，提出与众不同的解决方案，从而产生新颖的、独到的、有社会意义的思维成果。

产业集聚：是指同一产业在某个特定地理区域内高度集中，产业资本要素在

487

空间范围内不断汇聚的一个过程。

创新关联：关系方以侦察、创新，防范风险形成共赢的互利需求形成关联决策。

重复博弈：无限次博弈后会树立声誉机制，解决作弊风险。

成势：是从核心竞争力信息的角度分析企业在竞争的环境中拥有的绝对的、持续的竞争力因素。

D

动机：动机是激发和维持有机体的行动，并将使行动导向某一目标的心理倾向或内部驱力。共赢共轭的动机创新主要有对策界限动机、板块界限动机、触发界限动机、共振界限动机。

大数据：指无法在一定时间范围内用常规软件工具进行捕捉、管理和处理的数据集合，是需要新处理模式才能具有更强的决策力、洞察发现力和流程优化能力的海量、高增长率和多样化的信息资产。

底线思维：人气营商学承诺的重点，是界限思维的基础，投资人判断倍增的营商思维。

顶格思维：人口营商学信任的重点，是投资人判断龙头个股空间 2 倍、4 倍、8 倍的哲学营商思维。

单独评价：指的是个体一次只对一个选项进行评价。

动态规划：是运筹学的一个分支，是求解决策过程最优化的数学方法。

道理确定：主要指的是投资者的心理防线具有动态性。"道"是衍生万物的本源，"理"是存在于一切事物之中的"道"的分支。路径就是"道"，规划则是"理"，最优路径规划就是最合乎情理的道理。

定理确定：定力包括政策定力、经济定力以及社会定力，通过定力来确定一个事物该如何去发展以及优化。

大数据时代：最早提出"大数据"时代到来的是全球知名咨询公司麦肯锡，其称："数据，已经渗透到当今每一个行业和业务职能领域，成为重要的生产因素。人们对于海量数据的挖掘和运用，预示着新一波生产率增长和消费者盈余浪潮的到来。"

代理成本：指因代理问题所产生的损失，即为了解决代理问题所发生的成本。

F

法律支持：法律是由享有立法权的立法机关行使国家立法权，依照法定程序制定、修改并颁布，并由国家强制力保证实施的基本法律和普通法律总称。

反馈原理：是由控制系统把信息输送出去，又把其作用结果返送回来，并对信息的再输出发生影响，起到控制的作用，以达到预定的目标。

非合作博弈：指参与博弈的各方，在严格竞争下，一方的收益等于另一方的损失，博弈各方的收益和损失相加总和永远为"零"，双方不存在合作的可能。

风险：是指发生某种不利事件或损失的各种可能情况的总和。具体地说，是指损失发生的可能性、或然性、变动性、不确定性等。

G

共赢：指个人与个人、群体与群体之间为达到共同目的，彼此相互配合的一种联合行动、方式，满足对方的向往，达成合作，并共同合作进而达成目标的实现。

共轭：指两向量间存在某种特殊关系，按一定的规律相配的一对。在虚拟时代，共轭更被视为一种生态理念，强调一种动态的、辩证的共赢关系，形成向上发展的趋势。

共振：是物理学上的一个运用频率非常高的专业术语。共振也是一种宇宙间最普遍和最频繁的自然现象之一。股市共振是指股票的一种共同运动和振动，这种共同运动和振动建立在相同的阶段、相同的形态、相似的价格、相似的空间以及相似的成交量基础之上。

GE 矩阵：是美国通用公司创造的一种投资组合分析方法，又称通用电器公司矩阵法，纵轴用多个指标反映产业吸引力，横轴用多个指标反映企业竞争地位，同时增加了中间等级。该分析矩阵更适用于多元化经营的公司进行业务组合战略选择。

关系营销：是识别、建立、维护和巩固企业与顾客及其他利益相关人的关系的活动，并通过企业努力，以成熟的交换及履行承诺的方式，使活动涉及各方面的目标在关系营销活动中实现。

关系方：关系营销过程的核心是建立并发展与消费者、供应商、分销商、竞争者、政府机构及其他公众的良好关系。企业与顾客和其他利益相关者被称作关系营销中的关系方。

共同评价：指的是个体一次对多个选项进行比较和评价。

股票板块：是指某些公司在股票市场上有某些特定的相关要素，就以这一要素命名该板块。

跟随：旧指跟随人员，后指跟随别人的视线，同一个看点；本书的跟随指的是人群在虚拟时代的含义，即虚拟时代的人群就是跟随。

广场协议：1985年9月22日，美国、日本、联邦德国、法国以及英国的财政部长和中央银行行长（简称G5）在纽约广场饭店举行会议，达成五国政府联合干预外汇市场，诱导美元对主要货币的汇率有秩序地贬值，以解决美国巨额贸易赤字问题的协议。因协议在广场饭店签署，故该协议又被称为"广场协议"。

国际结算：亦称"国际清算"。通过国际间的货币收付，对国与国之间由于经济、政治和文化往来而发生的债权债务予以了结清算。

国际收支逆差：也被称为国际收支赤字，是指某一国在国际收支上支出大于收入。

共赢：是企业寻求与关系方互利最大化，形成的关系合作，在分析了互利关系方的微观环境与自身的核心竞争力之后，所得出的一种结论，即能否以一种关系方式使得互利关系方之间达到互补协同效果。

关系定型：每个企业必须在关系层次互利分类市场中寻找在不同关系层次上与本企业契合最好的关系互利作为其定型依据。根据所选择的关系互利，有单重、二重、三重等多重互利来进行定型。

关系调整：关系层次互利定型之后，与各关系方的关系层次一一明确，但随着关系情形的变化和发展，各关系层次亦随之发生变化及转移。

关系价值：关系价值是一个交互性的概念，抛弃了传统价值理论单方面看待企业和顾客关系的特性。关系双方（企业方和顾客方）分别在人际互利、经济互利和社会互利三个层次进行着关系价值的创造。

关系层次分类：作为关系营销的核心，关系层次深化了关系方分别在人际互利、经济互利和社会互利上的层次，而且在同一互利层次上亦可划分更多微观的层次，也就说在不同关系层次和同一关系层次上都存在着层次的划分。

H

互动：彼此联系，相互作用的过程的意思，共赢共轭的动机创新主要有对策界限动机、板块界限动机、触发界限动机、共振界限动机。

蝴蝶效应：是指在一个动力系统中，初始条件下微小的变化能带动整个系统的长期的巨大的连锁反应。

核心竞争力：是指能够为企业带来比较竞争优势的资源，以及资源的配置与整合方式。

490

后发优势：是后起国家在推动工业化方面的特殊有利条件，这一条件在先发国家是不存在的，是与其经济的相对落后性共生的，是来自于落后本身的优势。

换手率：也称"周转率"，指在一定时间内市场中股票转手买卖的频率，是反映股票流通性强弱的指标之一。

核心竞争力：是指能够为企业带来比较竞争优势的资源，以及资源的配置与整合方式。随着企业资源的变化以及配置与整合效率的提高，企业的核心竞争力也会随之发生变化。

I

IPO：首次公开募股（Initial Public Offerings，IPO）是指一家企业或公司（股份有限公司）第一次将它的股份向公众出售。

I-P-O 模型：输入—过程—输出，以从过程或互动视角解释共同体效能基础的模型。

J

价值链：企业要生存和发展，必须为企业的股东和其他利益集团包括员工、顾客、供货商以及所在地区和相关行业等创造价值。如果把"企业"这个"黑匣子"打开，我们可以把企业创造价值的过程分解为一系列互不相同但又相互关联的经济活动，或者称之为"增值活动"，其总和即构成企业的"价值链"。

价值共同：价值共同是指证券的各个指数板块与题材板块、业绩板块、成长的行业（地区）板块以及行业板块之间相互共轭，推动形成2倍和4倍的以指数板块为代表的相对价值蓝海。

价值体现：价值体现就是在心理期盼中经过价值衡量。

价值衡量：是对投资品的相对价值量的进行斟酌判断，最后选择和自己匹配的蓝海进行投资。

价值动机：是一个国家把握心理循环对人群跟随的影响的衡量因素，包括外部价值动机和内部价值动机两个方面。

集合论：是数学的一个基本的分支学科，是研究集合（由一堆抽象物件构成的整体）的数学理论，包含了集合、元素和成员关系等最基本的数学概念。

价值网络：指的就是一种基于原有价值链的新型衍生价值，人们的目的主要是为了实现创新价值链延伸模式，创造更大的蓝海价值。

价值投资：是指实业投资思维在股市上的应用。

焦点引爆：在社会上比喻问题的关键所在或争论的集中点。现在焦点多引申为人们对重大事件、国家政策、新闻事件以及人物等的关注集中点。焦点引爆指的是突然引起关注的事件、行业等。

价值排列：是指将一个行业或地区进行分类，然后根据价值的不同进行排序，分类价值不同的属性。

金融危机：是指金融资产、金融机构、金融市场的危机，具体表现为金融资产价格大幅下跌或金融机构倒闭或濒临倒闭或某个金融市场如股市或债市暴跌等。

价值导向：是指在虚拟时代系统动力的多种具体价值取向中，将其中具有蓝海价值的取向确定为主导的追求方向。

集聚效应：指各种产业和经济活动在空间上集中产生的经济效果以及吸引经济活动向一定地区靠近的向心力，是导致城市形成和不断扩大的基本因素。

金本位：即金本位制（Gold Standard），是以黄金为本位币的货币制度。

界限思维：投资人判断指数板块价值倍增位及成倍的营商思维，以及不同成长板块之间在界限思维的基础上形成价值共赢共轭的共同确定。

K

控制理论：是讲述系统控制科学中具有新观念、新思想的理论研究成果及其在各个领域中，特别是高科技领域中的应用研究成果，但是在民用领域即实际生活中有很严重的脱节。

跨度：界限的跨度是 2 倍、4 倍实现的具体表现，可能超过、可能不足、可能正好。

L

利益集团：指具有共同的政治、统治、社会目标的社会成员，基于共同利益要求而组成的社会团体，其目的是维护自身的利益。

龙头股：是某一时期在股票市场的炒作中对同行业板块的其他股票具有影响和号召力的股票，它的涨跌往往对其他同行业板块股票的涨跌起引导和示范作用。

量度：量度单位是约定俗成的，是由人们设定后，然后一社群有共识后开始使用。

路径：是"路线"，在不同的领域有不同的含义。在网络中，路径指的是从起点到终点的全程路由；在日常生活中指的是道路，人行走的路线。

路径规划：是运动规划的主要研究内容之一。运动规划由路径规划和轨迹规划组成，连接起点位置和终点位置的序列点或曲线称之为路径，构成路径的决策称之为路径规划。

力争确定：是指在齐涨齐跌的板块中，寻找涨幅最大的进行规划，此时路径并非一帆风顺地规划，而是众多路径的脱颖而出。

劳动分工：组织生产的一种方法，让每个劳动力专门从事生产过程的某一部分。劳动专业化能导致更高的总产出，因为劳动者可以更熟练地完成某些加工任务，而且还能引入更专业化的机器设备来完成精度更高的工作。

理性经济人：是经济学家在做经济分析时关于人类经济行为的一个基本假定，意思是作为经济决策的主体都充满理性的，即所追求的目标都是使自己的利益最大化。

利空：利空是指能够促使股价下跌的信息，利空往往会导致股市大盘的整体下跌，不断的利空消息会造成股市价格不断下跌，形成"熊市"。

M

模仿：不是简单的效仿或复制，而是与他人和世界发生关联的过程，并在这个过程中形成自己的世界观、行动和行为。

木桶原理：指的是由多块木板构成的水桶，其价值在于其盛水量的多少，但决定水桶盛水量多少的关键因素不是其最长的板块，而是其最短的板块。这就是说任何一个组织，可能面临的一个共同问题，即构成组织的各个部分往往是优劣不齐的，而劣势部分往往决定整个组织的水平。

目标关系确定：关系层次互利分类市场是企业打算进入的分类市场，选择关系层次互利分类市场的首要步骤是分析评价各个关系市场分类要素也就是重要性关系互利。

P

帕累托改善：是一项政策能够至少有利于一个人，而不会对任何其他人造成损害。

Q

强度：人群环受到激发的强弱程度。

契合：强调关系的紧密和相符合。虚拟时代强调在蓝海矩阵的一致性和互补性投资关系。

权力背书：权力背书引申为担保、保证的意思，即某行为有权力在背后作担保、保证。

牵制确定：是一种手段、态度、气势，有自己追求的目标。牵制是两个类似事物相互比较之后的结果，最后形成一方压制另一方的发展，处于优势的一方会牵制住另一方的发展。

契约经济：是指中央与地方、地方与地方、部门与部门、行业与行业间，根据经济发展的需要，签订多层次的各种协议，以达到经济发展的有计划性和可控性。

契机：在《辞海》中的意思是重要环节，机会。契，是投合、合适；机，是机会、时机。契机就是合适的机会，常指事情变化的枢纽与重要关系的环节。

契合：是一个与满意相对应的感知概念，指的是预期和感知的互补性和一致性描述。

R

人群：是来源于人的思想，表示人们思维对某一事物的跟随，是人心所向，由人的思维主导的、对于事物未来的哲学思维引领。

人群环：是人心理认知形成的人气线基础上的一个思考螺旋，是由无意识、双因素和层次三种动机的强弱不同构成人们跟随意愿不同，它是由于人气对策的不同导致跟随意愿变化的结果，是动机心理推动形成蓝海价值的衍生品时代的一种逻辑推理，是推动虚拟时代不断变迁、吸引人们投资的思维循环。

人群集合：是数学中一个基本概念。人群集合是人群营商学中人群环的演化，虚拟时代中若干个人群环集合在一起，就形成了人群集合。

人气模式：是指国家、企业或个人通过其所拥有的载体结合自身拥有的创新能力创造比较价值、实现倍增（减）的一般方式。

人群模式：是指国家、企业或个人通过其反映在证券市场的金融衍生品的有效规划和自身拥有的相应专长、结合形象思维创新和演绎推理形成的循环跟随，创造相对价值、实现蓝海增值的方法和思维。

人群矩阵：类比 GE 矩阵，将横、纵轴的内容分别变为增（减）值空间和相对时间损失分为这 9 个不同类型，人们用于选择金融衍生品进行投资。

融资：从狭义上讲，即是一个企业的资金筹集的行为与过程。从广义上讲，融资也叫金融，就是货币资金的融通，当事人通过各种方式到金融市场上筹措或贷放资金的行为。

融资融券：又称"证券信用交易"或保证金交易，是指投资者向具有融资融券业务资格的证券公司提供担保物，借入资金买入证券（融资交易）或借入证券并卖出（融券交易）的行为。

S

SWOT 分析方法：就是将与研究对象密切相关的各种主要内部优势、劣势和外部的机会和威胁等，通过调查列举出来，并依照矩阵形式排列，然后用系统分析的思想，把各种因素相互匹配起来加以分析，从中得出一系列相应的结论，而结论通常带有一定的决策性。

三价：指《人气营商投资理论与实践》中的房价、物价和股价。

生活层次人气线：自然时代追求幸福，物质时代追求富裕，而虚拟时代追求尊严。

商业模式：是一种包含了一系列要素及其关系的概念性工具，用以阐明某个特定实体的商业逻辑。它描述了公司所能为客户提供的价值以及公司的内部结构、合作伙伴网络和关系资本等用以实现（创造、推销和交付）这一价值并产生可持续盈利收入的要素。

社会认同：是指个体的一些知识，这些知识是关于他（她）从属于某一社会群体，以及对作为社会成员的他（她）而言是具有显著感情和价值的东西。

生理：释义为生物机体的生命活动和各个器官的机能、生存的希望、活计；职业、生意；买卖。

"双联"程度：指联合联络的程度，在自然时代，人们需要通过结盟的，进行不断的联合联络。

"双补"程度：指补足补短的程度，在物质时代，利益集团的成立使得各个成员聚集在一起，可以相互弥补每个个体缺乏的弱点及不足。

"双互"程度：指互联互通的程度，在虚拟时代，共同体的共赢理念，强调通过互联互通，联结全球，通向繁荣，将价值与思维共同化，推动世界共同发展。

社会风口：风口是指这样一部分产业或领域，他们因为国家政策的支持、顺应了社会发展的潮流或拥有巨大的盈利潜力，而获得了一个高速发展的机会。站上风口指的是一个企业的发展是顺势而为的。

时间窗口：是指在一点时间内产生潜在的相对价值，窗口的扩张力的决定相对价值的高低，它是投资者获得相对价值的必经之路。

时代变迁：是描述事物变化转移，不断前进的过程。

失去的二十年：日本已经陷入了连续二十年的经济停滞状态，史称"失去的二十年"。

生产资料：是人们在生产过程中所使用的劳动资料和劳动对象的总称，是企业进行生产和扩大再生产的物质要素。

4R 决策：是指企业为实现企业与关系方之间的互利交换，针对不同的关系方的特定关系层次，而实施的具有决定性的双向的关系决策、关联决策、反应决策和回报决策，进而促进关系购买的顺利进行。

T

投资组合优化问题：在各种复杂的、充满了不确定性的金融环境中对资本进行有效配置，实现投资收益与风险均衡的问题称为投资组合优化问题。

套期保值：俗称"海琴"，又称对冲贸易，是指交易人在买进（或卖出）实际货物的同时，在期货交易所卖出（或买进）同等数量的期货交易合同作为保值。它是一种为避免或减少价格发生不利变动的损失，而以期货交易临时替代实物交易的一种行为。

托市：就是某国政府在股市连续下跌，或跌破某一指数点位时利用政策支持或投入一笔资金大量买进，使股市回升。

W

五缘文化：是对以亲缘、地缘、神缘、业缘和物缘为内涵的五种关系的文化研究。

物理：释义为人类满足身体的享受，在物质时代追求更好的物质需求。

物质时代：物质时代以满足品牌需求为目的，机器的出现极大地提高了劳动生产率，包括蒸汽时代、电气时代、科技时代。

物质循环：是指无机化合物和单质通过生态系统的循环运动。

X

相对价值：指有一定的参照条件，价值会跟随参照条件变化而变化。相对价值概念包含比较价值，也需要跟其他对象对比得出。但是相对价值强调价值量随参照变化而变化，跟绝对价值相区别。

心理账户：是人们在心理上对结果（尤其是经济结果）的编码、分类和估价的过程，它揭示了人们在进行（资金）财富决策时的心理认知过程。

心理期盼：心理期盼是指对未来一段时间一个相对价值判断，其背后有行为经济学中心理账户的价值衡量作为逻辑支持。

心理向往：是一种理想在情感方面的表现，在虚拟时代中投资人的心理向往为实现蓝海价值创造。

心理循环：以动机心理学为基础，通过影响人们思维的引领，进而使人群的跟随呈现循环往复的趋势，其变化的实证是相对价值发生变化。

心理动机：是人类以非生理性需要为基础所产生的行为动机，是激发和维持有机体的行动，并将行动导向某一目标的心理倾向或内部驱力，思维方式与人们的心理动机有着密切关系。

形象思维：是这么一种思路：有时，在做某件事时，不妨打开思路，设想一下如何把它做得更漂亮，更有价值，循序渐进，层层推进。

心理防线：人的心理的承受能力的最低限度，也称为人的最低的红线，保证方向向上。

心理预判：是将来自心理研究领域的综合洞察力应用在经济学当中，尤其是在不确定情况下的人为判断和决策方面做出了突出贡献，针对长期以来沿用的理性人假设，从实证研究出发，从人的心理特质、行为特征揭示影响选择行为的非理性心理因素。

心理承载：在保证投资者最大限度接受度的基础上，是波动幅度的承载。

心理波幅：是一种测定市场价格上下波动程度的指标，通常用同一金融衍生品市场价格波动的最高点与其最低点的差额来表示。

效度：规划中的心理防线坚守的效果。

虚拟价值：是虚拟时代社会心理需求对商品价值的再造。

虚拟经济：是相对实体经济而言的，是经济虚拟化的必然产物。经济的本质是一套价值系统，包括物质价格系统和资产价格系统。与由成本和技术支撑定价的物质价格系统不同，资产价格系统是以资本化定价方式为基础的一套特定的价格体系，这也就是虚拟经济。

形象仿效：指模仿他人的式样。

协同效应：指企业生产、营销、管理的不同环节、不同阶段、不同方面共同利用同一资源而产生的整体效应。

心理：人们在活动的时候，通过各种感官认识外部世界事物，通过头脑的活动思考事物的因果关系，并伴随着喜、怒、哀、惧等情感体验。

信度：指测验结果的一致性、稳定性及可靠性，一般多以内部一致性来加以表示该测验信度的高低。信度系数越高即表示该测验的结果越一致、越稳定、越可靠。

心理敞口：指人们在金融活动中受金融风险影响的程度，心理敞口的大小会影响投资者对于市场的投资。

行为金融学：分析金融市场主体在市场行为中的偏差和反常，来寻求不同市场主体在不同环境下的经营理念及决策行为特征，力求建立一种能正确反映市场主体实际决策行为和市场运行状况的描述性模型。

虚拟时代：虚拟时代以创造衍生品价值为核心，虚拟时代人们通过购买金融衍生品来实现资产的快速升值。

Y

演绎推理：是从一般性的前提出发，通过推导即"演绎"，得出具体陈述或个别结论的过程。

原生资产：金融衍生品中的标的资产是指衍生品合约中约定的资产，称为标的资产。标的资产也称原生资产、基础资产。

远景确定：是指一个国家对于衍生品的组合优化后形成的行业（地区）、指数板块未来发展的潜力进行确定。

衍生品：是一种金融工具，一般表现为两个主体之间的一个协议，其价格由其他基础产品的价格决定。并且有相应的现货资产作为标的物，成交时不需立即交割，而可在未来时点交割。典型的衍生品包括远期、期货、期权和互换等。

Z

资产泡沫：是指资产价格中不能被基本面（如现金流、折现率等）因素所解释的部分，其对现实经济的影响非常大。

中性：在理想世界中，无论会计核算结果，抑或是接触到全部记录数据，决策者都会做出同样的选择。

专业关联：企业必须通过满足关系方的特殊需求以及专业化模式来与之形成关联。

组合：由几个部分或个体结合成的整体。

组合优化：从数学角度解释，问题的目标是从组合问题的可行解集中求出最优解，本书演变为由几个部分或个体相互结合来优化自身，创造蓝海价值。

展望理论：将来自心理研究领域的综合洞察力应用在了经济学当中，尤其是在不确定情况下的人为判断和决策方面做出了突出贡献"，针对长期以来沿用的理性人假设，从实证研究出发，从人的心理特质、行为特征揭示影响选择行为的非理性心理因素。

自然时代：自然时代以保证品种供应为目的，最重要的生产要素是器具，器具的冶炼技术以及广泛应用对提高劳动生产率具有非常重要的作用，包括石器时代、青铜器时代、铁器时代。

第一章术语：虚拟经济、劳动分工、形象思维、自然时代、物质时代、虚拟时代、大数据时代、衍生品、广场协议、失去的二十年、资产泡沫、金融危机、原生资产、表象思维

第二章术语：核心竞争力、成势、败势、契机、风险、契合、关系价值、关系层次分类、目标关系确定、关系定型、关系调整、4R决策

第三章术语：共赢、共轭、共振、利益集团、"双联"程度、"双补"程度、"双互"程度、I-P-O模型、底线思维、顶格思维、界限思维、心理向往、价值共同、跨度、大数据、SWOT分析方法、动机、互动、融资融券

第四章术语：契合、关系方、价值链、关系营销、相对价值、板块、龙头股、共同评价、单独评价、中性、心理账户、心理期盼、价值体现、价值衡量、量度、IPO、股票板块、三价、重复博弈、非合作博弈

第五章术语：人群、人群环、人群集合、人群模式、GE矩阵、人群矩阵、五缘文化、艾略特波浪理论、4R理论、心理循环、形象思维、演绎推理、价值动机、强度、关系方、投资组合优化问题、生活层次人气线、集合论、商业模式、人气模式、跟随、心理动机

第六章术语：路径、路径规划、心理防线、心理预判、价值网络、效度、创新思维、动态规划、社会认同、核心竞争力、虚拟价值、产业集聚、力争确定、道理确定、模仿、价值投资、形象仿效、专业关联、创新关联、后发优势

第七章术语：系统、蝴蝶效应、换手率、价值导向、心理波幅、心理承载、生产资料、融资、契约经济、物质循环、集聚效应、反馈原理、控制理论、参数估计、代理成本、理性经济人、国际结算、金本位、国际收支逆差、帕累托改善、托市、利空

第八章术语：组合、组合优化、木桶原理、协同效应、生理、物理、心理、信度、心理敞口、时间窗口、价值排列、定理确定、远景确定、牵制确定、权力背书、法律支持、社会风口、焦点引爆、行为金融学、展望理论、套期保值

参考文献

［1］Ali Nowrouzi, Mostafa Panahi, Hamidreza Ghaffarzadeh, Abtin Ataei. Op-timizing Iran's natural gas export portfolio by presenting a conceptual framework for non-systematic risk based on portfolio theory ［J］. Energy Strategy Reviews, 2019 (26): 7-14.

［2］Beckers S F M, Risselada H and Verhoef P C. Customer engagement: A new frontier in customer value management ［J］. Handbook of Service Marketing Re-search, 2014, 2 (6): 97-120.

［3］Bing Yao, Caitlin McLean, Hui Yang. Robust optimization of dynamic route planning in same day delivery networks with one time observation of new demand ［J］. Networks, 2019, 73 (4): 7-14.

［4］Blonigen B A, Piger J, Sly N. Comovement in GDP trends and cycles among trading partners ［J］. Journal of International Economics, 2014, 94 (2): 239-247.

［5］Bowden L H. The Process of Customer Engagement: A conceptual frame-work ［J］. Journal of Marketing Theory and Practice, 2009, 17 (1): 64-74.

［6］Brodie R J, Hollebeek L D, Jurić B, et al. Customer Engagement ［J］. Journal of Service Research, 2011, 14 (3): 254-271.

［7］Berry L L, Relationship Marketing, In L L Berry, et al. (Eds) Emerging perspectives of services marketing, chicago ［J］. American Marketing Association, 1983 (1): 214.

［8］Cable D M, Edwards J R. Complementary and supplementary fit: A theo-retical and empirical integration ［J］. Journal of Applied Psychology, 2004, 89 (5): 822-834.

［9］Calliera Maura, Luzzani Gloria, Sacchettini Gabriele, Capri Ettore.

Residents perceptions of non –dietary pesticide exposure risk. Knowledge gaps and challenges for targeted awareness–raising material in Italy [J]. The Science of the Total Environment, 2019 (1): 7–14.

[10] Cheema A, Soman D. Malleable mental accounting: The effect of flexibility on the justification of attractive spending and consumption decision [J]. Journal of Consumer Psychology, 2006 (16): 33–44.

[11] Cooper K G. Naval ship production: A claim settled and a framework built [J]. Interfaces, 1980, 10 (6): 20–36.

[12] Copulsky J R, Wolf M J. Relationship marketing: Positioning for the future [J]. The Journal of Business Strategy, 1990, 11 (4): 7–14.

[13] Doorn, Jenny van, et al. Customer engagement behavior: Theoretical foundations and research directions [J]. Journal of Service Research, 2010, 13 (3): 253–266.

[14] Duxbury D, Keasey K, Zhang H, Chow S L. Mental accounting and decision making: Evidence under reverse conditions where money is spent for time saved [J]. Journal of Economic Psychology, 2005 (26): 567–580.

[15] Eisdorfer A , Giaccotto C , White R . Capital structure, executive compensation, and investment efficiency [J]. Journal of Banking & Finance, 2013, 37 (2): 549–562.

[16] Fischer E O, Zechner H J. Dynamic capital structure choice: Theory and tests [J]. The Journal of Finance, 1989, 44 (1): 19–40.

[17] Fine Allan, Bacchetti J Alex. Capital optimization: Linking investment with strategic intent [J]. Frontiers of Health Services Management, 2005, 21 (2): 7–14.

[18] Forrester J W. The system dynamics national model: Macrobehavior from microstructure [J]. The Joural of Financ, 1989 (1): 7–14.

[19] Frankel, Jeffrey A, Rose, Andrew K. The endogeneity of the optimum currency area criteria [J]. The Economic Journal, 1998, 108 (449): 1009–1025.

[20] Higgins E T , Scholer A A. Engaging the consumer: The science and art of the value creation process [J]. Journal of Consumer Psychology, 2009, 19 (2): 100–114.

［21］ Hollebeek, Linda D. Demystifying customer engagement: Exploring the loyalty nexus ［J］. Journal of Marketing Management, 2011, 27 (7-8): 785-807.

［22］ Hollebeek L D, Glynn M S, Brodie R J. Consumer brand engagement in social media: Conceptualization, scale development and validation ［J］. Journal of Interactive Marketing, 2014, 28 (2): 149-165.

［23］ Hsee C K, Loewenstein, G F, Blount S, Bazerman M H. Preference reversals between joint and separate evaluations of options: A review and theoretical analysis ［J］. Psychological Bulletin, 1999 (125): 576-590.

［24］ Harvir Sbansal, Gregory Lrvingp, Shirley F, Taylor A. Three-Component Model of Customer Customer commitnent to service providers ［J］. Journal of the Acadeny of Marketing Science, 2004, 32 (3): 234-250.

［25］ Jensen M C, Meckling W H. Theory of the Firm: Managerial behavior, agency costs and ownership structure ［J］. Social Science Electronic Publishing, 1976, 3 (4): 305-360.

［26］ Jackson B B. Build customer relationship. That last ［J］. Harvard Business Review Nov Dec, 1985 (1): 120-128.

［27］ Jackson B B. Winning and keeping industrial customers: The dynamics of customer relations ［M］. MA, Lexington Books, 1985.

［28］ Kahneman D, Tversky A. Choices, values, and frames ［J］. American Psychologist, 1984 (39): 341-350.

［29］ Kristof A L. Person-organization fit: An integrative review of its conceptualizations, measurement, and Implications ［J］. Personnel Psychology, 1996, 49 (1): 1-49.

［30］ Lisa M. Ellram, Monique L. Ueltschy Murfield. Supply chain management in industrial marketing-Relationships matter ［J］. Industrial Marketing Management, 2019 (1): 7-14.

［31］ Marc Goerigk, Stephen J. Maher. Generating hard instances for robust combinatorial optimization［J］. European Journal of Operational Research, 2020, 280 (1): 7-14.

［32］ Mollen A, Wilson H. Engagement, telepresence and interactivity in online consumer experience: Reconciling scholastic and managerial perspectives ［J］. Journal of Business Research, 2010, 63（9）: 919-925.

［33］Myers S C. Determinants of corporate borrowing ［J］. Journal of Financial Economics, 1977, 5（2）: 147-175.

［34］Morgan R M, Hunt D. The comment trust theory of relationship marketing ［J］. Journal of Marketing, 1994（58）: 20-38.

［35］Patterson P, Yu T, De Ruyter K. Understanding customer engagement in services ［A］//Advancing theory, maintaining relevance, proceedings of ANZMAC 2006 conference ［M］. Brisbane, 2006.

［36］Park R E, Burgess E W, Janowitz M.Introduction to the science of sociology ［M］. Chicago Ⅲ: University of Chicago Press, 1921.

［37］Pham M T, Avnet T. Rethinking regulatory engagement theory ［J］. Journal of Consumer Psychology, 2009, 19（2）: 115-123.

［38］Rajagopal P, Rha J Y. The mental accounting of time［J］. Journal of Economic Psychology, 2009（30）: 772-781.

［39］Saeed K. The dynamics of economic growth and political instability in developing countries ［J］. System Dynamics Review, 1986, 2（1）: 20-35.

［40］Schneider B. The people make the place. Personnel ［J］. Psychology, 1987, 40（3）: 437-453.

［41］Schneider B, Goldstiein H W, Smith D B. The ASA framework: An update ［J］. Personnel Psychology, 1995, 48（4）: 747-773.

［42］Sterman J D . A behavioral model of the economic long wave ［J］. Journal of Economic Behavior & Organization, 1985, 6（1）: 17-53.

［43］Schroeder James L, Clarke John T, Webster James R. Prepaid entitlements: A new challenge for physician-patient relationships ［J］. JAMA, 1985, 251（21）.

［44］Thaler R H. Mental accounting matters ［J］. Journal of Behavior Decision Making, 1999（12）: 183-206.

［45］Thaler R H. Toward a positive theory of consumer choice ［J］. Journal of Economic Behavior and Oranization, 1980（1）: 39-60.

［46］Triffin R, Kenen P B. Gold and the Dollas Crisis ［J］. Journal of Political Economy, 1961, 69（3）: 308-309.

［47］ Van Doorn J, Lemon K N, Mittal V, et al. Customer engagement behavior: Theoretical foundations and research directions ［J］. Journal of Service Research, 2010, 13 (3): 254–266.

［48］ Vivek S D. A scale of Consumer Engagement ［J］. Dissertations & Theses-Gradworks, 2009 (1): 7–14.

［49］ Yangyang Qi, Quanlong Qi. The Effect of Soybean Trade between China and the United States on Chinese Residents' Consumption Expenditure –Based on 2004–2016 Trade Data ［J］. Modern Economy, 2018, 9 (6): 1045–1053.

［50］ Zhang Hui, Bai Changhong, Niu Zhenbang. Customer Engagement: A Literature Review ［J］. China Management Studies, 2015, 10 (1): 138–162.

［51］ 巴克. 社会心理学 ［M］. 天津: 南开大学出版社, 1984.

［52］ 薄立伟, 何弦. 浅论 4R 理论与营销新方式 ［J］. 山西财经大学学报 (高等教育版), 2007 (S2): 20+22.

［53］ 毕雁英. 法律社会化视角下的软法责任 ［J］. 行政法学研究, 2018 (4): 61–62.

［54］ 陈敬东. 基于关系价值的顾客关系层次理论与实证研究 ［D］. 西安理工大学博士学位论文, 2010.

［55］ 陈小鼎, 王亚琪. 国际关系研究的话语权之争——兼论中国国际关系研究的学术自觉 ［J］. 国际安全研究, 2013, 31 (5): 108–124+158–159.

［56］ 陈文旭, 易佳乐. 习近平"共同价值"思想的哲学解读与现实路径 ［J］. 湖南大学学报 (社会科学版), 2018, 32 (5): 7–13.

［57］ 陈信元, 靳庆鲁, 肖土盛, 张国昌. 行业竞争、管理层投资决策与公司增长/清算期权价值 ［J］. 经济学 (季刊), 2014, 13 (1): 305–332.

［58］ 戴静鸿. 关于关系营销几个问题的思考 ［J］. 南京大学学报 (哲学·人文科学·社会科学版), 2000 (5): 49–52.

［59］ 戴维·波普诺. 社会学 ［M］. 李强译. 北京: 中国人民大学出版社, 1999.

［60］ 董付堂. 国际化企业金融风险敞口管理 ［J］. 财经界 (学术版), 2016 (24): 15.

［61］ 丁浩, 王炳成, 苑柳. 国外商业模式创新途径研究述评 ［J］. 经济问题探索, 2013 (9): 164–169.

［62］ 范从来, 王海龙. 上市公司资本结构与公司投资行为之间关系的实证研

究 [J]. 当代财经，2006，6（11）：44-47.

[63] 冯宁昌，高伟光.《协同学导论》第三版中译本评介[J]. 系统辩证学学报，1994（2）：50.

[64] 管文虎. 国家形象论 [M]. 北京：电子科技大学出版社，2000.

[65] 管文虎. 国家的国际形象浅析 [J]. 当代世界，2006（6）：36-38.

[66] 管文虎. 关于研究中国国际形象问题的几点思考 [J]. 国际论坛，2007（5）：1-6.

[67] 高萍. 基于 GE 矩阵模型的投资组合选择问题研究 [D]. 首都经济贸易大学博士学位论文，2018.

[68] 郭明春. 关系营销：未来营销的主旋律 [J]. 理论探索，2004（5）：84.

[69] 郭威，杨弘业，李明浩. 加快建设现代化经济体系的逻辑内涵、国际比较与路径选择 [J]. 经济学家，2019（4）：59-70.

[70] 郭道晖. 权力的多元化与社会化 [J]. 法学研究，2001（1）：4-16.

[71] 华觉明，卢本珊. 长江中下游铜矿带的早期开发和中国青铜文明 [J]. 自然科学史研究，1996（1）：1-16.

[72] 贺娜. 马克思扩大再生产理论视阈下的产业演进与结构失衡 [J]. 经济纵横，2018（6）：15-23.

[73] 贺光辉. 华为公司技术创新战略研究 [D]. 东南大学博士学位论文，2018.

[74] 胡雅泉，薛倚明. 波浪理论及其实践特征 [J]. 中外管理导报，2002（2）：34.

[75] 何劲，熊学萍. 新世纪我国农产品营销策略探析 [J]. 商业研究，2003（4）：124-125.

[76] 黄文正. 技术模仿、低价工业化与最优经济增长路径 [J]. 时代科学家，2009（9）：57-60.

[77] 湖南大学岳麓书院文化研究所. 岳麓书院一千零一十周年纪念文集（第一卷）[M]. 长沙：湖南人民出版社，1986.

[78] 黄津孚. "中国式管理"研究的六个基本命题 [J]. 经济管理，2006（22）：4-9.

[79] 韩先华. 基于关系利益契合的顾客关系价值提升研究 [D]. 西安理工大学博士学位论文，2009.

[80] 荆宁宁，李德峰. 顾客契合研究综述 [J]. 外国经济与管理，2015，37（7）：34-45.

[81] 蒋晓春. 中国青铜时代起始时间考 [J]. 考古，2010（6）：76-82+115.

[82] 简兆权，令狐克睿. 虚拟品牌社区顾客契合对价值共创的影响机制 [J]. 管理报，2018，15（3）：326-334+344.

[83] 贾思勰. 齐民要术 [M]. 缪启愉，缪桂龙译. 山东：齐鲁出版社，2009.

[84] 赖恩明. 马克思的三大社会形态理论与中国的现代社会转型 [D]. 复旦大学博士学位论文，2005.

[85] 李爱梅，李斌，许华，李伏岭，张耀辉，梁竹苑. 心理账户的认知标签与情绪标签对消费决策行为的影响 [J]. 心理学报，2014，46（7）：976-986.

[86] 李北东.《马克思主义基本原理概论》的差别教学 [J]. 四川师范大学学报（社会科学版），2012，39（3）：84-87.

[87] 李萌. 基于价值模式演进的我国旅游企业商业模式发展路径研究 [D]. 北京交通大学博士学位论文，2016.

[88] 李磊，白道欢，冼国明. 对外直接投资如何影响了母国就业？——基于中国微观企业数据的研究 [J]. 经济研究，2016，51（8）：144-158.

[89] 李晓广，张岩贵. 我国股票市场与国际市场的联动性研究——对次贷危机时期样本的分析 [J]. 国际金融研究，2008（11）：75-80.

[90] 李志宏. 虚拟经济和实体经济的协调发展研究 [J]. 中外企业家，2019（24）：33.

[91] 李富斌. 我国金融衍生品发展存在的问题及对策 [J]. 商场现代化，2016（14）：124.

[92] 李俊江，孟勐. 从技术追赶到技术前沿的后发经济增长路径研究 [J]. 云南财经大学学报，2017，33（2）：26-34.

[93] 李维才. 唐代粮食问题研究 [D]. 山东大学博士学位论文，2011.

[94] 李小红. 中国传统农业生产互助组织模式研究 [J]. 黔南民族师范学院学报，2007（1）：37-41.

[95] 李天宏，薛晶，夏炜，丁瑶. 组合赋权法—木桶综合指数法在长江生态航道评价中的应用 [J]. 应用基础与工程科学学报，2019，26（1）：36-49.

[96] 李海凤. 关系营销——双赢渠道模式管理的重中之重 [J]. 北方经济，2009（4）：91-92.

[97] 鲁品越，王永章. 从"普世价值"到"共同价值"：国际话语权的历史转换——兼论两种经济全球化 [J]. 马克思主义研究，2017（10）：86-94+160.

[98] 林崇德，心理学大辞典 [M]. 上海：上海教育出版社，2003.

[99] 刘宁，张爽. 团队效能经典模型评述 [J]. 南京邮电大学学报（社会科学版），2010，12（4）：1-6.

[100] 刘志鹏. 在跟踪模仿中走向自主创新 [N]. 中国经济导报，2014-10-22（B03）.

[101] 刘守华. 家族文化与社会和谐——研读族谱有感 [J]. 长江大学学报（社会科学版），2008（1）：24+40.

[102] 刘宝宏. 离散数学 [M]. 北京：机械工业出版社，2014.

[103] 吕不韦. 吕氏春秋 [M]. 呼和浩特：内蒙古出版社，2009.

[104] 刘金全，张龙. 基于总量调控和结构优化视角的我国经济高质量发展财政政策 [J]. 软科学，2019，33（2）：1-5.

[105] 户华为. 湖湘文化及其特征与历史定位 [J]. 湘潭大学学报（哲学社会科学版），2005（2）：84-88.

[106] 连蕾. 从技术模仿到技术集成创新再到技术自主创新研究 [J]. 科学管理研究，2016，34（3）：80-83.

[107] 罗茂菊. 19世纪到20世纪初美国文学中的百老汇 [J]. 安徽文学（下半月），2014（4）：34-36.

[108] 马慧，汤庸，梁瑞仕. 公交网络路径规划问题中的一种高效索引方法 [J]. 计算机应用研究，2019（8）：1-3.

[109] 毛卫民，王开平. 铁器时代演变与工业革命 [J]. 金属世界，2019（2）：17-20+23.

[110] 彭兆荣. 天时、物候与和土：中式农耕文明之圭臬——农业人类学研究系列 [J]. 西北民族研究，2019（1）：131-139.

[111] 任继周. 中国草地农业系统与耕地农业系统的历史嬗替——《中国农业系统发展史》序言 [J]. 中国农史，2013，32（1）：4-8.

[112] 孙宏友. 私募股权投资基金投资主体法律问题研究 [J]. 南开学报（哲学社会科学版），2010（5）：124-129.

[113] 斯诺. 早年毛泽东：传记、史料与回忆 [M]. 上海：三联书店出版社，2011.

[114] 邵昶. 基于需求和供给因素的中小企业战略环境分析 [J]. 企业技术开发，2005（7）：69-71.

[115] 陶君道. 国际需求变化对中国经济结构的影响研究 [D]. 兰州大学博士学位论文，2013.

[116] 田永晓. 技术模仿与技术前沿问题述评与展望 [J]. 技术经济与管理研究，2015（12）：41-45.

[117] 田在兰，赵巧丽，黄锦旗，史丽华. 组织行为学 [M]. 北京：清华大学出版社，2012.

[118] 田志龙，盘远华，高海涛. 商业模式创新途径探讨 [J]. 管理与经济，2006（1）：44-45.

[119] 涂人猛. 证券投资理论的演绎与实践 [J]. 社会科学动态，2016（12）：15-20.

[120] 童勇. 资本结构和投资行为——基于我国上市公司的实证研究 [J]. 工业技术经济，2008，27（11）：144-147.

[121] W. 钱·金，勒妮·莫博涅. 蓝海战略：超越产业竞争，开创全新市场 [M]. 北京：商务印书馆，2005.

[122] 王思维，程小可. 负商誉的价值相关性研究——基于新企业会计准则的实证研究 [J]. 会计与经济研究，2012，26（2）：54-61.

[123] 王建军，吴海民. "蓝海战略"的经济学解释 [J]. 中国工业经济，2007（5）：88-95.

[124] 王小雨. 排列组合解决生活中的问题 [J]. 科学咨询（教育科研），2018（2）：125.

[125] 吴志成，袁婷. 互利共赢的开放战略论析 [J]. 外交评论（外交学院学报），2014，31（3）：30-42.

[126] 吴淼. 关系营销和交易营销的演化与兼容 [J]. 经济管理，2002（10）：41-45.

[127] 习近平. 在纪念马克思诞辰200周年大会上的讲话 [M]. 北京：人民出版社，2018.

[128] 许全兴.《实践论》和《矛盾论》对马克思主义哲学中国化的启示 [J]. 中国社会科学，2013（12）：24-35+204-205.

[129] 熊炜，孙少艾. 论思维科学 [J]. 南京航空航天大学学报（社会科学

版），2018，20（1）：76-80+85.

[130] 许小龙. 人类社会：物质时代、精神时代与生态时代 [J]. 运城学院学报，2014，32（1）：64-68.

[131] 辛钦. 数学分析八讲 [M]. 北京：人民邮电出版社，2010.

[132] 肖周燕. 中国高质量发展的动因分析——基于经济和社会发展视角 [J]. 软科学，2019，33（4）：1-5.

[133] 西村友作. 中美两国股票市场联动性研究——基于 CCF 检验法的新证据 [J]. 经济评论，2009（2）：44-49.

[134] 许文强，唐建新. 经济转型背景下制造业企业资本结构与投资行为研究——来自沪深两市上市公司的证据 [J]. 财会通讯，2015（30）：48-51.

[135] 严火其. 中国传统农业的特点及其现代价值 [J]. 中国农史，2015，34（4）：14-28.

[136] 严火其. 战国人多地少论 [J]. 江海学刊，1999（1）：128-131.

[137] 尹朝安. 19 世纪中后期德国经济的发展与制度创新 [J]. 德国研究，2003（1）：44-50+79.

[138] 叶绪江. 新公共管理视角下我国公务员培训体制改革 [J]. 当代社科视野，2010（2）：1-5.

[139] 杨坤. 基于和谐管理的关系价值理论与实证研究 [D]. 西安理工大学博士学位论文，2007.

[140] 余金成. 论社会规律形态 [J]. 天津师范大学学报（社会科学版），2012（3）：1-9.

[141] 张生玲，李跃，酒二科，姬卿伟. 路径依赖、市场进入与资源型城市转型 [J]. 经济理论与经济管理，2016（2）：14-27.

[142] 张丰羽. 产品相对价值与黑龙江省产业政策价值评估 [J]. 金融理论与教学，2017（6）：60-64+71.

[143] 翟立荣. 我国金融衍生产品市场发展研究 [D]. 首都经济贸易大学博士学位论文，2010.

[144] 赵哲，贾薇，程鹏，张博. 垂直电商的服务创新与价值共创实现机制研究——基于服务主导逻辑的视角 [J]. 大连理工大学学报（社会科学版），2017，38（4）：64-73.

[145] 周静，徐富明，刘腾飞，张军伟，蒋多. 心理账户基本特征的影响因

素［J］.心理科学展，2011，19（1）：124-131.

［146］张涛，陈胜云.论后虚拟时代的主体性觉醒［J］.太原理工大学学报（社会科学版），2017，35（4）：11-14+63.

［147］朱德通.斐波那契法和证券市场的波浪理论［J］.上海师范大学学报（自然科学版），1999（1）：24-31.

［148］中国经济增长与宏观稳定课题组.干中学、低成本竞争和增长路径转变［J］.经济研究，2006（4）：4-14.

［149］周跃中.试谈中国古代农作物种类及其历史演变［J］.吉林自然，2010（8）：1-3.

［150］庄贵军.关于关系营销的几个问题［J］.企业销售，1997（6）：9.